H. E. Gabriel
Gefangen.

*

Erst das Wissen
Warum Wir Woher
Kommen
Lässt uns Verstehen
Warum Wir Wohin
Gehen.

Alles
Was Du Tust
Tust Du Dir
Selbst!

H. E. Gabriel

Gefangen.

**Oder:
Risiken und Nachwirkungen
eines „zeitgemäßen" Glaubens**

Autobiografische Erzählung

Bibliografische Information der Deutschen Nationalbibliothek:
Die Deutsche Nationalbibliothek verzeichenet diese Publikation
In der Deutschen Nationalbibliografie, detaillierte biografische
Daten sind im Internet über dnb.dnb.de abrufbar.

TWENTYSIX – Der Self-Publishing-Verlag
Eine Kooperation zwischen der Verlagsgruppe Random House und
BoD – Books on Demand

© 2019 H. E. Gabriel

Herstellung und Verlag:
BoD – Books on Demand, Norderstedt

ISBN 9783740727185

Inhalt

Vorwort 7

I. Kinder und -Jugendzeit
1945 - 1963

Frühe Prägungen 10
Die Familie 29
Im Dorf 36
Im Garten und andere Abenteuer 43
Göttliches Licht verändert die Welt 49
Arnolds Fragen 65
Göttliche Wegweisung, Wut und schlimme Träume 69
In Harrys Welt 77
Ein äußerst bedeutsames Jahr 85
Ein endzeitlicher Rauswurf 92
Zweifel, Furcht und opfern 96
Zum Stammapostel 104
Das letzte Schuljahr, Mädchen und ein UFO 110
Tendenzen und Entwicklungen 116
Der Himmel stürzt ein 129
Flackerndes Licht 149
Neue Perspektiven 166
Verliebt 174

II. Marinejahre
1963 – 1968

In fester Absicht zum Ziel 177
Kleine Fische, große Mäuler 180
Ein lehrreicher Abschnitt 185
Auf schwankenden Planken 190
Kennedy-Mord, eine Feindfahrt und angstvolle Fragen 196
Astrid Johannson 205
Landkommandos, Autos und andere Probleme 214
Monika 218
Ulm, der Käfer, Walle und Berlin 228
Und nun ...? 241

III. Auf eigenen Füßen
1968 – 1995

Ein eigenes Zuhause 246
Die Jugend 256
Zeugen vom Gnaden- und Apostelamt 270
Das neue Gotteshaus 274
Krisenhaft und segensreich 276
Roberts Sturz 293
Neuland in der Pfalz 302
Rückkehr nach „früher" 309
Die Gemeinde 314
Frei im Glauben aktiv 317
Der „Fall" Nowak 322
Weitere Konflikte und ihre Folgen 327
Hamelner Perspektiven 332
Ein gewagter Schritt 346
Gotteskind und Siedlerglück 351
Eine Gemeinde weiter 388

IV. Der entweichende Himmel
1995 – 2019

Öffentliche Kritik 400
Demografischer Wandel und Erosion 403
Ein Intermezzo: – Geschwister Plattner 406
Der neue, janusköpfige Heilige Geist 409
Hoffnung trotz innerer Abkehr 427
Nach Halle an der Saale 435
Weitere ambivalente Erfahrungen 440
Der 4. Dezember 2007 452
Reflektierte Erfahrungen 460

Quellenangaben 475

Vorwort

Glauben Sie noch oder vertrauen Sie schon? ... Was die Frage soll? ... Nun, ohne diese Grundhaltungen geht bei uns Menschen gar nichts! Auch bei denen nicht, die sich als säkular oder areligiös verstehen. Deshalb: – Wehe, wenn das Vertrauen missbraucht wird, die Inhalte des Glaubens sich als *nicht glaubwürdig*, ja als interessengeleitet manipuliert erweisen ...

Etwa auf gleicher Ebene die Frage: – Schicksal oder Zufall? – Gibt es so etwas wie *göttliche Vorsehung oder Erwählung*, etwas, das unserem Dasein seine ganz eigene, mitunter erstaunliche Richtung gibt – durch Fügungen etwa, Genese oder soziale Herkunft? ...
Oder sind es doch mehr die Lebensumstände, dem Zufall entsprungene Ereignisse, die das in uns angelegte Potential zur Entfaltung bringen, uns so – mehr oder weniger selbstbestimmt – unseren Weg finden lassen ...?
Fragen, auf die der Glaube wie auch Wissen und Erfahrung ihre je eigenen Antworten haben.

Psychologen sprechen von Sozialisation und kulturellem Umfeld, die uns im Zusammenwirken mit genetischen Anlagen und Lernprozessen zu der Person werden lassen, als die wir uns selber fühlen und begreifen und als die unser soziales Umfeld uns wahrnimmt. Ein lebenslanger Prozess, mit dem potenziell auch die Fähigkeit wächst, die eigene Lebenssituation kritisch zu reflektieren und zu steuern. Das kann bis zur Auflösung von Bindungen an das Herkunftsmilieu führen, einschließlich des „ererbten" Weltbildes und daraus resultierender Denk- und Verhaltensmuster. – Indes: Ein oft verstörender Weg, auf dem bis da Aufgewachsenes nur schwer verdorren und Neues zumeist nur zögerlich aufwachsen will.

Dabei sind soziale Milieus überall auf der Welt auch von religiösen, pseudoreligiösen oder weltanschaulichen Formationen geprägt, oft intransparent, aber zumeist einflussreich und massiv finanziell orientiert. Ihre selbst definierte Funktion: Menschen gemäß „höherer" Weisungen oder Einsichten auf den „rechten Weg" einer (möglichst homogenen) Gemeinschaft zu führen. Solcherart historisch gewachsenes Gut an „Wahrheiten" und Herrschaftsstrukturen – in Deutschland von Artikel 4 des Grundgesetzes geschützt – genießt in institutioneller Form zumeist die Privilegien einer öffentlich-rechtlichen Körperschaft: Eine geschichtliche Größe, die sich infolge gesellschaftlichen Status', angehäufter Reichtümer und Machtpositionen über lange Zeiträume als systemtragend herausgebildet hat.

Doch die heutige Wirklichkeit sieht anders aus: Die Mauern bröckeln von innen her! Vor allem die neuen Medien leuchten aus, was an Unwahrheiten, Manipulationen und Betrügereien bisher unter der Decke muffiger Pietät verborgen blieb. Höchste „absolute" Wahrheiten lösen sich im öffentlichen Diskurs zu teils perfiden bis lächerlichen Inszenierungen auf: Immer mehr Menschen nehmen das wahr und wenden sich ab: Die Stunde investigativer Rechercheure im Netz sowie all derer, die unter dem Damoklesschwert religiöser Instanzen gelitten und aus Furcht ihre Demütigungen und Verletzungen verschwiegen haben! Nun werden ihre Stimmen laut: reden, haken nach, beschuldigen, klagen an und traktieren die System-Protagonisten mit bohrenden Fragen. Und auch ohne den großen öffentlichen Aufschrei: Die Auszehrung der religiösen Institutionen wird sichtbar: an zerbröselnden theologischen Inhalten, an ausbleibendem Nachwuchs kirchlichen Personals und den Tausenden, die alljährlich aus den Kirchen austreten oder einfach wegbleiben und ihr Engagement und Geld anderswo einbringen.

Anhand der Vita des Robert Wegner will die nachstehende Erzählung den manipulativen Umgang mit Gefühlen, Hoffnungen und Ängsten von Menschen aufzeigen, die den religiösen Parolen ihrer Autoritäten und „Vorangänger" mehr oder weniger kritiklos folgen: Wie Worte, Bilder und Erfahrungen sich zu Vorstellungen, zu einer Bewusstseinsblase entfalten, in welcher eine angemessene Auseinandersetzung mit sich selbst, dem eigenen Milieu sowie der „externen Welt" kaum möglich ist. Und wie viele daran gescheitert sind – oft auf tragische Weise! Andere – wie hier der in der *Neuapostolischen Kirche* (NAK) [1,2] geprägte und später darin aktive Protagonist – haben Jahre und Jahrzehnte gebraucht, um ihre teils traumatische Ernüchterung zu verarbeiten.

Doch den Fragen und Zweifeln nachgegangen zu sein hat sich gelohnt! Denn erst sie haben die Bedingungen und immensen „Kosten" eines fremdbestimmten Lebens zutage gebracht: Eines Weges, den andere nach ihrem Gusto und zu ihrem Nutzen angelegt und fortgeschrieben haben, um ihn dann „zeitgemäß" zu relativieren, zu variieren und umzustrukturieren:
– Das primär emotional geknüpfte Netz einer autokratischen Hierarchie,

der allein mit mit besseren Einsichten sowohl in die Fakten ihres Werdens wie auch in die Wirkungsgeschichte einer indoktrinierten „emotionalen Logik" beizukommen ist.

Ob Schicksal oder Zufälle unser Leben bestimmen? – Eine Frage, die in dem Maße zurücktritt, wie wir das in uns liegende „Human-Potenzial" zu individueller Autonomie entwickeln und unser Leben selbstbestimmt gestalten.

Hannover, 19. Juni 2019 H. E. Gabriel

I.
Kinder- und Jugendzeit

1945 – 1963

Frühe Prägungen

Seit Robert und Monika Wegner Anfang 2008 zur Kur gewesen waren, drehen sie drei- bis viermal wöchentlich ihre Walking-Runden im Stadtpark. Auch an einem nieseligen Novembertag wie diesem, im Herbst 2009. Zügiges Gehen in frischer Luft, konzentriert auf die Körpersignale: Puls, Atmung, Rhythmus, Muskelreflexe ... Und auch die Gedanken traben; jeder in seiner Welt; meist wortlos, etwa 35 Minuten inmitten des längst braun und licht gewordenen Blattgolds, das nur noch vereinzelt von den mächtigen Baumkronen zu Boden segelt. Für den 64-jährigen Robert ideal als Retro-Trip zu den Knotenpunkten seines Lebens, zu Fragen und Antworten, die ihn immer freier und sicherer gehen lassen:
Du bis auf einer guten Bahn! ... Wenn du fällst, stehst du auf. Und wenn du nicht kannst, wird jemand da sein, der dir aufhelfen wird ...

„Gehen wir morgen wieder?"
  Beide haben ihr Leben lang nicht richtig Sport betrieben. Für die Marine hatte Roberts Kondition zwar gereicht, aber ein *Sportler* in dem Sinne war er nie gewesen. Und Moni hatte nach ihrer Volksschulzeit überhaupt alles vermieden, was irgendwie nach Sport aussah. Abgesehen von Federball. Aber das war für sie auch nicht Sport, sondern Spiel, und dazwischen lagen Welten.
  „Nein – soo doch nicht! – Das Ganze noch mal von voorn! ... Bis auch Fräulein Monika die Rolle schafft! – Mein Gott, Mädchen – steh´ doch nicht so steif da wie eine Ziege! ..."
  Den Tränen nahe, der vierte Anlauf: Sie schafft es nicht. 32 betroffene Blicke auf die kleinen weißen Schultern; der Puls puchert am Hals, die dunklen Haare wirr im gesenkten Blick: Wie verurteilt und vorgeführt fühlt sie sich – fröstelnd in der großen, zugigen Halle.

Sport in den 1950er Jahren, das ist in bundesdeutschen Dorfschulen Leibesertüchtigung im Stil der alten Zeiten, oft von Lehrern exerziert, die außerstande sind, das Ende des Zweiten Weltkriegs als das Ende eben auch ihrer alten Zeit zu begreifen. Nein, sie sind nicht vorbei: Gehorsam, Zucht und Leistungsbereitschaft: Merkmale einer auf altbewährten Fundamenten sich wieder aufrichtenden Gesellschaft. Die aber gründen tiefer als im eben zertrümmerten Nazi-Staat. Wie schon zu Kaisers Zeiten staatstragende Tugenden, sollen sie auch im jungen Nachkriegsdeutschland in die Köpfe und Seelen der Kinder eingetrichtert werden. Züchtigungen mit Stock und Riemen als probate Mittel pädagogischer Grundausstattung! Und es gibt genügend Lehrer, wie der junge Robert mehrfach zu spüren bekommt, die von der formenden Wirkung dieser Pädagogik überzeugt sind. Schließlich war es diese Methode, die viele von ihnen dahin gebracht hatte, wo sie heute vor den Kindern standen.

„Ich wusste es doch, du Rüpel – stehst du wohl auf! ..."

Mit feuerrotem Kopf fixiert er ihn, der massige alte Harms, hoch aufgereckt, die Hände zu Fäusten verkrampft; die Wut in seinem Gesicht lässt den Jungen erschauern.

1954. Szene in einer Dorf-Grundschulklasse im Aller-Leine-Dreieck. Als geschähe es in diesem Augenblick, spürt Robert auch heute noch, wie dem knapp Neunjährigen, der er damals war, Angstschauer über den Rücken jagen, wie ihm hundsübel ist, Tränen in die Augen schießen ...

Ein Anflug von Trotz. – Einen Atemzug lang wähnte er eine behutsame, tröstende Hand über seinem Kopf - doch ein sanfter Luftzug nur, der durch die Wirbel seiner leichten, strohblonden Haare gefahren war ...

Draußen ein strahlend blauer Kinder-Sommertag. Durch die übergehakten Fensterflügel hatte er seinen milden Atem in die Sinne der Kinder gehaucht. Doch der Junge spürte davon nichts; ihm war dunkel-stickig, dröhnte es in Brust und Schläfen, und bis in die Haarspitzen angespannt stand er da, auf die graue, hohe Gestalt starrend, die sich drohend vor ihm aufgebaut hatte. Er wusste, was jetzt kam – wie die 30 Jungen und Mädchen auch, die, mit stockendem Atem in den Bänken kauernd, die angsterfüllte Enge des Raums mit ihm teilten.

„Lügst' auch noch, Bengel", hatte der Rektor gebrüllt. „Warte, dir werd' ich's zeigen!" Im Nu den Stock in der Hand, zerrte er, die andere im Nacken des Jungen, den schreiend Zappelnden aus der Bank, um seinen Oberkörper mit roher Gewalt auf den Tisch zu drücken, während der Rohrstock in seiner Rechten zehn klatschende Hiebe auf den sich windenden Allerwertesten und die nackten Oberschenkel landete. Als er schließlich, schwer atmend, den Wimmernden in Richtung Sitzplatz zurückstößt, löst im selben Augenblick das Bimmeln der Pausenglocke die Spannung, und die Kinder stürmen hinaus auf den kleinen Schulhof, der direkt vor der mächtigen alten Dorfkirche liegt.

Die einklassige *Kirchenschule* – zwei Jahre zuvor noch ein fensterloser, aus roten Ziegeln gemauerter Schuppenanbau am Wohnhaus des Kirchendieners – war notwendig geworden, nachdem die alte Dorfschule wegen der vielen Flüchtlingskinder aus allen Nähten platzte. So pendelten ein, zwei Grundschuljahrgänge regelmäßig einen Kilometer quer durchs Dorf – für die Kinder voller Späße und Kabbeleien, die, wenn sie den Lehrern zu Ohren kommen, nicht selten auch spürbar geahndet wurden.

Er hatte sich, als alle rausgestürmt waren, auf seinen Platz setzen wollen, um sein verheultes Gesicht in die Armbeugen zu versenken. Aber er konnte nicht sitzen, zu sehr schmerzten ihn sein Hintern und die Oberschenkel. So hatte er sich hinter die aufgestellte Klassentür geschlichen, wo ihn niemand sah. Als er dann, schon gegen Ende der Pause, doch noch zu den andern nach draußen getreten war, hatte er sich äußerlich beruhigt.

„Na ..., wenn das deine Oma erfährt ..."

Freya wusste, wovon sie sprach. Schließlich wohnte Robert bei seinen Großeltern im Haus ihrer Familie bzw. der alten Knigge, sodass sie nicht nur einmal mitbekommen hatte, wenn er sich wieder irgendetwas eingehandelt hatte. Immer auch eine Gelegenheit, darüber anschließend mit einigen in der Klasse die Köpfe zusammenzustecken.

Natürlich schimpfte seine Oma mit ihm, wenn er etwas angestellt hatte: löffelweise Sirup aus dem 5-Liter-Eimer in der kleinen Speisekammer genascht, sich gegen Schularbeiten sträuben, Widerworte, freche Bemerkungen ... Oder mit Pfeil und Bogen Brands Gänse jagen! Und im Schuppen – bis obenhin vollgepackt mit Strohballen – zündeln ... Dann gab's schon mal was: mit Latschen, Stock oder Gürtel. Doch am Härtesten traf es ihn, wenn sie, manchmal zwei Tage lang, kein Wort mehr mit ihm sprach!

Als er vier oder fünf war, war ihm das unerträglich gewesen! Er weinte dann fürchterlich und suchte unentwegt ihre Nähe. Bis sie schließlich, nach einer Ewigkeit, seinen Kopf in die Hände nahm und ihm mit ihren blaugrauen Augen, die ihm so viel bedeuteten, wieder offen ins Gesicht sah:

„Versprichst du mir das ...?"
Grundsätzlich herrschte zu Hause die Ansicht vor, dass Kinder sich im Beisein von Erwachsenen zurückzuhalten hätten. Kindlich-neugieriges Fragen oder unbefangenes Drauflosgeplapper wurde negativ beschieden. So bekam er häufig zu hören:
„Bengel frag nicht soviel!" – „Schlabber nicht dauernd dazwischen!" – „Wenn Erwachsene reden, hast du den Mund zu halten! ..." Oder auch: „Reden ist Silber, Schweigen ist Gold!" Und: „Zuhören ist allemal besser als selber reden! ..."

1900 geboren, war *Oma Meta* jetzt 54. Eine adrette Frau von durchschnittlicher Größe und Figur. Ihr langes graues Haar trug sie eingerollt oder als Knoten im Nacken. Trotz erster Falten empfand der Junge ihr Gesicht als glatt und weich. Alltags sah er sie kaum anders als in einem ihrer akkuraten Hauskittel. Dass sie eine immer noch ansehnliche Frau war, nahm er vor allem sonntags wahr, wenn sie ihr dunkelblaues Kleid mit dem leuchtend weißen Blütenmuster anhatte oder ein ähnlich gemustertes in Rotbraun. Eine ruhige, zurückhaltende Frau, die das gelernte Schneiderhandwerk in den Mangeljahren zwischen und während der beiden Weltkriege zu beachtlichem Können entwickelt hatte. So kam die Familie auch jetzt, in den ersten Jahren nach dem Zweiten Weltkrieg, relativ gut zurecht.

Opa Fritz, Jahrgang 1897, schlank und einsiebzig groß, war die zentrale Instanz in der Welt des Jungen. Wache hellblaue Augen über der ausgeprägten Mund- und Nasenpartie deuteten einen ernsthaften, doch nicht humorlosen Wesenszug an. Sein welliges braunes Haar, immer noch voll und vital, zeigte erste graue Spitzen. Obwohl mitunter auch barsch, griff er doch selten zum Stock. Für den Jungen die Rechtschaffenheit in Person: *Was er sagt, stimmt!* – Und dabei fand er, dass die blaue Postuniform, die ihn so gut kleidete, genau *das* ausdrückte – sichtbar für alle Leute im Dorf!

Obwohl nur im *Einfachen Technischen Postdienst*, war Fritz Wegner eine angesehene Person in der dörflichen Gesellschaft. Vielleicht auch, weil er erst 1940 und nur auf ausdrückliche Weisung seiner Vorgesetzten der NSDAP beigetreten war? Und weil ihn nach 1945 befreite Zwangsarbeiter, zumeist Polen und Russen, vor den einmarschierten Engländern in Schutz genommen hatten? – Für Fritz waren sie, die auf dem Gutshof, den zwei Baumschulen oder in der Gärtnerei seines Cousins schuften mussten, eben keine Menschen zweiter Klasse oder gar Untermenschen. Ganz im Gegensatz zu einigen Dorf-Honoratioren! Doch die, gestern noch zackige NS-Parteigenossen, waren nach der Kapitulation blitzschnell in ihre neue Rolle als quasi Widerständler und überzeugte Demokraten geschlüpft.

Als *Telegrafenbetriebswart in einem Entstörungstrupp* – immer noch mit militärischem Terminus – hatte er im Umkreis von 20 Kilometern den Telefon- und Telegrafenverkehr abzusichern. Auch auf die hölzernen Telegrafenmasten am Straßenrand, die die Telefonleitungen in die Dörfer und zu den abgelegenen Höfen trugen, musste er klettern. Ebenso hatte er die Relaisfunktionen in den Fernmeldestationen zu überprüfen sowie Störungen an Telefon- und Telegrafen-Endgeräten zu beheben. Dafür stand ihm eine schwarze 1938er DKW-Limousine zur Verfügung, anfangs noch mit einem mächtigen Holzvergaser auf dem Buckel. Das einzige weitere Auto in ihrer Straßenecke stand schräg gegenüber, in Stünkels Garage: Ein grauer Mercedes-Kombi 190 D mit Blaulicht und Signalhorn – der Rotkreuz-Krankenwagen, den Edchens Vater fuhr. Und wie bei Robert zu Hause, auch dort eines der wenigen Telefongeräte, die es in ihrem 1800-Seelen-Dorf gab, schwer und aus schwarzem Bakelit.

„Opa, du siehst aber komisch aus!"

Robert mag fünf Jahre alt gewesen sein, als er Fritz zum ersten Mal einen Telegrafenmast besteigen sah. Fest hatte er die Fausthandschuhe vor den Mund gepresst, als er den eiskalten Wind spürte, der über die gefrorenen Stoppelfelder zu beiden Seiten der Landstraße zog. Am Horizont des platten Landes erschienen ihm die eben passierten Häuser jetzt fern und zusammengeschrumpft. Kein Baum und kein Strauch, der hier vor dem kalten Wind schützte. Den schwarzen DKW auf der etwas abschüssigen Berme abgestellt, hatten sie vor dem Telegrafenmasten gestanden und zu den leuchtend weißen Porzellan-Isolatoren hochgeschaut. Wie Puppen waren die auf dem rostbraunen Eisengestänge gesessen, als dem Jungen plötzlich war, als wären sie es, die unter den grauen, vom pfeifenden Wind getriebenen Wolkenbildern in die entgegengesetzte Richtung dahinjagten ...

„Junge, setz dich ins Auto, du wirst dich erkälten!"

Breitbeinig, die klirrenden, nach innen gebogenen Klettereisen an die Skistiefel geschnallt, hatte er Opa auf den Mast zustelzen sehen. Steife, schwarze Ledergamaschen um die Schienbeine und über der Reithose die dicke, dunkelblaue Postjoppe; ein grober Wollschal schützte Hals und Nacken, während runde, gewölbte Samtkappen, die unter der blauen Post-Skimütze hervorlugten, die Ohren bedeckten.

Auf dem Beifahrersitz hockend, hatte der Junge ein Guckloch in die beschlagende Windschutzscheibe gehaucht – und da draußen Opa, wie ein in sichere Rüstung gehüllter Beschützer! Selbst wenn jetzt einer der bellenden Hunde auf sie zuspränge, wie er sie im Vorbeifahren auf den Höfen gesehen hatte – vor ihm, da war er sicher – würden sie weichen! Als er ihn schließlich ganz oben – wie auf dem Rücken eines Riesen – von einem breiten Ledergürtel am Mast gehalten, die Zange an die Porzellanpuppen führen sah, wusste er: Gleich ist es geschafft, die Störung beseitigt, und sie können weiter. Ein warmes Gefühl war in dem Moment in ihm aufgestiegen, und er war stolz, mit Opa hier sein zu dürfen.

Als sie weiterfuhren, begann es bereits zu dämmern, und die Kälte zwickte durch die Kleider. Seit zehn Uhr waren sie unterwegs. Während sie in den Dörfern langsam über das Kopfsteinpflaster der Hauptstraße gerollt waren, hatte die Wintersonne das dunkle Rotbraun der alten Fachwerkhäuser aufscheinen lassen, unter dem mächtigen Geäst uralter Eichen hindurch; zu beiden Seiten die alten Hofgebäude, die wie geduckt den Atem anzuhalten schienen. So hatte er irgendwann die meisten Ortschaften in Opas Bezirk durchquert, Strecken, die Fritz die ersten zwei, drei Jahre nach dem Krieg noch mit dem Fahrrad zurückgelegt hatte. Dabei waren immer auch einige Leine- und Allerbrücken zu überqueren, deren Holzbohlen, auch bei langsamer Fahrt, laut klapperten – mit ihrer je eigenen „Melodie". Obwohl sich die Ortsbilder von einander unterschieden, löste doch das, was der Junge in ihnen wahrnahm, das gleiche heimelige Gefühl aus: Waren es die mächtigen Eichen, die überall die Straße säumten und die Dörfer schon von weither sichtbar machten, ihre spitz in den Himmel stechenden Kirchtürme –, lange schon, bevor sich die ersten geduckten Häuser zu erkennen gaben ... ?

Zuerst hatten sie zwei in Privathäusern eingerichtete Fernmeldestationen aufgesucht. In der zweiten hatten sie Mittag gemacht. Aus der blechernen Wehrmachts-Brotdose war ihnen der Duft frischer Brote in die Nase gestiegen, und der Muckefuck, coffeinfreier Kaffeeersatz aus Getreide, den Fritz aus der dampfenden Thermoskanne in ihre Emaillebecher gegossen hatte, war eine Wohltat – vor allem für die klammen Finger, und bei jedem Schluck waren ihre Atemfahnen in den kalten Raum aufgestiegen.

Anschließend hatten sie zwei Telefon-Teilnehmer aufgesucht, deren Apparate gestört waren. Als dabei der Wagen in der gefrorenen Einfahrt eines Bauernhofs ins Schlingern kam, die Räder bei aufheulendem Motor durchdrehten, hatte der Junge trotz der Kälte die Scheibe heruntergekurbelt, um hinausgebeugt dem beeindruckenden Kraftakt besser zusehen zu können. Der zweite Teilnehmer, ein paar Dörfer weiter, war ein Kolonialwarenhändler im Erdgeschoss eines älteren, mehrgeschossigen Hauses. Das hatte den Jungen zu seiner eigenen Verwunderung an eine alte, vornehme Dame erinnert – so, wie er sie neulich in der „Bunten Illustrierte" abgebildet gesehen hatte: in einem mit weißen Spitzen besetzten Kleid und einem Gesichtsausdruck, der ihm ebenso fein wie rätselhaft vorgekommen war. Bei dem Haus vielleicht – möglicherweise als Kontrast zu der wuchtigen Feldsteinkirche direkt gegenüber – wegen der filigranen Holzgiebel-Verzierungen: weiße, gewundene Blumenornamente, die vor dem grauen Winterhimmel hell leuchtend hervortraten? ...

Als Fritz den Wagen schließlich zu Hause vor dem Gartenzaun abstellte, war beiden die Kälte längst in alle Glieder gekrochen. Auch hier, auf der breiten Sandstraße, waren die Treckerspuren gefroren. Im Sommer eine gelbstaubige Piste, vermögen ergiebige Regenschauer sie doch schnell in eine einzige matschig-glitschige Seenplatte zu verwandeln. Etwa anderthalb Kilometer verlief die breite, unbefestigte Straße am westlichen Dorfrand in Nord-Süd-Richtung - dabei auch durch jene Kiefernwaldabschnitte, in denen sich östlicherseits drei kleinere Hügel aufwarfen – für die zahlreich auftauchenden Kinder ein ideales Indianer-Terrain und immer, wenn genügend Schnee dalag, ein wahres Rodelparadies!

Die Handvoll Häuser, aus denen die Kinder kamen, trugen Namen wie *Knigge, Meyer, Steimke, Hauschild, Stünkel, Feldmann, Dierking* und *Brand*. Die meisten von ihnen befanden sich zum südlichen Ende der Straße hin und waren in den 1930er und 40er Jahren gebaut. Auch Wegners Gartengrundstück lag hier, direkt an Knigges grenzend, in deren Haus sie seit einigen Jahren im Obergeschoss zur Miete wohnten.

In mühevoller Plackerei hatten Fritz und Meta mithilfe von Verwandten die Kiefern auf ihrem Grundstück gefällt – fast ein ganzer kleiner Wald – und die Stucken mit Axt und Hebeleisen aus dem sandigen Boden gequält. Nach und nach hatte Fritz dann die mit der Handsäge zerkleinerten Stämme mit Axt und Keil zu Feuerholz gespalten und in der Bretter-Remise an dem alten Klinker-Schuppen bis hoch unters Dach gestapelt. Eine Wagenladung Torfplacken, die sie sommertags zusammen mit Nachbarn in schweißtreibender Arbeit im Ostenholzer Moor gestochen hatten, war dort ebenfalls aufgeschichtet.

Aber bald, so hatte er dem Jungen verraten, würden auch sie sich, hier auf ihrem Grundstück, ihr eigenes Haus bauen.

Etwa fünfhundert Meter weiter nördlich, auf derselben Straßenseite, gab es drei lange, dunkelgrün gestrichene Holzbaracken, die von der Straße her hintereinander in den Wald hineinragten, die mittlere bis vor einen der Rodelhügel. Irgendwann hatte Robert mitbekommen, dass die da drinnen nicht von hier wären: – *Flüchtlinge*, hatte es geheißen, und dabei hatten die Leute ihre Stimme gesenkt.

Aber da waren auch Kinder ...

Während des Krieges, so hatte er mitbekommen, hätten da drin Gefangene gehaust: Russen, Polaken, Tschechen und so was ... Zwangsarbeiter eben. Ohne dass er genau gewusst hätte, was das Wort bedeutet, hatte er es doch als bedrückend empfunden.

Als er hinter Fritz die erste der beiden Treppenstufen vor der Haustür erklimmen wollte, war *Anka*, Knigges schwarz-weißer Englisch Cocker Spaniel, wie ein Blitz aus der Stalltür geschossen und hatte ihn mit seinem Gekläff beinahe zu Tode erschreckt. Schrill hatte er aufgeschrien, doch mit einem Fußstampfer und: „Willst du wohl ...!" – hatte Opa ihn gerettet.

Dann, noch mit zittrigen Knien auf den knarrenden Treppenstufen nach oben, war ihm jäh der Duft frischer Kartoffelpuffer in die Nase gestiegen:

„Opa, ich weiß, was es heute gibt ..."

Im schmalen Flur, dessen taubenblaues Holzstabgeländer den Blick nach unten in das schummrige Treppenhaus freigab, hatten sie ihre Sachen an die dunkle Eichen-Garderobe gehängt. Wie er dann Opas Gamaschen so auf die Schuhe gestülpt dastehn sah, darüber die grobe Joppe gehängt, die Mütze oben auf der Ablage – da hatte der Junge im Halbdunkel die Umrisse eines guten, mächtigen Wächters vor der Tür fantasiert; sein Geheimnis, das er mit in die wohlig warme Küche nahm.

„Och Gott, Bengel, wie siehst du denn aus?! ... Du hast ja einen ganz roten Kopf – und deine Hände ... eiskalt! ..."

Mit beiden Händen hatte Meta seine Wangen gewärmt, die heiße Stirn gefühlt, um ihm, nachdem Fritz sich in der Emailleschüssel die Hände gewaschen hatte, mit einem warmen Waschlappen die klammen Hände abzurubbeln.

Und dann – *die Kartoffelpuffer!* ...

Dass *Zuhause* seinen eigenen Geruch hat, wusste er. Besonders samstags, wenn Meta in der Küche den braunen, mit feinsten Nägeln auf die Holzdielen gehefteten Stragula-Belag mit Bohnerwachs einrieb. Ebenso die Stube: der polierte Schrank, die Bücher, der kalte grüne Kachelofen und die Gardinen. Oder die im Winter bitterkalten Schlafkammern, die klammen Federbetten. Selbst mit verbundenen Augen hätte er anhand des Geruchs sagen können, in welchem Raum er sich befand.

Aber auch, dass *Zuhause* seinen eigenen *Geschmack* hat, stand für ihn fest: Wie jetzt die Kartoffelpuffer! Oder die Brote heute Morgen aus der Blechdose. Stampfkartoffeln mit ausgelassener Butter und zermatscht mit ein, zwei weichgekochten Eiern ... Ja, selbst der Waschlappen! Jeden Morgen, wenn Oma ihm damit durchs noch halb schlafende Gesicht fährt: Hals, Ohren, Nase, Mund ...

Anderswo riecht anders. Und nichts schmeckt wie zu Hause! Selbst nicht bei Mama und Papa! ...

Fritz' Platz in der Küche war das Sofa hinter dem Tisch, eine Knüpfarbeit *Röhrender Hirsch im herbstlichen Buchenwald* etwas versetzt im Rücken, der Junge auf einem derben Stuhl ihm gerade gegenüber und damit er besser mit Messer und Gabel hantieren könnte, von Meta immer noch ein Kissen untergeschoben. Sie selbst saß rechts von ihm, aber sonst meistens auf der Holzkiste zwischen Sofa und Herd: Zeitung lesen, Kartoffel schälen, Schnittmuster fertigen. Und abends, im matten Schein der schwarzen Metall-Tischlampe, stricken und stopfen: Handschuhe, Pullover, Socken und Schals – für Fritz, Sohn Werner und drei Enkelkinder! Fünf Jahre nach Kriegsende und jetzt auch schon wieder zwei Jahre nach der Währungsreform, als über Nacht ihr ganzes Erspartes futsch gewesen war. Gut nur, dass sie noch vor Kriegsende das Grundstück gekauft hatten: Mit 40 D-Mark Kopfgeld und vagen Versprechungen hatte die Nachkriegsregierung sie in eine nebulöse Zukunft entlassen!

Wer weiß, was da noch alles kommt! ...

Meta schob ein Brikett in das niederbrennende Herdfeuer. Die Holzkiste voll mit Holzscheiten, Torfstücken und Briketts, daneben Eierkohlen in einem nach oben hin konisch zulaufenden Schüttbehälter aus schwarzem, gehämmertem Blech.

Durch das einzige Küchenfenster, das im kleinen, hohen Spitzgiebel nach Osten wies, fiel spärlich abnehmendes Tageslicht ein. Für Robert der Ort eines seiner einschneidenden frühkindlichen Schreckerlebnisse.

Er mag knapp drei Jahre alt gewesen sein, als Meta ihn auf ihrem Arm hinunter auf den Hof blicken lassen wollte. Als er dabei mit dem Kopf hart an die Erkerecke gestoßen war, hatte der jähe Schmerz ihn heftig aufschreien lassen. Ihr Reflex, die schmerzende Stelle mit der kalten Klinge des Brotmessers kühlen zu wollen, hatte ihn jedoch erst recht in Panik versetzt! So blieb dieser Moment des sich schreiend in ihrem Arm Windens, der ihn doch nur halten und beruhigen wollte, verbunden mit bereits dem leisesten Gefühl von Einengung oder Bedrohung, stets dazu angetan, latente Furcht und Fluchtreflexe bei ihm auszulösen.

Ein weiteres Ereignis, vielleicht ein halbes Jahr später, hatte diesen Zug noch verstärkt: Fahrrad-Ausflug an einem sonnigen Sonntagnachmittag. Als nach Wiesen und Feldern ein großes Waldstück in Sicht gekommen war, hatte ihn ein furchtbarer Verdacht gepackt: – *Wie Hänsel und Gretel wollen sie ihn aussetzen!* ... Im eisernen Kindersitz an Opas Lenker gefangen, hatte die Furcht alle seine Sinne verkrampft, ja, den ganzen kleinen Körper, der sich nur panisch an die kalte, unnachgiebige Verschlussstange vor ihm zu klammern wusste. Abends im Bett war die Erleichterung dann keineswegs so weit gegangen, dass ihm jeder Zweifel geschwunden wäre.

Und schließlich – wohl noch kein Jahr weiter – die Sache mit Olga: Drei oder vier Jahre älter als er, hatte die ihn in ein Kornfeld gelockt: – *Doktor spielen!* – Im Schutz der sie dicht umschließenden Roggenhalme hatte sie ihm Hose und Schlüpfer runtergezogen, um sich an seinem Pinjökel zu schaffen zu machen. Als er zu schreien begonnen hatte, sich losreißen wollte, hatte sie ihm erschreckt den Mund zugehalten und dabei zu Boden gedrückt. Erst nachdem er ihr schluchzend versprochen hatte, nicht zu petzen, hatte sie ihn an die Hand genommen und, unterwegs immer wieder beschwörend auf ihn einredend, nach Hause gebracht. Meta hatte seine Verstörung zwar bemerkt, doch hatte er aus Furcht vor Olga kein Wort darüber über die Lippen gebracht.

Wenn er geraume Zeit später auf einen Küchenstuhl gestiegen war, um aus dem kleinen Erkerfenster nach unten auf Knigges Hof zu schauen, war ihm neben dem eingeschossigen Stall-Anbau eine Ecke von deren Nutriazucht in den Blick gekommen. Auf seine Frage nach dem ständigen Gequieke hatte Oma ihm beim Hühnerfüttern gesagt, dass die rattenartigen Tiere nur dafür da seien, um aus ihrem Fell teure Mäntel und Mützen zu machen. Das hatte ihn bestürzt. Denn von Opa wusste er, dass man Tiere nur tötet, um etwas zu essen zu haben. Und dass anständige Menschen darauf achteten, allen Lebewesen unnütze Leiden zu ersparen. An einem hellen Sommertag war das, als er im Hof auf der Erde hockend einen sich windenden Regenwurm mit einem Stock in den Sand gedrückt hatte. Später würde Opa ihm von Albert Schweitzer erzählen, dem berühmten Urwald-Doktor im afrikanischen Lambarene, und von dessen Lebensmotto: *Ehrfurcht vor dem Leben* –, was ihn nachhaltig beeindrucken sollte!

Zweifellos war die Küche reich an keimhaften Maßgaben, die zu den prägenden Anfängen seiner werdenden Persönlichkeit zählen. Auch Gerüche gehörten dazu. Etwa der Zink-Schmutzeimer: allmorgendlicher Ausguss für drei Urin-Nachttöpfe und tagsüber für Wasch- und Küchenwasser. Der, von Oma zwei-, dreimal am Tag das dämmrige Treppenhaus hinunterbalanciert, dann vor dem Haus entlang, um endlich im Stall-Anbau in den aufgemauerten Ausguss vor der gusseisernen Handpumpe entleert zu werden. Dort den in der anderen Hand mitgetragenen weißen Emailleeimer mit Trinkwasser vollgepumpt, wieder nach oben geschleppt, auf den Stuhl neben der hölzernen Waschkommode, in deren Unterteil dann scheppernd der ausgespülte Schmutzeimer verschwand.

Getrunken wurde aus einer langstieligen emaillierten Schöpfkelle, die am Wassereimer hing. Gründliches Waschen für alle war samstags. Dazu wurde die aus dem Keller geholte Zinkwanne vor den Herd gestellt und ein paar Eimer hochgeschleppten Wassers in großen Töpfen auf den glühenden Herdplatten erhitzt. Dass Fritz und Meta sich gegenseitig den Rücken wuschen, hatte er ein-, zweimal gesehen, als er noch klein war. Sich selbst sieht er splitternackt von Oma in die Wanne gestellt, mit Kernseife auf dem Waschlappen eingeseift, dann auf den danebenstehenden Stuhl gehoben und mit einem harten Tuch trockengerubbelt. Bis er zur Schule kam. Dann hieß es: „Das kannst du jetzt auch schon selbst!" Allerdings wurden Ohren, Hals, Ellbogen und Knie weiterhin kontrolliert und nicht selten von Oma heftig nachgearbeitet!

Werner, sein 15 Jahre älterer Onkel, duschte, wenn er am Wochenende zu Hause war, im Umkleidebereich des Fußballklubs. Anders bei *Edchen*, dem Sohn des Krankenwagenfahrers, den seine Mutter auch als Schuljunge noch in der Wanne abrubbelte. Irgendwann, als er sich eigentlich mit Edchen treffen wollte, hatte Robert sie dabei angetroffen: Die Lippen wie immer knallrot, und dabei hatte sie stark nach Bier gerochen. Ein Umstand, für den sich Edchen und sein wohl 10 Jahre älterer, fast tauber Bruder Hans genierten. Doch sie betrieb den einzigen Flaschenbierverkauf in der Ecke, und wer aus den umliegenden Häusern auf die Schnelle ein Bier wollte, der muss zu ihr hin.

Das Klo befand sich ebenfalls im Stall-Anbau, nach einem kurzen Mittelgang zwischen den Schweineboxen hinter zwei flatterigen Brettertüren. Dort je eine aus gehobelten Brettern gezimmerte Bank mit kreisrundem Loch und entsprechendem Deckel. Kleingerissene Zeitungsseiten, auf einen Nagel in der Trennwand gespießt, entfalteten hier ihren Unterhaltungswert ein weiteres Mal. Wegners rechts, Knigges links. Knigge - das waren die beiden Alten, Emma und Ernst, sowie die jungen Knigge mit *Freya* und dem zweijährigen *Uwe*. Und Gisela, die Schwester des jungen Knigge, die mit ihrem frisch angetrauten Paul auf Matratzen zwischen ein paar alten Möbelstücken direkt über der Wegnerschen Wohnung auf dem Dachboden hauste.

Zwei der sechs Schweine gehörten Wegners; in der Box hinter ihrer noch Knigges junge Ziege. Die, ewig meckernd und bei jedem Stallbesucher aufgerichtet die Vorderfüße auf die halbhohe Boxtür gestellt, verendete jämmerlich, nachdem sie Bert ein paar Tage zuvor eine komplette Zeitung aus der Hand gefressen hatte.

Als bedeutungsvoll für den Jungen sollte sich das Radio in der Küche erweisen, ein sogenannter „Volksempfänger" in rabenschwarzer Hochglanzpolitur. 1939 hatten Fritz und Meta ihn als Hauptgewinn einer Post-Tombola gewonnen, sehr zur Freude auch ihrer beiden Kinder *Gertrud* und *Werner* – damals 13 und 9 Jahre alt. Somit auch Anlass genug, nun beim alten Knigge auf Stromleitungen in der Wohnung zu drängen. Dafür waren sie bereit, sich an den Kosten zu beteiligen. Bei Gewitter und Sturm allerdings zündeten sie – sicherheitshalber – nach wie vor die bauchige Petroleumlampe an. Auch Jahre später noch, als Robert in deren zuckendem Spiel von Licht und Schatten sich die bizarrsten Bilder und Geschichten auszumalen wusste.

Das schwarze Radio-Prachtstück hatte seinen Platz auf einer kleinen Kommode zwischen einem Nähtischchen mit ziegenhautbespannter Bogenlampe und dem Kopfteil von Fritz' Sofa gefunden. Wenn dann der auf dem Sofa hockende Junge aus seinem Holz-Baukasten Türme, Häuser, Brücken und Schlösser fabulierte, war das Gerät zumeist eingeschaltet: furiose Marsch- und Orchestertakte, die seine Gedanken und Gefühle auf Trab brachten oder Violinenstücke, die ihn an Opas Geige gemahnten, die er in einem rot-samt ausgeschlagenen Kasten oben auf dem Stubenschrank wusste. Und natürlich lauschte er den sonoren Erzählstimmen, die mit ihren Märchen und Abenteuern die Grenzen seiner kleinen Welt öffneten und ihn schnell in wundersame, ferne Sphären zu entführen wussten.

„Oma, am liebsten höre ich, wenn sie singen. Oder wenn ganz viele Geigen spielen, auch mit Trommeln dabei. – Nur Klavier finde ich nicht schön! Da klingen die Töne so einzeln ..."

Nominell evangelisch, waren die Wegners jedoch keineswegs Kirchgänger. Religiöses im Radio drehten sie zumeist weg. So erfuhr der Junge kaum etwas über Kirche und Glauben. Aber die Dorfkirche kannte er. Einmal zu Heilig Abend hatte Werner ihn auf den Schultern durch den verschneiten Wald und das stille Dorf zum Krippenspiel getragen. In der Finsternis des engen Kirchwegs hatten ihn die jäh geheimnisvoll und warm aufleuchtenden Kirchenfenster in Staunen versetzt. Und dann erst, als ihn Augenblicke später, inmitten all der aus dem kalten Dunkel in die Kirche drängenden Menschen, der von unzähligen Kerzen erleuchtete Raum grell blendete! ...

Die warme, stickige Luft hatte ihn die klammen Fäustlinge vor den Mund pressen lassen: Tannenduft im Rauch flackernder Kerzen, und der ganze Raum voll wogenden Gemurmels all der Vielen, die hier in der Aura weihnachtlichen Zaubers zusammengekommen waren. Mitten hindurch hatte sich der Neunzehnjährige gezwängt, den Kleinen auf dem Arm, über enge, knarrende Stufen hoch zur Empore. Dort war die erste Reihe vor der Brüstung zusammengerückt, sodass dem auf Werners Knien Hockenden der ganze festlich geschmückte Raum mitsamt den unten vor der Empore sichtbar werdenden Bankreihen zu Füßen lag.

Aber so sehr ihn anfangs das Krippenspiel vor dem Altar auch gefesselt hatte – auch der mächtige, ganz in Silber prangende Weihnachtsbaum –, es war ihm doch bald schon zu eng und zu warm geworden – ja, ganz und gar ungemütlich. Bis er bei seinem Hin- und Hergerutsche unter sich einen Hut erspähte, der ihm wie eine Fratze hochzugrinsen schien. Doch das änderte schlagartig, als der sich schnell zu beachtlicher Größe angewachsene Spucketropfen wie in Zeitlupe von seinen gespitzten Lippen löste ...

Als darauf die imaginäre Fratze mit einem Ruck nach hinten gekippt war und zwei erboste Frauenaugen seinen grade noch zurückzuckenden Kopf doch wohl noch erblickt hatten –, da war ihm noch ungemütlicher geworden, und mit erneutem Ruckeln und Gequengel hatte er Werner endlich bewegt, ihn aus dieser bedrohlichen Enge zu befreien: hinaus unter das sternenfunkelnde Firmament, wo sie sich in kristallklarer Luft heiter in das Dunkel ihres weihnachtlichen Heimwegs begeben hatten.

Das war bis da seine Erinnerung an „Kirche".

Bis zu jenem Sonntagmorgen, als er durch die aufzwitschernden UKW-Frequenzen plötzlich Choralmusik vernahm: kräftig, melodisch, von brausenden Orgelklängen getragen. Unvermittelt und tief hatte sich der mächtige Gesang in sein Gemüt gegraben.

„Oma, was ist das für Musik ...?"

Eine Weiden-Molle auf ihrem Schoß, war sie dabei, Kartoffeln in eine E-maille-Schüssel zu schälen. Fritz war im Garten. Ohne aufzublicken spürte sie die wachen blauen Augen des Jungen, den leicht geöffneten Mund. Und nach einem kleinen Augenblick und während sie weiterschälte:

„Das ist Kirchengesang. Da singen ganz viele Leute in einem Gottesdienst, und dazu spielt eine Orgel. Aber Kirchenorgeln können furchtbar laut sein! ..."

Dabei hatte es sie fast amüsiert, als sie die nicht enden wollenden Fragen zu Orgel und Kirche nur mit Mühe zu beantworten wusste. Und dass ihr dabei sogar der Begriff *Königin der Instrumente* über die Lippen ging.

„Wenn Opa gleich kommt, kannst du ihn ja auch noch fragen. ..."

Und noch etwas passierte in der Küche, vielleicht ein Vierteljahr später. Bis heute ist Robert überzeugt, dass damit für ihn eine entscheidende Weiche gestellt worden war! Obwohl er noch nicht zur Schule ging, hatte er bereits ein gewisses Verhältnis zur Tageszeitung. Denn allmorgendlich, wenn Fritz aus dem Hause war und Meta die Zeitung am Küchentisch durchblätterte, registrierte er den Geruch frischer Druckerschwärze –, ja, er beschnupperte das Papier förmlich, und es machte ihm Spaß, wie er mit den Fingern Buchstaben und Bilder verwischen konnte.

„Bengel, nun guck dir doch bloß mal deine Hände an! – Und auch dein Pullover ... Heb' mal den Arm hoch ...!"

Es muss um Karfreitag gewesen sein. Regen war in leichten Böen gegen das kleine Fenster geprasselt, als ihm im Licht der tief hängenden Küchenlampe der Scherenschnitt eines Kruzifixes ins Auge gefallen war. Er hatte innegehalten, sich dann mit stockendem Atem aufgerichtet und tief Luft geholt –, aber seine Gedanken schienen blockiert:

„Oma, ist das da ein Mensch? ... Warum hängt denn der da? ... Ist der tot? ..."

In seinem Kopf war das Bild vom letzten Schlachtfest aufgeblitzt. Nein, er schrie nicht mehr wie am Spieß, aber er rannte immer noch weg, wenn sie das Schwein aufhingen: die gespreizten Hinterbeine mit Stricken an den durch die geöffneten Sehnen geschobenen Schwengel fixiert und so an die obere Sprosse der aufgestellten Leiter gebunden. Es hatte ihn zutiefst verstört, als die Männer – *auch Opa!* – das in Todesangst schreiende Tier über den Hof gezerrt und auf dem umgestülpten Holztrog zu Tode gebracht hatten.

Aber wenn ein Mensch da so hängt ...?

So klein er war, wehte ihn doch schon etwas an aus jenen Abgründen, in die Menschen hinabzusteigen vermögen und unvorstellbare Dinge tun.

„Och Gott, Junge ... Das ist unser Herrgott, der Herr Jesus. Den haben die Menschen umgebracht und ans Kreuz geschlagen. Aber das ist schon ganz lange her."

„Den lieben Gott? – Ist denn der tot? – Gibt's den gar nicht mehr im Himmel ...?" – Ungläubig hatte er sie angestarrt.

„Und warum haben die ihn totgemacht ...?"

„Ach Gott, Junge, warum, warum? – So genau weiß ich das auch nicht. Aber der hat den Menschen wohl die Wahrheit gesagt – und die mochten sie nicht hören. ..."

Sie hatte gemerkt, wie sie mit ihrem Kirchenlatein am Ende war und dass sie auf die vielen *Warum?* des Jungen keine Antworten wusste. Jedenfalls keine, die ihr selber plausibel erschienen. Den Jungen aber ließen die Fragen, ließ *das Fragen* nicht mehr los, sein Leben lang nicht! – *Warum tun Menschen einander so Schreckliches an ...? Warum so grausam zu Tieren ...? Und* – wie er später erfahren wird – *mit Kindern ...?*

Warum schießen Soldaten wildfremde Menschen tot und wer oder was treibt sie dazu ...? Oder warum haben so Viele so wenig – oder gar nichts ...? Und Andere so viel mehr als sie brauchen ...?

Es dauerte nicht lange, bis er sonntags im Radio besonders jenen Männern lauschte, die über all das redeten, was ihn bewegte. Nur dass die offenbar richtig Bescheid wussten: dass Gott im Himmel wohnt und was der denkt; wie er Himmel und Erde lenkt, die Meere, die Völker und auch dich und mich. Und über den Teufel, der die Menschen zum Ungehorsam gegen Gott verführe, zum Lügen und sich einander zu betrügen, zu ärgern und zu quälen. Deshalb habe Gott sie auch aus dem Paradies vertrieben, und so wäre dann auch das Morden in die Welt gekommen. Somit wäre der *Ungehorsam* die *Ursünde*, die Schuld, für die es das ganze Leben zu büßen gelte. Und zwar nicht nur für deren Schuld, die damals im Paradies ungehorsam gewesen wären, sondern – so stünde es in der *Heiligen Schrift* – auch für die ihrer Nachkommen – ja, aller Menschen! Und nur den wahrhaft Bußfertigen wolle der Allmächtige diese geerbte Sünde und alles, was sie in ihrem Leben noch dazu an eigener Schuld auf sich lüden, vergeben. Außerdem habe er schon bei Grundlegung der Welt festgelegt, wem er gnädig sein würde und wem nicht. Somit sei es gut und heilsam, um Gottes Strafen und Gerichten zu entgehen, in die Kirche zu gehen und sich um Gottes Wohlgefallen zu bemühen. Das erlange man durch den Glauben an Gottes Wort, das in der Bibel stehe und das die Menschen, die sich danach richteten, auf Gott wohlgefällige Wege leite. – Am Schlimmsten aber sei, so hatte er vernommen, dass die Menschen – oder besser: *die Juden!* – den einzigen Sohn, den Gott gehabt habe, ja, der den Menschen den Weg zur Versöhnung verkündigt habe, umgebracht hätten. ...

„Opa, woher weiß denn der das alles?"

„Tja, Junge, das ist ein Geistlicher! ... Die haben das studiert. Und so was steht wohl auch in der Bibel. Ein dickes Buch mit Geschichten über Gott und Jesus. Haben wir auch im Stubenschrank stehen. Heißen Pastor, diese Geistlichen. Und wenn die in der Kirche reden – oder predigen, wie das heißt – dann tragen die dazu ein langes schwarzes Kleid, den so genannten Talar. ..."

„Mit einem Beffchen", hatte Meta zu ergänzen gewusst. „So ein feiner weißer Kragen, von dem zwei kurze Enden – nach unten etwas auseinandergehend – zur Brust hin runterhängen." Dabei hatte sie mit Zeigefinger und Daumen ihre Worte vor dem Halsausschnitt nachgezeichnet.

„Jedenfalls – wenn der seine weiten Ärmel ausbreitet, sieht er aus wie ein Rabe, der gleich losfliegen will ... Na ja, und der Pastor hier im Dorf heißt schließlich auch noch Rabe ..."

„Och Gott, Opa! – Vertell doch dem Jungen sowat nich! ..."

Sie sagte das auf Platt, wie immer, wenn die beiden allein miteinander redeten, zumal wenn sie erregt war oder mit Freunden und Bekannten aus ihrer Generation schnackte. Auf diese Weise erfuhr Robert, was ein Gottesdienst ist und dass die Leute im Dorf fast alle evangelisch wären, während sie anderswo in Deutschland, weiter unten im Süden, zumeist römisch-katholisch seien.

„Bei denen hat Gott sogar eine Mutter! – Maria, die himmlische Königin, die ihren kleinen Jesus-Sohn meistens auf dem Arm mit sich rumträgt."

Opas Gesichtausdruck ließ keinen Zweifel daran, was er von alldem hielt! Und die *Priester,* wie deren Geistliche hießen, seien in bunte Gewänder gehüllt und leierten ihre Gebete und Bibelverse in einem unverständlichen lateinischen Singsang herunter.

„Und heiraten dürfen die nicht!"

Mit übergeschlagenen Beinen in der Zeitung blätternd, hatte er kurz zu Meta hingeblickt:

„Trotzdem häfft väle von den Priesters jabers Kinner ..."

„Och Gott, Fritz! ..."

Zwecklos: Er war in Fahrt gekommen. Zwar verstand Bert nicht alles, aber an vieles erinnerte er sich später: zum Beispiel, dass ihr oberster Geistlicher, der Papst, in einem Palast in Rom wohne und meistens Italiener sei. Die Evangelischen dagegen richteten sich nach *Doktor Martin Luther*. Der sei zwar schon lange tot, aber Deutscher gewesen, und wie die Katholiken hätten auch sie sich schließlich über die ganze Welt verbreitet. Bis heute seien sie und die Katholischen sich aber nicht grün und würden sich in einigen Ländern sogar blutig bekämpfen.

„Und dann gibt's noch die Orthodoxen. Die sind so ähnlich wie die Katholischen, nur noch schlimmer! – Und die alle zusammen, auf der ganzen Welt – das nennt sich dann ‚Christenheit'. Oder das ‚Christentum', wie man auch sagen kann." – Dann mit säuerlicher Miene weiter:

„Die Orthodoxen bekreuzigen sich am laufenden Band und knicksen vor irgendwelchen Bildern – auch Ikonen genannt – die irgendjemand auf Holz gemalt hat. Ja, die küssen die Bilder sogar, weil angeblich Kranke davon geheilt werden ... Ich halte das alles für Quatsch! Aber es ist wohl so – überall auf der Welt: Des Menschen Glaube ist sein Himmelreich!"

Mit diesen Worten hatte er sich aufgerichtet und die gefaltete Zeitung schwungvoll neben sich auf den Tisch gehauen.

Während des Ersten Weltkriegs als Fernmelder auf dem Balkan, hatte er neben den Orthodoxen, wie er sagte, auch *Muselmanen*, *Derwische* und andere kennengelernt, die nicht an den Christen-Gott glauben. Bei ihnen hieße Gott *Allah* und habe weder Mutter noch Sohn, wohl aber einen Propheten namens *Mohammed*. Der habe seinen Glauben *Islam* genannt, im *Koran*, wie deren Bibel heiße, aufgeschrieben und ihn in kurzer Zeit mit Feuer und Schwert in viele Nachbarländer seiner arabischen Heimatstadt *Mekka* getragen.

Alles das war für den Jungen spannend, wie überhaupt das meiste, was Opa erzählte. Aber hatte er vielleicht das Eine oder Andere nicht doch aus den zahlreichen Büchern, die Robert nebenan im Stubenschrank wusste ...?

*

Die Stube, größer als die Küche und der einzige Raum mit Tapeten an den Wänden. Die Wandmuster der anderen Zimmer waren mit Gummi-Farbrollen aufgetragen. Vor allem aber war die Stube hell. Jedenfalls im Sommer. Durch zwei große nebeneinander nach Westen weisende Fenster leuchtete bereits der frühe Nachmittag beinahe jeden Winkel aus. Der Blick über die Straße hinweg, zwischen ein paar Häusern und kleinen Kieferngruppen hindurch, reichte bis weit über die zu den Wiesen des Leinetals abfallenden Feldern. Und welch schaurig-schönes Schauspiel, wenn an langen Sommerabenden ein riesiger gelbroter Feuerball Stück um Stück hinter den Hecken versank – man durfte denken, in die Leine hinein …

Hier, in der Stube, war für Robert der *Sonntag* geboren! Quasi aus einem Ritual heraus. Nämlich indem Oma in einem ihrer schönen Kleider eine weiße, am Rand bestickte Decke auf den Tisch legte und in feinem Porzellangeschirr, die gewellten Ränder goldverziert, das duftende Essen auftrug. Zu dem filigran verzierten Silberbesteck, die Gabelzinken allerdings so lang, dass er achthaben musste, sich damit nicht zu piksen, hatte sie dann gestärkte leinene Servietten aufgestellt. Zuvor schon hatte Opa – stets mit Bügelfalte, weißem Hemd und grauer oder taubenblauer Strickweste – in dem neuen Blaupunkt-Radio auf dem Nierentisch zwischen den Fenstern leise konzertante Musik gesucht. Dazu bullerte im Winter der grüne Kachelofen wohlige Wärme in diese fast andächtige Atmosphäre, in der während des Essens kaum gesprochen wurde. Auch nicht, wenn Werner am Tisch saß: – Es war Sonntag! – Herausgehoben aus dem gewöhnlichen Fluss von Zeit und Ereignissen, eingeleitet bereits am Tag zuvor, wenn Opa am späteren Samstagnachmittag mit der Harke auf Hof und Berme gewissenhaft grade Linien zog. Dazu – bis heute – um Punkt siebzehn Uhr das tief schwingende Glockengeläut vom Kirchturm her, das weit über das Dorf hinaus vom Ende der sechs profanen Arbeitstage kündet: feierlich, erhaben, bestimmt! So war dem Jungen schon seit frühester Zeit ein Gefühl für einen abgesonderten Bereich erwachsen, den er später untrennbar mit bestimmten Zeiten, Räumen und Wahrnehmungen verbinden wird.

Der Stubenschrank, ein glänzendes Prachtstück aus dunklem Nussbaum-Wurzelholz, lockte ihn von klein auf als Hort von allerlei wundersamer Dingen. Im Oberschrank, mittig hinter der breiten Glas-Schiebetür: Bücher auf mehreren Regalen übereinander. Das Sonntagsgeschirr hinter den leicht gewölbten Seitentüren, und im Unterschrank hatte er, schon bevor er laufen konnte, in Schachteln und Schatullen allerlei Interessantes aufgespürt. Aber solange er denken kann, waren es Bücher, die ihn faszinierten! Bücher auch auf den Nachtschränken der Großeltern und bei Werner. Selbst an bitterkalten Winterabenden, wenn sie Gucklöcher in die Eisblumen der Fensterscheiben hauchten und die Finger über der klammen Bettdecke im Nu vor Kälte steif wurden, hatte er Werner, nur eben unter der Bettdecke hervorlugend, im trüben Licht der Nachttischlampe lesen gesehen.

Ihn, den gutaussehenden jugendlichen Onkel, fünfzehn Jahre älter als er und seines clownesken Talents wegen überall beliebt, hatte Bert eher als großen Bruder empfunden. Das volle dunkelbraune Haar gewellt wie das seines Vaters, war er zu der Zeit knapp 20 Jahre alt und an den Wochenenden entweder zum Fußball oder mit seiner Clique und einigen Mädchen unterwegs. Doch oft fand er ihn auch in der Stube, jetzt meistens vor der neuen Schallplattentruhe mit *O mein Papa* von Lys Assia sowie Platten von Hazzy Osterwald, Glenn Miller, Harry Belafonte oder Katharina Valente: Schlager, Jazz, Opern- und Operettenmelodien; alles halt, was Anfang der 1950er Jahre die neue deutsche Luft zum Swingen brachte. – Oder eben ganz und gar in ein Buch vertieft.

„Werner, darf ich auch mal ein Buch haben …?"

„Du kannst doch noch gar nicht lesen."

„Aber in manchen sind ja auch Bilder."

„Bilder! …" Er hatte dann drei dicke, in olivgrünes Leinen gebundene Bände *Die Wehrmacht* aus dem Regal gezogen. Dann, ein andermal: *Windjammer, Felix Graf Luckner, Wir hielten Narvik …* Und später …

Irgendwann hatte der Kleine alle Bücher in Hand gehabt. Aus Zeichnungen und Grafiken, wie in *Gullivers Reisen* und *Oliver Twist*, hatte er sich seine Geschichten zusammengereimt. Auch die Bibel, das dicke Buch mit den opulenten Zierprägungen auf dem schwarzen Einband, war ihm in die Finger gekommen: Die fette Goldfraktur der Kapitelüberschriften hatte ihn beeindruckt! - In ein paar Wochen würde er zur Schule kommen. Und nichts wünschte er sich mehr, als endlich lesen zu können!

Die Familie

„Oma, warum darf ich nicht mit …?"
1951. Abschiedsszene oben in Wegners Treppenhausflur. Robert, jetzt sechs Jahre alt, quengelt und zerrt an Metas Hand, während Gertrud, ihre Tochter, dem bedröppelt dreinblickenden Achim die Pudelmütze über das dunkellockige Haar zieht, um dann selbst in den Mantel zu schlüpfen. Fritz steht mit Karl, Gertruds Mann, bereits unten vor der Haustür, wo der die zweijährige Inge in die Sportkarre setzt. Der kürzeste Weg nach Hause wird sie nach dem Stück Sandstraße gute hundert Meter quer durch den dämmrigen Kiefernwald führen. Dann, ein Stück weiter, auf der gepflasterten Hauptstraße im Dorf, bis hin vor die letzte Häuserzeile, vor der, direkt vor ihrem Haus, eine ebenso sandige Piste das nördliche Ende der dörflichen Bebauung markiert. Etwas mehr als ein Kilometer, den sie bis nach Hause zu gehen haben.

Vor knapp einem Jahr war es, dass sie das uralte, sich bedenklich zur Seite neigende Fachwerkhaus, mit einer gewaltigen Esskastanie davor, gekauft hatten. Fritz war strikt dagegen gewesen. Decken und Wände noch mit Stroh und Lehm geputzt, und der Holzbock in allem, was irgendwie nach Holz aussah.
„Das Ding kann man nur noch abreißen", hatte er gegrollt. Doch Karl und Gertrud waren froh, mit ihren beiden Kindern den zwei feuchten Räumen entkommen zu sein, in denen sie zwischen Hauptstraße und Bahnlinie vierzehn Monate lang auf einem Trümmergrundstück in einer Baracke als Untermieter gehaust hatten. Spätestens als Inge sich ankündigt hatte, war die Weg-nersche Wohnung, in der sie anfangs untergekommen waren, zu eng geworden.

„Aber was man dem Karl lassen muss – er ist ein erstklassiger Handwerker! Kaum, dass er irgendetwas nicht kann! … „
So sehr Fritz sich dem Schwiegersohn gegenüber auch mit Anerkennung zurückhielt, hatte Meta doch bemerkt, dass ihm dessen handwerkliches Geschick imponierte.
In der Tat: Karl repariert, baut aus, baut an; organisiert hier eine noch passable Dachrinne und da Fensterglas, das er in anderweitig beschaffte Rahmen einsetzt. Oder eine Rolle Stromkabel, die er irgendwo eingetauscht hat, das Dutzend Schuko-Stecker oder alte Mauerteile, von denen

er Stein für Stein Putz und Mörtel abschlägt; ein paar Sack Zement und mitunter irgendeinen Kumpel, der mit anfasst. Alles nach Feierabend: Karl ist Maurer, Tischler, Glaser und Dachdecker in einem: Er macht's halt ... Und er macht's gut!

Obwohl nur ein ostpreußischer Bauernjunge, der nichts gelernt hat, wie er zu sagen pflegte, übertrug ihm der alte Lohmann in seiner Tischlerei doch bald schon die kniffligsten Aufgaben:

„Karl kann das," hieß es und: „... damit geh´ man zu Karl ..."

Auch Stellmacher Thieße hatte das bemerkt und der alte Dorfschmied, der seine Freude daran hatte, dem geschickten Kerl am fauchenden Kaminfeuer etwas beizubringen. Und der war stolz auf das, was er sich binnen Kurzem angeeignet hatte und wies seinerseits kaum jemanden ab, der ihn um Rat oder Hilfe bat. Ein drahtiger junger Kerl, überzeugt, dass die Welt so wäre, wie er sie sah, und der auch wirklich meinte, was er sagte! So trat er selbstsicher und mit einer Gradlinigkeit auf, die zwar imponierte, aber manchen auch vor den Kopf stieß.

„Du, auf den Karl ist Verlass! Wenn der dir sagt, er kommt, dann kommt der auch!"

„Vielleicht hat das ja was mit seinem Glauben zu tun. Der hat mir da neulich was von ´Aposteln´ erzählt und von Jesus ... Na, jedenfalls evangelisch ist der nicht! ..."

So etwas spricht sich rum. Auch im Gemeindebüro, das sich in der Baracke direkt neben der Tischlerei befand und in der *Walter Riebesell* jetzt Bürgermeister war.

„Mein Onkel zweiten Grades", hatte Gertrud stolz zu Karl gesagt. Im Frühjahr 1948 war das, als feststand, dass *Onkel Walter* tatsächlich gewählt worden war.

*

Gut 1000 Tage zuvor hatte noch der Krieg getobt. Auswuchs großdeutschen Wahns! Keine fünfundzwanzig Jahre nach dem ersten grauenhaften Völkermorden die nächste Generation junger Männer von paranoiden Staatsverführern in die Hölle von Schuld und Verderben gejagt! Dann, am Ende des besinnungslosen Wütens mit Millionen Toten, Verwundeten und Entwurzelten langsam dämmerndes Erwachen, bodenloses Entsetzen - doch keineswegs bei allen ...

„Na klar, Karl – du kommst mit zu mir nach Hause! Erstmal kannst du bei mir schlafen. Und dann wird sich was finden! ..."

Juli 1945: Zwei junge deutsche Männer, beide Jahrgang 1921 und wenige Tage zuvor noch Marinesoldaten in Amsterdam, hatten nach einer langen Bahnfahrt ihren letzten Marsch in Richtung Heiko Helds Heimatdorf angetreten. Was weiß der junge Ostpreuße Karl von der Lüneburger Heide? Und wo in Himmels Namen mag in irgendeinem Aller-Leine-Eck Heikos Heimatdorf liegen ...?

Ihre paar Habseligkeiten in Pappkartons unterm Arm, waren sie mit brennenden Füßen und knurrenden Mägen endlich von der staubigen Dorfstraße in Helds Hofeinfahrt eingebogen. Ein kleines bäuerliches Anwesen in der letzten Häuserzeile vor der Marsch. Die Grundstücke, mit 30, 40 Meter Straßenfront, reichten etwa 100 Meter bis zu den Wiesen des Leinetals hinunter.

„Mein Gott ... Heiko ...! – Junge! ..."

Scheppernd war der Eimer zu Boden gefallen, als Alma Held ihren Jungen so unvermittelt in der Hofeinfahrt erblickte, um ihn dann schluchzend in die Arme zu schließen. Der gutaussehende, dunkelhaarige Kamerad an seiner Seite, den sie Augenblicke später musterte, war ihr auf den ersten Blick sympathisch.

Nur rund zweihundert Meter weiter, auf der gegenüberliegenden Straßenseite, hatte vier Wochen zuvor die Dorf-Hebamme die neunzehnjährige Gertrud Wegner von einem gesunden Jungen entbunden. Sie werden ihn auf den Namen *Robert* taufen. Ohne Vater. Doch den gab es: – ein 21-jähriger Unteroffizier aus der Ruhrstadt Datteln.

Ende August 1944 war sie ihm in der Kreisstadt Fallingbostel begegnet: Durchgangsstation der von Osten kommenden Reste der *Panzergrenadier-Division Großdeutschland,* unterwegs zum nächsten großen Schlachthof, zur angelaufenen Großoffensive *Wacht am Rhein* in den belgischen Ardennen: Ein letztes deutsches Aufbäumen, um den alliierten Vormarsch an der Westfront zu stoppen.

Inmitten dieser kurzen, dröhnenden Panzerrast die flüchtige Begegnung zweier junger Menschen: Ein schwüler Spätsommerabend, irgendwo im Grünen; die warme Haut des andern; kurze Verzückung im bloßen Jetzt: - Ein paar heftige Atemstöße ... *Und morgen ...? – Vielleicht ...* Und vorbei! - Ein Wiedersehen war ausgeschlossen. Sechs Monate vor der Geburt des von ihm gezeugten Knaben stirbt der junge Soldat infolge schwerster

Schussverletzungen am zweiten Weihnachtstag. Einer von über 160.000 Toten und Vermissten in jener höllischen Ewigkeit vom 16. Dezember 1944 bis Anfang Februar 45: rund 85.000 deutsche und 75.000 junge Männer auf alliierter Seite.

So war Roberts Geburt ein Zuwachs, über den sich die Freude in Grenzen hielt. Wenig später wird das Vormundschaftsgericht Gertruds Vater zu seinem gesetzlichen Vormund bestimmen. Der wird für den Jungen eine Halbwaisenrente beantragen, die bis zum Eintritt in ein Lehrverhältnis zu seinem Unterhalt im Hause der Großeltern beitragen wird.

Noch gegen Kriegsende war das Aller-Leine-Dreick – mit ihrem Heimatdorf, den umliegenden Bauerndörfern und der nahen Allerbrücke – zum Festungsgebiet erklärt worden. Eine Heide-, Wald- und Marschlandschaft, in der sich die von Westen kommenden Briten in Richtung Allerbrücke vorkämpften. Wegners Heimatdorf jedoch war bis auf einen zerstörten britischen Panzer kampflos übergeben worden.

Dazu eine Episode aus der Dorfchronik:

Als die Briten nahen, *„...besorgen sich zwei 14-jährige Jungen eine Panzerfaust. Sie wollen doch einen Panzer abschießen. Eine Mutter überrascht die beiden in ihrem Versteck. Heftiges Geschimpfe und Ermahnungen der Frau schüchtern die Jungen ein. Die furchtbare Waffe wird (schließlich) im Misthaufen vergraben."*

Doch etliche Männer waren noch an der Front. So traf es jedes Mal das ganze Dorf, wenn die Briefträgerin wieder den gefürchteten, schwarz umrandeten Umschlag in eines der Häuser brachte. Dagegen berührte das Schicksal der Zwangsarbeiter, wenn sie hier und da im Dorfbild auftauchten, die Gemütslage der meisten Einheimischen kaum.

Dann, vom 07. bis 12. April 45, nur wenige Tage vor der bedingungslosen Kapitulation, noch ein sinn- und erbarmungsloses Umbringen um die Allerbrücke! In der einleitenden Luftschlacht über der stillen Ecke Heide- und Weidelandschaft waren die 102 deutsche Jagdflugzeuge als *Rammjäger* gegen einen US-Verband aus ca. 900 Bombern und 600 Begleitjägern chancenlos! Am 12. April dann, im Wald nahe der Brücke, ein mörderisches Ringen Mann gegen Mann: Von knapp zweihundert deutschen Soldaten, ein hastig zusammengewürfelter Haufen aus Marine- und Infanterierekruten sowie Resten eines SS-Bataillons, überlebten 80. Kaum ausgebildet und unzureichend bewaffnet, hatten sie gegen die englischen Verbände keine Chance: – 111 Soldatengräber auf dem Ehrenfriedhof zeugen davon.

Das Entsetzen über das sinnlose Gemetzel hatte sich in den umliegenden Dörfern eingenistet, allerdings nur, um bald schon wieder von alltäglichen Bedürfnissen und Sorgen überlagert zu werden. In der Familie auch davon, dass Gertrud unter den Anweisungen ihrer Mutter versuchte, sich an das schreiende Bündel in ihrem Arm zu gewöhnen.

*

Karl Rauh hatte sie zum ersten Mal erblickt, als sie zu Hause oben aus dem Flurfenster schaute, während er auf dem Hof mit dem alten Knigge sprach. Sie erschrak, als es ihr dabei blitzartig in den Bauch fuhr:

„Das soll dein Mann werden ...?" – Doch in dem Augenblick hätte sie es gewusst, wird sie später sagen.

Schwülheiß jener Spätsommernachmittag, und von Westen her hatten Gewitterwolken gedroht. Spatzen tschilpten von den Dächern, während Schwalben vor dem düsteren Himmel im Tiefflug ihre Zick-zack-Linien zwischen Mücken schnappen und den überall an Wänden und Gesimsen klebenden Nestern zogen. Winzige aufgerissene Gelbschnäbel, die sich zitternd piepsend nach Futter reckten.

Fast das ganze Dorf war auf den Feldern. Das Korn musste rein! Auch Wegners Roggen auf einem halben Morgen Pachtland (1.250 m²), draußen *Vor dem Loh*.

Es war jene von heute so ferne Zeit, als in den Dörfern die Menschen an lauen Sommerabenden noch aus ihren Häusern kamen, um sich zusammenzufinden.

Zwischen Knigges Haus und Wegners Schuppen, anfangs noch durch keinen Zaun getrennt, waren es zumeist die jungen Knigge – Reinhold und Else –, die irgendwann mit Gertrud und Werner zusammenstanden oder auf Knigges Treppenstufen hockten. Wenig später folgten zumeist Richard Baumann, der Postbote von gegenüber, seine Frau meist noch mit vorgebundener Schürze, die alten Knigge, dann oft noch Otto Steinke mit seiner Ilse und irgendwann auch Meta und Fritz. Bis dann nach kurzem Geschwätz der alte Knigge seine Mundharmonika aus der Tasche zog und der mit einem Klumpfuß geplagte Otto zu seiner Baracke rüberhumpelte, um mit seiner eindrucksvollen Ziehharmonika wiederaufzutauchen. Schließlich ein erster Akkord von Opas Geige – und in die traute Abendstimmung hinein erklangen die alten Lieder: *Kein schöner Land in dieser Zeit ...*, *Ach, du lie-*

ber Augustin ..., Am Brunnen vor dem Tore ..., Brüder reicht die Hand zum Bunde ..., Der Mond ist aufgegangen ... und noch so manche alte Weise mehr.

Wochentags fuhr Gertrud jetzt wieder per dritter Klasse Bahn nach Fallingbostel. Wie vor Roberts Geburt arbeitete sie als Sekretärin in der Kreisverwaltung und traf abends gegen sechs wieder zu Hause auf dem Bahnhof ein. Aber nicht lange, bis es hieß:

„Holst du mich morgen wieder ab ...?"

Ihr hübsches Gesicht, von strubbeligem Blondhaar umfangen, lächelte Karl zu, als sie sich nach einem kleinen Hüpfer im Gleichschritt bei ihm einhakte: Schmetterlinge im Bauch! Trotz sorgenvoller Gedanken an ihre Eltern.

Schließlich hatte sie ihrer 45-jährigen Mutter mit dem kleinen Robert gerade erst ein drittes Kind in den Schoß gelegt! Doch ihre Eltern bestanden darauf, dass sie gleich nach der Geburt wieder zur Arbeit fuhr:

„Du musst ja wenigstens sehen, dass du Geld verdienst!"

Als sie ihnen dann wenig später mitteilte, dass der Karl ihr wohl gefiele, reagierten die, wie sie es befürchtet hatte:

„Und wovon soll der euch ernähren? – Als Knecht auf Helds Hof? ... Auch wenn er ja ganz geschickt sein mag, aber er hat doch keinen vernünftigen Beruf. Und als Arbeiter kommst du nicht weit im Leben! ... Ne, ne. Als Arbeiter nicht ..."

Fritz Wegner war wie sein Schwiegervater, der Eisenbahnschaffner Friedrich Degener, Beamter auf Lebenszeit! Ebenso sein Schwager bei der Bundesbahndirektion in Hannover. Was also Sicherheit und eine gute Reputation bedeuteten, musste ihm niemand erklären. Oder ein Darlehn bei der Bank zu bekommen ... Und jetzt die eigene Tochter: – Erst mit dem unehelichen Kind und nun auch noch mit einem aus dem Osten! – Ja, mit einem Bauernbengel. – *Mein Gott aber auch!* ...

„Richtig kultiviert wie wir sind die da jedenfalls nicht! ... Die haben doch viel von den Polen und Russen ... Und dann hat der ja auch noch Verwandtschaft! Wenn die nun mal kommen ... Soll mich nicht wundern, wenn die alle noch aus einer Schüssel löffeln ..."

Doch als Gertrud im Januar 1946 ihren Eltern gestand, wieder schwanger zu sein, schickte man sich ins Unvermeidliche. Ein zweites uneheliches Kind, soviel stand fest, würde den ehrbaren Ruf der Familie aufs Schwerste belasten! So folgte am 15. März 1946, ein Freitag und ein Tag vor Gertruds zwanzigstem Geburtstag, die Trauung in der evangelischen St. Laurentius-Kirche. Da war das Aller-Leine-Jahrhunderthochwasser, das noch im Februar sämtliche Dörfer im Umkreis von 20 km überflutet hatte, gerade soweit zurückgegangen, dass die Hauptstraßenverbindungen wieder offen waren. So hatte sich die Familie nachmittags um Wegners ausgezogenen Stubentisch eingefunden: Tante Anna, Omas jüngere Schwester – Hutmacherin mit kleinem Schaufenste – Ehemann Friederich, besagter Bahnbeamter, sowie ihre 15-jährige Ilse und Werner, Gertruds Bruder, der im Juni 16 werden würde. Ferner Gertruds Großeltern Wilhelmine und Friedrich Degener – in der Familie nur *OmaO* und *OpaO* geheißen – und schließlich Tante Emma, OpaOs ältere Schwester, mit ihrem sieben Jahre jüngeren Heinrich aus dem umkämpften Nachbardorf an der Aller. Trotz dessen akuten Herzleidens hatten sie die fünf Fahrrad-Kilometer auf sich genommen, um Fritz und Meta ihre Anteilnahme am Schicksal ihrer Tochter zu bekunden.

Zwölf Personen also, der kleine Robert nicht mitgezählt, die sich in verhaltener Stimmung um den Stubentisch versammelt hatten. Zunächst bei Kaffee und Kuchen, trieben später aber ein paar Flaschen Kartoffelschnaps den Männern das Blut doch noch in den Kopf. Schwarzbrennerei und -schlachterei erhitzten die Gemüter, zumal als Karl von seinen diesbezüglichen Erfahrungen aus dem heimatlichen Dorf in Ostpreußen erzählte. Spätestens nach dem dritten Glas wurden auch die Frauen lauter, bis schließlich durch den aufsteigenden Pfeifen- und Zigarettendunst immer wieder schallendes Gelächter den Raum erfüllte.

Achim, eigentlich *Joachim* geheißen, erblickte am 16. August 1946 das Licht der Welt. Wie Robert noch in jener hinteren Kammer der Wegnerschen Wohnung, in der jetzt seine jungen Eltern ihr Notquartier hatten. Werner schlief, wenn er am Wochenende da war, auf dem Stubensofa, während Robert im Ehebett der Großeltern untergekommen war. Dieser Zustand währte rund zwei Jahre - bis Karl und Gertrud mit Achim und der im September 48 geborenen Inge in jene windige Baracke auf dem verwilderten Trümmergrundstück gezogen waren - zur Untermiete bei einer fünfköpfigen Familie, die Anfang 45 in Hannover ausgebombt worden war.

Dass Karl nicht, wie fast alle im Dorf, der evangelischen Landeskirche angehörte, war von Gertruds Familie und den meisten im Dorf mit Stillschweigen hingenommen worden. Als jedoch durchgesickert war, dass er einer *Sekte* angehöre – wohl *Neuapostolische Kirche* genannt –, womit im

Dorf allerdings kaum jemand etwas anzufangen wusste, setzte ihn das für einige doch in ein fragwürdiges Licht. So erschien seinen Schwiegereltern die Zukunft ihrer Tochter noch düsterer, als sie sie mit dem Ausgeliefertsein an ein Arbeiterschicksal ohnehin schon wähnten. Umstände, die es dem jungen Ostpreußen umso schwerer machten, in der Familie seiner Frau Fuß zu fassen, worum er in seiner redlichen Art jedoch unablässig bemüht war.

Inge war bereits in dem 1946 reaktivierten Baracken-Krankenhaus zur Welt gekommen, das sie 1942 wegen der Luftangriffe auf Hannover am nordwestlichen Dorfrand auf einem großen Waldgrundstück an der Leine errichtet hatten: 820 Betten plus 300 Notbetten in 12 Holzbaracken. Dazu Gebäude für Verwaltung, Küche, Operation etc. – nur gut einen Kilometer von jenem schiefen Fachwerkhaus entfernt, das Karl dann im Frühjahr 1950 kaufen wird. Eben der Rettungsanker, als die besagten Barackenräume am Bahngelände so stark von Schimmelpilz befallen, dass die kleine Inge schwer erkrankte und sie mit dem Schlimmsten rechnen mussten. Kein Wunder also, dass ihnen das alte Fachwerkhaus, auf rund vierhundert Quadratmetern Grund, wie ein Geschenk des Himmels vorgekommen war – auch wegen des äußerst niedrigen Kaufpreises und weil ihnen die Verkäuferin die Bezahlung in geringen monatlichen Raten zugestanden hatte.

Im Dorf

Roberts Einschulung erfolgte am 01. April 1951. Als er sich mit Oma und Opa inmitten all der schultütenbewehrten Kinder, den vielen Eltern und Angehörigen langsam auf das Portal der altehrwürdigen Dorfschule zubewegte, hatte er den Respekt in Opas Stimme bemerkt, als der ihm zugeraunt hatte, was die in großen Lettern über dem Portal angebrachten Wörter zu bedeuten hätten:

Lerne - könne - leiste was.

„Wenn du dich danach richtest", hatte er ihm später zu Hause nahegelegt, „wird aus dir auch mal was werden ..."
Obwohl er erst in anderthalb Monaten das sechste Lebensjahr vollendet

haben würde, war ihm bereits jeder Winkel im Dorf vertraut: die mächtige St. Laurentius-Kirche mit ihrem 32 m hohen Turm, Kriegerdenkmal, die stattlichen Bahnhofs- und Postgebäude, die Molkerei, Kohlen- und Getreidehandel, sämtliche Kaufmannsläden, alle drei Bäcker und Schlachter; Frisöre, Ärzte und die Apotheke. Und natürlich die großen Bauernhöfe, im Ortskern alle nicht weit von einander entfernt. Ebenso die Gastwirtschaften und zwei Kinos: *Heuer* und *Bertram*; Erstere zumeist ebenfalls Bertram genannt, nach dem Pächter der zum Kino gehörenden Gaststube, wo er in einem Nebenraum auch einen Speiseeisverkauf eingerichtet hatte – als gelernter Konditor das beliebteste Speiseeis weit und breit! Aber trotz Namensgleichheit nicht verwandt mit den beiden Bertram-Schwestern, die, nur etwa zweihundert Meter entfernt, das andere Lichtspielhaus betrieben, ebenfalls mit Gaststube und dazu noch einer Zimmervermietung.

Zum drei Kilometer entfernten Sportplatz *Am Leinefeld* hatte Werner ihn schon des Öfteren mitgenommen, ebenso zum Baden *Am hohen Leine-ufer*, nur wenige Meter davon entfernt.

Etwa an jener Stelle, wo 1955 im Zuge des Ausbaus der Bundesstraße eine moderne Betonbrücke errichtet werden wird, hatten sie beim Baden einmal eine tote Kuh vorbeitreiben sehen. Andere hatten auch von einem Schaf und einem Pferd erzählt. Als dann in einem jener Sommer eine Impfung gegen Kinderlähmung angesetzt worden war, war das für Karl-Heinz Hasse, ein Jahr älter als Robert, bereits zu spät! Aber die Impfungen und das kurz darauf erfolgte Badeverbot für Aller und Leine verhinderten offenbar weitere Opfer und auch, dass wieder Kinder und Erwachsene von der Strömung fortgerissen wurden und ertranken.

Schon als er fünf war, hatte Werner ihm das Fahrradfahren beigebracht. Auf Omas schwerem Damenrad – *im Stehen!* ... Lenker in Augenhöhe, Sattel im Genick. So ging es auf der Sandpiste vor ihrem Zaun so lange hin und her, bis Werner ihn irgendwann, ohne dass er es gemerkt hatte, losgelassen hatte: – *Hurra, Robert kann Fahrrad fahren!* ... Für das Selbstbewusstsein des Jungen zweifellos ein riesiger Schritt!

Fahrräder waren zu jener Zeit das Hauptverkehrsmittel im Dorf. Auch für die Kinder, von denen etliche mehr oder weniger wackelig auf den überdimensionierten Drahteseln ihrer Eltern unterwegs waren. Doch die Autos, zumeist noch Vorkriegsmodelle, die sich jetzt vermehrt zwischen die gemächlich dahintrottenden Pferdefuhrwerke schoben, veränderten das Straßenbild zusehends: *VW-Käfer, DKW, Opel, Borgward* und *Mercedes*.

Aber auch Lkws ließen zunehmend ihre markigen Motoren hören: *Hanomag, Opel-Blitz, Büssing, MAN, Ford und auch wieder Mercedes.* Dazwischen das satte Tuckern der Trecker, zumeist noch ältere Modelle, mit oder ohne klappernde Holzleiterwagen auf holprigem Kopfsteinpflaster, um dann in irgendeiner Seitenstraße, abgebremst zumeist durch löchrige Abschnitte, weiter dahinzurumpeln.

Zu dieser Zeit versorgte Milchmayer die Haushalte noch mit seinem Pferdefuhrwerk. Gleichmütig zog Hans, ein alter, sanfter Rappe, den überdachten, gummibereiften Wagen, ohne dass sein Herr ihn noch lenken müsste. Jede Station seines täglichen Weges wusste er, blieb selbständig stehen, woraufhin der Kaufmann mit seiner Handglocke die Frauen und Kinder zum Einkaufen rief. Weiter ging's, wenn der Weißbekittelte die Plane wieder über den Warenschrank zog. Neben Milch gab 's frische Sahne, Butter, Margarine, diversen Käsesorten, Bonbons, Schokolade und im Sommer selbstgemachtes Speiseeis, die vielen Kinder als ausgemachte Zielgruppe im Blick.

„Kommst du nachher mit zum Bolzen?"

Kaum war Werner am Wochenende zu Hause, traf er sich mit seiner Clique, um gegen ein paar Gleichaltrige bis zur Erschöpfung die *Pille* in ein irgendwie markiertes Tor zu fummeln. Sonntags dann Vereinsspiele auf dem heimischen Sportplatz oder auswärts. Er galt als erstklassiger Erste-Herren-Torwart, und wenn Robert ihn begleiten durfte, zu Fuß oder auf der Fahrradstange, war er ganz obenauf, zumal ihn die Großen per Handschlag begrüßten und kumpelhaft mit ihm scherzten. Auch Hans Pusch, ein Jung-Lehrer, der ihn später mit einem Stock, den sich der Junge von einem nahen Weidenbaum selber schneiden musste, furchtbar versohlte. Jedenfalls war klar, dass er zu Beginn der zweiten Klasse ebenfalls Mitglied im Fußball-Club werden wollte. Opa hatte zugesagt, den Beitrag zu bezahlen. Weil er mit links schoss, würde er in der Schüler-B Linksaußen spielen.

In dem Jahr sollte Achim eingeschult werden. Doch weil er erst im August das sechste Lebensjahr vollendet haben würde, war er um ein Jahr zurückgestellt worden. So streunten sie wie bisher nachmittags durch Wald und Flur, oft zum nahen Speckenberg, ein von Dorngestrüpp und Ginsterbüschen gesäumter Abriss des zur Marsch hin höher liegenden Waldbodens oder zum Schloonberg, im Winter der höchste Rodelberg im Dorf. Von dort dann, nur zwei Steinwurf weiter, meistens zur Alten Leine hin, dem größten Tümpel weit und breit. Umwuchert von Schilf, dichtem Gestrüpp und ein paar mächtigen alten Weiden, einige gebogene Stämme fast waagerecht übers Wasser geneigt, spielten sie hier in ihrer Dschungelwelt *Tarzan* oder andere Abenteuer. Doch Roberts zu riskanten Auswüchsen neigende Unterfangen behagten Achim nur selten und trieben ihn immer wieder vorzeitig zum Rückzug nach Hause.

Es mag um diese Zeit gewesen sein, als sie von Wegners her durch das Waldstück in Richtung Hauptstraße trotteten und Achim, etwa in Höhe der Baracken, plötzlich sagte:

„Ich weiß jetzt auch, wo die Babys herkommen ...!"

Als Robert daraufhin stehen geblieben war und ihn groß angesehen hatte, wusste der zu bekräftigen:

„Ehrlich! – Und auch, wie die in den Bauch reinkommen ..."

Seine aufgerissenen Augen und die kleine steile Falte zwischen den fein gezeichneten Augenbrauen schienen das für Robert Unvorstellbare noch unterstreichen zu wollen.

„Woher willst'n das wissen ...?"

Dabei hatte Robert den Kleineren spöttisch von der Seite her angeblickt.

Und Überhaupt: – Wieso sollte Achim, der mehr als ein Jahr jünger war als er – und auch nicht so stark – über etwas so Bedeutsames, ja, eigentlich den Erwachsenen Vorbehaltenes besser Bescheid wissen als er ...?!

Doch als der ihm erzählte, wie er nachts aufgewacht sei, weil es nebenan im Schlafzimmer der Eltern so laut gewesen wäre und er heimlich durch den Türspalt gelugt hätte, wusste er dem nichts mehr entgegenzusetzen.

*

Das alte Haus, das ostseitig direkt an das Bertramsche Kinogrundstück grenzte, war nur im Erdgeschoss bewohnbar. Über der mit Strohmatten und Lehm verputzten Geschossdecke trug der bedenklich vom Holzbock gelöcherte Dachstuhl die alten, nur lose überlappenden Tonziegel nicht mehr wirklich sicher. Längst hatten Wind und Wetter auf dem zugigen Dachboden unübersehbare Spuren hinterlassen. Neben dem durchsotteten Kamin lagerten ein paar von Spinnweben überzogene Holzkisten auf Spundbrettern, neben die man besser nicht trat, wollte man nicht unten in der Küche landen. Aber irgendwann waren Robert und Achim trotz Verbots die wackelige Holzleiter hochgekelettert, die für längere Zeit im Flur sperrig vor der Küchentür stand. So hatten sie in einer der verstaubten Kisten tatsächlich einen „Schatz" entdeckt – über mehrere Schachteln verteilte unbekannte Geldscheine und klimpernde Münzen – den aufgedruckten Zahlen nach ein unermesslicher Wert! Zwar deutsch beschriftet, aber doch ganz anders als das ihnen vertraute Geld. – *Ob die noch gelten ...?* Kindliche Fantasien, die sich sprühend entzündeten. Doch schließlich hatten die Erwachsenen ihren Traum platzen lassen: *Inflationsgeld. Aus den 20er Jahren ...* „Mein Gott, was müssen das für Zeiten gewesen sein ...!"

Die schiefe, rissige Haustür aus geschwärzten Eichenbohlen hatte Karl inzwischen grade in den Rahmen gehängt. Dahinter gleich der Flur von knapp zwei mal drei Meter, wo die in den Estrichboden eingelassene Kellerluke der zweijährigen Anette beinahe zur Todesfalle geworden wäre, als sie Ende 1956 kopfüber die Einmeterfünfzig hinuntergestürzt war.
„Das war Engelschutz!", waren sich alle einig. Außer dem Schrecken und einer Platzwunde am Kopf war in der Tat nichts passiert.
Gleich links, nachdem man von außen den Fuß in den Flur gesetzt hatte, die Tür zu einer Abstellkammer; rechts gegenüber die Stube und geradeaus die Küche mit einem Fenster nach Osten, zu Bertrams Hof hin. Direkt daneben die Tür ins Eltern-Schlafzimmer, ebenfalls mit einem Fenster zu Bertrams, und vis-a-vis, durch den Raum hindurch, die Schlafkammer der Kinder. Von hier der Blick nach Westen, auf den Holzschuppen, in dem sich auch das Klo befand. Ein lockerer Maschendrahtzaun trennte den engen Hof vom Nachbargrundstück, auf dem Oma- und OpaO in einem ebenfalls alten Fachwerkhaus lange zur Miete gewohnt hatten, bis sie 1949 ihr neues Haus am Parkweg bezogen hatten.
Ein weiterer kleiner Raum, vielleicht sechs Quadratmeter groß, ging gleich rechts von der Küche ab. Dort würden 1954 Anette und der zwei Jahre später geborene Bernd unterkommen, während Achim, Inge und der 1952 geborene Jörg in dem hinteren, etwas größeren Zimmer zum Hof hin untergebracht waren.

Als Karl kurz nach Jörgs Geburt den Schäferhundwelpen Lux mit nach Hause gebracht hatte, war das bei den Kindern auf begeisterte Zustimmung gestoßen! Stundenlang waren Achim und Robert mit dem Hund durch Felder und Wiesen gezogen – auch, wohin sie auf keinen Fall durften, zum nahen Kiessee, von wo Tag für Tag das Rasseln eines Saugbaggers zu hören war. Dort Kies und Sand durch ein dickes Rohr ans Ufer gespült, wuchsen immer neu riesige Berge auf; daneben der röhrende Bagger, der das Gut

Greifer für Greifer auf die Ladeflächen der im Takt herankriechenden Lkws lud. Für die Jungen ein fesselndes Schauspiel, wie sich die Laster käfergleich, dabei aufröhrend und dicke, schwarze Dieselwolken ausstoßend, mühsam durch die Sandwüste quälten. Dabei wirbelte der junge Schäferhund hechelnd um sie herum, in der gelben Sandwüste unermüdlich den Stock apportierend, den sie aus ihrer Mulde abwechselnd in hohem Bogen warfen.

Schwester Inge hingegen, jetzt knapp sechs Jahre alt, war an solchen sonnigen Tagen zumeist in einer ihrer intensiven Kochphasen vertieft. In zierlichem Blechgeschirr wusste sie vor dem Haus endlose Menüfolgen aus Matsch, Blättern und fein zerbrochenen Stöckchen zu kreieren; ihre Puppenfamilie, auf einer Wolldecke vor der rissigen Hauswand aufgesetzt, schaute dabei schweigend zu. Manchmal spielte auch Sabine Förster mit, etwas jünger als Inge, die unweit der *Alten Burg* wohnte, kaum hundert Meter entfernt an der breiten Sandpiste, die als künftige Bundesstraße direkt an Rauhs Maschendrahtzaun vorbei in Richtung Bahnhof verlief.

„In der Burg wohnen die ganz Armen!", hatte Mama gesagt. Wie Adolfine: Ein langes, dürres Mädchen, mit dem kaum jemand spielen wollte. Aber auch Sabine wurde gehänselt – wegen ihrer Hasenscharte und des dadurch bedingten näselnden Sprechens.

Den mächtige Holzständerbau der „Burg", 1632 im Stil des seltenen barocken Fachwerks errichtet, hatte die ortsansässigen Grafenfamilie für ihre unverheirateten Töchter erbauen lassen: Ein altes, weitverzweigtes Adelsgeschlecht, dessen zwei Hauptlinien in den benachbarten Bauerndörfern gründen. Auffällig an dem voluminösen Gebäude: – der vier Obergeschosse auskragende Giebel wie auch der Winkel, in dem sich das beeindruckende, aber zu der Zeit heruntergekommene Bauwerk bedenklich zur Straße hin neigte.

*

Von Anfang an war Karl daran gelegen, dass sich Robert *in der Familie* genauso zu Hause fühlte wie die eigenen Kinder. Bereits bevor er richtig laufen konnte, hatten sie ihn sonntags, wenn das Wetter danach war, von Oma und Opa zum Spazierengehen abgeholt. Während Gertrud Inge in der Sportkarre schob, kurvte Karl mit den beiden Jungs im selbst gebauten, bereits mit Ballonreifen versehenen Bollerwagen so wild umher, dass sie vor

Vergnügen nur so kreischten. Auf diese Weise kam Robert irgendwann auch mit zu den Angersteins.

Als ausgebombte Hannoveraner waren die im Erdgeschoss eines ansehnlichen Dreifamilienhauses an der Hauptstraße untergekommen. In ihrer Stube fanden ab 1950 Gottesdienste statt. Dazu wurden sämtliche Stühle zu Reihen aufgestellt, ergänzt noch von einigen hölzernen Klappstühlen, und der Stubentisch so vor die gegenüberliegende Wand geschoben, dass dahinter eine Person noch stehen konnte. Dann eine weiße Tischdecke aufgelegt, die Bibel aufgeschlagen, ein Glas Wasser daneben, und in einer Vase Blumen geordnet: alles im Handumdrehen von Mama und Papa erledigt, während nach und nach die „Glaubensgeschwister" den Raum betraten. Robert war nur Herr Mendrik bekannt: „Der bringt bei uns immer die Zeitung", hatte er Achim zugeflüstert. Fünf oder sechs Glaubensgeschwister, so vernahm er später, wären mit dem Zug ganz aus Hannover gekommen.

Schließlich, als es mucksmäuschenstill geworden war, hatten sich alle wie auf ein Zeichen hin erhoben und lautstark aus einem Buch zu singen begonnen. Dazu spielte vorne neben dem Tisch ein Mann in vehementer Bewegung Geige – eben so, wie er es zu besonderen Gelegenheiten von Opa her kannte. Dann, noch kurz bevor ein ernst dreinblickender Mann, die Hände vor dem dunklen Anzug gefaltet, hinter den Tisch trat, hatte eine ältere Frau behutsam einen in Wolldecken gehüllten, hohlwangigen Mann im Rollstuhl hereingeschoben. – „Das sind die Angersteins", hatte Papa ihm nach dem Gottesdienst erklärt. Und der Mann hinter dem *Altar*, womit der Stubentisch gemeint war, das wäre ein *Priester* gewesen.

Zur nächsten Strophe hatte ein Baby so heftig zu schreien begonnen, dass die junge Mutter aufgestanden und mit dem Kind auf dem Arm den Raum verlassen hatte. Danach hatte der Priester zu reden begonnen.

Doch nicht lange und für Robert hatte sich die Zeit zu dehnen begonnen; die Luft wurde ihm stickig, und auch nahm das Hüsteln zu. Irgendwann hatten sich *die Sänger* erhoben: zwei Männer und zwei Frauen, vor ihnen der Geigenspieler, doch jetzt ohne Instrument einen hohen Ton summend, um dann mit einem Stöckchen in der Rechten mit ruckartigen Auf- und Abbewegungen den einsetzenden Gesang zu begleiten. Danach war ein anderer Mann hinter den Tisch getreten und hatte ebenfalls lange geredet. Dann wieder die Sänger und nochmals der Priester. Schließlich - nach einem dumpfen „Amen", das alle so plötzlich und laut ausgestoßen hatten, dass Robert erschrak – waren alle, auch die Kinder, in einer Reihe nach vorn gegangen. Dort hatte der Priester, nun vor dem Tisch stehend, ein kleines rundes Etwas, das er einem vor sich gehaltenen silbernen Kelch entnahm, in die erhoben zusammengelegten Hände der vor ihm stehenden Person gelegt, auch Achim und Inge. Ihm hingegen hatte Mama, indem sie die beiden vor sich in die Reihe geschoben hatte, zugeflüstert: – „Du bleibst solange sitzen! ..."

Das war wie ein Stich in seinem Innern gewesen! ... *Warum ...? – Hatte sie ihn weniger lieb ...?*

Nach einer Ewigkeit wieder auf der Straße, hatte Mama ihm zugeraunt: „Aber Opa und Oma sollen nicht wissen, dass du hier warst, hörst du ...?!" – Dabei hatte sie ihm eindringlich, ja fast ängstlich in die Augen geschaut. Als sie ihn dann am späten Nachmittag wieder ablieferten, hatte er den Besuch bei Angersteins auch fast schon vergessen. Vielleicht, weil ihm alles so lange gedauert hatte und er danach froh gewesen war, wieder draußen, mit den andern an der frischen Luft zu sein ...?

Im Garten und andere Abenteuer

Früh schon hatte Karl beiden Jungen wunderbare Trecker aus Holz gebaut - unverkennbar Otto Steinkes blauer Lanz-Bulldog! Immer wenn der an Opas Gartenzaun vorüberrumpelte, ließ das kräftige Tuckern ihre Herzen höherschlagen. Bis er dann schräg gegenüber, in der etwas ansteigenden Einfahrt zu Steinkes Behelfsheim, mit einer letzten beschleunigten Stotterfolge pechschwarze Dieselwolken aushustete, um gleich darauf zu verstummen.

Überhaupt war Wegners Garten ein wunderbarer Ort zum Spielen! Von oben, aus Knigges Haus vom Flurfenster her, hatte man das ganze Grundstück im Blick: vorn, dicht am Straßenzaun, der alte Schuppen aus karminroten Ziegeln, dessen Tonpfannen unter den hohen Holunderbüschen sanfte Schattenwellen warfen, und am Ostgiebel die anschließende Bretterremise, gut vier Meter breit und zum Hof hin offen: Unterstellplatz für Fahrräder, Handwagen, Schubkarre, Leitern und sonstiges Allerlei. Und schließlich, als Abschluss zum Garten hin, ein kleiner hölzerner Werkstattschuppen, der den Jungen mit all seinen Gerätschaften, Werkzeugen und fabulierten Möglichkeiten als faszinierende Wunderkammer erscheinen wollte.

Von den knapp zweitausend Quadratmetern machte der Garten etwa dreiviertel aus. Ein schnurgrader Weg mittendurch teilte die Fläche in zwei etwa gleich breite Hälften: rechts, bis vor die mächtige Schwarzkirsche am östlichen Zaun, der Kartoffelacker sowie, an der Rückwand von Knigges angrenzenden Holzschuppen hochgebunden, eine lange Reihe Himbeer- und Brombeersträucher.

Links dagegen kleine Erdbeer-, Gemüse- und Blumenbeete, eingefasst von zierlichen Buchsbaumhecken, sowie eine weitere stattliche Glaskirsche.

Mittelpunkt des Gartens jedoch, nur wenige Meter hinter der Glaskirsche und unmittelbar vor der Böschung zum gut ein Meter höher liegenden Nachbargrundstück – eine ganz von wildem Wein umrankte sechseckige Holzlaube. – Zu beiden Seiten des offenen Eingangs je eine kurze, feste Bretterbank und drinnen, vor der halbhohen Verschalung, eine umlaufende Sitzbank sowie, auf dem glatten Zementboden mittig davor, ein ausgedienter Küchentisch. Der, kurz vor Ostern stets mit einer Tischdecke versehen, vermochte dann die Atmosphäre des kleinen Refugiums immer noch ein wenig zu verfeinern.

Ein vor dem Eingang von Werner als Sukkulenten-Steinbeet gestaltetes, rechtwinkliges Goldfischbassin war vermittels eines kleinen Schaltkastens in der Laube mit farbigen Unterwasserleuchten zu illuminieren. Zudem war das kleine, romantische Häuschen eingefasst von Fliederbüschen, Blumenrabatten sowie Stachelbeer- und Johannisbeersträuchern. Eine dunkelgrüne, jämmerlich quietschende Handpumpe zwischen Laube und der kniehohen Buchsbaumhecke, die diesen Bereich von der anschließenden Obstwiese abtrennte, spendete nach mühsamem Pumpen das anfangs zumeist noch rostbraune Wasser zum Gießen.

Der ganze Garten, von Opa akribisch angelegt und gepflegt – ein einziges, in jahreszeitlich wechselnden Ausprägungen, Farben und Düften schwelgendes Paradies: für Insekten, Singvögel, Elstern und allerlei Kleingetier. Vor allem aber auch für Robert und seine Freunde, wenn sie übermütig oder mit aller Ernsthaftigkeit in ihren aufregenden Kopf-Abenteuerwelten darin unterwegs waren.

Unvergessen auch Omas 55. Geburtstag! – Jener schummrige Juniabend vor der Laube, als Opa, Max und Heini – Opas zu diesem Anlass mit ihren Frauen angereisten Brüder – ihre Geigenbögen grade zum einsetzenden Gesang erhoben hatten und Onkel Heinis Stuhl beim Zurücksetzen über die Beetkante und er nach hinten weg ins Bassin gekippt war. Die Violine in der

Linken hochgereckt, hatte die Rechte im schrillen Chor des entsetzten Gejuches vergeblich Halt gesucht und dabei den Geigenstock in hohem Bogen ins nahe Rosenbeet fliegen lassen. Da ihm zur allgemeinen Erleichterung außer einem nassen Rücken aber nichts passiert war, waren die Schreckensrufe schnell zu heftigen Heiterkeitsausbrüchen mutiert, die immer wieder auflocerten, wenn sie auf Sommer, Gartenlaube und Feiern zu sprechen kamen.

Seit Robert laufen konnte, war dies Areal sein Abenteuerland! Dagegen gehörte der abgetrennte Hof um den Schuppen herum drei großen, bissigen Gänsen, zwölf braunen Legehennen und einem prächtigen Hahn. Der, mit flammend rotem Kopf unablässig gravitätisch umherstolzierend, sorgte dafür, dass einigen Eiern, meistens im April, immer wieder auch ein paar possierlich-flauschige Küklein entschlüpften. Aber auch Katzen fühlten sich heimisch – und Marder! Dazu Großalarm für alles Federvieh, wenn hoch oben Bussarde oder Habichte ihre stillen Kreise zogen oder wenn nachts der Fuchs eingebrochen war und die überlebenden Hennen morgens aufgeregt gackernd ihrem Gehege entflatterten.

Obwohl Robert immer wieder versuchte, Achim in die größten Geheimnisse seiner Fantasiewelten mit einzubeziehen, sprang der Funke doch nie ganz über. Als dann noch der lockenköpfige Uwe, Kniggen Reinholds Jüngster, Achim eines Tages zu deren Trecker nach nebenan gelockt hatte, wechselte der immer häufiger die Seite. Neben der Treckergeschichte wollte er aber auch wohl keine der *Lassie*-Folgen verpassen, die es in Knigges neuem Fernsehgerät zu sehen gab – obwohl, wie er wusste, Fernsehen ein vom Teufel in die Welt gebrachtes Lock- und Verführungsmittel war ...

*

Ganz anders, wenn Robert mit den Jungen aus der Nachbarschaft loszog: *Edchen, Arnold, Reiner* und *Erwin*. Oder mit *Walle* aus der mittleren Baracke: *Waldemar Teppner* - sein bester Freund ... *Sein allerbester!* ...
Alles, wo er Achim für sein Leben gern dabeigehabt hätte, konnte er mit *Walle* veranstalten. Mit ihm ging's richtig zur Sache: vor allem Cowboy und Indianer spielen, mit zünftigen Hüten und Federhauben! Wobei *Walle* sich einmal eine heftige Tracht Prügel eingehandelt hatte, als er mit dem

schwarzen Sonntagshut seiner Mutter angaloppiert kam. Natürlich alle schwer bewaffnet! Und obwohl Werner ihm einen fantastischen Holz-Colt gebastelt hatte, musste er kräftig schlucken, als Walle ihm irgendwann seinen neuen Colt in die Hand legte: metallsilbern, perlmutterne Griffbacken – und Patronen, die echt knallten, qualmten und nach Pulver rochen! Den hatte ihm sein Vater aus dem Rheinland mitgebracht, wo er seit Kurzem bei der US-Army angestellt war.

Und bei Zusammenstößen mit feindlichen Banden gab's echte blaue Flecken! Vor allem, wenn sie den Großen, etwa Ali Michel und Horst Beger, als Waffenträger geduckt hinterherschlichen. Beides Baracken-Jungs, die nach einer Ehrenrunde in der siebten Klasse nun kurz vor der Schulentlassung standen. Maurer wollten beide werden. Doch Ali starb wenig später, nachdem ihm eine explodierte Patrone, die sie gefunden hatten, den Bauch aufgerissen hatte. Er verblutete noch im Wald. Sein Freund Walter Wreede hatte mehr Glück: Ihm hatte es nur die rechte Hand abgerissen.

Dass die Jungen in den umliegenden Waldstücken Patronen und auch mal eine Granate fanden, war keine Seltenheit. Aber einige hatten begonnen, solcherlei englische Manöver-Hinterlassenschaften direkt zu suchen. Im Wald oder zu Hause machten sie sich dann daran, die Munition zu öffnen, um die Kupferhülsen verkaufen und das Pulver für irgendwelche Spielereien verwenden zu können. Bis Ende der 1950er Jahre hörte und las man immer wieder von solcherlei Katastrophen.

„Bengel, nun guck doch bloß mal, wie du wieder aussiehst! ... Deine Schuhe und deine Hose ...! Wie soll ich die bloß wieder sauber kriegen ... Und dann sieh dir mal den Jochen an! ... War denn der nicht mit ...? Warum musst du dich immer nur so einsauen und der Jochen nicht ...?!"

In der Tat, Achim, oder *Jochen*, wie Oma ihn auch nannte, war in vielem das genaue Gegenteil von Robert! Mit seinen zarten Pausbacken im ruhigen Gesicht, dem ausgeprägten Hinterkopf, sanften, braunen Locken und den großen, treu blickenden Augen wirkte er zu Robert wie ein zahmes, schutzbedürftiges Lämmchen. Robert selbst empfand das so. Denn wenn er als Winnetou wildentschlossen durchs Unterholz brach, das Reißen von Ärmel oder Hose verächtlich ignorierend, dann tapste Achim, jeden Zweig vorsichtig beiseite biegend, zögernd und zweifelnd, ob das alles sein müsse, hinterher. Gleich auch, ob sie mit ihren Treckern zu Hause im Sand spielten oder in den überschwemmten Wiesen unterwegs waren – etwa mit einer alten Zink-Badewanne, die Bert angeschleppt hatte, um sich vor ihm als

Seefahrer zu beweisen. Abends erschien Achim dann, als hätte er den ganzen Tag über einen weißen Pudel auf poliertem Parkett herumgeführt und er, Robert, als käme er geradewegs aus einer Schlammgrube gekrochen! Entsprechend jedes Mal auch das Prozedere zu Hause. Aber so war es nun mal zwischen ihnen: Er, Robert, mehr für's Grobe, Ungewisse; Achim für's Kleinteilige, Sichere und Erlaubte. Etwa so:

„Ooh ..., halt' mal! ..." Dabei geht er in die Hocke, um mit einem Stöckchen zwischen den Steinen im schotterigen Fußweg herumzupulen.

„Was machst du denn da ...?" – Robert beugt sich über den Bruder, aber er kann nichts erkennen. Doch als der sich aufrichtet, hält er mit spitzen Fingern eine kleine, kupferne Münze hoch. Mit leuchtenden Augen betrachtet er sie, um sie dann an seiner Jacke sorgfältig abzuputzen.

„Was willst'n damit? ..."

„Die find ich schön! ... Ich sammle die. In meiner Dose hab' ich schon so welche ..."

Achim fand immer etwas! Mal eine blinkende, übergroße Schraubenmutter, eine Nagelfeile, einen Klingeldeckel. Oder auch eine Krawattennadel, die Mama dann geputzt und ihm sonntags angesteckt hatte. – Oder ihn beglückte ein gefundener *Karabinerhaken*. Ein Begriff, der bis dato in Roberts Welt nicht vorgekommen war. Manchmal fand er auch einen Groschen oder ein blankes Fünfzigpfennigstück. Kaum etwas, das nicht sein Entzücken hervorrief: Achim war ein *Finder*, ein Sammler und Bastler! – Vor allem beglückten ihn SCHUCO-Modellautos und elektrische Eisenbahnen. Und da Wünsche tendenziell auf Erfüllung zielen, zumal wenn sie von Eltern und anderen wohlwollenden Personen wahrgenommen werden, konnte er im Laufe der Zeit einen beachtlichen Bestand an Dingen anhäufen, die ihm – so oder so – *zugefallen* waren. Später würde sich aus diesen Anlagen und Begabungen ein hervorragender Modellbauer entwickeln, dessen Hang zu akribischen Feinheiten immer wieder Bewunderung hervorrufen sollte.

Robert war eher Jäger. Oder besser noch: ein *Suchender!* ...

Doch waren es weniger irgendwelche Dinge oder Sachen, nach denen er Ausschau hielt. Eigentlich wusste er selber nicht, wonach. Etwas Großes, Ganzes, irgendwie Erhabenes schwebte ihm vor. Ohne dass er dafür Formen oder Inhalte gewusst hätte. Eher Gefühle ... Und Worte! Als gäbe es einen Ort, eine Geschichte – eine Wirklichkeit! – ihm selbst gar nicht fern, in die ihn ein starker Magnet unablässig hineinziehen wollte ...

In der Art wie Achim fand er nie etwas. Vielleicht, weil er so etwas auch

nie etwas zu finden *hoffte* ...? - Doch einmal, auf dem Weg zur Kirchenschule, waren da plötzlich acht Mark in Münzen vor ihm gelegen. Vor der alten Ziegelmauer im engen Kirchweg war das. So, als hätte sie grade jemand aus seinem Portemonnaie dorthin ins Laub geschüttet.
„Die musst du aber im Fundbüro abgeben!", hatte Oma sofort gemahnt. Nach einem halben Jahr waren sie ihm ausgehändigt worden. Er wusste, was er dafür kaufen würde: nämlich im Gemischtwarenladen Heine die gleiche braune Cord-Schlägermütze wie sie Gustav Karok im Tor trug. *Gutsche*, nur eine Klasse über ihm, galt als absolut bester Torwart der Schule.
Werner, der ihn beim Mützenkauf begleitete, schockte ihn allerdings, als er sich nach mehreren Anproben immer noch nicht entschieden hatte, mit der Bemerkung: „Bengel, du hast aber auch'n Kopp wie'n Gasballon ..."
Irgendwie hatte ihn das getroffen.

Während seine Geschwister begeistert Micky Maus- und Fix und Foxi-Hefte verschlangen, waren seine Favoriten die Dschungel-Helden Tarzan, Akim und die Western-Heroen *Zorro, Buffalo Bill* und *Billy Jenkins*. Ohne aber dass er deswegen Micky, Donald Duck und Pluto verschmäht hätte ...
„Kennst du schon den neuen Tarzan? ..."
Zwischen den Jungen in seiner Nachbarschaft hatte sich ein reger Schmöker-Tauschhandel etabliert. Ebenso standen Zigarettenschachteln hoch im Kurs. Deren Deckel waren als Karten für das in der Schule verbotene Pokerspiel heiß begehrt. Die Mädchen dagegen tauschten Serienbildchen von attraktiven Filmgrößen und Schlagerstars wie *Clark Gable, Ava Gardener, Brigitte Bardot, Jonny Weissmüller, Romy Schneider, Gina Lollobrigida, Elvis Presley, Peter Kraus* usw. Als Kaufanreize für bestimmte Kaugummimarken erfüllten sie ihren Zweck hervorragend! ...
Überhaupt beanspruchten ihn Tarzan & Co. sowie seine Freunde in einem Maße, dass Oma ihn oft nur mit größter Mühe und lautem Geschimpfe an die Schularbeiten bekam. – *Versetzung fraglich.* – *Robert stört den Unterricht.* – *R. müsste fleißiger sein!* – Beinahe halbjährige Einträge in seinem Zeugnisheft, die erst ein Jahr vor seiner Schulentlassung endeten. Trotzdem hatte seine Klassenlehrerin im sechsten Schuljahr zwei seiner Aufsätze in der Regionalzeitung veröffentlichen lassen. Und obwohl sie ihm erst kurz zuvor fünf Stockhiebe über die ausgestreckten Finger gezogen hatte, weil er während des Unterrichts ein nacktes Mädchen gezeichnet hatte: Ein starker Auftritt vor der ganzen Klasse, wie sie ihm nur gegen seinen lautstarken Widerstand das Blatt mit aller Kraft und hochrotem Kopf

zu entreißen vermocht hatte! Immerhin aber schien seine zeichnerische Begabung sie beeindruckt zu haben; im Gegensatz zu Oma – seiner ausgeprägten Unlust wegen, die Hausaufgaben mit dem gebotenen Fleiß zu erledigen.

„Bengel, weißt du überhaupt, was du uns damit antust? – Opa ist schon ganz krank! Was sollen denn die Leute von uns denken?! ... Wenn du so weitermachst, wirst du noch mal in der Erziehungsanstalt landen! ..."

Aber es kam anders. Obwohl er Oma mit seiner Wildheit und Widerborstigkeit immer wieder an den Rand der Verzweiflung trieb, stellte sich irwann, er muss zehn oder elf gewesen sein, doch langsam eine Veränderung ein.

Sollte die ostpreußische *Oma Liese*, Karls Mutter, die es als Flüchtling nach Wuppertal-Elberfeld verschlagen hatte, etwas damit zu tun haben ...?

Ein-, zweimal im Jahr pflegte sie sich bei Karl und Gertrud für ein paar Wochen einzuquartieren: der besseren Luft und der *Enkelchen* wegen, wie sie in ihrem breiten Ostpreußisch zu sagen pflegte.

Göttliches Licht verändert die Welt

„Oma, darf ich nachher ins Kino? Die andern dürfen auch alle ..."

„Die andern, die andern! ... Die andern sind nicht maßgebend! Wenn du vorher deine Schularbeiten gemacht hast – und zwar vernünftig! – dann können wir vielleicht mal seh'n ..."

In einem der beiden *Lichtspielhäuser*, wie die Kinos hießen, lief Mitte der 1950er Jahre sonntags immer irgendein Tarzan- oder Cowboyfilm: Kinder fünfzig Pfennig, die Älteren eine Mark. Ein Sonntag ohne Kino – für Robert undenkbar! Vormittags Sportplatz, nachmittags Kino. Dort traf er alle: seine Freunde und überhaupt die meisten Jugendlichen aus dem Dorf. Auch aus den umliegenden Ortschaften tauchten sie auf. Die Mädchen zum Vergnügen der Jungen neuerdings in ihren breit ausgestellten Petticoats: – *der letzte Schrei aus Amerika!* – Ebenso die ersten tragbaren Kofferradios!

Überall auf Straßen und Plätzen jetzt *Katharina Valente*, die trällernd verriet: *Ganz Paris träumt von der Liebe ...* Oder *Vico Torriani*, der *siebenmal die Woche* seinen Schwarm ausführen will ... Hoch-Zeit einer neuen deutschen Schlagerwelle! Nach dem verlorenen Krieg Sirenengesänge einer vielversprechenden Zukunft, auch bereits wieder mit ein wenig Übermut gewürzt. So tönt ein weiterer Gassenhauer: *Am 30. Mai ist der Weltuntergang, wir leben nicht mehr lang, wir leben nicht mehr lang ...*

Ein-, zweimal, wenn er nicht ins Kino durfte, hatte er die fünfzig Pfennig aus Omas Portemonnaie geklaut. Dass sie schließlich dahintergekommen war, bemerkte er an ihrer tiefen Niedergeschlagenheit. Als er sich dann endlich traute sie anzusprechen, hatte sie nur gefragt: „Hast du Geld aus meinem Portemonnaie genommen ...?"

Das hatte ihn bis ins Mark getroffen! – Vor allem, *wie* sie ihn dabei angeschaut hatte.

Achims Sonntage waren von ganz anderer Art! Vor- oder nachmittags, je nachdem wie der Zug aus Hannover kam, zog die ganze Familie sonntäglich gekleidet zum Gottesdienst. Mama, wie es sich gehörte, mit Hut oder Kopftuch und Papa, gertenschlank, im dunklen Zweireiher mit passendem Schlapphut. Während Achim und Inge artig neben ihren Eltern hertippelten, genoss Jörg noch das Sportkarrenprivileg, worin ihm in zweijährigen Abständen Anette und Bernd folgen würden. Etwa 15 Minuten gingen sie bis zur „Kirche". Die befand sich seit Kurzem in einem Wohnhaus-Anbau zu Beginn jener kleinen Sackgasse, an deren Ende sich die Tischlerei Lohmann, Karls vormaliger Arbeitsplatz, und das Gemeindebüro befanden. Bisher Anbau für einen Flaschenmilchladen, war der Milchverkauf vor einiger Zeit nach nebenan ins Haupthaus verlegt worden und damit Wand an Wand zum von der Kirche gemieteten Gottesdienstraum. So bekamen beide Seiten gut etwas voneinander mit: hier Flaschenklirren und Gesprächsfetzen, dort Predigt und Gesang.

So war also Ihre „Kirche" ein länglicher, vielleicht 30 Quadratmeter großer Raum; der kleine Vorraum, gleich wenn man den Anbau betrat, Garderobe und *Sakristei* zugleich. Danach, eine Stufe tiefer, zu beiden Seiten des Mittelgangs Dreier-Stuhlreihen für etwa fünfundvierzig Personen und, gegen neugierige Blicke, halbhohe Gardinen vor den beiden Fenstern zum unmittelbar vorbeiführenden Weg hin. Ein vor die Stuhlreihen auf ein Podest gestelltes, hell furniertes Rednerpult mit überstehender Platte, etwa einmeterfünfzig breit, fungierte als Altar. Mittig darauf, auf einer feinen weißen Decke, eine Buchablage samt aufgeschlagener Goldrand-Bibel, rechts davon ein verchromter Abendmahlskelch und links der Blumenschmuck: Ein Arrangement, das dem Raum einen durchaus würdigen Ausdruck verlieh, sodass sich auch aus diesem Grunde das „Werk Gottes" bei seinen Besuchern emotional durchaus einzuwurzeln vermochte.

„Mama, dürfen wir heute Nachmittag bei uns mit ins Kino ...?"
Ein Micky Maus-Film. Und jetzt war es Achim, der mit flehendem Bettelblick zu Mama aufgeschaut hatte.
„Nein. Eigentlich nicht. Ihr wisst doch, dass Papa das nicht gerne sieht ..."
Vor einigen Wochen hatte eine der beiden Bertram-Schwestern Gertrud gefragt, ob Karl nicht interessiert wäre, sich in ihrem Kino als Filmvorführer ein paar Mark dazuzuverdienen. Dazu könne sie selbst die Kasse machen oder die Karten abreißen.

Der Weg über Bertrams großen Hof, an den ihr Haus grenzte, war für sie eine deutliche Abkürzung ins Dorf. Das stattliche Wohn- und Geschäftshaus mit seinem abgewinkelten, langgestreckten Stallkomplex zu ihrem Haus hin stand direkt an der Hauptstraße. Beide Schwestern schon an die Siebzig, bewirtschafteten Gastwirtschaft, ein paar einfache Hotelzimmer und das Kino noch in eigener Regie. Und da Karl nur wenig verdiente - er war seit Kurzem bei der Bahn in der Waggon-Lackiererei - willigten sie schließlich ein. Jedoch erst, nachdem sie das mit ihrem Priester besprochen hatten und auch danach noch mit einem schlechten Gewissen sowie der Einschränkung - immer nur, wenn kein Gottesdienst ist! Und in der Woche abends auch nur, wenn keine *Weinbergsarbeit* angesagt oder sonst etwas für die Kirche zu erledigen wäre.

*

„Robertche, jäist mal häit nech ins Kino ... In de Kerche is ouch scheen! Der Achim und de Inge jehn ja ouch ... Ond wenn der Herr Jäisos kommt, sucht er de Sainen nech im Kino ... Kommste mal met, Jongche, jehörst doch met zor Familie dazu ..."
So geschehen auf Bertrams Hof an einem Sonntagnachmittag, als die Familie sich gerade auf den Weg zur Kirche gemacht hatte. Er hatte gemeint, dass sie schon morgens dort gewesen wären.

Oma Liese, wie Opa Fritz Jahrgang 1897, klein, etwas rundlich und mit einem überaus faltigen wie freundlichen Gesicht, war wieder einmal zu Besuch da. Ihr breites Ostpreußisch sprach sie behäbig in einem fast phlegmatisch anmutenden Tonfall, wobei ein zwar sanfter, aber doch fester Unterton nicht zu überhören war. Robert jedenfalls fühlte sich wohlwollend angesprochen, und so saß er wenig später neben Achim auf einem der Küchenstühle direkt vor dem hinteren Fenster. Doch schon nach wenigen Augenblicken, nachdem er die ersten Eindrücke registriert hatte, war es ihm siedendheiß eingeschossen:

Ach du Schande! – Wenn mich jetzt Arnold und Erwin sehen! – Und Tussi, aus der A-Jugend ...

Eine Weile später erst, durch den Vorhang monotonen Sprechens, realisierte er den Mann hinter dem „Altar": ungewohnt wie alles um ihn herum, doch nicht unangenehm. Zumal er im Redefluss immer wieder das Wort *Post* zu hören meinte, gar in etwas gehobener Stimmlage, was ihn zwangsläufig eine Post-Uniform – *Opa!* – vor Augen führte:

„...Nicht den Klugen dieser Welt hat der Herr es offenbart ...", so vernahm er – „sondern allein seinen *Aposteln*! – Apostel waren es am Anfang und Apostel sind es heute, da das Ende des Ratschlussplanes unseres Gottes herbeigekommen ist. – Und vor allem unserm lieben Stammapostel, dem der Herr verheißen hat, zu seiner Lebzeit wiederzukommen ..."

„Achim, was ist ein ‚Postel' ...?"

Ein warmer Sommernachmittag, als sie auf dem Heimweg vor dem großen Schaufenster die in ihrem Lack glänzenden Tretroller bewunderten.

„Ein was ...?" – Mit großen Augen sah der ihn an: „Sag noch mal ..."

„Ja, hat der doch immer gesagt, der Priester: ‚Post' oder ‚Postel' ..."

Achim kicherte: „Ach, du meinst Aaapostel ..."

„Ja – meinetwegen: Aa-postel. Und was ist das? So was wie Opa – mit Post-Uniform?"

„Ach Quatsch! ... Musste Papa fragen, der weiß das. – Welchen Roller findst'n du besser, den roten oder den blauen? ..."

Dann Oma Liese wenig später im Wohnzimmer:

„Na, Robertche, war doch scheen im Gottesdienst, nech? – Misst ihr bloß noch ä bisschen mehr stillsitzen, ihr bäiden ..."

„Oma Liese, was ist ein ‚Aa-postel'? – Hat das was mit ‚Post' zu tun ...?"

Indem sie amüsiert lachte, was ihre kleine, etwas füllige Figur leicht ins Schwingen brachte, wusste sie in ihrer Art zu antworten:

„Näi, Jongchen, mit der Post hat das nischt zu tun ..."

„Na, irgendwie schon ...", schaltete Gertrud sich ein. „Mit der Post senden wir Briefe und Pakete, und der Herr Jesus ‚sendet' seine Apostel zu den Menschen hin ..."

„Na ja - wennstes so siehst, denn schon ..."

So formte sich in Roberts Vorstellung nach und nach das Bild einer „Urkirche", in welcher der Herr Jesus vermittels seiner Apostel gewirkt habe. Und die, vom Gottessohn mit bestimmten Vollmachten ausgestattet, seien durch die Lande gezogen, hätten gepredigt, Kranke geheilt, Wunder gewirkt und in seinem Namen Sünden vergeben. Vor allem aber wären ausschließlich sie bevollmächtigt, die Gläubigen mit dem Heiligen Geist zu taufen bzw. „zu versiegeln", ein Terminus, mit dem die *Geistestaufe* in der Bibel ebenfalls bezeichnet wird. Grade das aber sei ausschließlich ihrem Amt vorbehalten -, und ohne das Siegel des Heiligen Geistes gehöre man nicht zu den Auserwählten, die täglich die Wiederkunft Jesu erwarteten! So sei die Wiedererweckung des Apostelamtes nach nun annähernd neuzehnhundert Jahren *apostelloser Zeit* das untrügliche Zeichen der nahen Weltkatastrophe! Davon zeuge in der Heiligen Schrift vor allem die *Offenbarung des Johannes!*

Mit ihren detaillierten Ausmalungen des furchtbaren Weltenschicksals unmittelbar nach der Wiederkunft Christi, die sie bei jeder Gelegenheit einflocht, sah sich der bald Zehnjährige vor einen Raum gestellt, in dem er die andern - Mama, Papa und seine Geschwister - immer schon beieinander wusste. Sich selbst fühlte er, so lange er denken konnte, davon ausgesperrt. Um so schmerzlicher empfand er sein eigenes Dasein wie vor einem großen, dunklen Loch, ohne irgendwelche hoffnungsvollen Gewissheiten. So suchte er instinktiv Zugang zum *Inneren* der Familie, um endlich wie Achim und die andern ganz zu Mama und Papa dazuzugehören.

„Und woran merkt man, dass jetzt die ‚Endzeit' ist und dass der Herr Jesus bald kommt? ..."

„Na ja – unserm Stammapostel hat ja der Herr Jäisus selbst jeoffenbart, dass er noch zu seiner Lebenszäit kommen wird! ... Das ist ja de 'Botschaft', die er auf Jeheiß des Herrn dem Volke Gottes 1951 im Weihnachtsgottesdienst verkindigt hat. Aber auch durch Wäissagungen, die ich als Kind noch in der Häimat jehört habe, lange schon vor dem Kriech, sind wir darauf hinjewiesen worden ... Wie in der Offenbarung jeschrieben steht: Kriech und Kriechsgeschräi wird säin ... Und de Gottlosigkeit wird ieberhand nehmen, in der janzen Welt. Und das ist jetzt ja alles erfüllt! ..."

Oma Liese hatte die Flucht erlebt, über die sie allerdings nie direkt sprach. So mochten es ihre eigenen, entsetzlichen Erfahrungen sein, die in ihre endzeitlichen Katastrophenbilder eingeflossen waren, der tiefe Ernst, die sicheren Details, die für Robert jeden Zweifel an ihren Erklärungen und Deutungen ausschlossen. Aber auch die Selbstverständlichkeit, mit der sie alle, die ganze Familie - und die Hannoveraner! - in dieser anderen, ihm noch verschlossenen Welt lebten. Eine Wirklichkeit, die schleichend nun auch ihn zu umhüllen begann, ihn öffnete für Bilder und Vorstellungen, die ganz im Widerspruch zu seinen bisherigen Ansichten standen, wie sie sich aus den Verhältnissen bei ihm zu Hause entwickelt hatten. Eine Tendenz, die von seinem Nähebedürfnis zu Achim und Inge befördert wurde, was ihm jedoch nicht bewusst war.

„Die Welt verjeht mit ihrer Lust, und nur wer den Willen Gottes tut, der bläibt in Ewigkäit! Darum sollen wir auch nicht Gemäinschaft mit der Welt haben, denn die wird in Kirze verjehn! … Deswejen mäiden Gotteskinder auch Kino, Tanzen, Karneval und ieberhaupt allen Rummel! Vor dem Herrn hat das alles käinen Bestand …"

„Auch Fußball, Oma Liese…? - Soll man auch nicht Fußball spielen …?"

Die Augenbrauen hochgezogen, forschte der Junge in ihrem faltigen Gesicht.

„Na, ich denk schon! … Das sind ja alles Verjniejungen, die vom Werk Gottes abhalten. Die Treuen werden alles auskoufen, was im Werk Gottes anjeboten wird: zuerst de Sonntagschule und den Kindergottesdienst, denn Religionsunterricht und die Konfirmandenstunden. Und danach de Jugendstunden und der Chor … Na, und denn jehn die jungen Brieder noch mit, de Familien besuchen und innen Wäinberg. Jongche, da bläibt für de Freuden der Welt auch jar käine Zäit mehr iebrich …"

Als Robert an diesem Sommer-Sonntag gegen sechs Uhr zu Hause die Küchentür öffnete, war Oma dabei, den Abendbrottisch zu decken. Opa hatte eben die Nachrichten eingeschaltet: … Die Sowjetunion hat die Souveränität der *Deutschen Demokratischen Republik* erklärt …

Noch keine zwei Jahre war es her, dass sowjetische Truppen am 17. Juni 1953 den Volksaufstand in der *Ostzone* brutal niedergeschlagen haben. Im viergeteilten Berlin hielten Engländer, Amerikaner und Franzosen ihre Einheiten immer noch in Alarmbereitschaft. In Vietnam tobte die mörderische Entscheidungsschlacht um Dien Bien Phu: das endgültige Aus für die Franzosen! Abertausend Tote! Atomwaffentests der Großmächte: Wasserstoffbomben! Die Briten kündigten weitere Versuche an: *Die ganze Welt in Angst und Schrecken* - so jedenfalls empfand der Junge die Summe der täglichen Meldungen. Und in nur sechs Jahren - 1960 - werden *drei Milliarden Menschen* die Erde bevölkern: Ein Wachstum unvorstellbaren Ausmaßes! Vor allem in Afrika und Asien: Ströme von Hunger-Immigranten nach Europa werden prophezeit; die Preise für Kartoffeln, Milch und Butter haben

auch schon wieder angezogen ...
„Grade zehn Jahre ist der Krieg vorbei und schon rasseln se wieder überall mit dem Säbel! - Nie wieder eine deutsche Hand an der Waffe, hatte es geheißen. Und doch marschieren demnächst wieder die ersten deutschen Soldaten ... In der Ostzone das Gleiche! Keiner hat was draus gelernt! Die Welt wird immer verrückter! - Und wenn der Russe in der Ostzone so weiter macht - na denn man gute Nacht! ..."

Mit ärgerlicher Miene eine Schreibe Brot bestreichend, hatte Opa vor sich hingebrummt. Doch schließlich hatte er zweimal miterlebt, wie rhetorische und militärische Muskelspiele sich bis zu einem Krieg hin hochgeschaukelt hatten.

Wenige Wochen später rasselten englische Infanterie- und Panzerverbände durchs Dorf. Wieder Manöver. Sämtliche umliegenden Waldstücke voller Soldaten, keine 200 Meter von Knigges Haus entfernt: Zelte, Jeeps, Spähwagen, Panzer ... Olivgrün alles unter riesigen Tarnnetzen, die sie zwischen die dicht stehenden Föhrenstämme gespannt haben. Ein Gebräu aus brummenden Motoren, englischen Sprechfetzen, Benzingerüchen, fauchenden Gaskochern und Gebratenem. Dazu das unablässige Piepsen und Knacken der Funkgeräte ... Für die Kinder Abenteuer pur! Tauschgeschäfte: Obst und Eier für Zartbitter-Schokolade, Dauerbrot, Dosenwurst oder Kekse. Mitunter auch Zigaretten und Schnaps.

Doch für Bert ist dieses Mal alles ganz anders!

In der Ostzone stehen die Russen Gewehr bei Fuß! – Oma Liese hat gesagt, dass das, was jetzt kommt, viel schlimmer werden wird als alles, was es vorher auf der Welt gegeben hat! Und Opa sagt das auch. Wegen der Atombomben! ...

Als er mit Achim über seine Ängste reden wollte, hatte der ihn nur verwundert angeschaut:

„Meinste? – Glaub' ich aber nich'. - Sonst hätten Mama und Papa schon längst was gesagt. – Und vorher kommt ja auch noch der Herr! ..."

Doch das hatte ihn nicht beruhigen können. Auch die Zeitungen warnten ja täglich vor einem Atomkrieg. Zudem führten ihm Fotos von *Hiroshima* und *Nagasaki* drastisch vor Augen, was, wie er glaubte, in der Johannes-Offen-barung prophezeit ist. Als Mama und Oma Liese seine Verängstigung bemerkten, versuchten sie, ihn mit der Verheißung vom *rettenden Heimholen* der Gotteskinder zu beruhigen:

„Erst wenn der Herr de Gotteskinder von der Erde wechjenommen hat, wird Satan losjelassen werden ... Und erst denn kommt ja das Verderben ieber de Menschhäit ... Dräieinhalb Jahre wird's währen, wie's jeschrieben steht ... Aber währenddem feiern die Gotteskinder mit dem Herrn die Hochzäit im Himmel! – Das wird so schön sein, wie's noch käines Menschen Auge jesehn hat! ..."

Doch kam das bei dem Jungen völlig anders an, als sie erwartet hatten.

„Aber ich bin doch noch gar nicht versiegelt ...! – Und Oma und Opa ... Und Werner ...?!"

Zu wach noch die Erinnerung an einen der letzten Gottesdienste. Der Bischof, ein gütig wirkender älterer Herr mit Menjou-Bärtchen, von Beruf Handelsvertreter, hatte in ungewöhnlich ernstem Ton gepredigt. Während danach die über fünfzig Anwesenden - im Vorraum hatte man für die aus anderen Gemeinden Angereisten Klappstühle aufgestellt - unter dem Ächzen des altersschwachen Harmoniums zum Abendmahl gingen, hatte er wieder sitzen bleiben müssen. Als Einziger. Doch hatte ihn das dieses Mal mehr als sonst bestürzt! Daran änderte auch Achims Bemerkung nach dem Gottesdienst nichts: „Schmeckt pappig und klebt oben im Mund." Oder dass Opa Lindemann ihm einen Bonbon mit den Worten zugesteckt hatte: „Is' kein Abendmahl, schmeckt dafür aber süß ..."

Als seine Mutter auf die Frage des Bischofs, warum er denn nicht mit zum Abendmahl gekommen sei, unter Tränen gehaucht hatte: „... der Junge ist doch noch nicht versiegelt!" - da stand es ihm wieder glasklar vor Augen:

Du wirst am Tag des Herrn nicht dabei sein! Du bist ja noch gar kein Gotteskind – du gehörst ja überhaupt nicht dazu ...!

So vermochte nichts die Furcht des Neunjährigen vor der drohenden *Ernte* oder *Bluthochzeit* zu zerstreuen. Alles außerhalb des *Werkes Gottes*, so dämmerte ihm, ist hoffnungslos der Verführung, der Macht Satans und damit dem Verderben preisgegeben! Ein schlimmes Menetekel! Auch für ihn - und für seine Hoffnung, bald der Familie seiner Geschwister ganz anzugehören.

*

Nicht viel später traf ihn eine ganz andere, doch fast ebenso schlimme Katastrophe: *Er verliert Walle!* Sein bester Freund! – Selbst da noch, als der sich über ihn und das Werk Gottes lustig gemacht hatte ...

Als sich an jenem hitzeflirrenden Sommertag der Möbelwagen aus der Barackeneinfahrt in Bewegung gesetzt hatte, endgültig in Richtung einer fernen Stadt im Rheinland – *Krefeld*, hatte Walle gesagt –, da kam der ihm vor wie ein Totenwagen. Schreiend und mit wild rudernden Armen war er der Staubfahne hinterhergerannt, um schließlich schluchzend in den Straßenstaub zu sinken: „Walle ..., mein Walle ist fort! ... Für immer ..." Ihm war, als wenn sein Freund gestorben wäre. - Ja, es war wie vorletzten Herbst, nur noch schlimmer! Da war gegen Ende des zweiten Schuljahrs - von einem Augenblick auf den andern - eine Klasenkameradin nicht mehr da. Die zierliche, immer blasse Heidrun aus dem *Tapetenschuppen*, eine erbärmliche Baracke, in der immer noch Flüchtlinge hausten, sei an Lungenentzündung gestorben, hatte man gemunkelt. Er hatte sich gesträubt zu verstehen, was das bedeutet: tot sein ... Für immer weg! ... Wo doch alles weitergeht: die Schule, Cowboyspielen, seine Geschwister. Aber alles ohne *sie* – jeder Tag! Auf *ihrem* Platz jemand anders, aber nie mehr *sie!* ... Kann man das denken? Seine Gedanken schienen sich zu verhakeln, kamen im Kopf nicht richtig zu Ende.

Erst als sie den kleinen, weißen Sarg unter dröhnendem Glockenschlag in die Erde senkten, in einer zugigen Ecke der Friedhofsmauer, und die Kinder eines nach dem anderen ihre Blumenschaufel Erde auf den Sarg warfen, hatte ihm, als er an der Reihe war, der dumpfe Aufprall eine Ahnung von der Endgültigkeit dieses Abschieds in den Kopf gebohrt. - So vergingen Tage, bis Robert nach dem Verlust des Freundes wieder mit Erwin, Edchen und den andern durch die alten Waldreviere zog. Oder mit Rita, Elke und Freya für ein paar Fünfzigpfennigstücke Eicheln und Kastanien sammeln. Schweinefutter. Und Pilze für's Essen: Pfifferlinge, Maronen, Champignons und was der Wald sonst noch hergab.

Schließlich wieder bei Arnold und Reiner vor der Tür: quatschen und Schmöker tauschen. – *Schundhefte!*, wie Opa Tarzan & Co. zu titulieren pflegte. – Dass er mit den andern auf der staubigen Straße gebolzt hatte, schien ewig her! Und wann waren sie das letzte Mal auf ihren Drahteseln Angeln gefahren? Über die engen, holprigen Wiesenwege zur Alten Kieskuhle hin, jenem nierenförmigen Tümpel, in dem sie, zwischen weidenden Kühen und deren im Gras verteilten Hinterlassenschaften, badeten ...

Doch nichts schien ihm mehr, wie es vorher war.

Er war jetzt wieder öfter bei Achim, wo Papa nach wie vor das alte Haus ausbesserte und umbaute. Die Stube hatte er bereits vor vier Jahren vergrößert. 1951 war das, als im März OpaO gestorben war und er nicht zur Beerdigung mitgedurft hatte. So konnten in der Stube vorübergehend auch die Gottesdienste stattfinden, nachdem Angersteins Vermieter das für deren Wohnung untersagt hatte. Wegen des lauten Singens, wie es geheißen hatte. Doch Papa meinte, dass Pastor Rabe seine Finger im Spiel gehabt hätte.

Immerhin war Ihnen die neue Stube wie das erste Aufleuchten einer besseren, freundlicheren Zukunft vorgekommen – auch wirtschaftlich. „Das ist Segen! ...", hatte Mama den Kindern zu bedeuten gewusst: der Segen ihres sonntäglichen Opfers und weil sie treu wären im Glauben! „Denn der Herr sieht das Herz an. Und er sieht ins Verborgene ...!"

In der Tat – so knapp das Geld auch war: das Opfergeld stand immer obenan! Auch bei den Kindern, die auf diese Weise die Wechselwirkung von Opfer und Segen als realen Beziehungskanal zum himmlischen Vater hin lernten.

Für Robert hatte die neue Stube ihre magische Anziehungskraft, seit er dort die Kirchenzeitschriften entdeckt hatte. Bisher überall im Haus verstreut, fand er sie hier jetzt an ihrem festen Platz. Wie ihn auch die gerahmten Fotografien des Stammapostels und, etwas tiefer gehängt, *ihres* Apostels beeindruckten. Vor allem aber fesselten ihn die Bilder und Reiseberichte in der Halbmonatszeitschrift „Unsere Familie" (UF). Die erschien wie alle Publikationen im Werke Gottes im Frankfurter *Verlag Friedrich Bischoff*. Herausgeber: Stammapostel J. G. Bischoff; Geschäftsführer in Verlag und Druckerei sein Sohn Friedrich Bischoff. Der Vertrieb lief ausschließlich über sog. *Verlagsbeauftragte* in den Gemeinden. Karl Rauh war einer von ihnen.

So las und fühlte sich der Zehnjährige mit *Unsere Familie* in die göttlichen Heilswahrheiten hinein, vor allem auch in die abgedruckten Gottesdienste, in denen der Stammapostel – „Vollender des göttlichen Ratschlussplans"! - dem Volk Gottes immer wieder *zeitgemäße Seelenspeise* reichte: zumeist Gottesdienste in den größten Hallen deutscher Nachkriegsmetropolen, doch auch des Auslands, etwa in den Niederlanden, den USA, Südamerika und Südafrika. In der Regel mehrstündige Veranstaltungen, die regelmäßig als UF-Hauptartikel nachzulesen waren.

Auf den Fotos beeindruckte Stammapostel Bischoff schon durch seine hünenhafte Gestalt und den markanten Kaiser-Willhelm-Bart. Ein Gottesmann, wie er im Buche stand: voller Schaffenskraft und im biblischen Alter von jetzt 84 Jahren. Hinter einem ausladenden Altar auf einer mehrstufig erhöhten und überaus mit Blumen dekorierten Bühne erschien er stets umrahmt von einer großen Schar Ämtsträger: *Apostel, Bischöfe, Bezirks-Älteste und -Evangelisten*; einige nicht selten aus Übersee. Ein Bild, eine Atmosphäre, die sich unter der Predigt des endzeitlichen *Gesalbten Gottes* für die mit Bahnen und Bussen angereisten Gotteskinder bereits in einen überweltlichen Zustand zu verklären schien. Alle nachfolgenden UF-Beiträge, bis auf wenige allgemein gehaltene, flankierten und unterstrichen das *Heilswirken des Stammapostels* in allen möglichen Facetten: als Vorwort, Glaubenserlebnis, lehrhafte Apostel-Beiträge, Fabeln oder historische Abhandlungen. Ebenso drei weitere Periodika, die so genannten kleinen Hefte: Faltblätter, annähernd DIN A5, die nach dem Auftrennen ein achtseitiges Heftchen ergaben: *Die Wächterstimme, Der Jugendfreund* und *Der gute Hirte*. Erstere vierzehntägig im Wechsel mit UF, die beiden für die Jugend und Kinder monatlich. Dazu im November der *Kalender:* das reichlich bebilderte Jahrbuch von UF, etwa im gleichen Format wie die drei Kleinen und gut 200 Seiten stark. Neben redaktionellen Endzeit-Betrachtungen standen hier die Beiträge von Aposteln im Mittelpunkt, gefolgt von Missionsberichten aus aller Welt, auch mancherlei Wissenswertes sowie die Rubriken *Für unsere Hausfrauen, Für unsere Jugend* und *Für unsere Kinder*. Für Robert ebenfalls eine heiß begehrte Lektüre, die eindrucksvoll all das unterstrich, was er in den Gottesdiensten hörte und in den anderen Zeitschriften las. Etwa wie UF-Chefredakteur *Erich Meyer-Geweke* im Kalender 1955 die Zeitverhältnisse aus der Sicht des *Werkes Gottes* charakterisierte, wo es in seinem mit „KOMM" überschriebenen Leitartikel unter anderem hieß:

„(...) seit es dem Menschen gelungen ist, Atome zu spalten und damit an die Grundpfeiler der Schöpfung zu rühren, ist das Tempo der Entdeckungen (...) atemberaubend geworden (...)". Die Menschheit spüre, daß sich über ihr immer dunklere Wolken zusammenballten, und bangend frage sie, wann sich ein Weltengewitter unvorstellbaren Ausmaßes entfesseln werde. Eine dumpfe Vorstellung, aus Angst geboren, die die Menschheit nicht mehr loslassen wolle, im Laufe des Jahres noch genährt von „rätselhaften Erkrankungen und anderen unheimlichen Erscheinungen offenbar atomaren Ursprungs (...)" sowie „einer Anzahl weiterer bisher unerklärlicher Begebenheiten in der Natur, auf der Erde und am Himmel."

Und weiter: Ob man in Wirklichkeit damit nicht die Voraussetzungen für das schaffe, was in der Johannes-Offenbarung mit seinen furchtbaren Wirkungen beschrieben sei? Doch im Gegensatz zur Welt wüssten die den Aposteln folgenden Versiegelten, daß der Augenblick bevorstehe, in welcher „der Engel mit der scharfen Hippe die Trauben am Weinstock der Erde schneidet, die in die große Kelter des Zornes Gottes geworfen werden (...)" Doch würde das erwählte Volk Gottes dem allem entfliehen, da „unser Herr zu des Stammapostels und unserer Lebenszeit nach seiner Verheißung wiederkommen wird, um uns mit sich in sein Reich zu nehmen, das nicht von dieser Welt ist. (...)"

Längst hatten diese Bilder und Vorstellungen ihre virulente Wirkung auch in Roberts alltäglichen Wahrnehmungen, in seinem Denken und Empfinden entfaltet: Ein bedrohliches, angstbesetztes Szenario, das ihn unmittelbar betraf, zunächst noch diffus, doch zunehmend deutlicher und von ihm identifiziert in konkreten Ereignissen und Verhältnissen.

So verfärbten sich in diesem *Licht göttlicher Erkenntnisse* umgangssprachliche Worte und Begriffe zu Bedeutungen und Empfindungen, wie sie ihm bis da fremd gewesen waren. Seine Freunde verstanden ihn nicht mehr: *Kasperletheater* – jetzt ein endzeitliches Kinder-Lockmittel Satans! Oder Gastwirtschaften, Schützen- und Volksfeste, Kino, Theater, Schlagermusik, Tanzen, Rauchen, Alkohol ... Ja, überhaupt alle weltlichen Feste und alles Feiern. Ebenso Sportveranstaltungen; Vereine, Parteien und Politik. Auch Illustrierten und Romane ... Überhaupt Lesen: Immer wieder Warnungen, sich nicht auf die Angebote dieser Welt einzulassen, eben auch nicht auf Literatur. Alles das wäre schädlich und im Hinblick auf das täglich zu erwartende Kommen des Herrn zu überwinden. Ja, „Überwinder" sollten sie werden; denn nur die würden „am Tage des Herrn mit IHM entrückt werden"! Unter diesem Apekt war auch das Ansparen von Geld zu sehen, die Berufswahl oder häusliche Anschaffungen, wenn die Brüder sie bedenklich fänden ...

Unter solcherlei Eindrücken war er am 4. Juli 1954 in einen gradezu schwindelerregenden Zwiespalt geraten! – Später Sonntagnachmittag in der Küche. Er hatte es geschafft, 15 Minuten nach dem Gottesdienst zu Hause zu sein – zusammen mit Werner, Opa und Oma am Radiogerät. Atemlos der leidenschaftliche Kommentar von *Herbert Zimmermann* aus Bern – und dann der finale Höhepunkt des Fußball-WM-Endspiels *Deutschland – Ungarn*: das unauslöschlich in die Köpfe und Seelen von Millionen fiebernder Zuhörer geschriene: „Aus! Aus! Aus! ... – Deutschland ist Fußball-Weltmeister! Deutschland schlägt den Favoriten Ungarn 3 zu 2! ... Deutschland hat es geschafft und ist Fußball-Weltmeister! ..."

Neun Jahre nach dem verlorenen Krieg: Ein neuer, nicht zu hoffen gewagter Sieg auf der Bühne des großen Welttheaters: – *Ja, doch – wir sind wieder wer!* ... Das ganze Haus schien im Jubel zu explodieren. Plötzlich waren alle auf der Straße, gestikulierten, redeten wild durcheinander. Kaum jemand im Land, der sich der hoch aufschäumenden Begeisterungswelle entziehen konnte! Auch ihn, den neunjährigen Robert, hatte die Begeisterung mitgerissen, was ihn aber zugleich ängstigte, hatte ihn doch „der Geist dieser Welt" für Augenblicke wieder ganz in seiner Gewalt! ... *Auf welcher Seite stand er nun ...?*

Ein Zustand, der ihn verwirrte, ja, ihm tagelang zu schaffen machte ...

„Junge, wo bist du mit deinen Gedanken? – Ich hab' dich was gefragt! ..."

Zweimal schon hatte Frau Betz ihn aufgerufen ... Zur Belustigung der ganzen Klasse.

Das gerade aufkommende Fernsehen galt von Anfang an als finales teuflisches Werkzeug: als Fenster, durch das der *Geist dieser Welt* Einzug in die Herzen der Gotteskinder suchte! So wie Gotteskinder nichts an den *Orten dieser Welt* zu suchen hatten, sollten sie sich auch vor den Einflüssen der Finsternis, die von außen eindringen wollen, verschließen. - Ein Fernsehgerät in einem neuapostolischen Haushalt der kleinen Gemeinde? ... Mitte der 1950er Jahre undenkbar! Andernfalls: Wer so die Warnungen der Gottesknechte missachtete, stellte sich direkt gegen den Herrn! Er konnte nicht damit rechnen, am Tage der Wiederkunft Jesu angenommen zu werden. Denn:

„(...) zwei (werden dann: d. Vf.) auf einem Bette liegen; einer wird angenommen, der andere wird verlassen werden. Zwei werden mahlen miteinander; eine wird angenommen, die andere wird verlassen werden. Zwei werden auf dem Felde sein; einer wird angenommen, der andere wird verlassen werden." (Luk.17, 34-36)

Wie oft schon hatten sie das im Gottesdienst gehört! Das aber: von Gott verlassen sein, dem großen Verderben preisgegeben, während das *Knäblein*, die *Erstlinge und Überwinder,* wie Offenbarung 12, 5-17 gedeutet wurde, an der Hand des Stammapostels entrückt sind zu Gott und seinem Stuhl – das war die schlimmste Vorstellung überhaupt, die ein Gotteskind umtreiben konnte!

*

Indem Robert wach alles um sich herum wahrnahm, hatte er begonnen, intensiv in der Bibel zu lesen - ja, regelrecht darin zu forschen. Er wollte den Ursprung all dessen kennenlernen, was sich ihm immer mehr als das endzeitlich rettende *Werk Gottes* auftat. Weder Frakturschrift noch Syntax oder die Begrifflichkeit einer Lutherbibel von 1897 waren sperrig genug, ihm den Weg zu den Taten und Wundern der urchristlichen Apostel zu verstellen, zum Herrn selbst: Jesus von Nazareth, den Gott, wie er las, durch seine rechte Hand erhöht hat.

Es war vor allem die augenscheinliche Deckungsgleichheit der hauptsächlichen Begriffe, die dem Zehnjährigen die Echtheit und Glaubwürdigkeit des gegenwärtigen Werkes Gottes untermauerten: Apostel, Evangelisten, Diakone, Heiliger Geist, Handauflegung, versiegeln, Wiederkunft Christi, erste Auferstehung – um nur die wichtigsten Schlüsselworte zu benennen. Begriffe, die er in der Bibel las, mit denen seine evangelischen Freunde jedoch nichts oder kaum etwas anzufangen wussten. Auch im schulischen Religionsunterricht kamen sie kaum vor. So vermochte er in seiner kindgemäßen Herangehensweise keinen Unterschied zwischen dem neuapostolischen Werk Gottes und der Urkirche, wie sie ihm im Neuen Testament begegnete, festzustellen. Das galt gleichermaßen für das Verhältnis zur *Welt und ihrer Lust*, zur Geistlichkeit, den heutigen Schriftgelehrten, Pharisäern und blinden Blindenleitern der Endzeit. Wie vor fast 2000 Jahren sah er sie im Widerstreit zum Werke Gottes. Und das, so hörte und las er ständig, würde so bleiben bis zum nahen Tag des Herrn.

Dass es allerdings seine eigenen Anschauungen, Interpretationen und Projektionen waren, die er in die biblischen Texte hineinlas, das, was er in seiner kleinen Glaubenswelt aufgesogen hatte –, wer sollte ihm das erklären? Am allerwenigsten wohl jene, die mittels einfachen Zirkelschlusses die gegenseitige Akklamation ihres Glaubens für göttliche Wahrheit hielten.

Auf jeden Fall aber führte das Bestreben, seinen Freunden, vielleicht eines Tages auch Oma und Opa, bibelfeste Argumente für die Richtigkeit seines Glaubens liefern zu können, zu einer Vertrautheit mit den biblischen Texten, der seine Altersgenossen und selbst Erwachsene meist nur unsicher zu begegnen wussten. Eine Vertrautheit, die allerdings auch erste Fragen zu formulieren begann – zunächst an die biblischen Texte selbst, doch bald schon auch zu all dem, das seinen Glaubensvorstellungen zunehmend Gestalt verlieh: Fragen um Klarheit und Gewissheit, nach Erklärungen zu Unverstandenem und Widersprüchen, anhand derer er wirklich *beten* zu lernen begann.

Knapp anderthalb Jahre nachdem die kleine Gemeinde in den vormaligen Flaschenmilchladen eingezogen war – sie zählte da acht Erwachsene und fünf Kinder - war im November 1954 Karl Rauh vom Apostel zum ersten ortsansässigen Amtsträger ordiniert worden. Da war er 33 Jahre alt, und grade eine Woche zuvor hatte Gertrud ihnen ihr viertes Kind, *Anette*, zur Welt gebracht. Als *Unterdiakon* war er zuständig für das Aufschließen, Heizen, Reinigen und Herrichten des Kirchenraums zum Gottesdienst, wobei ihm Gertrud soweit als möglich zur Hand ging. Zudem führte sie das Gottes- dienst-Tagebuch und fertigte die Abrechnung des Opfergeldes für *Hannover* an. Darüber hinaus aber war das Zeugnisbringen, die sogenannte *Weinbergsarbeit*, das wesentliche Merkmal seines Amtes. Alles das versah er mit größter Gewissenhaftigkeit, und so war er den Brüdern aus Hannover, jenen Amtsträgern, die sonntags mit einer Handvoll Sänger und in der Woche oft noch als *Weinbergsarbeiter* anreisten, eine in jeder Hinsicht verlässliche Stütze. Überhaupt war das altersschwache Fachwerkhaus der zentrale Ankerplatz am Ort – nicht nur für die Hannoveraner, sondern auch für alle, die im Laufe der Zeit der kleinen Schar *aus Gnaden Erwählter* hinzugetan wurden. Und nicht selten bat Gertrud jemanden mit zu Tisch: etwa Priester Kohlmann, Versicherungsangestellter, Anfang fünfzig, grauhaarig und von ruhiger, väterlicher Art. Mit der Einweihung des Kirchenlokals hatte man ihm die langsam, doch stetig wachsende Landgemeinde zusätzlich zu seinem Arbeitsbezirk in Hannover anvertraut. Oder vorher Priester Helweg, der beinamputierte Kriegsinvalide. Bis Mai 1953 war der bei jedem Wind und Wetter mit dem Zug gekommen, oft zwei-, dreimal die Woche. Karl hatte ihm dann sein Fahrrad zum Bahnhof gebracht, auf dem er Glaubensgeschwister und Gäste besuchte. Er verstarb noch im selben Jahr, gerade einmal fünfzig geworden, an den Folgen seiner Kriegsverletzungen.

Obwohl der Haussegen mitunter schief hing, stand für Robert fest, dass das *Werk Gottes* im Hause seiner Eltern absoluter Lebensmittelpunkt war! Entsprechend reagierten auch Achim und Inge, wenn ihn, den Älteren, wieder einmal der Hafer stach:

„Nee, das dürfen wir nicht! ... Gotteskinder klauen nicht, hat Mama gesagt ... Ich mach´ jedenfalls nicht mit! – Und du, Achim? ..."

Augenblicke, in denen er seine Geschwister furchtbar doof fand, und dass man nichts, aber auch überhaupt nichts mit ihnen anstellen könne! ...

„Die paar Mirabellen! ... Das merkt doch überhaupt keiner. Ihr seid echt feige ...!" - Doch ihre abweisenden Blicke, die tief missbilligenden Falten zwischen Inges Augenbrauen und Achims Schmolllippen waren eindeutig. Auch Wahrnehmungen dieser Art sensibilisierten ihn weiter für das, was *der Geist den Gemeinden* sagte: in den Gottesdiensten und Zeitschriften oder in Hinweisen und Ratschlägen, wie er sie von den Brüdern vernahm.

„Wie alt bist du - zehn ...?"

Als sich der Gottesdienstraum langsam zu leeren begann, war Priester Möller vor Robert stehen geblieben, um ihn mit ernstem Blick zu fixieren. Selbst kaum größer als der Junge, grauhaarig und schmallippig, ließ ihn vor allem seine fahle Haut auffällig erscheinen. Er kam selten in die Gemeinde und wenn, dann auf einem Fahrrad mit Hilfsmotor. Robert hatte ihn ein-, zweimal, als er mit den anderen Kindern noch draußen stand, ankommen sehen: eingehüllt in graue, steife Regenkleidung, aus der er sich dann im Vorraum mit Karls Hilfe mühsam herausgeschält hatte. Die große Motorradbrille, die beinahe sein ganzes Gesicht bedeckte, ließ ihn wie einen Außerirdischen erscheinen - so, wie er da mit sanft schnurrendem Motor langsam auf die Gartenpforte zugerollt kam. Doch hinter dem Altar erinnerte er ihn irgendwie ... Er hätte gar nicht sagen können, warum -, aber zu seiner eigenen Verwunderung war da plötzlich das Bild vom alten *Harms*, den Schulleiter, der ihn vor noch gar nicht allzu langer Zeit so furchtbar versohlt hatte.

„Hältst du denn auch die zehn Gebote? ... Die kennst du doch, oder ...?"

Dem Jungen war nicht wohl in seiner Haut. Ähnlich, wie vor der Klasse, wenn er bei einem Gedicht oder einer Rechenaufgabe nicht weiterwusste. Er spürte, wie ihm das Blut in den Kopf stieg. Ein paar Glaubensgeschwister, die an ihnen vorbei wollten, stockten. - Vielleicht wegen der Sachen, die er anhatte ...? Die Skihose, von Oma aus dunkelblauem Marinetuch geschneidert, mit den über den Knöcheln zuzuknöpfenden *Bündchen*? ... Ein Gräuel für ihn! Wie auch der graue Pullunder mit den gekreuzten Pferdeköpfen auf der Brust. Immer hatte er das Gefühl, deswegen von allen angestarrt zu werden ... Doch noch bevor er eine Antwort stottern konnte, hatte Papa sich eingemischt. Im Vorbeigehen die Situation erfassend, hatte er mit dem gleichen Unterton, den Robert bei Oma Liese wahrgenommen hatte, den Priester beschieden:

„Der Junge ist noch nicht versiejelt. Aber er besucht schon die Sonntagschule ... Er gehört mit zur Familie ..."

Darauf der Priester, sich Karl zuwendend:

„Euer ist das ...? – Na, wie viele habt ihr denn ...?"

„Mit ihm" – dabei den Arm um Roberts Schulter legend – „mit ihm sind's

nu fünf." Darauf der Priester etwas ratlos: „Aber die andern vier – die sind doch versiegelt, oder ...?"
„Ja, ja! - Nur der Bert wohnt bei Oma und Opa. Die sind evangelisch. Aber von Kirche und Glauben halten die nicht viel."
Und wenig später, als Karl dem Priester bei schon laufendem Motor noch eine gute Heimfahrt wünschen will, neigt der sich noch einmal dicht zu ihm hin:
„Bruder Rauh, sehen Sie bloß zu, dass der Junge bald versiegelt wird! Sie wissen ja, der Herr kann jeden Tag kommen!"

Auf dem Heimweg musste Robert daran denken, wie er vor ein paar Abenden mit Opa auf der Bank vor der noch warmen Schuppenwand gesessen hatte. Am dunklen Firmament hatten die Sterne zu funkeln begonnen, und Opa hatte ihm den Sirius gezeigt, dann Pluto, die Venus, den Kleinen Wagen und den Großen Bären. Über den Mann im Mond hatten sie es und über die Unendlichkeit des Weltalls, das schwarz und unfassbar hoch über ihren Köpfen zu schweben schien.
Doch noch unfassbarer war ihm Opas Überzeugung gewesen, dass alles das aus sich selbst heraus, ohne den Willen und das Wort eines allmächtigen Schöpfergottes geworden sein sollte.

Arnolds Fragen

„He, Robert –, warte mal! ..."
Schon fast an Brands Zaun vorbei, ging er voll in die Bremse. Das wegrutschende Hinterrad warf eine kleine Sandfontäne auf und stand. Er hatte Arnold glatt übersehn.
„Sonntag spielt die ‚Erste' gegen Fallingbostel. Wenn sie's schaffen, sind sie in der Bezirksliga. ... Kommste mit? – Reiner kommt auch. ..."

Arnold und Reiner waren knapp zwei Jahre älter als er und besuchten die Mittelschule. Täglich mit der Bahn 25 Kilometer in die Kleinstadt Walsrode. Reiners Vater war Briefträger, Arnolds irgendwas bei der Bahn in Hannover. Schlesier, wusste Opa zu Letzterem. Taubenzüchter waren beide.
Reiner wohnte ihm schräg gegenüber; Brands Haus war auf Wegners Seite das dritte auf dem Weg ins Dorf. Knapp hundert Meter weiter begann

bereits der Wald.

Doch vor ein paar Wochen hatten sie mit dem Abholzen der Rodelberge begonnen, und nun seit Tagen das Sing-Sang der langen Handsägen, das dumpfe Schlagen der Äxte und helles Pingen, wenn schwere Vorschlaghämmer die blanken Eisenkeile in das Wurzelwerk trieben. Es schmerzte ihn, seine Abenteuerwelten einstürzen zu sehen. Zwischen Brands und den Baracken, ein Abschnitt von etwa dreihundert Metern, sollte im Spätsommer mit den ersten Siedlungshäusern begonnen werden.

Er schaute an Arnold vorbei, sein rechter Fuß ruckelte mit dem Pedal:

„Ich weiß. Werner hat mich auch schon gefragt. Aber ich werd' wohl nicht kommen …"

Dabei fühlte er sich irgendwie nicht gut.

„Ach ja, du musst ja wieder zu Hoffschultes. Wegen deiner Kirche, stimmts?"

Arnold war einer der wenigen, mit denen er über seinen Glauben reden konnte. Bei aller Skepsis hörte er doch zu, und seine Einwände waren nicht abfällig oder verletzend. Er nahm Robert ernst. Für Reiner, Erwin, Edchen und die andern war *Glaube* kein Thema. Auch nicht für seine Klassenkameraden. Und selbst *Brigittchen*, in die er verliebt war, würde er damit nicht kommen. Obwohl ihr Großvater, erst kürzlich von irgendwoher zugezogen, zu seiner größten Überraschung im Gottesdienst als *Glaubensbruder* vorgestellt worden war. - Unglaublich: *Brigittes Opa - ein Gotteskind …!*

Selbst als er Arnold vor ein paar Wochen auf dem Weg ins Dorf richtig Zeugnis gegeben hatte: vom Stammapostel und dass das Kommen Jesu unmittelbar bevorstehe, war der ruhig, ja, interessiert darauf eingegangen. Ganz anders als Werner neulich im Garten …

„Musste mal in der Offenbarung nachlesen …", hatte er mit der Gewissheit des Elfjährigen geeifert – „was da steht von der Endzeit und von allem, was kommen wird. Da wird dir aber ganz anders! Zum Beispiel, dass das Blut bis an die Zäume der Pferde reichen wird! - Früher war es ja schon schlimm, mit den Kriegen und so. Aber heute können sie mit den Atombomben wirklich die ganze Welt vernichten! – Jetzt haben sie sogar noch schlimmere getestet: Wasserstoffbomben! …"

Und als Arnold dem kaum etwas entgegengesetzt hatte: – „Das sind nämlich die Endzeit-Plagen! – Zum Beispiel, dass der dritte Teil des Meeres zu Blut und der dritte Teil aller Geschöpfe des Meeres vernichtet wird. Und auch der dritte Teil aller Menschen! Doch das kommt erst, wenn der ‚Versiegelungsengel' alle Erwählten an ihren Stirnen versiegelt hat. Und genau das tun heute unser Stammapostel und die Apostel, und zwar auf dem gesamten Erdkreis: Denn sie sind es, die heute die Kinder Gottes auf den nahen Tag des Herrn vorbereiten! ..."

Hatte er doch ein paar Tage zuvor noch in der Wächterstimme gelesen:

„... Dieser Engel ist und bleibt unser Stammapostel bis zur herrlichen Erscheinung des Sohnes Gottes (...) Das ewige Evangelium, das er verkündet, ist die ihm vom Herrn gegebene Verheißung, daß das Geheimnis Gottes zu seiner Lebzeit vollendet wird, solange er posaunen wird und als Stammapostel steht."

Was ihn zu Arnold hinzog, war das Gefühl, doch irgendwie in ihn eindringen, ihn vielleicht sogar mitreißen zu können. Ja, mit seiner bedächtigen Art war der kräftige blonde Junge mit dem etwas groben Gesicht für den quirligen Freund eine ständige Herausforderung. Immer wieder reizt es ihn, den andern zu überzeugen: vom Richtigen, vom Besseren, vom Besten! Nicht nur in Glaubensdingen. Doch da ganz entschieden!

„Und wenn die Zahl der Versiegelten voll ist, werden alle auf einmal von der Erde weggenommen - Hunderttausende: hier bei uns, in Hannover, in New York, in Afrika - überall auf der Welt ...!"

Daraufhin war Arnold stehen geblieben, mitten im Wald. Ein sanftes Rauschen hoch oben in den Wipfeln, als er Robert ungläubig, ja, belustigt von der Seite her angeschaut hatte:

„Wie – weggenommen ...? Sind die dann tot ...? Oder verstecken sie sich irgendwo? – Vielleicht von Fliegenden Untertassen abgeholt? ..." Dabei grinste er Robert verhalten an.

„Haste gelesen neulich, nich ...? – Über Hamburg sind wieder welche gesichtet worden."

Aber Fliegende Untertassen passten überhaupt nicht in Roberts Endzeit-Bild! Ebenso wenig wie die vielen wundersamen Erscheinungen, von denen Zeitungen, Radio und das Fernsehen derzeit immer wieder berichteten. In der *Bunten Illustrierte*, die sie zu Hause neben der *Hannoverschen Allgemeine* lasen, hatte er erst kürzlich den großen, blutigen Bildbericht über indonesische Wunderheiler gesehen. Mit bloßen Fingern schienen sie Geschwüre aus den Körpern von Kranken herauszuoperieren. Und Pilgerströme zu irgendwelchen weinenden oder blutenden Madonnen- und Heiligenfiguren – angeführt von katholischen Priestern, die in vollem Pracht-Ornat und geistlichem Gestus in einem der zahllosen Elendsquartiere einen Anschein von Heiligkeit ins Bild brachten. Die fiebrig glühenden Augen der Ärmsten auf ganzseitigen Farbfotos als aufscheinende Verzückung in Szene gesetzt. Für Robert jedoch Ausdruck satanischer Verführung, eindeutige Zeichen der Endzeit an denen, die „... die Liebe zur Wahrheit nicht angenommen (haben) ... Darum wird ihnen Gott kräftige Irrtümer senden, daß sie glauben der Lüge ..."

So hatte er es in der Bibel gelesen. Und weiter zu Arnold:

„Weggenommen ...? – das heißt: *Entrückt!* – Alle Versiegelten werden in einem Augenblick – also gleichzeitig – von da, wo sie grade sind, weg sein. Wie ein Blitz eben – wusch, weg! – Bei Gott! ... Oder stell dir einen Magnet vor. Was passiert, wenn du ihn über eine Schale voller Nägel hältst ...? Wusch, schießen sie alle hoch zum Magneten. – Und der Herr Jesus ist so ein Magnet! Am Tag des Herrn, wenn er kommt, zieht er die Erwählten in einem Augenblick zu sich nach oben hinauf ..."

Einen Moment noch stockte der Verblüffte, um sich dann, den Jüngeren abermals skeptisch musternd, wieder in Bewegung zu setzen.

„Ja, aber was ist ´oben´...? Von China aus oder hier von uns ...? Und wenn denn nun einer gerade als Busfahrer ... Oder als Pilot ...?"

Robert war klar, wie unglaublich, wie widersinnig dem Freund diese Vorstellung sein musste! Wie oft hatte er sich das selbst ausgemalt. Doch Papa hatte ihn beruhigt:

„Der liebe Gott wird doch deswegen die Insassen von Bussen und Flugzeugen nicht umkommen lassen! Das widerspräche ja ganz und gar seinem Wesen! – Er ist doch ein Gott der Liebe!"

Des Öfteren hatte er mit Achim durchgespielt, wie verblüfft und entsetzt die Leute sein müssten, wenn Schiffe, Busse, Flugzeuge oder Autos plötzlich führerlos – aber eben doch absolut sicher ihren Weg fortsetzten. Oder die Lehrerin –, wenn sie versiegelt wäre und, flupp, vor den Augen der Kinder verschwände ... Ja –, gar man selbst ...! Vielleicht grade vor der Tafel – eben noch, bevor es kritisch werden würde, weil man wieder mal nicht geübt hatte ...

Zeitungen, Radio, das Fernsehen: alle würden es in die Welt hinausschreien:

Und sie hatten doch Recht, die Neuapostolischen! Nun müssen auch wir erkennen, dass der Herr ihren Stammapostel von Ewigkeit her dazu auserwählt hat, das zur Vollendung zu bringen, was er selbst einmal begonnen hat. Und: Der Stammapostel war nach Jesus doch der größte Mensch auf Erden; er ist wahrlich, wie verkündigt, der Vollender des Werkes Gottes! ...

Was sollte Arnold entgegnen, als Robert ihm vorhielt, dass er dem allmächtigen Gott, der Himmel und Erde gemacht habe, doch wohl auch die

Aufhebung der Naturgesetze zutraue. Er brauche ja nur im Alten Testament nachzulesen, wo Gott auf Bitten seines Knechtes *Josua* den Lauf der Sonne anhält. Oder wie der Prophet Elia gen Himmel fährt. Vor allem aber im Neuen Testament, das schließlich die Auferstehung Jesu von den Toten bezeugt! ...

„Ja ..." – wusste Robert aufzutrumpfen, indem er sinngemäß eine der letzten Wächterstimmen anführte:

„...der Stammapostel kann aufgrund einer göttlichen Botschaft zu Recht sagen: Dass 'der Sohn Gottes zu meiner Zeit kommt, ist so sicher, daß eher Himmel und Erde vergehen werden, ehe das Wort sich nicht erfüllen würde!'" Folglich, dass es eben ohne ihn, den Stammapostel, keine Erste Auferstehung, keinen Einzug in den Hochzeitssaal und kein Wohnen im Reiche der Herrlichkeit geben würde. Ja, er kündet sogar die Aufhebung der Naturgesetze für die an, die seinem Worte glauben, daß sie den natürlichen Tod nicht zu schmecken brauchen und verheißt ihnen nach göttlichem Willen das ewige Leben!

Echt, Arnold – ob du's glaubst oder nicht: Wir haben erst neulich im Gottesdienst wieder gehört, dass der Stammapostel wörtlich gesagt habe:

„Für uns ist das Wort Sterben aus unserem Lebensbuch vom Allerhöchsten gestrichen!" – Und ich glaube ganz fest daran! ...

Ihr Gang war langsamer geworden. Erst als zwischen den Bäumen die ersten Häuser auftauchten, legten sie wieder einen Schritt zu. Roberts feuriges Bekenntnis zur Gott-ähnlichen Stellung seines Stammapostels, wie Arnold das nannte, hatte ihn einen Moment lang verstummen lassen. Doch dann, ohne weiter darauf einzugehen:

„Und – bist du auch 'versiegelt'...?"

„Nee, noch nicht. Aber mein Opa hat gesagt, wenn ich religionsmündig bin, darf ich das selber entscheiden."

Göttliche Wegweisung,
Wut und schlimme Träume

Dass Robert dreimal wöchentlich zu Hoffschultes ging, hatten seine Großeltern längst stillschweigend akzeptiert. Als Herr Semmler, späterer Nachfolger von Rektor Harms und Nachbar zu Hoffschultes, Fritz gefragt hatte, ob er wüsste, dass der Junge die Versammlungen der *Sekte* besuche, hatte der erwidert, dass er jedenfalls seit dem sein Verhalten deutlich gebessert habe.

Mittlerweile in der fünften Klasse, hatten im Jahr zuvor von den siebenundzwanzig Kindern elf eine Empfehlung zur höheren Schule bekommen. Aber nur fünf waren ihr im April 1955 gefolgt: die drei Arztkinder aufs Gymnasium und die Kaufmannskinder zur Mittelschule. Obwohl auch Volker Dettmering und Heinz-Günter Wernicke, beider Eltern ebenfalls Geschäftsleute, sowie vier weitere Mädchen zum Besuch der Mittelschule empfohlen worden waren, war es dabei geblieben. Zu Opa hatte Frau Betz gesagt, dass es bei Robert auf der Kippe stünde: Er habe seine Leistungen verbessert und *könnte* es schaffen – wenn er denn nur *wolle!* Zu Hause hieß es dann, dass er das selber wissen müsse. Doch wenn –, dann habe er aber auch wirklich alles dranzusetzen! Denn allein das monatliche Fahrgeld würde ihnen bei Opas Gehalt nicht leichtfallen. Und damit wäre es ja noch nicht getan.

Werner jedenfalls hatte gemeint, dass auch Volksschüler einen guten Beruf lernen könnten, wie man ja an den meisten Männern in der Nachbarschaft und auch an ihm selbst sehen könne. An einem Samstagabend war das, vor dem Gartenzaun, als sie – die paar Jungen, Werner und Reiners Vater – nach dem Bolzen noch über Gott und die Welt geredet hatten. Auch über die seltsamen Flugzeuge, die in den letzten Tagen immer wieder am Himmel aufgetaucht waren und deren Höhenleitwerk, hinten zwischen dem geschlossenen Doppelheck, sie fast wie fliegende Rechtecke aussehen ließ.

„Englische Düsenjäger", hatte Reiners Vater gemeint. Werner dann wenig später im Treppenhaus:

„Schließlich ist Onkel Walter ja auch ohne höhere Schule Bürgermeister geworden ..."

Trotzdem –, die Vorstellung, Arnold und Reiner schon bald damit überraschen zu können: *Ab nächsten Monat fahre ich mit euch nach Walsrode,* kribbelte in seinem Bauch ...

Doch so kam es nicht. Einmal wegen der guten Klassenkameradschaft, wie er sich einredete. Aber vor allem wohl, weil er den Großeltern die finanzielle Bürde nicht aufladen wollte. Jedoch richtig ins Reine gekommen mit dieser Angelegenheit war er erst nach einem Gespräch mit Priester Kohlmann, an einem Sonntag, als er ihn kurz nach dem Mittagessen noch bei Achim zu Hause angetroffen hatte. Bis der Zug fuhr, blieb noch etwas Zeit, und somit, als er Roberts Hand hielt, seine Standardfrage:

„Na – und was macht die Schule ...?"

Dass er selbst zwei Jungen hatte, schon über zwanzig, wusste Robert. Hin und wieder tauchten sie in der Gemeinde als Sänger auf. Der ältere, Rainer, hatte, wie er jetzt vernahm, auch nur Volksschule, der jüngere hingegen, der stets elegant gekleidete Horst, Mittlere Reife. Doch grade der mache ihm Sorgen: „Weil er dem Stammapostel nicht mehr so kindlich nachfolgt wie früher." Reiner sei da anders.

Priester Kohlmann war für ihn zu so etwas wie eine *Vaterfigur im Glauben* geworden. Etwa Opas Statur, erschien er in seinem schwarzen Anzug und den stets blanken Schuhen, wie Mama einmal gesagt hatte, immer städtisch vornehm. Es tat ihnen gut, wenn er da war. In seiner ausgeprägten hannöverschen Mundart sprach er bedächtig, immer bemüht, alles, was zu bereden war, ruhig und sachlich abzuhandeln. Auch die Kinder mochten ihn. Wohl auch, weil sie sich über sein *Hannöverisch* so sehr amüsieren konnten ... Wenn zum Beispiel aus einem Schwein ein *Schwaan* und aus der Leine die *Laane* wurde. Oder wenn in das schöne, sanfte Wort Garten ein scharfkantiger *R-Rachenlaut* Einzug hielt und fugenlos so an ein „ch" genietet wurde, dass es bei den Kindern die Vorstellung erweckte, der ganze *Garrchtenzaun* würde eben niedergerissen ...

Noch mit Karl und Gertrud am Tisch, hatte er zu Robert, dem noch ein Hauch von Hühnersuppe und Erbsengemüse in die Nase gezogen war, gemeint:

„Heute wissen wir ja, dass der Herr noch zur Lebzeit des Stammapostels kommt. Als meine beiden zur Schule gingen, hatten wir diese göttliche Botschaft noch nicht. Jetzt ist der Stammapostel fünfundachtzig. Also können wir nun täglich, ja stündlich mit dem Kommen des Herrn rechnen! ... Darum müssen wir uns so einstellen, dass der Herr uns jeden Augenblick mitnehmen kann. Alles, was uns an das Irdische bindet, müssen wir lösen. Wohl haben wir hier auf Erden unsere Pflicht zu erfüllen – das liegt ja auch im Willlen Gottes. Aber unsere eigentliche Aufgabe kommt erst im ‚Tausendjährigen Friedensreich'! Dann werden wir als ‚Könige und Priester' mit dem Herrn hier auf Erden regieren; Satan wird gebunden sein, und wir werden allen Menschen das ‚Evangelium vom Reich' verkündigen. Aber dafür, Robert, müssen wir heute kindlich-gläubig, ja, bedingungslos nachfolgen! Jeder Zweifel kann zum geistigen Tod, zur ewigen Trennung von Gott führen! ... Und auf den höheren Schulen heutzutage, da lernt man ja geradezu das Zweifeln. Das sehe ich ja bei Horst! ... Leider, leider! Da breitet sich der Geist dieser Zeit und Welt, der alles, aber auch alles in Frage stellt, immer mehr aus. Das kann nur ins Verderben führen! ... Darum, Junge – wenn ich dir einen Rat geben darf: Geh' getrost den unteren Weg, bleib an der Hand deiner Eltern und der Brüder, dann wirst du auch treu und bewahrt bleiben bis zum nahen Tag des Herrn! – Und meinst du denn, dass der Herr Jesus dich bei seinem Kommen fragen wird, ob du Abitur oder Volksschule hast ...?"

Als Robert ihm dann seine tief wurzelnde Angst eingestand, weil er ja noch gar nicht versiegelt sei, wusste der ihn, seine Hände umfassend, auch diesbezüglich zu beruhigen:

„Robert, der himmlische Vater weiß doch, dass du schon längst versiegelt wärst, wenn deine Großeltern das erlaubt hätten! Und er weiß auch, wie sehr du dich bemühst, dem Stammapostel nachzufolgen. Gottes Gedanken sind soviel höher als unsere Gedanken! Er lässt doch die nicht verderben, die er sich erwählt hat. Und dich hat er erwählt! – Kannst du das glauben ...?"

Nach diesen Worten war es still geworden am Tisch. Bis Karl nach einigen Augenblicken vernehmlich sein: „Ja, ja, ja ...!" vernehmen und Gertruds tiefer Seufzer ahnen ließ, wie sehr sie diese Angelegenheit bedrückte.

Die Kinder, auch Robert, hatten sich derweil leise verzogen. Als der Priester dann vorschlug, mit Gertruds Vater wegen Roberts Versiegelung zu reden, reagierte die darauf ganz und gar verschreckt:

„Um Himmels Willen! – Was Papa nicht will, das will er dreimal nicht! Und dass er von unserm Glauben nichts hält, lässt er uns auch so schon genug spüren. ... Wenn Sie ihn jetzt auch noch wegen dem Jungen ansprechen, wird er glauben, wir hätten Sie geschickt. Dann ist es ganz aus. Ich bitte Sie, Priester Kohlmann, lassen Sie das lieber ...!"

Die Furcht stand ihr ins Gesicht geschrieben – und somit Karl:

„Ich denk' auch, das wird nicht helfen. Das Verhältnis wird dadurch nichts besser werden ..."

Einen Moment noch füllte der verstörende Gedanke den Raum. Dann erhob sich der Priester mit den Worten: „Dann lasst uns man auch diese Sorge vor den Herrn bringen ..."

So knieten die Drei sich hin; Stühle schrubbelten über die Holzdielen, als sie sie heranzogen, um sich mit den Ellenbogen darauf zu stützen. Gesenkten Hauptes und mit gefalteten Händen verbanden sie sich so mit den Worten und Wendungen, die *der Geist,* wie sie glaubten, durch den Priester, den *Knecht Gottes,* dem Ewigen entgegentrug.

*

Bereits seit einiger Zeit wurde Robert in der Schule gehänselt. Wegen seines Glaubens: – auf dem Schulhof, beim Turnen und vor allem auf dem Heimweg, wenn sie in kleinen Gruppen neben einander hertrotteten. Es waren mehr die Älteren, die, ohne Genaueres über Unterschiede bei den Konfessionen zu wissen, ihn als *Sektierer* oder *Apostel* auf den Arm nahmen. Einige versuchten ihn mit Jesus-Witzen aufzuziehen. Ja, hier und da hatte er etwas von seinem Glauben erzählt, wenn sie ihn wegen Hoffschultes angemacht hatten oder ob er als *Apostel* auch übers Wasser laufen könne. Aber eigentlich war er über ihre blödsinnigen Bemerkungen mehr erstaunt als betroffen –, zumal er das von einigen der Älteren am wenigsten erwartet hätte. Manche schnitten ihn auch – wie neulich beim Pokern oder der Mannschaftswahl beim Volleyball. Dabei hatte keiner mit ihm über den Glauben gesprochen. Aber es hatte wohl die Runde gemacht, wie neulich der alte Specht im Religionsunterricht in schönstem Ostpreußisch gebrüllt hatte:

„Das ist eine Sekte! ..."

Dabei hatte Fiddi Wrobel nur gefragt, ob Berts Neuapostolische Kirche eine genauso echte Kirche wäre, wie die evangelische.

„Bei uns in Ostpreußen ...", so hatte Specht daraufhin doziert, „... waren die ziemlich stark vertreten. Fast in jedem größeren Ort gab's die. Die Pfarrer waren nicht gut auf die zu sprechen. Die haben in den evangelischen Gemeinden rumjewildert. Die mit ihren Aposteln! Eine Sekte ist das! ... "

Auch die Lautstärke hatte an Deutlichkeit nichts zu wünschen übrig gelassen. Zumal es ihn, Robert, betraf. Nur allzu oft hatte der an sich gutmütige alte Specht ihn in Reli und Geschichte nach draußen befördert. Meistens, indem er ihn mit seiner großen Hand ins Genick packte oder ihn mit Zeigefinger und Daumen in die Backe kneifend durch die Klasse zerrte, um ihn dann mit Wucht durch die aufgestoßene Tür auf den Flur hinaus zu katapultieren.

Jedenfalls fand Bert auf diese Weise bestätigt, was er des Öfteren von Papa gehört hatte: nämlich dass in Ostpreußen das Werk Gottes vor und während des Krieges viel weiter verbreitet gewesen wäre als hier. Als er dann nach einem weiteren Ausfall von Specht mehr über das Werk Gottes in Ostpreußen wissen wollte, erzählte Karl ihm, wie er selbst als Vierzehnjähriger durch einen Schulfreund zum „Werk" gekommen wäre. Als erster in der Familie! Seine Eltern, die eine kleine Hofstelle bewirtschaftet hätten, und seine sechs Geschwister seien dann nach und nach dazugekommen. 1935 wäre das gewesen. Völlig verblüfft war Robert jedoch, als Karl ihm eröffnete:

„Unsern Apostel hier, den kenne ich schon von damals her. Der hat uns doch in Ostpreußen versiegelt! Doch dann hat der Stammapostel ihn nach Hannover geholt. – Und weißt du, wo der als Baby getauft worden ist …? – Da war er noch evangelisch: – hier im Dorf, in dieser evangelischen Kirche, in der du auch getauft bist! – Und geboren ist er auf einem kleinen Bauerndorf nur ein paar Kilometer weg von hier."

Wie oft war Robert mit Opa schon durch dieses Dorf gefahren …!

Einer von denen, die ihn in letzter Zeit immer wieder ärgerten, war Werner Kölling. Robert verstand das nicht. Sie waren Klassenkameraden, und Bert hatte ihn stets verteidigt, wenn die andern über ihn herzogen, selbst die Mädchen. – Ständig roch er nach Kuhstall; ewig in derselben fleckigen Hose, und sommers wie winters im grauen Rollkragenpullover – manchmal sogar noch mit Strohhäcksel in den ausgeleierten Maschen oder in seinem struppig-blonden Kraushaar.

Werner – das Schlusslicht der Klasse! …

Nie, dass er sich meldete. Wurde er aufgerufen, verstummten sogleich alle andern, und sagte er dann etwas: leise, heiser und mit gesenktem Blick, hatten einige sofort etwas zu lachen.

Dass er mit seinen Eltern in dem alten Deputathaus des nahen Gutshofs unter erbärmlichen Umständen lebte, wussten alle. Auch dass seine Eltern von früh morgens bis abends spät in den ausgedehnten Stallungen und Anlagen für einen Hungerlohn schufteten. Aber dass auch er jeden Tag schon vor sechs Uhr raus musste und gleich nach der Schule wieder in den Stall, das hatten sie nicht an sich herankommen lassen. Oder dass sein Vater, den kaum jemand kannte, wenn er getrunken hatte, ihn prügelte. So hieß es jedenfalls im Dorf …

Die Mutter hatte er nur ein-, zweimal zu Gesicht bekommen: klein, zierlich, schmale, eingezogene Schultern und ihr blasser, seltsam abwesender Gesichtsausdruck. In einer verblichenen Kittelschürze, schwarzen Gummistiefeln und dem großen Kopftuch um das kleine Gesicht, war sie ihm einerseits auffällig, andererseits aber auch irgendwie *unsichtbar* vorgekommen. Auf jeden Fall aber ganz und gar unbedeutend: *einfach nur ein trauriger Anblick.* So hatte er sie wahrgenommen.

Doch irgendwann hatte ihn Werners Stänkerei so sehr geärgert, dass er auf dem Schulhof eine Klopperei mit ihm anfing. Aber kaum wälzten sie sich unter dem Gejohle der sie umringenden Meute im Staub, als ein Ruf wie Donnerhall sie auseinanderriss. Während im Nu alle in die Klassen stoben, hatten die beiden, zerzaust und dreckig wie sie waren, vor dem Lehrerzimmer Aufstellung zu nehmen. Dort, im Halbdunkel des Korridors stumm nebeneinander harrend, drang ihnen aus den Klassenzimmern das Rumoren des beginnenden Unterrichts in den Kopf. Bis im Gegenlicht der jäh aufgestoßenen Lehrerzimmertür der mächtige Umriss des alten Harms erschien ...

Als der dann, ungestüm brüllend, jedem von ihnen die zehn Stockhiebe verpasste, war von den Klassenzimmern her jedweder Laut verstummt.

Davon, dass sein Kontrahent wenige Tage später nicht zum Unterricht erschien, hatte kaum jemand Notiz genommen. Doch er hatte ihn vermisst. Überhaupt schämte er sich jetzt, dass er die Prügelei vom Zaun gebrochen hatte. Ausgerechnet mit Werner! – Und das als *Gotteskind* – selbst wenn er noch nicht versiegelt war. – *Und was wäre gewesen, wenn genau in dem Augenblick der Herr gekommen wäre ...?!* – Ein Gedanke, der ihn schaudern ließ.

„Nein, wir wissen nicht, was mit Werner ist", – hatte Frau Betz ihn unwirsch beschieden.

Doch am nächsten Tag wussten es alle:

Werner, elf Jahre alt, ist tot!

Die Polizei ermittelt, flüsterte man.

In ihm aber schrie alles auf, hallte es in seinem Kopf wie in einem großen, stählernen Rohr: – *Warum, lieber Gott – warum?* ...

Eine knappe Woche später, an einem grellen, heißen Sommertag, die Beerdigung.

Kurz danach war das dumpfe Gemunkel verstummt. Und nicht lange, bis zu vernehmen war:

„Ach ja – Köllings Junge ... Genau, der Alte soll wohl saufen ... Na, da kann man sich ja denken ..." – Achselzucken, und: – „Ja, mach's gut; grüß die Deinen! ... "

Und die Leute bestaunten den neuen *300er Mercedes SL*, knallrot, den der füllige Brase, örtlicher Möbelfabrikant, mit dicker Zigarre im Gesicht wie aufgeblasen durchs Dorf chauffierte ...

Ein paar Monate weiter, der Herbstwind fegte die letzten Blätter von den Bäumen, als abermals die Kirchenglocken dunkel durchs Dorf dröhnten:

„Frau Kölling? ... Die Mutter von dem ... – Wo die Polizei? ... "

*

Auch im Fußballverein wurde Robert inzwischen von einigen seines Glaubens wegen aufs Korn genommen. So sehr er das anfangs von sich abprallen ließ, hörte er doch jetzt in den Gottesdiensten immer häufiger, dass auch gerade *der Geist, der in den Vereinen sein Wesen treibe,* von Gott weg, ins Verderben führe. Selbst Onkel Gerd, der die Sonntagsschule für die inzwischen sieben Kinder so spannend gestaltete, hatte neulich davon gesprochen. Oder hatte er es aus dem *Guten Hirten* vorgelesen ...?

Papas Antwort auf seine diesbezüglichen Fragen waren zwiespältig: Einerseits wollte er das Verhältnis zu seinen Schwiegereltern nicht weiter belasten, andererseits war er aber auch der festen Überzeugung, dass die Zeiger der göttlichen Uhr auf kurz vor zwölf stünden:

„Junge, was soll ich dazu sagen ...? Wir hören ja immer wieder im Gottesdienst, was uns der Geist rät. Aber aus dem Verein austreten ...? Dann wird der Opa sagen – und auch Werner! –, dass wir dich dazu gedrängt hätten. – Da musst du dich schon selber entscheiden ... "

Wenig später hatte er genau das getan! Entschlossen war er auf seinem klapprigen Rad die viereinhalb Kilometer zu Oskar Bernsdorf gestrampelt und hatte dem überraschten Trainer vor seiner Wohnungstür seinen Austritt aus dem Fußballverein erklärt. Das war Anfang April 1957, als das erste Gelb der Forsythien zu leuchten begann und überall sprießendes Grün sich weiter in die Ränder der letzten grauen Schneehaufen fraß.

Ein paar Tage zuvor hatte er zu Achim gesagt:

„Du, weißte, wovon ich heut' Nacht geträumt hab' ...?"

„Nee ..."

„Vom Tag des Herrn ..."

„Echt ...?" – Dabei sah der ihn von der Seite her zweifelnd an.

„Ja, echt! – Aber das war ganz schrecklich! ... Einen blutroten Himmel hab' ich gesehen, mit riesigen Feuerflammen ..., dichte, schwarze Rauchschwaden und grelle Blitze. Bomben sind explodiert, und dann hab' ich wirklich Schreie gehört ... Reiter, Menschen – alles wild durcheinander. – Geduckt vorbeihuschende Soldaten; Panzer und heulende Flugzeuge. Ein Wahnsinn! – Und da wusste ich: – Jetzt ist es geschehen: Der Herr ist gekommen! – Irgendwo war dann da ein Licht. Ganz hoch oben. – Aber so ganz anders! ... Weiß-gold und noch viel heller als die Sonne ...! Kann ich gar nicht sagen ... Und mir war, als wenn ich schwebe ... Ein ganz tolles Gefühl! ... Hoch und immer höher – mitten ins Zentrum des hellsten Lichtpunkts hin. Und immer wärmer, je höher ich kam! – Dabei wurde unten alles Schreckliche klein und kleiner. Bis es ganz weg war – und ganz still! – Dann bin ich aufgewacht. – Aber das war anders als sonst! Ich wusste gar nicht, wo ich war. Selbst auf dem Weg zur Schule wollte ich nicht glauben, dass das nur ein Traum war ... Du bist auch der Einzige, dem ich das erzählt habe ..."

Achim hatte nichts darauf zu sagen gewusst. Doch Robert war schon froh, dass er ihm überhaupt zugehört hatte.

Allen, die dann nach dem Grund seines Austritts aus dem Verein fragten, sagte er offen, dass es wegen seines Glaubens wäre. Natürlich verstand das niemand, und einige sagten ihm auch deutlich, was sie davon hielten. Jedoch wollte er mit seinem Schritt auch *Bekennermut* beweisen – sich selbst gegenüber am allermeisten!

Von Opa und Werner hörte er zu seiner Überraschung jedoch nur: „Das musst du selber wissen ..."

Auch danach hatte er nicht das Gefühl, dass sie ihm Vorwürfe machten. Aber vermochte sich überhaupt jemand vorzustellen, welche Erleichterung dieser Schritt für ihn bedeutete ...?! – Eine *Kette* durchtrennt! – Ein Stück weiter *frei vom Los dieser Welt!* ...

Trotzdem schlief er schlecht. Immer wieder Albträume! In der Schule häufig nicht bei der Sache. – *W. muss im Unterricht besser aufpassen!*, wird am Ende des Halbjahrs wieder in seinem Zeugnisheft stehen. Und auch: – *Über sein Verhalten wurde häufig geklagt.*

In Harrys Welt

Während dieser Zeit näherte er sich Harry an. Und zwar auf dem Schulhof beim verbotenen Pokern mit Karten, die sie aus Zigarettenschachteln geschnitten hatten: *Juno, Eckstein, HB, Ernte 23, Camel, Rothändle* und so weiter. Am wertvollsten waren die *Tommy-* und *Ami-*Marken. Und auch, ob 6er, 12er oder 24er Schachteln.

Etwas jünger als Robert, war Harry kleiner als die meisten in seinem Alter. Aber drahtig und flink wie ein Wiesel! Den Salto schaffte er aus dem Stand.

„Pah, wenn wir Cowboy spielen, galoppieren wir auf echten Pferden über die Felder! – Sogar ohne Sattel!"

Damit hatte er ihn, als er mit seinen Streifzügen a´ la Erwin, Edchen und Co. prahlte, ganz schön abblitzen lassen.

„Kannst ja mal zu uns rüberkommen. Da wirste sehen, was bei uns alles so abgeht!"

Darauf hatte er versucht, in überlegenem Tonfall zu kontern:

„Ach komm, hör doch auf! – Ihr da in euerm Kuh-Kaff ..." Doch das kam bei *denen da* überhaupt nicht wirklich an.

Die langgezogene S-Kurve ins Nachbardorf war östlicherseits von einer Reihe alter, knorriger Streuobstbäume gesäumt. Knapp ein Kilometer *Kopfsteinpflaster-Melodie:* das vertraute *Klick-Klack* von vier oder acht Pferdehufeisen, vermischt mit dem knirschenden Geratter eisenbereifter Holz-Speichenräder hölzerner Leiterwagen oder dem Gerumpel praller Ballonreifen. Aber immer häufiger auch das Surren von Pkw-Pneus, übertönt nur vom an- und abschwellenden Gebrumm der Motoren. Aber auch Radfahrer waren auf dem gewölbten Kopfsteinpflaster unterwegs, weil die ausgefahrenen Sand- und Lehmspuren unter den Bäumen auch bei trockenem Wetter nur mühsam zu befahren waren.

Im Frühjahr dann, nach je verebbten Straßenmelodien, noch ein ganz anderes, zartes Musizieren: das über den noch kahlen Feldern zu vernehmende Tirilieren aufsteigender Lerchen –, unstet flatternd bemüht, in höchsten Tönen alles Bedrohliche von ihren Ackerfurchen-Brutstätten wegzulocken.

Das kleine Nachbardorf war Robert nicht fremd, da er es oft schon in Opas Dienstwagen passiert hatte. Gleich rechter Hand hinter dem Ortsschild ein Hof hinter dem andern. Mit denen hinter der scharfen Rechtskurve, nach vielleicht einem Kilometer ab Ortsbeginn, hatte er neun oder zehn Höfe gezählt. Wuchtige Stall- und Wohntrakte hinter zumeist mannshohen Klinkermauern, durch deren breite Hoftore Trecker- und Pferdefuhrwerke sich geschäftig hinein oder zur Straße hin bewegten.

Anfangs war ihm der ganze Abschnitt wegen des fast durchgehenden Rots der Klinker wie eine einzige trutzige Anlage vorgekommen. Erst als er sich beinahe täglich mit den Jungen im Dorf traf, meistens vor dem Siedlungshaus von Harrys Eltern, lernte er die Höfe von einander unterscheiden.

Die gegenüberliegende Straßenseite bildete ein lockerer Saum vor allem gewaltiger Eichen-Veteranen, übergangslos verzahnt mit einem weit bis zu den Feldern hinauslaufenden Föhrenwald. Etwa in der Dorfmitte wanden sich von der Straße her, an einer mächtigen Bretterscheune vorbei, sandigholprige Wirtschaftswege durch den Wald, bis hin vor die Wiesen und Ackerwellen unter einem schier endlosen Himmel. Auch ein kleines, schiefes Klinker-Backhaus war zu passieren. Außer der Scheune unterbrach allein ein eingeschossiges, mausgraues Doppelhaus den Straßensaum: in der einen Hälfte der kleine Dorfladen und daneben eine kleine, unscheinbare Gaststube, die einzige im Dorf. Ein Stück weiter dann, der Rechtskurve entgegen, in Richtung Wald, eine kurze Sandpiste, an welcher zu beiden Seiten ein Dutzend typengleicher Siedlungshäuser einander gegenüberstanden. In den 1920er Jahren auf etwa 10 Ar großen Grundstücken für die Landarbeiter errichtet, baute man hier für den Eigenbedarf nach wie vor Kartoffeln, Obst und Gemüse an, zumal die zunehmend modernen Maschinen auf den Höfen immer mehr Männer gezwungen hatten, sich nach Arbeit in den Fabriken Hannovers und anderswo umzusehen. Oder man fuhr mit dem Fahrrad in den wachsenden Nachbarort, wo von aufstrebenden Handwerksbetrieben und Handelsgesellschaften ebenfalls ständig Fachkräfte oder Hilfsarbeiter gesucht wurden.

„Auf Baatz' Hof können sie dich bestimmt gebrauchen", hatte Harry gemeint, als Robert Mitte April zum dritten oder vierten Mal in der Siedlung aufgekreuzt war. Danach, zumal nachdem ihm die beiden hübschen Kichererbsen Heike und Gudrun begegnet waren, war kaum noch ein Tag vergangen, an dem er nicht so schnell er konnte angeradelt kam.
„Die haben zwei klasse Reitpferde, Baatzens. Beides Kaltblüter, und der Hans – ein schwarzer Wallach – galoppiert, dass de die Ohr'n anlegst!"
Harry war die Begeisterung anzusehen, als er dabei stolz in die Runde blickte.
„Aber bei bei dem Falben musste aufpassen", warf der lange, spindeldürre Horst ein. „Der bockt schon mal – und ehe de dich versiehst, liegste unten. ... Für den Anfang würd' ich jedenfalls nur auf Hans raufgehn ..."
Offenbar wusste er, wovon er sprach.
„Haste schon mit Günter wegen Robert gesprochen ...?" – Der etwas schwerfällige Otto, mit einer Schulter an die Mauer gelehnt, sah fragend zu Harry hin. Er war der Kräftigste von den Vieren, mit denen Robert sich meistens traf.
„Na klar. Der hat gesagt, er soll mal vorbeikommen. – Gehen wir morgen zusammen hin, abgemacht ...?!" Und dann wieder zu Robert:
„Günter ist Student der Landwirtschaft. Die haben bei Minden selbst 'nen großen Hof. Aber der Günter ist schwer in Ordnung!"

„Und was muss ich machen, damit ich mal reiten darf ...?"
Er vermochte sich kaum vorzustellen, wie er sich mit seinen knapp zwölf Jahren auf so einem Hof nützlich machen könnte. Doch die diesbezüglichen Hinweise der Jungs und dass sie selbst jeder Ihren Hof im Dorf hätten, ließ ihn gespannt auf den nächsten Tag blicken.

Als er beim Abendbrot davon erzählte, vermeinte er in Opas Reaktion einen etwas sonderbaren Tonfall bemerkt zu haben: „Willi Baatz ...? So so ..." Und dann: „Ja 'n großer Hof – wohl über siebzig Hektar, soviel ich weiß. Na, da pass' man gut auf, Junge ...!" Dabei hatte er Robert voll ins Gesicht geschaut: – „Auf so 'nem Hof kann allerhand passieren ... Vor allem, wenn der alte Baatz was von dir will, dann lass dich da bloß nicht drauf ein! ..."

Obwohl Robert keine Ahnung hatte, was er damit meinte, war ihm aber, als wolle Opa ihm eigentlich noch mehr dazu sagen ...

Günter, deutlich jünger als Werner, aber größer und kräftiger, steckte in grünen Gummistiefeln, blauer Leinenhose und -jacke, darunter ein beigefarbenes kragenloses Arbeitshemd sowie eine über dem sympathischen Gesicht einen Tick in den Nacken geschobene Skimütze auf dem Kopf. Ein interessiert dreinblickender junger Mann, den Robert vom ersten Augenblick an mochte.

Nachdem er die Jungs per Handschlag begrüßt hatte, war er mit ihnen durch die Stallungen und Scheunen gegangen, um Robert zu zeigen, wo es überall etwas anzupacken gäbe. Unter der großen Remise zwischen mehreren Leiterwagen auch eine Kutsche: Ein *Landauer*, wie er im Vorbeigehen bemerkte. Dann, im dämmrigen Kuhstall und nachdem er Robert nochmals gemustert hatte:

„Na, schon mal so 'ne Mistkarre in der Hand gehabt?"

Ein anderer, der grade Forke um Forke Kuhdung auf eine Karre packte, hatte inne gehalten, sich mit verschränkten Armen auf die Gabel gestützt und den Jungen mit leichtem Grinsen entgegengeblickt.

„Helmut, das hier ist der Robert, ein Schulfreund von Harry. Der möchte mal den Hans reiten. Dann muss er uns auch 'n bisschen helfen, oder?"

Deutlich älter als Günter, jedoch kleiner und eher schmächtig, reagierte der lediglich mit etwas hochgezogenen Augenbrauen.

Dann wieder zu Robert:

„Helmut ist schon ewig hier auf dem Hof. Ein echter Fachmann, der sich wirklich auskennt! ..."

Die massive Holzkarre, vor der Ladefläche zwar schon ein Gummirad, war nur über die Muskelkraft von Armen und Schultern zu bewegen. Ganz im Gegensatz zu modernen Blechkarren, wie Papa seit kurzem eine hatte – bei der das Gewicht direkt auf dem Rad lastet, auch randvoll leicht zu schieben und über die Holme gut anzuheben und abzukippen ist.

Obwohl die Kühe bereits seit morgens auf der Weide waren, dampfte der aufgepackte Strohmist. Aber die Ausdünstungen von Mist und Gülle stiegen ihm weniger unangenehm in die Nase als ein penetranter Milchgeruch, den er von der Molkerei her kannte. Als er noch kleiner war, hatten Opa und Werner ihn ein paar Mal mitgenommen, wenn sie im Bollerwagen die üblichen zwei Kannen Molke geholt hatten: jene grünlichgelbe Restflüssigkeit aus der Käseherstellung, die dem Schweinefutter beigegeben wurde.

Als er dann die Karre bei den Griffen packte und sie anzuheben versuchte, musste er alle Kräfte aufbieten, damit sie nicht gleich zur Seite hin wegkippte. Dabei war sie grade halb voll. Bei seinem Versuch, sie danach grade hochzustemmen, so, wie wenn er sie vornüber kippen wollte, hielten die Jungen grinsend den Atem an. Doch da vernahm er bereits Günter hinter sich: – „Gut, is gut – setz ab! – Zwar noch ′n bisschen wackelig, aber Übung macht den Meister ... "

Die Pferde lernte er auf der Koppel kennen: Vier gepflegte Kaltblüter; zwei hellbraune, die regelmäßig zur Feldarbeit angespannt wurden oder auch im Wald, wenn die Trecker nicht an die gefällten Baumstämme herankamen. Zur Molkerei in den Nachbarort aber, zum Getreidehändler oder zu gelegentlichen Kutschfahrten spannte Günter meistens den Rappen Hans und den Falben an. Letzterer wegen seiner seltsam graugelben Farbe auch so genannt.

Im Handumdrehen hatte Robert gelernt, die Pferde zu striegeln und beim Anspannen zu helfen. Er liebte ihre großen, ausdrucksvollen Augen, die warmen, massigen Körper und den herben Geruch, den sie ausströmten. Ebenso der Duft des Ledergeschirrs, das Geräusch ihrer Hufeisen auf der Straße, wenn sie, vor den ballonbereiften Wagen gespannt, rüber in sein Heimatdorf trabten. Neben Günter auf *dem Bock,* gar wenn er selber die Zügel halten durfte, fühlte er sich großartig – vor allem, wenn ihn so eines der Mädchen oder irgendein Bekannter zu Gesicht bekam!

Nach gut einer Woche hieß es schließlich, dass er am späten Nachmittag auf *Hans* rauf dürfe. Mit dem Hofleben war er da im Wesentlichen vertraut: Pferde, Kühe, Kälber, Schweine, Ferkel – dazu die große Anzahl an Federvieh. Ob beim Füttern, Misten, Melken oder Wagen beladen: die beiden

Männer hatten sich schnell an Roberts Hilfe gewöhnt.

Dass Erika, Willi Baatzens Frau, *die Bäuerin*, das Sagen auf dem Hof hatte, war ihm schon nach zwei Tagen klar. Etwas kleiner als der Knecht, aber von gewaltigem Umfang, ließ ihr Stimmorgan Mensch und Tier erbeben. Das umso mehr, wenn sie zwischen aufflatternden Hühnern, Gänsen und Puten nach *Willi* rief. Nur Benno, der alte Bernhardiner, hob kaum noch den Kopf. Der Bauer schon! – Mitte Dreißig, stämmig und mit schütterem Haar, hatte er ein weiches, freundliches Gesicht mit stets geröteten Wangen. Doch auf Robert wirkte er irgendwie linkisch. So, als wäre es dem Mann unangenehm, jemandem direkt gegenüber zu stehen und ihn offen anzuschauen.

„Lass die da bloß liegen …! – Und dass das um Himmels Willen Erika nicht erfährt … "

Erschrocken hatte der Knecht innegehalten, als Robert auf dem Heuboden eine halbvolle Kornflasche hochgehalten hatte.

„Davon wirste hier noch mehr finden auf dem Hof, auch volle. Einfach liegen lassen! Sonst hat der Willi nichts zu lachen, das sag ich dir …! "

Dann, gegen halb fünf, hatten sie dem Rappen das Zaumzeug angelegt. Alle vier Jungen waren auf dem Hof erschienen und standen um das schnaubende Pferd herum. Dabei hatte Günter Otto etwas zur Seite geschoben:

„Du weißt doch: Nie dicht hinters Pferd gehen! Auch der Hans könnte mal ausschlagen …"

Nachdem Günter den Wallach, auf dessen blanken Rücken er Robert gehievt hatte, ein paar Runden um die große Scheune auf der gegenüberliegenden Straßenseite geführt hatte, durchzog den Jungen ein nie gekanntes Hochgefühl. Und erst, als er den Zügel selbst halten durfte! – Wie ein Rudel Hunde waren die Jungs um ihn herum mitgetrabt und hatten ihm mit ihren Ratschlägen den Kopf voll geredet. Als er aber dann, nach etlichen Runden, plötzlich eine Hand auf seinem Schenkel spürte, war es der Senior, der zu ihm hochlächelte und sich erbot, ihm beim Absteigen mit seinen Händen den Steigbügel zu bilden. Ein gepflegter, gut aussehender Mann, der alte Baatz, wohl über sechzig, mit vollem, weißem Haar und immer in einer seiner feinen grünen Trachtenjacken mit kleinem, dunklem Stehkragen. Linksseitig hinkte er etwas, und er roch penetrant nach Parfüm! Dass die Stimmen der Jungen plötzlich heller klangen, führte Robert auf das nahende Ende seiner ersten Reitprobe zurück.

Doch zwei Tage später, als ihm Otto auf dem Weg zum Hof begegnete, klärte der ihn auf:

„Bei dem Alten musste aufpassen – der ist schwul – und der steht auf Kinder …!"

Darauf Robert verständnislos: „Der ist was …? Er hatte das Wort noch nie gehört.

Otto ungläubig: „Weißte nicht, was schwul ist? Ein Homo …? – Echt nicht …? – Man, die haben nix mit Frauen am Hut, die treiben's mit Männern!" …

Und dann, ganz dicht zu ihm hingebeugt: „Manche sogar mit Tieren! …"

Robert weiß heute noch, wie ihm weitere Details jäh das Blut in den Kopf trieben und er sich abrupt von Otto verabschiedete. Der stand da und sah ihm mit großen Augen hinterher.

Nach ein paar weiteren Reitproben durfte er schließlich Ende Mai zusammen mit den anderen ausreiten. Ohne Sattelzeug allerdings. Zu dritt oder viert zogen sie so an manchen Tagen durch ausgedehnte Waldabschnitte, galoppierten über staubige Feldwege und in die Wiesen hinein. Auch zur *Alten Leine* hin, jenem kleinen Tümpel neben der schnell dahinfließenden Leine, in dessen brackigem Wasser sie ihm noch in jenem Sommer, nur mit Schlüpfern bekleidet, das Schwimmen beigebracht hatten.

Doch zog er auch gern alleine los, trabte und galoppierte den langen Waldsaum entlang, quer durch die Feldmark und erschien so eines Samstags zu Hause vor dem Gartenzaun. Als er Oma oben ans Flurfenster gebrüllt hatte, war auch Opa aus der kleinen Werkstatt über den Hof geeilt gekommen, und selbst der alte Knigge hatte sich vom hinteren Stallteil her das Schauspiel angesehen.

„O-Gott-o-Gott, Bengel! …", hatte Meta entsetzt gerufen und die Fensterflügel weit aufgestoßen. Der Junge auf dem großen, schwarzen Pferd …

„Fall' da bloß nicht runter …!"

Und Opa – jetzt am Zaun:

„Bengel, sieh zu, dass du wieder hinkommst! – Und mach bloß keinen Blödsinn auf dem Gaul! …"

Bis in den Dezember hinein, als der Schnee immer dichter fiel und es zu frieren begann, war der Hof im Nachbardorf ganz seine Welt! Eine Zeit, die er als überaus lebendig und glücklich erlebte: mit den Tieren in den Ställen und auf den Weiden, vor allem den Pferden, etwa wenn sie das Holz aus dem Wald gezogen hatten oder rüber in sein Dorf gefahren waren. Die unvergleichlichen Hof-Gerüche! Aber auch die Feldarbeit hatte seine Spuren hinterlassen: Rüben verziehen, Getreideernte im heißen Spätsommer und im Herbst die Kartoffelernte: Sämtliche Knochen hatte er gespürt! Fünfzig Pfennig Stundenlohn gab's dafür. Geld, das er zu Hause stolz präsentierte und von dem er getreulich zehn Prozent in den Opferkasten tat.

Doch wurde alles weit übertroffen von den Ausritten mit Harry und den Jungs!

Und dann noch im Herbst die Hasenjagd! – Fast das ganze Dorf war durch Wald und Feld gezogen und hatte mit seinem *Haas-Haas-Haas*-Geschrei, lärmenden Holzklappern und dem Gekläff der hetzenden Hundemeute das Wild aufgescheucht: vor die Büchsen der Jäger, die es nur so knallen ließen ...

Als dann im schon einsetzenden Dämmerlicht das *Halali* der Jagdhörner Jäger und Treiber um die aufgereihte Jagdbeute versammelte – anschließend alle Schnittchen kauend, Schnäpse kippend, die Kinder Apfelsaft aus Bechern – da wusste er, dass die Jagd nicht sein Ding war: Mehr als dreißig totgeschossene Hasen und eine Reihe wunderschöner Fasane, die da leblos vor ihm im Grase lagen ...

Auch ein paar Tage danach hatte er dieses Bild noch im Kopf.

Mit Günter hatte er ein paar Mal auch über den Glauben gesprochen. Selbst der Bauer, als Robert neben ihm auf dem Trecker saß, hatte danach gefragt. Dass er nicht zum Schützenfest gekommen war, hatten Harry und die andern von vornherein mit seiner Kirche in Verbindung gebracht und waren sauer darüber. Auch Gudrun hätte nach ihm gefragt ...

Der alte Baatz hatte sich dem Thema auf seine Weise genähert. Unvermittelt war er neben Robert aufgetaucht, als der im Stall ganz in Gedanken Stroh in die Pferde-Boxen gestreut hatte:

„Robert, ich hab´ gehört, dass du gläubig bist ... Siehst du, dann weißt du auch, dass Jesus Kinder liebt – so wie ich auch. In der Bibel steht, dass er sie herzte ... Wenn ich dich also mal streichle, darfst du dir nichts Böses dabei denken ... Grade Jungs in deinem Alter haben noch eine so wunderbar weiche Haut ..."

Nachdem Robert daraufhin die Forke in den Strohballen gerammt hatte und nach draußen gestakst war, hatte sich ihm der Senior nie wieder auf diese Weise genähert. Ab da war er ihm zurückhaltend begegnet, jedoch nicht weniger freundlich als bisher.

War es das, was Opa gemeint hatte, als er sagte, dass er auf Baatzens Hof aufpassen müsse? ...

Harry war katholisch. Wie Lehrer Prickwitz: Ein Enddreißiger wohl, unverheiratet, der von Kopf bis Fuß, angefangen bei seinen pechschwarzen Haaren, überhaupt nur in schwarz vorkam, was seine Goldrandbrille und das winzige Goldkreuz am Revers umso deutlicher hervortreten ließ. Eine Erscheinung, die ganz seinem Ruf äußerster Strenge und *Stock-Freundlichkeit* entsprach. Seine Fächer waren Sport, Geschichte, Naturkunde und, für die Handvoll katholischer Kinder, Religion.

Wie die kleine Schar Neuapostolischer hielt die Handvoll Katholiken ihre Gottesdienste in gemieteten Räumen ab, lange auch in einem der Klassenzimmer ihrer Schule. Für die meisten der Schulkinder hatte dabei *katholisch* den faden Beigeschmack von: – *die ganz andern!* – bis hin zu: *Kann man denen überhaupt trauen?* ... Lag es an den Eltern, an deren Ansichten, die die Kinder von zu Hause mitbekamen, oder war es einfach das Fremdgefühlte bzw. das Übergewicht des Allgemeinen gegenüber dem Partiellen – der undefinierbare Geruch des Unbekannten ...? Jedenfalls ließen das die Lästereien und teilweisen Ausgrenzungen auf dem Schulhof vermuten: *Die ist doch katholisch*, hieß es. Oder: *Der muss das, weil: – die sind ja katholisch ...*

Und das, obwohl die Bundesrepublik Deutschland von Anfang an, seit dem 14. August 1949, durch die vom rheinischen Katholizismus geprägte CDU/CSU regiert wurde! Und war nicht erst in diesem Jahr, 1957, der bekennende Katholik *Konrad Adenauer* mit überwältigender Mehrheit in eine zweite Amtsperiode zum Bundeskanzler wiedergewählt worden?

Ein äußerst bedeutsames Jahr

Für Robert jedenfalls sollte das Jahr 1957 von außerordentlicher Bedeutung werden! Gar nicht einmal in erster Linie, weil seine Mutter ihn geheißen hatte, die sechsjährige Monika Meins sicher nach Hause zu bringen. Bis es zu dunkeln begann, hatten die Kinder auf der gegenüberliegenden Straßenseite in Bertrams Obstgarten gespielt: Eine große Wiese mit weiten Reihen alter Obstbäume und -sträucher, auf der es sogar herrlich goldgelbe Mirabellen und Walnüsse gab! Auf seinem Gepäckträger hatte sie sich an ihn geklammert, wie er in den Sandfurchen neben der in Bau befindlichen Bundesstraße nur mühsam vorangekommen war. Als er schließlich zu Hause eintraf, war es längst dunkel geworden.

Damals nur eine kleine Episode, die heute aber immerhin zu ihren gemeinsamen Ehe-Erinnerungen zählt.

Nein. Bedeutsamer war für ihn einerseits, dass er im April – bereits in der grade eingeweihten neuen Schule – mit einigen deutlich verbesserten Zensuren ins siebte Schuljahr starten konnte! Obwohl er sich in *Betragen* noch einen Vermerk eingehandelt hatte, begann ihm die Schule Spaß zu machen. Es lief gut! Er passte auf im Unterricht und war sogar gelobt worden. Auch zu Hause hatte es kaum noch Anlass gegeben, härter mit ihm ins Gericht zu gehen.

Dass er dann im Juni, kurz nach seinem 12. Geburtstag, Werners Motorroller – eine schwarze *NSU Lambretta* – heimlich aus dem Schuppen geholt und sich damit im nahen Wald beinahe zu Tode gebracht hatte, war einer dieser seltenen Anlässe. Doch selbst Werner war erleichtert, dass er außer ein paar Blessuren und Prellungen nichts abbekommen hatte.

„Mensch Kerl, du hättest tot sein können ...!" – Und: „Das mit dem Vorderrad und dem Lenker kriegen wir schon wieder hin. ... Aber bitte: Das nächste Mal fragste mich, verstanden ...?!"

Als er ein paar Tage später an Arnolds Zaun mit den andern zusammentraf, wollten die genau wissen, was passiert war.

„Au, au, au ...", hatte Erwin gemimt – „... und was wird nu ...? Ich mein, das kostet ja auch was ..."

Und Reiner: „Haste 'n Arschvoll gekriegt ...?"

Davon abgesehen, gab es zwei Ereignisse, die diesem Jahr ihre Stempel fester aufdrücken sollten als alles andere sonst!

Das erste: Robert erfährt, wer sein Vater ist.

„Junge, wie sollten wir dir das auch sagen. ... Du warst doch noch zu klein! Und wir wollten auch Papa nicht verletzen ..."

Gleich nach den Sommerferien war das, als er nach den Schularbeiten Meta wieder damit genervt hatte, warum er nicht wie seine Geschwister bei Mama und Papa wohnen könne. Deren Haus biete doch jetzt genügend Platz. Und in den Ferien habe er dort ja auch schon geschlafen.

Doch dieses Mal hatte sie anders reagiert als sonst:

„Ach Junge, warum, warum ...?" Und dann war sie, nachdem sie ihn kurz angeschaut hatte, aufgestanden und einen Moment später mit einem gerahmten Portraitfoto aus der Stube zurückgekehrt:

„So, Robert, darum!" – Mit diesen Worten hatte sie das Bild vor ihm auf den Tisch gelegt und dann weiter ausgeführt:

„Sieh, mal, Robert, das hier ist dein richtiger Vater – und nicht Papa Karl! Deshalb wollten wir damals, dass du bei uns aufwächst ..." Dabei klang ihre Stimme etwas brüchig, und zu seiner Verwunderung meinte er ein leichtes Schimmern in ihren Augen zu sehen.

„Einmal musst du es ja erfahren. ... Er ist noch kurz vor Kriegsende in Belgien gefallen. Grade mal 21 Jahre alt. ..."

Das Portrait zeigte einen gut aussehenden Jung-Männerkopf: das volle braune Haar leicht gewellt, dunkle Brauen über tiefblauen Augen, eine markante Mundpartie.

Am unteren Rand der Fotografie war in feiner kalligraphischer Fraktur zu lesen:

– *Meinem Söhnchen Robert gewidmet. Am 19. Juni 1945* –

„Du siehst ihm auch ähnlich", hatte sie gemeint, als er nach einigen Augenblicken das Bild immer noch in seinen Händen hielt und anstarrte.

„Die Augen und auch der Mund ..."

Abends würde Opa noch anmerken:

„Die Spiegel am Wehrmachtskragen deuten auf eine Grenadier-Einheit hin."

Seinen Kopf hatte er den ganzen Tag über wie einen Bienenkorb wahrgenommen! Jämmerlich hatte er sich gefühlt; ja – am liebsten hätte er geweint, so wie früher – aber er konnte nicht. Er wusste nicht, was er noch denken sollte ...

„Dann ist Papa gar nicht mein richtiger Vater ...!"

Obwohl ihn seitdem die Frage seiner Herkunft immer wieder beschäftigte, sprach er seine Mutter nicht darauf an, und das Verhältnis zu Papa und seinen Geschwistern blieb, wie es war. Auch, nachdem Achim irgendwann zu ihm gesagt hatte:

„Dann biste ja nur mein Halbbruder ..."

Als er Oma nach dem Namen seines „richtigen" Vaters gefragt hatte, hatte die geantwortet:

„... mit Nachnamen *Gabriel* und mit Vornahmen *Jakob Emil*."

Und doch es war ein anderes Ereignis, das alles in seinem bisherigen Leben überragen sollte: – seine *Heilige Versiegelung!* – Noch in diesem Jahr würde er ein *Gotteskind* werden!

*

16. Oktober 1957. Ein Mittwochabend – unterwegs zur neuapostolischen Baracken-Kirche in Mellendorf bei Hannover. Es war bereits dunkel und frisch, als sie nach zwanzig Kilometern überwiegend dichter Waldabschnitte zu fünft dem Pkw eines Glaubensbruders entstiegen. Knapp eine Stunde noch, um sich zu sammeln und im Gebet zu heiligen.

In dem hell erleuchteten Kirchenraum hatte sie wohlige Wärme empfangen; etliche Bankreihen waren schon besetzt. Überall im Raum kleine Blumengebinde und –töpfe; der Altar üppig geschmückt. Robert spürte seinen Puls am Hemdkragen puchern. Oma hatte ihm noch ein weißes Hemd gekauft und eine zur Jacke passende Krawatte aus Werners Bestand umgebunden. Von den Glaubensgeschwistern, die aus der Garderobe kommend den Raum betraten, strebten die schwarz-weiß Gekleideten zügig ihren Plätzen in den Chorbänken zu.

Erst ein paar Wochen zuvor, kein Jahr nach jenem Gespräch zwischen Priester Kohlmann und seinen Eltern, hatte er Opa immer wieder damit genervt, Herrn Kohlmann, dem Versicherungsangestellten aus Hannover, doch einen Besuch bei ihnen zu Hause zu gestatten. Dann sähen sie auch, was das für ein Mensch sei, dem er in Glaubensdingen so vollständig vertraue. Karl und Gertrud hatten keine Ahnung davon.

Als der Hannoveraner dann wieder gegangen war, sie hatten wohl anderthalb Stunden in der dämmrigen Küche gesessen, hatte Meta mit einem Räuspern in die Stille hinein gemeint, dass sie doch ein gutes Gefühl hätte. Und Fritz, nach längerem Schweigen zu dem Jungen:

„Na ja, denn lass' dich man versiegeln – oder wie das da heißt ..."

Auf seine vorsichtige Frage, ob er denn vorher aus der evangelischen Kirche austreten dürfe, weil das eigentlich eine Voraussetzung für die Versiegelung wäre, hatte er zu hören bekommen:

„Damit warte man, bis du religionsmündig bist, und das ist, wenn du 14 bist ..."

Irgendwann hatte sich der Saal bis auf den letzten Platz gefüllt. Es mochten wohl über hundert Personen sein; auch etliche kleine Kinder nahm er wahr. Gleich nachdem sie eingetroffen waren, hatte Papa ein paar Worte mit einem älteren Amtsbruder gewechselt, woraufhin der Robert zu einem Platz in der geschmückten ersten Reihe geführt hatte, unmittelbar vor den um zwei Stufen erhöhten Altar.

Dann – nur wenige Augenblicke später – begannen jene zwei gravierenden Stunden im Leben des 12-Jährigen, die seine Zukunft nachhaltig prägen sollten! Endlich durfte er aus vollem Herzen die Frage bejahen, die der vor ihnen stehende, etwas näselnde Mann mit dem kurzen, eisgrauen Haar, wohl Anfang 60, an die zu ihm Aufschauenden richtete:

„... Und könnt ihr glauben, dass ein Apostel Jesu Christi hier mit euch vor dem lebendigen Altar Gottes steht, ausgerüstet mit der Vollmacht Jesu, euch die Gabe des Heiligen Geistes zu spenden und bußfertigen Sündern die Sünden zu vergeben ...? – Und könnt ihr glauben, dass der Herr Jesus zur Lebzeit unseres Stammapostels wiederkommen und alle, die bis zuletzt an der Hand des Stammapostels geblieben sind, mit sich in die ewige Herrlichkeit führen wird ...?"

Eingebunden in das vielstimmige *Ja* der vor dem Altar Stehenden, neben ihm neun Erwachsene und zwei Babys auf den Armen ihrer Mütter, vernahm er nun unter Handauflegung und Gebet des Apostels jenen heiligen Augenblick seiner *Versiegelung*:

„... Im Namen Gottes – des Vaters, des Sohnes und des Heiligen Geistes! – So nimm denn hin die Gabe des Heiligen Geistes (...) Und so seid ihr nun nicht mehr Gäste und Fremdlinge, sondern Bürger mit den Heiligen und Gottes Hausgenossen (...)"

Der Junge kann es kaum fassen: Wie in einer höheren Welt fühlt er die Hand des Apostels an seiner Stirn: *Die Liebe und Güte des Allmächtigen hat ihn nun ganz zu sich gezogen! Unter den fast drei Milliarden Menschen hat Gott ihn bei seinem Namen gerufen, auch ihn aus Gnaden erwählt und an seiner Stirn mit dem Heiligen Geist versiegelt!*

„... Dem Unterpfand unsres Erbes zu unsrer Erlösung!" – so hatte der Apostel den Versammelten mit erhobener Stimme weiter zugerufen: „Wie es schon der *alte Apostel* im Brief an die Epheser so trefflich gesagt hat ..."

Erwählt, herausgerufen: auch aus der Mitte seiner Freunde und Schulkameraden. Aber dafür jetzt ganz in der Mitte seiner Familie! Mit ihr in der rettenden Arche, bevor das Verderben in Kürze über den ganzen Weltkreis hereinbrechen wird.

Wie ein raunendes Kornfeld hatte er die Gemeinde hinter sich wahrgenommen, als der Apostel mit erhobenen Armen und laut Segensworte sprechend immer wieder von einem zum andern gegangen war, um ihre Stirnen zu berühren. Unablässiges Räuspern und Schnäuzen hatte die tiefe Ergriffenheit der Versammlung spürbar gemacht. Eine Atmosphäre, die ihm fast den Atem nahm – auch da noch, als er sich irgendwann, mit einem

Blumensträußchen zwischen den Fingern, neben seinen Eltern auf der Bank wiederfand. Doch erst, als wenig später die Gemeinde aufgerufen war, zur Austeilung des Heiligen Abendmahls das Lied Nr. 563 anzustimmen:

> „Herr mein Heiland und mein Hirte,
> der des Lebens Bahn mir brach,
> ich bin dein von ganzem Herzen,
> dir nur will ich folgen nach …"

da erst realisierte er, dass er soeben zum ersten Mal zusammen mit seinen Geschwistern die Hostie – Leib und Blut Christi – empfangen hatte.

Begonnen hatte der *Versiegelungsgottesdienst* um 19.30 Uhr. Während die Gemeinde mit dem keuchenden Harmonium alle vier Strophen von

> „Jesus, geh´ voran
> auf der Lebensbahn …"

intonierte – fast zackig wie einen Marsch – war der Apostel, gefolgt vom Bischof und einer ganzen Reihe priesterlicher Ämter, durch die stehend Singenden zum Altar geschritten. Dort hatte er, während die Amtsträger zu beiden Seiten eine Stufe tiefer ihre Plätze einnahmen, die Bibel aufgeschlagen, um dann die Gemeinde aufs Genaueste zu mustern.

Als die letzten Töne verklungen waren und sich Stille wie eine samtene Decke auf die Versammelten gelegt hatte – da hatte es unvermittelt wie eine Feldposaune die ersten Worte des *Eingangsgebets* in das erwartungsoffene Schwarz ihrer fest verschlossenen Augen hineingeschmettert:

> „In dem Namen Gottes –
> des Vaters, des Sohnes und des Heiligen Geistes.
> In diesem, deinem dreimal heiligen Namen haben wir uns als deine Kinder
> hier versammelt, um neu zu hören,
> was der Geist der Gemeinde zu sagen hat …"

Das danach vom Apostel vorgelesene „Textwort" stand in Offenbarung 22, Verse 12 - 15 und lautete:

> „Siehe, ich komme bald und mein Lohn mit mir,

zu geben einem jeglichen, wie seine Werke sein werden.
Ich bin das A und das O, der Anfang und das Ende, der Erste und der Letzte.
Selig sind, die seine Gebote halten,
auf dass sie Macht haben an dem Holz des Lebens
und zu den Toren eingehen in die Stadt.
Denn draußen sind die Hunde und die Zauberer und die Hurer
und die Totschläger und die Abgöttischen
und alle, die lieb haben und tun die Lüge." [3]

Entsprechend der Vortrag des Gemischten Chores:

*„Bald wird nun die Stunde schlagen,
bald, ja bald wird es gescheh'n ..."*

In diesem Sinne war alles – Beten, Singen und Predigen während des knapp zweistündigen Gottesdienstes verdichtet zu dem einen ultimativen Appell:

*Braut des Herrn
mach dich bereit: Jesu Kommen
steht unmittelbar bevor!*

Auch Zeugnisse aus der Ewigkeit, so hieß es, bestätigten die Botschaft des Stammapostels, die Jesus ihm Weihnachten 1951 gegeben habe. Der Bezirksevangelist, einer der drei Co-Prediger, zitierte dazu aus einem Gottesdienstbericht, in dem der Stammapostel von einem Mann berichtet hatte, der sich das Leben nehmen wollte; jedoch:

„... Da erschien ihm eines Nachts seine (verstorbene) Frau und sagte: ´Mann, nimm dir nicht das Leben, sondern gehe in die Neuapostolische Kirche. Jesus Christus kommt zur Lebenszeit des Stammapostels.´ – Er kam dann auch (...) in die Gottesdienste und ist bereits aufgenommen ..."

Als dann wenige Augenblicke später der Apostel auch die *Verlangenden aus den Entschlafenenbereichen* zu sich an den Altar rief, da war es mit der Fassung des Jungen vorbei! Erst als er Karls Hand auf seinem Arm spürte, wollte sich das Zittern und Schluchzen legen. Doch die Fragen brannten nach wie vor in ihm:
Hatte auch sein im Krieg gefallener Vater in der Ewigkeit die Wirkung sei-

ner Gebete vernommen? – Gehörte auch er zu den Verlangenden, die sich soeben an der sanften Hand der jenseitigen Gottesboten aus ihren Gefängnissen heraus hier an den Gnaden- und Apostelaltar hatten führen lassen ...? Ja, befand auch er sich in jener großen, unsichtbaren Schar von Begnadigten, die in diesen Augenblicken in der Ewigkeit die Heilsgaben: – Versiegelung, Sündenvergebung und Abendmahl – empfangen hatten, die der Apostel für sie in die sichtbare 'Amtskrippe' gelegt hatte, in die gefalteten Hände des herbei getretenen Bischofs und des Bezirksältesten ...?

In der vierten Strophe des dann angestimmten Liedes 616: „Zehntausendmal zehntausend in Kleidern licht und schön ..." – hatte er schließlich trostüberflutet vernommen, wonach seine Seele schrie:

> „Wie werden froh begrüßen dort deines Lichtes Strahl,
> die sich in Christo liebten hier in dem Schattental!
> Dort stehen keine Witwen am öden, dunklen Grab;
> Da trocknet Gott die Tränen der armen Waisen ab ..."

So war er in einer Welt angekommen, die ihn, den Zwölfjährigen, mit der Macht ihrer Wortbilder, Hymnen und Handlungen in ihre eigene Realität aufgesogen hatte. Die Wirklichkeit der vielen Versiegelten um ihn herum – sie war ihm der sicherste Beweis der hier gepredigten Wahrheiten! Eindeutiger als alles, was ihm bisher in seinem Leben vertraut und wichtig geworden war.

Aber er wollte noch tiefer eindringen in diese göttliche Welt! War er doch überzeugt, dass deren völliges Offenbarwerden, das er mit den vielen Getreuen herbeisehnte, in Kürze die ganze Schöpfung in einen neuen Heilsabschnitt katapultieren würde. Doch auch von einer düsteren Bedrohung vernahm er: – dass da im Werke Gottes sich Kräfte regten, die nach unten zögen und sich gegen den Stammapostel stemmten, ja, aus einem Untergrund heraus sein ganzes Heilswirken hintertrieben.

Ein endzeitlicher Rauswurf

Das hatte ihn verwirrt, sodass er Ende 1957, als er an einem der früh dunklen Tage wieder mit dem stattlichen Diakon Plattner aus Hannover unterwegs war, diesen danach gefragt hatte. Vor allem nach den düsteren Hinweisen, die in letzter Zeit immer wieder vor einem „großen Abfall" unter den Versiegelten warnten. Die Antwort war, dass unmittelbar vor dem Kommen des Herrn noch viele Gotteskinder durch ihren Unglauben und Ungehorsam dem Satan anheim fallen würden. Böse Verhältnisse, die bereits ihren Anfang genommen hätten und wovor schon Apostel Paulus gewarnt hätte, wie man im 2. Thessalonicherbrief nachlesen könne:

„… Lasst euch von niemandem verführen, in keinerlei Weise; denn zuvor muss der Abfall kommen und der Mensch der Bosheit offenbart werden, der Sohn des Verderbens. Er ist der Widersacher, der sich erhebt über alles, was Gott oder Gottesdienst heißt, sodass er sich in den Tempel Gottes setzt und vorgibt, er sei Gott."

Eine Prophezeiung für unsere Zeit, hörte man: Offener Aufruhr gegen den Gesandten des Herrn! – Denn *im Himmel* (und damit sei der „Himmel der Gemeinde", das Werk Gottes auf Erden gemeint) tobe derzeit jenes furchtbare Ringen, das der Geist Gottes bereits in Offenbarung 12, Verse 7-9, für die Gotteskinder der Endzeit gekennzeichnet habe:

„… Und es entbrannte ein Kampf im Himmel: Michael (Christus im Stammapostel, d. Vf.) und seine Engel kämpften gegen den Drachen. Und der Drache kämpfte und seine Engel, und sie siegten nicht und ihre Stätte wurde nicht mehr gefunden im Himmel. Und es wurde hinausgeworfen der große Drache, die alte Schlange, die da heißt: Teufel und Satan, der die ganze Welt verführt, und er wurde auf die Erde geworfen, und seine Engel wurden mit ihm dahin geworfen."

Obwohl er in seiner kleinen Heimatgemeinde, die inzwischen auf 17 Seelen angewachsen war, nichts von einem *Abfall* bzw. einer Auflehnung gegen den Stammapostel bemerkt hatte, bedrückte ihn doch eine gewisse Spannung, die inzwischen fast alle Zusammenkünfte durchzog. Vor allem bei den Hannoveranern nahm er das wahr. Wie eine schreckliche, unsichtbare Gefahr, von der man nicht wusste, von wo sie kam und wie man ihr begegnen sollte. Aber obgleich niemand diese beklemmende Atmosphäre direkt ansprach, ließen Andeutungen und Bemerkungen die Quelle der Ängste doch zunehmend deutlicher werden: – etwa *Furcht vor dem Zweifel!* – Um Gottes Willen nur nicht an der *Botschaft des Stammapostels zweifeln!* Auch nicht mit dem leisesten Gedanken! Denn, so hörten und lasen sie ständig: nach Jesu Worten in Matthäus 12 wäre das *die Sünde wider den Heiligen Geist!* – Die aber könne weder in dieser noch in jener Welt vergeben werden! Auch der Stammapostel hatte das unmissverständlich herausgestellt:

„… Die Sünde wider den Heiligen Geist ist geistiger Selbstmord. Aus diesem Tod gibt es keine Erlösung, weder hier noch im Jenseits."
Und weiter:
„… Wer heute die Lehre der Apostel des Herrn und die Arbeit des Geistes Christi an den unsterblichen Seelen verlästert und als teuflisch bezeichnen würde, hätte damit die Sünde wider den Heiligen Geist begangen."

In Hannover allerdings, so hatte Bruder Plattner ihm irgendwann zugeraunt, wären einige Brüder und Geschwister tatsächlich vom Herrn abgefallen. Auch ein Priester, der hier schon Gottesdienste gehalten habe. Nein, den Namen wolle er nicht nennen. Aber das komme, wenn man die List Satans unterschätze. Schon die Rotte Korah hätte das erfahren müssen, als sie sich in der Wüste gegen Mose erhoben habe. Und das wären ja nicht irgendwelche Leute gewesen, sondern, wie es im 4. Mose, Kapitel 26 geschrieben stünde: „… die Vornehmlichen in der Gemeinde, die sich wider Mose und Aaron auflehnten (…) und die Erde ihren Mund auftat, und sie verschlang mit Korah …"
So – nur noch unvorstellbar schlimmer, würde es den gegenwärtig Abgefallenen ergehen: Gemäß Offenbarung 19 und 20 würden sie mit dem falschen Propheten zu ewiger Qual in den feurigen Pfuhl geworfen werden! So etwa der Bezirksapostel des Rheinlands, *Kuhlen*, der zuvor schon seine Berufung zum „Stammapostelhelfer" (dem designierten Nachfolger im Stammapostelamt) niedergelegt habe, weil er gegen den Stammapostel intrigiert hätte. Zusammen mit den zwei weiteren rheinländischen Aposteln, *Dehmel* und *Dunkmann* ein Dreigestirn, das im Grunde *das ganze Rheinland* in den Abgrund gerissen hätte: die meisten Bischöfe, Bezirksältesten und -Evangelisten, viele Priester und Diakone und, wie man später hörte, von 57.000 Geschwistern wohl mehr als 12.000! – Ja, in einigen Gottesdiensten wäre es gar zu Handgreiflichkeiten gekommen, sodass man die Polizei gerufen habe. Ähnliche Verhältnisse wurden auch von Südafrika und Australien berichtet. Das alles hätte, wie man unter den *Treuen* munkelte, den greisen Stammapostel zutiefst betrübt, und er habe darüber

bittere Tränen vergossen.

Ein so schrecklich ausgemaltes Szenario kehrte den geografischen Begriff *Rheinland* für Robert dermaßen ins Negative, sodass ihm dieser Beigeschmack über Jahre hin anhaften geblieben war. Eben auch als Ort jener *Gräuel der Verwüstung an heiliger Stätte*, wie Jesus ihn nach Matthäus 24, 15 seinen Getreuen als sicherstes Zeichen der Endzeit vorhergesagt hat.

Mittlerweile hielten die Abgefallenen, die sich vor rund drei Jahren in Düsseldorf zu einer „Apostolischen Gemeinschaft" zusammengeschlossen hätten, auch in Hannover Gottesdienste ab. Auch aus Celle und Wietze wären einige dabei. Zwar nur eine Handvoll auch vorher schon Unzufriedener und Nörgler, versuchten die jetzt aber immer dreister, in ihren ehemaligen Gemeinden weitere Geschwister vom rechten Weg abzubringen. Dazu würden sie Flugblätter verteilen, mit geschickt aufgestellten Bibeltexten, worin sie die *Botschaft des Stammapostels* – und dass der Herr sie ihm *persönlich* offenbart hätte – als Lügengebäude und satanischen Betrug hinstellten. Damit aber würden sie *das Heiligste* mit sich selbst in den tiefsten Abgrund hinabziehen, in den man als ehemaliges Gotteskind nur hinabstürzen könne.

Gleicher Unrat käme auch vom evangelischen Kirchenrat *Kurt Hutten* [4] her: übelste Verleumdungen, mit denen sich diese fanatischen Feinde des Werkes Gottes dem Herrn selbst in den Weg stellten. Doch würden ihre Masken spätestens am Tage des Herrn fallen – dann, wenn der Antichrist als jener entlarvt wäre, der sie vor seinen Wagen gespannt hätte.

„Uns jedenfalls …", so Bruder Plattner bei anderer Gelegenheit – „wurde erst kürzlich in einem Ämter-Gottesdienst dringlichst geraten, solche Pamphlete auf keinen Fall zu lesen! Sowie uns so etwas in die Hände käme, sollen wir es – ungelesen! – entweder sofort in den Ofen stecken oder dem Vorsteher übergeben. – Eine Sache, die über Leben oder Tod entscheiden kann. *Über das ewige Leben!* …"

Ähnliches hatte Robert auch von einem andern Hannoveraner, dem Unterdiakon Feige, vernommen:

„Auf gar keinen Fall auf ein Gespräch mit den Abgefallenen einlassen! Überhaupt sollen wir jeden Kontakt zu ihnen abbrechen – selbst wenn es unsere Verwandten oder beste Freunde sind. – Es war ihr Ungehorsam, dessentwegen sie den Einflüsterungen der Schlange gefolgt und somit für immer und ewig verloren sind. Es sei denn, dass sie umkehren und um Vergebung bitten. – Falls Vergebung hier aber überhaupt noch möglich ist …"

Robert hatte Tage gebraucht, um das alles irgendwie in seine bisherigen Vor-stellungen einzupassen. Er schlief schlecht, lag im Takt dumpfen Herzschlags stundenlang wach, in tiefen Grübeleien und durchbeteten Ängsten gemartert. Auch tagsüber schien ihm alles wie von zähen, grauen Spinnweben verklebt. Mehrfach hatte Oma ihn gefragt, ob er etwas hätte, er wäre überhaupt nicht bei der Sache. Und im Unterricht wieder: „Junge, wach endlich auf; wo bist du nur mit deinen Gedanken …!"

Das letzte Schuljahr hatte begonnen. In *Geschichte* wurden die Teufeleien des Kommunismus und der Vertreibung der Deutschen aus den Ostgebieten an die Wand gemalt. Ähnlich fast, wie nun in den Gottesdiensten die *Not der Stunde* immer klarer ausgemalt wurde: – etwa wenn der *Hirte Müller*, ein massiger, rotwangiger Schlachtermeister aus Langenhagen, mit seinen gefühlvollen und tränenreichen Predigten den finalen Ernst *dieser, unserer Zeit* in die gespannte Gemütslage der Geschwister prägte. So, wie er einmal aus einem *Amtsblatt*, das er bedeutungsvoll aus der Innentasche seines schwarzen Jacketts nestelte, den 85-jährigen Stammapostel aus einem Ämter-Gottesdienst in Düsseldorf zitierte:

„…Die ganze Glaubensangelegenheit hat sich soweit zugespitzt, daß nur noch zwei Parteien dastehen: die einen warten auf meinen Tod und die anderen, dass wir überkleidet werden! Nun müßt ihr euch entscheiden, zu welcher Klasse ihr gehört!"

Zweifel, Furcht und – opfern

Robert war es kalt über den Rücken gelaufen! – Und *Oma Mahler?* … Hatte die nicht erst neulich, als sie nach dem Gottesdienst mit Geschwister Meins noch bei seinen Eltern eingekehrt war, alle mit ihrer unglaublichen Äußerung schockiert? …

„Ach, der alte Mann – was der sagt … ", hatte sie lakonisch gemeint. – „Der weiß auch nicht, wann er stirbt. Und wann der Herr Jesus kommt, weiß allein der himmlische Vater! … Ich jedenfalls geb´ da gar nichts drauf … "

Reflexartig waren Gertruds Hände vor den Mund gefahren:

„Mein Gott, Schwester Mahler …! Wie können Sie nur so etwas sagen …? Das dürfen wir nicht einmal denken! … "

Doch die, jetzt im Sessel zurückgelehnt und mit beiden Händen ihren Haarknoten im Nacken ordnend, hatte nur gelächelt, um dann, mit gehobener Stimme berlinernd, die Runde ein weiteres Mal zu bestürzen:
„Na ja, wissense – alte Leute bilden sich manches Mal auch was ein. Und der Mann ist hoch in die Achtzig ...!"
„Schwester Mahler ...!"
Robert hatte es den Atem verschlagen. Als Achim kurz darauf mit ihm spielen wollte, hatte er keine Lust mehr dazu.

Oma Mahler, die resolute Endfünfzigerin, war vor knapp zwei Jahren aus der Ostzone übergesiedelt. Aus Brandenburg wäre sie. Seitdem gehörte sie zur Gemeinde – allerdings sehr zum Verdruss ihres Sohnes, des ortsansässigen Steinmetz- und Bildhauermeisters, der ihr im Obergeschoss seines gerade erbauten Hauses eine kleine Wohnung eingerichtet hatte. Peinlichst auf eine gute Reputation bedacht, besonders auf ein ungetrübtes Verhältnis zum Pastor und dem Gemeindekirchenrat, störte ihn, dass seine Mutter dieser unerfreulichen Sekte angehörte. Zudem nahm sie auch kein Blatt vor den Mund und lud die Leute gar noch in diesen mickrigen Anbau bei Hoffschultes ein ...

Ungeachtet dieser familiären Eintrübung hatte die hübsche Inge Mahler, Roberts Klassenkameradin, ihre umtriebige brandenburgische Oma längst ins Herz geschlossen. Denn was die zu erzählen wusste, war nicht nur für die Glaubensgeschwister interessant. Etwa, wenn sie vom *Kreuz über dem Baltikum* sprach, das flammend am Himmel erschienen wäre und den Ersten Weltkrieg angekündigt habe –, vergleichbar dem „Mene meine tekel uparsin" im fünften Kapitel des Daniel-Buches (*Gott hat die Tage deiner Herrschaft gezählt und macht ihr ein Ende*). Oder *Weissagungen*, die sie als Kind und Jugendliche noch selbst erlebt habe: Wenn während der Predigt eine Schwester oder ein Bruder sich unvermittelt erhoben und wie in Trance ausgesprochen hätte, was der Geist der Gemeinde zu sagen drängte ... Auch *Träume, Gesichte* oder *Zungenreden* wären vorgekommen –, ja, geradezu als Beweis für das Vorhandensein göttlicher Geistesgaben –, so, wie in der Bibel beschrieben. Gaben, die die großen Kirchen eben nicht vorzuweisen hätten. Doch zu Beginn der NS-Herrschaft habe Stammapostel Bischoff solches *Geisteswehen* in den Gottesdiensten unterbunden, weil, wie es hieß, das von staatlichen Stellen missverstanden werden könnte. Immerhin war Adolf Hitler – *der Führer!* – in allen deutschen Gemeinden als der von Gott gesandte Vaterlands-Retter verkündigt worden! [5]

Zudem wisse sie von Weissagungen, wonach sich das Werk Gottes vor dem Kommen des Herrn noch über den ganzen Weltkreis ausbreiten müsse. Davon aber sei man mit den weltweit noch nicht einmal vierhunderttausend Versiegelten ja doch wohl noch eine ganze Ecke entfernt:

„Über zehn Millionen werden es einmal sein ...", wusste sie aus ihrer Erinnerung wiederzugeben, „... doch danach wird das Werk Gottes wieder abnehmen und als gar verloren erscheinen. Doch wenn schon niemand mehr damit rechne, würde der Herr kommen – so wie es geschrieben steht: eben wie ein Dieb in der Nacht! ..."

So weit Oma Mahlers Zukunftsversion aus dem Jahre 1958. – Da hätten allerdings einige der ganz Treuen, wie sie aus Hannover zu hören bekamen, die Kohlenbestellung für den nächsten Winter bereits nicht mehr aufgegeben. Und andere meinten, dass man sich im Grunde die Steuererklärung sparen könne. Ja, manche hätten geschäftliche Aufträge storniert oder eine seit Langem geplante Reise ... Und es sollte Eltern geben, die die Mühen und Kosten einer höheren Bildung für ihre Kinder als nicht mehr erforderlich ansähen.

Kräftig befördert wurde diese Stimmung gegen die täglichen Meldungen in Rundfunk und Presse: Der darin mitschwingende positive Grundton des eben in Schwung kommenden *Wirtschaftswunders* wurde von den meisten ausgeblendet – als eines der *Irrlichter der Endzeit!* – Selektive Wahrnehmung: Man hörte und deutete, was dem Wort vom Altar entsprach: Ob die Gräuel der kommunistischen Revolution von 1917, wie jetzt im Geschichtsunterricht dargestellt, die sich bedrohlich zuspitzende Konfrontation der Supermächte oder die spektakulären Aufmärsche der *Anti-Atomtod-Bewegung*: – Nicht allein für den 13-jährigen Robert war alles das nur – *Erfüllung!* ...

Am 26. August 1957 war die erste sowjetische Interkontinentalrakete gestartet. Damit konnten sowjetische Atomsprengköpfe nun jeden beliebigen Punkt der Erde erreichen. Im Oktober folgte der erste künstliche Erdsatellit, *Sputnik*, in die Erdumlaufbahn, im November mit Sputnik 2 das erste Lebewesen, die Mischlingshündin *Laika*.

Eine Entwicklung, die in der Westlichen Welt mit Besorgnis registriert wurde. Ja, das Gefühl des Hinterherhinkens, als *Sputnikschock* in aller Munde, löste in westlichen Parlamenten wie in der Presse Debatten darüber aus, wie dieser bedrohliche Rückstand möglichst schnell aufzuholen wäre. Mit fast naturgesetzlicher Logik trieb das die Rüstungsspirale weiter apokalyptischen Ausmaßen zu, was sich wiederum furchteinflößend im Bewusstsein der Menschen niederschlug.

*

Als im Frühjahr ein Vertreter der Tanzschule Beuss vor seiner Klasse den Grundkurs „Umgangsformen und Walzerschritte" vorstellte, trugen sich binnen zweier Tage alle Schüler in die Liste ein. Außer Robert. Erst eine Woche später erzählte er zu Hause davon. Meta und Fritz reagierten pikiert. Natürlich war ihnen klar, warum Robert nicht teilnehmen wollte. Umso mehr drängten sie ihn: Ohne angemessenes Benehmen falle man überall dumm auf, und Tanzen gehöre nun mal zu den bedeutsamen Kulturfertigkeiten! Auch mache man auf Tanzveranstaltungen oft interessante Bekanntschaften und übe sich zudem in gesellschaftlichen Gepflogenheiten und Konversation. Zudem sei Tanzen sportlich und gesund!

Schließlich besuchte er eine Übungsstunde und bezahlte die sechzig Mark, die Opa ihm mitgegeben hatte. Gleich am nächsten Tag erzählte er Achim davon. Und dann, drei, vier angstvolle Gottesdienste weiter, auch Papa. Der aber hatte ihn nur groß angesehen: – „Ich sag' nichts dazu ..."

Zur nächsten Übungsstunde war er nur hingegangen, um sich wieder abzumelden. Als er seine Großeltern daüber in Kenntnis setzte, sagte Opa nur resigniert:

„Tja ..." Und Oma: „... Hast du dir das auch gut überlegt ...?"

Aber Roberts Version ließ ihm keine Wahl ...!

Später hatte Werner ihm heftige Vorwürfe wegen des verlorenen Geldes gemacht, das sie sich für ihn vom Munde abgespart hätten. Und überhaupt: wie man nur so bescheuert sein könne!

Der *Festplatz* lag in Sicht- und Hörweite von Hoffschultes. Nur über die Hauptstraße, und nach fünfzig Metern breitete sich der ganze betörende Rummel vor einem aus: Zirkus, Jahrmarkt und *Schützenfest* – Letzteres *das Dorffest schlechthin!* – Drei Tage lang ohrenbetäubender Lärm, buntes Gedränge zwischen Schieß-, Würstchen-, Los- und Zuckerbuden. Luftballons, quäkende Tröten, Knackfrösche und schillernde Seifenblasen, die sprühend vor den Gesichtern zerplatzten. Und natürlich der Spaß voll besetzter Karussells; Luftschaukeln und ein sich langsam drehendes Riesenrad, das sogar die mächtigen umstehenden Eichen überragte. Meist strahlendes Juni-Wetter. Bratwurst- und Zuckerdüfte lockten; Luftgewehre knallten in das

Gebimmel und hochfahrende Sirenengeheul der Fahrgeschäfte hinein, das für Augenblicke selbst das Gedröhn der Kirmesorgel schrill übertönte.

Dazu der stets umlagerte Eingang zum Festzelt: lüsterne Blicke durch duftende Birkenzweige an den Eingangspfosten. Drinnen der lange Biertresen, das ganze Zelt mit grünen Zweigen und bunten Girlanden ausgeschmückt und erfüllt von ohrenbetäubender Blasmusik zum rumpelnden Holzdielengetrampel der Tanzpaare, durchbrochen von bierseligen Traditionsgesängen: Alles vermischt mit dem leiernden Geschrumpel der Kirmesorgel und hoch aufheulenden Sirenentönen. Ein Höllengetöse, das bis zu Hoffschultes hineindrang und das Wort vom Altar bisweilen überdeckte: – *Gottesdienst in Babylon!* ...

So hatte man irgendwann beschlossen, zu den Rummel-Terminen den Nachmittagsgottesdienst ausfallen zu lassen. Den Kindern bot das Gelegenheit, wenigstens einmal *hinzuschauen*: die Luftschaukel; einmal Karussell, und ein paar Nappos für fünf Pfennige das Stück! Oder Zuckerwatte, eine Schokoladenwaffel ... Und – wenigstens *ein* Blick ins Festzelt hinein! ...

Doch Robert und Achim wussten, dass sie da nicht hingehörten. „Gotteskinder haben da nichts zu suchen!", hatte Papa ihnen eingebläut. Wenn dann noch fröhlich umhertollende Klassenkameraden, ein lustiges Papphütchen schräg auf dem Kopf, sie mit einer Kringeltröte feixend anmachten: – „Hallo, was macht ihr denn hier? Dürft ihr das überhaupt? ..." Spätestens dann schlichen sie wieder davon: „... Komm, ist mir sowieso alles viel zu laut ..."

In den ersten Schuljahren, als ihm der Wert der Gotteskindschaft noch nicht so bewusst war, hatte Robert noch am großen Kinderumzug teilgenommen. Im Klassenverband waren sie angetreten, immer zu zweit und allesamt hübsch zurechtgemacht: Die Mädchen mit leuchtenden Papierblumen und bunten Kringeln im Haar; in den Händen selbstgebastelte Bogen-Girlanden aus buntem, gekräuseltem Krepp-Papier, und die Jungen, viele in kurzer Lederhose mit schmucken Hosenträgern, hatten ihre bunt herausgeputzten Fahrräder neben sich hergeschoben. Schließlich das Ganze eingehüllt in gellendes Trommel- und Pfeifenspiel der Kinder-Spielmannszüge, die den Umzug unter strahlend blauem Himmel durchs Dorf führten. Ein Zug lachender Kindergesichter, die stolz ihren Eltern und Bekannten zuwinkten, wenn sie sie irgendwo an der Seite des schier endlosen Straßenspaliers entdeckten.

Doch schon im letzten Jahr war Robert nicht mehr dabei gewesen. Aber auch Heiner Bartling nicht, eine Klasse über ihm, der ihm kurz zuvor noch

Prügel angedroht hatte. Ein paar Tage vor dem Fest war er gestorben: Blinddarmentzündung. Weil, wie die Leute sagten, der Arzt stattdessen eine Kolik diagnostiziert hätte. Trotz der angedrohten Prügel hatte Robert das zutiefst betroffen und traurig gemacht.

Der Umzug der *Großen* fand einen Tag vorher, am Sonntag, statt. Unendlich lang zog er sich hin. Meistens hatten sich Robert und Achim durch die Zuschauerreihen ganz nach vorne gezwängt, und wenn der Zug an ihrer Stelle vorüber war, waren sie eilends hinterhergetrabt. Ein stolzer, aber irgendwie auch dumpf schweigend dahinmarschierender Zug. Auch hier die Spielmannszüge vorweg, die jeweils kurz, aber ohrenbetäubend aufspielten, dann wieder nur der vernehmbare Marschtritt auf dem Straßenpflaster. Nach den Fahnenträgern der grüne Schützenverein als längster Block, dann die Kyffhäuser-Kriegsveteranen mit Schirmmützen und blinkenden Abzeichen auf dunklen Jacketts; die dunkelblaue Feuerwehr, verschiedene SCS-Sport-Riegen, der Reit- und Fahrverein mit einigen Reitern auf schnaubenden, nervös trippelnden Pferden und schließlich der Sängerbund, die Postler, Eisenbahner und ein weiterer, den Zug abschließender Spielmannszug. Ein beeindruckendes, farbenfrohes Bild: all die Fahnen, Uniformen, Trachten und Trikots. Dabei immer auch Spielmannszüge aus den umliegenden Dörfern, ebenso ein Fanfarenzug – und doch alles irgendwie, so Roberts Erinnerung, in einer tiefernsten Grundstimmung, die selbst die farbenfrohe, klingende Oberfläche nicht wirklich zu überdecken vermochte.

In dieses Bild hinein gehört auch *Sonnbacher*, der Dorfpolizist. – *Er sei ein scharfer Hund,* hieß es von ihm. In der Tat ging von dem großen Mann mit den bis zum Rand der Uniformmütze rasierten Schläfen, so fand Robert, etwas Bedrohliches aus! Auch noch ganz militärisch die graublaue Uniform (wie er sie ähnlich in den Wehrmachtsbüchern gesehen hatte): das schwarze Lederkoppel, Pistole, Gummiknüppel und die Reiterhose in blanken, schwarzen Lederstiefeln. Zumeist mit *Harras* an seiner Seite, dem großen, schwarzbeigen Schäferhund, den er mit äußerster Strenge an der kurzen Leine führte. Doch zu solchen Gelegenheiten wurde er schon mal von angeschickerten Männern angerempelt, von denen einige auch gar nicht damit hinterm Berg hielten, dass sie noch eine offene Rechnung mit ihm hätten ...

„Der Lump legt sich mit seiner Isetta auf die Lauer, um die Leute, wenn sie aus der Kneipe kommen, abzukassieren ...", hatte es unter anderem geheißen ...

Einmal soll er sogar ein paar Männern aufgelauert haben, mit denen er kurz zuvor noch Skat oder Doppelkopf gekloppt hatte. Nicht lange darauf war er gut eine Woche nicht mehr zu sehen: Im Dunkeln hätten ihn ein paar Gestalten dermaßen verdroschen, dass Stünkel ihn mit dem Krankenwagen wegbringen musste. Das Maß wäre einfach voll gewesen, hatte es geheißen. Später sollte Robert ihn und seine grüne *BMW-Isetta* beinahe täglich zu Gesicht bekommen. Denn als links direkt neben ihrem Grundstück das Nachbarhaus fertig geworden war, anderthalb Jahre bevor sie mit ihrem Bau begonnen hatten, waren Sonnbachers mit ihrem Sohn Gerd in die Erdgeschosswohnung und Frau Blank, eine alleinstehende Handarbeitslehrerin, ins Obergeschoss gezogen. Frau Sonnbacher, eine blasse, schüchterne Frau mit dunklem Haar, bekam man hin und wieder beim Wäscheaufhängen zu Gesicht oder wenn sie dem Hund Futter brachte. Die Hundehütte stand nur wenige Meter hinter dem Maschendrahtzaun, und jedes Mal, wenn sich bei Wegners oder auf der Straße nur irgendetwas regte, sprang der große Hund mit lautem Gebell zähnefletschend auf, sodass man fürchten musste, er könne sich irgendwann von der Kette losreißen ...

Den Sohn Gerd kannte er vom Sehen her. Er mochte drei, vier Jahre älter sein als er und erschien ebenso blass und still wie seine Mutter. Er fuhr täglich mit der Bahn nach Hannover, wo er wohl eine Ausbildung machte. Obwohl man ihn nur selten mit Gleichaltrigen sah, grüßten ihn aber die meisten, wenn er mit seinem Sportrad im Dorf unterwegs war. Nachdem Robert einige Male ein paar Worte mit ihm gewechselt hatte, empfand er ihn als umgänglich, ja, als ausgesprochen sympathisch.

Inzwischen hatte er neben anderen weltlichen Freuden auch das Kino *geopfert*. Jedenfalls innerlich. Denn nach den letzten Gottesdiensten war er fest entschlossen, dass nun endlich Schluss damit sei. Zumal er sich mit Achim verabredet hatte, alles „Weltliche" nun wirklich „zu überwinden". Auch die neunjährige Inge hatte schon ihre Meinung dazu.

Doch *diesen einen* Tarzanfilm wollte er noch sehen! Nur dies eine Mal noch! – Er lief bei Heuers, also nicht bei Achim nebenan – und auch erst eine Stunde nach dem Gottesdienst ...

„Robert ..., du, ich weiß nicht ... "

„Mann, da sieht uns doch keiner ... "

„Und wenn grade dann der Herr kommt? ... "

Sie tasteten sich durch eine der mittleren Bankreihen, gerade nachdem die Lichter ausgegangen waren: Zappenduster! Klappsitze klappern, Robert stößt sich am Knie, stöhnt auf, und jemand zischt: „Ruhe!" – Dann geht auch schon der schwere rubinrote Vorhang auf, und mit der Erkennungsmelodie bringt *Fox Tönende Wochenschau* wieder Licht in den Saal.

Bis zum Hals schlägt ihnen das Herz, und tief kauern sie sich in die rotsamtenen Sitze hinein ...

- Im Irak putscht die Armee unter dem Obristen Abd al-Karim ...
- Der 23 Jahre alte König Faisal II wird dabei getötet.
- 5.000 US-Marineinfanteristen gehen im Libanon an Land ...

Und so weiter und so fort; Schlag auf Schlag überall Krieg: schlimme, bedrohliche Bilder, noch dramatisch musikalisch untermalt – als Bestätigung und Konkretisierung all dessen, was sie aus den Gottesdiensten und Kirchen-Zeitschriften als untrügliche Zeichen der Zeit verinnerlicht haben.

Doch dann der brüllende Löwe von *Metro-Goldwyn-Mayer* auf der Leinwand, und nur einen Moment später sind sie mit „Tarzan in Gefahr" im Dschungel einer Flussinsel, auf welcher der Stamm der Aquatanier vom Fischfang und Perlentauchen lebt.

Doch bereits als nach den ersten Szenen die hübsche Mara den Schwindel um den Inselgötzen Balu entdeckt und mit einem Sprung ins Wasser fliehen will, stürzt mit Krachen, Flackern und abschmierendem Ton das Ganze jäh in totstille Finsternis ...

Wie ein Blitz in den Köpfen lässt der Schreck die Jungen aus den Stühlen hochfahren:

„Jetzt ist es passiert! ... Der Herr ist gekommen! ..."

Noch bevor das Licht angeht, stehen sie atemlos draußen vor der Tür und blinzeln mit panischem Herzrasen ins grelle Tageslicht; in ihren Köpfen und Mägen krampft unbeschreibliche Angst:

„Zu Hause wird niemand mehr sein ..." Der Jammer, die *Anklage* in Achims Stimme trifft Robert ins Mark! ...

Indes, als sie laufend und trabend atemlos zu Hause ankommen, spielt Inge versonnen im Schatten der Esskastanie, und Lux springt ihnen wie vor knapp einer Stunde am Zaun freudig bellend entgegen. Doch in der Küche stürzt Achim schluchzend in Mamas Schoß, und Robert, mit gesenktem Blick daneben, fühlt sich tief elend, schuldig und ganz und gar verlassen.

Später hatte Karl gemeint, dass es ja noch mal gut gegangen sei: „... Aber einmal kommt der Augenblick, da wird's dann wirklich so sein!"

Ein weiterer Amtsträger, der inzwischen regelmäßig die Gemeinde besuchte, war Paul Diechfahl. In den sieben oder acht Gemeinden, die er im Ältestenbezirk Hannover-Nord zu betreuen hatte, war er als *der rasende Landpriester* bekannt. Groß und von kräftiger Statur, vermochte sein ebenmäßiges, freundliches Gesicht die Menschen schnell für sich einzunehmen. Dazu die Mischung aus Berliner Dialekt, seinem alten VW-Käfer und die rasante Fahrweise. So hieß er in den Gemeinden bald nur noch *Onkel Paul* – auch später noch, als *Evangelist* und *Hirte*, obwohl der Apostel hochoffiziell verfügt hatte, dass es im Werke Gottes *Onkel* als Anrede für Amtsträger nicht gebe: – Schließlich seien sie von Gott erwählte *Segensträger!* ...

Als Robert an einem Sonntag kurz vor Mittag von *Hoffschultes* kam, blickte Opa gerade in sein eingeseiftes Spiegelbild. Doch der Junge kann mit dem, was er soeben gehört hat, nicht zurückhalten:

„Opa, der Herr Jesus ist unserem Stammapostel jetzt noch einmal erschienen! Er hat persönlich vor ihm gestanden! – Und weißt du, was er ihm gesagt hat ...?"

Der, das Rasiermesser grade angesetzt, hatte darauf innegehalten und sich dem Jungen leicht zugedreht: – „Na ..., und ...?" –

„Er hat gesagt: ´Haltet euch bereit, ich komme!´ – Wir sollen jetzt wirklich täglich, ja, stündlich mit seinem Erscheinen rechnen! ..."

Indem Opa „Äh!" sagte, hatte er auf das Messer geblickt, an dem jetzt ein kleinwenig Blut zu erkennen war ...

Zum Stammapostel

„Zum Stammapostel will ich steh'n, will nicht von seiner Seite geh'n ..."
So wie es in dem Männerchorlied heißt, sollen alle Gotteskinder mindestens zwei-, dreimal im Jahr direkt *unter das Wort des Stammapostels* kommen! Seit einigen Jahren geschah das regelmäßig zum 1. Januar. Auch für Robert umwehte die göttliche Aura des *Stammaposteldienstes* den Neujahrstag: – *Heilig dieser Ort und Tag, an dem ihnen der Gesalbte Gottes auch das letzte Stück Wegs mit dem Licht göttlicher Erkenntnis vorangehen will!* ...

Wie alle Landgemeinden des weitläufigen Apostelbezirks Hannover fuhren sie gemeinschaftlich per Bus oder Bahn in die Landeshauptstadt. Einzelfahrer wurden nicht gerne gesehen. Entweder zur großen Kirche Hannover-List, wo sie den Stammapostel aus irgendeiner Metropol-Halle aus den Lautsprechern hörten – oder, wenn sie ihn gar sehen durften, in die Niedersachsen- oder Eilenriedehalle bzw. zum Kuppelsaal mit seinen gut 3600 Sitzplätzen.

Der Anfang des 20. Jh. im klassizistischen Stil errichtete Kuppelbau – innen dominiert von mächtigen, die ganze Rotunde einfassenden Säulen – hatte die Jungen in ehrfürchtiges Staunen versetzt. Vor allem auch die weiten Runden der vom Parkett bis in den 3. Rang hochsteigenden Sitzreihen. Fast brauchte man ein Fernglas, um die Gesichter auf der gegenüberliegenden Seite erkennen zu können. Wenn sie dann ziemlich weit oben saßen, aber noch im 2. Rang – der riesigen Halbkreis-Bühne mit dem Altar gegenüber – erschien diese klein im Vergleich zu den erstaunlichen Ausmaßen, die sie von der Parkettebene her wahrgenommen hatten. Wie schon das Mal zuvor, prangte die ganze Bühne als ein einziges Blumenmeer. Vor dem Altar diesmal ein großer, kunstvoll gesteckter *Petrus-Schlüssel*. Dazu, von der Decke abgehängt, in großen Lettern das Gelöbnis:

Stammapostel – Dir nur will ich folgen nach!

Unmittelbar vor der Altarbühne, die sich gut einen Meter über das Parkett erhob, die lange Reihe mit weißen Laken bedeckter Tische, auf denen eine ebenso lange Doppelreihe silberner Abendmahlsfäße im Licht der unzähligen Leuchtkörper funkelte. Davor, nur durch einen Gang getrennt, an der Stirnseite des Chores, zwei schwarze Reihen priesterlicher Ämter. Zur Austeilung des Abendmahls werden sie überall im Saal die ihnen zugewiesenen Plätze einnehmen.

An den Eingängen zu den Rängen wie auch in gewissen Abständen zu Beginn der Sitzreihen sind Opferkästen aufgestellt, ebenso in dem riesigen Foyer und auf allen weiteren Fluren. Das hinter dem Altar platzierte Orchester registrierte Robert erst, als es sich mit dem Einstimmen der Instrumente vernehmen ließ. Da nahmen die Sänger noch ihre Plätze ein: Ein sich vervollständigendes Bild, das die große Parkettfläche vor der Altarbühne zusehends in ein schwarzes, ganz in Weiß gefasstes Kreuz verwandelte.

Etwa dreißig Minuten vor Gottesdienstbeginn hatte sich über den beinahe vollständig gefüllten Saal tiefe Stille gelegt. Dann – von unten her – ein Rauschen ... Der Chorblock erhebt sich. Stille! ... Ein Orgelton. Und dann – ganz zart anhebend, um sich sogleich bis in die letzten Winkel der monumentalen Halle hinein auszubreiten:

„Ziehe deine Schuhe aus, denn der Ort, da du stehst, ist heilig ..."

Ein Chorsatz, dessen Schwingungen sich mit denen der verlangenden Seelen im Lauschen, im Harren auf den vereinen, der da kommen wird im Namen des Herrn. Dann wieder Stille. Räuspern. – Bis sich nach wenigen Augen-blicke der Männerchor vernehmen lässt:

„O komm mit mir, ich will dich leise führen
in eines holden Garten Zauberland ..."

Wieder Stille. – Robert ist ergriffen. Gefühle, innere Bewegung – wie inmitten rasender Wolken und gleißenden Lichts; ein Lodern in der Brust, schauerndes Kribbeln über Kopfhaut und Schultern, und gänzlich wortlos bleibt nur ein gefühltes Stammeln in sich hinein: ... *Vater, lieber Vater!* ...

So hatte er kaum bemerkt, dass ein Amtsträger hinter den Altar getreten war, während Achim ihm sogleich respektvoll ins Ohr zu hauchen wusste: „Bezirksältester Rutert ... Der war schon mal bei uns zu Hause! ..."

Da gerade hatte jener sich geräuspert, seinen Blick kurz über den Saal schweifen lassen und ein Blatt Papier knisternd vor dem Mikrofon entfaltet, um nach einem vernehmbaren Atemzug mit bewegter Stimme zu verlesen:

„Meine lieben Geschwister! – Noch auf der Schwelle des neuen Jahres, das dunkel verhüllt vor uns liegt, will uns gleich zu Beginn unser himmlischer Vater mit göttlichem Rüstzeug versehen, uns wiederum ausrüsten mit dem Schwert des Geistes und dem festen Schild unseres geheiligten apostolischen Glaubens.

Doch nur wenn wir dieses Rüstzeug auch anlegen, werden wir allen Anläufen Satans und den Verführungen des Zeitgeistes widerstehen können. Wo wir das nicht tun, sind wir den Geistern von unten ausgeliefert wie die Kinder dieser Welt. Dann aber müssten auch wir das ihnen zugedachte Schicksal erleiden. Darum mahnt schon in der Urkirche Apostel Paulus in seinem Brief an unsere apostolischen Glaubensgeschwister zu Rom: ´... Und stellt euch nicht dieser Welt gleich, sondern verändert euch durch Erneuerung eures Sinnes, auf das ihr prüfen möget, welches da sei der gute, der wohlgefällige, und der vollkommene Gotteswille.´

Wie keinem anderen Volk auf Erden", so der Älteste weiter, „neigt sich an diesem heiligen Morgen der Sohn Gottes selbst in unserem geliebten Stammapostel zu uns hernieder. Nehmen wir ihn, den der himmlische Vater seinen Auserwählten als *das Tor zur Mitternacht* gesetzt hat, in reiner Abrahams-Gesinnung auf! Denn der sprach, als er erkannt hatte, wer sich ihm in den drei Männern im Hain Mamre nahte: '… Herr, habe ich Gnade gefunden vor deinen Augen, so gehe nicht an deinem Knecht (an deiner Magd) vorüber.' – So eingestellt, verbinden wir uns jetzt mit den vielen Tausend Gotteskindern an über dreihundert Übertragungsorten im In- und Ausland. In den letzten Augenblicken bis zur Begegnung mit dem Gesalbten des Herrn wollen wir uns nun heiligen und in stillem Gebet vereinen. Der Stammapostel mit seiner Begleitung hat den Kuppelsaal vor wenigen Augenblicken betreten. Nebst unserem Apostel begleiten ihn die Apostel Weinmann aus Hamburg, Schiwy aus Nordrhein-Westfalen, Volz aus Württemberg, Schmidt aus Berlin-Brandenburg, Streckeisen aus der Schweiz und Apostel Gerke aus Australien. Ferner sind etliche Bischöfe und Bezirksämter von weither angereist.

Zum Eingang wollen wir all unsere Empfindungen in die Strophen des Liedes 202 hineinlegen:

> 'Gott ist gegenwärtig, lasset uns anbeten
> und in Ehrfurcht vor ihn treten …'

Ich wiederhole: Lied 202. – Allen Empfangsgemeinden wünschen wir eine störungsfreie Übertragung! Das Ende des Gottesdienstes wird von hier aus bekannt gegeben. Erst danach dürfen die Empfangsgeräte abgeschaltet werden. Die Geschwister werden gebeten, so lange auf ihren Plätzen zu bleiben. Den Bediensteten der Deutschen Bundespost danken wir schon jetzt für ihren Einsatz! – Ende der Durchsage."

Sofort beeilten sich einige Amtsbrüder, die auf den Stühlen liegenden Gesangbücher aufzuschlagen. Der Älteste mit einem letzten prüfenden Blick am Altar – dann, nach einem kurzen Augenblick, setzte furios die Orgel ein: Die große Gemeinde erhob sich hörbar, und der Älteste, eilig zum Mikrofon hingebeugt, presste die Worte in das Brausen des anschwellenden Gesangs:

> „*Der Stammapostel betritt den Saal!*"

Robert erkannte die hühnenhafte Gestalt am Kopf des langen, schwarzen

Zuges, der sich unten auf die Altarbühne zubewegte, sofort. Immer wieder hatte er sie auf Bildern in der „Familie" studiert. Aber jetzt war alles, was er da sah, lebendig, bewegte sich und füllte die Bühne in ruhiger Ordnung zu einem Ort himmlischer Gegenwart. Die Buchstaben im Gesangbuch verschwammen. Unfähig noch Worte zu formen, weinte er zitternd in sich hinein. Als er Achims Blick spürte, schämte er sich, rang er um Fassung – aber wohin er auch blickte: Überall sah er Taschentücher auf- und abfahren, vernahm er Schnäuzen und Husten im fortwogenden Gesang, tief aufgewühlt von den Grundströmen seelischen Verlangens: Ein sicherer Ort winkte da mächtig herüber, jenseits aller Sorgen und Plagen dieser Welt …

Und dann die Stimme des Stammapostels! Seine unverwechselbare Mundart: Odenwald, hatte später jemand gesagt. Die typische Modulation seines Redestils. Und *was* er sagte: – höher als alle menschliche Vernunft! – So auch der Tenor der drei mitdienenden Apostel und des Bischofs.

Ja, Stammapostel, so hatte der in dieser himmlischen Aura völlig aufgegangene Zwölfjährige es empfunden:

Dir nur will ich folgen nach! …

Als er irgendwann zur Toilette musste, wollte Achim mit. Auf dem Flur fragten sie einen Bruder in Rot-Kreuz-Uniform nach dem Weg, wobei sie erstaunt wahrnahmen, wie viele Geschwister in den Gängen unterwegs waren. Als sie sich dann nach anderthalb Stunden zum „Unser Vater" erhoben, gefolgt von Sündenvergebung und Abendmahl, fühlte Robert sich außerhalb von Raum und Zeit: emporgehoben in eine Wirklichkeit, die mit dieser Welt nichts mehr gemein hatte! Aber Achim konnte nicht mehr sitzen, rutschte zunehmend hin und her, während die Finger der neunjährigen Inge, unauffällig im Schoß gehalten, irgendwelche Zähl- oder Geschicklichkeitsübungen auszuführen schienen.

Dann, nach einer weiteren halben Stunde und dem hinleitenden Chor-Vortrag:

„Treff ich dich wohl bei der Quelle
in dem Land der Herrlichkeit …"

das Abendmahl für die Entschlafenen! Mit der vom Herrn verliehenen Schlüsselgewalt öffnete der Stammapostel mit den entsprechenden Worten die Gefängnisse im Jenseits. Dabei erschienen vor Roberts geistigem

Auge all die vielen durch Fürbitten Begnadigten: noch gebeugt und zerschunden und sich förmlich durch rostfarbene Gitterpforten zum Altar hin drängend. Dort von Erlösten zu ordentlichen Reihen geleitet, empfingen sie durch *Wort* und Sakrament – nun stellvertretend in die Hände zweier Apostel gegeben – die *Gnaden- und Bundeshandlungen des Werkes Gottes*: Taufe, Sündenvergebung, Abendmahl und die Heilige Versiegelung. – Nach dem dumpfen Amen der großen Versammlung entlud sich die Spannung in dem gemeinsam gesungenen Liedvers aus *Zehntausendmal zehntausend*, Lied Nr. 637:

„Das hast du uns errungen, du teures Gotteslamm,
der Sünde Fluch gebrochen, du Held am Kreuzesstamm! ..."

Auch Papa schnäuzte sich wiederholt, und Mama barg ein zerknülltes „Tempo" in knöchelweißen Händen, um es wieder und wieder an die Augen zu führen. Inge, in dunkelblauem Kleid mit weißem Spitzenkragen, mit geschlossenen Augen reglos zwischen den beiden.

Dann trat noch einmal der hannoversche Bezirksapostel an den Altar, um dem Stammapostel wortreich als dem „Elieser unserer Zeit" zu danken, der seine in festem Glauben geschmückte Braut dem Herrn in Kürze zuführen wird. Eine jugendliche Schwester in weißem Kleid und mit dicken blonden Zöpfen, überreichte dem Stammapostel einen riesigen Blumenstrauß; dann wieder der Bezirksapostel, dem Saal zugewandt:

„Morgen, am 2. Januar, vollendet unser geliebter Stammapostel sein 86. Lebensjahr. Der Herr hat wahrlich Gnade zu seiner – und somit auch zu unserer Reise geschenkt! Denn ohne den Stammapostel, das wissen wir, kann niemand von uns das Glaubensziel erreichen! Auch kein Apostel; weder hier noch in der Ewigkeit. – Dass der Herr auch weiter seine schützende und segnende Hand über seinen ersten Knecht halten wird, wissen wir. Darum wollen wir nun alle unsere Herzenswünsche für ihn – unser Verlangen, dass der Herr die dem Stammapostel gegebene Verheißung doch in Kürze erfüllen möge, in alle drei Strophen des Liedes 638 legen:

„Vater, kröne du mit Segen
den (Stamm-) Apostel und sein Haus!
Führ' durch ihn auf allen Wegen
herrlich deinen Ratschluss aus! ..."

Als sie den Kuppelsaal verlassen hatten, war es kurz nach 13 Uhr. Der Himmel zeigte sich schneegrau. Sie eilten zum Bus, den sie jedoch zwischen den vielen anderen auf dem riesigen Parkplatz nicht gleich fanden. Überall festlich gekleidete Glaubensgeschwister: Männer und Frauen mit Hüten und dicken Mänteln, alt und jung – darunter auch etliche Rollstuhlfahrer.

Obwohl wegen der Null-Grad-Temperatur alle schnell in die Busse wollten: – kurzer Wortwechsel hier und da, im Vorbeieilen Händeschütteln, Winken, Lachen und *Hallo!* – und einige fröstelnde Raucher im Windschatten der Busse ... Wie es schien, eine einzige große Familie, die glücklich war, sich hier in der Nachfolge, unter den Fittichen des Stammapostels zu treffen ...

Bruder Bogdan aus ihrer Gemeinde war Berufs-Busfahrer. Das Fahrzeug hatte er günstig von seiner Firma beschafft. Trotz laufenden Motors und der Heizung war es noch nicht warm. Brotdosen klapperten, Strohhalme piecksten in Kakaotüten; Wurst- und Käseduft; Robert roch den Apfel, in den Ilse, die dieses Jahr konfirmiert werden würde, grade in dem Moment hineinbiss.

Als der Bus sich dann bei leichtem Schneetreiben in Bewegung setzte, war es halb zwei. Die letzten Geschwister würde Bruder Bogdan gegen 16 Uhr, kurz nach Familie Rauh, vor deren Haustür absetzen. Er selbst und seine Frau würden eine halbe Stunde später zu Hause sein.

Morgens um zehn nach acht waren sie von Hoffschultes losgefahren.

Das letzte Schuljahr, Mädchen und ein UFO

Im April 1958 war Robert in die achte Klasse versetzt worden. Das letzte Schuljahr! 15 Mädchen und 11 Jungen waren sie noch. Zwei Jungen und ein Mädel waren hängengeblieben, aber er selbst hatte nicht einen einzigen Tadel-Eintrag! – Führung: 3 stand da und Fleiß: 2. Und nur drei Vieren: in Musik, Handschrift und Zeichnen. Dabei hatten seine Portrait-, Tier- und Engel-Bilder längst seine Begabung erwiesen. Das sagten jedenfalls alle, die seine Bilder zu sehen bekamen. Ebenso Segel- und Kriegsschiffe, Kriegsszenen und Wehrmachtsuniformen; den Wehrmachts-Stahlhelm aus jeder Perspektive. Vorlagen dafür fand er im Bücherschrank genug. Auch das Portrait seines gefallenen Vaters fesselte ihn! ... Und Stillleben: Vase auf dem Stubentisch – oder Opas Violine. Und heimlich: Aktversuche! – Motive aus Illustrierten, Beobachtungen und pubertierender Fantasie. – Vor allem aber Himmelsbilder! Düstere Wolken durchbrechende Sonnenstrahlen als Versuche, Metaphysisches, Gefühle und Empfindungen auszudrücken: Seelenbilder ... Das Faszinosum Licht und Schatten! Christus in den Wolken kommend: Sein triumphales Antlitz, die Weisung gebietende Hand, Faltenwurf des Gewandes ... Alles in schwarz-weiß: Kohle und Bleistift; Schraffierungen, Wischungen und Radierungen.

Zu Weihnachten hatte er zwei Bände *Malkurs* bekommen: *Gebäude* und *Landschaften;* das hatte seinem Selbstbewusstsein gutgetan! Seine Begabung wurde also positiv wahrgenommen ...

Demgegenüber fand er das, was sie in der Schule zeichnen mussten, auch die zeitliche Begrenzung auf 45 Minuten, zumeist blöd und unter seinem Niveau. Auch weil ihn die Lehrerin nervte. Ähnlich in Musik! – Vorsingen! Einen ganzen Vers aus „Sah´ ein Knab ein Röslein steh'n" – oder irgendein anderes Zeug, das nicht im Entferntesten seinem Gefühl, seiner inneren Verfassung entsprach. Auswendig auch noch! Vor achtundzwanzig grinsenden und feixenden Gesichtern. Dazu die hochgezogenen Augenbrauen des Lehrers. So war schon nach den ersten zwei, drei Zeilen meistens Schluss: – „Setzen; fünnef! – Haste wieder nich jeübt, was ...?!"

Er hatte sich damit abgefunden, nicht singen zu können. Schon als er klein war, wenn er aus tiefstem Herzen irgendein Liedchen angestimmt hatte, hatte er von Oma zu hören bekommen:

„Och Gott, Junge, hör´auf damit; das hört sich ja fürchterlich an! – Du kannst nun mal nicht singen. Das muss wohl in der Familie liegen ..."

Aber er hatte geübt! Nur etwas ganz anderes, und zwar heimlich auf Opas Geige – seine Kirchenlieder nämlich, wie etwa:

„Lasst mich gehen, lasst mich gehen, dass ich Jesum möge seh'n! Meine Seel' ist voll verlangen, ihn auf ewig zu umfangen und vor seinem Thron zu stehn ..."

Gesangbuch 524. Alle fünf Verse. Nicht nur auswendig hatte er sie gelernt, sondern den Text auch verinnerlicht. – Oder auch:

„Ach bleib mit deiner Gnade bei uns Herr Jesus Christ, dass uns hinfort nicht schade des bösen Feindes List! ..."

GB 213. Ebenfalls alle fünf Verse. Dabei war selbst sein Bemühen, auch den Notenwerten beizukommen, nicht ganz ohne Erfolg geblieben. Als er Opa irgendwann fragte, ob er mal etwas auf der Geige vorspielen dürfe, hatte der nach kurzem Zögern eingewilligt. Was sie dann zu hören bekamen, fand immerhin Anerkennung. Vor allem hinsichtlich seines Fleißes und der Beharrlichkeit, die er damit bewiesen hätte.

Abgesehen davon, dass er infolge seiner aktiveren Teilnahme am Unterricht jetzt wohltuende Erfolge erzielte, gab es noch etwas, was ihm die Schule geradezu versüßte: – die Mädchen!
Irgendwann hatte es angefangen, das Bauchkribbeln, auch bei den andern Jungs. Zwar hatte auch vorher schon der eine oder andere von irgendeiner Freundin geschwärmt. Aber dass sie sich so offensichtlich für die Mädchen in ihrer Klasse interessierten, und zwar handgreiflich –, das war neu! Fangen spielen, umklammern; die kreischenden Kitzeleien in den Pausen, nicht selten bis an die Wäsche –, das ließ ihnen, Jungen wie Mädchen, das Blut in den Kopf steigen. Selbst der schüchternen Birgit, die immer nur *Einsen* schrieb, vor allem aber der gut proportionierten Doris, die die Achte zum zweiten Mal absolvierte und demnächst sechzehn werden würde. Die Mädchen trugen Röcke, einige sogar mit den weit ausgestellten Petticoats, die ihre Wirkung auf die Jungen nicht verfehlten. Folglich waren die Lehrkräfte gehalten, während der Pausen die Klassenzimmer und Gruppenräume gründlich zu inspizieren.
Dass seine Klassenkameradin Freya Knigge in dem Zimmer direkt unter seinem schlief, war erst jetzt, in diesem Frühjahr, interessant geworden. Auf ein Pfeifzeichen hin, wenn es an lauen Abenden zu dunkeln begann, lehnten sich beide aus dem Fenster, um miteinander zu flüstern oder hin und wieder gerollte Zettel mit aufregenden Zeilen an einem Bindfaden auf- und absteigen zu lassen, den Robert oben über den Knauf des geöffneten Fensterflügels laufen ließ. Und was im letzten Sommer noch undenkbar schien, stellte Arnold jetzt gegenüber Reiner fest: nämlich dass Robert, statt wie bisher mit ihnen zur Alten Kieskuhle zu fahren, sich bereits einige Male Freya und Elke angeschlossen hätte. Dort hatten sie ihn ausgemacht, wie er in der quirligen Menge mit den Mädchen in der Badezone herumgesprungen war.
Doch hatte sich während jener Tage dort auch ein furchtbares Unglück ereignet: Zwei Brüder waren gleichzeitig ertrunken, beide wohl um die Zwanzig herum und offenbar mit den örtlichen Gegebenheiten nicht ver-

traut: Eine Katastrophe, die sich wie ein Lauffeuer in den umliegenden Dörfern verbreitete.

Dass die Kieskuhle zur Mitte hin steil abfiel und das Wasser bereits bei etwa anderthalb Metern Tiefe eiskalt war, war allgemein bekannt. Die beiden aber, von denen der eine den anderen noch zu retten versuchte, hatte man hier vorher noch nie gesehen. Und so geschah das Furchtbare vor aller Augen – mitten im fröhlichen Treiben an einem strahlenden Sommernachmittag. Als die Ersten den tödlichen Ernst des als Spiel geglaubten Ringens erkannten, war es bereits zu spät.

*

An die Sommer seiner Kinderzeit erinnert sich Robert, als wären sie endlos gewesen. Voller Schwalben und piepsender Küken; kräftige Pferdegespanne und Treckergetucker; barfuß und halbnackt in flimmernder Hitze auf sandigen Böden; der Duft frischen Grases sowie von Stroh und Heu. Unvergesslich der Badespaß am überfüllten Tümpelstrand! Die abendlichen Heimfahrten durch die Wiesen: auf ausgefahrenen Wirtschaftswegen an hohen Hecken entlang. Gackernde Kinderrudel, zu Fuß oder auf ihren klapprigen Drahteseln ...

Wie an jenem Sommerabend Ende Juli. Eben von der Kieskuhle heimgekommen, etwas später als sonst, und nach dem üblichen „Tschüß, bis Morgen und mach's gut!", hatte er sein Fahrrad in den Holzschuppen geschoben. Es wurde jetzt schnell dunkel. Nur über der Marsch ließ die untergehende Sonne den Himmel noch einmal in glühendem Tiefrot aufscheinen. Erste Sterne begannen zu funkeln, und der aufsteigende Mond kroch von Osten her auf die dunkler werdende Silhouette von Knigges Haus zu. Nun erst spürte Robert seinen Sonnenbrand. Kein Blatt, das sich bewegte. Die Schuppenwand strahlte noch warm. Dorfrandstille! Fernes Bellen. Eine Tür schlug zu. Das raue Brüllen einer Kuh aus den Wiesen. Die noch warme Sandstraße jetzt leer und still. Obwohl die Augustäpfel erst in zwei, drei Wochen reif sein würden, zog es ihn in den schummrigen Garten, um sich einen oder zwei Äpfel zu pflücken. Dann wieder am Straßenzaun, wo er sich mit dem noch säuerlichen Apfel im Mund dem immerwährenden Rätsel des überwältigenden Himmelsdoms ergab. Ein Gefühl tiefer Geborgenheit in dem Bewusstsein, dass ihn die unfassbare Güte des allmächtigen Gottes hält.

Im Juni dreizehn geworden, war er jetzt einssiebzig groß, von normaler Statur und mit allen altersgemäßen körperlichen und geistigen Kräften ausgestattet.

Bei den Bundesjugendspielen hatte er fast jedes Jahr eine Urkunde errungen. Einmal war er die 50 Meter sogar in zweitbester Schulzeit gelaufen. Im Weitsprung allerdings patzte er jedes Mal. Mit jedem Schritt, den er sich dem Sprungbalken näherte, meldete sich umso lauter eine Stimme im Kopf: *Das schaffst du nicht ...! Das schaffst du nicht ...!* – So war es denn auch regelmäßig. Übrigens nicht nur bei sportlichen Wettkämpfen: Je mehr er sich einem vorgegebenen Limit näherte, desto mehr kam er in Panik! Ein schlimmer Umstand, den er erst sehr viel später im Leben beherrschen lernen sollte.

Und er haderte mit seinem Aussehen! Weder mit seiner Nase war er glücklich noch mit den seiner Meinung nach zu wulstigen Lippen. Und die abstehenden Ohren! Seine glatten Haare waren inzwischen mittelbraun. Nur in den Sommermonaten, so wie jetzt, kam das ursprüngliche Flachsblond wieder durch. Doch immer wieder brachten ihn seine mindestens vier Wirbel zum Verzweifeln! Während die andern Jungs – Achim sowieso – ihre Haare schon längst zu einem tollen *Putz* gekämmt oder gebürstet hatten, ging bei ihm gar nichts! Pfundweise konnte er Pomade reinschmieren: den Wirbeln war das egal ... Anstelle eines *Putzes* hatte er nur Haare auf dem Kopf. Oma hatte gemeint, das sei ja auch wohl genug und ihm noch bis vor Kurzem vor der Stirn den *Pony* kurz geschnitten. Für Seiten und Nacken schickte sie ihn in gewissen Abständen auf Meister Rohdes Stuhl, der die ganze Katastrophe dann fachmännisch vollendete. Doch mehr noch als den Frisierspiegel des Meisters – nachdem der sein Werk mit der stereotypen Bemerkung beendet hatte: „So, nun kannste wieder auf Brautschau gehen!" – mehr noch fürchtete er den anschließenden Blick ins Schaufenster gleich nebenan, wo er sich im gnadenlosen Tageslicht dann als endgültig entstellt wahrnahm. So begann er sich irgendwann vor dem großen Kommodenspiegel im Schlafzimmer die Wirbel abzuschneiden, einmal vor Wut fast bis auf die Kopfhaut, was das Trauma noch verschlimmerte! – Augenblicke, in denen er selbst mit dem lieben Gott haderte, weil der ihm schließlich diese Bürde auferlegt habe.

Doch zum Glück waren das nur kurze, vorrübergehende Momente, deren Wirkung nicht allzu lange anhielt. Bedeutsamer waren Augenblicke wie dieser, in welchen er sich dem Himmel so wunderbar nah wusste.

Dann jedoch – eben hatte er sich vom Zaun gelöst, um reinzugehn – erblickte er in der Drehbewegung zwischen Meyers Haus und der zurückliegenden Waldsilhouette am Himmel ein hellgelbes Licht. Ein Licht, das nicht dahin, nicht in seinen Kopf passte! ... Groß und rund –, und es stand still! – Doch der Mond stand auf der gegenüberliegenden Seite, fast über Knigges Haus ... Aber das große Licht da ... Es stand! – Immer noch ... immer noch! – Er fasste sich an den Kopf und begann zu rennen: zu Arnold, schrie ihn aus dem Haus, dann Reiner, stürmte zu Knigges rein, zu Opa nach oben, wobei er wie verrückt schrie: „Kommt raus, schnell, kommt raus ...; das gibt es nicht, das müsst ihr seh´n! ..." Dann wie von Sinnen wieder auf der Straße; die Jungs und drei, vier Erwachsene zögernd hinter ihm her. Über Meyers Hof hasteten sie dem Acker zu, wo sich das Gebilde über dem Wald in diesem Augenblick in Bewegung setzte: wie eine Scheibe überklappend, erst langsam, dann schneller werdend, ganz schnell – aber ruhig in seiner Bahn und völlig geräuschlos! Dann war es nach links weggekippt und im Nu hinter dem schwarzen Wald verschwunden.

Atemlos hatten sie sie der Erscheinung hinterhergestarrt. Die Alten, Opa, der alte Knigge und Herr Brand, waren nicht schnell genug gewesen. Aber der junge Reinhold Knigge sowie Reiners Vater und die Jungs: sie hatten das Phänomen gesehen! ... Doch was war das ...? Wohl ebenso so groß wie der Mond ... Bewegungslos. Und absolut still! – Und dann aus dem Stand souverän und schnell weg. – Kein Flugzeug. Mit Sicherheit nicht! Nein, überhaupt nichts, was sie kannten! Herzklopfen. Aber was dann ...?

Nach einer Viertelstunde aufgewühlten Rätselns waren sie auseinandergegangen. Dann wieder mit Oma und Opa in der Küche. Es war jetzt kurz vor elf, aber er wollte nicht ins Bett.

In den nächsten Wochen verging kein Abend, an dem er vor dem Schlafengehen nicht länger am Fenster gestanden und den Himmel abgesucht hatte. Nichts. Auch hörte er im Dorf oder in der Schule niemanden darüber sprechen.

Aber vielleicht gab es noch andere, die sich wie er und Arnold genierten, darüber zu reden, die keine Spinner sein wollten. Doch dann war in den Zeitungen zu lesen, dass man auch in Hannover, Hamburg und Süddeutschland „UFOs" – Unbekannte Flug-Objekte – gesichtet hätte. Und nun waren es Fachleute – Astronomen, Raumfahrtexperten und Militärs – die mit Für- und Wider-Argumenten die Spekulation befeuerten, ob es vielleicht Besucher von anderen Sternen oder Galxien gewesen sein könnten.

Als er Mama und Papa an einem der nächsten Tage davon erzählte, hatte Papa nur gemeint: – „Na Junge, wer weiß, was de da jesehn hast ..." Und

Achim, als sie alleine draußen vor der Haustür standen:
„War vielleicht doch nur 'n Flugzeug ..."
Doch als er nach ein paar Tagen Arnold wieder traf, meinte der unvermittelt:
„Mensch echt, das war ja 'n Ding! ... Nur –, wenn es nun doch Außerirdische gäbe, wie passt das dann zu deinem Glauben ...?"
Gar nicht, wusste Robert. Aber was hatte er dann mit eigenen Augen gesehen ...? – Dann musste es eben doch eine natürliche Erklärung geben! Und so entgegnete er:
„Vielleicht war es ja ein russisches oder amerikanisches Geheimflugzeug. Wär' ja möglich! – Aber Marsmenschen ... Gott hat uns als Krone der Schöpfung gemacht. So steht es in der Bibel, und das glaube ich auch. – Vielleicht sind es ja Prüfungen, die die Menschen verwirren und die Gotteskinder von der Botschaft des Stammapostels abbringen sollen. Noch kurz vor dem Kommen des Herrn ..." – Woraufhin Arnold ihn von der Seite her ansah und lächelte: „Na ja, wenn du meinst ..."

Tendenzen und Entwicklungen

Es gab eine Reihe weiterer Ereignisse, die Robert als Wirrnisse vor dem nahen Kommen des Herrn wahrnahm. Etwa die *Friedensbewegung*, die sich in England gegen die atomare Aufrüstung konstituiert hatte und nun auch in Deutschland mit der Parole *Kampf dem Atomtod* ihre von Marxisten beherrschten Ostermärsche inszenierte. Zehntausende, die sie mit laut skandierten Parolen auf die Staße brachte, um das öffentliche, das bürgerliche Bewusstsein ins Wanken zu bringen. Massive Polizeieinsätze mit Gummiknüpeln und Wasserwerfern gegen Hagel von Pflastersteinen. Überall Unruhen, in Straßen und Köpfen! Das Atomzeitalter hatte die bürgerliche Gesellschaft in Haft genommen. Ein entspechendes Symbol dafür: das 102 Meter aufragende „Atomium", von der Stadt Brüssel 1958 anlässlich der EXPO zu ihrem Wahrzeichen erhoben. Raumfahrt als Wettlauf zu den Sternen; atomare Hochrüstung der um Weltherrschaft ringenden Blöcke: Alltagsrealität als sich erfüllende Prophetie! Die unmittelbar bevorstehende Wiederkunft Christi als Grundmuster des Weltverständnisses, nicht nur eines 13-Jährigen! Selbst in Verlautbarungen großkirchlicher Theologen klangen dererlei Deutungen an! So fand alles, was durch die Nachrichten dem Urteil des Jungen ausgesetzt war, undifferenziert seinen Platz in diesem Muster. Auch etwa Ereignisse in Kuba, wo Fidel Castros marxistische Revolution den US-Vasallen und Diktator Batista verjagt hatte. Oder dass Frankreichs Staatspräsident General de Gaulle um ein siegreiches Ende des blutigen Algerienkrieges rang. Und natürlich der 28. Oktober 58, als in Rom das Kardinalskollegium schließlich den 77-jährigen Angelo Giuseppe Roncalli im 11. Wahlgang zum Nachfolger des umstrittenen Papst Pius XII wählte. Eine Interimslösung, wie die Mehrzahl der internationalen Kommentatoren über den in sich eingekapselten Vatikan zu wissen meinte. Doch sollte ausgerechnet dieser Roncalli als *Johannes XXIII* mit dem *II. Vatikanischen Konzil* der darauf völlig unvorbereiteten Römischen Weltkirche den Weg in die Moderne weisen. Die aber, durch die täglichen Presseberichte ins Zwielicht der Öffentlichkeit gezerrt, erschien damit vielen Gotteskindern umso mehr als die von Gott verfluchte *Hure Babylon,* ja, als Vergegenwärtigung einer in der „Offenbarung Johannes" breit ausgemalten Endzeit-Metapher! Zwar nicht in aktuellen NAK-Publikationen, jedoch hinter vorgehaltener Hand: – als Deutung *erkenntnisreicher* Apostelkreise, in frühen Ausgaben der „Reichsgottesgeschichte" oder auch älterer neuapostolischer Literatur, wie sie in den Regalen vieler neuapostolischer Haushalte zu finden war.

So interpretierte der unruhige 13-Jährige das, was er aus Radio und Zeitungen mitbekam, anhand der in ihm aufgewachsenen Glaubens- und Vorstellungskoordinaten, eben so, wie es ihm seine alters- und milieubedingte Begrenztheit vorgab. Folglich kamen seine Wahrnehmungen und Überlegungen zwangsläufig zu Resultaten, die eben diesen Voraussetzungen entsprachen: Ein Hamsterrad, dessen Zirkelschlusscharakter er erst sehr viel später begreifen sollte.

*

Aber auch in seinem engeren Umfeld war vieles in Bewegung gekommen, etwa eine spürbare Dynamik bei der Dorfentwicklung. Für ihn immer noch bedrückend die fortgesetzte Rodung *seines* Waldes. Die Rodelberge planiert und die Baracken vollständig entblößt. Kahl und grell nun alles; eine graugelbe Sand-Öde, aus der die aufgeschichteten Baumstämme jetzt nach und nach abgefahren wurden und dabei zusehends erste Häuser aufwuchsen. Aber damit vielleicht ja auch die Chance auf einen neuen Freund ...? Einer wie Walle es war ...? Nur ein Gedanke, zu dem aber die dabei aufsteigenden Gefühle nicht passen wollten.

Auch neue Betriebe waren ins Dorf gekommen. Zum Beispiel ein Landmaschinenhandel, dessen in Blau, Rot und Grün glänzende Trecker zur Straße hin aufgestellt waren.

„Moormann hat auch 'n neuen, haste schon gesehen? ..." Dabei leuchteten Roberts Augen. „Knallgrün. – Is' aber, glaub' ich, 'n Ami. John Deere oder so. Und viel größer als die alten! ..."

Oder Mähdrescher! Riesige Maschinen mit mannshohen Rädern und unglaublichem Reifenprofil! – Kaum ein Junge im Dorf, der sich dem Anblick dieser in kräftigen Farben glänzenden Monster entziehen konnte.

Ein Pflanzengroßhandel war in eine neue, große Halle gezogen; binnen Kurzem neben jenem Bunkergrundstück hochgezogen, auf dem seine Eltern in dem nassen Behelfsheim gehaust hatten: Umschlagplatz für Stauden und andere Gehölze von den beiden Baumschulen im Dorf, zudem für die Bauern zentrale Abnahmestelle für ihre Kartoffeln, die dann in Kleinmengen verpackt über den Großhandel in die Läden kamen.

Ein entfernter Verwandter von Oma hatte vor Jahren in einem der umliegenden Dörfer eine Bäckerei gegründet, die – von seinem Sohn zu einer regionalen Filialkette ausgebaut – nun seit Kurzem mit einem weiteren Laden den drei alten Dorfbäckereien Konkurrenz machte.

Die alteingesessene Autowerkstatt verkaufte neuerdings auch Fahrräder, und bei Elektro-Bunge, das Schaufenster neben seinem Frisör, standen neben modernen Waschvollautomaten, Staubsaugern und Trockenhauben jetzt auch die neuesten Fernsehgeräte.

Die Fertigstellung des regional letzten Teilstücks der Bundesautobahn A7 war für Mitte des Jahres geplant, womit sie dann bestens an das Fernstraßennetz angebunden wären.

Derweil ließen *Bill Haley und Co.* aus Radios und Musikboxen den jungen Leuten ihre markerschütternden Rock- und Beat-Rhythmen in die Glieder fahren – hier und da auch mit schweren Tumulten, wie etwa in Essen und Hamburg. Überhaupt schien vielen aus der älteren Generation die Welt zusehends aus den Fugen zu geraten, für manche mehr als durch den verlorenen Krieg. Folglich hörten sie im *Werk Gottes,* dass Satan damit die letzten Hüllen fallen ließe, was unter anderen auch ein *Elvis Presley*, seit Oktober 1958 US-Soldat in Bremerhaven, zu bestätigen schien. Phonstärke und Laszivität des Rock ´n´ Roll brachten die jungen Leute in eine Spur, in der die alten Konventionen auf der Strecke blieben – einer Zukunft entgegen, die vielen nicht mehr kalkulierbar erschien.

Als erste Gerüchte über die Schließung des Krankenhauses aufkamen, schlugen die wie eine Bombe ein! Auch in den umliegenden Dörfern. Die Arbeitsplätze! – Und mit dem Krankenwagen nach Walsrode oder Hannover ...? Jedesmal 25 bzw. 50 Kilometer ...? – Und überhaupt: die ganze Anlage im Wald – eine einzige Idylle! Im Sommer Eichhörnchen im offenen Fensterrahmen oder bis in die Zimmer hinein ... Die Ruhe inmitten der alten Laubbäume, der herbe Duft hoch aufragender Föhren; Kienäpfel, die mit einem leisen *Tack* auf den braunen, mit Tannnadeln bedeckten Boden fallen und Rhododendrenreihen, vor denen Bänke zum Verweilen einladen. Alles das – ja bereits eine Therapie für sich ...!

Doch Roberts Gedanken kreisten in jenen Tagen um die eigene Zukunft. In ein paar Monaten würde er die Schule beenden. Wie sollte es weitergehen? Hier im Dorf wüsste er jedenfalls nichts, was infrage käme.

Oder doch irgendetwas mit Tieren – mit Pferden vielleicht? Jedenfalls hielt sich sein Interesse für technische Dinge in Grenzen. Anders als bei Achim, der in jeder freien Minute vor sich hin schraubte und fummelte.

Mama hatte von Technischer Zeichner gesprochen. Wegen seiner zeichnerischen Begabung. Doch er hatte keine Mittlere Reife. Und am Reißbrett sitzen, grade Linien, Winkel, Bögen oder Kreise fabrizieren? Schablonen, Rechenschieber und all dies Zeug: nein, danke! – Vielleicht Schiffskoch ...? Doch je mehr er sich informierte, desto weiter rückte er auch davon ab. Auch Opa und Papa waren skeptisch. Oder zur Post? Im einfachen Dienst? ... Da reichte Volksschule ja. Jedenfalls wenn im März sein Abgangszeugnis einigermaßen ausfallen würde.

Mitten in diese Überlegungen hinein fiel eine Nachricht, die zwar nicht seine beruflichen Perspektive betraf, aber doch einen entschieden freudigen Impuls bei ihm auslöste!

Nachdem an einem Samstagnachmittag ein Herr Soundso mit Schlips und Kragen wieder gegangen war, verkündete Opa, dass sie im kommenden Frühjahr mit dem Hausbau beginnen würden. Die Baugenehmigung liege vor, und die Darlehn von Post und Sparkasse seien bewilligt. Sowie das Wetter es zulasse, würde der Schuppentrakt abgerissen und mit dem Aushub der Baugrube begonnen werden.

Roberts Konfirmation im März würden sie jedoch noch hier in der Wohnung feiern.

*

Solange er denken kann, fand zu Heiligabend die erste Bescherung bei OmaO statt. Um halb fünf sollten alle da sein: Mama und Papa mit ihren Fünfen – anfangs noch entlang der in Bau befindlichen Bundesstraße – und Oma und Opa mit Werner und ihm die ersten Jahre wie immer durch das Waldstück, an dessen Stelle sie jetzt abgesteckte Hausparzellen zu passieren hatten. Dann bald die Schule, die Bahnschienen, danach noch ein halber Kilometer an *Lenthes Park* entlang, bis sie endlich vor OmaOs Haustür standen. Je nachdem waren sie oder die andern zuerst da, stets jedoch bei schon einsetzender Dämmerung.

OmaO, jetzt über achtzig, war eine energische Person! Klein, hager und grau; das dünne Haar mittig gescheitelt, kleiner Nackenknoten und Rundglasbrille. Seit Opas Tod vor sieben Jahren trug sie schwarz. Hilfe in Haus und Garten duldete sie nur, wenn es anders nicht ging. Auch nicht von Kurt und Hanna Tietz, das kinderlose Ehepaar, dem sie gleich nach Bezugsfertigkeit des Hauses die Oberwohnung vermietet hatten. Beide mitte dreißig und katholisch, waren durch den freundschaftlichen Kontakt zu Karl und Gertrud im Oktober 56 ebenfalls *Gotteskinder* geworden –, ein Jahr vor Robert und ebenfalls in der Mellendorfer Barackenkirche.

Wie immer nach OpaOs Tod hatte Papa einen Tannenbaum besorgt, in der Stube aufgestellt und nach OmaOs Anweisungen geschmückt. Für jeden gab es einen bunten Teller und ein kleines Geschenk, meistens Socken oder ein Hemd. Zuvor hatten Gertrud und Oma Meta in der Küche den Kaffeetisch gedeckt, was für die Kinder den intensiven Geruch alter Leute, wie Achim mit gerümpfter Nase festgestellt hatte, erträglicher machte.

Dann, gegen sechs Uhr, nun schon ganz im Dunkeln, war der ganze Trupp – fünf Erwachsene und sechs Kinder – in Richtung Wegnerscher Wohnung gezogen. Die ersten Jahre war OmaO noch dabei, doch schließlich, mit 83, wollte sie nicht mehr.

Opa Fritz' Tannenbaum musste groß sein und nach Tannengrün duften: – Deutscher Wald! Der Schmuck symbolisierte Schnee und Eis, möglichst alles in Silber. Und nur weiße Kerzen! Allein Strohsterne sowie dazwischen gehängte Süßigkeiten brachten kleine farbige Punkte in die glitzernde Pracht. Unter dem Baum schließlich, im Schein flackernder Kerzen, die bunten Teller und schön eingepackte Geschenke mit kleinen Kärtchen, auf denen die Namen der Empfänger geschrieben standen.

Doch bevor die Geschenke freigegeben wurden, hatten sich alle vor dem

Baum aufstellen und singen müssen. Dazu spielte Opa mit Verve seine Geige: ... *O du fröhliche*, *O Tannenbaum* und *Stille Nacht* waren Pflicht! Das eine oder andere Stück mochte im Laufe des Abends noch dazukommen. Und dann, wenn all die *Aah!* und *Ooh!* und *O, Dankeschön* verklungen waren – das Geschenkpapier ordentlich in einer Ecke aufgehäuft – stand endlich Omas Kartoffelsalat mit Würstchen auf dem Stubentisch. Ohne ihn, darin waren sich alle einig, könnte überhaupt nicht richtig Heilig Abend sein!

Gegen acht dann Aufbruch zur letzten Station; quer durch das stille Dorf, zu Mama und Papa hin. Für Achim und die andern zweifellos der Höhepunkt: die Bescherung zu Hause! Und da war *ihr* Weihnachtsbaum dann auch richtig bunt geschmückt ...

*

Sylvesterknallerei ist nichts für Gotteskinder! – Aber es war ja erst Nachmittag, und Robert stand mit Achim lediglich auf Bertrams Treppe, um die sich anbahnende Knallerei im Blick zu haben. Beide stolz in ihren neuen Pullovern, die Oma Meta ihnen zu Weihnachten gestrickt hatte.

Eine Gruppe lärmender Jungen, etwas älter als sie, hockte ein gutes Stück vor ihnen auf der Straße und versuchte, die in Flaschenhälse gesteckten Raketenböller in Stellung zu bringen. Als die Lunten brannten und die Jungen zur Seite sprangen, drückten sich die Brüder eng an die Haustürpfosten, um durch schmale Augenschlitze das feuersprühende Inferno zu verfolgen. Einige Raketen jagten grade hoch, andere in wirren Pirouetten – bis plötzlich eine sich zischend und heiß in Roberts Pulloverkragen geschraubt hatte. Schreiend und wild fuchtelnd hatte er das qualmende Ding schließlich wieder aus dem Pullover herausgeschüttelt – zum Glück, ohne dass dem Pullover etwas anzusehen war. Als Gertrud dann auf die kleine Brandwunde etwas Salbe auftrug, konnte die entsprechende Bemerkung nicht ausbleiben:

„Das war noch mal Engelschutz! – Aber ihr wisst doch, dass wir uns von diesem Treiben fernhalten sollen! ..."

Und ob sie das wussten!

Abends erschien Werner mit seiner neuen Freundin *Erna* bei Rauhs, im Weidenkorb auf dem Gepäckträger eine große Schüssel mit Omas berühmtem Heringssalat. Traditionell zu Sylvester stellte sie, dabei von Opa assistiert, mehrere Schüsseln davon her, um ihn dann unter die Begünstigten in der Familie aufzuteilen.

Es war neblig und kalt geworden, doch hatte der in Rauhs Stube bullernde Ofen alle bald ins Schwitzen kommen lassen. Die Kinder tobten raus und rein, der Hund bellend dazwischen, und die Haustür rumste in einem fort. Karl mahnte, die Kinder kicherten, und alles blieb wie es war. Bis Hände und Gesichter kalt genug waren und das Rumgetobe verebbte. Der zweieinhalbjährige Bernd war auf dem Sofa eingeschlafen, während sich die vierjährige Anette vor der zunehmenden Knallerei fürchtete.

Dann, kurz vor 24 Uhr, als der Radiosprecher begonnen hatte, die letzten 10 Sekunden runterzuzählen, hatten sich alle erhoben und auf den Glockenschlag miteinander angestoßen: „Prost Neujahr! – Auf ein gutes, ein gesegnetes Jahr 1959 ...!" – Danach für wenige Augenblicke draußen in der zugigen Kälte, war im Glockengeläut und Blitzgewitter der Knallerei kaum das eigene Wort zu verstehen, sodass sie sich schnell wieder in die warme Stube zurückzogen.

Robert aber, und da wusste er sich mit vielen Glaubensgeschwistern eins, bewegte der Gedanke: ... *Und dass der Herr in diesem Jahr sein Werk vollenden möge!* So, wie er es dieser Tage wieder in der *Wächterstimme* gelesen hatte.

*

Im Februar waren Berufsberater vom Arbeitsamt in die Schule gekommen. Robert half das nicht weiter. Aber er hatte angefangen, Bewerbungen zu schreiben. Priester Kohlmann hatte gesagt, er solle ganz auf den Herrn vertrauen und war mit ihm auf die Knie gegangen. Allerdings riet er ihm auch, darauf zu achten, dass er durch seine Berufswahl keine Gottesdienste versäumen müsse.

Irgendwann war er von der Bundesbahn zu einem Eignungstest nach Hannover-Langenhagen aufgefordert worden. Mit etwa 20 anderen Jungen zunächst ärztliche Untersuchung, dann theoretische Prüfung: Rechnen, Diktat, Aufsatz, Bildbeschreibung, Allgemeinwissen. Ein paar Wochen später der praktische Teil: Pappteile puzzeln, feilen, messen, Figuren aus Draht biegen und noch einiges mehr. Danach warten. Tag um Tag. Schließlich die Absage: Alles wäre gut – bis auf den Sehtest: ausgeprägte Rot-grün-Schwäche und somit: Für die Deutsche Bundesbahn nicht geeignet! Dasselbe bei der Polizei. Und auch alles andere: nur Absagen.

Folglich begann er auf Anraten des Berufsberaters am 2. April einen *Grundausbildungslehrgang Metall.* Eine Födermaßnahme des Arbeitsamts: 12 Monate Berufsschule plus praktisches Lernen in einer Ausbildungswerkstatt. Aber Metall, das merkte er schnell, war ihm zu kalt und scharfkantig! Und wenn er den Hautkontakt, seine Wahrnehmung von Metall überhaupt, auch die schrillen Geräusche, mit Plus oder Minus hätte bewerten sollen, seine Antwort wäre schon nach zwei Tagen klar gewesen.

Infolge dieser Erfahrung zielten seine weiteren Bewerbungen bevorzugt in den kaufmännischen und Verwaltungsbereich. Immerhin, mit 10 Zweien und 6 Dreien hatte er ein halbwegs ordentliches Abschlusszeugnis vorzulegen. Selbst bei *Verhalten* und *Zeichnen* stand jetzt eine Zwei!

Als er schließlich im Herbst zum Eignungstest einer 15 km entfernten Holzgroßhandlung geladen wurde, gab ihm der Büroleiter, ein sich intellektuell gebender *Herr Grünfisch,* zu verstehen, dass er der erste Volksschüler wäre, den man eingeladen habe.

Doch er bestand den Test, sodass sein Lehrverhältnis zum Holz-Großhandelskaufmann zum 1. April 1960 beginnen sollte. Eine Begehung des weitläufigen Holz- und Warenlagers hatte ihn zudem überzeugt, dass er hier richtig wäre. Allein wie das Holz duftete! Die unterschiedlichsten Duft*farben,* wie man ihm sagte. Ebenso die verschieden furnierten Türblätter, Futter und Bekleidung; heimische, europäische, afrikanische und weitere exotische Sorten. Schon das Holz anzufassen empfand er als angenehm. Und selbst das Knallen aufeinander geworfener Bohlen klang ihm nicht unangenehm.

Den ungeliebten Metall-Lehrgang durfte er vorzeitig beenden.

Als er Priester Kohlmann von dieser glücklichen Wendung berichtete, brachte der die dankbaren Herzensregungen des Jungen im Kreis der Familie vor den ewigen Gott. – „Beten hilft immer!" – hatte er gesagt und dazu, wie es seine Art war, ernst mit dem Kopf genickt.

Im ersten Lehrjahr würde ihm die Firma eine monatliche *Ausbildungsbeihilfe* von 60 DM zahlen, im zweiten 70 und im dritten Jahr 80 Mark. Bis auf den *Zehnten,* den er in den Opferkasten legen wollte, und zehn DM Taschengeld würde er alles an Oma aushändigen.

Seine Konfirmation war am 22. März 1959. Dazu hatten sie ihn mit der

Nachricht überrascht, dass sie auch die Eltern seines gefallenen Vaters eingeladen hätten. So waren Fritz und der Junge am Freitagnachmittag mit dem Fahrrad zum Bahnhof gefahren, um den Besuch abzuholen. Auf dem Bahnsteig hatte ihm dann das Herz bis zum Halse geschlagen, aber auch Fritz schien nervös.

Unter den wenigen Ankommenden waren die Erwarteten, wie sie sich suchend umsahen, unschwer zu erkennen. Die Begrüßung war förmlich-freundlich, und nachdem Koffer und Tasche auf die Gepäckträger gehievt waren, zogen sie die anderthalb Kilometer, noch etwas befangen miteinander plaudernd, gemessenen Schrittes nebeneinander her. Emil und Anna Gabriel waren ein-, zwei Jahre älter als Fritz und Meta. Sie etwa von Oma Lieses Statur, das Haar in einem feinen Netz eingerollt. Er, schlank und kaum größer als Opa, das schüttere Haar eher gelblich als grau, und in den ebenmäßigen Gesichtszügen wie seine Frau eine dunkle Hornbrille mit Rundgläsern.

Meta hatte ihnen die hintere Kammer mit Roberts und Werners Betten hergerichtet. Darunter standen die Nachttöpfe. Nach dem Abendbrot hatte man noch in der Stube zusammengesessen, und Fritz hatte einen Verdauungsschnaps auf den Tisch gestellt. Auf Roberts Frage, ob er denn auch einen dürfe, bekam er zu hören, dass man *nach* der Konfirmation vielleicht darüber reden könne.

Als sich Oma Gabriel am nächsten Tag bei den Vorbereitungen nützlich machen wollte, waren aber bereits Gertrud und Tante Anna da, sodass es außer ein paar kleinen Handreichungen nichts für sie zu tun gab. So wurde auf dem alten Küchenherd gekocht, gebraten und gebacken: die klassische Hühnersuppe mit Nudeln und Klößchen sowie Schweine- und Rinderbraten. Dazu festkochende Salzkartoffeln, Erbsen, Bohnen und Blumenkohl. Bis auf das Rindfleisch alles aus eigenem Stall und Garten! Natürlich auch die eingekochten Erdbeeren und Zwetschgen für den Vanillepudding. Zur Kaffeetafel würde es echten Bohnenkaffee geben!

Während eines Spaziergangs mit den beiden Opas zu den Wiesen hinunter erfuhr Robert, dass Opa Emil lange Jahre als Bergmann untertage gearbeitet habe: in der Steinkohlenzeche „Emscher-Lippe", die sich direkt in ihrer Heimatstadt *Datteln* befände. Wegen seiner Staublunge habe er unter schwerem Asthma zu leiden und sei infolgedessen vorzeitig in Rente gekommen. Jedoch verschaffe ihm sein Hobby, die Fotografie, einen schönen Ausgleich. In der Bergmannssiedlung hätten sie eine bezahlbare Wohnung, und ihre beiden verheirateten Söhne, Heinz und Helmut, beide leider ohne Kinder, wohnten ebenfalls am Ort. Der 1921 geborene *Emil*, Roberts Vater, sei von den Dreien der älteste gewesen.

Abends wieder in der Stube, hatte Opa Gabriel sich in einem wortlosen Moment erhoben und war in ihre Schlafkammer gegangen. Daraus wieder zurück, hatte er Robert, vorzeitig, sein Konfirmationsgeschenk überreicht: Eine voll funktionsfähige Spiegelreflexkamera mit etlichen Zubehörteilen, die er selbst seit Längerem in Gebrauch gehabt hätte. Dass er damit dem einzigen Nachkommen seiner drei Söhne seine Wertschätzung bezeugen wollte, war ihm anzumerken. Doch der fand sich damit überfordert und wusste lediglich etwas linkisch zu versichern, dass er sich intensiv damit befassen würde, dass er Fotografieren interessant fände, es dazu aber bisher an Gelegenheit gefehlt habe.

Und dann durfte er noch eine Armbanduhr entgegennehmen. Wie er der bewegten Stimme entnahm, die Uhr seines gefallenen Vaters: eine eckige Markenuhr aus der Uhrenmanufaktur *Bifora* in Schwäbisch Gmünd.

„Er hat sie getragen, als er mit seinen schweren Verwundungen ins Lazarett kam", hörte er den Besucher mit schwer asthmatischem Pfeifen sagen.

Obwohl der Junge sich über die Geschenke freute, wusste er doch den tiefen Gefühlen, die die beiden Alten damit verbanden, nicht recht zu begegnen. Vor allem dem schwer atmenden Opa Emil gegenüber, der, wie er spürte, einen Augenblick lang nach Reaktionen in seinem Gesicht forschte und dem er um alles in der Welt, wenn er es denn vermocht hätte, die erhofften Regungen und Gesten gegönnt hätte.

Als er vor dem Schlafengehen erfuhr, dass am nächsten Morgen nur Opa Fritz und Oma Gabriel mit nach Hannover zur Kirche fahren würden, war er enttäuscht. Wie sehr hatte er sich doch gewünscht, dass grade Oma – und auch Werner! – einmal die große Kirche in Hannover sähen und miterleben könnten, wie sehr die Gemeinschaft der vielen Gotteskinder über die Alltagssorgen hinauszuheben vermag. Und dabei auch, wie klar die Stammapostel-Botschaft allen Dingen und Verhältnissen im Leben ihre *wahre* Bedeutung zumäße!

Den Konfirmationsgottesdienst würde der Apostel halten. Obwohl Ihre Schwester, Tante Anna, sich um die Küchenarbeit kümmern wollte, hätte Oma, wie sie ihm gesagt hatte, keine Ruhe, wenn sie in der Kirchenbank säße. Und Opa Gabriel mochte wegen seines Asthmas nicht mit.

Umso mehr hatte er, als einer von 18 Jungen und Mädchen, die vor dem Altar standen, den ganzen Gottesdienst nur mit den Ohren seiner Angehörigen erlebt – insbesondere von Oma, Opa und Werner! Dabei wog ihm jedes Wort doppelt schwer!

Würde Opa, der ja hinter ihm in der Bank saß, das hören, was er hörte; könnte er empfinden, was ihm, Robert, so tief durchs Herz ging ...? – Und beim Abendmahl für die Entschlafenen: Würde Oma Gabriel spüren, wie nah ihr in diesen Augenblicken ihr gefallener Sohn war ...? Wie eng er sich in ihrer Gegenwart mit unzähligen Verlangenden um den Altar schart ...? – Nun begnadigt, da ihnen der Apostel die Sünden vergeben und sie damit von jedweder Schuld, auch solcher aus dem Krieg, freigesprochen hatte ...?

Eine Flut von Gefühlen, die ihn durchströmte, ja, die er als Rauschen in den Schläfen spürte und worin sich seine Gedanken aufzulösen schienen.

Nach dem Gottesdienst war den Konfirmanden, wie schon bei seiner Versiegelung, ein kleines Blumengebinde und, von Robert sehnlich erwartet, der *Konfirmandenbrief* überreicht worden: ein auf DIN-A5 gefaltetes Büttenpapier mit eingeprägtem Kirchenemblem, in das ein Porträtfoto des Stammapostels eingeklebt war. Darin das eingelegte *Konfirmandenzeugnis* sowie die in einem weiteren Faltblatt ausgebreiteten Gedanken des Gottgesalbten, die er zu Hause, wenn er ganz ungestört wäre, in sich aufnehmen würde. Denn sie, die Gedanken des Stammapostels, waren ihm an seiner Konfirmation ja das Wichtigste überhaupt!

Den ganzen Tag über hatte er seinen Anzug getragen. Nur die schwarze Fliege, die partout nicht sitzen wollte, hatte er später gegen eine von Werners Krawatten getauscht. Am Wochenende davor erst waren Fritz und Meta mit ihm im Zug nach Hannover gefahren, um ihn bei C & A einzukleiden. Und jetzt, am Abend *seines* Tages, zählte er an Geldgeschenken über 120 DM! Mindestens den Zehnten davon würde er Mittwoch in den Opferkasten stecken. Denn er wollte treu sein, auch im Verborgenen! Und auch, weil er es ja selbst schon erlebt hatte: – *Opfern bringt Segen!*

In drei Monaten – wenn bis dahin der Herr noch nicht gekommen ist – würde er 14 werden: religionsmündig! Und für ihn stand fest, dass er in den Ferien sofort mit dem Fahrrad die 15 Kilometer zum Amtsgericht fahren würde, um seinen Austritt aus der evangelischen Kirche zu erklären.

*

Den Schuppentrakt hatten sie noch vor der Konfirmation abgerissen. Jetzt begannen die Ausschachtarbeiten. Alles per Hand, mit Schaufeln und Spaten – nach Feierabend und an den Wochenenden. Das hieß, den gelben Sand aus der Grube hinaus über wacklige Bohlen etliche Meter weiter zu großen Haufen karren. Obwohl ihn niemand aufgefordert hatte, war es ihm wichtig, an der Seite der Männer mitzuarbeiten. So waren sie mit den sporadisch helfenden Nachbarn zeitweilig vier bis fünf Männer in der Baugrube. Außer dem Schürfgeräusch der in den Sandboden fahrenden Schaufeln, dem Einwurf in die blechernen Schubkarren und schließlich dem Keuchen beim Hinauskarren war kaum etwas zu vernehmen. Auch in den Zigarettenpausen, während derer sie auf den übereinander liegenden Föhrenstämmen neben der Baustelle saßen, wurde nicht viel gesprochen. Vielleicht ein Witz oder Anmerkungen zu einem aktuellen Thema. Doch wenn sie am Samstag Feierabend machten, trudelten die meisten Helfer nach und nach ein: „Eben sehen, wie´s aussieht". Zigaretten wurden rumgereicht und: „Robert, hol' uns mal 'ne Kiste Bier ..."

Meistens war es Werner, der dann mit ihm schräg zu Stünkels rüberging. Wenn Hans die Tür öffnete, musste man wegen seiner Schwerhörigkeit so laut sprechen, dass es bis zur Straße hin zu hören war.

Es war in einer solchen Pause, als Werner auch Robert die Zigarettenschachtel hinhielt. Dabei zu Opa: „...'n Bier und 'ne Zigarette darf er doch jetzt auch schon mal, oder ...?" – So tat er die ersten offiziellen Züge unter den grinsenden Bemerkungen der Großen und, wie er glaubte, damit auch einen bedeutenden Schritt auf die Welt der Erwachsenen zu.

„Sehr groß wird das Haus aber nicht ...", hatte er zu Opa gemeint, nachdem er die Fundamentplatte zum ersten Mal betreten hatte.

„Und wo kommt mein Zimmer hin ...?"

Irgendwie war er enttäuscht. Auch noch, als er die Wände aufwachsen sah, jeden Tag, wenn er vom Bahnhof kam, ein Stück höher. Dann die Beton-Kellerdecke, darauf die Außenmauern aus grauen, mit Mörtel ausgefüllten Hohlblocksteinen, die Geschossdecke – bis es endlich bei frühsommerlichem Wetter Richtfest zu feiern galt!

Eine stattliche Anzahl Leute hatte sich dazu eingefunden: Verwandtschaft, Nachbarn und die meisten Handwerker. Oben im lichten Dachstuhl der Zimmermann, wie er sich zu Richtspruch und Segen in Position brachte; die traditionellen Hammerschläge, mit denen er einen dicken Nagel in den gelben Holzsparren trieb, um sodann Schnapsflasche und Glas zu erheben: – Auf weiteres Gelingen sowie die Aufforderung an alle, im Rohbau bei Bier, Korn und belegten Brötchen das Richtfest gebührend zu feiern. Bis irgendwann spät im Dunkeln das laute Zuprosten, Erzählen und Lachen in der Stille der Straße verebbte.

Der Umzug von Knigges in das in hellgrauem Rauputz prangende Haus erfolgte Mitte November, obwohl die Terrasse vor der großen Wohnzimmer-Flügeltür wie auch die Außenanlagen noch nicht fertig waren. Dafür hatten sie einen neuen Holzschuppen für Brennmaterial und sonstige Utensilien in Angriff genommen. Das heißt: *Karl* hatte –, wobei ihm Fritz und Robert zur Hand gegangen waren.

Mit der Möblierung hatte sich Roberts Wahrnehmung von der Größe des Hauses verändert, sodass er erstaunt wahrnahm, wie viel Platz die Räume doch boten! Allein das Erdgeschoss mit Flur, Badezimmer, Küche und Stube war größer als bei Knigges die ganze Wohnung! – Ein richtiges Badezimmer mit Wanne, Kohle-Badeofen, Waschbecken und WC! Die Wand hinter der Wanne in wasserfester Ölfarbe, der Fußboden mit kleinen quadratischen Fliesen in unterschiedlichen Okertönen belegt. Und im Obergeschoss, unter dem steilen Satteldach, wo vom Flur aus eine hölzerne Ausziehtreppe auf den noch beachtlichen Dachboden führte – das große Eheschlafzimmer über der Stube sowie ein weiteres, kleineres über der Küche, das er erhalten sollte, wenn Werner ausgezogen wäre; ferner der rund sechs Quadratmeter messende Raum über dem Bad, in dem er solange wohnen würde.

Kein Hoch- und runterschleppen von Wasser- und Schmutzeimer mehr oder Brennmaterial für Herd und Ofen! In der Küche jetzt ein moderner Gasherd, gespeist aus einer daneben stehenden Popangasflasche, und in der Stube ein moderner Kohleofen – jetzt aber eben im Erdgeschoss!

Die Weihnachtsrituale aber waren, wie sie wenig später gewahr wurden, im Wesentlichen die gleichen geblieben. Allerdings, den großen Tannenbaum in der Stube unterzubringen, hatte einiger Stellproben bedurft. Und auch ihren Weihnachtsweg in Richtung OmaO mussten sie variieren, da nun auch dort, wo sie vormals in das Waldstück eingebogen waren, weitere Häuser aufwuchsen. Aber anhand der Tiefbauarbeiten für die Ver- und Entsorgungsleitungen war die künftige Straßenführung jetzt deutlich erkennbar. Zudem würde der Ort ab dem 1. Januar 1960 Straßennamen erhalten und infolgedessen auch neue Haus-Nummern. Selbst würden sie dann im „Ostdeutschen Weg" wohnen, während das Stück Bundesstraße, an dem das alte Haus seiner Eltern stand, zur „Celler Straße" werden sollte. Und jener Weg, den sie noch bis vor Kurzem quer durch den Wald, an den Rodelbergen vorbei, in Richtung Dorfmitte gegangen waren, würde zur

„Stettiner Straße" werden: künftig Roberts Weg zum Bahnhof – durch eine Siedlung, in der die Häuser ostdeutscher Flüchtlinge die der Alt-Einwohner deutlich überwogen.

Den Gottesdienst am ersten Weihnachtstag 1959 hielt ein junger, gut aussehender Priester aus Hannover-Bothfeld mit Namen *Hans Herlyn*, der nicht zum ersten Mal in der Gemeinde war. Er wäre, wie zu vernehmen war, in gehobener Position bei einer großen Bank, und sein schnittiger DKW 3-6, ein dunkelblauer Dreitakter mit beigefarbenem Dach, zog überall, wo er auftauchte, bewundernde Blicke auf sich. Ab Januar sollte er, zunächst kommissarisch, Priester Kohlmanns als Vorsteher ablösen.

Der Himmel stürzt ein!

Zum Neujahrs-Gottesdienst 1960, der aus Frankfurt a. M. übertragen werden sollte, waren sie wie gewohnt erwartungsfroh mit dem Bus zur großen Kirche Hannover-List gefahren. Als die ersten Chorlieder aus den Lautsprechern erklangen, legte sich das Geraune und Husten, und alle harrten der vertrauten Ansage entgegen, die ihnen das Eintreffen des „geliebten Stammapostels" verkünden würde.

Hatten ihnen die Gottesdienste im verflossenen Jahr immer mehr die Augen geöffnet für die Bedeutung der Geschehnisse in dieser Welt, für die satanischen Mächte, die sich in allem wider die Vollendung des Werkes Gottes stemmten –, was würde ihnen Jesus, der seinem höchsten Knecht ja *persönlich* erschienen war, jetzt, in dieser heiligen Begegnung mit dem Stammapostel offenbaren? ... Weitere Hinweise auf SEIN Kommen in Kürze? Oder – bei diesem Gedanken schauderte es Robert: Würde möglicherweise *während* dieses Gottesdienstes, wenn sie alle mit dem Stammapostel vereint wären, der Herr seine Verheißung erfüllen? Sie in einem Nu in ein höheres Sein entrücken? ... So, wie sie es immer wieder gehört hatten – sie aus dem anhebenden Weltenbrand wie ein herausgerissenes Holzscheit erretten ...?

Die Ansage begann wie immer. Doch dann der Schock:

„Wegen eines grippalen Infekts wird der Stammapostel auf ärztliches Anraten den heutigen Gottesdienst nicht halten. Umso inniger wollen wir den Herrn darum bitten, dass er uns zusammen mit dem Stammapostel in Kürze zu sich nimmt! Und dass nicht in diesen letzten, entscheidenden Augenblicken vor dem Kommen des Herrn auch nur ein Hauch von Zweifel uns von ihm trennt.

Mit ihm, unserem geliebten Stammapostel, halten wir an der göttlichen Verheißung fest, dass die Wiederkunft Jesu zu seiner – und damit auch zu unserer Lebenszeit erfolgen wird! – Um uns in dieser herrlichen Gewissheit zu bestärken, hat der Stammapostel den Bezirksapostel Rockenfelder aus Wiesbaden mit der Durchführung des Gottesdienstes beauftragt."

Wie in jedem Jahr hatte die Gemeinde zu Ende des Gottesdienstes gesungen: „Vater kröne du mit Segen ..." – Am nächsten Tag würde der Stammapostel sein 89. Lebensjahr vollenden! Doch welche Empfindungen waren es *jetzt*, die Taschentücher und Hüsteln so auffällig in Bewegung gesetzt hatten?

Während der Heimfahrt wurde kaum gesprochen. Auch fand sich niemand, der, wie sonst üblich, ein Lied angestimmt hätte. Eindrücke, die sich in Roberts Gemüt zu einer düsteren Stimmung verdichteten und auch in den nächsten Tagen sein Bewusstsein umnebelten. Intensiv rang er immer wieder im Gebet, dass sich die Nebel lichten und die *Glaubenssonne* wieder hell am Himmel der Gemeinde hervortreten möchte.

Seine Eltern hatten gemeint, dass der Herr damit nur das Vertrauen seiner Kinder prüfe. Dass sie sich selbst erforschen sollten, ob da nicht doch ein winziger Funke Zweifel glimme. Und dass Geschwister wie Oma Mahler ihre Skepsis gegenüber dem Stammapostel doch noch überwinden könnten ... So oder ähnlich hatte es dann auch in den Gottesdiensten geheißen.

Entsprechend groß die Erleichterung, als sie bald schon vernahmen, dass der Stammapostel wieder Gottesdienste hielte. Mit einem Schlag war alle Betrübnis dahin, die Sonne strahlte wieder am *Gnadenhimmel:* Der Herr hatte das Bitten und Rufen seiner Kinder erhört!

Ja, so einfach ist das für den kindlichen Glauben! ...

Bereits Anfang März wollte der höchste Knecht Gottes den Bezirk Hannover besuchen! Dass auch sie wieder Karten für den Kuppelsaal erhalten sollten, versetzte Robert in Hochstimmung. Entsprechend gab er sich auch Arnold und den andern gegenüber, und auch zu Hause wurde seine Stimmung positiv wahrgenommen.

In letzter Zeit war er viel mit *Edchen* zusammen. Auch der würde im April eine Lehre beginnen – bei jenem Schlachtermeister, von dem einige im Dorf munkelten, dass in Wirklichkeit er sein Vater wäre ...

Unlängst erst hatte Edchen Robert gefragt, ob er Lust hätte, mit seinem Vater und ihm nach Walsrode zu fahren: Seine erste Fahrt in einem Krankenwagen! Danach das heimliche Eingeständnis, dass ein Mercedes, zumal mit Lederpolstern und einer bemerkenswerten Federung, eben doch etwas anderes wäre, als der Opel- Kastenwagen, den Opa jetzt fuhr.

Da stand bereits seit ein paar Tagen fest, dass Opa zum Jahresende in Pension gehen würde. Aus Gesundheitsgründen – knapp zwei Jahre vor der regulären Altersgrenze. Nach 48 Dienstjahren würden seine Ruhebezüge 442 DM und 31 Pfennige im Monat betragen.

Im Kuppelsaal saßen sie diesmal etwas günstiger zum Altar hin als letztes Mal. Aber schon als sie sich inmitten der vielen Geschwister auf den Fluren vor der Halle bewegten, war Robert, als umhülle sie jene von Heiligkeit erfüllte Atmosphäre noch intensiver als sonst. Obwohl sich der Ablauf auf den Gottesdienst hin wie beim letzten Mal ausnahm, schien ihm eine ungleich höhere, ja, fast vibrierende Vergeistigung das ganze Geschehen *von oben her* zu umwehen. So sah er auf seinem Platz in tiefer Versenkung den Stammapostel im Geiste schon vor sich, seine Gesichtszüge wie auf dem Foto zu seiner Konfirmation, wähnte seine Stimme zu vernehmen, wie wenn sie aus einer höhren Sphäre zu ihm herüberdränge.

Der Bruder hinter dem Altar hatte sich mehrere Male geräuspert, um dann zu verlesen, dass sich die schnelle Wiederaufnahme der Reisetätigkeit des Stammapostels nach dem Urteil der Ärzte doch als verfrüht herausgestellt habe. So wäre es ganz im Sinne einer nachhaltigen Stabilisierung seines Gesundheitszustandes, mit den anstrengenden Reisen noch etwas auszusetzen. Ansonsten aber gehe es dem Stammapostel gut. Voller Zuversicht blicke er in das noch junge Jahr – sein 30. Amtsjahr als Stammapostel! –, das, so sein innigster Wunsch, uns doch das ersehnte Kommen des Herrn bringen möge! Somit habe er für diesen bedeutsamen Gottesdienst seinen Sohn, den Bezirksapostel Friedrich Bischoff gesandt – den Kindern aus dem *Guten Hirten* bestens als *Euer Onkel Fritz* vertraut.

Das vorgelesene Bibelwort stand in Lukas 18, Verse 7 und 8, und lautete:

„Sollte aber Gott nicht auch retten seine Auserwählten,
die zu ihm Tag und Nacht rufen; und sollte er's mit ihnen verziehen?
Ich sage euch: Er wird sie erretten in einer Kürze.
Doch wenn des Menschen Sohn kommen wird,
meinst du, daß er auch werde Glauben finden auf Erden?"

Als Eingangslied sangen sie:

> „Es harrt die Braut so lange schon,
> o Herr, auf dein Erscheinen.
> Wann wirst du kommen, Gottessohn,
> zu stillen all ihr Weinen durch deiner Nähe Seligkeit?
> Wann bringst du die Erquickungszeit?
> O, komme bald, Herr Jesus! O, komme bald, Herr Jesus!"

Die ruhige, sonore Stimme des Apostels hatte Robert als angenehm und tröstlich vernommen. Und – so stimmte er innerlich ein: – Wie sollte es auch anders sein, als dass der Herr die Gotteskinder nicht ein weiteres Mal auf ihren bedingungslosen Glauben hin prüfte ... Hatte das der Herr Jesus nicht auch mit seinen Jüngern getan? ...

Wie Balsam legte es sich auf die Seele des Jungen, als der Sohn des Stammapostels ihnen mit bewegter Stimme zurief:

„Wie sein Sender, der Herr Jesus, befindet sich in diesen Tagen auch der Stammapostel in seinem Gethsemane! Wer von den Getreuen wollte da schlafen? Wer aufhören, mit dem Stammapostel um die Vollendung zu beten und zu ringen? Und wer in diesen entscheidenden Tagen nicht der Schlange, dem Geist des Zweifels, die sich mit aller Macht in die Herzen der Gotteskinder einschleichen will, ganz entschieden wehren? ..."

Die Heimfahrt verlief weniger bedrückt als letztes Mal. Zwar wurde auch jetzt nicht gesungen, aber man redete doch miteinander. Eine ruhige, gedämpfte Stimmung, die den Bus erfüllte – ja, ein Ansatz von *Verstehen* schien sich auszubreiten, so, wie sie in einem Männerchorlied sangen:

> „... Und fragst du die Wolken da droben? – Was fragst du,
> es muss ja so sein ..."

*

Als Robert wenig später einem jungen Bruder aus Hannover, den er schon seit geraumer Zeit als Sänger und Orgelspieler kannte, zum Einladen zugeteilt worden war, war er stolz, ihn durchs Dorf führen zu können. Frank Bayer war drei Jahre älter als er, blond, hochgewachsen und von angenehmer, ruhiger Art. Er besuche das Gymnasium und steuere auf die Abiturprüfungen zu, hatte er ihn wissen lassen. Alles, auch den Musikunterricht, verdanke er seiner Mutter, die für sie beide mühevoll den Lebensunterhalt verdiene – allein; denn sein Vater sei im Krieg geblieben.

Vor allem aber wusste Frank Hochinteressantes über den Glaubenskampf in Hannover zu berichten! Etwa, wie vergeblich die Handzettelaktionen der Kuhlen-Leute wären, und wie furchtbar sie, die Abgefallenen, die doch nur auf den Tod des Stammapostels lauerten, am Tage des Herrn dastünden. Viel schlimmer als die Evangelischen, die es ja ohne die Führung des Heiligen Geistes nicht besser wissen könnten. Nein, in Hannover stünden die Geschwister felsenfest zum Stammapostel! ...

Was er da aus dem Munde eines Jugendlichen vernahm, nicht viel älter als er selbst, stärkte und tröstete ihn ungemein. Dass nämlich Gott seine Verheißungen erfülle, wovon ja die ganze „Reichsgottesgeschichte" zeuge, was der Ältere mit biblischen Zitaten hinlänglich zu unterstreichen wusste.

Vor allem war es die ruhige und nüchterne Art, die auf Robert abgeklärt und überzeugend wirkte. So wusste Frank zu argumentieren, dass die Zeugung Jesu durch den Heiligen Geist, der Kindermord zu Bethlehem, Jesu Verkündigung vom kommenden Gottesreich und letztlich sein Kreuzestod – alles das, durch Prophetenmund angekündigt und bis aufs i-Tüpfelchen erfüllt –, des allmächtigen Gottes Vorsehung gewesen sei! Wie letztendlich auch Jesu Auferweckung von den Toten ...!

Gott ist getreu – er hält was er verspricht!

So auch die von Jesus angekündigte Zerstörung des Tempels und Jerusalems: – 70 n. Chr. von den Römern mit unvorstellbarer Grausamkeit durchgeführt! Aber auch ein Hinweis für unsere Zeit! Denn auch damals erfolgte die Errettung der Jerusalemer Christengemeinde erst unmittelbar *vor* der Katastrophe ...

„... Weil sie der Weisung des Heiligen Geistes gefolgt ist, sich nicht den aufständischen Zeloten anzuschließen, sondern die Stadt zu verlassen ... Wider alle Vernunft, wie es schien, aber in Treue zu den Gottesboten, die der Herr ihnen als Führer gegeben hatte ..."

Ebenso präzise, so Frank weiter, habe sich auch die urchristliche Prophetie vom *Früh- und Spätregen* erfüllt, worin Gott das Apostelamt für den *Morgen und Abend* seiner Kirche verheißen habe. Zeugten doch schon die sieben Sendschreiben der Johannes-Offenbarung davon, dass auf das urchristliche Apostolat zunächst eine lange *apostellose* Zeit folgen würde – und zwar weil die Gemeinden die nach den *Zwölfen* berufenen *Ur*-Apostel nicht angenommen hätten. Aber längst wäre uns von den heutigen Gottes-

boten die *Offenbarung* so weit aufgeschlossen, dass auch wir diese, unsere Zeit erkennen könnten: eben die Zeit „Laodizea" – *des Volkes Wille, Demokratie* – weder heiß noch kalt, sondern lau und dem Herrn ein Gräuel, sodass er,
wie es heißt, sie ausspeien will aus seinem Munde! – Aber das gerade sei auch die Zeit seiner Wiederkunft, von der geschrieben stehe:

„Siehe, ich stehe vor der Tür und klopfe an.
So jemand meine Stimme hören wird und die Tür auftun,
zu dem werde ich eingehen
und das Abendmahl mit ihm halten und er mit mir. ..."

Ja, schon wie ein Amtsträger verstand Frank die Bibelstellen vorzutragen und auszulegen. Wie anders sollte der Herr auch vor unserer Tür stehen, als in seinen Boten, den für den *Abend der Kirche Christi* mit dem Heiligen Geist ausgerüsteten Aposteln Jesu ...?!

„... Und wenn alles wankt und bricht,
Gnadenamt, ich lass' dich nicht! ..."

„Mit dieser Glaubenshaltung", so Frank auf einem ihrer abendlichen Wege, „wie sie uns die Sänger schon so oft vorgetragen haben, werden wir auch alle Prüfungen bestehen, die uns der himmlische Vater auferlegt! ..."
„Dirigierst du eigentlich auch?" ... Roberts unvermittelte Frage hatte ihn ein kleinwenig irritiert ...
„Ja – aber nur in meiner Heimatgemeinde. So ein, zwei Lieder in der Übungsstunde. Aber neulich auch schon mal ein Lied vor dem Gottesdienst."
Der alte Priester Kohlmann, Bruder Plattner und jetzt Frank – ein Jugendlicher ...! Zu diesen glaubensstarken Vorangängern fühlte Robert sich hingezogen. Ebenso zu ihrem neuen Priester Herlyn! Schon nach wenigen Begegnungen hatte der ihn für sich eingenommen. Mit ihnen zusammen war alles so wunderbar klar, so einfach und sicher! Ein Gefühl, das ihn auch an diesem Abend froh und heiter gestimmt nach Hause gehen ließ.

In den Kirchenzeitschriften hatte man keinerlei Hinweise auf die Erkrankung des Stammapostels gefunden, die sie auch längst als göttliche Prüfungen hinzunehmen gelernt hatten. Zudem traten jetzt immer häufiger in Zeitschriften und Predigten eingestreute „wertvolle Worte unseres Stammapostels" hervor, wonach sich alles ganz nach Gottes Plan und Willen vollziehe. So las und hörte man Aussprüche wie:

> „Ich habe in den fünfzig Jahren, die ich das Apostelamt trage,
> noch nie erfahren, dass ein Mensch, der meinen Worten
> geglaubt und vertraut hat, zuschanden geworden wäre;
> die sich an mein Wort gehalten haben,
> sind alle ohne Ausnahme glücklich geworden."

Oder:

> „Der Ersten Auferstehung gehen wir unaufhaltsam entgegen.
> Diesen Vorgang kann kein Mensch, kein Engel und auch kein Geist
> aufhalten, weil er ein Vornehmen unseres Gottes ist. Wir gehen darum
> mit sicheren Schritten auf unserem Glaubensweg dem Ziel entgegen."

Und:

> „Ich habe den Sohn Gottes nicht veranlasst,
> mir die Verheißung zu geben, daß er noch in der Zeit meines Lebens
> wiederkommen wird. Wenn er es dennoch getan hat,
> so tat er es aus seiner Liebe zu uns.
> Für mich und für alle, die dieser göttlichen Verheißung glauben,
> ist sie Ursache zur größten Freude geworden."

Es währte auch nicht lange, da hörten sie wieder vom Altar: Der Stammapostel hat in Frankfurt gedient, in Dortmund und demnächst wird er …
Ja, so ist es: *Der Herr prüft – aber er lässt doch nicht sinken!* …

*

Obwohl bei ihnen zu Hause kein Fernsehgerät stand, war Robert, was die Ereignisse in der gottfernen „Welt" betraf, durch Radio, Zeitungen und Gespräche gut auf dem Laufenden: Jetzt erneut blutiger Aufstand innerhalb der französischen Algerien-Truppen; Frankreich zündet erste Atombombe; Unabhängigkeitskriege gegen europäische Kolonialmächte in Asien und Afrika; Rassenunruhen in den USA und England; Apartheidpolitik in Südafrika:

in Sharpeville vor wenigen Tagen 69 farbige Demonstranten von der Polizei erschossen. Und im Schweizer Kanton Genf erhalten nach einer Volksabstimmung jetzt auch Frauen das allgemeine Wahlrecht ...

Die ganze Welt, so schien ihm, komme immer schneller in Bewegung! Schlag auf Schlag dramatische Nachrichten. Die öffentliche Wahrnehmung von einem Gefühl unausweichlicher, existenzieller Bedrohung durchsetzt. Nicht zuletzt die BILD-Zeitung, ob man sie las oder nicht, schrie einem das an jeder Ecke in großen Lettern ins Gesicht. Doch dagegen wusste er sich selbst – wie ja auch das ganze Weltgeschehen – fest in Gottes Hand!

„Egal, was kommt", hatte er neulich noch zu Arnold gesagt, „der Tag des Herrn steht unmittelbar bevor! – Es kommt alles so, wie es verheißen ist!" ...

„Und wenn euer Stammapostel nun doch stirbt ...?"

Dabei hatte Arnold ihm direkt ins Gesicht geschaut.

„Ich mein', in dem Alter! – 89 hast du gesagt, nicht? – Da muss man doch damit rechnen! ... Und du hast ja selbst auch gesagt, dass er letztens einige Wochen krank gewesen ist ..."

Doch Robert gab sich sicher, lächelte nur milde, um dann mit umso festerer Stimme dem Freund die absolute Glaubensfestigkeit seiner vierzehn Lenze zu beweisen:

„Weißt du, Arnold – wenn der Stammapostel wirklich stirbt – und das sage ich jetzt mit allem Ernst! – und du musst zugeben, dass ich ansonsten ja wirklich alle Tassen im Schrank habe – also, wenn der wirklich stirbt, dann vermache ich dir alles, was ich später mal besitzen werde! – Und wenn du willst, gebe ich dir das schriftlich ..."

Darauf war der mit keinem Wort eingegangen, sondern hatte entgegnet:

„An deiner Stelle würde ich mir darüber ernsthaft Gedanken machen. Was würd'ste denn machen, wenn der Fall doch mal einträte ...? Würd'ste auch dann noch weiter in deine Kirche gehen ...?"

Wie so oft schon hatte Robert dagegengesetzt, dass es diesen Gedanken für ihn überhaupt nicht gäbe. Doch anders als sonst war er sich jetzt nicht mehr ganz sicher, ob es nicht vielleicht grade diese Vorstellung gewesen wäre, die ihn am Abend zuvor nicht hatte in den Schlaf kommen lassen.

Nur wenige Tage später, Mitte März, überfiel sie allerdings ein Ereignis, mit dem niemand gerechnet hatte: Opa Fritz erleidet einen Schlaganfall! – Nach einem kurzen Krankenhausaufenthalt hatte Stünkel ihn zwar wieder nach Hause gebracht, aber die linke Körperhälfte war gelähmt, sodass er an Omas Arm langsam und in kleinen Tippelschritten das Gehen mühsam wieder üben musste. Das taten sie Tag für Tag mit bewundernswerter Ausdauer. Und Karl, den das arg mitgenommen hatte, baute seinem Schwiegervater einen Rollstuhl, in dem er ihn, so oft seine Zeit das zuließ, spazieren fuhr –, hier und da auch zu alten Bekannten, von deren Begegnungen er sich für seinen Schwiegervater eine ermutigende Wirkung versprach.

*

Der 1. April 1960 war ein Freitag. Jener Tag, an dem Robert seine kaufmännische Lehre zum Holz-Großhandelskaufmann antreten sollte! Um acht Uhr, so hatte man ihm geschrieben, habe er sich bei Herrn Grünfisch, Prokurist und Personalchef, zu melden.

Als er frühmorgens die Küche betritt, ist Meta dabei, in Opas ausgediente Aktentasche eine Brotdose, zwei Äpfel und eine Thermoskanne mit Muckefuck zu verstauen. Es ist gegen halb sieben; um sieben Uhr fünfzehn fährt sein Zug, der für die zwei Stationen jedoch nur knapp 15 Minuten brauchen wird. Die restlichen zweieinhalb Kilometer würde er zu Fuß gehen: die halbe Strecke auf und neben den Schienen und dann, auf der parallel zum bewaldeten Betriebsgrundstück verlaufenden Landstraße, die restlichen 800 Meter bis zur Toreinfahrt hin.

Allerdings brauchte er den Weg nicht allein zurückzulegen. In einem der gut gefüllten 3.-Klasse Zugabteile hatte er Hansi Bäcker auf einer der Holzbänke am Fenster entdeckt. Sie kannten sich aus dem Dorf, aber Robert hatte große Augen gemacht, als er ihn bei seinem Eignungstest im Büro angetroffen hatte. Die Kneipe seines Vaters – *Zum dicken Heinz* – ist Vereinslokal des Fußballclubs und Hansi – oder *Schorsch*, wie sie ihn nannten – spielte in der A-Jugend. Für ihn, den blonden, gut aussehenden Jungen, der die Mittlere Reife hat, hatte mit diesem Tag sein 2. Lehrjahr begonnen. So erfuhr er während des gemeinsamen Fußwegs auch, dass das Firmenareal samt den aufstehenden Betonskelettbauten, auch das Bürohaus, bis zum Ende des Krieges als Wehrmachtsdepot gedient hätte.

Herr Grünfisch residierte im Obergeschoss in einem Glaskasten, von wo aus er das gesamte Großbüro im Blick hatte und man durch die westseitigen Fenster über die Straße hinweg die Aller durch das noch junge Laub glitzern sehen konnte. Hier, so hatte er Robert bedeutet, würde er die ersten Wochen *Ablage* machen und das letzte Halbjahr seiner Lehrzeit, an einem weiter hinten stehenden Schreibtisch, *Grubenholz* berechnen: auf Maß geschnittene Holzstämme, die per Bahn zu den Kohlegruben ins Ruhrgebiet und an die Ahr geliefert würden. Die meiste Zeit allerdings würde er im Erdgeschoss *Schorsch* gegenübersitzen, in der Schnittholzabteilung, wo die Verkäufer Loges und Pralle die Bestellungen von Kunden aufnähmen, um dann mit ihnen, Handwerker wie Privatleute, im Lager deren Fahrzeuge zu beladen. Von den Lehrlingen – Fräulein Conrad, Schorsch, Bernd, Siegfried Kohrs und Robert – würde zumeist einer zur Mithilfe beordert. Andererseits, wenn beide Verkäufer unterwegs wären und ein weiterer Kunde einträfe, hätten sie diesen auch schon mal allein zu bedienen, so, wie sie es von den Herren Verkäufern gelernt haben.

Aber auch der Lagermeister, ein stämmiger Enddreißiger in grauem Kittel und mit auffallend dicken Brillengläsern, holte sich, wenn alle Platzarbeiter beschäftigt waren, einen der männlichen Lehrlinge. Dann hieß es Bohlen stapeln oder umschichten: Muskelarbeit, die man nach ein, zwei Stunden in den Knochen spürte. Oder, von gleicher Güte, das Beladen eines der drei firmeneigenen Lkw, meistens am späteren Nachmittag oder, für kleinere Touren, auch Samstagvormittag.

Schon in der ersten Zeit, als Robert sich noch mühte, den Mysterien der Registratur auf den Grund zu gehen, wurde er, um an die frische Luft zu kommen, wie Herr Grünfisch süffisant lächelnd gemeint hatte, an Lagermeister Schwarzfelder ausgeliehen. Der allerdings, obwohl nicht ungebildet, führte dermaßen mit Zoten, Kraftausdrücken und antisemitischen Anspielungen gespickte Reden, dass Robert ihm bald schon seine Sicht als Gotteskind entgegenhielt.

Vielleicht, so wagte er insgeheim zu hoffen, hat mich der Herr ja nur hierher gesandt, um Zeugnis zu geben –, um diesen Menschen noch in letzter Stunde SEINEM Werk zuzuführen. Es wäre ja nicht das erste Mal, dass Gott seine Güte gerade an einem Lästerer und Gegner bewiesen hätte ...

Doch je mehr er seine Glaubensargumente gegen die zynischen Reden anbrachte, desto mehr war jener bestrebt, ihn bei den Kollegen lächerlich zu machen. So musste er sich bald auch von den Platzarbeitern entsprechende Bemerkungen anhören, besonders, wenn sie zu mehreren zusammen waren.

Im Büro waren die Spitzen subtiler. Jedenfalls die der Herren Grünfisch und Prünn, letzterer Abteilungsleiter Grubenholz, dessen Büro sich ebenfalls im Obergeschoss befand.

Eher sarkastisch gab sich Siegfried Kohrs, dessen Schreibtisch gleich hinter seinem stand. Abiturient und Lehrling im dritten Jahr, war seine musikalische Ader bekannt. Er spielte Geige. Mit markantem Profil unter braunlockigem Schopf, gab er sich außerordentlich selbstbewusst, was er vor allem immer wieder in seiner politisch aufmüpfigen Haltung zum Ausdruck brachte. Etwa im Widerspruch zum Magazin „DER SPIEGELI", Herrn Grünfischs Standardlektüre. Ein Verhältnis, das Robert regelmäßig in den Genuss mehr oder weniger feingeistiger Scharmützel zwischen dem ironisierenden Personalchef und dem eigenwilligen Lehrling brachte. Dass dabei auch sein Glaube den einen oder anderen Hieb abbekam, lag auf der Hand. Zumal als die Stammapostel-Botschaft die Runde gemacht hatte und dass Robert und seine Kirche täglich mit der Wiederkunft Jesu rechneten, was für die Bibel-Unkundigen, als die sie sich unschwer erwiesen, gleichbedeutend mit Weltuntergang war. Eine Perspektive, die sie als so grotesk empfanden, dass sie jede Gelegenheit nutzten, um Robert damit aufzuziehen.

Obgleich solche Frotzeleien, wie er sich einredete, ihn nicht *wirklich* träfen, nahm er sie insgeheim aber doch als Herabsetzung seiner Person wahr. Als er das einmal Priester Herlyn gegenüber erwähnte, hatte der ihm in seiner ruhigen Art geraten:

„Robert, wir sollen die Perlen auch nicht vor sie Säue werfen! ..."

*

Es war Mitte Mai, als sie erfuhren, dass der Stammapostel wieder erkrankt wäre. Gerade da, als die Bezirksapostel *Lewitus* und *Marton* aus Südamerika sowie Bezirksapostel *Kreunen* mit den Aposteln *Bell* und *Fernandes* aus Südafrika in Frankfurt a. M. weilten. Auf Einladung des Stammapostels sollten sie sich einige Wochen lang in den europäischen Bezirken umsehen, um dabei auch die brüderlichen Verhältnisse zu festigen. So hatte er zum Empfang der Gäste seinen Sohn beauftragt, den vorgesehenen Himmelfahrt-Gottesdienst in der Kongresshalle zu Frankfurt a. M. zu halten.

Ein paar Tage zuvor noch hatte Robert in *Unsere Familie* den Bericht über den Oster-Gottesdienst gelesen, den der Stammapostel am 17. April vor Tausenden in der Essener *Grugahalle* gehalten hatte. Eingangslied: „Auf ewig bei dem Herrn ..." und Textwort Offenbarung 20, Vers 6:

> „Selig ist der und heilig, der Teil hat an der ersten Auferstehung;
> über solche hat der andere Tod keine Macht;
> sondern sie werden Priester Gottes und Christi sein,
> und mit ihm regieren tausend Jahre ..."

In seiner Predigt hatte er u. a. ausgeführt:

> „... Was wissen nun unsere armen Mitmenschen von der Ersten Auferstehung? Man hat ja im Großen und Ganzen das Kommen des Sohnes Gottes abgeschrieben. Wer heute noch daran glaubt, wird für töricht erklärt oder für einen gehalten, der nicht mehr imstande ist, klar denken zu können. Wir lassen uns auf keinen Fall von irgendeinem Geist unsere Hoffnung als etwas Minderwertiges erklären (...) Wir wollen nicht nur im Geist an das Grab Jesu gehen, in dem er einmal gelegen hat, sondern wir wollen ihm auch nachfolgen. Und diese Nachfolge bedeutet: So wie der Vater ihn nicht im Grabe gelassen hat, so gewiss kommt der Sohn und lässt uns nicht im vergänglichen Leibe, sondern nimmt uns zu sich ..."

Die Bilder zu dem Bericht zeigen den Stammapostel inmitten der Apostel in gewohnter Vitalität am Altar. Dabei war Robert ein weiteres *Stammapostel-Wort* in den Sinn gekommen, das ihn zunächst in seiner Glaubenshaltung bestärkt hatte:

> „... Ich bin mir doch bewusst, wenn ich sterben würde –
> was nicht der Fall sein wird – dann wäre Gottes Werk vernichtet ..."

Eine Aussage, die ihn allerdings auch schaudern ließ!
Der Tod des Stammapostels könnte das Erlösungswerk Gottes zunichte machen ...?
Ein Gedanke, den er nicht zu Ende denken mochte! – Indes: *Würde so etwas jemand sagen, dem Jesus nicht wirklich erschienen war ...? Schließlich war der Auferstandene ja auch den Emmaus-Jüngern begegnet und hatte ihnen die Augen geöffnet ...*
Nein, der Herr wollte ihren Glauben ein weiteres Mal prüfen! Und wie bisher würden sich auch dieses Mal die Worte des Stammapostels als von Gott gegeben erweisen. Mit diesen und ähnlichen Gedanken wähnte sich der 14-Jährige gegen alle Ängste und bösen Ahnungen gewappnet, auch wenn die sich seiner wieder und wieder bemächtigen wollten.
Die meisten Glaubensgeschwister in der Gemeinde hatten sich ähnlich

eingerichtet – je nach Glaubensfestigkeit mehr oder weniger gelassen, jedoch kaum jemand wie Oma Mahler. Zu all dem ängstlichen Fragen und Spekulieren hatte sie nur gemeint, dass man um Himmels Willen die *Botschaft* doch nicht so wichtig nehmen solle.

Von Mama und Papa wie von den Brüdern war zu vernehmen, dass man sich auf das, was vom Stammapostel käme, zu 100 Prozent verlassen könne, weil es ja vom Herrn erweckt worden wäre! Doch ergab sich daraus für Robert die Frage, auf *welche Weise* Gott eigentlich mit dem Stammapostel verkehre. Denn wenn ihm *Jesus selbst* die Botschaft von seinem nahen Kommen übermittelt habe, wäre es dann nicht auch denkbar, dass er ihm weitere wichtige Hinweise oder Erkenntnisse übermittelt hatte? So, wie ihnen ja erst jüngst von einer weiteren Begegnung mit dem Gottessohn berichtet worden war …? Darin habe Jesus sein Volk noch einmal auf sein *unmittelbar bevorstehendes Kommen* hingewiesen. Noch kurz vor Jahreswechsel war das in den Gemeinden als göttliche Bestätigung der Botschaft verlesen worden. Gegen allen Zweifel von außen und innen und vor allem gegen die verleumderischen Hetztiraden der *Abgefallenen!*

Daneben ereignete sich in diesen Tagen noch etwas, das Robert und der ganzen Nachbarschaft das Blut in den Adern gefrieren ließ.

Es war ein verregneter Samstagnachmittag Anfang Juni, als Schreie und und gellende Hilferufe aus dem Erdgeschoss des Nachbarhauses drangen. Augenblicke später kam Frau Sonnbacher, die Frau des Polizisten, schreiend auf die Straße gewankt: „… Er schlägt ihn tot… Hilfe – er schlägt den Jungen tot …!"

Als daraufhin ein paar beherzte Männer in das Haus eingedrungen waren und den Rasenden festgehalten hatten, war das für den am Boden zusammengekrümmten Gerd wohl die Rettung. Wie ein Irrsinniger hatte der Polizist mit dem Gummiknüppel auf seinen Sohn eingeprügelt, weil der – wie man später hörte – ihm in den Arm gefallen wäre, um seine Mutter vor einem seiner cholerischen Ausfälle zu schützen.

Herr Stünkel und die Männer hatten den Jungen vorsichtig in den Krankenwagen getragen, der sich sofort in Bewegung gesetzt hatte. Wenig später war ein Polizeiwagen mit drei Beamten eingetroffen, und einige Nachbarn hatten Sonnbacher mit den Kollegen davonfahren sehen. Doch bereits am Abend war er wieder zu Hause.

Tags darauf, Robert war eben vom Vormittagsgottesdienst auf den Hof gekommen, wurde er Zeuge, wie der Uniformierte auf die Hundehütte zugegangen war, worauf *Harras* sich erhoben hatte, um sich ihm mit gesenktem Kopf zu nähern. Indem jener leise zu dem großen Hund sprach, hatte er die Pistole aus dem Halfter gezogen und dem Tier eine Kugel in den Kopf geschossen. Ohne einen Laut war der in sich zusammengesackt, und der furchtbare Mann war ohne sich noch einmal umzudrehen vom Hof gestelzt, in seine Polizei-Isetta gestiegen und davongefahren.

Robert war fassungslos! Als hätte der Schuss ihm gegolten, spürte er den Herzschlag bis zum Halse, verharrte er wie gelähmt am Zaun, ungläubig auf den tot daliegenden Hund starrend. Dann waren auch schon Fritz und Meta in der Tür erschienen und auf der andern Straßenseite Herr Stünkel und der alte Meyer von gegenüber.

Mein Gott – was nur für ein Mensch! ...

Wie ein Lauffeuer war es durchs Dorf gerast: – „Hast du schon gehört ...? Der verrückte Sonnbacher hat seinen Hund erschossen! ..."

Es dauerte vielleicht eine Woche, da hörte man:

„Du, den Sonnbacher haben sie nach Fallingbostel versetzt ... Na, die werden sich freuen! ..."

Ende Juni bekamen sie im Dorf erste Kolonnen Bundeswehrfahrzeuge zu Gesicht: *Wieder deutsche Soldaten unterwegs!* – Kriegsbilder und -texte aus den Wehrmachtsbüchern, die Robert durch den Kopf spukten, und sonderbare Gefühle, die ihn dabei beschlichen.

Rund 1000 Mann sollten noch im selben Jahr in das ehemalige Baracken-Krankenhaus verlegt werden. Und in den USA, wie man seit Tagen hörte und las, kämpfte der jugendlich und sympathisch wirkende *John F. Kennedy* um seine Nominierung zum Präsidentschaftskandidaten der Demokraten, wie der bisherige US-Vizepräsident *Richard Nixon* für die der Republikaner.

Für alles das war Robert hochgradig sensibilisiert!

*

Die Wochengottesdienste in den hannoverschen Landgemeinden fanden mittwochs oder donnerstags statt. Der 7. Juli 1960 war ein Donnerstag. Als Dienstleiter stand Priester Herlyn auf dem Plan. Beginn 19.30 Uhr, und Karl Rauh war wie immer eine Stunde eher da, um in Ruhe alles herrichten zu können.

Als Robert in die kleine Gasse zu Hoffschultes einbog, sah er das Häuf-chen Geschwister vor der Tür stehen. Immer noch 22 Grad, und nur zögerlich schien das grelle Tageslicht einem milden Abend weichen zu wollen.
Aber da stand nicht Priester Herlyn, sondern ihr alter Priester Kohlmann. Indem Robert einem nach dem anderen die Hand gab, meinte er in den Gesichtern einen bedrückten Ausdruck festzustellen; auch sprach kaum jemand ein Wort. Die erneute Besorgnis um den Gesundheitszustand des Stammapostels ...? – Dabei hätte die Nachricht, dass er sich vor einigen Tagen einem befreundeten neuapostolischen Arzt in Karlsruhe in die Hände gegeben hatte, eigentlich beruhigen sollen. Sogar sein Krankenbett hatte man von Frankfurt nach Karlsruhe gebracht, damit seine Pflegetochter und die Frau des Arztes, eine ausgebildete Krankenschwester, ihn rund um die Uhr betreuen könnten.
Eine weitere Glaubensprüfung für Gottes Volk! – Davon waren die meisten überzeugt.
Inzwischen waren fast alle Geschwister eingetroffen. Mit dem Priester und fünf Sängern 24 Personen; einige bereits in dem angenehm kühlen Raum, um sich im Gebet mit *oben zu verbinden*.
Als der Priester schließlich auf die Uhr sah, war es fünf vor halb acht, und sie hören ihn, kurz in die Runde blickend, mit verhaltener Stimme sagen:
„Na, denn lasst uns man reingeh'n ..."

Welches Lied sie dann sangen, das verlesene Bibelwort nach dem stockend gesprochenen Gebet: alles wie weggeblasen, als der Priester innehielt, sich langsam die Brille abnehmend das weiße Taschentuch an die Augen führte, um sich dann mit brüchiger Stimme an die Geschwister zu wenden:
„Wenn ihr dann bitte noch stehen bleiben wollt ..."
Als führe ein Blitz durch den Raum, hatten die Worte elektrisiert! ... Dem gerade 15 Gewordenen sackte alles Blut aus dem Kopf, und als wanke ihm der Boden unter den Füßen, ließ es ihn nach der Stuhllehne vor sich greifen ...
„Ihr lieben Geschwister ..."
Die Stimme stockte abermals; Schnäuzen – und dann weiter:
„... Wovon wir nie geglaubt haben, dass ein solcher Augenblick je kommen könnte ..., muss ich euch die traurige Nachricht übermitteln, dass der Herr gestern Abend unseren Stammapostel ... zu sich genommen hat.
Bitte, nehmt wieder Platz!"

Es folgten einige Zeilen, die die in Frankfurt versammelten Apostel in aller Eile verfasst hatten: Vom unerforschlichen Ratschluss Gottes war die Rede und dass auch sie, die Apostel, mit allen Gotteskindern fassungslos vor diesem Ereignis stünden.

Wie gelähmt saßen sie da, die siebzehn Frauen und Männer, drei Jugendliche und die Kinder: einfache, ehrliche Leute; immer schnell eins der freudigen Glaubenslieder auf den Lippen: Sonnenstrahlen gleich in ihrer dörflichen Welt, so, wie sie in ihren Köpfen existierten ...

Und nun ...?

„... Alles weitere, wie es nun werden soll und was die Apostel uns dazu zu sagen haben, werden wir am Sonntag erfahren. Die Gemeinde wird zur Übertragung aus Frankfurt in Hannover-List sein; Gottesdienstbeginn 10 Uhr."

Waren es zehn, zwanzig oder dreißig Sekunden? ... Minuten? – Irgendwann hatte sich die Starre gelöst – in zunehmendem Schluchzen, Schnäuzen und Weinen. Tränenbenetzte Gesichter, die sich einander zuwandten; einzelne Stimmen: „Nein!" und: „Warum ...?" Finger nestelten nach Taschentüchern, reichten sie weiter oder tasteten nach der Hand neben sich.

Als ihm der Puls bis in die Ohren dröhnte, schrie alles in dem Jungen auf; die Gedanken explodierten im Kopf, bleiben in der Kehle stecken:

Alles Lug und Trug! ... Die Botschaft eine Lüge und alle Opfer umsonst! ... Arnold hatte Recht ... Werner und Opa und all die andern, die sich nie auf so einen Wahnsinn eingelassen hätten ...! – Und sie hatten ihn gewarnt ...!

Die ganze Gedankenwucht war auf ihn niedergestürzt; im ganzen Körper spürte er Hitze aufwallen, und ihm war nach Schreien zumute ...

Schwester Meins, auf dem Stuhl vor ihm, hatte sich umgedreht und ihm zugeraunt:

„Beruhig' dich nur, Robert, es wird schon alles werden ... Lass uns mal bis Sonntag warten ..."

Inzwischen hatten die Sänger, ohne dass es zu ihm durchgedrungen wäre, ein, zwei Lieder gesungen. Auch dem alten Mann hinter dem Altar liefen Tränen über die Wangen. Aschfahl, die Arme zu einer hilflosen Geste ausgebreitet, hatte er mit brüchiger Stimme eine Erklärung versucht:

„Glaubt denn einer, dass ich selbst auch nur im Entferntesten an der Botschaft des Stammapostels gezweifelt hätte? Oder der Bischof? Oder unser Apostel ...? Nie haben wir euch etwas gepredigt, was wir nicht selbst auch fest geglaubt haben ... Und nie haben wir für möglich gehalten, was nun eingetreten ist ...! Aber, Geschwister, war der Herr nicht bisher mit uns ...?! Haben wir seine führende und helfende Hand nicht so oft auf unserem Glaubensweg erlebt ...?! Und sollten wir IHN nun verlassen, weil wir SEINEN göttlichen Willen nicht verstehen ...? – NOCH nicht verstehen ...? Der doch soviel höher ist als alle menschliche Vernunft ...?!"

Und schließlich, mit abgesenkter Stimme:

„Ich jedenfalls werde bleiben! – Wie schon der Apostel Petrus gesagt hat: ‚... Herr, wohin sollten wir gehen? – Du allein hast doch Worte ewigen Lebens' ..."

Als sie sich irgendwann zögernd von ihren Plätzen erhoben, mochte doch niemand so recht den Raum verlassen. Schließlich waren es die Hannoveraner, die ihren Zug erreichen mussten.

Dann stand Priester Kohlmann vor dem Jungen, den Blick ernst und tief auf ihn gerichtet. Ob er den Schmerz in der Seele des 15-Jährigen spürte, seine Verzweiflung? Eine Ahnung hatte von dem Trümmerfeld, zu dem soeben eine als UNMÖGLICH ausgeschlossene Wirklichkeit seine ganze Welt – ihre ehernen Säulen aus Treue und Vertrauen, sein blindes Gottvertrauen zerschmettert hatte ...? – Konnte *das* Gott sein, der seine Verheißung so abrupt abbricht, seine Gläubigen so vernichtend getroffen in die Grube der Verzweiflung stößt ...?

Unter dem Blick des Priesters hatte sich jäh aller Schmerz in geballte Wut verwandelt, und so hatte er nur gezischt:

„Mich werden Sie hier nicht wiedersehen! ... – Niemals! ..."

Als *sein* Priester Kohlmann ihm da die Hand auf die Schulter legen wollte, wandte der Junge sich abrupt ab und rannte hinaus. Achim und seine Mutter hatten alles das bestürzt mit angeschaut.

Indes waren alle so weit in Schmerz und Fassungslosigkeit gefangen, dass sie, wie Robert, den Heimweg in einem mehr oder weniger tranceähnlichen Zustand zurücklegten. Alles um sie herum – die ganze Welt – wie hinter einer kalten, grauen Nebelwand zu völliger Bedeutungslosigkeit hinabgesunken.

Als der Junge die Küche betrat, war seinen Großeltern sofort klar, was geschehen sein musste.

„Gott, Junge, was ist los ...?" – Und dann, nach einer kleinen Pause:

„... Ist euer Stammapostel gestorben ...?"

Auf sein versteinertes Nicken und nachdem er sich wie ein Sack auf den Stuhl hatte fallen lassen, triumphierten sie nicht etwa –, sondern es traf sie, wie er litt! Ja, sie waren überrascht, wie sehr dieses Ereignis sie selbst berührte. So wie der Junge sich entwickelt hatte, war sein Glaube, *diese* Hoffnung ein Teil seiner Persönlichkeit geworden. Das war alles echt! – Wie würde er jetzt ohne diese Hoffnung zurechtkommen ...?

Irgendetwas muss doch noch kommen ...! – Von Gott, vom Herrn, auf dessen Wort ich immer vertraut habe ... So seine Gedanken, die ihn schließlich bis zum Sonntag hintrugen. Dann Hannover. In der Kirche war ihm flau im Magen, wirr im Kopf. Alles, auch die Gesichter der Geschwister, nahm er nur schemenhaft wahr.

Schließlich 10 Uhr. Aus den Lautsprechern die bekannte, sonore Stimme des Bezirksapostels von Nordrhein-Westfalen, Walter Schmidt. Bereits nach wenigen Augenblicken vermochte die ruhige, getragene Klangfarbe seiner Stimme die Gefühlswogen in der großen Kirche zu glätten. So ist es nun dieser kleine, schmächtige und kahlköpfige Mann, der – binnen 48 Stunden von allen Aposteln dazu erwählt – dem Volke Gottes als *endzeitlicher Josua* die letzte Strecke vorangehen soll. Hin durchs Rote Meer aus Fragen und Zweifeln, deren Wogen sich auf Gottes Geheiß aber auf wunderbare Weise teilen werden, um die Getreuen, im Gegensatz zu allen Verzagten und Zweiflern, trockenen Fußes und ohne Schaden ans andere Ufer gelangen zu lassen.

Durch ihn, den neuen von Gott in dieser schwersten Prüfungsstunde zum Stammapostel Erwählten –, so wissen er und seine Co-Prediger den tief Verstörten und auf göttliche Wegweisung Harrenden zu versichern – durch ihn offenbare der Geist Gottes nun, warum Jesus doch nicht zu Lebzeiten des Stammapostels Bischoff gekommen sei:

... *Der Herr habe seinen Willen geändert! Und wer könnte dafür von ihm, dem Allmächtigen, Rechenschaft fordern ...?! – So habe Stammapostel Bischoff sich weder geirrt noch etwas Falsches geglaubt oder dem Volk Gottes verkündet! – Nichts, überhaupt nichts habe sich an der Verheißung des Herrn geändert, in Kürze seinen Sohn zu senden und die Getreuen vor dem kommenden Weltverderben zu erretten, sie von dieser Erde hinwegzunehmen* ...

Das und alles, was sie in dieser von Fragen und Verzweiflung geprägten Stunde zu sagen haben, breiten sie bereits wieder im Duktus unwiderlegbarer Überzeugungsrede aus. Als habe die Wirklichkeit nicht grade allen ihren bisherigen Wahrheiten den Boden unter den Füßen weggezogen –, ja, sie als substanz- und sinnlose Wortbilder zu Nichts zerbröseln lassen ...

Zu Beginn des Gottesdienstes hatten sie Lied 453 gesungen:

„Gottes Stadt steht fest gegründet
auf heil'gem Berge, es verbündet sich wider sie die ganze Welt.
Dennoch steht sie und wird stehen; man wird an ihr mit Staunen sehen,
wer hier die Hut und Wache hält ..."

Am Altar zunächst der Dienstälteste, Bezirksapostel Schall aus Stuttgart. Als Textwort liest er 2. Petrus 3, Verse 3 - 6:

„Und wisset aufs erste, daß in den letzten Tagen kommen werden Spötter, die nach ihren eigenen Lüsten wandeln und sagen: Wo ist die Verheißung seiner Zukunft? Denn nachdem die Väter entschlafen sind, bleibt es alles, wie es von Anfang der Kreatur gewesen ist. Aber aus Mutwillen wollen sie nicht wissen, dass der Himmel vorzeiten auch war, dazu die Erde aus Wasser und im Wasser bestanden durch Gottes Wort; dennoch ward zu der Zeit die Welt durch dieselben mit der Sintflut verderbt."

Sodann wird der Brief [6] verlesen, „... den die Apostel am 7. Juli an alle Brüder und Geschwister des In- und Auslandes gerichtet haben und der allen Geschwistern bekannt gemacht ist." Danach sprach Apostel Schall von der Treue, „mit der wir in der vergangenen Zeit die Hand des Herrn festgehalten haben. Er erinnerte an das Wort: Sei getreu bis an den Tod, so will ich Dir die Krone des Lebens geben! (...)"

Der neue Stammapostel Schmidt war mit dem Hinweis fortgefahren, dass Gottes Volk nun in einen neuen Zeitabschnitt eingetreten wäre, der *von dem Rufen der Kinder Gottes* gekennzeichnet sei. Er verwies auf die letzten Stunden Jesu und auf sein Gleichnis von der bittenden Witwe, das der Herr mit der Frage geschlossen habe: „Sollte aber Gott nicht auch retten seine Auserwählten, die zu ihm Tag und Nacht rufen, und sollte er 's mit ihnen verziehen? Ich sage euch: Er wird sie erretten in einer Kürze" (Lukas 18, 7. 8). Dieses Wort habe Jesu für unsere Zeit gegeben. Nun sei es an uns, den Herrn mehr denn je um unsere Errettung anrufen. Auch Abraham habe nach Gottes Willen seinen verheißenen Sohn opfern sollen. Doch habe er nicht gezögert, „den ihm gewiß unverständlichen Anspruch Gottes gläubig zu erfüllen". Er haderte nicht, und Gott habe zum Ende doch erfüllt, was er zugesagt hat. Auch uns, die Gotteskinder der Endzeit, sollte diese Prüfung nicht von den Verheißungen unseres Gottes scheiden! Sei sie doch allein zu dem Zweck gegeben zu offenbaren, inwieweit wir bereit sind, uns in Gottes Willen zu fügen; „denn er kann und wird nur denen, die ihm in vollem Vertrauen anhangen, geben können, was er zugesagt hat."

Soweit im Kern die Darstellung des Gottesdienstes in *Unsere Familie*, der Hauspostille aus dem Hause Friedrich Bischoff.

Hatte Robert nach der Katastrophe gehofft, in diesem Gottesdienst die gütige und wegweisende Hand Gottes wiederzufinden, so traf ihn das, was er da nun vom Altar zu hören bekam, wie ein Schlag ins Gesicht:
 Ein Gott, der NICHT TUT, was er verheißt ...!? – SEIN WORT – in jedem Gottesdienst als UNUMSTÖßLICH verkündet: – aber du kannst dich nicht darauf verlassen ...?! – ER, der HERR, kann alles und jedes – auch seine eigenen Verheißungen! – immer auch wieder umstoßen oder in sein direktes Gegenteil verkehren ...?!
 Genau so nahm er in diesen Augenblicken aber sein bisher gewachsenes Gottesbild wahr: vollständig auf den Kopf und infrage gestellt und somit für uns Menschen zur Quelle der Ungewissheit, ja, Amoralität geworden! Umkehrung all dessen, was sie bisher in jedem Gottesdienst gehört, in jeder Zeile der, wie es heißt, *vom Heiligen Geist inspirierten* Schriften gelesen haben und worin Frank ihn unlängst noch so überzeugend bestärkt hatte!
 Hilflos wie ein in stürmischer See nach dem Herrn Rufender kam sich der 15-Jährige vor. Jedoch im Gegensatz zur biblischen Parabel, ohne dass ein rettender *HERR* ins Boot träte und den tobenden Wogen Einhalt geböte. Oder mehr noch: Der, der ihn hätte retten können: – sein „im Hause Gottes" gewirkter Glaube – drohte angesichts der hier und jetzt umgedeuteten Realität jeden Halt zu verlieren und über Bord zu gehen.
 Nein, dieser Gottesdienst hatte ihn nicht aus der schweren See brüllender Fragen ans rettende Ufer gebracht! Im Gegenteil: Mittels rhetorischer Wendungen und fragwürdiger Analogien war ihnen geboten worden, auf den schwankenden Planken der alten, jetzt aber neu gedeuteten Wahrheit zu verharren und sich an den sich knirschend windenden Aufbauten festzuklammern: Nur das Boot nicht verlassen, sondern sich demütig fügen: Das allein – so die leitenden Amtsträger – sei das Gebot dieser schweren, jedoch von Gott so verordneten Stunde ...
 Dabei war ihm fast übel geworden! Die wortreichen Versuche, das Offenbare erneut mystisch zu verschleiern, begannen wie eine schwere Last auf seine Brust zu drücken! Ungeachtet der katastrophalen Tatsachen bliebe alles beim Alten – zumal die Ächtung allen Fragens und Zweifelns! – um so die verfinsterte *Botschaft* vom zugkräftigen Gespann aus *Verheißung und*

Drohung in ein neues apokalyptisches Bühnenlicht zu ziehen: Die dreiste Inszenierung der Illusion, dass sich im Blickfeld der Gläubigen im Grunde ja überhaupt nichts verändert habe ...

Für ihn, Robert, schon während des Gottesdienstes das niederschmetternde Resümee:

– *Es ist nicht eingetroffen, was Jesus dem Stammapostel gesagt hat ...*
– *Aber der Stammapostel hat sich nicht geirrt ...?*
– *Noch weniger aber wird sich doch Jesus geirrt oder gar seine Nachfolger an der Nase herumgeführt haben ...*
– *Wer oder was aber dann? – Gottes Wille und Plan ...*

Allein wer nicht frage und nicht zweifle – so die nun neue, alte Botschaft – werde mit dem in Kürze erscheinenden Christus entrückt werden! Keinen Deut dürfe man deshalb von der grade jetzt gebotenen Naherwartung abweichen!

Ein gefühlter Endlos-Gottesdienst – offenbar inszeniert, um eine höhere, „göttliche" Interpretation der Katastrophe zu begründen. Doch vermittels so fragwürdiger Deutungsmuster, dass ihn – und ihn wohl nicht allein! – der Gottesdienst nur umso verstörter in die kommenden Tage entließ.

Wenig später hatte Stammapostel Schmidt auf entsprechende Pressekommentare und Fernsehreports intern mit der Parole reagiert:

„Wir schweigen und gehen still unseren Weg!"

Eine Haltung, die von den *Treuen* als Ausdruck göttlicher Weisheit gewertet und damit praktisch dogmatisiert worden war. Ein Placebo für die eliminierte Botschaft somit und folglich ein Denk- und Sprechverbot für alle gehorsam Nachfolgenden, das die Kirchenleitung vermittels unablässig variierter Drohszenarien mehr als 50 Jahre aufrechtzuerhalten wusste.

Flackerndes Licht

Wenn Robert Wegner heute die obere Randkrempe seines rechten Ohrs betastet, fehlt dort ein ca. zwei Zentimeter langes Stück. Das war ihm abgefroren, als er Mitte Dezember 1960, an einem Samstagvormittag bei 10

Grad Minus, in der Firma auf einen Kunden gewartet hatte. Trotz warmer Kleidung ohne Gesichts- und Ohrenschutz. Da hatte er noch gemeint, sein Zittern käme von seinen depressiven Gedanken her, die ihn, wie jetzt hier, in letzter Zeit immer wieder an den Rand eines gähnenden Abgrunds geführt hatten:

Sollte er nicht doch lieber Schluss machen ...? – War er nicht – so wähnte er – überall zum Gespött geworden: bei seinen Freunden, bei vielen im Dorf und hier in der Firma ... Ja, vor sich selbst? ...

Überlegungen, die sich bereits um das *Wie* und *Wann* drehten und um die Wirkung auf die, die ihm nahestanden.

Die ersten Wochen nach der Katastrophe war er abends vor dem Schlafengehen oft noch mit jener irrwitzigen Hoffnung auf das Kommen Christi am Fenster gestanden, ähnlich wie seinerzeit nach dem UFO-Schock. Schließlich waren entsprechende Vorstellungen längst Teil seiner mentalen Konstitution geworden – doch die erhofften Reaktionen seines sozialen Umfeldes oder gar so etwas wie Anteilnahme blieben aus: Zu sehr hatten sich seine diesbezüglichen „Erkenntnisse" und Erfahrungen von der Alltagswelt seiner Zeitgenossen entfernt ...

In den Gesprächen mit seinen Eltern und den meisten Glaubensgeschwistern bekam er im Wesentlichen das zu hören, was nun nachdrücklich gepredigt wurde:

Der Herr hat seinen Willen geändert. Punktum! – Und: Es bleibt dabei: Der Herr wird seine Herde bei den Hirten suchen. Nicht bei den Abgefallenen, den ewigen Zweiflern oder in den großen Kirchen, die mit ihren plumpen Annäherungsversuchen nun die Treuen zu sich hinüberzuziehen versuchen! – Am besten, wir schweigen! Bis zu jenem Tage, an dem IHN niemand mehr etwas fragen wird ...

Ähnlich wie die Ex-NAKler prophezeite auch die eben in Stuttgart aus der Taufe gehobene „Evangelische Zentralstelle für Weltanschauungsfragen" (EZW) für die enttäuschten und ernüchterten Neuapostolischen nur zwei Auswege: entweder den Abstieg in die kalte Gruft des Atheismus oder die Rettung in die sicheren Mauern einer der historisch, theologisch und gesellschaftlich etablierten Kirchen.[7] Doch das Gegenteil trat ein: Die Mitgliederzahl unter dem neuen Stammapostel Schmidt stieg deutlich an – zur unverhohlenen Verwunderung und Desillusionierung konkurrierender kirchlicher Beobachter.

Im Gegensatz zu Robert und den meisten andern ließ Oma Mahler das

Ganze nicht nur relativ unberührt, sondern sie fühlte sich in dem, was sie bis dahin zu diesem Thema gesagt hatte, geradezu bestätigt.

Priester Herlyn hatte gleich am Sonntag nach dem Übertragungsgottesdienst das Gespräch mit Robert gesucht. In seiner freundlich-verbindlichen Art hatte er sich mit ihm in Rauhs Stube gesetzt und sich nach seinem Befinden erkundigt. Als Robert ihm zu verstehen gab, dass sein Vertrauen in das Wort der Brüder, primär der Apostel, tief erschüttert sei und er nicht wüsste, ob er die Gottesdienste weiter besuchen würde, riet der ihm, sich ganz dem Herrn anzuvertrauen. Und dass er im Gebet besonders für ihn eintreten werde.

Auf Roberts Anmerkung, dass ja aber die *Kuhlen-Leute* nun doch Recht behalten hätten, bekam er zu hören, dass es in der *Reichsgottesgeschichte* schon des Öfteren so ausgesehen habe, als gewönnen die Feinde Gottes das Feld. Doch zu guter Letzt habe sich der Herr – und zwar auf wunderbarste Weise! – immer wieder zu seinen Knechten bekannt. Und die, die sich von ihnen abgewandt hätten, seien schließlich kläglich untergegangen.

„Oder hast du von der Rotte Korah in der Bibel je wieder etwas gelesen? ..."

Arnold hatte, als Robert sich endlich getraut hatte, ihm das Desaster einzugestehen, so gelassen reagiert wie immer:

„Na ja, konnte ja auch nicht anders kommen. – Und was machste nu ...? Gehste trotzdem noch weiter hin ...?"

Obwohl er Priester Kohlmann in seiner ersten heftigen Aufwallung entgegengeschleudert hatte, dass der ihn in der Kirche nicht mehr wiedersehen würde, war er doch weiter hingegangen. Sich selbst und allen, die ihn diesbezüglich ansprachen, hatte er das mit dem Argument begründet:

„Ich will nur sehen, wie das jetzt weitergeht ... Und ob möglicherweise doch noch weitere Geschwister zu Kuhlen gehen ..."

Im Büro war er bemüht, sich nichts anmerken zu lassen. Dabei war ihm klar, dass der Bürovorsteher, sowie er Kenntnis von der Sache hätte, den Finger in die Wunde legen würde. So war der denn auch am 20. Juli 1960, einem Mittwoch, unvermittelt aus seinem Glaskasten herausgestakst, das aktuelle „Spiegel"-Heft vor sich herwedelnd, um sich mit hochgezogenen Augenbrauen grinsend vor Robert aufzubauen:

„Na, Herr Wegner –, nun ist Ihr unsterblicher Stammapostel ja doch gestorben! ... Hier – schon gelesen ...?" – Und während die Kollegen zu ihnen herüberblickten, hatte er ihm das Magazin direkt vor die Nase gehalten, um dann die unter der Rubrik „In Memoriam" im typischen Spiegeljargon verfasste Nachricht laut vorzulesen.

Während ihn von hinten unvermittelt Siegfried Kohrs´ sarkastisches Auflachen traf – angereichert mit der Bemerkung: „Im Gegensatz zu dem alten Scharlatan stirbt die Blödheit leider nie aus! ...", wandten sich die Kolleginnen Bartels und Schlüter wortlos weiter ihrer Tätigkeit zu. Nur Herr Prehm grummelte vor sich hin, als der Büroleiter auf Roberts Achselzucken – angesichts der Frage, was das alles denn nun für ihn persönlich bedeute – mit geblähten Nüstern wieder auf seinen gläsernen Kommandostand zugesteuert war.

Während das Thema in der Schnittholzabteilung im Erdgeschoss ganz ohne Resonanz blieb, erwies es sich für Lagermeister Schwarzfelder umso mehr als ein gefundenes Fressen, mit dem er Robert in immer neuen Varianten zu piesacken versuchte.

Es war knapp vier Wochen nach der Karastrophe, als Roberts Berufsschulkollege Reinhard Metzger, ein hochgewachsener, kultivierter Abiturient, jetzt Auszubildender in der Kreisverwaltung, ihn auf einen längeren „Spiegel"-Artikel über seine Kirche hinwies. Robert kaufte das Heft Nr. 38/1960 nachmittags am Bahnhof. Gleich im Zug würde er genügend Zeit haben, den Artikel ungestört zu lesen – trotz eines spürbaren Unbehagens, sich auf so einen Text einzulassen. Allein der Gedanke daran bescherte ihm Herzklopfen. Schließlich das Heft so haltend, dass es keiner der Sitznachbarn einsehen konnte, las er mit flauem Magen und glühenden Wangen den mehrseitigen Bericht unter dem Titel:

„14.09.1960
NEUAPOSTOLIKER
Der Letzte
RELIGION (...)"

Aber entgegen seinen Befürchtungen fand er nichts, was zu seinen Erfahrungen im Widerspruch gestanden hätte. Im Gegenteil: Der Artikel gab sachlich wieder, was seinem eigenen Kenntnisstand entsprach und lieferte dazu noch einer Reihe ihm bis da nicht bekannter Fakten, sowohl auf Bischoffs Biografie bezogen wie auch zu den letzten Tagen des Stammapostels.

Darüber hinaus aber sollte der Artikel noch eine andere Wirkung entfalten: Es war ihm, so fand er, wie wenn sich ihm ein Fenster geöffnet hätte. Nicht allein der Blick von innen nach außen hatte ihn erstaunt, sondern mindestens ebenso die unpolemische Art, mit der eine Reportage über *seine Sache*, das „Werk Gottes", von einem so renommierten Magazin in die Öffentlichkeit transportiert worden war! Eine Erfahrung, die ihn dafür sensibilisierte, interne Urteile über „die Medien" bzw. über „die Welt da draußen" zumindest nicht mehr nur fraglos zu übernehmen. Zumal jetzt die ganze Ungeheuerlichkeit der „göttlichen" Prophezeiungen mit ihren desaströsen Folgen öffentlich zutage kam: Die als *göttlich* begründete Verkündigung der NAK nach den Worten des Stammapostels – nun im Licht des tatsächlichen Geschehens:

> *"Der Gedanke: Wenn er aber stirbt, was dann?*
> *Wartet es doch ab, erst abwarten, dann urteilen! Ich habe vom lieben Gott keinen Auftrag zu sterben!"*

Und:

> *"Mir ist vom Herrn die Zusage gegeben,*
> *daß ich nicht sterbe, sondern den Willen Gottes verkündige!*
> *Hier ist ausdrücklich gesagt: Er gibt mich dem Tode nicht!"*

Und als finale Antwort auf allen Zweifel:

> *"Wenn ich sterben würde ... dann wäre Gottes Werk vernichtet."*

Von Anfang an hatte er am göttlichen Charakter seiner *Botschaft* keinen Zweifel gelassen: Über die im Verlag seines Sohnes erscheinende *Wächterstimme* hatte er über die näheren Umstände der Offenbarung verbreiten lassen:

"Es war eine Erscheinung des Sohnes Gottes, bei der unser Stammapostel die Gestalt des Sohnes Gottes sah. So wie Jesus dem Führer des Werkes Gottes in der Urkirche nicht vorenthalten konnte, daß er bald sterben müsse, so konnte auch Jesus dem letzten Stammapostel nicht verschweigen, daß er nicht sterben wird, sondern daß ER zu seiner Lebzeit kommt, die Seinen heimzuholen ..."

Auch nach dieser Lektüre hatte es Tage gebraucht, um sich mit der neuen Realität zu arrangieren. Dabei hatte er immer noch das Gefühl registriert, doch etwas Verbotenes getan, ungehorsam gegnerisches Schriftzeug gelesen zu haben – das er sich mit dem „Spiegel" gar selbst noch beschafft habe …!

Während am nächsten Morgen Büroleiter Grünfisch das „Spiegel"-Heft nur kurz in seine Richtung hochgehalten hatte – begleitet von dem Zuruf: „Schon gelesen …?" –, hatte der Artikel beim Lagermeister offenbar den Drang verstärkt, ihn umso gezielter mit seinen Lästereien hochzuziehen.

Zwar hatten ihn auch Arnold, Heinzi Fischer und Friedrich Führmann darauf angesprochen, mit beiden Letzteren fuhr er einmal wöchentlich zur Berufsschule, doch ohne wirklich an einer Vertiefung des Themas interessiert gewesen zu sein. Wobei Führmann Auszubildender bei der evangelisch-lutherischen Landeskirche Hannover war.

Indes suchte Robert für den Widerspruch zwischen seiner bodenlosen Enttäuschung und der Tatsache, dass er die Gottesdienste nun doch wieder besuchte, auch für sich selbst nach Plausibilität. Dabei orientierte er sich an den immer neu variierten biblischen Beispielen und Analogien, die jetzt in endloser Folge in Predigten und Zeitschriften „verarbeitet" wurden. Danach liefe letztlich alles darauf hinaus, dass das Vertrauen, das der Mensch Gott schulde, eben grenzenlos sein müsse. Nur dann könne Gott ihn, über alle Grenzen hinaus, zu sich selbst, dem Ewigen und Grenzenlosen führen und emporheben. Biblische Glaubenshelden wie Abraham, Henoch und Mose zeugten davon! Doch werde von dem *heutigen Gottesvolk* ungleich Größeres verlangt! Während Abraham, der *Freund* Gottes, seinen von Gott verheißenen Sohn Isaak letztlich doch nicht auf dem Schlachtbock opfern musste, mute Gott uns, *SEINEN KINDERN,* heute zu, dass er seine eigene Zusage eben *nicht erfüllt* habe … Das aber sei die höchste Treue-Prüfung in der „Hochschule Gottes" überhaupt! – Ohne Gottes Tun zu hinterfragen, sollen wir uns in grenzenlosem Vertrauen weiterhin von IHM – an der Hand seiner unwandelbar treuen Gesandten – führen lassen! …

Mit solchen Gedanken, wie sie zunehmend auch in Robert Überhand gewannen, übernahm er zwar von Mal zu Mal mehr die ausgebreitete Argumentationskette, mit der er auch meinte, seine fortgesetzte Glaubenshaltung rechtfertigen zu können, vor sich selbst und vor anderen. Doch ein leiser Hauch, ein vages Gefühl, das hin und wieder störend seine Gedanken streifte, blieb. Und ja, daraus erwuchsen Unbehagen und bald auch schon wieder Fragen: – etwa als ihn eine bronzene J. G. Bischoff-Büste auf der UF-Titelseite schockierte. Oder als infolge des *Nachfolger-Musters* mit dem auf Mose folgenden Josua die Amtsnachfolge des neuen Stammapostels als plausibles, plan- und absichtsvolles Handeln Gottes dargestellt wurde. So hatte sich in der scheinbaren Kontinuität seiner Glaubens-Nachfolge – nachdem sie mit dem Botschaftstrauma abrupt beendet schien – bei ihm ein neues, gegenüber allen Fragen sensibilisiertes Grundgefühl eingenistet. Allerdings deutlich skeptischer, als es rund fünfzig Jahre später der immerhin bereits 5. Stammapostel nach „dem letzten" – Dr. Wilhelm Leber, ein naher Verwandter Bischoffs – ausdrücken wird:

„… Die göttliche Wahrheit ist immer absolut. An dem, was von oben kommt, gibt es keinen Änderungsbedarf. – Aber:
Der Herr redet eben durch Menschen. … Wir Menschen verstehen nun den Willen Gottes gemäß unserer Sehensweise. Unser Verständnis ist geprägt von den Zeitverhältnissen und unseren Erfahrungen. Darum gibt es immer wieder Anpassungsbedarf …"[8]

Doch bis zum Aufscheinen einer solchen „Erkenntnis" – oder doch besser wohl: – zwangsläufigen Kapitulation vor den Tatsachen – war dieserart Reflexion eindeutig satanischen Ursprungs! Geeignet, die göttliche Führung im Apostelamt infrage zu stellen, war gegen alle, die sich solchen „Einflüsterungen" öffneten, mit entschiedener Ablehnung und Ausgrenzung reagiert worden.

Dass zum 1. Januar 1961 der Sitz der Neuapostolischen Kirche von Frankfurt a. M. nach Dortmund verlegt werden sollte, wusste Robert aus UF. Aber er war dann doch überrascht, wie sehr ihn das berührte: In seiner Erinnerung, so lange er denken konnte, war *Frankfurt am Main* – selbst in profanem Kontext – positiv besetzt: *Wohnsitz des Stammapostels. Die Botschaft. Die große Kirche Frankfurt-West mit ihrem imposanten Säulen-Portal. Beziksapostelkonferenzen. Große Gottesdienste – und der Bischoff-Verlag.*

So fühlte er mehr, als dass er es begründen könnte, dass mit „Frankfurt" auch eines der für ihn beinahe metaphysischen Fundamente seiner Glaubenssicherheit definitiv dahin war. Ein Verlust, den er als Grund nennen wird, als er sich zum ersten Mal in seinem Leben vollständig betrunken hatte. – Ende September war das, an einem milden Freitagnachmittag rund zehn Wochen nach dem Tod des Stammapostels.

Anlass war Werners plötzliche Verlobung. Aus einer Augenblickslaune heraus, wie es hieß, mit seiner sympathischen Post-Kollegin Erna Blischke.

Mit dieser Nachricht und einer Handvoll ausgelassener Freunde und Frauen hatten sie Fritz und Meta überrascht, als die mit Karl und Gertrud auf der noch unfertigen Terrasse beim Kaffeetrinken saßen. Auch Robert hatten die Stimmen nach unten gelockt.

Während Meta nach dem ersten freudigen Schrecken zusammen mit Gertrud und Erna in der Küche Schnittchenplatten produzierte, war der Fünfzehnjährige den Besuchern dabei zur Hand gegangen, Stühle aus Küche und Stube um den alten Küchentisch auf der Terrasse zu stellen. Im Handumdrehen war das Kaffeegeschirr einer Reihe Schnapsgläser und Bierflaschen gewichen und durch die geöffnete Flügeltür vom Zehner-Plattenwechsler die ersten Swing- und Jassrhythmen in die Beine der Gesellschaft gefahren. Für Fritz der Zeitpunkt, sich mithilfe seines Stockes wackelig vom Stuhl zu erheben, um sich von Karl zu seinem Sofa in der Küche bringen zu lassen.

Dann – es dämmerte bereits, und längst waren mit lautem *Hallo* noch ein paar Nachbarn dazugestoßen – war nicht zu überhören, wie sich Robert an einem Betonpfahl an Sonnbachers Maschendrahtzaun brüllend zu erbrechen begann. Nachdem sie ihn halb ausgezogen oben aufs Bett gelegt hatten, stand er wenig später wieder in der Haustür – bis aufs Unterhemd splitterfasernackt, um sogleich lallend in Richtung Straße zu taumeln: „Alles nur Betrug …!", hörten sie ihn lärmen und, als Karl und Werner den sich heftig Windenden an den Oberarmen gefasst hatten: „Es gibt gar keinen Gott …! Oder ist der ein Lügner …? – Ich geh' da nie mehr hin … Kein Wort glaube ich denen mehr … Lasst mich los, lasst mich los … Ich bin kein kleines Kind mehr …!"

Es hatte einiger Anstrengungen bedurft, bis sie ihn endlich wieder im Bett hatten. Erst als er nach ein paar Zuckungen sicher eingeschlafen schien, waren sie die leicht knarrenden Treppestufen wieder hinabgestiegen.

Oma und Gertrud waren schockiert! Die andern kommentierten den Vorfall eher amüsiert. Und Werner, indem er sich einen weiteren Schnaps einschenkte:

„Hab' ich erst gar nicht mitgekriegt! – Wann und wo hat sich der Bengel denn so volllaufen lassen? Der saß doch die ganze Zeit still da in der Ecke …"

Mit seinem Gebölke, zumal was er damit meinte, wusste außer seiner Familie niemand etwas anzufangen. Und Karl hatte am Sonntag nach dem Gottesdienst mit gerunzelter Stirn zu ihm gemeint:

„... Na ja, kann ja mal passieren. Aber jetzt weißte auch, was Alkohol so anrichten kann! ... Also pass auf, dass dir das nicht noch mal so geht! ..."

*

Zu den Jugendstunden in eine der größeren Landgemeinden fuhr er regelmäßig mit. Ein paar Amtsbrüder wussten die zwanzig bis dreißig Jugendlichen mit ihren Vorträgen, immer aufgelockert durch einige forsch gesungene Strophen und humorige Einlagen, durchaus zu fesseln. Vor allem Männer wie *Onkel Paul*, *Onkel Hans* oder einer der Vorsteher, den alle heimlich *Öhne* nannten und dessen markiges Gesicht in Verbindung zu seiner tiefen, kehligen Stimme Robert stets an einen bestimmten Kriminal-Kommissar denken ließ.

Im Wesentlichen wurde über das gesprochen, was sie zuvor im Gottesdienst gehört hatten Nur eben, wie es hieß, mehr jugendgemäß und dass sie sich per Handzeichen zu Wort melden durften. Auch Berichte von überseeischen Aposteln kamen gut an: etwa wie rasch in Afrika die Gemeinden wüchsen, auch weil ganze Gruppen anderer Religionsgemeinschaften dazukämen, teils sogar von ihren Geistlichen geführt. Und dass sich heute alle Apostel der Erde – inzwischen über 50 – in völligem Einssein um den neuen Stammapostel scharten. Auch das ein untrügliches Zeichen der nahen Wiederkunft Jesu!

So, als habe es den Botschafts-Schock nie gegeben, wurde weiter nachdrücklich davor gewarnt, auch nur in Gedanken daran zu zweifeln, dass das Kommen des Herrn vor der Tür stehe! Wie ja auch Josua – bald schon nach Moses Tod und entgegen allem Zweifel und Widerstand – die Kinder Israel ins verheißene Land geführt habe. Eine Tendenz, die in Wort und Schrift massiv befördert wurde! Etwa mit Math. 25, wo im „Gleichnis von den zehn Jungfrauen" fünf als töricht bezeichnet werden, weil sie während des Wartens auf den *Bräutigam* (Jesus) von den *Krämern* (Apostel) kein *Öl* (Glauben) gekauft hätten. Als der Bräutigam jedoch – nach langer Verzögerung – plötzlich vor der Tür steht, tituliert er die Unvorbereiteten und somit Törichten als Fremde und verwehrt ihnen den Einlass zum Hochzeitssaal (= Vereinigung mit dem ab jetzt über die Welt herrschenden Christus). Folglich, als Quintessenz, immer wieder die Mahnung des biblischen Jesus:

„... Darum wachet! Denn ihr wisst weder Tag noch Stunde ..."

Der Bezug zur gegenwärtigen Situation war offensichtlich: Der Herr ist nicht wie erwartet gekommen ... Aber:

„...Er verzieht nicht die Verheißung,
wie es etliche für einen Verzug achten; sondern er hat Geduld mit uns
und will nicht, daß jemand verloren werde,
sondern daß sich jedermann zur Buße kehre ..." (2. Petr. 3.9)

Ein kleiner Schritt nur – aber so rückt die nicht erfüllte Botschaft ohne weitere Rechfertigung in ein neues, helleres Licht, findet den ihr in der „göttlichen" Heilslogik zugemessenen Ort – eben weil schon von den Ur-Aposteln als endzeitliches Prüfungszeichen vorhergesagt. So jedenfalls die Interpretationen der NAK-Apologeten.

Wer wollte da am Ende – ungläubig und abseits stehend – aus Jesu Mund das Urteil hören:

„... Wahrlich, ich sage euch: Ich kenne euch nicht ..."

Ein Gedanke, der Angst einjagt!

Ein anderes kryptisches Bild, mit dem den Gotteskindern die endzeitlichen Verhältnisse „aufgeschlossen" wurden, fand sich in Offenbarung 12, Verse 1 - 6:

„... Und es erschien ein großes Zeichen im Himmel:
ein Weib, mit der Sonne bekleidet, und der Mond unter ihren Füßen
und auf ihrem Haupt eine Krone mit zwölf goldenen Sternen.
Und sie war schwanger und schrie in Kindesnöten
und hatte große Qual zur Geburt.

Und es erschien ein anderes Zeichen im Himmel,
und siehe, ein großer, roter Drache,
der hatte sieben Häupter und zehn Hörner
und auf seinen Häuptern sieben Kronen;
und sein Schwanz zog den dritten Teil der Sterne
des Himmels hinweg und warf sie auf die Erde.
Und der Drache trat vor das Weib, die gebären sollte,

auf daß, wenn sie geboren hätte, er ihr Kind fräße.

Und sie gebar einen Sohn,
ein Knäblein, der alle Heiden sollte weiden mit eisernem Stabe.
Und ihr Kind ward entrückt zu Gott und seinem Stuhl.
Und das Weib entfloh in die Wüste,
wo sie einen Ort hat, bereitet von Gott,
daß sie daselbst ernährt würde tausendzweihundertundsechzig Tage ..."

Es wäre, so hieß es, allein dem Apostelamt als dem von Jesus gestifteten Amt des Geistes vorbehalten, die biblischen Texte zu deuten. Und allein der Stammapostel – als Inhaber der *Schlüsselgewalt* – vermöchte die Pforten des Himmelreiches aufzuschließen – und zwar für die diesseitige wie für die jenseitige Welt! ...

So bedeute „im Himmel", wie in Offenb. 12, 1. geschrieben, die Gemeinschaft aller *versiegelten* Gotteskinder im Dies- und Jenseits. Innerhalb dieses Himmels zeige sich nun die *wahre* Kirche Christi: dargestellt als das mit der *Sonne* (= Licht des Heiligen Geistes) bekleidete *Weib* (= Werk Gottes), den *Mond* (= die Welt; Symbol der kalten Vernunft = Theologie und Macht menschlichen Geistes) unter ihren Füßen und das *Haupt* (= Sitz göttlichen Willens) gekrönt mit *zwölf goldenen Sternen* (= Sinnbild des endzeitlichen Apostolats im Gegensatz zur bischöflich-synodalen Verfassung der Großkirchen). Wie überhaupt wissenschaftliche Theologie mangels göttlichen Geistes außerstande sei, die himmlischen Geheimnisse zu erschließen!

Das *Knäblein* aber, welches das Weib im Begriff sei unter großen Schmerzen zu gebären, seien die Erstlinge und Überwinder: – Jene, von denen Offenb. 3, Vers 21 sagt:

„... Wer überwindet,
dem will ich geben, mit mir auf meinem Stuhl zu sitzen,
wie ich überwunden habe und mich gesetzt mit meinem Vater
auf seinen Stuhl ..."

Nach Offenbarung 7, 4 wäre das, so wurde gepredigt, eine begrenzte Zahl Erwählter: – nämlich aus allen zwölf *Charakterstämmen* des neutestamentlichen Israel je zwölftausend. Dabei eine bestimmte Anzahl aus der urchristlich-apostolischen Zeit – die meisten jedoch würden jetzt, in der neuen apostolischen Kirche der Endzeit, gesammelt, versiegelt und von den

Aposteln „zubereitet" werden. In der Zwischenzeit, in den annähernd 1800 Jahren *apostelloser* Zeit, hätten demzufolge keine Erstlinge gesammelt werden können.

Und soweit in der Johannes-Offenbarung alttestamentarische Begriffe verwendet würden, wie zum Beispiel „Kinder Israel" oder „Berg Zion", verdeutliche das nur, dass die Verhältnisse des *Alten Bundes* auf den *Neuen Bund* übergegangen seien – deshalb, weil die Juden Jesu Kreuzestod zu verantworten hätten.

Zwölf Stämme a´ 12.000 Versiegelter bildeten somit die Gesamtzahl von 144.000 Versiegelten. Eine Zahl, über die ihrer großen Bedeutung wegen unter Amtsträgern und Geschwistern immer wieder gerätselt und spekuliert wurde: nämlich ob sie wörtlich oder eher symbolisch zu verstehen sei:

> „... Und ich hörte die Zahl derer, die versiegelt wurden: hundertvierundvierzigtausend, die versiegelt waren von allen Geschlechtern der Kinder Israel ..."

Und Offenbarung 14, 1:

> „... Und ich sah das Lamm stehen auf dem Berg Zion und mit ihm hundertvierundvierzigtausend, die hatten seinen Namen und den Namen seines Vaters geschrieben an ihrer Stirn ..."

Schließlich Vers 3:

> „... Und sie sangen ein neues Lied vor dem Stuhl und vor den vier Tieren und den Ältesten; und niemand konnte das Lied lernen denn die hundertvierundvierzigtausend, die erkauft sind von der Erde ..."

In diesen Zustand hineinzuwachsen, in kindlichem Glauben dem Wort der Apostel zu folgen, das allein sei der Weg des Heils, der zum Ziel, zum Wesen des *Knäbleins* und damit hin zur Entrückung führe.

Von welch satanischen Mächten allerdings die kindlich Treuen auf diesem Wege bedroht seien, zeige das Bild des Drachen, der gegenwärtig im Begriff sei, den dritten Teil der Sterne (die „abgefallenen" Apostel: Kuhlen, Güttinger, Schlapphoff usw.) vom Himmel auf die Erde (Machtbereich Satans) zu werfen. Dieser Drache stehe somit auch vor dem *in Geburtswehen liegenden Weib*, auf dass, wenn sie geboren hätte, er *ihr Kind* (= Synonym der im Werk Gottes [= NAK] bis zuletzt treu Gebliebenen) fräße.

Die Bedrohungen des endzeitlichen Gottesvolkes (wer immer sich auch als solches definieren mag!) in allen erdenklichen apokalyptischen Szenarien ausgemalt – und selbst damit doch nur *ein* Bild von vielen, das die Bibel religiösen Führern anbietet, um die „Erwählten Gottes" in ihrem Sinne zu motivieren und zu Handhaben.

Und eben diese Tendenz, die gesamte Lebenswirklichkeit der Gläubigen, ja das ganze Weltgeschehen in biblisch-mythischer Begrifflichkeit an die Wand zu malen, vermochte auch alltäglich-profane Vorgänge in genau dieses Licht hineinzuziehen! Zudem wirkten spezifisch neuapostolische Wortbilder (1984 im Bischoff-Verlag als Broschüre „Glaubensbezogener Wortschatz" herausgegeben) als gewollte Betonung der Trennlinie zwischen drinnen und draußen, wobei das so beförderte Distanzgefühl zur (satanisch beherrschten) *Welt* den Bindungseffekt nach innen hin noch stabilisierte. Eine Perspektive, die vor allem von einfacheren oder noch jungen Geschwistern, wie etwa der glaubenseifrigen 17-jährigen Ilse oder Robert selbst, als folgerichtig, schrift- und zeitgemäß empfunden wurde. Aber auch Frank, jetzt intensiv mit Abiturarbeiten befasst, sowie etliche als glaubensstark geltende Amtsbrüder und Geschwister befleißigten sich, selbst gewöhnliche Alltagserfahrungen in diese Kategorien einzuordnen: Das beste Indiz, dass man sich mit dem von *oben* kommenden Erkenntnisstand ganz und gar auf einer Linie befand.

Doch gab es auch Geschwister, nicht selten Frauen, die sich davon nicht beeindrucken ließen. Ob nun aufgrund eher sinnlicher, familiärer Neigungen, einer mehr nüchternen mentalen Verfassung – vielleicht, weil ihnen die ganze apokalyptische Weltdeutung zu verschroben war und die maskuline Dominanz einfach nur lebensfremd und supekt ...? Bei den *Treuen* jedenfalls kamen solche schnell in den Geruch von Offenbarung 3, 16:

„...Weil du aber lau bist und weder kalt noch warm,
werde ich dich ausspeien aus meinem Munde ..."

Ein Grund, weshalb „Laue" oft unverhohlen beobachtet und beargwöhnt wurden.

Überhaupt wurde dem Grunde nach alles, was sich nicht dem Schema endzeitlicher Bedrohung einfügte, jedes Anzeichen einer positiven wirtschaftlichen, politischen oder kulturellen Entwicklung, ausgeblendet, relativiert oder diskreditiert: ob die spürbaren Fortschritte der sozialen Marktwirtschaft, der Beitritt der Bundesrepublik (BRD) zur Westeuropäischen Union (WEU) oder in nur 35 Sekunden mit dem neuen VW-Käfer von 0 auf 100 Stundenlilometer. Oder Juri Gagarin als erster Mensch im All, Start der Beatles in Berlin und der Beginn des II. Vatikanischen Konzils: – alles Zeichen im Sinne von 1. Thess. 5,3:

> „... Denn sie werden sagen: Es ist Friede, es hat keine Gefahr,
> so wird sie das Verderben schnell überfallen,
> gleichwie der Schmerz ein schwangeres Weib,
> und werden nicht entfliehen ..."

Und:

> „... denn ihr selbst wisset gewiß,
> daß der Tag des HERRN wird kommen
> wie ein Dieb in der Nacht ..."

Was also nach wie vor die Glaubenstreuen antrieb, Richtung und Lebendigkeit ihrer Lebensentwürfe bestimmte, waren die düsteren Grundfarben medial transportierter Wirklichkeiten – wie etwa:

... Chruschtschow, sowjetischer Partei- und Regierungschef, hämmert in UNO-Vollversammlung mit Schuh auf Rednerpult; Adolf Eichmann, NS-Buchhalter der Judenvernichtung, von israelischem Geheimdienst in Argentinien verhaftet und ein Jahr später in Jerusalem zum Tode verurteilt; Aufrüstung DDR-Volksarmee; Truppenvertrag BRD und NATO-Staaten; keine Einigung zwischen Chruschtschow und Kennedy über Berlin; DDR-Ankündigung weiterer Beschränkungen im innerdeutschen Reiseverkehr – usw. usf. ...

Entsprechend wurden gleich zu Beginn des Jahres 1961 vor allem zwei Meldungen wahrgenommen. Die erste:

Patrice Lumumba, erster Ministerpräsident des an Bodenschätzen überaus reichen Belgisch Kongo, gerade erst von der belgischen Kolonialmacht unabhängig geworden, wird infolge eines Komplotts der USA, Belgiens, se-

paratistischer Kongo-Führer und der UNO ermordet. Die Folge: Ein über Jahre erbittert geführter Sezessionskrieg.
Und zweitens: *In den USA löst drei Tage nach Lumumbas Ermordung ein junger Hoffnungsträger, der Demokrat J. F. Kennedy, den 70-jährigen Republikaner Dwight D. Eisenhower, bedeutendster US-General im Zweiten Weltkrieg, als 44. Präsident der Vereinigten Staaten von Amerika ab.*
Bereits wenige Wochen später scheiterte ein von den USA gestützter Invasionsversuch von Exil-Kubanern in der kubanischen Schweinebucht, woraufhin das kubanische Revolutionsregime Fidel Castros den engeren Schulterschluss mit dem sowjetischen Ministerpräsidenten Chruschtschow suchte: dem polternd drohenden Gegenspieler des jungen US-Präsidenten.

Nachdem bereits im Mai 1960 ein US-Spionageflugzeug über der Sowjetunion abgeschossen worden und wenig später eine Gipfelkonferenz der vier Siegermächte über den Zweiten Weltkrieg gescheitert war, zeichnete sich überall auf der Welt eine bedrohliche Zunahme der Spannungen ab. Die Militärblöcke NATO und Warschauer Pakt, atomar bis an die Zähne hochgerüstet, standen sich weltweit an zahlreichen strategischen Punkten gegenüber. Vor allem in der infolge des Viermächte-Status geteilten *Front-Stadt Westberlin!*

*

In dieser politisch instabilen und allgemein als brandgefährlich empfundenen Lage war dem in seinem Glauben verunsicherten Robert kaum bewusst, wie sehr er nach neuen Vergewisserungen Ausschau hielt. Durch die kirchliche Praxis anfällig für apodiktisches Reden und die Beschwörung einer greifbaren und grundlegenden Überwindung gesellschaftlicher Ungerechtigkeiten, öffnete er sich für NS-affine Parolen, wie sie seit Anfang der 50er Jahre von der *Deutschen Reichspartei (DRP)* propagiert wurden:
... Ein mächtiges Deutsches Reich in den Vorkriegsgrenzen soll wieder erstehen, die Kriegsschuld-Lüge beendet, alliierte Kriegsverbrechen ebenso vor Gericht kommen wie deutsche; die NS-Zeit nicht nach Sieger-Maßstäben aufgearbeitet und die deutsche Frau in ihrer traditionellen Rolle als Mutter und Hausfrau gestärkt werden. Berufstätigkeit und das Wahlrecht für sie seien abzulehnen ...
Eine Programmatik, die dem Volksschulhorizont des sechzehnjährigen

Kaufmannslehrlings eingängig waren und seinen Vorstellungen eines auf Gerechtigkeit, Ehrsamkeit und Verlässlichkeit gründenden deutschen Vaterlandes entsprachen. Hatte er zuhause doch von klein auf gehört, dass man mit den altdeutschen Tugenden die besten Fundamente für ein ordentliches Leben habe.

Gleichzeitig löste die wegen antisemitischer Verlautbarungen und Hakenkreuz-Schmierereien inkriminierte DRP von seiner eigenen isolierenden *Sekten*-Erfahrung her einen unbewussten Solidarisierungseffekt bei ihm aus. Dazu das Emblem der Partei: Der triumphierende NS-Adler! Nur anstelle des Hakenkreuz-Ehrenkranzes jetzt ein Wappenschild mit den Reichsfarben schwarz-weiß-rot in den Klauen. Unübersehbare Anklänge zu jenen Bildern, die er zu Hause in den Wehrmachtsbüchern unzählige Male mit seinen Augen abfotografiert hatte; emotional aufgeladene Fragmente, die für ihn nach wie vor positiv besetzt sind.

Natürlich wusste er um die Unvereinbarkeit beider Weltanschauungen! Im Gottesdienst, *unter dem Wort,* spürt er sie beinahe körperlich. Doch erschienen ihm die politischen Schlagworte vital, konkret und von einer Schlüssigkeit, sodass er meinte, einen Bruch, wie er ihn in seinem Glauben erlebt hatte, hier nicht fürchten zu müssen. Und war bis da sein apokalyptisches Weltbild das beinahe einzige Kompetenzfeld seiner Kommunikations- und Akzeptanzbemühungen in Familie, Gemeinde oder unter Gleichaltrigen, so glaubte er es nun um das radikal-politische erweitert. Doch in dem Maße, wie er seine Ansichten äußerte, erfuhr er wie bisher überwiegend negative Reaktionen – von höflicher Skepsis bis hin zu schroffer Ablehnung. Entsprechend kläglich auch seine Versuche, bei dem gut drei Jahre älteren Abiturienten Kohrs oder Herrn Grünfisch Versatzstücke seiner unausgegorenen nationalistischen Weltbetrachtung anzubringen:

„... Sie haben doch nicht alle, Wegner! – Sind Sie überhaupt schon mal einem Juden begegnet ...? Und wer hat Ihnen diesen Schwachsinn von der Überlegenheit der arischen Rasse ins Hirn geblasen ...? Überhaupt den Blödsinn eines biologischen Rassegedankens ... Schon mal was von Völkerwanderung gehört, von ethnischen Durchkreuzungen und Vermischungen ...? – Und am deutschen Wesen ist die Welt ja gerade erst genesen! Das reicht doch wohl erstmal, oder ...? Mindestens für die nächsten tausend Jahre! ..."

Die durchgehende Zurückweisung seiner Ansichten, die er zunehmend nur noch als Ablehnung seiner Person zu deuten wusste, entfaltete schließlich eine neue, fatale Qualität:

... Warum versteht mich keiner ...? – Bin ich zu blöd, mich verständlich und empathisch auszudrücken ...? Oder komme ich so bescheuert rüber, dass mich niemand als Freund oder in seiner Clique haben will ...?

Interpretationen von Wahrnehmungen, die seinem Selbstbewusstsein weiter zusetzten, ihn zunehmend hinderten, unbefangen Nähe und Kontakt zu anderen Menschen aufzubauen. Allein die Vorgaben des religiösen Milieus hatten schon früh den natürlichen Drang nach kindlichem Ausprobieren kommunikativer Wechselbeziehungen begrenzt. Mehr noch: In den von der Kirche diffamierten Sektoren, wie etwa Spiel, Sport, offene Geselligkeit, Flirten oder gar erotisches Verlangen, wurden grundlegende Erfahrungen von *Versuch und Irrtum* als Entfalten freier emotionaler Kompetenz weitgehend gehemmt: *Weil es dem Seelenheil schade,* wie sie ständig hörten ... So vermochte er sich trotz endloser Gedankenexperimente auch nicht vorzustellen, wie er ein Mädchen ansprechen könnte. Allein Gesichtsausdruck, Gestik und Körpersprache waren ihm kryptische Bereiche, die ihn mehr verwirrten als ermutigten. Und dass bereits ein kleines Lächeln ihm durchaus das eine oder andere Mädchenherz zu öffnen vermöchte, das würde er, ohne dass es ihm überhaupt in den Sinn gekommen wäre, erst deutlich später bemerken.

Dazu der Schock, dass ihm die Haare ausfielen. Nicht einzeln, sondern in 5-Markstück großen Stellen, die bis auf die Kopfhaut kahl wurden. Der Hautarzt hatte gemeint, dass die Ursache sowohl eine starke seelische Erschütterung wie auch eine punktuelle Störung des Immunsystems sein könne. Erfahrungsgemäß würde sich das wieder geben. Eine Tinktur könne das unter Umständen beschleunigen. Als die Stellen aber mehr wurden und damit auch seine Verzweiflung, riet Werner ihm, sich einen Hut zu kaufen. Es war dann ein schwarzes, flaches Gebilde mit steifer, kreisrunder Krempe, mit dem er sich nach wiederholten Spiegelproben schließlich in die Öffentlichkeit traute. Doch zog er die Blicke damit nicht weniger auf sich, zumal er den Hut etwas nach rechts geneigt trug, seiner bewunderten *Zorro*-Figur nach – was ihm dann selbst zu gefallen begann.

Neue Perspektiven

Im März 1961 wurde Achim konfirmiert. Zum Essen fand sich die Familie in Wegners geräumiger Stube ein. Eine weitere Kaffeetafel mit Nachbarn und Bekannten gab es am nächsten Tag in Rauhs Stube. Dazu war auch Tante Emma erschienen, Ernas Mutter, deren Glasauge die kleineren Kinder irritierte. Des Weiteren Ernas Bruder, der gleich ihm *Robert* hieß, aber drei Jahre älter war als er, sowie die dreizehnjährige *Lore*, die wie ihr Bruder die Realschule besuchte. Seit Werners Verlobung hatte sie ihn für sich eingenommen. Etwas kleiner als er, war es ihre unbefangene Lebendigkeit, die den ganzen Reiz ihrer Persönlichkeit aufblitzen ließ. Doch wenn das glatte dunkelblonde Haar ihr meist lachendes Gesicht umwirbelte, ihre verschmitzt blinzelnden Augen auf ihn gerichtet – ja, sie ihm scherzend irgendwelche Wortbälle zuwarf, war er errötet, unfähig, sie zu ihr zurückzuspielen ...

„Und ...? – Wieder nach Hörem unterwegs ...?"

Um Haaresbreite hätte er Edchens Hinterrad gestreift, als er auf Omas Rad in einer ausgefahrenen Sandspur stehend in die Pedale trat, um an ihm vorüberzuziehen.

„Aber na klar doch ... Und du ...?" –

Anfangs hatte er zu Hause erzählt, dass er mit dem *andern* Robert verabredet sei. Es gab ja auch einiges zu bereden: ihre Ansichten über Gott und die Welt, zu Freundschaft, Liebe, Politik und macherlei mehr, das sie aneinander abzugleichen suchten.

Bis zur Barackensiedlung „Hörem" – beinahe versteckt gleich zu Beginn einer der ausgedehnten Föhrenwälder im Heidegebiet – hatte er fast zehn Kilometer zu strampeln. Doch war der Weg kurzweilig: erst im Dorf Richtung Friedhof, dann die Ziegelei und nach den holpernden Holzbohlen der Leinebrücke die Straße weiter den Fluss entlang, die alte Mühle und das Nachbardorf. Dann aber immer noch der lange, holprige Wirtschaftsweg durch die Felder, dem vor ihm aufwachsenden Wald entgegen, wo er nach weiteren zehn Minuten endlich sein Ziel erreicht haben würde.

Als er das erste Mal vor den flachen dunkelbraunen Holzbaracken stand, war seine in Werners NSU-Prinz noch kribbelnde Neugier schlagartig auf Null gesackt. Wenig später sollte er anhand von Fundamentresten, die sein Namensvetter ihm zeigte, eine Vorstellung von der Ausdehnung des vormaligen Zwangsarbeiterlagers bekommen.

Davon, wie es in der Baracke aussehen würde, hatte er sofort Bilder im Kopf: Unvermittelt war ihm *Waldemar* vor Augen gestanden; die drei engen Räume, in denen er mit seinen Eltern und seiner großen Schwester Olga gelebt hatte. Auch wusste er von Mäusen und Ratten und wie im Winter, wenn der eisige Wind heulend Schneefahnen um die Ecken geblasen hatte, die Kälte durch alle Ritzen gezogen war.

Einige umstehende Leute hatten gegrüßt, wohl aus einer der beiden nebenstehenden Baracken, und ein paar herumtollende Kinder waren sofort kreischend um sie herumgetobt. Den hiesigen Robert hatten sie vor der Tür beim Holzhacken angetroffen.

Nach ein paar Worten dann die eine Stufe, durch die etwas klemmende Brettertür, und sie standen unvermittelt in der Wohnküche, wo Frau Blischke, Erna und Lore am Küchentisch bei irgendwelchen Hausarbeiten saßen. Die Mutter mochte Anfang 50 sein. Bei nur einem Fenster, gleich neben der Tür, brannte die Deckenlampe auch tagsüber. Robert erfasste sofort, dass der Raum etwa von der Größe war, wie seinerzeit ihre Küche oben bei Knigges. Auch die andern beiden Räume waren, wie er später gewahr wurde, mit alten Möbeln ausgestattet, aber doch alles nicht weniger ordentlich und aufgeräumt als bei ihnen zu Hause. Geschlafen wurde in Feldbetten und auf einer Ausziehcouch.

Nach dem freudigen Hallo der Frauen schüttelte Robert dem hageren alten Mann, der in einem Lehnstuhl neben dem Herd saß, die schlaffe, knochige Hand. Deutlich älter als seine Frau, bemerkte Robert aber trotz des Schattens, den dessen Mützenschirm warf, den kurzen, wachen Blick, der ihn prüfend traf. Das faltige Gesicht des schwer Atmenden wurde von seinem großen, struppigen Schnauzbart beherrscht. Wie seine Frau anmerkte, mache ihm das schwüle Wetter zu schaffen.

Sie lebten hier, seit sie im Februar 1945 mit ihren vier Kindern unter schlimmsten Umständen vor den Russen aus dem *Warthegau* geflüchtet waren. Da wäre Lore noch nicht geboren und ihr Bruder knapp zwei Jahre alt gewesen. Dass sie all diese Strapazen heil überstanden hätten – so deuteten sie das mit ihren evangelisch-freikirchlichen Predigern – habe allein Gottes Schutz bewirkt! – Dafür seien sie ihm nun, da es ihnen besser ginge, auch zu allergrößtem Dank verpflichtet.

So gab es in diesem Sommer eine Reihe von Tagen, an denen die beiden Jungen durch Wald und Heide streiften, nicht ziellos, sondern dahin, wo der hiesige Robert irgendwelche Stellen wusste, die, wie er meinte, aufzusuchen sich lohne. Genügend Gelegenheit auch, gegenseitig ihre Glaubens- und Meinungsprofile abzutasten, zu erfahren, wie ihre Vorstellungen über Gott und die Welt zueinanderpassten. Dabei erwies sich das *Apostelamt*, als sperrig – vor allem dessen Anspruch, das alleinige, endzeitliche Werk Gottes zu sein. Für den freikirchlichen Freund eine Zumutung! Zumal danach alle anderen Glaubensgemeinschaften, also auch die seine, der verworfenen *Hure Babylon* zuzurechnen wären! Eine Schwelle, wie sich in der Folgezeit zeigen würde, über die ihre freundschaftliche Beziehung nicht wirklich hinauskommen würde.

Doch war es ohnehin *Lore*, die ihn in seinen Tag- und Nachtträumen immer wieder nach *Hörem* zog! So war er überaus glücklich, als er im Juni zu Ernas und Werners Hochzeit auf der schön dekorierten Tischformation, die sie aus Tapetentischen bis ins angrenzende Zimmer gebildet hatten, seine Tischkarte neben ihrer aufgestellt sah.

Derweil reihten sich die Tage und Wochen seiner Lehrzeit im Wesentlichen ungestört aneinander – abgesehen von seinem Unmut darüber, dass er auch im zweiten Lehrjahr häufig noch Lkw beladen und schwere Bohlen stapeln musste. Doch trotz des ansonsten gewöhnlichen Zeitverlaufs vermochte selbst seine Verliebtheit nicht das unruhige Grundgefühl tiefer seelischer Verunsicherung aufzulösen.

*

Irgendwann hatte ihn Arnold oder Reiner auf die abendlichen Mittelwellensendungen des „Deutschen Soldatensenders 935" sowie des „Deutschen Freiheitssenders 904" hingewiesen: zwei auf den Umsturz in der Bundesrepublik hinarbeitende *Ostzonensender*, die abends zu bestimmten Zeiten verschlüsselte Botschaften sowohl an ihre aktiven wie auch „schlafenden" Agenten in Westberlin und Westdeutschland hören ließen. Spannende, sich konspirativ anfühlende Momente, über die die Jugendlichen angeregt zu spekulieren wussten. Vor allem wenn es um Adressaten in ihrer Gegend ging: nahe Truppenübungs- und Militärflugplätze, Bundeswehr- und NATO-Standorte und womöglich auch in irgendwelchen öffentlichen Verwaltungen. Immer auch verbunden mit Appellen an die Hörer, Zahlen, Daten und Einschätzungen zu allen möglichen militärischen Komplexen an eine Privatadresse in *Burg/DDR* zu melden:

„... im Kampf für eine gerechtere, vom kapitalistischen Militarismus befreite Welt, wie sie im Arbeiter- und Bauernstaat der Deutschen Demokratischen Republik, im Verbund der sozialistischen Brudervölker, im Aufbau begriffen ist ..."

Aus einer Mischung abenteuerlicher Neugier und ziellosen Suchens, und nachdem er während eines NATO-Manövers sich die Anzahl Panzer einer britischen Kolonne notiert hatte, wagte er schließlich nach Tagen zweifelnden Abwägens ein paar Zeilen an die angegebene Adresse. Darin hatte er auch nach den Bedingungen einer regelmäßigen Zusammenarbeit gefragt und welche Vorteile und Sicherheiten man ihm für den Fall bieten könne.

Doch so gespannt er auch wartete, als Absenderadresse hatte er die seiner Lehrfirma angegeben, eine Antwort kam nicht. Dafür aber nach einigen Tagen zwei korrekt gekleidete Herren mittleren Alters, die in der Schnittholzabteilung nach ihm fragten. Dann allein mit ihm im geräumigen Treppenhausflur, wiesen sie sich als Polizeibeamte der Sektion *Staatsschutz* aus. Jedoch bereits während der Befragung des gerade sechzehn Gewordenen muss ihnen klar geworden sein, dass von diesem Knaben keinerlei Bedrohung für die Staatssicherheit zu erwarten sei. So ließen sie ihn nach einer knappen halben Stunde mit der Ermahnung zurück, künftig solche Aktionen zu unterlassen, aber auch mit der Zusage, seinem Lehrherrn von dieser törichten Episode keine Mitteilung zu machen.

Während dieser Zeit hatten sowohl die Predigten in seiner Gemeinde wie auch der Inhalt im *Kalender 1961* bei Robert das Gefühl aufkommen lassen, als suchte die Kirchenleitung nach irgendeiner Balance zwischen der nach wie vor gepredigten Naherwartung und der zusehends dominierenden Alltagsnormalität. Er registrierte das, immer noch unter dem Eindruck der Botschaftskatastrophe, als verstörend in seiner unbestimmten Suche nach einer festen Richtung für sein Denken und Streben. Aber was hätte im *Werk Gottes* auch geschehen sollen, damit er wieder fest vertrauen könnte, er wieder in Übereinstimmung käme mit dem Wort vom Altar und dem, was er in den kirchlichen Publikationen las? Er wusste es nicht. Im Gegenteil: Alles in ihm sträubte sich gegen die jetzt als Heilswahrheit manifestierte Deutung, dass der Herr seinen Willen geändert habe, wie das der neue, aber nicht öffentlich ordinierte Stammapostel am 10. Juli verkündet hatte! Oder, wie es jetzt immer häufiger hieß: – dass Gott alles das schon von *Ewigkeit her* so vorherbestimmt habe.

*

Der 13. August 1961 war ein Sonntag – ein himmelblauer, warmer Sonntag. Als Robert gegen halb zwölf im Flur seine Jacke an die Flurgarderobe hängte – den Gottesdienst hatte der Hannoveraner Schlachtermeister in seiner gewohnt rührseligen Art gehalten – vernahm er das Radio nicht wie gewohnt aus der Küche, sondern eine erregt auf und ab modulierende Reporterstimme aus der Stube. Als er die Tür öffnete, fand er Oma und Opa angespannt in den Cocktailsesseln links und rechts vom Radio, ein Flügel der Terrassentür weit aufgestellt, wie sie konzentriert der erregten Stimme lauschten.

„Was ist denn los …?", fragte er in die betroffenen Gesichter hinein.
„Sind die Russen wieder auf dem Mond gelandet …?"
„Nein –, aber in Berlin sind sie dabei, die Grenze dichtzumachen … Komm, setz dich hin und hör zu …"
Was er dann vernahm, ließ ihn sprachlos auf einen der Stühle sinken:

„… Volkspolizisten riegeln die Grenzen zum Sowjetsektor ab. Seit dem frühen Morgen wird mitten in Berlin das Straßenpflaster aufgerissen, werden Asphaltstücke und Pflastersteine zu Barrikaden aufgeschichtet, Betonpfähle eingerammt und Stacheldrahtverhaue gezogen. Fassungslos stehen sich die West-Berliner auf der einen, die Ost-Berliner und Bewohner des Umlandes auf der anderen Seite an der Sektorengrenze gegenüber. Auf der Ostseite halten Kampfgruppen und Volkspolizei die Umstehenden mit Maschinengegewehren in Schach, im von den West-Alliierten kontrollierten West-Berlin schirmt die Polizei die Grenzanlagen vor den aufgeregten Bürgern ab. Von Samstagmittag 12.00 Uhr bis Sonntagnachmittag 16.00 Uhr melden sich trotz der Absperrungsmaßnahmen noch 800 Flüchtlinge in West-Berlin. Das ´Journal der Handlung´ der Ost-Berliner Volkspolizei dokumentiert minutiös den Widerstand, die Wut und die Verzweiflung der Menschen vor allem im Ostteil der Stadt und verzeichnet die Proteste (´Provokationen´) im Westteil."

Alles das – die ganze hochexplosive Entwicklung wird die Menschen, nicht nur in Deutschland, in den nächsten Tagen in einen andauernden Erregungszustand bringen. Die Vorstellung einer Eskalation bis zum Äußersten wabert durch alle gesellschaftlichen Schichten, überzieht den Alltag spürbar mit einem Schleier der Angst. Wie die schockierenden Foto- und Fernsehreportagen zeigen, wachsen in Tag- und grell angestrahlten Nachtschichten Mauer und Todesstreifen vor den Augen der Berliner, ja der ganzen Welt, Meter für Meter zu einer unüberwindlichen Barriere empor. Nachdem in dieser Situation, grade gegen Ende des Bundestagswahlkampfs, Berlins Regierender Bürgermeister Willy Brandt US-Präsident Kennedy um Unterstützung ersucht hatte, bestimmte dieser den ehemaligen Berliner US-Militärgouverneur Lucius Clay zum Sonderbeauftragten für Berlin. Ein alter Freund, der 1948/49 mit über 20.000 US-Transportflügen sogenannter *Rosinenbomber* die sowjetische Blockade West-Berlins durchbrochen hatte. Kürzlich erst hatten die Sowjets beschlossen, die Atomversuche wieder aufzunehmen. Das waren die Vorzeichen, unter denen am 25. Oktober am Grenzpunkt „Checkpoint Charlie" amerikanische und sowjetische Panzer einander drohend gegenüberstanden.

Der Berliner Mauerbau gilt als Beginn des „Kalten Krieges", des sich weltweit hochschaukelnden Ost-West-Konflikts und damit eines exorbitanten Rüstungswettlaufs zwischen den ideologischen Blöcken. Infolgedessen setzte man sich auch in der Bundesrepublik intensiv mit den Szenarien eines Atomkrieges auseinander. Man begann Atombunker zu bauen, und der Gedanke, dass sie möglicherweise alsbald ihren Betrieb aufnehmen müssten, entfaltete sich vor nur allzu realistischem Hintergrund. Schließlich steuerte der Konflikt mit der Kubakrise im Oktober 62 einem erneuten Höhepunkt zu. Die Erlösung kam sprichwörtlich im letzten Moment, als sich die Sowjets zum Abzug ihrer auf Kuba stationierten Atomraketen bereit erklärten. Zweifellos befand sich die Welt noch nie so nah am Rande einer atomaren Katastrophe wie in jenen Augenblicken! Doch auch später kam es immer wieder zu Situationen, in denen der Konflikt weiter zu eskalieren drohte. Grund genug, regelmäßig den Ernstfall zu üben. So stapelten sich in den Arsenalen der Supermächte Nuklearwaffen, deren Zerstörungskraft sprichwörtlich jegliche Vorstellung sprengen. 1961 hatten die Sowjets ihre Superbombe „Zar" getestet, bis da die gewaltigste Bombe der Menschheitsgeschichte: Ihre Sprengkraft war mit umgerechnet 60.000 Kilotonnen TNT 4.000 Mal stärker als die der Atombombe von Hiroshima.

Während sich also alle Welt fragte, wo das enden würde, trieb den Sechzehnjährigen die Furcht um, dass das alles bereits das Vorspiel zum *Tag des Herrn* sein könnte. Denn der, wie er zur Genüge wusste, würde urplötzlich, wie ein Fallstrick über die Welt kommen. Doch er in seiner Zerrissenheit, mit all seinen zweiflerischen Fragen und Überlegungen, würde wohl kaum zum *Knäblein,* zu den 144.000 Erwählten zählen. Ein quälender Gedanke, der ihn wieder mehr auf die Wirkung von *Gnade, Vergebung* und *Abendmahl* zurückwarf. Und auf die unablässig gepredigte „Erkenntnis", dass alles Gewordene wie auch das Kommende seine Ursache letztlich doch in Gottes weiser Vorsehung habe. Der müsse man sich ganz ergeben, und selber könne man gar nichts anderes tun, als mit all seinen Kräften dem Willen Gottes zu folgen.

Als Robert sich im Sommer 62 zunehmend von dem Gedanken einer beruflichen Perspektive in der Firma zu verabschieden begann, zwang ihn das zu Überlegungen nach möglichen Alternativen. Obwohl ihm das Berufsbild an sich zusagte, fühlte er sich doch im Kollegenkreis, auch von seinen Mitlehrlingen, nicht wirklich akzeptiert. Dass das an seiner eigenen Haltung lag, war ihm längst klar. Denn gleich, ob Musik, Sport, Theater, Literatur, Kino- oder Fernseh-Highlights: – Er kann da nicht mithalten, weil das alles eben nicht *seine Welt* ist! Zudem sah er sich außerstande, so wie sie locker miteinander umzugehen – einfach nur zu plaudern, zu blödeln oder gar zu flirten. Ja, er vermochte sich nicht einmal vorzustellen, wie ein Schritt aus *seiner* Welt heraus in die ihre hinein aussehen könnte ... Ein Umstand, den er Tag für Tag schmerzlich empfand.

*

Es war Schwester Mahler, die in jenen Tagen beim Einkaufen eine Frau wegen ihres Berliner Dialekts angesprochen hatte. Wie sie dann erfuhr, wäre die mit ihrer 15-jährigen Tochter und der 75-jährigen Mutter, mit denen sie eine kleine Dachgeschosswohnung an der Hauptspraße bewohne, erst kürzlich aus der Ostzone übergesiedelt. Endlich! ... Nach vielen schlimmen Erfahrungen mit der *DDR-Staatssicherheit!* Doch selbst hier verfolge sie die Angst vor der *Stasi,* wüssten sie doch, dass deren Krakenarme sie überall, auch in der BRD, aufzuspüren vermöchten.

Oma Mahlers Einladung zu einem Gottesdienst hätte sie nur sehr zurückhaltend aufgenommen, obwohl sie sich, wie sie beklagte, hier in der fremden Umgebung doch ziemlich verlassen fühlten.

So währte es nicht lange – abends begann es bereits wieder früh zu dunkeln – bis Robert neben dem in einen langen dunklen Trenchcoat samt

Schlapphut gewandeten Bruder Plattner an der Tür der drei Frauen klingelte. Als jene Frau dann in einem der beiden Giebelfenster erschien und vernahm, dass sie von der Neuapostolischen Kirche kämen, lehnte sie auch diese Einladung ab. Außerdem wäre es ihr unangenehm, wenn um diese Uhrzeit noch jemand an ihrer Tür klingele.

Schließlich gelang dem gutaussehenden Priester Herlyn ein Besuch bei den Frauen. Doch selbst weitere Besuche, jetzt auch von Bruder Plattner und Robert, vermochten sie nicht auch nur zu einem einzigen Gottesdienst zu bewegen. Offenbar waren sie nicht in der Lage, etwas anderes zu fühlen und zu thematisieren als die Angst vor jener dunklen Macht, als die sie die *Stasi* fürchten gelernt hatten. Wie tief diese Ängste wurzelten, die selbst hier ihren Tagesablauf zu beherrschen schienen, zeigten allein schon die Reaktionen der 15-jährigen Tochter, während die dürre, verhärmte Großmutter jedes Mal das Zimmer verließ, sowie das Thema *Stasi* auch nur ansatzweise zur Sprache kam.

Da man nicht wirklich über dies Thema hinauskam, wurden die Abstände zwischen den Besuchen größer und endeten schon bald, nachdem besagte Frau geäußert hatte, dass sie, wenn überhaupt, nur noch Priester Herlyn als Gesprächspartner wünsche. Daraufhin hatte *Hannover* entschieden, dass der Kontakt abzubrechen sei. Hinter vorgehaltener Hand war dann zu vernehmen, dass man deren Stasi-Angst offenbar für paranoid hielt. Solche Leute – zumal mit politisch akzentuierten Anschuldigungen gegen irgendwelche Staatsmächte – seien untauglich für das Werk Gottes.

Für Robert, der nie zuvor derlei verängstigten Menschen begegnet war, schien das Argument ebenso fadenscheinig wie von seinem Glauben her inakzeptabel:

„Wie ...", hatte er sich entrüstet – „hört die Liebe Gottes so schnell auf? – Und ich dachte, Jesus wäre für die Mühseligen und Beladenen in die Welt gekommen ... Konnte und kann ER nicht grade auch wunde Seelen heilen ...? Oder steht selbst der allmächtige Gott Mächten, die Menschen an Leib und Seele dermaßen niederdrücken, machtlos gegenüber ...?"

Für ihn ein schreiender Widerspruch! Doch die Empörung daraus sollte in seinem Kopf-Archiv Einlass finden und sich Jahrzehnte später noch mit gleicher Schärfe wieder zu Wort zu melden.

Verliebt

Doch noch etwas völlig Unerwartetes geschah in jenem Sommer, kurz vor seinem 17. Geburtstag – etwas, das seine Befindlichkeit von einem auf den anderen Augenblick von null auf hundert hochgejagt hatte: – Er wird von einem Mädchen angesprochen ... Und bevor er sich versah, hatte er sich unsterblich verliebt!

Ihr Elternhaus stand in der neuen Siedlung, etwa an der Stelle, wo sich bis noch vor vier Jahren die bewaldeten Rodelhügel aufgeworfen hatten. Während seines abendlichen Heimwegs vom Bahnhof war ihm zuerst der rote Alfa Romeo vor dem Haus aufgefallen und dann, dass es dort einen Sohn geben müsste und noch eine deutlich jüngere Tochter mit schulterlangem, goldblondem Haar. Irgendwann hatte er sie dann richtig wahrgenommen: das hübsche Gesicht, die attraktive Figur, zumal in der luftigen sommerlichen Kleidung, und er hatte registriert, dass sie ihn ebenfalls zu bemerken schien.

Umso verwirrter war er, als sie irgendwann, als er vom Zug kam, in der Gartenpforte stand, ihn anlächelte und ihn offenbar in ein neckisches Geplänkel zu locken versuchte. Als er nur linkisch auf ihre kleinen Avancen zu reagieren vermochte, schien sie das zu belustigen.

Schließlich hatte er sich doch ein Herz gefasst und sie auf ein Eis zu Bertram eingeladen. Jetzt im Juli würde sie 14 werden und hätte noch knapp ein Jahr Volksschule vor sich. Ihre Überlegungen, wie es danach weitergehen könnte, entsprachen ihrer unbekümmerten Art, sodass etwas Konkretes noch nicht in Sicht wäre. Ihr Vater arbeite in der Reifenproduktion bei *Continental* in Hannover und wäre, wie ihr Bruder, ein ausgemachter Pferdenarr. So hielten sie zwei Reitpferde auf dem Hof ihrer Großeltern im Nachbardorf, und im Urlaub führen sie schon seit Jahren nach Italien.

Ihrer Mutter, deren Gesicht den gleichen lächelnden Charme aufwies, stand er zum ersten Mal gegenüber, als er an der Haustür läutete und nach *Margarete* fragte. Die hatte ihn dazu ermuntert, als sie sich nach einem Spaziergang wieder vor ihrer Gartenpforte verabschiedeten.

Dass sie ihn dann, ein paar Tage später, statt wie bisher mit ihm nach draußen zu gehen, zum *Platten hören* mit in ihr Zimmer nahm, hatte seine Gefühle ziemlich durcheinandergewirbelt: einerseits, weil ihm das ihrer Mutter wegen irgendwie nicht behagte und ihn andererseits der Gedanke verunsicherte, was da in ihrem Zimmers auf ihn zukommen könnte.

Zumindest die erste Besorgnis hatte sie auszuräumen gewusst: Ihre Mutter beträte ihr Zimmer nie, ohne anzuklopfen. Folglich zögerte sie nicht, seine Unsicherheit in ihrer anschmiegsamen Art auszukosten. Aber so oft sie auf der Couch auch unter die Decke schlüpften, erfuhr er doch schnell, dass es für sie eine Grenze gab, die sie auf keinen Fall überschreiten wollte. Als er sie irgendwann gefragt hatte, was sie denn in Himmels Namen an ihm fände, zumal ihm doch weder ihre Schlageridole etwas sagten noch er sonntags mit ihr tanzen ginge, wusste sie ihm mit ihrem kindlich-sibyllinischen Lächeln zu versichern, dass sie sich eben in ihn verguckt hätte ... Vielleicht auch, weil er sie ein wenig an ihr Schlageridol *Roy Black* erinnere. Zudem hielte sie ihn seiner Beredtsamkeit wegen für aufregend klug und erfahren.

Dass er sonntags am Vor- und Nachmittag zur Kirche ging, fand sie zwar komisch, doch störte es sie nicht weiter, da sie sich ja anschließend trafen und dazu auch noch in der Woche. Sein Versuch, irgendwie das Thema *Glauben* zur Sprache zu bringen, hatte sie eher belustigt, als dass sie darauf eingegangen wäre. Schließlich war ihm klar geworden, dass sie sich um nichts in der Welt aus ihrem gerade aufblühenden Elysium, der Gefühls- und Traumwelt ihres Hier und Jetzt herausführen lassen würde.

Natürlich war er, als er sich einigermaßen sicher wähnte, mit seinem Glück auch zu Hause aufgewartet. Oma hatte nur die Augenbrauen etwas angehoben, während Opa meinte:

„Na –, 14 ... Ist das nicht ʼn bisschen jung? ..."

Darauf hatte er etwas schnippisch gemeint, dass sie älter ja wohl von alleine werden würde. Und Werner, nachdem er sie einmal zusammen gesehen hatte, meinte, dass er mit ihr ja wohl einen tollen Fang gemacht hätte:
– Er möge nur gut darauf aufpassen ...

Karl und Gertruds Bedenken waren von ganz anderer Art. Nicht wegen irgendwelcher Vorbehalte gegen das Mädchen, das sie ohnehin nicht kannten –, sondern wegen der Brüder aus Hannover ...

„... Hast du schon mal erlebt, dass sich eine Taube mit einem Raben paart? So etwas ist in der Natur nicht vorgesehen und kann deshalb auch in der geistigen Schöpfung nicht im Willen Gottes liegen! ..."

So oder ähnlich war es ihnen schon des Öfteren zu Ohren gekommen. Zuletzt wieder, als *Ilse*, jetzt die älteste unter den Jugendlichen, unter Tränen eingeräumt hatte, dass ihr neuer Freund kein Gotteskind wäre.

Was daraus werden würde, hatte man ihr und ihrer spindeldürren Mutter vorgehalten, *das sehe man ja an den unglücklichen Verbindungen ihrer älteren Schwester! Und dass die auf diesem Wege vom Werke Gottes abge-*

kommen sei, wäre nur eine logische Folge ...

Achim, der sehr gut aussah, war mit seiner smarten Art für Mädchen immer ein potenzielles Ziel! Zwar gab's da noch keine feste Freundin, aber doch einige Kontakte, die seine Eltern eben aus diesem Grunde bedenklich fanden. Aber *die Hannoveraner* brauchten ja auch nicht alles zu wissen! ...

Ein Jahr zuvor hatte Achim auf Werners Rat hin eine Ausbildung bei der Post begonnen, die gleiche Laufbahn wie er selbst – womit Achim im Be-Begriff war, die mit Opa Fritz begonnene Postbeamtentradition fortzusetzen. In der Familie hatte man das mit Befriedigung zur Kenntnis genommen.

II.
Marinejahre

1963 – 1968

In fester Absicht zum Ziel

Der Gedanke, sich als Freiwilliger bei der Marine zu bewerben, trotz der Ablehnung infolge Farbuntauglichkeit bei Polizei und Bahn, war ihm gekommen, als er auf so etwas wie Marine-Tradition in der Familie gestoßen war: Marine-Fotos von Vater Karl und Onkel Hermann, ein jüngerer Bruder Opas, und sogar noch von irgendeinem Ur-, Urgroßvater in königlich-preußischer Marineuniform. Während in der Familie noch das Für und Wider abgewogen wurde, war Priester Herlyn davon überhaupt nicht angetan! Wie Werner Jahrgang 1930, war er mit allen jungen Männern dieses Jahrgangs vom Wehrdienst freigestellt. Seine Einwände hatte er damit begründet, dass Robert zum einen in der Gemeinde als ein sich weiter festigender Mitarbeiter fehlen würde, und dann wären da auch noch die Gefahren des rauen und eher glaubensfernen Marine-Milieus: Da könne man *alles* verlieren! Doch als Robert im Januar 1963 die Einladung zu einem zweitägigen Eignungstest erhielt, überwogen Erleichterung und Freude alle Bedenken. So bestieg er am 4. Februar, einem Montag, das Zugabteil 2. Klasse, um die umständliche und durch die extremen Winterverhältnisse beschwerte Reise in die 200 km entfernte Marine-Stadt Wilhelmshaven anzutreten. Gut 100.000 Einwohner hätte die, und der im 2. Weltkrieg völlig zerstörte Kriegshafen sei bereits wieder auf dem Weg zum bedeutendsten Marine-Stützpunkt der Bundesrepublik. Die indes, wie täglich zu hören und lesen war, sähe sich wegen des akuten Ost-Westkonflikts und bestehender NATO-Verträge dringend zur militärischen Aufrüstung genötigt.

Margarete hatte seine Entscheidung betroffen, aber verständnisvoll hingenommen. Für den Fall, dass er tatsächlich angenommen werden würde, wollte er sich auf 4 Jahre verpflichten. Danach hätte er Anspruch auf eine 6-monatige Aus- oder Fortbildung und auf eine finanzielle Abfindung in Höhe von 3.000 DM – eine immerhin beträchtliche Summe! ...

„Dann werde ich eben auf dich warten ...", hatte sie seine Besorgnis zu zerstreuen versucht. In ihrer unwiderstehlichen Art wäre ihr das fast auch gelungen ...

Die zweitägige Prüfung hatte es in sich! Insbesondere der sportliche Teil, der ihn zeitweilig ans Aufgeben denken ließ. Doch alles ging gut. Nur der Gedanke an den Farbtest, der nicht mit den anderen medizinischen Untersuchungen gleich zu Beginn stattgefunden hatte, ließ ihn noch mit dem Schlimmsten rechnen.

Doch dann, gleich, nachdem die Ärztin das Zimmer betreten hatte und Robert ihr etwas von überreizten Augen wegen des blendenden Schnees erzählen wollte, ging das Telefon. Die Folge: Frau Doktor, mit dem Hintern einseitig auf den Schreibtisch platziert, verschwand geistig sonst wohin. So blieb das Umblättern der Farbtafeln ganz ihrer linken Hand überlassen, während er laut und deutlich eine richtige Antwort nach der andern herzusagen wusste.

Bevor sie nach der letzten Farbtafel das Ringbuch mit einer leichten Fingerbewegung zuschnippte, war es ihm gelungen, ein Blatt Papier über die offen daliegende Ergebnistafel zu schieben, um sich dann von ihrem für eine Sekunde zurückgekehrten Blick und der Bemerkung: „... Na, geht doch, wer sagt's denn ...!", aus dem Raum entlassen zu sehen. Ohne dass sie für diesen kleinen Durchgang ihr Telefonat auch nur einmal wirklich unterbrochen hätte.

In Einzelgesprächen sahen sich die Bewerber schließlich zwei Psychologen gegenüber, die für die Klärung ihrer Fachrichtung eingeschaltet waren.

Die Frage nach besonderen Kompetenzen, Vorlieben und Hobbys beantwortete er mit *Religion, Lesen, Politik und Laufen*. Wobei Letzteres insoweit zutraf, als er im letzten Herbst damit begonnen hatte.

Als das seiner Ansicht nach bedeutsamste Ereignis in seinem Leben, gab er an: „... Mein Eintritt in die Neuapostolische Kirche."

Auf das verwunderte „Aha ...!" dann noch die Bitte um eine etwas ausführlichere Erklärung; eine Situation, die er nicht zum ersten Mal erlebte.

Hinsichtlich der Einsatzmöglichkeiten hatte er sich anhand einiger ihm aufgezeigten Tätigkeitsmerkmale für die Fachrichtung „Radar" notieren lassen.

Am Ende der zweitägigen Prüfungssequenz erfuhren sie, dass Ihnen das Ergebnis binnen zweier Wochen zugestellt werden würde.

Während der Rückreise hatte er sich vergewärtigt, dass er auf diese Weise immerhin erstmals *echte Mariner* zu Gesicht bekommen, die Abläufe in der Kantine erfahren und tatsächlich so etwas wie Kasernenluft geschnuppert hatte. Genug, seinen Freunden daheim einen tollen Bericht abzuliefern. Zumal er überzeugt war, dass das hier für ihn in genau die richtige Richtung ginge! ...

Seine Verliebtheit in den glückvollen Sommer-, Herbst- und Wintertagen des Jahres 1962 hatten sich als wahres Elixier für sein Selbstvertrauen erwiesen. Dabei waren ihm spektakuläre Meldungen wie die Hinrichtung *Adolf Eichmanns,* das epochale Treffen *de Gaulle – Adenauer* oder das Verbluten des Mauerflüchtlings *Peter Fechter* nur verschwommen zu Bewusstsein gekommen. So vermochte ihn auch das rasche Näherrücken der Kaufmannsgehilfenprüfung, Anfang März 63, nicht mehr wirklich zu schrecken. Obwohl, wie er sehr wohl wusste, der Lehrbetrieb ihm im Bereich Warenkunde und Distributionsverfahren einiges an Ausbildung schuldig geblieben war. Schließlich hatte er ein paar Bücher gekauft und sich daraus ein gewisses Grundwissen erarbeitet. So schaffte er in Theorie und Praxis schließlich doch eine gute Drei, und auch sein Berufsschulzeugnis konnte sich letztendlich sehen lassen.
Natürlich hatte er Arnold und seinen Freunden vorher schon mit stolz geschwellter Brust verkündet, dass er gemäß Einberufungsbefehl am 01. April seine Grundausbildung im 4. Marine-Ausbildungsbataillons in Brake/Unterweser antreten würde.

Die Anreise nach Brake war für Sonntag, den 31. März angeordnet. Da schien der seit November das Land mit eisiger Faust beherrschende Winter sein Regiment bereits an die spürbar wärmende Sonne zu verlieren. Und nur ein paar Wochen weiter, würde Vater Karl mit dem Bau seines Einfamilienhauses beginnen: Eines der ersten Typenhäuser in der Siedlung, die zwischen Kasernengelände und Baggersee entstehen sollte.
Für den Freitag vor seiner Abreise hatte sich Priester Herlyn noch einmal mit ihm verabredet. Im frühen Dämmerlicht fuhren sie in seinem neuen taubenblauen DKW von Roberts Eltern langsam die zwei Kilometer zur Leinebrücke, um gleich dahinter, auf einer leicht abschüssigen Wieseneinfahrt, anzuhalten. Nach ein paar stillen Atemzügen, den Motor abgestellt, und nachdem er Robert von der Seite her gemustert hatte, hatte der 15 Jahre Ältere das Schweigen gebrochen:
„Na ja, nun ist es soweit. – Und bist du immer noch überzeugt, dass du

den richtigen Weg eingeschlagen hast ...?"

„Ja –, bin ich! ..." Etwas schnell war es ihm über die Lippen gekommen, und dazu war er dem prüfenden Blick nickend und mit weit geöffneten Augen begegnet.

„Weißt du Robert", fuhr der Ältere fort, „eigentlich ist es ja gleich, wo wir uns befinden oder was wir beruflich machen. Letztlich entscheidend ist, dass wir den Willen Gottes tun und seine Hand, die er uns in seinen Knechten reicht, nicht loslassen! – Zwar heißt es: *Wer sich in Gefahr begibt, kommt darin um*, aber der Himmlische Vater kennt ja dein Herz, und wenn du auch bei der Marine die Nähe der Knechte Gottes suchst, wird Seine Hand dich auch im Ansturm der Geistesmächte zu bewahren wissen."

Darauf hatte er nicht zu sagen gewusst; doch der vertraute, offene Blick seines priesterlichen Freundes tat ihm gut. Auch, weil er in diesem Augenblick tatsächlich so etwas wie Abschiedsschmerz fühlte. Und so berührte es ihn tief, als *Onkel Hans* ihm eine in Schweinsleder gebundene Taschen-Kon-kordanzbibel überreichte, in die er die Widmung geschrieben hatte:

1. Petrus 2,9 [9]

Dir, lieber Robert,
zur freundlichen Erinnerung
an Deinen Freund und Priester
Hans Herlyn gewidmet.

Hannover, d. 29.3.1963

Nichts hätte klarer die Stellung des *Werkes Gottes* zum allgemeinen Christentum, ja innerhalb des ganzen Weltgefüges bezeichnen können, als dieser Bibelvers! Aber damit auch Roberts Selbstverständnis, die Verpflichtung, in der er sich allen Menschen gegenüber gebunden wusste.

Kleine Fische, große Mäuler

Von Anfang an, bereits auf dem Braker Bahnhof, präsentierte sich die militärisch-maskuline Männerwelt auf einer Robert bis da wenig vertrauten Sprachebene: *Brüllwörter! – Fragmentsätze – Befehle* (fast wie Nötigungen)

– lauthals ausgestoßen, mit allem Nachdruck – *ganzkörperhaft!* ...

Dann rauf auf die Lkw-Ladeflächen; dieselstinkende Rumpelfahrt, nicht allzu weit bis in den Kasernenhof. Dort offene Karrees langer zweigeschossiger Klinker-Blöcke. Vor einem von ihnen runter von den Böcken und in Zweierreihen aufgestellt: Namensappell. Zuweisung der Block- und Stubennummern. Dann elend lange Flure, hallende Stimmen und Tritte zwischen Steingutböden und hohen Decken; zu beiden Seiten Tür an Tür die Stuben, dazwischen Waffenschränke, breite Treppenaufgänge sowie lange Betonwaschtröge in großen, kahlen Waschräumen, in welche offenstehende Türen Einblick gewährten.

Stube 212. Fünf „Kameraden", alle so neu wie er. Alter Parkettboden, der zu feudeln und bohnern wäre; metallene Etagenbetten, daneben Holzkleiderspinde; in der Mitte des Raums sechs Stühle um einen Tisch herum.

Wenig später, nach dem ersten Appell auf dem Korridor: Ein *Stubenältester* wäre unter ihnen auszumachen: für die täglichen *Stubendienst-Meldungen* und, wie sie schnell lernen würden, als Sündenbock, wenn bei einer der Inspizierungen dem Diensthabenden irgendetwas gegen den Strich geht. Das aber war, wie sie ebenfalls rasch begriffen, die Regel: beim Stuben- oder Waffenreinigen, Kleiderappell oder der Geschwindigkeit, mit der bei nächtlichem Alarm sich *die Stuben* in vollständiger Kampfausrüstung marschbereit vor dem Block aufzustellen hatten.

Dann die Kleiderausgabe: eine marineblaue Tragetasche und ein Seesack, wohinein von der Socke bis zum Stahlhelm alles hineinzustopfen war, was den Marinesoldaten äußerlich vom Zivilisten unterscheidet bzw. ihn als bedeutenden Faktor der Landesverteidigung kennzeichnen soll.

In *Ausgehuniform* – im Sommer blaue Hose, weiße Bluse und weißer Mützenbezug, die andern Monate alles in Blau –, würden sie die Kaserne erst nach sechs Wochen verlassen dürfen. Bis dahin brächte man ihnen das *richtige Gehen und Grüßen* bei, infolge täglichen Übens, und zwar bis hin zum Abwinken. Das fand zumeist auf dem gepflasterten Platz zwischen den Seiten ihres U-förmigen Kasernenblocks statt oder auf dem großen Exerzierplatz, auf dem auch schon mal ein *Sikorsky*-Hubschrauber landen konnte. Dort, etwa zum Besuch eines hochrangigen Inspizienten oder dem feierlichen Abschluss der dreimonatigen Grundausbildung, marschierte dann das ganze Bataillon auf; jedes Mal ein Riesen-Tamtam vor der mit Fahnen und hohen Offizieren dekorierten Bühne. Schließlich die angetretenen Kompanien, vorneweg die mit Abzeichen, Ordensspangen und Schießkordeln geschmückten Dienstgrade, und wie dann nach gebrüllten Kommandos der ganze Zug mindestens dreimal um das große Karree herumzumarschieren hatte. Dabei mutete Robert der bundeswehrtypische Marschtritt beinahe lächerlich an: die angewinkelten Arme zu den sich endlos wiederholenden Marschklängen steif und ruckartig nach links und rechts vor das Koppelschloss geschwenkt, dem blinkenden, klingenden Schellenbaum mit stampfendem Schritt unablässig hinterher ...

Für das Einüben des zu anderen Marsch-Gelegenheiten anzustimmenden Liedgutes war ihnen ein kleines, in roten Kunststoff gefasstes Liedbüchlein ausgehändigt worden: die *Mao-Bibel* – wie sie es später nach dem Zitatenbüchlein der chinesischen Revolutionsgarden *Mao Tsetungs* nennen würden.

Ebenfalls von außerordentlicher Bedeutung: – die ihnen mit der Stubenordnung bekannt gemachten Zentimeter- und Winkelmaße für ordnungsgemäßes *Betten bauen!* Bereits kleinste Abweichungen wurden üblicherweise vom UvD (Unteroffizier vom Dienst), mit Gebrüll und dem Einreißen des mit einem Lineal mühevoll errichteten Bauwerks geahndet. Ebenso konnte sich, je nach geistiger Verfassung und situativer Gemütslage, dessen pädagogischer Rückbaureflex bis hin zum kompletten Entleeren des Kleiderspindes weiten, indem er ihn einfach vornüberkippte. Die Zeit bis zum Nachappell war in der Regel knapp. Und wenn dem Obergefreiten oder Maat danach war, würde sich das Spiel so oft wiederholen, bis sich sein Spaß daran, oder sein Frust, erschöpft hatte.

Eine Unruhe ganz anderer Art machte sich ein paar Wochen später breit, als – zunächst hinter vorgehaltener Hand – das unglaubliche Gerücht umging, dass aus den Spinden Geld geklaut würde. Verdächtigungen schürten Spannungen und Misstrauen, vor allem auf den betroffenen Stuben. Erst als nach einiger Zeit der Dieb dingfest gemacht worden war, beruhigten sich die Gemüter. Als Täter war ein Unteroffizier überführt worden, ein langer, dürrer Kerl Mitte zwanzig, dessen kumpelhafte Art ihn völlig unverdächtig erscheinen ließ. Umso größer die Erschütterung in die grundsätzliche Vertrauenswürdikeit von Vorgesetzten.

Entgegen dem anfänglichen Ausgehverbot war in begründeten Fällen das Verlassen des militärischen Geländes in Zivil gestattet: etwa zum Arzt oder auch ein Behörden- oder Kirchgang. So konnte Robert von Anfang an am Sonntagmorgen zum Gottesdienst gehen. Seinen Zivilanzug hatte er vorsorglich mitgebracht, ebenso einen Kirchenausweis.

Antreten zum Kirchgang war sonntagmorgens um 9 Uhr. Zunächst alle in

einer Reihe aufgestellt, hieß sodann das Kommando:
„Evangelische zwei Schritt vorgetreten –, katholische einen Schritt!"
Als Einziger noch in der ursprünglichen Reihe, war Robert anfangs unweigerlich Zielscheibe so geistreicher Bemerkungen wie:
„Und Sie ...? – Wohl dahin, wo das Gesangbuch Henkel hat, wie ...? Oder zwei hübsche Beine ..."
Das Kameradengelächter und dass man ihn daraufhin etwas genauer fixierte, hatte zur Folge, dass er in der Kompanie relativ schnell bekannt wurde: – *als irgend so ein komischer Vogel, der ..., na ja, weißt schon ...*
„Also, Kerl – nu sach doch mal ... Wohin gehst 'n sonntagmorgens immer? Irgend so 'ne Sekte, stimmt 's? – Biste 'n Zeuge Jehovas ...?"
Ottomar Rendel plusterte sich auf, weil er keine Ahnung hatte, dass die *Zeugen* anerkanntermaßen den Militärdienst verweigern. *Rendel*, einer auf ihrer Stube, sächselte reinstes Ostzonendeutsch. Jedenfalls, wie er bei jeder Gelegenheit vernehmen ließ, habe er einen Riesenhass auf die Kommunisten da drüben. Obwohl er, wie er zu prahlen wusste, vor ein paar Jahren dort noch irgendein Jugend-Boxmeister gewesen wäre. Entsprechend trat er auch hier äußerts impulsiv und aggressiv auf:
„Du, weißte, wenn de dich hier aufspielen willst, denn polier' ich dir mal so richtig die Fresse ...! – Glaub' bloß nicht, weil de Stubenältester bist, könnste uns hier rumkommandieren ...!"
Das war, als Heinzi Oswald, ein fröhlicher Rheinländer aus offenbar gutem Hause, kurz vor dem Stubenappell die Kameraden nochmals zur Eile gemahnt hatte.
Als Robert auf Ottos Frage mit: ... „Ne, ich bin neuapostolisch", geantwortet hatte – von den andern mit Gleichmut registriert – war der förmlich explodiert:
„Ach du Scheiße, das ist doch genau dasselbe ...! – Die Neuapostolen sind bei uns in der Zone auch immer in ihre Kirche gerannt. – Auch 'n Mädchen aus meiner Klasse – sonst 'n echt hübsches Ding ...! – Aber ich glaub', die musste wegen ihrer Eltern. Konnste überhaupt nich vernünftig mit reden ... Spinnen irgendwas von Harmagedon und Weltuntergang rum ... Allesamt nicht ganz dicht, diese Vögel ..."
Dann mit entsprechender Handbewegung und hochrotem Kopf weiter:
„So so, Freundchen –, zu der Sorte gehörste also ... Na ja, solange de uns hier nich die Taschen volllaberst, soll 's mir egal sein ..."
Robert hatte nicht die Absicht. Und von den Kameraden, mit denen er regelmäßig den Weg zur Kantine ging oder nach Dienstschluss durch das

weitläufige Kasernengelände spazierte, fragte ihn auch niemand danach. Auch nicht, als sie sich nach Ablauf der sechs Wochen in Uniform, zumeist paarweise oder in kleinen Gruppen, der kleinstädtischen Außenwelt präsentieren durften – vor allem auch der weiblichen! Um 22 Uhr war *Zapfenstreich;* spätestens bis dahin hatten sie sich formgerecht beim UvD zurückzumelden.

Margaretes Briefe, die Robert drei-, viermal die Woche erhielt und ebenso heißen Herzens beantwortete, gaben ihm das Gefühl, diesbezüglich den meisten Kameraden gegenüber im Vorteil zu sein. Besonders gegenüber dem großmäuligen Otto und einigen anderen Prahlhanseln. Zwar konnten die ihren Worten nach an jeder Hand zehn tolle Frauen haben, kamen in der Stadt jedoch selten über ein paar lärmende Kneipenbekanntschaften hinaus.

Die Gemeinde fand er in einer kleinen, kopfsteingeplasterten Gasse, wo man ähnlich wie zu Hause im Erdgeschoss eines alten Zweifamilienhauses einen Gottesdienstraum hatte. Ein paar Geschwister mehr als daheim, aber weniger Kinder und auch nur drei Jugendliche. Einer, der ebenfalls *Robert* hieß, lebte genau wie er bei seinen Großeltern. Knapp vier Jahre jünger als er selbst, machte er jedoch, je näher er ihn kennenlernte, einen tief unglücklichen Eindruck, nicht zuletzt wohl, weil er sich nicht nur von seinen Großeltern und in der Schule, sondern auch vom Vorsteher unverstanden und zurückgesetzt fühlte.

Jener Vorsteher, ein Priester namens *Erikson*, fiel allein schon wegen seiner heiser-krächzende Stimme auf: Ein Endvierziger, mittelgroß, schütter mittelblond und irgendwie schlicht, ja, herb – wie beinahe alle und alles, was er im Laufe der Zeit in der kleinen Gemeinde wahrnahm. Der Umgang mit der Marine war dem Vorsteher vertraut; mit seinem Seelsorgerausweis war ihm der Zutritt zur Kaserne jederzeit möglich.

Nachdem Robert sich in der Schreibstube die Erlaubnis eingeholt hatte, die Gottesdienste und Jugendstunden auch am Sonntagnachmittag zu besuchen, hatte das Otto vollends gegen ihn aufgebracht. Zumal Robert sich überall zurückzog, wo sich der vulgäre Kerl aufspielte, vor allem in der Kantine oder wenn abends bei Bier und Schnaps in der völlig verqualmten Bude Skat gedroschen wurde. Als Soldat im seemännischen Dienst gehörte er einer Fachrichtung an, in der laut Eignungsbeschreibung weniger – als etwa bei den Funkern, Nautikern oder in der Maschine – Intelligenz vorausgesetzt war als vielmehr Muskelkraft und Wagemut.

„Du hältst dich wohl für was Besseres, wie …?"
Nase an Nase, Atem gegen Atem starrten sie sich in die Augen.
„Aber Scheiße; 'n Arsch biste mit deiner ewigen Kirchen-Rennerei! Statt hier bei uns im Kameradenkreis mitzumachen, sonderste dich ab, hängst in der Lesestube rum und hältst dir irgendwelche bekloppten Bücher vor die Birne … – Aber eins sag' ich dir …, wenn de mir noch mal mit irgend so blöden Fremdwörtern kommst, dann haue ich dir eine rein, dass de die Engel Bass singen hörst …"
Tatsächlich hatte es bis zum Ende der Grundausbildung zwei, drei Situationen gegeben, die nur dank der Stubenkameraden nicht bis zum Äußersten gekommen waren. Und als Robert Mitte Juni während des 12-Kilometer-Gewaltmarsches in irgendeinem hitzeflimmernden Heide- und Sandgelände bewusstlos zusammengebrochen war, konnte sich Otto abends vor Häme kaum einkriegen:
„Na Wegner – da warste dem Himmel ja schon mal richtig nahe, was …? Was hättst'n deinem Gott gesagt, wenn der dich da so schlapp aus dem Staub abgeholt hätte …? – Aber der müsste das ja vorher gewusst haben: ‚Wegner, nicht mal dafür biste zu gebrauchen!', hätt' der dir vorgehalten … Und – was hat dir jetzt deine ganze Beterei genützt …?"
Dieses Kapitel jedenfalls war abgeschlossen, als sie kurz darauf ihre Kommandierungen zum 1. Juli erhielten. Wie vorgesehen würde Robert zur *Marine-Ortungsschule* (MOS) nach Bremerhaven gehen, nur rund 40 km von hier entfernt. Otto indes, der zur *Seemannschaftslehrgruppe* auf Borkum kommandiert war, hatte sich da bereits seine erste aktenkundige Verwarnung eingefangen: *wegen ungebührlichen Benehmens in der Öffentlichkeit.*

Ein lehrreicher Abschnitt

Die Marine-Ortungsschule war integrativer Teil der großen, alten Kasernenanlage der *Technischen Marineschule II* – etwa dort gelegen, wo die *Geeste,* ein ca. 25 km schiffbarer Nebenfluss der Weser, nach einer beachtlichen Schleife in den Hauptstrom mündet.
Zum Hauptbahnhof rund 1,3 km, zur neuapostolischen Gemeinde in der Bleßmann-, Ecke Rheinstraße etwa 600 Meter.
Die Verhältnisse auf der Stube entsprachen etwa denen in Brake. Nur waren sie hier sieben Mann, aber der Ton gelassener, wohl auch wegen des

überwiegend schulisch geprägten Dienstbetriebs. Das Pensum, das sie als *RD-23er*, als Radarleute in den kommenden drei Monaten zu bewältigen haben würden, war aufgeteilt in die Fächer *Radar-Technik, Ortungskunde, Physik, Meteorologie, Navigation, Sprechfunk und Morsen* sowie *Fachenglisch und Staatsbürgerkunde*. Daneben natürlich Sport und ein paar militärische Übungen. Auf den bestandenen Lehrgang würde die Beförderung zum *Gefreiten* folgen sowie eine Urkunde über die Befähigung, als *Radar-Gast* auf einem Marine-Schiff oder auf einer der Küstenfernmeldestellen Dienst tun zu können.

Aber trotz der angenehmeren Stuben- und Klassenatmosphäre monierten auch hier einige Kameraden, dass Robert sich absondere. Nicht, dass man ihm fehlende Kameradschaft oder dergleichen vorgeworfen hätte. Auch interessierte niemanden, *was* er glaubte –; es ging vielmehr um die Freizeit, die er eben nicht mit ihnen teile. Fast jede freie Minute renne er in seine Kirche. Ob es da so viele hübsche Mädchen gäbe oder irgendetwas umsonst ...? Zudem rauchte er nicht, rührte keinen Alkohol an und war weder an irgendwelchen Kneipen-, Zoten- oder wilden Mädchengeschichten interessiert. Somit hatten sie im Grunde Recht mit dem, was sie ihm vorhielten! Doch es war nun mal das Bewusstsein seiner *Erwählung* – wie zudem auch der rege, gefühlvolle Briefwechsel mit Margarete, der ihn in einen solchen Kontrast zu den Kameraden brachte. Am Deutlichsten bekam er das zu spüren, wenn der Alkoholpegel die Hemmschwelle zu überspülen begann und einige ihm unverblümt sagten, dass sie ihn für arrogant und überheblich hielten – eben für ein richtiges Arschloch also! ...

Das eingeschossige Kirchengebäude befand sich in einem gutbürgerlichen Wohnquartier und war äußerlich, obwohl aus Betonplatten hergestellt, der Mellendorfer Barackenkirche nicht unähnlich. In der Gemeinde fühlte er sich von Anfang an gut aufgenommen. Zu den Jugendstunden, anderthalb Stunden vor dem sonntäglichen Abendgottesdienst, fanden sich regelmäßig zwölf bis siebzehn Jugendliche ein, etwas mehr Jungen als Mädchen, ergänzt mitunter noch von ein, zwei Marinesoldaten. Von den 5 Priestern leitete einer als offizieller Jugendleiter die Zusammenkünfte, in denen wie zu Hause das in den Gottesdiensten Gehörte noch einmal *jugendgemäß* behandelt wurde. Das heißt, der Kontrast zur Jugend *dieser Welt* sollte anhand von Bibeltexten, Artikeln aus den Zeitschriften oder eigenen Erfahrungen verdeutlicht werden. Auch hier viel Gesang, aber auch schon eine kleine Orgel und meistens fünf, sechs Streichinstrumente. Überhaupt schien man im *Apostelbezirk Bremen* dem Musikwesen, primär dem Instrumentalspiel, mehr Bedeutung beizumessen als im Hannöverschen. So stimmte ein kleines Streichensemble auch auf die Gottesdienste ein.

Vorsteher *Hirte* Albert Kaul war Anfang 50. Ein großer, gut aussehender Mann mit dunkelbraunem, gewelltem Haar, der stets leise und bedächtig sprach. Sein Sohn Rolf, ein Jahr älter als Robert, gab unter den Jugendlichen den Ton an. Nicht zuletzt wegen seiner Schwester, der hübschen, doch etwas eitlen Rosemarie, fanden sich im Haus ihrer Eltern regelmäßig auch Brüder von der Marine ein. Bei Robert war es eher das warmherzige Wesen ihrer Mutter sowie die Hoffnung auf interessante Gespräche mit dem Vorsteher und einigen der anderen Brüder.

Allerdings wirkte sich in den Jugendstunden die Anwesenheit des Vorstehers wenig belebend aus. Seine Statements zu allen möglichen Themen waren bekannt, und die Jugendlichen hatten oft genug seine Sicht der Dinge zu hören bekommen. Egal was sie gerade umtrieb: für ihn war immer alles schon klar und entschieden; neue Aspekte und Perspektiven wurden entweder dem statischen Raster seiner Meinung eingepasst oder abgeschmettert. So suchten sich die jungen Leute Ansprechpartner, die weniger festgefahren waren und die es hier wie in einigen anderen Gemeinden Gott sei Dank auch gab.

Einer, der sich von den starren Denk- und Redemustern der meisten Amtsträger abhob, war der ortsansässige Bezirksälteste Krempatsch. Ein kleiner, schlanker Herr mit feinen Gesichtszügen, hinter dessen ausgeprägte Geheimratsecken das glatte dunkle Haar mit dem leicht gebräunten Teint harmonierte. Wie kaum ein anderer vermochte er die Jugendlichen, wie überhaupt die meisten der 80 bis 100 Gottesdienstbesucher, zu fesseln, indem er es verstand, den biblischen Jesus in die persönliche Lebenswelt seiner Zuhörer geradezu einzuzeichnen: als den im Alltag ethisch sicher vorangehenden großen Bruder und Meister! Sozusagen als unverzichtbares letztes Puzzlestück, ohne welches das eigene Lebensbild unfertig bleiben müsste. Wenige Sätze von diesem Mann nur und man wähnte die Gewissensstimme Jesu zu hören: immer seinem Mit- und Nebenmenschen zugewandt und, ohne jede Distanz, seinen bis auf den Grund dringenden Blick zu spüren. Es war seine berührende Sprache des Herzens, die wie ein wohltuendes, warmes Licht das Leben seiner Hörer auszuleuchten wusste. Leider, so empfand Robert, war dieser Älteste viel zu selten da!

Umso größer war sein Entsetzen, als er zwei Jahre später, im Oktober

1965, für drei Monate zu einem Folgelehrgang wieder nach Bremerhaven kam. Als er den Ältesten zu seiner Verwunderung als gewöhnlichen Gottesdienstbesucher in der Bank sitzen sah, musste er hören, dass der Apostel ihn ohne jede Vorankündigung suspendiert und alsbald von seinem Amt entbunden hätte. Roberts Bemühen, etwas über die Hintergründe zu erfahren, blieb erfolglos. Auch im Hause des Vorstehers wusste man nichts anderes zu bedeuten als Achselzucken und nichtssagende Blicke. Doch einem gewissen Geraune zufolge wäre er dem Apostel wohl zu lasch gewesen. Und zwar nicht allein im Hinblick darauf, was er in seinen Predigten *nicht* gesagt, ausformuliert und verarbeitet habe, sondern überhaupt seinem Wesen, seiner ganzen Art nach. So hätte er auch das gegenwärtige Wirken Gottes durch den Stammapostel und die Apostel zu wenig in den Mittelpunkt gerückt.

Dass der Bremer Apostel Schumacher seiner impulsiven Art wegen von vielen eher gefürchtet als geliebt wurde, war Robert schon vorher zu Ohren gekommen. Und auch, dass der Apostel von seinen Nachfolgern, insbesondere von den Amtsträgern, eben nichts weniger verlange als strikten, ja, unbedingten Glaubensgehorsam.

Von ganz ungewöhnlicher Art war während dieser zweiten Bremerhavener Zeit die Erscheinung des Kameradenpaars *Karl* und *Erwin*, das ebenfalls irgendwo auf dem Gelände untergebracht war. Karls Handicap bestand nicht allein in seiner Körperlänge von 2,04 Meter, sondern vor allem in Malariaanfällen, die ihn von Zeit zu Zeit mit entsetzlichen Schüttelfrostatta-cken für Tage aufs (meist zu kurze) Krankenbett warfen. Und das als Ausbilder auf dem Segelschulschiff *Gorch Fock*! – Zusammen mit Erwin, seiner 1 Meter 57 wegen ein leicht unterschätztes Kraftpaket, ergaben die beiden das, was man heute einen *Eyecatcher* nennt: ein kurioses und überall begehrtes Fotomotiv! Zudem hing dem *Kleinen* der Ruf als scharfer Hund an, als Kadettenschleifer auf Schulschiff „Deutschland", was der polnische Akzent seiner sonoren Stimme noch zu unterstreichen schien.

Bereits während seiner ersten Bremerhavener Zeit war Robert ein kleines, relativ neues Kirchengebäude aufgefallen, das er regelmäßig auf seinem Weg zum Gottesdienst passierte. Sowie er in die Straße einbog, leuchtete ihm dessen vertikales, von tiefen Rottönen durchzogenes Giebelfenster wie eine warme Einladung entgegen. Die Leute, die er dort ein- und ausgehen sah, wurden an der Tür nicht weniger herzlich begrüßt, wie er es von seiner Gemeinde her kannte. Vielleicht 50 Meter von der NAK-Kirche entfernt, stand das zierliche Gotteshaus auf der andern Straßenseite ihr gut sichtbar gegenüber. Trotzdem wusste niemand seine Frage, welcher Konfession jene Gemeinde zugehöre, zu beantworten. Lediglich der Sohn des Vorstehers murmelte etwas wie: „... wohl altapostolisch ..." Aber Genaueres wüsste auch er nicht. Schließlich fand sich sein Vater bereit, ihm genauere Auskunft zu geben. Danach wäre es eine *katholisch-apostolische Gemeinde,* jene in England wurzelnde Richtung, aus der das heutige *Werk Gottes,* die Neuapostolische Kirche, 1863 hervorgegangen sei. Allerdings hätte mit dem Tode des letzten englischen Apostels, des 1901 im 97. Lebensjahr verstorbenen *Francis V. Woodhouse,* der Heilige Geist dort sein Wirken eingestellt und fortan die Entwicklung zur Neu-apostolischen Kirche vorangetrieben. Sämtliche ursprünglichen geistlichen Gaben – insbesondere die Heilige Versiegelung, die Feier des Heiligen Abendmahls sowie das Berufen und Ordinieren von Ämtern – seien mit dem Ableben des letzten Apostels bzw. der noch von den englischen Aposteln eingesetzten Amtsträger erloschen. Folglich würde dort heutzutage – wie in den Landeskirchen – auch kein lebendiges Gotteswort verkündigt, sondern nur noch abgestandenes, geistlich totes Wasser gereicht. So verlese man lediglich Abschnitte aus der Bibel, sog. Perikopen, sowie Auszüge aus Predigten und Vorträgen der verstorbenen englischen Apostel, umrahmt von vorformulierten Gebeten, Gesängen und anderen unzeitgemäßen liturgischen Verrichtungen. Nein, Kontakte zu diesen Leuten gebe es keine, und Apostel Schumacher lege allergrößten Wert darauf, dass das auch so bleibe! Denn Gott selbst habe sie schließlich verworfen – wie einst Israel, weil sich ihr Sinn gegen das weiterführende prophetische Wort gekehrt hätte ...

Obwohl Robert einiges aus dem Religions- und Konfirmandenunterricht wusste, hatte ihn die Darstellung des Vorstehers, vor allem aber das Urteil über die quasi Mutterkirche, betroffen gemacht, ja mit Unbehagen erfüllt.

Sollte ein *Apostel Jesu* – nach eigenen Angaben von Gott als endzeitlicher *Brautwerber* und *Heilsvermittler* gesandt – sich so seiner „Mutter", seinen „älteren Brüdern" verwehren ...? – Stand dem nicht das biblische Bild von Joseph und seinen Brüdern entgegen ...? – Oder das Jesuswort:

„Richtet nicht vor der Zeit, bis dass der Herr kommt!"?

Ab da stand für ihn fest, dass er diesen Fragen entschieden nachgehen wollte!

Da lagen allerdings zwei Jahre hinter ihm, in denen er nicht allein seinen Glauben, sondern sich selbst infrage gestellt sah, und zwar mehr durch seine eigenen Wahrnehmungen als von seinen Kameraden und Vorgesetzten.

Seinen Anfang genommen hatte das im Herbst 63 mit seiner Kommandierung auf das *Schnellboot Leopard,* von dem er ein Jahr später mit einem katastrophalen Führungszeugnis auf eine Ostsee-Fernmeldestation abkommandiert worden war.

Auf schwankende Planken

Als im September 1963 auf der Ortungsschule die von allen sehnlich erwarteten Kommandierungen verlesen worden waren, hatte er rote Ohren bekommen:

„Mann, Junge – ein Bordkommando! ... Zum 3. Schnellbootgeschwader nach Flensburg ... Und du ...?" Dabei hatte er seinem Banknachbarn Bernd Kühnel, einem ruhigen, etwas pummeligen Stuttgarter, spontan auf die Schulter geklopft.

„Auch zum 3. SG., aber auf Tender Rhein ..."

„Hallo! – da werden wir uns ja wohl öfter mal über den Weg laufen ..."

Der Schwabe war einer, mit dem Robert sich bestens verstand.

Der 1. Oktober war einer jener Quartalstermine, an dem sich der ständige *Marine-Wanderzirkus* mit beachtlichem Aufwand in Bewegung setzte. Zahllose Soldaten, die mit Sack und Pack zu ihren neuen Dienststellen unterwegs waren: mit Bundeswehrbussen, per Bahn oder in privaten Pkw. So war Robert einer von denen, die sich an diesem Tag im Büro des Geschwader-Stabs, in einem der wuchtigen Klinkerblocks an der Pier des Flensburg-Mürwiker Marinehafens, *an Bord* gemeldet hatten. Irgendwann führte ein Obermaat die Neuen zu ihren Unterkünften in den *Bootsstuben,* wo sie während der Hafenliegezeiten ihre Betten und Kleiderspinde und vor allem auch Wasch- und Duschräume haben würden. Der regelmäßige Tagesdienst indes, mit Ausnahme von Sport und einigen Unterrichtseinheiten, würde an Bord stattfinden, wo sie auch die Mahlzeiten einnähmen.

Die Bootstuben waren Holzbaracken, die sich infolge des hügeligen Geländes etliche Meter über den Hafenanlagen befanden, noch hinter und oberhalb der die lange Pier säumenden Kasernenblöcke. Von hier bis zum

Schiffsanleger waren es vielleicht 300 Meter, doch von da bis zur Kantine zum Glück nicht halb so weit. In die Stadt fuhren die Busse alle halbe Stunde vom Stützpunktportal ab. Mit rund 95.000 Einwohnern schmiegt sich die Fördestadt auf dem bis zu 70 Meter über Normal-Null hohen Gelände um den südwestlichen Endzipfel der Binnenförde, bis hin zur deutschdänischen Grenze.

Von den Baracken aus war die breite und weit ins Hafenbecken hineinragende Beton-Pier gut auszumachen. Rechter Hand die markanten Aufbauten des zwei Jahre zuvor in Dienst gestellten Tenders Rhein, dem Versorgungsschiff des 3. Schnellbootgeschwaders, auf dem die Bootsbesatzungen während längerer Seefahrten duschen sowie einen Arzt oder Frisör aufsuchen konnten. Neunundneunzig Meter lang und knapp 12 Meter breit, verfügte der Versorger über 6 Kanonen, regulär 155 Mann Besatzung und war maximal 21 Knoten schnell. Gleich hinter den 13 Booten des 1. Minensuchgeschwaders festgemacht, lag er den zehn schlanken Schnellbooten der „Jaguar-Klasse" direkt gegenüber. In Dreier- und Zweierpäckchen hintereinander vertäut, rieben sich deren weiße auf- und abdümpelnde Bootskörper quietschend an den dicken Gummifendern, die die Holzboote zueinander auf Abstand hielten.

Roberts erste Schritte auf den schwankenden Planken, schon mit dem Mützenband *3. Schnellbootgeschwader* versehen, führten ihn zur Meldung beim *Wachhabenden* auf die Kommandobrücke. Danach landete allerdings sein Seesack, dem er eben durch die kreisrunde eiserne Einstiegsluke in den dunklen Bugraum folgen wollte, unversehens mit moserndem Gebrüll und gehörigem Schwung wieder an Deck ...

„Hey, Seemann ...", hört er von unten: – „... Erst 'ne Kiste Bier, dann der Sack und danach du! ..."

Das war die erste Überraschung! – Die zweite folgte, nachdem Bier, Sack und er selbst inmitten der Kameraden, alle in weiß-leinener Kluft mit Exkragen und Knoten, in dem engen Deck gelandet waren. Schon schepperte unter dem gezischten: „Achtung Bolle!" der für den Decksdienst zuständige *Bootsmann* – in dieser Funktion nur *Schmadding* genannt – über den steilen Leichtmetall-Niedergang in die Szene hinein – woraufhin die Kameraden lässig Haltung annahmen. „Bolle" war erschienen, um den Neuen zu mustern und *einzuordnen*: jener unvermittelte Faustschlag auf Roberts linkes Auge, grade als er im Begriff war, sich in das grinsende, etwas schiefe Gesicht des Bootsmanns hinein militärisch zu melden. Als er sich von der hinter ihm befindlichen Koje wieder aufrappelte, vernahm er im blitzdurchzuckten Schwarz seiner dröhnenden Benommenheit im schallenden Gelächter der Kameraden die heiser glugsende Stimme des Vorgesetzten:

„... Also Gefreiter Wegner: Willkommen an Bord! – Ich bin Bootsmann Bollmann und zuständig für den seemännischen Dienst. – Mit diesem herzlichen Begrüßungsritual empfangen wir übrigens jeden Neuen –, also bitte nicht persönlich nehmen! ... Ist auch nur, damit jeder weiß, wo hier der Hammer hängt. – Aber wer sich darüber beim Kommandanten beschweren will, kann das natürlich tun. ... Nur – raten würde ich ihm das nicht ...! So – und nun zeign´se mal, dass Se schon ´ne Flasche aufmachen können ... Ja – also, denn man Prost! ..."

Nachdem man ihm nach den ersten zwei Bieren ein kleines, an Steuerbord in die Holzvertäfelung eingelassenes Wäschefach zugewiesen hatte, gleich neben dem Niedergang über der oberen Koje – da erst nahm er ungläubig die Enge des Raums wahr: Hier also würde er sich ab sofort unter den von ihm noch nicht einzuschätzenden elf Kameraden einzurichten haben ...

Der sich zur Bugspitze hin verjüngende Raum – wegen seiner risikobehafteten Lage auch *Heldenkeller* genannt – maß der Länge nach wohl kaum fünf und an der breitesten Stelle gerade mal drei Meter. An beiden Außenbordseiten in Richtung Bugspitze je zwei feste Kojen hintereinander, deren Rücklehnen, an der Wand in Scharnieren fixiert und zum Schlafen vorderseitig an Ketten hochgehägt, je zwei weitere Kojen ergaben. Dazu vier Notkojen: auf Metallrahmen fixierte Matratzen, alle in einem festen olivgrünen Kunststoffüberzug, die etwa parallel zu den oberen Betten an Ketten von der Decke herabzulassen waren.

Die begehrtesten Kojen hatten die Jungs mit der längsten Bordzeit. Als letztem Zugang, und mit seinen 18 Lenzen überhaupt der Jüngste an Bord, hatte er sich mit der Notkoje direkt vor dem Niedergang zu begnügen. Da die jedoch bei jedem Ein- und Ausstieg ins Schwingen kam, zog er es nach zwei Tagen vor, sie zum Schlafen auf den Fußboden zu legen. Dicht an die zwei in der Mitte des Raums im Boden verschraubten Tischbeine gerückt, reichte die Bodenfreiheit immerhin aus, dass ein nächtlicher Wachgänger mit etwas gutem Willen an der Koje vorbeibalancieren konnte. Vom schmalen Mittelteil des etwa ein Meter langen Tisches hing zu jeder Seite je ein etwa 35 cm breites Seitenteil herab. Tagsüber hochgeklappt, war da-

runter Raum für zweimal zwei aufeinander gestapelte Bierkisten.
Zwischen Niedergang und der ersten Backbord-Koje ein runder Nirosta-Spucknapf von Waschbecken. Zur Körperpflege war das bisschen kalte Wasser, warmes gab es nicht, durch schnelles Vor- und Rückbewegen des rechtsseitig angebrachten Handhebels in die zugestöpselte Schüssel hochzupumpen, sodass die allmorgendliche Toilette kaum mehr als drei Minuten in Anspruch nahm.

Die Mahlzeiten wurden von den Mannschaftsdienstgraden im Achterdeck eingenommen: jenes enge Raumgefüge hinter dem langen Maschinenabschnitt, in dem ebenfalls 12 Kojen untergebracht waren, dazu zwei winzige WC-Schaps und eine Back, an der bis zu acht Mann gleichzeitig essen konnten. Gleich daneben, rechts vom Niedergang, die enge Kombüse, in welcher der Smut auf einem E-Herd mit stabiler Topf-Halteriner das Essen für die 39 Mann auch bei starkem Seegang hinzukriegen hatte.

Die 15 Unteroffiziere, Bootsleute und Offiziere waren mittschiffs untergebracht. Während die Offiziere in drei kleinen Schapps schliefen, waren die Kojen der Unteroffiziere um und über dem wuchtigen Karten- oder *Plotttisch* installiert, auf dem während der Seefahrt die eigenen und feindlichen Schiffsbewegungen dargestellt wurden. Während der Liegezeit abgedeckt, diente er auch als Esstisch. Die Speisen waren von zwei als *Backschafter* eingeteilten Mannschaftsdienstgraden in Körben von achtern herzutragen. Das hieß: von der Kombüse den steilen Aufstieg durch die enge Luke zunächst an Oberdeck, dann zwanzig Meter die Backbordreling längs, die engen Stufen zur Kommandobrücke hoch und von hier wieder den Niedergang in den Plottraum hinunter. Und das auch bei schwerster See, wenn hochschäumende Gischtbrecher Backschafter samt *Fresskorb* jeden schwankenden Meter voll unter Wasser setzten. Dass unter solchen Umständen das Essen bei *den Herren da vorne* oft abgekühlt und nicht mehr ganz trocken ankam, wurde von denen zumeist weniger den Unbilden des Wetters als den jeweiligen Backschaftern angelastet: – weil die zu blöd wären, das Essen hinreichend abzudecken und über die paar Meter schnell genug herzutransportieren ...

„... Wenn mich die Arschlöcher da unten nochmal so anmotzen, werde ich denen das nächste Mal voll in die Suppe rotzen ...", hatte Robert irgendwann den Obergefreiten Siegel schnauben gehört. Ein bulliger Zwanzigjähriger aus Mannheim, Artillerieschütze, und einer, mit dem man sich besser nicht anlegte.

Gründe, sich mit irgendjemandem anzulegen, lagen ohnehin ständig in der Luft! Zwangsläufig wohl, wo so viele junge Männer, grundverschiedene Charaktere und unterschiedlicher Bildung, auf so engem Raum miteinander auszukommen hatten – einige mit spätpubertären Attitüden offenbar noch in einer Phase, in welcher Feindbilder der eigenen Selbstfindung dienten.

In der Bord-Hackordnung standen die *Heizer* ganz unten. Jene armen Kerle, die mittschiffs unter Deck vier brüllende 3000-PS-Dieselmotoren zu warten und während der Seefahrt verlässlich auf Höchstleistung zu trimmen hatten. Wenn die dann aus der glutheißen, dröhnenden Unterwelt durch die enge Luke ans Tageslicht gekrochen kamen, ähnelten sie mit ihren großen Ohrschützern über dem verbeulten Schiffchen, Ölschlieren in Gesicht, an Overall und Händen, mehr Grubenmalochern als dem Typus *schneidiger S-Bootfahrer*. Und da die Ölschlieren selbst zum Essen auch mit sandiger Scheuerseife kaum zu entfernen waren, sahen sich einige ständigen Frotzeleiein von zwei, drei *Großkopferten* ausgesetzt: Kameraden, die sich wegen ihrer weißleinenen Arbeitsklamotten, ihrer Fachrichtung oder körperlichen Überlegenheit eher der Bordintelligenz zurechneten. – Aber auch zwischen den andern knisterte es hier und da. Ein Wort, und man sah in den Köpfen das Blut aufsteigen, Hände sich zu Fäusten ballen. Vor allem, wenn sie zwei, drei Wochen nicht von Bord kamen – etwa bei NATO-Manövern mit dänischen oder norwegischen Schnellbootverbänden. Die spielten sich zumeist zwischen dem Nordzipfel Dänemarks und der Skandinavischen Halbinsel ab, im Kattegat und Skagerrak, um im Ernstfall die Ostseeausgänge Öresund, Großer Belt und Kleiner Belt gegen den Austritt der Warschauer Pakt-Seestreitkräfte in die Nordsee bzw. den Atlantik zu verhindern. Da war jeder rund um die Uhr gefordert, Essen Nebensache und Schlafen nur mehr dösendes Wachen. Kein Wunder, dass Überspannung da schon mal in offene Aggression umschlug, die sich unversehens auch in Handgreiflichkeiten entladen konnte.

Die Schnellboote der Jaguar-Klasse, seit Dezember 1959 im Dienst, maßen von Bug bis Heck 42,5 Meter und an der breitesten Stelle 7,10 Meter. Die 39 Mann starke Besatzung bestand ausschließlich aus Freiwilligen. Robert hatte sich auf vier Jahre verpflichtet, andere auch auf 24 statt der 18 Monate Wehrpflicht, um einen höheren Wehrsold und bei Ausscheiden eine Abfindung in dreifacher Höhe der letzten Monatsbezüge zu bekommen.

Mit ihren insgesamt 12.000 PS brachten es die Boote auf berauschende 42 *Knoten* (bis 77 km/h), der Aktionsradius betrug bis zu 900 sm (= 1.660

km). Bewaffnung: zwei 40 mm-Flak-Geschützen, je eins auf dem Vor- und Achterdeck, sowie Torpedos, die aus vier rd. 7,5 Meter langen Rohren, Durchmesser knapp 60 cm, abzuschießen waren.

In deutschen Ostseehäfen waren drei S-Bootgeschwader a je 10 Boote stationiert, die diese Aufgabe gemeinsam mit Dänen und Norwegern wahrzunehmen hatten. Infolgedessen waren die NATO-Standards so oft wie möglich für den Ernstfall zu trainieren. Dabei liefen sie mit dem 3. SG bis Oktober 64 die Häfen Frederikshavn, Nykøbing und Kopenhagen in Dänemark sowie Stavanger, Oslo und Bergen in Norwegen an. Ebenso, während einer 10-tägigen Übung mit britischen Einheiten, die schottische Hauptstadt Edinburgh und natürlich die deutschen Ostsee-Stützpunkte Neustadt/Holstein, Kiel, Rendsburg, Kappeln/Schlei und den gerade in Bau befindlichen Stützpunkt in Olpenitz.

Die Nordsee-Stützpunkte Hörnum/Sylt und Wyk auf Föhr erreichten sie entweder, indem sie den nördlichsten Zipfel Dänemarks umfuhren oder durch den Nord-Ostsee-Kanal. Dabei erlebten sie in der Deutschen Bucht die inhaltsschwere Bedeutung des geläufigen Seemannsspruchs: *Nordsee ist Mordsee!* Für ihre hölzernen Nussschalen galt das allemal. Was sie hier erlebten, war eine andere Dimension als jene, die sie von der Ostsee her kannten! Hatten dort die Boote mit eher kurzen Wellen zu kämpfen, die bei stürmischer See Schlag auf Schlag in brodelnden Turbulenzen Bug und Heck bis zum Äußersten gegeneinander spannten und drehten, so ließ sie die Nordsee über lange, riesige Wellenberge durch hochsprühende Gischtnebel aufsteigen und in ebenso endlose Tiefen hinabtaumeln. Es dauerte seine Zeit, bis sich Kommandant und Mannschaft darauf eingestellt hatten – zumindest annähernd wie die Kameraden vom 2. SG in Wilhelmshaven, dem einzigen deutschen S-Bootgeschwader an der Nordseeküste.

Dennoch erlebte Robert seine schlimmste Seefahrt auf der Ostsee! Das war Anfang Februar 64 auf dem Weg zur dänischen Insel Bornholm, etwa zwischen dem südlichsten Zipfel Schwedens und der polnischen Küste. Ihr Auftrag: dort operierende Seestreitkäfte des feindlichen Warschauer Pakts (ostdeutsche, polnische und sowjetische) beobachten und Meldungen darüber an das Flottenkommando in Glücksburg/Flensburg absetzen.

Kennedy-Mord
eine Feindfahrt und angstvolle Fragen

Zu Beginn jener Fahrt rumorte in ihren Köpfen immer noch das Entsetzen vom 22. November 63. Gut 10 Wochen war das jetzt her.

Gegen 18 Uhr waren sie an jenem Freitag westlich vor Fehmarn vor Anker gegangen. Im Laufe des nächsten Tages Einlaufen in Flensburg: – *Wochenende!* ...

Wie bereits etliche Male, hatte Robert per Anhalter nach Hause fahren wollen. Diesmal zwar nur für gut 24 Stunden, aber er hatte Sehnsucht nach Margarete! In Uniform waren die 280 km kein Problem. Nie hatte er dafür mehr als knapp vier Stunden gebraucht, wenn jetzt das Wetter auch weniger einladend war.

Dann jedoch, kurz nach 20 Uhr, war der Hamburger Ulrich Schoenemaker wie ein Irrer den Niedergang heruntergepoltert und hatte in ihren verqualmten, lauthals blödelnden und Bier saufenden Kreis hineingebrüllt:

„... Schalt' den Lautsprecher ein, schalt' doch mal den Lautsprecher ein! – Leute, Kennedy ist tot! ... Gerade eben haben sie Präsident Kennedy erschossen ...!"

Ungläubiges Frotzeln zunächst: „... Komm, lass' den Scheiß!" – Aber dann, nach den ersten Sprechfetzen aus dem Lautsprecher, hatte es sie wie elektrisiert aus den Kojen gerissen: Stille. Konzentriertes Lauschen ...

Doch schon bald:

„... Mein Gott ... das kann doch nicht wahr sein, oder ...!?" – „Ja und was nu ...?" – „Die Russen ... Die Russen waren das!..." – „Nu halt' doch mal die Schnauze!" – „Lee Harvey Oswald ...? –, 'n Ami...?! – Ach du Scheiße!" – „Aber das hat der doch garantiert nicht alleine gemacht ... Garantiert stecken die Russen dahinter ...!" – „Das riecht jedenfalls verdammt was nach Krieg", hatte Poldi gestöhnt: Artillerist, bordältester Mannschaftsdienstgrad, immer noch Gefreiter und, wenn er nüchtern war, ein prima Kamerad.

Da war es in Dallas/Texas kurz nach 13 Uhr.

Die hochexplosive *Kubakrise* mit dem vibrierenden Showdown zwischen dem Sowjetführer Nikita Chruschtschow und US-Präsident Kennedy lag da grade ein Jahr zurück. Noch erst vor sieben Monaten, am 26. Juni, hatte der jugendlich wirkende John F. Kennedy im Angesicht der Berliner Mauer den Sowjets und aller Welt jenen kleinen, berühmt gewordenen Satz zugerufen: „Ich bin ein Berliner!" – Ein Bekenntnis, das bei der Mehrheit der Deutschen das gute Gefühl garantierter Sicherheit ausgelöst hatte.

Dann aus dem Lautsprecher des auf- und abdümpelnden Bootskörpers die ruhige, klare Stimme des Kommandanten:

„Wie soeben vom Flottenkommando befohlen, ist mit sofortiger Wirkung eine allgemeine Landgang- und Urlaubssperre verhängt. Das gilt für alle Dienstgrade, und zwar so lange, bis ein anderslautender Befehl ergeht!"

Damit war das Wochenende gelaufen. Doch das spielte nach jener unfassbaren Nachricht, die alle schlagartig ernüchtert hatte, ohnehin keine Rolle mehr.

Irgendwann hatte jemand die Einstiegsluke geöffnet, woraufhin der dichte Qualm wie durch einen Schlot in die kalte, aufbrisende Seeluft entwichen war. Nach und nach waren sie alle an Oberdeck gekrochen. Gar nicht so sehr, um groß zu palavern, sondern eher, um bei den andern in Gesichtern und Reaktionen die Wirkung der Horrormeldung abzulesen.

In Roberts Gefühls- und Gedankenchaos indes hatte die schlimme Nachricht eine durch den Bordalltag fast schon überdeckte Scharte jäh wieder aufgerissen:

Ist es jetzt soweit …? – Ich wusste es ja, dass der Augenblick kommen würde. Aber ich hab' es verdrängt … Mitreißen lassen habe ich mich von dem gottlosen Treiben hier … Genau wie Onkel Hans es mir prophezeit hat … – Ja, ich quarze und saufe inzwischen mehr als die meisten hier an Bord … Als Jüngster! – Eine Schande, vom Kommandanten vor der ganzen Mannschaft ermahnt …! – Ob mir noch Zeit zur Umkehr bleibt …? Schließlich ist die Botschafts-Verheißung ja auch deshalb noch nicht eingetroffen, weil der Herr noch eine letzte Gnadenfrist zur Buße eingeräumt hat …

„Noch nicht bereit! …", so hätte unlängst eine Weissagung gelautet. Jedenfalls war das, zu seiner erneuten Verunsicherung, erst kürzlich im Gottesdienst verkündet worden, im ersten Stock der Mürwiker Grundschule, wo er sich hin und wieder sehen ließ.

Trotz des hin- und her wiegenden Seegangs wollten ihn später die nagenden Gedanken nicht einschlafen lassen. Auch in den nächsten Tagen verfolgten sie ihn, und als einige Kameraden seine Fahrigkeit bemerkten, nahmen die Lästereien wieder zu:

„… Du und dein Weltuntergangs-Stammapostel …", hatte der stiernackige Werner Renk lauthals geätzt und sich dann breit über den luxuriösen Lebensstil der Familie Bischoff ausgelassen: „Diese Herren Apostel samt ihren nobel ausstaffierten Damen …! Da sieht man mal, wo das Geld bleibt, das sie den einfältigen Neuaposteln aus der Tasche ziehen! Und am Schlimmsten: eben auch armen Witwen, Arbeitslosen und Kleinrentnern! Eine gewissenlose Räuberbande, die die Gutgläubigen und Ahnungslosen mit ihren religiösen Parolen besoffen labert und sich von deren Scherflein schamlos ein schönes Leben macht ..."

Der Dialekt, in dem Renk ihm seine Tiraden um die Ohren gehauen hatte, verriet seine Frankfurter Herkunft. So verstummte Roberts Widerspruch, als er vernahm, dass jener in der Ecke Sophien-/Blanchardstraße aufgewachsen und zu Hause war. Genau dort, wo die Frankfurter NAK-Kirche mit dem protzigen neoklassizistischen Säulenportal steht, das Bischoffsche Anwesen gleich nebenan.

Renk war nicht der einzige, der ihn trietzte. Er kannte das ja. Aber hier an Bord gab es kein Entrinnen. So suchte er sein Heil umso mehr in der Illusion, sich durch Anpassung und Verdrängung aus der Schusslinie schleichen zu können. Aber das funktionierte nicht. Auch nicht, als sie wieder in den Bootsstuben schliefen. So war er froh, dass er denmächst in Weihnachtsurlaub fahren durfte. Die andern wären zum Jahreswechsel dran.

Das ersehnte Treffen mit Margarete verlief allerdings anders, als er es sich ausgemalt hatte. Zwar saßen sie abends wie gewohnt in Udo Hollands *Treffpunkt,* jener windigen, weiß getünchten Behelfsheimpinte vis-à-vis zum Kasernentor, aber irgendwie schien sie ihm anders als sonst ... Trotz ihrer Lieblingsschlager, die seine 50-Pfennigstücke aus der bunt schillernden Musikbox durch die Schwaden des kleinen, rauchgeschwängerten Raums vernehmen ließen.

Dank der Soldaten war Udos *Pressluftschuppen* wie gewohnt rappelvoll. Wenn er hier ohne Margarete auftauchte, die erste Zeit stets in Marineblau, ging es nach ein paar Bier mit irgendwelchen Leuten immer schnell um Grundsätzliches: um Politik und Religion; letztlich um seine apokalyptische Weltdeutung, derentwegen es dann mitunter hoch herging. Jetzt allerdings sagte ihm ein fades Gefühl, dass möglicherweise jemand anders da wäre, der ihr leicht entzündbares Wesen für sich entfacht haben könnte ...

Dann wieder Flensburg. Sylvester 1963.

Zur Mittagszeit war er einer der Ersten, die sich im Achterschiff zum *Backen und Banken* eingefunden hatten. Zu dritt waren sie aus der Kantine gekommen, als sie schon einige Biere intus hatten.

Der Smut hatte sich ins Zeug gelegt: Neben Kartoffelsalat, Bockwürsten und Rollmöpsen würde es ein paar Schüsseln mit verschiedenen Salaten geben, auch Obst, und vorab seine beliebte Fischsuppe. Doch zunächst begann die Flasche Korn zu kreisen, und es dauerte nicht lange, bis Robert die Wirkung spürte. Er selbst merkte das daran, dass er, je mehr er versuchte, jedes einzelne Wort scharf zu artikulieren, dabei umso lauter wurde. Doch erst als er zu randalieren begann, im Begriff, auf den ihm deutlich überlegenen Frankfurter loszugehen, bändigten sie ihn zu dritt oder viert, um ihn zur Bootsstube hinaufzuschleifen, wo sie ihn mit einem Eimer vorm Bett zurückließen.

Als er gegen 18 Uhr über die voll illuminierte Pier getaumelt kam, ließ ihn die Wache jedoch nicht mehr an Bord. Frustriert und schwankend auf dem Rückweg, vernahm er von überall her, wie man lauthals dem Jahreswechsel entgegenfeierte.

Seine Erinnerungen am nächsten Morgen waren bruchstückhaft. Bei den andern weniger. So breiteten einige seinen Absturz genüsslich als eklatanten Widerspruch zu seinen vorgeblich „frommen" Maßstäben aus, was ihn umso härter traf. Selbst als ihm ähnliche Abstürze im Geschwader zu Ohren kamen, hatte das seine Selbstzweifel nicht zu mindern vermocht: *Zu oft schon* hatte er gute Vorsätze mit neuen peinlichen Kapriolen konterkariert.

*

In etwa dieser Gemütslage befand er sich, als sie jene spannungsgeladene Fahrt mit Kurs auf die dänische Ostseeinsel *Bornholm* antraten. Das Ziel also zwischen der südschwedischen und polnischen Küste bzw. etwa 70 Seemeilen (sm = 1852,0 m) nordöstlich von Rügen. Die Südküste Schwedens würden sie in einem Abstand von etwa 22 sm passieren.

Mit drei S-Booten waren sie in der stillen Finsternis jenes nasskalten Winterabends von Flensburg aus in See gestochen. Im Kielwasser des Führerbootes *Leopard*, auf dem er als Radargast fuhr, folgten *Löwe* und *Panther*.

Auf ihrem rund 450 sm langen Trip – Flensburg – Bornholm und zurück – würden sie in einigem Abstand auch wieder die „Krake" passieren. Jenes mit modernster Abhör- und Peiltechnik gespickte ostzonale Minenleg- und -Räumschiff, das zu Abhörzwecken regelmäßig 3 sm oberhalb von Fehmarn auf Position lag: 66 Meter lang, knapp 9 Meter breit und 83 Mann Kampfbesatzung. Immer ein willkommenes Ziel bundesdeutscher S-Boot-Provokationen und Adrenalin pur, wenn sie das feindliche Schiff so dicht wie möglich umkreisen, um es im aufschäumenden Kielwasser möglichst hoch auf- und abtanzen zu lassen. Längst ein eingefahrenes Spiel: schrillende Alarmglocken; die Blitzgeschwindigkeit, mit der dort die Artilleristen in die Kanonen springen und sie, die Angreifer, gefechtsbereit ins Visier nehmen. – *Chapeau!* – Jedesmal eine eindrucksvolle Demonstration maritimer Einsatzbereitschaft der anderen, der unter feindlicher Flagge fahrenden deutschen Seesoldaten.

Diesmal allerdings keine Chance dafür: Ihre Mission war streng geheim und duldete angesichts der politischen Großwetterlage keinen Zeitverlust!

Bereits kurz nachdem sie aus der Flensburger Förde kommend die offene See erreicht hatten, war es heftig aufgebrist. Heulend und schneidend kalt hatte der Nordost in Gesicht und Hände gebissen und die See, je weiter sie vom Festland weggekommen waren, sich desto ungebärdiger aufgeworfen. Bald immer wieder von harten Schlägen getroffen, durchgeschüttelt sich gegen die hohen Schaumkronen aufbäumend, kamen die Boote nur schwer voran. Bei maximal 25 Knoten (= 46,3 km/h) hatten sie allein für die 80 sm nach Fehmarn fast 6 Stunden gebraucht; von da bis nach Bornholm immer noch gut 130 sm. Und das bei zusehends schlechter werdendem Wetter!

Das Schlimmste aber war, dass sich bereits kurz vor Fehmarn auf den Booten Eis zu bilden begann. Zuerst am vorderen Geschütz und an der Vorderseite der Kommandobrücke, dann aber schnell überall, wohin die immer höher über Bord gehenden Brecher die taumelnden Boote trafen. Irgendwann waren *Löwe* und *Panther* zwischen den Wellenbergen kaum noch auszumachen. Nur ab und zu noch der schwankende Funkmast des *Löwen*; der Sichtkontakt zum *Panther* war abgerissen, und auch auf dem Radarschirm waren die drei Lichtpunkte eher zu vermuten als noch eindeutig auszumachen.

Schließlich – etwa 10 sm vor dem Nordzipfel Rügens – hatte der Schmadding mit zwei Mann in gefährlichem Einsatz auf dem immer mehr vereisenden Deck Haltetaue gespannt. Längst schon war durch alle Lautsprecher der Befehl zum Anlegen der Schwimmwesten ergangen. Nur träge noch richtete sich der Bootskörper gegen die meterhohen Wellenberge auf. Man musste nicht auf der Brücke stehen, um das wahrzunehmen. Und Robert, der sich in der abgedunkelten Operationszentrale gegen die starke Schlagseite an das fest verankerte Radargerät klammerte, vermeinte in einer der knarrenden Dreh- und Kippbewegungen gar durch die Bordwand Tageslicht gesehen zu haben ...

Und was machst du, wenn wir jetzt absaufen ...? – Lieber Gott, lass uns

hier wieder rauskommen ...! – Ich verspreche dir, dass ich mich dann ändern werde! ...
Während in diesen Sekunden allen der Atem stockte, befahl der Kommandant, die Maschinen zu stoppen. Sie würden die Fahrt abbrechen und umkehren. Das Kommando, im Verband zu fahren, wurde aufgehoben. Jeder der drei Kommandanten – alle Mitte, Ende zwanzig und im Dienstgrad Oberleutnant zur See – sollte sein Boot eigenverantwortlich nach Hause bringen.

Als sie am nächsten Abend in das relativ ruhige Fördefahrwasser einliefen, war die Besatzung einerseits froh, der bösen Eisfalle entkommen zu sein, andererseits aber, angesichts der Kapitulation vor der See, auch niedergeschlagen: – Ja, sie hatten sich besiegt gefühlt.

*

Kirchenmäßig gehörte Flensburg zum Apostelbezirk Hamburg, so wie ganz Schleswig-Holstein und Teile Niedersachsens: 239 Gemeinden, davon eine Handvoll auch in Dänemark und Norwegen. Seit 1946 war der Bezirk unter der Regie des jetzt 64-jährigen Bezirksapostels *Karl Weinmann*, der ursprünglich aus Süddeutschland stammte, aufgeblüht und gewachsen.
Die Gottesdienste besuchte Robert in der Mürwiker Grundschule, vom Hafen aus gut zu Fuß zu erreichen. Zu den Jugendstunden in der großen Kirche *Flensburg Mitte* nahm ihn zumeist irgendjemand im Auto mit.
Dass hier im Hamburger Bezirk ein anderer, freizügigerer Wind wehte als in den Apostelbezirken Hannover und Bremen, hatte er sofort bemerkt. Hier sprach man, wenn auch verhalten, tatsächlich über die *Botschaft* und ihre Nichterfüllung, traute sich auch, entsprechende Gedanken zu äußern, auch wenn sich die mit der offiziellen Version nicht deckten. Ebenso wurden andere Glaubensgemeinschaften differenzierter und weniger schroff ablehnend behandelt. Oder das Fernsehen ...
Nicht zuletzt mit Verweis auf die frühere Verteufelung auch des Radios, beeindruckten ihn hier die Argumente für einen angemessenen Umgang mit dem umstrittenen Medium. Vor allem, wenn sie aus dem Munde eines so gebildeten und konzilianten Mannes kamen, wie es der Bezirksälteste *Will Andrich* war! Und nicht einmal hatte Robert erlebt, dass sich der wache, freundliche Blick des Enddreißigers verfinstert hätte, wenn Jugendli-

che ihn um Stellungnahme zu irgendwelchen Tabu-Themen gebeten hatten – etwa Homosexualität, vorehelicher Geschlechtsverkehr, gesellschaftliche, politische oder auch Modefragen: Miniröcke; die neuen Langhaarfrisuren der jungen Männer – oder Rock- und Beatmusik.

Diese relative Offenheit war vom Bezirksapostel und leitenden Hamburger Amtsträgern – u. a. dem späteren Bischof und Hamburger Generalstaatsanwalt *Günter Wittke* – als Voraussetzung für eine aktive Auseinandersetzung mit dem Zeitgeist offenbar gewollt. Unterstrichen auch von der von Karl Weinmann verfassten historiografischen Darstellung „100 Jahre Neuapostolische Kirche 1863 – 1963", das bis da wohl einzige NAK-Geschichtswerk, das den Anforderungen seriöser Geschichtsschreibung genügt und in dem die Rolle der *katholisch-apostolischen Gemeinden* als erste Phase des „endzeitlichen" (Neu-) apostolischen Gotteswerkes gewürdigt wird. Selbst die totale Verneinung eines neuen deutschen Apostolats vonseiten der englischen Apostel wird hier nicht, wie sonst üblich, unter den Tisch gekehrt, sondern als folgenschwerer Irrtum argumentativ behandelt und bedauert. Anklänge an die judenchristliche Feindschaft gegen das neue, heidenchristliche Apostel- und Heilsverständnis des Apostels Paulus sind nicht zu übersehen.

So sehr Robert diese frische Hamburger Brise guttat, warf sie doch schnell auch die Frage nach dem stets behaupteten *Einssein im Apostelkreis* auf. Denn *das gerade,* so hörten sie stereotyp in den Gottesdiensten, wäre – noch vor den weltpolitischen Entwicklungen! – das *sicherste* Zeichen für die nahe Vollendung des Werkes Gottes und damit Rechtfertigung für die Forderung, den *Boten Gottes* lücken- und bedingungslos nachzufolgen.

Als er während dieser Zeit aus einem Brief seiner Mutter erfuhr, dass Achim Margarete im Dorf und im *Treffpunkt* wiederholt mit einem jungen Mann gesehen habe, hatte das seine Stimmung weiter in Richtung Nullpunkt gedrückt. Bei seinem nächsten Heimaturlaub hatte sie ihm dann gestanden, dass es aus mit ihnen wäre. Was er nicht wahrhaben wollte, war zur schmerzhaften Gewissheit geworden.

*

Im Mai 64 lag das Geschwader für knapp eine Woche im schottischen Edinburgh an der Pier. Nach der obligatorischen City-Sigthseeing-Tour und, zwei Tage später, einer Busfahrt über die Highlands, schließlich der Besuch einer der spektakulären Großraumdiskos. Dem Drägen einiger Kameraden folgend, hatten sie sich einer Gruppe englischer Sealords angeschlossen. Sich dort ein Mädchen zu angeln, hieß es, wäre kein Problem. Aber bereits als sich ihm draußen, vor der ausladenden Halle am Rande eines Gewerbegebiets das monotone Wummern in den Kopf bohrte, wäre er am liebsten umgekehrt. Doch die andern zogen ihn mit: in den dröhnenden Moloch hinein, in dem sich auf einer riesigen Fläche von ohrenbetäubenden Rock-Rhyth-men stimulierte Figuren zu einer wabernden, dünstenden Masse fügten. Während ihn die sich in farbig wechselnden Schwaden windenden und zuckenden Körper, die Gesichter mit beinahe zombiehaftem Ausdruck, zunächst abstießen, erlag er schließlich der mystischen Aura doch, um sich dann von ihrem Pulsschlag sonst wohin tragen zu lassen. Machtlos alle in ihm aufspringenden Prinzipien und Wahrheiten, das panische Schrillen in seinem Kopf, das im tosenden Lärm einer bis da nicht gekannten Sphäre kläglich verebbte.

Als mit einem letzten hochgezogenen Höllenschrei die vier oder fünf E-Gitarren auf der riesigen Bühnenrotunde innehielten, die Unterweltfiguren mit einer Verbeugung ihre langen Mähnen ruckartig über den Kopf warfen, war für einen Moment lang auch das körperhafte Saal-Gewoge in sich zusammengefallen: Die blicklosen Augen begannen die reale Welt, die Gesichter um sie herum wieder wahrzunehmen; die amorphe Masse zerfiel aufs Neue zur Menge autonom agierender Individuen ...

Indem er sich zu Gulden, Müller, Klatte und Betz hindurchzuwängen versuchte, sah er die gerade im Begriff, mit ihrem Schul- und Bordenglisch bei ein paar in grellen, extrem kurzen Miniröcken steckenden Schülerinnen zu landen. Doch da geriet die Masse bereits wieder kreischend in Bewegung –, nach einer 180-Grad-Drehung der großen Bühnenrotunde und kurzem, dumpfem Mikrogebrabbel, mit dem die nächste Band in farbigen Spotligths aufsteigender Nebel ihr martialisches Höllenspektakel zu entfesseln begann. Aber erst ein paar Glas *Ale*, zusammen mit Kameraden an irgendeinem der dicht bedrängten Tresen erkämpft, enthemmten Robert soweit, dass er sich mit den anderen in die wogende Menge warf, um sich mit ungelenken Bewegungen in einem Knäuel ekstatisch rockender Mädchen treiben zu lassen.

Als ihn am nächsten Morgen Klatte und einige andere wegen seines verkrampften, unkoordinierten Gehampels auf die Schippe nahmen, rief das eine in dieser Situation grotesk aufblitzende Erinnerung an Oma hervor: – nämlich wie sie ihm schon zu Kinderzeiten jedes musikalische Empfinden abgesprochen hatte. So hatte er im schottischen Edinburgh zum ersten und zum letzten Mal eine Diskothek von innen gesehen.

*

In Mürwik hatte er sich bereits im Januar bei einer Fahrschule angemeldet, obwohl er wegen der häufigen Seetörns kaum an den Unterrichten würde teilnehmen können. So hatte er sich die entsprechenden Lehrmaterialien aushändigen lassen, um – so sein ernsthafter Vorsatz – jeden freien Augenblick für die Vorbereitung auf die theoretische Prüfung zu nutzen. Auch Fahrstunden wären nur unregelmäßig und in größeren Abständen möglich. Als dann ein Prüfungstermin während einer Hafenliegezeit für Anfang April angeboten wurde, meldete er sich gegen die Bedenken des Fahrlehrers an, ohne dass er bis da auch nur eine einzige Unterrichtsstunde besucht hatte.

So war er am Abend vor der Prüfung gleich nach dem Abendessen zur Bootsstube hochgeeilt, etwa gegen halb sechs, um sich auf seiner Koje in die Unterlagen zu vertiefen. Doch die sofort zutage tretenden Wissenslücken, zumal unter dem Palaver der Stubenkameraden, bewirkten schnell ein nervöses Kribbeln im Magen, das er als aufkommendes Unbehagen registrierte. Dagegen und gegen den trockenen Gaumen half ein Flensburger *Eichebier*, wovon sie auf der Stube immer einige Kisten vorrätig hielten. Bereits nach der zweiten Flasche begann das Kribbeln in eine wohligere Befindlichkeit überzugehen.

Es war dann gegen Viertel vor neun, das Buch längst seiner Hand entglitten, als er plötzlich aus wirrer Träumerei hochgeschreckt war, um nach einem Blick auf die Uhr mit einem Satz aus der Koje zu springen: „… Ach du Scheiße – gleich neun Uhr …! – Und um neun beginnt die Prüfung …"

Ohne dass ihn jemand gebremst hätte, hatte er seine Sachen zusammengerafft und war schwankend zur Tür hinausgestürmt.

„Was ist denn mit dem los …? – Der ist doch total besoffen; wo will der denn hin? …"

„Ich glaub' zur Fahrschule … Der glaubt, es wäre morgens neun Uhr …"

Draußen von den im abnehmenden Tageslicht heller werdenden Straßenlaternen verunsichert, hatte er auf seine Frage, ob es denn morgens oder abends wäre, von einem Passanten nur einen ärgerlichen Blick geerntet.

Trotzdem war er zur Fahrschule hingestelzt, wo die Glastür, jetzt um fünf nach neun, natürlich verschlossen war.

Am nächsten Morgen, einem Samstag, war er zeitig hoch, um sich aus dem Buch noch ein paar heikle Verkehrssituationen einzuprägen. Gegen den miesen Geschmack und das typische *Eiche*-bohren im Kopf, versuchte er ein weiteres Bier – getreu dem Motto: *Womit du abends aufgehört hast, sollst du am nächsten Morgen wieder beginnen ...*

Als dann der Fahrlehrer um Punkt zehn Uhr allen elf Prüflingen die Fragebögen abgenommen hatte, war Robert, obwohl nicht ganz fertig geworden, doch guter Dinge: Hatte er doch eine ganze Reihe Antworten vom Nebentisch *übernehmen* können.

Am Mittwoch erschien der Fahrlehrer in bester Laune. Alle – bis auf einen – hätten die Prüfung bestanden! – Wer ...? – Indem er das Fragewort wie ein Gummiband dehnte, wandte er sich Robert zu: „... Tja, Herr Gefreiter, das war ja wohl nix ... Die Fragen waren in allen drei Tischreihen in unterschiedlicher Folge aufgestellt –, das hätten Sie sich ja wohl denken können, oder ...? – Na ja, aber bei der Fahne ..."

Der Kameradenspott machte ihm weniger zu schaffen als die Gedanken an seine grenzenlose Blödheit, mit der er die Sache angegangen war. Aber im Mai bestand er die Prüfung problemlos und danach auch, mit nur wenigen Schnitzern, die praktische Fahrprüfung. So konnte er am 23. Juni, wenige Tage nach seinem 19. Geburtstag, den Führerschein entgegennehmen – allerdings mit dem Appell des Fahrlehres, sich nur promillefrei hinters Steuer zu setzen! ...

Jedenfalls war er nun berechtigt, vom Moped bis zur 245er BMW, vom Trekker bis Pkw und Lkw, auch mit Hänger – mit Ausnahme von Bussen – alle Kraftfahrzeuge bis 7,5 t zu führen. Das sollte sein Selbstbewusstsein über den Augenblick hinaus spürbar anheben.

Astrid Johansson

Die ab Frühjahr 1964 laufenden See-Manöver waren nur von kurzen Liegezeiten unterbrochen. Immer wieder Artillerie- und Torpedoschießen, Angriffsformationen im Geschwaderverband, Abwehr von Luftangriffen, Havarie- und Rettungsübungen sowie NATO-weites Funk- und Navigationstraining. Einmal sogar mit den Franzosen dabei. Dabei immer wieder auch begeisternde Momente, in denen er eine Verpflichtung selbst auf *Z-ewig* unterschrieben hätte!

Anfang August war für den *Leopard* eine dreiwöchige Werftliegezeit angesagt. Doch nicht wie sonst in Bremen-Vegesack oder Rendsburg, sondern im Anschluss an ein Skagerak-Manöver in *Bergen*, der alten Hansestadt an der zerklüfteten Westküste Norwegens. Dort in *Haakonsvern*, ganz versteckt in den Felsklüften am Ende des *Grimstadfjords,* barg der größte norwegische Marinestützpunkt seine streng geheimen Anlagen, auch besagten Werftbetrieb, in riesigen Stollen, die kilometerweit in die Felsmassive hineingetrieben waren. Und zwar, wie es hieß: – *absolut atombombensicher*!

Die 15 Straßenkilometer von dort in die *regenreichste Stadt Europas* führen für Leute mit Höhenphobie über teils beängstigende Serpentinenabschnitte. Doch dafür entschädigt unter anderem die hanseatisch-maritime Atmosphäre der 250.000 Einwohner-Stadt – etwa mit den *Tyskebryggen* (der Deutsche Kai): historische Handelskontore in einer bunten Giebelreihe hölzerner Hanse-Häuser. Doch zu der Zeit, als der *Leo* dort in der Werft lag, wirkten sie heruntergekommen, was, wie sie erfuhren, auf eine verheerende Brandkatastrophe aus den 1950er Jahren zurückzuführen wäre. So tendierte die öffentliche Meinung dahin, dieses Erbstück deutscher Vergangenheit komplett abzureißen, die Erinnerung daran auszulöschen und etwas Neues zu errichten. Ein zähes Ringen, das jedoch geraume Zeit später zugunsten einer aufwändigen Restaurierung entschieden wurde.

Bergens Hafen war von je her überaus lebendig – allein schon durch Fischfang und Fischmarkt. Aber auch die Schiffe der Hurtigruten und zahlreiche andere Aktivitäten lassen ihn als das Herz der Stadt pulsieren. Sehenswert auch die Holzstabkirche aus dem frühen 13. Jahrhundert! Die war, ursprünglich 300 km nordöstlich von Bergen errichtet, als sie 1883 abgerissen werden sollte, von einem Privatmann gekauft und bei Bergen orginalgetreu wiederaufgebaut worden. Zudem ist die Stadt Ausgangspunkt der berühmten *Bergenbahn* und war seit Mitte der 60er Jahre intensiv dabei, seine kulturellen und touristischen Angebote auszubauen. Berge, Fjorde und Seeen als beeindruckende topografische Kulisse!

Aber auch immer noch waren Anzeichen alliierter Bombardements auf die deutschen Kriegsbesatzer erkennbar. So saß 19 Jahre nach der deutschen Kapitulation vielen Norwegern der Hass auf die NS-Terrorherrschaft noch tief in den Knochen. – Und jetzt wieder: *Deutsche Marineuniformen in Bergens Straßen ... Schon wieder ...!?* – Für viele Norweger ein bitterer, nicht hinnehmbarer Affront, ein rotes Tuch – vor allem für die Alten!

So hatte es gute Gründe, dass man den jungen Deutschen gewisse Verhaltensmaßregeln mitgegeben hatte. Vor allem, sich auf keinen Fall provozieren zu lassen und sich nur gruppenweise in die Stadt zu begeben. Daran, dass Leute die Straßenseite wechselten, sobald ihre Uniformen nur in Sicht kamen, hatten sie sich schnell gewöhnt. Doch fiel es ihnen schwer zu verstehen, dass der Hass aus dem vergangenen Krieg jetzt noch auflodere – gegen sie, die jungen Soldaten der demokratischen Bundesrepublik, die fest in die westliche Wertegemeinschaft integriert und mit den Skandinaviern in der NATO verbündet ist. Ein Unverständnis indes, das zweifellos in dem gesellschaftlichen Versäumnis gründete, die Nachkriegsgeneration über die Schuld der Vätergeneration aufgeklärt zu haben – im Elternhaus wie in der Schule!

Obwohl ihnen auch jüngere Menschen böse Blicke zuwarfen, waren das doch Ausnahmen. Nur einmal war Robert Zeuge geworden, wie ein junger Mann aus einer kleinen Gruppe heraus in ihre Richtung gespuckt hatte. Aber genau wie ihm und seinen Kameraden galt das Interesse der jungen Norweger eher dem Hier und Jetzt, ihrer momentanen Befindlichkeit und der Auslotung von Perspektiven in die aufscheinende Zukunft hinein.

Astrid Johansson lernte er bereits am zweiten Tag ihrer Bergen-Exkursionen kennen. In einer Eisdiele, und zwar an jener Ecke, wo das westliche Ende der Bryggen-Promenade an eine breite, rechtwinklig abgehende Grünanlage stößt, die dann gleich zum „Bryggens Museum" führt. Nur ein kleines Stück weiter, und man steht vor der zur Hansezeit deutschen Marienkirche.

Bereits als sie in Haakonsvern in den Bus gestiegen waren, hatte es Bindfäden geregnet, aber dann, an der Haltestelle Bryggen, hatte es wie aus Eimern geschüttet: – Typisch Bergen, wo es offenbar normal war, dass die Leute in Gummistiefeln durch die Stadt liefen!

Da Regenschirme für deutsche Marinesoldaten tabu waren, rannten Robert, Müller, und Betz in Richtung eben jener Eisdiele, in der sie tags zuvor zufällig gelandet waren.

Pudelnass, wie sie da hineindrängten, waren sie für die vier Mädchen im sonst leeren Raum offensichtlich eine willkommne Abwechslung. Jedenfalls setzte, nachdem sie die drei triefenden Mariner einen Moment lang stumm mit großen Augen gemustert hatten, das kichernde Getuschel umso heftiger ein. Dann verstohlende Blicke, die von Tisch zu Tisch wechselten, aufsteigendes Bauchkribbeln und bei den Mädchen kaum verhülltes Interesse, als sie mitbekamen, dass die drei ihre Cola offenbar mit irgendetwas veredelten.

Der Ausschank von Alkohol in öffentlichen Lokalen war in Norwegen streng verboten, wie in der Eisdiele auch das Rauchen. Müller hatte die Plastiktüte mit der Flasche zollfreien Whiskys zwischen seine weiten Hosenbeine gestellt, und es genügte eine kleine einladende Kopfbewegung, unterstrichen von drei süffisant grinsenden Gesichtern, um die turtelnden Mädchen herüberzulocken. Die etwas herb dreinblickende Frau hinter dem Tresen registrierte das mit deutlich missbilligenden Blicken. Aber ein paar neue Gäste lenkten sie ab, sodass sie zwar bemerkte, dass die Mädchen binnen Kurzem in immer lautere Heiterkeit verfielen, nicht aber die dafür ursächliche Veredelung ihrer Getränke.

Als sich die Gruppe irgendwann auf der Straße wiederfand, war das Schütten in ein feines Nieseln übergegangen. In gelöster Stimmung und vermittels englischer und deutscher Sprachfragmente war man übereingekommen, gemeinsam noch ein wenig die Bryggen hinauf zu flanieren, vielleicht bis zum Kino hin, um dann weiterzusehen. Von den Blicken einiger Passanten ließen die Mädchen sich nicht irritieren.

Wie zufällig waren Robert und Astrid einen Schritt hinter den anderen zurückgeblieben. Schließlich staunte er, wie sie in ihrer leicht angeschwipsten Verfassung zwar stockend, aber doch immerhin beachtliche Deutschkenntnisse hervorzukramen wusste. Später im Bus, als ihnen die winkenden Mädchen aus dem Blick gekommen waren, dachte er verwundert daran, wie noch vor wenigen Augenblicken Astrid erfreut und ohne Zögern eingewilligt hatte, sich am Samstag, in nur zwei Tagen, erneut mit ihm an den Bryggen zu treffen.

Bereits in der ersten Kinovorstellung, zu der sie ihn animiert hatte, waren sie sich nähergekommen. Danach, in einem kleinen Café, erfuhr er, dass sie 17 Jahre alt wäre, als Realschülerin derzeit eine Ausbildung zur Krankenschwester absolviere und oberhalb der Promenade, an einer kleinen Durchgangsstraße zusammen mit ihrer Mutter und dem älteren Bruder Hans ein kleines Häuschen bewohne. Wegen seines verkrüppelten rechten Arms habe der jedoch keine feste Arbeit und lebe mit von der kleinen Rente der Mutter. Eine geringfügige staatliche Unterstützung sowie ein paar Kronen aus kleineren Aushilfsarbeiten trügen mit zum Unterhalt bei.

Natürlich hatte Robert ihr auch von seiner Familie erzählt, auch von seiner derzeitigen Situation an Bord und wie schwer er sich täte, alles das mit seinem Glauben unter einen Hut zu bringen.

In ihrer warmherzigen, zugewandten Art hatte sie seinen Worten aufmerksam gelauscht und ihm überhaupt von Anfang an das Gefühl gegeben, dass er ihr lieb und wichtig wäre. Das hatte ihm außerordentlich gutgetan!

Etwas kleiner als er, das Gesicht von schulterlangem, mittelbraunem Haar umrahmt, wussten ihre wachen blauen Augen ihr Gegenüber leicht für sich einzunehmen. Auch noch bei ihrem letzten Treffen, als sein Geld nicht ausgereicht und sie die Differenz bezahlt hatte. Es war halt alles teurer als zu Hause! Aber er wusste auch, wie wenig sie als Schwesternschülerin verdiente. Und so gesellte sich zu seinem Abschiedsschmerz das Schamgefühl, sie durch seine Unachtsamkeit belastet zu haben.

Die Briefe, die dann hin und her gingen, waren lang und leidenschaftlich. Dann, kurz vor Weihnachten, war ihr beider Wunsch wahr geworden: Er konnte sie vom Hauptbahnhof Hannover abholen! Werner hatte ihm seinen NSU-Prinz geliehen. Eine ganze Woche lang würde sie bei ihm zu Hause wohnen, oben in seinem Zimmer, während er sich unten auf dem Stubensofa eingerichtet hatte. Schließlich waren alle von ihrer freundlichen, hellwachen Art angetan, die sie schnell Zugang finden ließ zu bis da fremden Menschen und Gegebenheiten. Der große Garten hatte sie fasziniert! Sie spazierten durch das Dorf und die Wiesen entlang, zum Haus seiner Eltern und zu Hoffschmitts hin – alles untermalt von seinen Erzählungen aus Kinder- und Jugendtagen. Auch Udo's *Treffpunkt* durfte nicht fehlen. Als er dort stolz seine norwegische Freundin präsentierte, trafen sie auch auf Achim mit ein paar Freunden, aber leider nicht auf Margarete, wie er insgeheim gehofft hatte. Doch nach dem dritten Bier, als der Zigarettenqualm dichter und das verquirlte Stimmengewirr lauter wurde, gab sie ihm zu verstehen, dass sie lieber gehen würde, woraufhin er sein furioses Palaver abbrach und sich widerspruchslos mit ihr auf den Heimweg begab.

Bei ihren Unterhaltungen ging es auch um aktuelle politische Themen. Etwa um den seit gut einem Jahr laufenden *Auschwitzprozess* mit seinen Ungeheuerlichkeiten. Ebenso die am 10. Dezember 64 in Oslo erfolgte Verleihung des Friedensnobelpreises an den schwarzen US-Bürgerrechtler *Martin Luther King*. Für die jungen Leute ein unglaublicher Triumph für seinen gewaltlosen Widerstand gegen die US-Rassengesetze und die täglichen Diskriminierungen farbiger US-Bürger! Und natürlich die SPD-Kanzlerkandidatur *Willy Brandts,* Westberlins Regierender Bürgermeister, der sich, im

Februar erst zum Parteivorsitzenden gewählt, während seiner Kandidatur im Fadenkreuz einer üblen Hetzkampagne sah, weil er als Widerstandskämpfer gegen die Nazis nach *Norwegen* emigriert war. Schließlich war der gebürtige *Herbert Frahm* dort maßgeblich am Aufbau und den Aktivitäten einer Widerstandszelle beteiligt. Kein Einzelfall während der Nazi-Herrschaft: – *Vaterlandsverräter oder Patriot?* ... Ein Thema, das die bundesdeutsche Gesellschaft 19 Jahre nach Kriegsende polarisierte wie kaum ein anderes.

Als Astrid ihn am Mittwochabend zu Hoffschultes begleitete, fürchtete er allerdings, dass die einfachen Verhältnisse vielleicht doch einen zu großen Kontrast bildeten zu den vollmundigen Worten, mit denen er ihr das *Werk Gottes* vor Augen gemalt hatte. Umso mehr war ihm daran gelegen, sie einmal mit in die große Kirche nach Hannover-List zu nehmen. Auch dafür lieh Werner ihm seinen Wagen. Auf seine Fragen nach ihren Eindrücken hatte sie zurückhaltend reagiert und gemeint, dass sie das Ganze noch auf sich wirken lassen müsse. Auf jeden Fall aber habe ihr der große Chor gefallen und die freudige Atmospäre in der Gemeinde. Dabei habe sie zu ihrer eigenen Verwunderung aber auch gespürt, wie sehr sie mit ihrer evangelischen Tradition verwachsen sei. Trotzdem würde es sie interessieren, ob es auch in Bergen eine neuapostolische Gemeinde gäbe.

Der Abschied von Astrid fiel allen schwer! Aber als die beiden sich auf dem Bahnsteig in Hannover in den Armen hielten, taten sie das bereits mit dem pulsierenden Gedanken, dass Robert sie im April oder Mai kommenden Jahres in Bergen besuchen würde.

*

Bereits vor Astrids Besuch, zum 1. Oktober schon, war Robert vom 3. S-Geschwader zur Marinefernmeldestelle 531 nach Dahmeshöved kommandiert worden. Sein mieses Dienstzeugnis, das ihm der *Leo*-Kommandant – zu Recht, wie er wusste – ausgestellt hatte, war ihm an die Nieren gegangen. Dies umso mehr, als ihm mit Stabsbootsmann Kragelmann, dem Leiter der 16 Mann starken Radarstelle, ein Mann begegnete, den er bereits nach zwei, drei Tagen der Kategorie Opa, Priester Kohlmann und anderer vorbildlicher Personen zugeordnet hatte.

Die Station lag in der Lübecker Bucht – an der ostholsteinischen Küste nicht ganz mittig zwischen *Großenbrode* und *Neustadt* – wo das Gelände am Abbruch der sandigen Steilküste endete. Mit ihren Ferngläsern konnten sie *drüben* das DDR-Ostseebad Kühlungsborn sehen und, je nach Wetterlage, weitere Details erblicken. Als eine von mehreren mobilen Ostsee-Radarstationen der Marine hatten sie im 24-Stunden-Schichtbetrieb sämtliche ostzonalen Schiffsbewegungen vor und in der Lübecker Bucht zu dokumentieren, durch die mitten hindurch die Staatsgrenze zur DDR verlief. Die Aufzeichnungen waren dann aus der Handkladde mit der Schreibmaschine auf NATO-Formblätter zu übertragen und unverzüglich der nächsthöheren Dienststelle zuzusenden.

Die Eintönigkeit des Dienstbetriebs während seines einjährigen Aufenthalts war vor allem von zwei aufwändigen Verlegeübungen unterbrochen worden. Das heißt, sämtliches technisches Gerät war zu nachtfinsterer Zeit abzubauen, zügig auf Lkws zu verladen, um dann mit dem kompletten Personal in Mannschaftstransportwagen die ganze Einheit an irgendeinem geheimen Planpunkt, vielleicht nach 70 – 80 Kilometern, sofort wieder aufzubauen. Kernstück war der auf vier hydraulischen Ständern ruhende *Radar-Shelter*: ein olivgrüner blechummantelter Kasten, etwa 4 m x 2,30 m und ca. 2,50 m hoch, in dem an fest installierten Sicht-, Peil- und Funkgeräten der Ortungsdienst unverzüglich wieder aufzunehmen war.

Ansonsten geschah während der Dienstroutine wenig – was dem Briefwechsel mit Astrid umso größere Bedeutung verlieh! Doch führte die reichlich bemessene Freizeit auch ihn in die heimelige Dorfkneipe, wo sie alle, mit jedem Bier und Korn mehr, um die attraktive Wirtstochter Ulrike buhlten. Aber nachdem er auch hier einmal heftig abgestürzt war, schmeckte ihm sogar, womit man ihn vorher jagen konnte – Ochsenschwanzsuppe!

Etwa um diese Zeit begann er wieder vermehrt in sich zu gehen, las viel und sinnierte in sich hinein. Bis ihn eines Tages, von einem Augenblick auf den andern, ein riesiger Katzenjammer ankam und ihn drängte, einen Gottesdienst zu besuchen. Spontan tauschte er die Wache und saß eine gute Stunde später, die er per Anhalter für die 28 km nach Neustadt gebraucht hatte, mit bewegtem Gemüt in dem ein Jahr zuvor geweihten Kirchen-Neubau. Doch was er hörte, überhaupt die ganze Atmosphäre, ließ trübe Erinnerungen und alte Fragen aufsteigen, sodass er, ungeachtet der freundlichen Ansprache durch Brüder und Geschwister, aufgewühlter als zuvor wieder auf der Station eintraf. Gerade noch rechtzeitig, bevor der Smut die Essensausgabe schließen wollte.

Astrids euphorische Reaktion auf seinen Vorschlag, sie Ende April 65 für eine Woche zu besuchen, hatte ihn in seinem Alltagstun beflügelt. Aus dem Osterurlaub heraus würde er die Reise direkt von zu Hause aus antreten.

Doch als er dann in aller Frühe mit dem Zug in Richtung Kiel gestartet war, um von dort mit der Fähre nach Oslo weiterzufahren, hatte ihm der Schaffner eröffnet, dass er im falschen Zug säße. So war er ein paar Stationen weiter mit schrecksteifen Knochen zum richtigen Gleis gehastet, wo der dampfende und ruhig vor sich hinzischende Zug noch ein paar Minuten verweilte, um dann, als er grade einen Platz gefunden hatte, abzufahren.

Oslo erreichte er am Nachmittag des nächsten Tages. Im Hauptbahnhof überlegte er, auf welcher Bank oder Nische er die Nacht verbringen könnte, da die *Bergenbahn* erst am nächsten Morgen abfahren würde. Eine Strecke, die wegen ihrer spektakulären alpinen Abschnitte jedem Norweger ein Begriff ist. Doch abends gegen 22 Uhr bugsierten ihn zwei Uniformierte auf die Straße, da der Bahnhof zur Nacht hin regelmäßig abgeschlossen würde. Die Chance, jetzt noch ein Hotelzimmer zu bekommen, hielt er für gering. Da Astrid die Gegend um den Hauptbahnhof herum aber als besonders risikoreich bezeichnet hatte, verbrachte er die Nacht auf einem stockfinsteren Parkplatz unter einem Auto. Dort war er mit dem am Griff gehaltenen Koffer immer wieder für Augenblicke eingedöst, bis nach einer Ewigkeit zunehmende Verkehrsgeräusche und erste Autos, die in seiner Nähe gestartet wurden, vom beginnenden Tag kündeten. Aus seinem unmöglichen Quartier hervorgekrochen, hatte er sich auf einer Bahnhofstoilette etwas frisch gemacht, den Mantel abgeklopft und erstaunt festgestellt, dass sein brauner, knitterfreier Anzug auch diese Episode ohne irgendwelche Spuren überstanden hatte.

Bereits kurz nach Beginn der Bahnfahrt drängte sich ihm der Sinnspruch – *Der Weg ist das Ziel* – in den Kopf. Grandiose Abschnitte, die einander abwechselten: Steil abfallende bewaldete Schluchten von schwindelerregender Tiefe zur einen und zu enormer Höhe aufsteigende Felsmassive zur andern Seite ließen ihm den Atem stocken. Dann, infolge an Höhe gewinnender Streckenführung, Abfolgen von Schneeflächen, flachen Krüppelbewuchses und immer wieder zarten Grüns auf ausladenden, moosigen Hochplateaus. Dazu in den Felsen kletternde oder aufspringende Gämsen und hoch oben, unter wolkenlosem Blau Adlerpaare, die ruhig ihre Kreise zogen.

Doch bereits nach kurzer Zeit hatte sich eine wohl zwanzig Personen starke deutsche Reisegruppe im Abteil derart laut und vulgär aufgeführt, dass er jeden Anschein, er könnte dazugehören, zu vermeiden suchte. Erst als die Gruppe nach zwei Stunden den Zug verlassen hatte, war er über längere Abschnitte eingenickt.

Für die rund 450 km hatten sie etwas mehr als sieben Stunden benötigt. Kurz nach fünfzehn Uhr war der Zug mit quietschenden Bremsen in den Hauptbahnhof von Bergen eingefahren. Es war Freitag, der 26. April 1965, als sich Robert und Astrid glücklich wieder in den Armen lagen.

Bis zu ihr nach Hause waren es knapp 2 km. Obwohl es nicht regnete, nahmen sie den Bus, der sie fast bis vor die Tür des schlichten Hauses brachte. Dort, über den Dächern des kleinen Holzhaus-Ensembles, nahm er sofort die Zwillingstürme der *Marienkirken* wahr, die sie seinerzeit vom Hafen her besucht hatten. Und jetzt hier: Nur eine Reihe von Treppenstufen hinab, dann vielleicht noch 100 Meter, und schon war man da.

Frau Johansson betrat die kleine Stube erst, nachdem Astrid sie gerufen hatte. Eine kleine, schmächtige Frau mit herb-furchigem Gesicht und dünnem braunem Haar. Indem ihr Blick den jungen Deutschen eher flüchtig gestreift hatte, reichte sie ihm, mit ein paar Worten zu Astrid gewandt, zwar die Hand, jedoch ohne dass sie auch nur die Andeutung eines Lächelns gezeigt hätte. Auch nicht, als Robert eine große Schachtel Pralinen und eine Flasche guten Likörs auf den Tisch stellte. Unvermittelt hatte sie den Raum wieder verlassen, wie sie danach überhaupt Roberts Gegenwart zu meiden schien. Mit *Hans*, Astrids Bruder, der erst zum Abendbrot erschien, verhielt es sich ähnlich. Dass dabei die Sprachbarriere eine Rolle spielte, war klar, doch lag die Ursache ihrer abweisenden Haltung offenbar woanders. Als er bei Tisch wahrnahm, wie sehr Frau Johansson das familiäre Geschehen dominierte, erstaunte es ihn umso mehr, wie souverän Astrid gewisse dissonante Momente zu steuern wusste. Zum Schlafen hatte sie ihm die Stubencouch hergerichtet.

Als Robert sich nach einer knappen Woche von Frau Johansson und Hans verabschiedete, hatte sich die Atmosphäre spürbar gelöst. Mit Astrid waren es, auch bei strömendem Regen, sechs wundervolle Tage gewesen, etliche Stunden davon wieder auf *ihren* Kinoplätzen.

Eine neuapostolische Gemeinde hatten sie nicht auffinden können. Sie wollten sich, wie in den flüchtigen Dampfschwaden des abfahrtbereiten Zuges versprochen, so bald als möglich wiedersehen! Doch im Sommer wurden die Abstände zwischen Astrids Briefen größer, und in Robert stiegen trübe Ahnungen auf. Der letzte Brief kam im Oktober, während jenes zweiten Bremerhavener Lehrgangs, als Robert für sich beschlossen hatte, den Anfängen der *Apostolischen Bewegung* weiter auf den Grund zu gehen.

Landkommandos, Autos und andere Probleme

Von Januar bis Ende März 66 war er zum Unteroffizierslehrgang nach Plön kommandiert, dem sich dann jener besagte zweite Bremerhavener Lehrgang anschloss. Zu seiner Überraschung war er anschließend wieder auf den *Leopard* nach Flensburg kommandiert worden – trotz der miesen Beurteilung nach seiner Bordzeit – jetzt allerdings als *Maat,* im Range also eines Unteroffiziers. Obwohl ihn seine Erinnerungen nichts Gutes ahnen ließen, kam er doch nicht umhin, sich erneut ins Bordmilieu einzufügen.

In der Tat waren, wie er bald merkte, die Gepflogenheiten im Unteroffizierkorps, nicht wesentlich niveauvoller als bei den Mannschaften. Zudem empfand er seine Koje im Plottraum als Katastrophe! Da sie so dicht unter den darüberliegenden Warmwasserrohren und Schächten eingebaut war, war es nicht allein mühevoll hineinzukriechen, sondern er schlug, wenn er nachts hochschreckte oder raus musste, unweigerlich mit dem Kopf irgendwo gegen … Auf längere Sicht ein für ihn unakzeptabler Zustand! Außerdem wollte er auf keinen Fall wieder in den alten Sauf-Rhythmus zurückfallen. Allein wenn er an den 20. April dachte: – *Führers Geburtstag!* – Ein exzessives Blöd-Saufen, das sich offenbar jedes Jahr wiederholte. Immer waren da Kameraden, die, nicht nur *unter Strom,* dem Größenwahn des „Führers" aus ihren Köpfen Ausgang gewährten. Auch bei den Unteroffizieren!

So drohte seine distanzierte Haltung zu dieser Art von Bord-Kultur ihn erneut zu stigmatisieren. Wieder die Wahl: – *Anpassen oder Außenseiter!* – Er entschied sich für eine dritte Alternative: – *Runter von Bord!* – Und zwar so schnell wie möglich. Und um jeden Preis! …

Er war noch keine vier Wochen an Bord, als er sich an einem Freitagmorgen im Krankenrevier meldete:

„Wie lange haben Sie diese Zustände schon …?"

„Seit ich erfahren habe, dass ich wieder an Bord komme."

„Gut, gut …", so der Arzt, „aber das sind Stimmungen –, die kennen wir doch alle. Das geht vorbei … Und da muss man, ehrlich gesagt, als richtiger Kerl auch durch … – Wie alt sind ´se jetzt …?"

„Im Juni werde ich 21."

Der beleibte Endvierziger erhob sich, um sich direkt vor Robert aufzubauen:

„Jedenfalls, nach Ihrer Krankenakte sind Se kerngesund! – Auch kein Vermerk von depressiven Zuständen. Und das, was Sie hier eben vorgbracht haben, ist weiß Gott kein Grund, Sie borduntauglich zu schreiben! ..."

Indem der Stabsarzt, wohl ein Hesse, Augenbrauen und Schultern mit einem Seufzer anhob, meinte er, sich dabei mit geöffneten Handflächen wegdrehend:

„Wissen Se, wenn's danach ginge, müssten wir die halbe Flotte von Bord schicken! ... Da hat jeder mal seine Tage, und zwar ausnahmslos. Jeder! ... Also nee, das schlagen Se sich man ausm Kopf ... Sie bleiben schön auf dem Leo, und weiter geht's, junger Freund ..."

Dann im Begriff, Roberts Besuch in die Krankenakte einzutragen, sah er ungläubig auf, als er sein Gegenüber mit gesenktem Blick leise sagen hörte:

„Dann schieß' ich mir 'ne Kugel in den Kopf ... Wenn ich da nicht runterkomme, schieß' ich mir 'ne Kugel in den Kopf ...!"

Indem er das wiederholte, blickte er dem Stabsarzt offen ins Gesicht. Der, jetzt voll aufgerichtet, starrte ihn mit leicht geöffnetem Mund, den Stift noch in der Hand, entgeistert an ...

„Ja, Herr Dokta, ich mein's ernst! ...", hatte er nachgeschoben, woraufhin der sich erhoben und nach seiner Sekretärin gebrüllt hatte:

„Frau Reinhardt –, komm' Se, komm' Se ...; schreiben Sie ..."

Robert konnte gehen. Der Wirbel um den Suizid eines jungen Zerstörerfahrers war noch nicht verklungen, und die Medien bohrten nach wie vor:

Warum hatte vorher keiner was bemerkt ...? Sowas geschieht doch nicht aus heiterem Himmel ... – Was ist nur in der Bundeswehr los ...?

Nur einer von 213 bekannt gewordenen Fällen aus den Jahren von 1963 bis 1965! –

„Hat das Prinzip der Inneren Führung versagt? ..."

Fragen von höchster politischer Brisanz, die nicht nur die BILD-Zeitung stellte und die sehr wohl geeignet waren – zumal in Verbindung mit der katastrophalen Anzahl von Starfighter-Abstürzen! – der Bonner CDU/CSU-FDP -Koalition unter Kanzler Ludwig Erhard einen gravierenden Prestigeverlust einzufahren.

Die Kommandierung erreichte ihn bereits am Montag. Ab dem 1. Mai würde er auf der Marinefernmeldestelle Falshöft, an der Ostseeküste zwischen Flensburg und Eckernförde, als einer von vier Radar-Wachleitern die Einfahrt zur Flensburger Förde überwachen.

Materiell und personell war die MFmSt ähnlich ausgestattet wie Dahmeshöved. Doch gab es hier noch den Obermaaten Diestel, ein *Hessekopp* aus Hanau, unweit der Zonengrenze, der sich immer wieder mit dumpfen NS-nahen Parolen hervortat. Penetrant versuchte er jeden zu provozieren, für oder gegen seine spezielle Weltsicht Stellung zu beziehen. Nicht nur in den Arbeitspausen und nach Feierabend, sondern immer und überall, wo er auftauchte, auch bei den Mannschaften. Der Stationsleiter hatte, was das anging, schon längst resigniert. Robert hingegen, der ihn mit seinen NAK-Endzeit-Deutungen zu parieren suchte, schien ihm ein geradezu gefundenes Fressen, um so bei den Andern Zustimmung zu finden. Nur Ernst Eden, dienstältester Obermaat und ständig ein kleinwenig unter Strom, reagierte, wenn Diestel ihn um Zustimmung heischend ansah, in stets gleicher Weise: „Komm, halt die Schnauze und lass' mich mit deinem Gelaber in Ruhe!"

Und dann war da noch jener Walter Feller, ebenfalls Maat und wohl ein halbes Jahr vor Robert auf die Station gekommen. Eigentlich ein Typ, den keiner mochte: wortkarg, verdrießlich und immer darauf bedacht, dass ihm keiner zu nahekam. Doch bereits ein paar Biere trugen ihn über die Hemmschwelle – dann wurde er laut, grölte und warf dreckige Zoten in die Runde. Dazu seine Versuche, sich in einer Weise bei Untergebenen oder Dorfkrug-Stammgästen anzubiedern, die die meisten jedoch abstieß. Er selbst deutete das als Jovialität und als kameradschaftliche Begegnung auf Augenhöhe. Diese Attitüde schließlich hatte Robert verleitet, sein Angebot, ihm sein Auto für eine Wochenend-Heimfahrt zu leihen, anzunehmen. Immerhin ein ansehnlicher *DKW 3 – 6*, beigefarben, sechs Jahre alt und etwa das gleiche Modell, wie er es zu Hause bei Priester Herlyn bewundert hatte.

Die würden Augen machen! ...

Er brauche nur schriftlich zu versichern, dass er das Fahrzeug wie übernommen so auch wieder zurückgeben würde.

Obwohl einige Kameraden ihm abgeraten hatten, konnte er nicht widerstehen.

Dann, am späten Freitagnachmittag kurz vor der A7-Abfahrt Soltau, passierte, was er nicht hatte glauben wollen: Der Motor gab nach kurzem Stottern erst ein furchtbares Schnarren und danach keinen Muckser mehr von sich. Gerade noch hatte er die Ausfahrt hinausrollen können –, wobei er spürte, wie ihm alles Blut aus dem Kopf sackte.

Lieber Gott, und was jetzt ...?

Irgendwie war es ihm gelungen, zu Hause anzurufen, sodass ihn Werner mit seinem NSU Prinz die 50 km bis nach Hause vor die Werkstatt schleppte.

Am nächsten Tag die Diagnose: Motorschaden; Kolbenfresser! – Kosten: wohl deutlich über 500 D-Mark! Werner, zu dem er in letzter Zeit irgendwie auf Distanz gekommen war, würde sie ihm auslegen. Er würde sie in Raten zurückzahlen.

Im Gottesdienst bei Hoffschmitts suchte er Trost, doch was sich in ihm regte, waren vor allem Selbstvorwürfe:

Du hättest den Zehnten opfern sollen und nicht nur mal 5 oder 10 Mark, wie du dir's in letzter Zeit angewöhnt hast ... Du kennst doch das Gesetz von Aussaat und Ernte ...! Na ja – und die Gottesdienstbesuche, das Gebetsleben ... Und überhaupt, wie du dich hier und da aufgeführt hast ...

Noch am Freitagabend hatte er auf der Station angerufen und Feller informiert.

Am Sonntag dann, gleich nach dem Mittagessen, bei strahlend blauem Himmel die Rückreise per Anhalter. Obwohl es von Kameraden Hinweise gegeben hatte, dass Feller ihn gezielt in die Falle gelockt habe, ließ er die Sache auf sich beruhen. Am kommenden Wochenende würde er das Auto zurückholen.

Ob es nun das Geld war, sich von 4 auf 8 Jahre weiterzuverpflichten oder die Behauptung eines Mädchens aus der Plöner Gegend, sie erwarte ein Kind von ihm, wusste er nicht mehr zu sagen. Auf jeden Fall aber winkte eine Abfindung von rund 5.000 DM! Ein Umstand, der seine Kreditwürdigkeit bei der Sparkasse aufwertete und ihm hinsichtlich seiner Zukunftsperspektiven ein besseres Gefühl gab. Auch als er sich bald schon sein erstes Auto kaufte: einen *NSU-FIAT Neckar*, schwarz, Baujahr 1959, was seinen Aktionsradius entschieden erweiterte, und zwar, wie sich zeigen würde, mit positiven wie negativen Folgen. So beschränkten sich seine Freizeiten nun nicht mehr allein auf Station oder Dorfkneipe, sondern mit ein paar Kameraden lernte er die Strände und Kneipen der umliegenden Dörfer kennen. Dörfer mit so klangvollen Namen wie *Eskruschauby, Wackerballig, Pommerby, Dollerup, Stoltebüll, Saustrupp* oder *Schnarup-Thumby* ... Dänemark, knapp 100 Jahre zuvor noch Mutterland der Regionen Schleswig und Holstein, grüßte aus gerade mal 50 Kilometer Entfernung. So waren die engen Dorf- und Landstraßen mit ihren hohen Hecken und zahllosen, nicht einsehbaren Kurven eine Herausforderung für sich: Gegenverkehr

– oder unvermittelt nach einer Kurve: Pkw, Trecker, Radfahrer oder Fußgänger vor sich. Mit oder ohne Tier. – Jederzeit konnte ein riskantes Ausweichmanöver nötig sein – zumal bei Dunkelheit, wenn sie, was nicht selten vorkam, nach ein paar Bier zu viert oder fünft in der engen, schaukelnden Kiste laut palavernd unterweg waren.

Obwohl die NAK-Gemeinde Kappeln/Schlei nur 16 km entfernt war, besuchte Robert die Gottesdienste nur selten. Zum einen, weil er an den dienstfreien Wochenenden nun nach Hause fahren konnte und er andererseits mittwochabends entweder Dienst oder einfach keine Lust mehr hatte.

Monika

Zu Hause war die Gemeinde laut Kirchenbuch inzwischen auf 67 Seelen angewachsen. Es wuselte von kleinen Kindern, darunter auch die zwei schulplichtigen Jungen, mit der die Familie Emrich aus dem Sauerland zugezogen war.
　Unterdiakon Emrich hatte als Ingenieur bzw. – worauf er Wert legte: als Architekt – eine Anstellung bei der hannoverschen Baubehörde gefunden. Schließlich konnte die Familie nach längerer Bauzeit im Nachbardorf ihren Bungalow beziehen. Der allerdings erregte Aufsehen dadurch, dass er – obwohl abseits in einer grade erst entstehenden Waldsiedlung gelegen – zur geplanten Straße hin nicht ein einziges Fenster aufwies. Zudem war das mit hohen Föhren bestandene Grundstück von einer hohen Palisadenwand umgeben. Die einzigen Zugänge waren ein ebenso hohes, zweiflügeliges Hoftor und die fensterlose Haustür. Auf Karl Rauhs Frage nach dieser Besonderheit hatte ihm Kurt Emrich ganz unverholen sein tiefstes Inneres offenbart, nach einem schweren Seufzer, dem er noch eine bedeutsame Pause anfügte – nämlich um was es für Gotteskinder auch bei der Gestaltung ihrer Wohnverhältnisse eigentlich ginge:
　„... Wenn wir am Tag des Herrn wirklich dabei sein wollen, Karl, dann müssen wir uns zuvor aber auch ganz von der Welt gelöst haben, jeden Kontakt meiden – bis auf die, die wir wirklich nicht vermeiden können ..."
　Dass sich das allerdings auch in der Architektur ausdrücken müsste, darauf wäre Karl jedenfalls im Leben nicht gekommen ...
　Aber unter Emrichs Mitwirken war ein kleiner einheimischer Chor ent-

standen, und er suchte in allem das *völlige Einssein* mit Hannover. So wurde er bald zum Diakon befördert, und die Gemeinde erfuhr, dass im Dorf, sobald ein Grundstück da wäre, eine richtige Kirche gebaut werden würde.

Etwa um diese Zeit sollte es für Robert zu einer schicksalhaften Begegnung kommen.

Ein strahlender Sonntagnachmittag im Juli, als er im Dorf die 15-jährige *Monika* traf. *Moni Meins,* die er seit ihrer Sonntagsschulzeit kannte und mit der er vor ein paar Stunden noch im Gottesdienst gesessen hatte. Eben für vierzig Pfennig zwei Waffeln Eis gekauft, war sie nun mit ihrer vierjährigen Schwester Elke auf dem Heimweg.

Wie seine Eltern hatten im Herbst 63 auch Meins ihr neues Siedlungshaus bezogen, nur eine Straße hinter Rauhs, und ebenfalls mit fünf Kindern gesegnet: Moni als älteste, dann in jährlichem Abstand Doris, Reiner und Silvia und schließlich 1961 Elke, die Moni jetzt an der Hand hielt.

Wie meistens, wenn er am Wochenende zu Hause war, lief er in Uniform durch die Gegend. Doch an diesem Nachmittag, der Gottesdienst war wegen eines *Ämterdienstes* in Hannover ausgefallen, hatte ihm jede Idee gefehlt, wie er die zweite Tageshälfte verbringen könnte. In ein paar Stunden schon würde er per Anhalter auf der A7 wieder gen Norden trampen, da sich sein Auto in der Werkstatt befand.

Aus dieser Stimmung heraus, gewissermaßen als Notlösung, hatte er die zierliche Moni gefragt, ob sie nicht Lust auf eine Cola oder ein Eis bei Bertrams hätte. Dort auf dem Saal des großen, repräsentativen Neubaus könne man aus der Musikbox neben Walzer und anderen Klassikern auch die neuesten Schlager hören. Er bemerkte, wie sein Angebot sie überraschte, aber auch wohl erfreute; allerdings müsse sie dazu noch ihre Eltern fragen.

Sie durfte! Mit der Bemerkung, dass ihr Vater ihm schon nicht den Kopf abreißen würde, hatte sie Robert mit ins Haus genötigt. Doch ihn, den kräftigen, schwarzhaarigen Bruder Meins, der irgendwo als Maurer arbeitete und den er wegen seiner schweigsamen Art nicht recht einzuschätzen wusste, hatte er gar nicht zu Gesicht bekommen. Nur ihre Mutter. Die, indem sie seine Wange tätschelte und ihm aufschauend eindringlich in die Augen sah, meinte dann: „Na, dir kann ich ja vertrauen, bist ja einer von uns ...!"

Als das Mädchen ihm wenig später gegenübersaß, erschien sie ihm, wie sie die Eiskarte durchsah, zu seiner Überraschung ausgesprochen hübsch!

Die kleine Moni. – Plötzlich ein richtiges Mädchen! ... Zierlich, einen hal-

ben Kopf kleiner als er, aber irgendwie, ja – wie …, wie feines Porzellan …?!
Der dunkelblaue Rock zusammen mit der hellrosa Plisseebluse, so fand er, unterstrichen die weichen Züge ihres Gesichts; der hauchbraune Teint umfangen von dunkelbraunem, naturwelligem Haar, das ihr bis auf die Schulter fiel.

Von den Leuten an den Tischen, die sich bei Kaffe und Kuchen gedämpft unterhielten, hatten einige, als sie den Saal betreten hatten, sie mit leichtem Kopfnicken registriert. Eine Marineuniform zusammen mit einem so hübschen Mädchen – hier zweifellos ein nicht alltäglicher Blickfang.

Die Musikbox füllte den großen Raum, in dem die Tische entlang der Außenwände aufgestellt waren, dezent mit einschmeichelnden Melodien; eine stimmungsvolle Atmospäre, in der sie – beide von der Unwirklichkeit des Augenblicks noch etwas befangen – nach dem Anfang eines Gesprächsfadens suchten:

„Fährst du auf einem Schiff – oder bist du irgendwo an Land …?"

„Ne, ich bin seit Mai an Land. Auf einer Radarstation an der Ostseeküste, in der Nähe von Kappeln an der Schlei, wenn du weißt, wo das ist …"

Sie wusste nicht. Und Robert weiter: „… 63 - 64 bin ich ein Jahr Schnellboot gefahren, aber als ich jetzt im April wieder an Bord sollte, habe ich mich geweigert … Auch wegen des Glaubens und wegen der Sauferei an Bord und so. – Und du …? Ich hab´gehört, dass du ´ne Verwaltungslehre machst – hier bei der Gemeinde …? – Hast du denn Mittlere Reife …?"

„Nein." Sie hielt kurz inne, und indem sie ihre schlanken, ineinander gelegten Hände besah: – „Soweit ich weiß, bin ich wohl der erste Lehrling mit nur Volksschule. Aber nach einem Test konnte ich gleich am 1. April anfangen."

Als sie sich gut zwei Stunden später vor ihrer Haustür verabschiedeten, versicherten sie einander, dass man ein so nettes Treffen, wenn Robert das nächste Mal wieder da wäre, ja vielleicht wiederholen könne …!

Aber sie war erst 15! …

Doch bereits nach ein paar Tagen schrieb er den ersten Brief, worin er wiederholte, wie sehr ihm die Begegnung gefallen habe und dass er voraussichtlich Anfang September wiederkommen würde. Knapp sechs Wochen bis dahin und somit der Beginn eines regen Briefwechsels, der ihn veranlasste, nach zwei Wochen doch wieder zu fahren. Jedoch, da er seinem Fiat die 200 km immer noch nicht zutraute, mit dem Zug: eben eine kleine Weltreise mit mehrmaligem Umsteigen und von schier endloser Dauer!

Dann, das Mal darauf und nachdem er sie am späteren Samstagnachmittag Oma und Opa vorgestellt hatte, schon im abendlichen Dämmerlicht unter der mächtigen Eiche vor Bauer Folkerts Hofeinfahrt – der erste, zaghafte Kuss.

Zu ihrem 16. Geburtstag im September, eine Woche bevor er seinen Fiat Neckar endlich wieder vor ihrem Haus parkte, überbrachte ihr Emil Handtke, der Inhaber des Gartenbaubetriebs, in dem Vater Karl so oft er konnte mitarbeitete, einen herrlichen Strauß 16 tiefroter Baccara-Rosen. Unzählige frisch perlende Tropfen hätten ihr entgegengefunkelt, wie sie ihm sofort schrieb. Eine Überraschung, die sie nachhaltig beeindrucken sollte, was ihm jedoch, als er den Strauß telefonisch bestellt hatte, nicht im Entferntesten in den Kopf gekommen war.

Von Vater Karl, der sich inzwischen ein Moped zugelegt hatte, wusste er, dass die Freundin von Emils Sohn, der in Göttingen studierte, ebenfalls neuapostolisch gewesen wäre.

„Aber die hat Selbstmord begangen ...", hatte Karl beim Stapeln von Pflanzkisten leise hinzugefügt.

„Selbstmord ...? – Und aus welchem Grund? ...", hatte Robert entsetzt gefragt.

„Na, jenau weiß ich das auch nich ... Aber so wie der Wolfgang mir jesacht hat, hat 'se wohl Depressionen jehabt. Er meint ja, wejen der Kirche. Aber was soll man dazu sagen ...?"

Eine Information im Zusammenhang mit der Kirche, die Robert schmerzlich berührte! ...

*

Etwa um diese Zeit hatte Mutter Gertrud eine Arbeitsstelle angetreten: als Verkäuferin im gößten alteingesessenen Kaufhaus, mitten im Dorf. Ein Vollsortimenter, der außer Lebensmittel von Bekleidung über Haushaltsartikel, Porzellan, Spielzeug und Gartengeräte beinahe alles führte.

Die Kirche indes sah das nicht gern. Schon gar nicht, wenn es sich um die *Gehilfin* (Ehefrau) eines Amtsträgers handelte! So war jetzt in den Predigten auch des Öfteren von Gottes Klage über *Evas Ungehorsam* zu hören; eine allgemeine Entwicklung zur Gottlosigkeit hin, wie sie vor allem aus Amerika herüberschwappe. Denn dort hätten, gegen den biblischen Apostel Paulus, die Frauen ja auch längst die Hosen an. Im übertragenden Sinn wie im täglichen Leben, vor allem dem Diktat der Mode folgend. Entlarvend dabei, dass das Wort MODE von hinten gelesen *EDOM* heiße: Jenes Geschlecht der *EDOMITER* im Alten Testament, das sich dem erwählten Gottesvolk, und somit dem göttlichen Heilswillen, immer wieder entgegengestellt hätte ...

Doch davon unbeeindruckt, hatte Gertrud Karl vorgehalten, dass die Kinder schließlich aus dem Gröbsten heraus wären – die beiden jüngsten 10 und 12; Achim bei der Post, Inge im Textilgeschäft nebenan und Jörg seit kurzem Kfz-Lehrling in Hannover – und sie auch nicht bereit sei, ihr Dasein in Kirche, Küche und Kinder erschöpft zu sehen. Zudem wäre es ihr wichtig, als eine der wenigen Einheimischen in der Gemeinde den Kontakt zu den Leuten im Dorf nicht ganz zu verlieren.

Und schließlich hatte sie Karl vorgerechnet, dass es auch der Haushaltskasse gut täte, wenn sie etwas dazuverdiene. Denn sein Einkommen bei der Bahn, selbst zusammen mit dem, was er *vom Emil* nach Haus brächte, reiche gerade fürs Nötigste. Da hätten sie aber selbst schon beim Opfergeld gekürzt – obwohl Karl sich kaum mal ein Bier leiste und auch längst schon das Rauchen aufgegeben habe. Von ihren eigenen Wünschen ganz zu schweigen.

Wenn auch der Kassensturz Karl offenbar in seiner Ehre als Mann und Alleinernährer gekränkt hatte, wies er das jedoch weit von sich. So gab er zu Gertruds Vorhaben schließlich seine Einwilligung, die sie von Gesetzes wegen immerhin noch bis 1976 brauchte. Die von Priester Herlyn und dem Bezirksältesten *aus dem Geist Gottes* vorgebrachten Einwände hatten dagegen nichts auszurichten vermocht. Wie auch schon ein paar Jahre zuvor nicht, als ihre *Segensträger* mitbekommen hatten, dass sich in Rauhs Stubenschrank ein Fernsehgerät verbarg.

„... Nur der Kinder wegen ...", hatte Karl auf die Vorhaltungen reagiert ... „Weil die sonst bei ihren Freunden gucken ... Und wer weiß, was die da alles zu sehen kriegen"...

Offenbar hatte das *Botschaftsfiasko* selbst bei den treuen Rauhs seine korrodierende Wirkung entfaltet, zwar nicht am Werk Gottes im Allgemeinen, wohl aber daran, jedes Wort vom Altar widerspruchslos als gottgegeben, ja, göttlichen Ursprungs, hinzunehmen.

Die Verhältnisse im Hause Emrich waren von ganz anderer Art! Lag hier doch die sinnlich anmutende Frau und Mutter, ihren biblischen Namen *Ruth* immer wieder sublim ins Spiel bringend, den Hannoveranern geradezu zu Füßen: Eine innige Beziehung, wie die häufigen Besuche zu bedeuten schienen. Allerdings sollte die sie schon allzubald verleiten, Glaubensgeschwister mit ihren frömmelnd-maßregelnden Attitüden immer wieder zu brüskieren – auf eine Weise, der sich die meisten sprachlos gegenübersahen.

Karls teils empörte Reaktionen darauf wurden von den Brüdern anfangs bagatellisierend weggeredet, um dann hinter vorgehaltener Hand als neidische Eifersüchteleien diskreditiert zu werden: Eine der Ursachen für die unterschwelligen Spannungen in der kleinen Gemeinde, die Robert bei seinen Wochenendbesuchen nicht verborgen bleiben.

*

Noch bevor Robert und Moni ihre Zuneigung füreinander entdeckt hatten, war Achim mit seiner *Uta* zusammengekommen – auf irgendeiner *Scheunenparty*, wie sie seinerzeit auf den Bauerndörfern ein-, zweimal im Jahr stattfanden, ähnlich wie die in Mode gekommenen privaten Kellerpartys. Da war Uta, die blonde, immerfröhliche Bauerntochter aus dem *alten Dorf*, gerade 17 geworden und fuhr als eine von vielen sechsmal wöchentlich mit dem Zug nach Hannover-Vinnhorst. Nach zweijähriger Handelsschule hatte sie dort im Einkauf des renommierten Autozulieferers *Bene-cke* eine Anstellung bekommen.

Der Freizeitradius der beiden war auf die üblichen Fahrradstrecken beschränkt. So kam Roberts Angebot, zusammen mit ihm und Moni in seinem Fiat den Einzugsbereich zu erweitern, gerade recht – etwa zur 14 km entfernten *Alten Mühle*, einer zu einem Cafe´-Restaurant ausgebauten historischen *Holländermühle*: rotes Schummerlicht, kleine, intime Tischlämpchen und aus der Musikbox die gängigen Ohrwürmer. Dazu Cola, Bier und ein Gläschen *Martini on the Rocks* und schließlich – die obligatorische Currywurst! Alles in den dichten Rauchschwaden der die Aschenbecher füllenden Glimmstengel. Ein Magnet, dem sie anfangs an fast keinem Wochenende widerstehen konnten, selbst nicht bei einem so dichten Schneetreiben, wie sie es im eisigen Winter 66/67 erlebt hatten! Fast eine Stunde hatten sie da gebraucht, weil Robert jedes Gefühl für die Straße verloren hatte: – Befanden sie sich noch auf der Fahrbahn oder schon auf dem Acker? ... Selbst bei langsamster Fahrt tauchten die Telegrafenmasten erst im letzten Moment auf, stets mit dem Risiko, dass das Fahrzeug ungebremst dagegenschliddern könnte.

Es waren solche kleinen Freuden, durchmischt von endlosen Gesprächen und Spekulationen, die sie zusammen und in Bewegung hielt. Neben den üblichen Albernheiten todernste Einschätzungen der Zeitverhältnisse und, natürlich – über das Werk Gottes und die daraus folgenden Maßgaben für ihren Alltag. Deren Beachtung war ihnen das entscheidende Kriterium für *göttlichen Segen*, für Glück oder Unglück in ihrem jungen Leben! Etwas Anderes, gar darüber Hinausreichendes, gaben die sozialen, geistigen und emotionalen Bedingtheiten ihres Milieus überhaupt nicht her.

Uta, im landläufigen Sinne evangelisch aufgewachsen, war zum Verdruss ihrer Familie am 1. Weihnachtstag 1965 versiegelt worden. Ihre diesbezügliche Bereitschaft hatte sie in die offenen Arme von Achims Familie geführt und problemlos in die Gemeinde integriert. Intelligent, wie sie war, waren ihr neuapostolische Begrifflichkeit und Haltungen schnell vertraut, auch ihre Bedeutung für die Alltagspraxis. Gleichermaßen nahm sie interessiert Anteil an den grandiosen Missionserfolgen, primär auf dem afrikanischen Kontinent, wo die Gläubigen zu Tausenden dem Werk Gottes zuströmten. Zudem hatte Stammapostel Schmidts Aufruf zu einer intensiveren Missionsarbeit in sämtlichen NAK-Publikationen und vielen Gemeinden begeisterten Widerhall gefunden – im Visier sowohl die nach Deutschland kommenden Gastarbeiter wie auch deren Heimatländer. Überhaupt sollte die Mission in aller Welt vorangetrieben werden – als Zeichen der kurz bevorstehenden Wiederkunft Jesu! Dazu der Appell, Sprachen zu lernen: vor allem Italienisch und Spanisch, was dann in West- und Süddeutschland bald schon zu ersten italienischen und spanischen Parallelgemeinden führen sollte.

Nicht zuletzt dokumentierte die enorme Reisetätigkeit des 70-Jährigen Kirchenoberhaupts die Bedeutung dieses im Wortsinn tatsächlichen Aufbruchs zu neuen Ufern: in europäische Länder ebenso wie nach Kanada, in die USA sowie ins südliche Afrika. So füllten immer mehr Berichte von wundersamen Begegnungen und göttlichen Fügungen die kirchlichen Publikationen, vor allem die sich mehrenden „Beilagen zur Wächterstimme": Kurzbiografien neu ordinierter Apostel, jetzt zunehmend mit schwarzer oder brauner Hautfarbe. Ebenso stimulierend die sich ausweitende Palette von Erzeugnissen der *Musikalienabteilung* des Bischoffverlags: zunächst Schallplatten und Musikkassetten mit teils eindrucksvollen Einspielungen deutscher und afrikanischer Chöre und Orchester, später gefolgt von CDs und Videos – Letztere nach dem Jahrtausendwechsel auch frei im Internet zu kaufen.

Als spektakulär wurden vor allem die weltweiten missionarischen Aktivitäten des kanadischen Bezirksapostels *Michael Kraus* publiziert. Wegen seiner schier rast- und grenzenlosen Reisetätigkeit innerhalb Nordamerikas, aber auch nach Afrika, Südamerika, Osteuropa und Asien, war hier und da schon von einem *Paulus der Endzeit* die Rede. Einer, der wiederum selbst Männer aussandte, damit das *Endzeit-Evangelium von der Errettung ausschließlich in der Nachfolge der NAK-Apostel* in alle Welt hinausposaunt würde. Die enormen Erfolge schienen seiner Sicht der Dinge Recht zu geben und damit auch dem absolutistischen Regiment, mit dem er in seinem Einflussbereich agierte. Dort aber galten Bedenken, Hinterfragen oder gar Mitbestimmung als Regungen des Widersachers Gottes und standen seiner Forderung nach absolutem Glaubensgehorsam diametral entgegen!

Kraus war 1926 als 18-Jähriger aus dem deutsch besiedelten Siebenbürgen in Rumänien, einem zu der Zeit politisch und wirtschaftlich völlig zerrütteten Land, nach Kanada ausgewandert. Dort hatte er sich buchstäblich aus dem Nichts zu einem erfolgreichen Teppichfabrikanten mit weltweiten Kontakten hochgearbeitet. In Kanada neuapostolisch geworden, war er die Hierarchieleiter beständig hinaufgestiegen: 1933 Ordination zum Diakon, 1951 Bischof, nach vier Jahren Apostel und 1958 schließlich *Bezirksapostel für Kanada* – mit zusehends sich ausdehnenden Missionsgebieten.

Solcherart Siegesberichte motivierten zu vermehrter Mitarbeit, zumal das Werk Gottes nun kurz vor seinem prophezeiten Zielpunkt angekommen sei. Eine solche Perspektive war ganz darauf fokussiert, *die letzten Seelen zu suchen*, was divergierende Wahrnehmungen und Argumente ausschloss. Eine Haltung, die innerhalb wie außerhalb der Gemeinde als Ausdruck einer fest gegründeten Überzeugung wahrgenommen wurde.

Aber auch sonst ging Moni und Robert der Gesprächsstoff nicht aus: Familiäres, Ereignisse aus dem Dorf sowie Monis Erfahrungen im Rathaus und mit den Kollegen. Oder Roberts mögliche Versetzung auf eine andere Küstenfernmeldestelle: Neustadt in Holstein etwa oder Westermakelsdorf auf Fehmarn. Und natürlich immer auch Ereignisse und Fragwürdiges aus der Gemeinde.

Über tagespolitische Meldungen diskutierten sie gemäß dem Horizont ihres endzeitlichen Weltbildes: Robert zumeist im Duktus tieferen Wissens, das er dem „Spiegel" oder anderer Lektüre entnommen hatte, Moni eher fragend und zustimmend. Etwa die Aufnahme der DDR in die UNO oder in China *Mao Tsetungs* „Große Proletarische Kulturrevolution", die bürgerliche Elemente auszumerzen und ihren radikalen Atheismus global als neue Heilslehre zu exportieren drohte. Bilder und Texte, in denen Robert die Erfüllung von Offenbarung 12 erkannte: Das Aufkommen der alles verzehrenden Macht des endzeitlichen Drachens, mächtig und feuerrot wie die Fahnen der kommunistischen Revolution. Eine reale Macht, im Begriff, sich zur letzten großen Schlacht gegen das Volk Gottes aufzuschürzen! Oder das endzeitliche Tier, das nach Offenbarung 13 aus dem (Völker-) Meer emporsteigt:

„(...) Und der Drache gab ihm seine Kraft und seinen Thron und große Vollmacht. (...) Und es tat sein Maul auf zur Lästerung gegen Gott (...) Und es wurde ihm gegeben, Krieg zu führen mit den Heiligen und sie zu überwinden; und es wurde ihm Vollmacht gegeben über jeden Volksstamm und jede Sprache und jede Nation. Und alle, die auf der Erde wohnen, werden es anbeten, deren Namen nicht geschrieben stehen im Buch (...) des Lammes..."

Was also geschah in ihren Gesprächen – wie überhaupt im Geschwisterkreis, wenn es um Gott und die Welt ging? ... Jedenfalls keine angemessene Auseinandersetzung mit dem jeweiligen Thema, sondern immer nur seine Zuordnung und Bewertung in Bezug auf das *Werk Gottes*. Etwa die Äußerungen des CSU-Vorsitzenden *Franz Josef Strauss* im Mai 66 zur inhumanen Apartheid-Politik Südafrikas, die er ausdrücklich bejahte. Wie stand die Kirchenleitung dazu – angesichts Tausender farbiger Glaubensgeschwister, die sich in von Weißen getrennten Gemeinden versammeln mussten ...?

Doch zu allem wusste Robert seine Antworten aus Bibeltexten herzuleiten. Selbst als die „Notstandsgesetze" Zehntausende auf bundesdeutsche und Westberliner Straßen trieben oder SDS-Demos[10] Scharen von Studenten und Gewerkschafter gegen die US-Kriegsführung in Vietnam mobilisierten.

Gleich, was auch geschah – die Ereignisse wurden gemäß dem verinnerlichten *Ablauf des göttlichen Ratschlussplanes* gedeutet. Etwa der weltweite *Contergan-Skandal* mit ungezählten tot- oder missgebildeten Neugeborenen. Oder im April 67 die über 125.000 Demonstranten, die in den USA mit dem schwarzen Bürgerrechtler *Martin Luther-King* zum friedlichen Boykott des Vietnam-Kriegs aufgerufen hatten; ebenso das in New York uraufgeführte Rock-Musikal „Hair", das *Hippie-Kommunen* mit freiem Sex zum Modell libertinistischen Lifestyls erhob und in der ganzen westlichen Welt für bürgerliche Empörung sorgte. Vor allem in kirchlichen Kreisen, die mit der Infragestellung, ja offenen Verhöhnung überkommener Glaubens-,

Werte- und Verhaltensnormen die eigene, gesellschaftlich privilegierte Stellung bedroht sahen.

Ereignisse, die den Gärprozess in jugendlichen Subkulturen wie in den Milieus sozial Ausgegrenzter gegen das Establishment befeuerten. Etwa nach der brutalen Knüppelaktion Westberliner Polizisten im Verbund mit sog. *Jubel-Persern* gegen Anti-Schah-Demonstranten, die in der Ermordung des Studenten *Benno Ohnesorg* gipfelte: – von einem Polizisten durch Kopfschuss regelrecht hingerichtet! – Auch das ein Beispiel rat- und orientierungsloser Aktionen, mit denen sich der restaurative Staat gegen alternatives Denken, die neue Macht der Straße stemmte. Doch waren es gerade solche fatalen Mittel, die die marxistisch-revolutionäre Gesellschaftskritik mit ihren spektakulären *Happenings* aus den Hochschulen auf die Straße trieben. Dabei immer mehr Gewalt, erst gegen Sachen, dann gegen Personen. Eine Grundstimmung, die wenig später mit dem Slogan: „Macht kaputt, was euch kaputt macht!", ihren anarchischen Ausdruck fand. Das löste im Bauch des Wirtschaftswunder-Bürgertums Übelkeit und Angst aus; Angst, die bis in die Kapillare gesellschaftlicher Institutionen und Abläufe kroch:

Wo soll das enden, wenn alles in Frage gestellt wird …?! Wenn die alten Werte und Ordnungen in Staat, Gesellschaft und Kirche in Schutt und Asche versinken und Tabus wie Gott, Sexualität oder eine auf Zucht und Anstand gründende Erziehung im Dreck der Straße enden? …

Doch die sich laut zu Wort meldenden Sozial-, Kultur- und Politikwissenschaften artikulierten neue Modelle! Vorweg die „Frankfurter Schule" mit ihrer *Kritischen Theorie* und international so renommierten Vertretern wie die Professoren *Adorno, Horkheimer, Habermas, Marcuse, Fromm* und weiteren. Dabei waren aus den 40er und 50er Jahren, und primär aus Frankreich, die Stimmen des *Existenzialismus* noch nicht verklungen: von *Jean-Paul Sartre, Simone de Beauvoir, Albert Camus* und *Gabriel Marcel*.

Aber auch wenn jene philosophischen oder sozialpsychologischen Höhenflüge sich oberhalb durchschnittlicher Bürgerhorizonte abspielten, wirkten sie doch bis in die Grundstimmung gewöhnlicher Tagesabläufe hinunter. Von der Boulevardpresse tendenziös eingeworfene Schlagworte vermochten die öffentliche Wahrnehmung sehr wohl zu beeinflussen, somit auch die gesellschaftlichen Formationen, in denen letztlich jedermann genötigt war, sich mit seinen Lebensträumen einzurichten.

Was sich dann aus den geburtenstarken Jahrgängen als sog. *68er-Bewegung*[11] entwickelte, war die turbulente intellektuelle wie auch polemische

Durchdringung aller gesellschaftlichen Bereiche. Als infolgedessen Kanzler *Willy Brandt* mit der neuen Ostpolitik unter dem Label *Wandel durch Annäherung* einen stark polarisierenden Politikwechsel in Gang setzte, galt das vielen als offenkundige *Verrats- und Verzichtspolitik*. Auch für viele Kirchenmitglieder, nicht nur in der NAK, eine weitere Scharte im christlich-abendländischen Bollwerk. Aus solcherlei Anläufen gottfeindlicher Endzeitmächte würde sie in letzter Stunde allein die Hand Gottes zu erretten wissen ...

Aber auch in Palästina, als *Heiliges Land* im theologischen Zentrum fundamentalistischer Bibelgläubigkeit, wähnten Christen in aller Welt die Hand Gottes im Spiel. Als die Israelis am 5. Juni 67 ihren Blitzangriff gegen die übermächtigen arabischen Streitkäfte ausführten, war auch das für viele ein Ereignis von apokalyptischer Dimension. Der Ausgang des *Sechstage-Kriegs*, den die ganze Welt mit angehaltenem Atem verfolgte, als Beweis für die Feldherrschaft Gottes auf israelischer Seite! – Ein Szenario, das zwar von der NAK-Sicht abwich, aber mit seinem furchterregenden Verlauf die Gläubigen doch umso aufmerksamer auf das Wort in den Gottesdiensten achten ließ.

Ulm, der Käfer, *Walle* und Berlin

In der zweiten Junihälfte 67 hatte Robert Urlaub genommen, weil er mit seinem „neuen" *NSU Prinz 3* nach Ulm fahren wollte. Mit 60.000 km auf dem Tacho hätte er ihn, so meinte er, günstig gekauft.

Irgendwann hatte er Moni gebeichtet, dass es da noch einen Briefkontakt zu einem Mädchen gäbe, eine 17-jährige Glaubensschwester aus Ulm. Wie zu einem weiteren Mädchen in Belgien war der Kontakt über die UF-Rubrik *Bekanntschaften* zustande gekommen, und mit beiden hatte er auch Fotos ausgetauscht. Der Belgierin, eine hübsche Flämin, die in gutem Deutsch schrieb, hatte er gleich abgesagt, als das mit Moni begonnen hatte. Nach Ulm jedoch hatte er weiter geschrieben.

„Weißt du, ich wollte ihr erst dann absagen, wenn ich mir ganz sicher wäre, dass du mir nicht wieder davonläufst ..."

„Ich dir weglaufen ...! – Aber muss *ich* jetzt vielleicht Angst haben, dass du mir wegläufst ...?"

„Nie im Leben ...! – Aber ich habe ihr versprochen, sie auf jeden Fall zu

besuchen. Sie lebt mit ihrer Mutter allein."
„Ja, aber das macht die Sache doch nur komplizierter ...! Wenn die dich wirklich mag – und du sie auch – was wird dann aus mir ...?"
Obwohl ihm der Blick ihrer geweiteten Augen durch Mark und Bein ging, blieb er dabei, dass er fahren wollte.

Er fuhr in Uniform. „Für den Fall, dass irgendetwas ...", so hatte er gesagt. Immerhin ein Freitag und knapp 600 km, die vor ihm lagen! Spätestens am Sonntagnachmittag wollte er zurück sein; dann hätten sie immer noch ein paar Stunden miteinander. – Das Wetter spielte mit, die Autobahn war gut zu befahren, und bei rund 120 km/h und leicht geöffnetem Fenster fühlte er sich mit jedem Kilometer, den ihre traurigen Blicke zurückblieben, unbeschwerter. Bis zu den Kasseler Bergen. Irgendwann ging es bergauf kaum noch über 60, 70 Stundenkilometer hinaus; eine einzige Quälerei! Er bemerkte, wie seine Handflächen feucht wurden und dass er völlig verkrampft am Steuer saß. Etwas schien mit dem Gaspedal nicht zu stimmen. Kurz vor Fulda hielt er an einer Notrufsäule: mittags kurz vor halb eins, und obwohl er die leichte weiße Ausgehbluse anhatte, schwitzte er aus allen Poren: gefühlte 30 Grad!
Als der ADAC-Engel nach zwanzig Minuten ächzenden Rumgefummels im und unter dem Motorraum wieder vor ihm stand, vernahm er erleichtert, dass er zwar so weiterfahren könne, aber so bald wie möglich in die Werkstatt solle! Dann, statt einer Rechnung, die Unterschrift für eine ADAC-Mitgliedschaft, die immerhin bis heute fortbesteht.

Es war schon nach 18 Uhr, als er das Ulmer Münster und, nicht weit davon, die Donau erblickte. Von einer Raststätte aus hatte er angerufen, dass es später werden würde. Anhand des Stadtplans fand er sich einigermaßen zurecht, sodass er kurz vor sieben mit seinem NSU-Prinz endlich vor der angegebenen Adresse stand. Immer noch drückend warm! Eine Wohnstraße dreigeschossiger Vorkriegsblocks, Putzbauten, Holz-Sprossenfenster, einige übergehängt, andere ganz aufgestellt. Zwischen den Blocks Hecken und Obstbäume, dahinter vermutlich Gärten. Das 8-Parteien-Klingelschild wies die Gesuchten in der dritten Etage aus: – *Sander, Maria und Elke.*
Es war Elke, die die Tür öffnete. Mit ihrem verhaltenen Lächeln, das er vom Foto her kannte, wirkte sie etwas blass, und erst nach kurzem Zögern bat sie ihn herein.

Das Wohnzimmer war klein und wirkte um diese Uhrzeit bereits schummrig. Die Mutter, die ihm aus einem mächtigen Plüschsessel die Hand entgegenstreckte, hatte trotz der sommerlichen Temperaturen einen breiten Wollschal um die Schultern gewunden. Interessiert schaute sie ihm entgegen – vielleicht Anfang, Mitte vierzig, doch beinahe noch zierlicher als ihre Tochter, der sie gleich darauf einen fragenden Blick zuwarf. Schon nachdem die ersten Worte gewechselt waren – sein in durchsichtiges Cellophan verpacktes Teepräsent mit Kandiszucker und Keksgebäck hatte Elke auf den runden Tisch gestellt – gab sie zu erkennen, dass sie leidend sei. Doch habe Gottes Hilfe sie und ihre Elke bis hierher wunderbar durch die Zeit gebracht.

Inmitten zahlreicher Bilder vor der in Brauntönen gemusterten Karo-Tapete war das Foto Stammapostel Bischoffs etwas höher gehängt als die des jetzt amtierenden Stammapostels Schmidt und des Apostels Hartmann – *ihrem* Apostel!, wie sie zu betonen wusste. Mit ihm, der 1950 nach schwerem Leiden heimgegangen sei, wäre sie so gut wie auf Du und Du gewesen. Gleich ihr habe auch er viele *Träume und Gesichte* gehabt und eine *ganz enge Verbindung zur Ewigkeit*.

Während sie sich in weiteren Glaubensdetails erging, hatte Elke wortlos den Tisch gedeckt. Aber dann, unvermittelt, ließ ihn etwas in der Art der Mutter an Schwester Emrich zu Hause denken, wobei ihm zu seiner Verwunderung ein kleines Schaudern über den Rücken lief.

Obwohl er wie die beiden Frauen kaum Appetit hatte, saßen sie in verhaltener Stimmung noch längere Zeit am gedeckten Tisch. Doch seine anfänglichen Versuche, mit einigen aufmunternden Marinegeschichten die Situation aufzulockern, blieben ohne Erfolg. Erst als er auf seine Heimatgemeinde, auf besondere Gottesdienste und den Verlauf heimischer Jugendstunden zu sprechen kam, wurde Elke etwas lebendiger, um sich aber nach wenigen Augenblicken wieder ganz den tiefsinnigen Betrachtungen ihrer Mutter hinzugeben.

Noch bevor sie ihm gegen halb zehn seine Schlafgelegenheit auf der Couch bedeuteten, hatte Robert ihnen mit größtem Bedauern mitgeteilt, dass er entgegen dem ursprünglichen Plan doch schon am nächsten Tag abreisen müsse. Die nur provisorische Beseitigung des Defektes an seinem Auto bereite ihm Kopfschmerzen, und es könnte passieren, dass er unterwegs noch eine Werkstatt aufsuchen müsse.

Er war sich nicht sicher, wie er das Schweigen aufzufassen hatte. Aber als er am nächsten Morgen wieder in seinem *Prinz* saß, atmete er tief und befreit durch. Schon nach wenigen Kilometern hatte sich der Sommer wieder in sein Gemüt genistet; die Fahrt verlief störungsfrei, und kurz nach 18 Uhr klingelte er in der Rosenstraße. Dort öffnete Moni, starrte ihn ungläubig an, um ihm dann mit einem kleinen Jubel um den Hals zu fallen.

Später in der *Alten Mühle*, als sie dabei waren, ihre Eindrücke und Gefühle der letzten Tage zu sortieren, brachte sie eine Episode zur Sprache, die sie ihm eigentlich schon vor seiner Ulm-Reise erzählt haben wollte. Demnach hätte sie kürzlich von ihrem Schreibtisch aus gesehen, wie auf dem Rathausplatz zwei junge Männer aus einem blauen Opel mit Berliner Nummer ausgestiegen wären und, irgendwie aufgekratzt, das ganze Fahrzeug ..., ja – durchsucht hätten. Gerade so, als sähen sie all die Gegenstände, die sie da ausluden, zum ersten Mal. Das wäre ihr komisch vorgekommen. Einer von ihnen hätte sie dann noch im Büro aufgesucht und nach einer Frau Soundso gefragt, die bei ihnen allerdings nicht bekannt gewesen sei. Anschließend hätten sich beide ins Auto gesetzt und wären abgefahren.
Ein paar Tage später wären zwei Kripobeamte in der Verwaltung aufgekreuzt, zuletzt auch bei ihr, und anhand der ihr vorgelegten Fotos hatte sie die beiden jungen Männer zweifelsfrei identifizieren können.

Am Sonntagvormittag erfuhr die Gemeinde nach dem Gottesdienst, dass Ende des Folgemonats mit dem Bau der Kirche begonnen würde. Und zwar vom Dorf aus gleich hinter den Bahnschienen – dort, wo auf dem vormaligen Gelände einer Gärtnerei in den letzten Jahren eine ganze Wohnsiedlung entstanden war.

*

Als Robert irgendwann feststellte, dass sein NSU-Prinz es nicht mehr lange machen würde, fragte er Opa, ob der ihm bei der Finanzierung eines Nachfolgers helfen könnte. Es war dann ein blauer VW-Käfer, der als Vorführwagen deutlich im Preis reduziert war. Den *Prinz* nahm man in Zahlung, und für den verbleibenden Betrag unterschrieb Opa, dessen halbseitige Lähmung kaum zurückgegangen war, vier in 6-monatigen Abständen fällige Wechsel. Bis dahin wollte Robert den jeweiligen Betrag angespart haben.
Seitens seiner Großeltern, die finanziell alles andere als auf Rosen gebet-

tet waren, war das ein riesiger Vertrauensbeweis! Die Sorge, dass das für sie auch ein Risiko bedeutete, bemühte sich der inzwischen zum *Obermaat* (= Stabsunteroffizier) Beförderte mit allen erdenklichen Argumenten zu zerstreuen. Doch dann war er mit dem nagelneuen *Käfer* noch keine zwei Wochen in *Falshöft*, als es auch schon passierte:

„Der Neue quietscht mit jedem Tag mehr! ...", hatten einige gelästert.

Schließlich war er mit dreien von ihnen zu einer Probefahrt aufgebrochen, die dann unweigerlich in der Dorfkneipe mündete: Nur *ein* Bier! –, darüber waren sie sich einig. – Als sie wieder losfuhren, war es stockfinster, und alle vier gröhlten den letzten Ohrwurm aus der Musikbox. Die Schlaglöcher bewiesen die Qualität der Stoßdämpfer, während die enge, heckenbewehrte Straße ausgerechnet in dem Moment ihre bekannte 90-Grad-Linkskurve ausführte, als Robert in einer Halbdrehung irgendetwas nach hinten gebrüllt hatte. Dann ein Schlag, ein furchtbarer Rumpelsatz, der aufheulende Motor und ein kratzendes, knirschendes Etwas, das sich aus dem Scheinwerferlicht über Käferhaube und Windschutzscheibe wand – bis der Wagen bockend zum Stehen kam. – Drei Sekunden Stille; dann: „Scheiße ...!" – Und: „Hey, was war das denn ...?"

Nachdem sie aus dem Fahrzeug gekrochen waren, fanden sie den Wagen schief in weichem Wiesengrund stehen und bis zu den Scheiben hoch mit Dreck bespritzt. Ein paar Kühe starrten aufgescheckt ins Scheinwerferlicht. Die Spur führte von der abbiegenden Straße gradewegs durch den kleinen Graben auf die Wiese. Zwei Zaunpfähle, zwischen denen die abgerissenen Stacheldrahtreihen schlaff herabhingen, standen einander schräg gegenüber.

„Und nu ...?"

Nach einem langen Atemzug: „Schieben, meine Herren, schiiieben! ..."

Bis zum Gattertor, dem sie den Käfer Meter um Meter entgegenquälten, vielleicht zwanzig Meter. Dann endlich die Straße, wo sie, die Uniformen bis zu den Blusen hoch mit Matschspritzern übersäht, außer Atem wieder auf die Sitze krochen.

Das morgendliche Erwachen war schlimm! Man hatte Robert wecken müssen. Dann das Entsetzen über die verdreckten Uniformstücke! ... Aber erst auf dem Weg zum Frühstück dämmerte ihm, was vorgefallen sein könnte. Verhaltenes Murmeln, als er den Frühstücksraum betrat; missbilligende Blicke – und: Er solle sich beim Stationsleiter melden!

Der Oberleutnant, ein ruhiger, älterer Fachoffizier, ließ sich den Hergang schildern, um ihm dann, sich dabei nun doch etwas erregend, eine gehörige Disziplinarmaßnahme in Aussicht zu stellen. Doch der eigentliche Schock kam, als er sich die vom Stacheldraht verursachten Lackkratzer besah. Bei dem Gedanken an Opa verspürte er Übelkeit und maßlose Wut auf sich selbst.

Schließlich fand sich im Dorf ein Auto-Freak, der die Lackschäden für einen Hunderter beseitigte, sodass die Stellen kaum noch zu erkennen waren. Seine Version für Zuhause: – dass sie da oben einen verheerenden Sturm gehabt hätten, mit Böen bis zur Windstärke 12 – was auch tatsächlich der Fall war. Nur eben nicht, dass die Böen den aufgerollten NATO-Stacheldraht, den es ebenfalls gab, über den Wagen gejagt hätten. Auf seine Schilderung hatte Opa nur „aha" gesagt und, sich aus dem Sofa ein wenig dem Küchentisch zuneigend, aus dem Fenster geblickt.

Ein paar Wochen später dann eine Begegnung, die er nicht für möglich gehalten hätte! – Ein sonnig-warmer Sonntagmittag im Juli. Wieder ein Wochenende zu Hause. Grade von der Kirche zurück, fand er Opa auf dem langen Gartenweg mit seinem Gehstock kleine Schritte tippelnd und, immer wieder verharrend, sich an der üppigen Farbenpracht und den umherschwirrenden Vögeln zu erfreuen.

Es schmerzte Robert, ihn, dessen Haltung er in allen Lebenslagen bewundert hatte, jetzt so hilfsbedürftig sehen zu müssen. Klein erschien er ihm und dünn geworden, wie ihm seine offene Strickweste da so weit und schlaff von den Schultern hing.

„Tja, wirklich ein kleines Paradies! ...", sagte Robert und umfasste seine Hand. Indem er dessen Blick folgte, fühlte er die Bedeutung der mit belegter Stimme gesprochenen Worte: „... Und was wir hier alles für Singvögel haben ..."

Karl hatte ihm irgendwann ein kleines Fernglas geschenkt, mit dem er immer wieder versuchte, die flüchtigen Freunde zu identifizieren.

In diese stille Vertrautheit hinein sahen sie vom Haus her einen jungen, schlaksigen Mann auf sich zukommen. – Aber wer ...? – Nein ...! Robert stockte der Atem ... Oder ...? – Und dann, noch ein paar Meter entfernt, aus dem lachenden Gesicht des Andern: „Hey – der Robert! – Und der Opa Wegner! – Wie früher in eurem Garten ... Die Oma hat mir gesagt, dass ich euch hier finde ..."

Opa schaute Robert an, dem aber wollte das Wort nicht aus dem Halse raus: „*Waldemar ...!* – Nein ..., das nenne ich eine Überraschung! ..."

Plötzlich Bilder im Kopf ... Gefühlsverklebt! ... *Walle mit dem Hut seiner*

Mama; der silberne Colt ... Flüsterndes Anschleichem im piksenden Gestrüpp. Die Baracke. Die blonde Olga. Sein großer, immer lächelnder Vater ... Und wie ein Stich der Schmerz, als Walle im davonrumpelnden Lkw ins Nimmerwiedersehn verschwand ...

Robert ließ die Erscheinung des Andern auf sich wirken. Aber war das –, der schlaksige, kaugummisprechende Kerl noch *sein Walle* von früher ...? Die Linke in der Tasche der roten Nietenhose vergraben, deren Beinröhren in braunen, verzierten Stiefeletten steckten; die langen Haarsträhnen über dem Kragen des flippigen, über der Brust offenen Hemds, aus dem eine dicke, doppelte Goldkette hervorstach. Dazu am Handgelenk der ausholend gestikulierenden Rechten das ganze glitzernde Kettchengefummel ...

Ja, *Krefeld*, die linksrheinische Großstadt! Westlicher Punkt des Metropol-Dreiecks mit Duisburg und Düsseldorf. Und nur gut 30 km bis zur holländischen Grenze: Ha –, da gehe was ganz anderes ab, als hier in der öden Marsch- und Heidegegend! ...

Zu einer der großen Gangs gehöre er. Da gehe es um Drogen, richtig viel Geld und Partys mit supertollen Frauen ... Ja, er habe unheimlich viele Kumpels und Wahnsinnsverbindungen ... Jetzt mit seinem *Chevreolet*, einem Achtzylinder, Baujahr 63, auf dem Weg nach Hamburg, sei er spontan von der A7 runter, um mal zu schauen, ob es hier immer noch so trist aussehe wie damals. – Nein, natürlich sei das früher als Kinder ganz toll mit ihnen gewesen ... Aber er habe sich dann doch schnell in seine neue Umgebung eingelebt. Von Anfang an jede Menge Freunde! – Was er gelernt habe? Industriekaufmann. „Aber damit kannste keine Kohle machen ... Bundeswehr...? Ich glaub' ich spinne! ..." – Überhaupt der Staat und die Polizei ... Waldemar war gut ein Jahr jünger als Robert und Anfang des Jahres einundzwanzig, also volljährig geworden.

Opa war indessen ins Haus getippelt. Dann, nach einer knappen halben Stunde im Schatten des Kirschbaums, hatte der Besucher seinen Redeschwall abrupt beendet, um sich nach einem Blick auf den Uhrklumpen am Arm eilig zu verabschieden: Die Zeit dränge, er müsse unbedingt weiter! Als sich dann die breiten Reifen der roten Amikiste mit kehligem Aufröhren in den Sandboden frästen, hatte sich sein *Walle* aus frühen Kindertagen endgültig aus der Aura verklärter Erinnerungen verabschiedet. In eine andere Welt, die Robert fremd war und ihn frösteln ließ.

*

Es war dann Mitte November 67, als Moni ihn auf seiner Dienststelle anrief. Seit zwei Wochen nahm er zusammen mit acht Kameraden an einem neu eingerichteten Lehrgang zum *Compile-Operator* teil. Eine Funktion im demnächst in Dienst gehenden *Kommando Marineführungssysteme*, dessen Gebäude sich in der 4. *Hafeneinfahrt* kurz vor der Fertigstellung befanden. Es war das erste Mal, dass sie ihn angerufen hatte, von einer Telefonzelle aus; denn zu Hause hatten sie kein Telefon und im Rathaus waren Privatgespräche verboten.

„... Du, stell´ dir vor, ich habe gestern Post aus Berlin erhalten ..."

„Aus Berlin ...? – Von wem ...?"

„Da kommst du nicht drauf ...!"

„Nu sag schon ..."

Nach einem Atemzug dann: „... Von irgendeiner Strafkammer am Landgericht Moabit. Ich bin als Zeugin geladen. – In dieser Sache mit den beiden jungen Kerlen – du erinnerst dich ...? – Ja, die das Auto mit der Berliner Nummer vor meinem Rathausfenster ausgeladen haben. Offenbar zwei schwere Jungs, die sie da gefasst haben. Meine Aussage wäre von Bedeutung ..."

Robert meinte, nicht recht zu hören: „Meine Güte ...? – Und wann ...?"

„Termin ist am 11. Dezember, um 10 Uhr. Ein Montag."

„Aber hör´mal – du bist doch noch gar nicht volljährig! Da kannste doch alleine gar nicht hin ... – Allein nach Westberlin! – Ich denke, darüber sollten wir demnächst noch mal reden ..."

Sie redeten. Auch mit ihren Eltern. Am Küchentisch, wo ihr Vater wie meistens das typische Schnappgeräusch seiner Zigarettenmaschine vernehmen ließ. Bis er irgendwann, als den andern die Worte auszugehen schienen, gesagt hatte:

„Na ja – alt genug seid ihr ja. Ihr müsst schon selber wissen, was ihr macht ..." –, woraufhin Mutter Ilse, nach einem tiefen Seufzer, die beiden mit sorgenumflortem Blick umfing.

Die Antwort des Landgerichts auf Roberts Schreiben kam schnell und lautete: – „Da die Zeugin noch keine 21 ist, also minderjährig, befürwortet das Gericht eine erwachsene Begleitperson. Reise- und Übernachtungskosten sowie ein Tagegeld sind für die Zeugin und ihre Begleitperson genehmigt."

Dann, am Tag vor ihrem Berlinflug, noch ein anderes bedeutsames Ereignis: – Die Einweihung des neu errichteten Gotteshauses! – Die Gemeinde zählte jetzt knapp 70 Seelen, aber die Kirche war für 100 ausgelegt. Zudem bot das mit einem Jägerzaun eingefriedete Grundstück noch genügend Fläche für einen Erweiterungsbau. Ein überaus freudiges Ereignis für die Gemeinde und auch ein Imagegewinn, der, darin waren sich alle einig, mit der *Weinbergsarbeit* weitere Früchte bringen müsste.

*

Robert und Moni waren noch nie geflogen. Überhaupt hatte aus ihren Familien noch nie jemand ein Flugzeug von innen gesehen. Aber eine Bahnfahrt oder mit dem Pkw durch die DDR wäre allein wegen der bekannten schikanösen Kontrollen und weil Robert Soldat war nicht infrage gekommen. Sie würden mit einer Maschine der britischen *BEA* fliegen.

Gleich nach dem ersten Vormittagsgottesdienst in der neuen Kirche, am 10. Dezember, hatte Achim sie zusammen mit ihren beiden Müttern in dem Robert seinerzeit abgekauften NSU-Neckar zum Flughafen Hannover-Langenhagen gefahren. So müsste Roberts VW-Käfer nicht irgendwo unsicher in einer Nebenstraße oder teuer am Flughafen stehen. Kleine Schneewälle hatten die Straßen gesäumt; es war nasskalt, doch zeigten sich hier und da auch erste blaue Abschnitte am Himmel.

In der Flughalle war es laut. Viele Menschen, die hin- und hereilend Koffer und Taschen schleppten und von denen die meisten den Reihen vor den Schaltern zustrebten, andere den Modegeschäften, Souvenirläden oder Snackshops. Dazwischen Duos patrouillierender Grenzschutzbeamter mit umgehängten Uzzi-Maschinenpistolen. Das ließ, je nach mentaler Verfassung, Gefahr wittern oder Gefühle von Sicherheit aufkommen. Dazu immer wieder hallende Lautsprecherdurchsagen, die jedoch kaum zu verstehen waren.

Sie waren zeitig da, und ihre beiden Mütter, die unbedingt mitgekommen sein wollten, verabschiedeten sie mit so besorgten Worten und Mienen, als würden sie nach Afrika oder sonst wohin fliegen.

Dass man auf Berliner Straßen jederzeit in irgendwelche poltische Aktionen und Demos linker Gruppen geraten könnte, hatte Robert als einen der interessanten Aspekte ihrer Reise verbucht. Noch erst vor zwei Wochen hatte es vor dem Moabiter Kriminalgericht wegen der Anklage gegen *Fritz Teufel*, einen der Initiatoren der *Kommune 1*, ein Riesenspektakel gegeben.

Mit Reiterstaffeln und Wasserwerfern war die Polizei gegen über tausend Protestierende vorgegangen. Doch wurde das Aufblitzen solcher Gedanken überlagert von der Spannung, mit der sie jetzt ihrem ersten Flug entgegensahen. Trotz eines kleinen, kribbelnden Gefühls im Magen wollte doch keiner der beiden von Flugangst reden.

Schließlich in den Sitzen der *Turbo-Prop*-Maschine angeschnallt, servierten, kaum dass sie in der Luft waren, zwei Stewardessen ein kleines Menü; doch bereits wenig später schon die Ankündigung der bevorstehenden Landung. Die Sicht war gut, und der Landeanflug auf den Flughafen Tegel zu, als im Sinkflug über DDR-Staatsgebiet Gebäude, Schrebergärten und Datschen rasch immer größer und deutlicher erschienen, nahm sie ganz gefangen.

Knapp 45 Minuten Flug. Dann Shuttlebus, Abfertigungshalle, Pass- und Gepäckkontrolle. Mit dem Taxi in die *Stormstraße*, wo sie in einer preiswerten Pension unter Roberts Namen für eine Nacht ein Doppelzimmer gebucht hatten. Dabei waren sie das Risiko, dass Robert wegen *Unzucht mit einer Minderjährigen* strafrechtlich belangt werden könnte, eingegangen. Immerhin hatte Monis Schamgefühl sie veranlasst, sich einen goldfarbenen Ring aus einem Kaugummiautomaten anzustecken. Die Glasperle nach innen gedreht, hatte sie gemeint, dass das bei ihrer Unterschrift unter das Buchungsformular als Ehering durchgehen könnte. Ob mit oder ohne Ring: – keinerlei Rückfragen, was die beiden auf dem Zimmer erleichtert aufs Bett fallen ließ. Ähnlich wie Pfingsten, als Achim, Uta und Moni ihn in Falshöft besucht hatten. Da hatte ihnen Frau Wulf, eine gutherzige, pummelige Witwe, die auf der Fernmeldestation stundenweise in der Küche arbeitete, in ihrer alten, gemütlichen Friesenkate zwei Zimmer vermietet – ebenfalls mit dem Risiko, wegen *Kuppelei* angeschwärzt zu werden.

Von der Pension bis zum Gerichtsgebäude waren es zu Fuß keine 10 Minuten. Nach kurzem Aufenthalt im Zimmer waren sie die Strecke abgelaufen, um anschließend mit dem Bus zur Kaiser-Wilhelm-Gedächtniskirche zu fahren. Innen waren sie überwältigt von dem rundum durch unzählige kleine Fensterquadrate irisierenden Blaulicht, das dem achteckigen Andachtsraum seine unvergleichliche Atmosphäre verleiht, wobei die farbige Stille für Augenblicke alle Umtriebigkeit des Tages aus ihren Köpfen verbannt hatte.

Dann wieder auf dem Kurfürstendamms, jetzt umso lauter und quirliger, aber für die beiden Dörfler auch spannend wegen der zu beiden Seiten schier endlosen Folge von Geschäften, Bistros und Hotels aller Größen und Klassen. Viele davon mit Gerüsten und Bauplanen versehen. Einige im Souterrain liegende Entrees hatten sie schließlich daran erinnert, dass sie außer dem kleinen Menü im Flugzeug noch nichts gegessen hatten.

Dann aber, vor einem Postamt, hatte Robert unvermittelt ein ungewöhnliches Verhalten an den Tag gelegt:

„Du, lass' uns da mal eben reingeh'n …"

Darauf Moni, ihn verwundert ansehend: „… Was willst du denn da …?"

„Ich will nur mal was gucken –; geht auch ganz schnell …"

Indem sie die Kragen-Revers ihres karierten Wollmantels zusammenzog, folgte sie ihm zögernd in den gläsernen Vorbau. Aber außer drei Telefonapparaten und Telefonbüchern war da nichts; die Verbindungstür zum Schalterraum verschlossen. Und dass er hier in einem Telefonbuch rumzublättern begann, wusste sie nicht im Entferntesten zu deuten:

„Kennst du hier jemanden …? – Wen willst du denn anrufen …? – Komm, mir ist kalt … – Und ich muss mal …"

Doch dann Robert: „Aha …, siehste! – Hab´ ich's doch gewusst …"

„Ja was denn …? – Nun sag doch mal …!"

Indem er das Telefonbuch zuklappte, hielt er ihr die Tür auf:

„Erklär' ich dir gleich, wenn wir irgendwo drin sind."

Dieselbe ungemütliche Nasskälte wie vormittags zu Hause. Auch hier schmutziggraue Schneereste, und als es dazu noch anfing, fein vor sich hin zu nieseln, ließ sie das umso mehr nach einem geeigneten Restaurant ausschau halten.

Der Saal eines großen Brauhauses erschien ihnen zu bayerisch; ihnen war eher nach etwas typisch Berlinerischem. Schließlich doch ein Souterrain-Lokal, das, wie die beiden Fenster sehen ließen, ihren Vorstellungen zu entsprechen schien: weiße Tischdecken, neben Bestecken aufgestellte Servietten, Blumen und mindestens ein livrierter Kellner, der die Gäste offenbar formgerecht zu bedienen wusste. Der lange, nach hinten fensterlose Raum präsentierte sich in dezentem Licht –, aber obwohl offenbar etwas oberhalb des ihnen angemessenen Preisniveaus, gingen sie hinein.

Nach der Toilette wieder am Tisch, ging es darum, was oder wen er da im Telefonbuch gesucht hätte. Darauf Robert, scheinbar interessiert in der Speisekarte blätternd:

„Also, ich hab' doch in letzter Zeit so einiges über die Enstehung und Entwicklung des Werkes Gottes gelesen. Und da spielt Berlin eine ganz bedeutende Rolle! – Schließlich gab es Mitte des 19. Jahrhunderts unter den englischen Aposteln und deren Berliner Bischof Rothe hier über 10.000Versiegelte. Und mich interessiert einfach, was nach all den Trennungen und Ausschlüssen heute hier noch für Apostolische Gemeinschaften existieren. Dabei bin ich eben auf zwei gestoßen, von denen ich gern Näheres wüsste: das ′Apostelamt Jesu Christi′ und das ′Apostelamt Juda′. Beide scheinen hier und in der DDR stark vertreten zu sein. Aber auch einen ′Reformiert Apostolischer Gemeindebund′ habe ich gefunden, wie auch die ′Apostolische Gemeinschaft′ von Kuhlen. Und tatsächlich auch noch etliche katholisch-apostolische Gemeinden ..."

Nun ebenfalls in der Karte blätternd, fragte sie nach einer kleinen Kunstpause von unten heraus: „Ja – und was hast du davon ...?"

„Was ich davon habe ...?" – Robert sah ihr konsterniert ins Gesicht: „Ich will das *ganze* Bild kennen ...!" – Alles, was sich aus den Anfängen entwickelt hat. Und die Gründe, die die führenden Amtsträger immer wieder in Widerspruch zueinander gebracht haben ... Die Wahrheitsansprüche und Beschuldigungen, die sie einander vorhalten. Und ob Hoffnungen auf ein künftiges Zusammengehen der getrennten Gruppen bestehen. Jetzt, vor dem nahen Kommen des Herrn! – Denn dass alle zu der einen versöhnenden Wahrheit Christi finden, das – so verstehe ich jedenfalls meinen Glauben – das muss doch die Aufgabe der Apostel Jesu sein und uns allen täglich im Herzen brennen ..."

Wie immer bei diesem Thema war er ganz emotional bei der Sache, und es verwunderte Moni ein weiteres Mal, wie tief er in dieser Gedankenwelt verwurzelt war.

Nach einem Wiener Schnitzel mit Erbsengemüse und Salzkartoffeln, das Preiswerteste in der Speisekarte, hatten sie dann bei einem Humpen Schultheißbier in Roberts Zigarettendunst den bisherigen Tagesablauf Revue passieren zu lassen.

Den Abend verbrachten sie auf dem Zimmer. Moni hatte ihre Regel, und als sie endlich müde in die Kissen sanken, vernahmen sie, wie der stärker gewordene Regen jetzt in Böen gegen das Fensterglas prasselte.

Am nächsten Morgen waren sie zeitig losgegangen. Der Gerichtssaal war nicht allzu groß. Als sich die Anwesenden beim Betreten des Richters und der beiden Schöffen von ihren Plätzen erhoben, war der Raum bis auf den letzten Platz gefüllt. Auch eine Schulkasse war vom Richter begrüßt worden.

Moni, nur eine aus einer ganzen Reihe von Zeugen, sollte vor allem die

Gegenstände beschreiben, die die Angeklagten ausgepackt und auf den Platz gestellt hätten. Danach hatte der Richter wegen ihres jugendlichen Alters nach ihrem erwachsenen Begleiter gefragt, um dann, nachdem Robert sich erhoben hatte, irgendetwas Unverständliches vor sich hin zu brummeln.

Da eine Urteilsverkündung am selben Tag nicht zu erwarten war, verließen sie den Gerichtssaal in Richtung Gerichtskasse, um dann bis zum Rückflug noch etwas *Berliner Luft* zu schnuppern. Doch hatte sich die Nasskälte zu einer regelrechten Waschküche verdichtet, was sie an irgendeiner Straßenecke fröstelnd in ein Cafe´ trieb. Nach einem kleinen Imbiss würden sie den Bus in Richtung Flughafen nehmen. Doch bereits an der nächsten Telefonzelle musste er unbedingt noch ein paar seiner notierten Nummern anrufen, zwar mit dem mulmigen Gefühl einer konspirativen Aktion, aber andererseits mit dem, wie er meinte, legitimen Interesse an „der Wahrheit". Aber die Antworten waren nichtssagend und eher von misstrauischer Ablehnung geprägt.

Auf dem Flughafen vernahmen sie, dass ihr BEA-Flug wegen dichten Nebels gecancelt sei. Immerhin aber sollten sie ein paar Stunden später mit einer amerikanischen PANAM-Boing 707, einer Düsenmaschine, fliegen, die dann trotz Nebels weniger als 40 Minuten brauchte. So konnten sie, nachdem sie Achim über die Verspätung informiert hatten, in Langenhagen noch vor zwanzig Uhr, von großen Schneeflocken umtanzt, wieder in dessen NSU-Neckar einsteigen.

Robert hatte für die ganze Woche Urlaub genommen. An zwei, drei Vormittagen hielt er sich etwas länger bei Oma und Opa auf, meistens in der Küche, wo sie sich über Gott und die Welt unterhielten. Wie früher hatte er oben in seinem ehemaligen Zimmer auf der Couch schlafen können. Seit sie 1965 das Haus um gut ein Drittel angebaut hatten, befand sich das Schlafzimmer seiner Großeltern im Erdgeschoss, sodass das ganze, erweiterte Obergeschoss für Werner und Erna mit ihrer einjährigen *Sabine* freigeworden war.

Am späten Sonntagabend dann im Käfer wieder Richtung Küste: Land- und Bundesstraßen sowie ein Großteil Autobahn – bis vor die Kaserne rund 220 km. Am folgenden Nachmittag, dem 18.12.67, beschrieb er eine Postkarte, die die 1907 fertiggestellte Kaiser-Wilhelm-Brücke – über eine Hafenenge die Verbindung zwischen Stadt und Badestrand – noch im unmittelbaren Nachkriegszustand zeigt:

„Liebe Moni! – Statt des üblichen Montagbriefes heute (...) nur eine Karte. (...) Bin hier heute Morgen mit einer Stunde Verspätung angekommen. Den ganzen Tag über war ich nur damit beschäftigt, die Augen offen zu halten. Es ist jetzt gerade 18 Uhr, aber in ca. 20 Minuten kann ich dann endlich ins Bett (...) Dein Robert."

Und nun ...?

Der „Kalender Unsere Familie" für das kommende Jahr wurde im November ausgeliefert. In der Ausgabe 1968 schrieb Apostel Friedrich Bischoff, Verlagsleiter und Sohn des acht Jahre zuvor verstorbenen Stammapostels, in seinem Leitartikel unter dem Titel:

„Der Mensch in der Zeit

(...) Auch die Entwicklung des Erlösungswerkes Gottes findet ihren Abschluß. (...) Wenn alles vollendet sein wird, hören die Entwicklungen auf. Mit diesen Gedanken nähern wir uns dem Bild, das in der Offenbarung Johannes 10, Vers 6 unter heiligem Schwur verkündet wird: '... dass hinfort keine Zeit mehr sein soll ...'. Das Geheimnis Gottes, wie er es seinen Knechten, den Propheten verkündigt, soll vollendet werden ..."

Ja, irgendwann wird keine Zeit mehr sein, davon war auch Robert überzeugt! Letzendlich nach jenem großen Tag, der gewiss auch nicht mehr ferne wäre ... Aber jetzt, solange noch Zeit ist, ist es *ihre* Zeit! – Ihre Zeit, die sie zusammen sein und glücklich sein wollen! ...

Mindestens einmal, wenn er am Wochenende da war, schaute er bei seinen Eltern und Geschwistern rein. Jetzt sollte es dort am 2. Weihnachtstag in der Kellerbar hoch hergehen: – *Achim und Uta hatten zu ihrer Verlobung geladen!*

Aber schon bei seinem letzten Besuch hatte Mama ihm unter dem Mantel der Verschwiegenheit gesteckt, dass die beiden heiraten *müssten!* Weil *da was unterwegs wäre ...*

Als Robert das Geheimnis an Moni verriet, wollte er sich vor Feixen und entsprechenden Bemerkungen gar nicht wieder einkriegen: *Sein Brüderchen Achim muss heiraten ...! Ha –, wer hätte das gedacht?!* ... Doch sein gutmütiger Spott kam bei ihr gar nicht gut an.

Und wie Recht sie hatte! Denn gleich schon bei seinem ersten Januarbesuch eröffnet sie ihm, dass sie möglicherweise ebenfalls schwanger wäre.

Als er dann vor der Apotheke im Auto auf sie wartete, gingen ihm zwar ein paar Schreck-Szenarien durch den Kopf, doch beruhigte er sich mit dem Gedanken, dass das bei ihr vielleicht doch eher eine Wunschreaktion sein könnte ... Hatten ihre Eltern nicht erst kürzlich auf ihre Bitte hin, sich verloben zu dürfen, gesagt: „... Damit warte man, bis du achtzehn bist ..." ?

Aber als er sie dann aus der Apothe herauskommen sah, noch auf der oberen Treppenstufe ihm lachend zuwinkend, war er irritiert. *Was soll das heißen ...? – War der Frosch-Schwangerschaftstest nun positiv oder negativ ausgefallen...?*

Dann, kaum, dass sie im Auto saß: – „Na, was ist nun – ja oder nein ...?"

Ein paar Sekunden schaute sie ihn an; dann überzog ein Strahlen ihr Gesicht und – fast ehrfürchtig: „Ja. – Ich bin schwanger! ..."

Ungläubig nahm Robert wahr, wie seine kleine Moni, gerade siebzehn Jahre alt geworden, sich über die Maßen freute.

Zu Hause löste ihre Beichte nicht die von Robert befürchtete Katastrophe aus. Mutter Ilse, die sie in der Küche antrafen, hatte sich zwar hingesetzt, kreidebleich Mund und Augen aufgesperrt, dann aber nur hervorgebracht:

„... Ja, Robert, dann geh' das man dem Papa sagen ... Der ist unten im Keller und putzt die Schuhe ..."

Davor hatte ihm gegraut! Doch als er auf der Treppe stehend die Nachricht stockend herausbrachte, hatte das weder Bruder Meins' schwingende Putzbewegung unterbrochen noch ließ der sich mit auch nur einem Wort darauf ein. Nur ein kurzer Blick auf den nun ebenfalls verstummten Bengel, der eben mit seinem Gestammel die ganze Familie in eine so prekäre Lage gebracht hatte. Erst als Robert im Begriff war, die Treppenstufen wieder hinaufzusteigen, hörte er ihn sagen: „... Dann seht man zu, wie ihr das hinkriegt ... Groß unterstützen können wir euch jedenfalls nicht."

Als er das sagt, sind er und seine Frau 38 und 39 Jahre alt und Monis vier Geschwister zwischen zwölf und sechs. Die waren zu ernähren, das Haus musste abbezahlt werden, und natürlich sollte das *Opfergeld* da sein: der Zehnte vom Monatslohn! Die *Opfertreue* stand ganz obenauf; denn *am Segen Gottes* durfte es nicht fehlen! Den hatten sie oft schon erfahren, zuletzt darin, dass Erwin schließlich auch, wie zuvor schon einige Männer aus ihrer Straße, bei *Benecke* in Hannover Arbeit gefunden hatte. Und dort war sein Lohn höher und sicherer, als es auf dem Bau je gewesen war.

Die Gespräche mit seinen Großeltern und Eltern empfand Robert weniger angespannt, wenngleich auch da gewisse Bedenken angemeldet worden waren.

„Dann wird deine Moni ihre Ausbildung bei der Gemeinde ja wohl abbrechen müssen", hatte Oma gefolgert, worauf er geantwortet hatte: „Na ja, ich denke wir werden heiraten ..."

Wenn er allerdings an das noch ausstehende Gespräch mit den *Brüdern* dachte, wahrscheinlich mit Evangelist Dingner – und überhaupt an einige in der Gemeinde – dann war ihm gar nicht mehr wohl. Moni schien das egal zu sein.

Als ihm kurz darauf in seiner Dienststelle zu Ohren kam, dass neu Verheiratete Anspruch auf eine preisgünstige Wohnung des Bundes nur dann noch hätten, wenn die Ehe bis zum 31.01.68 geschlossen wäre, rief er sofort Moni im Rathaus an. Es bliebe gerade noch Zeit, das Aufgebot zu bestellen, hört er, was sie selber in die Hand nehmen wolle, um den Trauungstermin für den 31. Januar festzusetzen. Daraus ergab sich, dass in der neuen Kirche nun wohl nicht Achim und Uta, sondern sie als Erste getraut werden würden.

Indes verlief das Gespräch mit dem Evangelisten und Priester Herlyn im Beisein von Monis Eltern zwar ernst, aber nicht so negativ, wie er befürchtet hatte. Als Quintessenz hatte er sich eingeprägt, was der Evangelist ihnen nachdrücklich ans Herz gelegt haben wollte:

„... Wenn ihr nun aber voneinander erwartet, dass der andere euch glücklich machen soll, dann – das kann ich euch heute schon sagen – wird daraus nichts werden. Sondern glücklich werdet ihr nur, wenn ihr selbst danach schaut, den andern glücklich zu machen! ..."

Und dann, Robert zugewandt:

„Und was dich angeht, mein lieber Freund: – Trage deine Moni immer als ein Gottesgeschenk im Herzen und betrachte sie niemals nach der Welt Art und Weise ... Oder gar in der ungeschlachtenen Art, wie man das ja vom Militär her kennt ...!"

Die standesamtliche Trauung hatte Monis Chef, der Gemeindedirektor durchgeführt. Für die kirchliche Trauung war der 24. Februar angesetzt, ein Samstag. Fast die ganze Gemeinde war erschienen, auch Oma sowie Erna und Werner. Zu Beginn hatten sie *„Jesus geh´ voran"* gesungen. Das Trauwort, das Evangelist Dingner vorlas, stand in Römer 12, Vers 12:

„Seid fröhlich in Hoffnung, geduldig in Trübsal, haltet an am Gebet ..."

Der Gemütsart des Evangelisten entsprechend, hatte der Chor sehr getragene Lieder vorgetragen. Als dann der große, gewichtige Mann vor dem Altar auf sie herniederblickte, da bedurfte es nur weniger Worte, bis Moni das Taschentuch kaum noch von den Augen wegbekam. Doch dem leuchtete ein Strauß roter Moosröschen, von ein, zwei weißen Freesien betont, vor ihrem weißen, knielangen Chiffon-Kleid ermutigend entgegen.

Das Brautkleid hatten sie ein paar Tage zuvor zum Unwillen der C & A-Verkäuferin im Beisein des Bräutigams gekauft. Die Eheringe waren im letzten Moment fertig geworden: bei *Ilse von Dreier*, ihre Ex-Glaubensschwester aus Kinder- und Jugendtagen. Die hatte mit ihrer Heirat des deutlich älteren Schmuck- und Uhrmachermeisters die Gemeinschaft der Gotteskinder verlassen, war ihr Mann doch renommiertes Mitglied im evangelischen Gemeindekirchenrat. Doch als Kinder hatten sie dies eine Wissen miteinander geteilt:

Das Siegel, das ein Mensch durch die Hand eines Apostels an seiner Stirn empfangen hat, bleibt! Auch wenn er dem Werk Gottes den Rücken kehrt. Es ist unauslöschlich, bis zum Tage des Jüngsten Gerichts! ... Und nach seinem Tode, in welchem Ewigkeitsbereich der Unerlösten er auch verweilen muss, werden ihn die andern am Siegel Gottes erkennen und mit ihren Klagen und Vorhaltungen bedrängen: „Du warst ein Erwählter Gottes und hast die Erwählung verworfen! Und jetzt bist du hier, und durch deine Gegenwart müssen wir die Trennung von der Gnade Gottes umso schmerzhafter erleiden." ...

Die Kaffeetafel hatte in Meins´ Stube stattgefunden. Alle verfügbaren Tische zusammengestellt, boten sie unter den weißen Tischdecken grade genügend Platz für beide Familien. Opa hatte sich nicht wohlgefühlt und war zu Hause geblieben. Werner und Erna gingen bereits gegen halb fünf wegen eines Termins im Fußballverein. Dafür waren wenig später Monis Onkel und Tante Heger dazugekommen.

Es war bereits dunkel, als plötzlich von der Straße her, direkt vor dem Haus, die Melodie des Trompetensolos *Il Silencio* erklang – jener Trompetenhit des Italieners *Nini Rosso*, mit dem er 1965 Weltruhm erlangt hatte.

„Ist das euer Hartmut ...?", hörte Robert seine Schwiegermutter fragen.

Er war es: Helmut Hegers 14-Jähriger, begeistertes Mitglied im evangelischen Posaunenchor, der damit seiner Cousine ein beeindruckendes und zu Herzen gehendes Hochzeitsgeschenk gemacht hatte!

III.
Auf eigenen Füßen

1968 – 1995

Ein eigenes Zuhause

Es war vereinbart, dass sie beide bis zu ihrem Umzug an die Küste wie bisher getrennt wohnen würden: aus Rücksicht gegenüber der Nachbarschaft, aber auch, weil die Zeit absehbar und das die einfachste Lösung wäre.

Von Roberts Großeltern hatten sie ein Sparbuch über 3.000 D-Mark erhalten, und auch die andern Geschenke steuerten zu ihrer Haushaltsausstattung bei.

Anfang März unterschrieb Robert den Mietvertrag bei der Wohnungsfürsorgestelle der Standortverwaltung. Danach würde das Mietverhältnis im Stadtnorden – manche sprachen vom *Nachtjackenviertel* – am 1. April beginnen. Die Schlüssel bekam er zwei Wochen vorher, sodass sie mit der Renovierung beginnen konnten. Bis zum Einzug würden sie für die gut 3.000 DM eine komplette Wohnungseinrichtung gekauft haben, einschließlich Radio und einer Wäsche-Schleudertrommel.

47 Quadratmeter im ersten Stock einer Häuserzeile aus den 40er Jahren: drei Zimmer, Kochnische und ein Badezimmer mit Wanne und Badeofen. Ein Traum, den sie kaum fassen können: – *Wenn das nicht Segen ist, was dann …*

Auf der gegenüberliegenden Straßenseite gleich ein kleiner Konsum-Supermarkt, in dem sie sich wie zu Hause frische Milch in die Kanne pumpen lassen konnten. Auch Schlachter, Bäcker, Arzt und Apotheke – alles gleich um die nächste Ecke. Ebenso eine Telefonzelle. Und nur wenig weiter, an der großen Kreuzung in der Ortsmitte, mittwochs und samstags ein ausgedehnter Wochenmarkt: regelmäßiger Treffpunkt der vielen Menschen, die hier zumeist in den zweieinhalbgeschossigen Mietblocks und Quartieren langer Reihenhauszeilen wohnten. Die meisten Gebäude aus den 1940er Jahren, deren überwiegend graue Rauputzfassaden den Straßenzügen ein beinahe vertrauliches Einheitsgepäge verliehen.

Um dieser Grau-in Grau-Tristesse entgegenzuwirken, hatte die Stadt begonnen, den sich durch den Stadtteil windenden Oberflächen-Entwässerungsgraben als Grünzone auszubauen. Auch neu aufgestellte Bänke, teils unter alten, hohen Pappeln oder Eschen, werteten die Anlage auf. Vor allem für Kinder und Jugendliche, die sich nach Schulschluss, oft in ganzen Rudeln, hier zusammenfanden und lauthals austobten.

Vom Markt aus fuhren in engem Takt Busse ins Zentrum, bis direkt vor das mächtige KARSTADT-Kaufhaus aus der Gründerzeit. Nur wenige Schritte davon entfernt: – der „Hauptbahnhof" –, wegen des unscheinbaren Gebäudes von Ortsfremden jedoch selten als solcher identifiziert.

Aber hier, an der großen Straßenkreuzung ihres Stadtteils, fanden sie alle nötigen Geschäfte: Ein seit Kriegsende gewachsenes Nahversorgungszentrum; auch ein paar Kioske, die bis 22 Uhr geöffnet hatten; das Postamt, Sparkasse, Volksbank sowie Apotheken und eine Handvoll Arztpraxen. Ebenfalls in diesem Bereich der neue, nüchterne Klinker-Zweckbau der evangelischen Kirchengemeinde sowie die 1970 geweihte katholische Kirche. Grund-, Volks- und Realschule in Reichweite und von den Kindern mit dem Fahrrad oder auch zu Fuß gut zu erreichen.

Was sie ebenfalls schnell schätzten lernten: die nur zweieinhalb Kilometer bis zum Naturbadestrand, die letzten hundert Meter schon mit echtem Sanddünenfeeling zwischen den Zehen.

*

Nach dem Gottesdienstlokal hatte Robert sofort gesucht, als er im November 67 auf seinem neuen Kommando eingewiesen worden war. Schließlich an einem Mittwochabend vor einer der düster wirkenden Holzbaracken – nach dem Niederdrücken der Türklinke bereits im Begriff, wieder zu gehen, als er innen dann doch einen Schlüssel drehen hörte und ihm gleich darauf ein Mann in schwarzem Anzug wortreich flüsternd Einlass gewährte.

Der Barackensaal war gut besetzt, vielleicht 60, 70 Personen auf Holzbänken links und rechts des Mittelgangs. Doch es dauerte etwas, bis er sich an das schummrige Licht unter der niedrigen Decke aus brauner Presspappe gewöhnt hatte. Die Seiten des vorne auf einem Podest stehenden Sperrrholz-Altars verliefen nach oben hin leicht konisch auseinander; rechts davon neun Küchenstühle, je zu dritt hintereinander aufgestellt, auf denen einer der vier Priester offenbar einzunicken drohte. Vielleicht weil die Stimme des Bruders hinter dem Altar trotz der Lautsprecher den Raum nur gedämpft zu füllen vermochte? Auch der Chor ließ sich wie in Watte vernehmen. Nach dem letzten *Amen* war es fast viertel vor neun, und die Straßenbeleuchtung funzelte trübe in die frische, diesige Novemberluft.

Beim Hinausgehen war überraschend ein junges, hübsches Mädchen auf ihn zugekommen, um ihm zu sagen, dass ihre Eltern sich über seinen gelegentlichen Besuch freuen würden –, vielleicht am kommenden Samstagnachmittag …? Ihr Vater sei der für die Jugend zuständige Priester.

Die angegebene Haus-Nummer fand er am ersten Eingang einer längeren Reihenhauszeile, direkt in der Rechtskurve einer einspurigen Wohnstraße. Hinter den anderthalbgeschossigen Häuserzeilen Reihen hoher Pappeln. Im Hausflur zwei Terrazzostufen vor zwei nebeneinanderliegenden, taubenblauen Wohnungstüren. Rechts, unter der Klingel, der gesuchte Name: *Bergmann, Ernst & Gerda.*

Ein lachendes, von üppigem schwarzem Haar umrahmtes Gesicht öffnete: – unverkennbar die Mutter des Mädchens, das sich ihm als *Kerstin* vorgestellt hatte. Über den mitgebrachten Weihnachtsstern hatte sie sich gefreut, und nach einem schmalen, fensterlosen Flur stand er gleich in der kleinen Wohnküche, von wo aus das Licht in den Flur gefallen war. Ihr Mann, dessen Gesicht sich bei seinem Eintreten aufhellte, erhob sich leicht von der Eckbank, indem er ihm über den Tisch hinweg die Hand entgegenstreckte: „Ja, ja die Marine …! – Hier im Stadtnorden dürfte wohl kaum ein Bruder stationiert gewesen sein, der nicht irgendwann mit an diesem Tisch gesessen hätte … Bitte, nehmen Sie Platz! …"

Im Gegensatz zu den sanften Rundungen seiner um einen halben Kopf kleineren Frau war Priester Bergmann gertenschlank. Ein sympathisches, glattrasiertes Gesicht mit ersten grauen Spitzen im dunklen, naturwelligen Haar.

Während sie einer altdeutschen Eichen-Glasvitrine ein drittes Teegedeck entnahm – das helle, mit einer stilisierten Pfingstrose verzierte Prozellan fast durchscheinend: „…die klassische Ostfriesenrose!", wie sie stolz bemerkte – nahm ihr Mann den Faden wieder auf:

„… Und nun wollen Sie hierherziehen …? Da ist Ihre Wohnung ja ganz dicht bei unserer Kirche! – So, so … Und sie kommen aus der Lüneburger Heide …? Da ist doch der Bezirksapostel Knigge, wenn ich nicht irre …?"

Als Robert sich nach gut anderthalb Stunden verabschiedete, hatte er nicht allein die *ostfriesische Teezeremonie* kennengelernt wie auch Kerstin und Walter, die beiden älteren ihrer vier Kinder –, sondern auch noch eine ganze Menge erfahren. Etwa dass die Dreizimmerwohnung für die sechs Personen grade mal 54 Quadratmeter maß und der Priester in der Marine-Telefonvermittlung arbeite, grade in jener Kasernenanlage, in der momentan sein Lehrgang stattfand. Was er irgendwie als angenehm empfand.

„Wenn Sie also irgendwann mal 'ne wichtige Verbindung brauchen", hatte er Robert instruiert, „... fragen Sie einfach nach mir." Außerdem gäbe es in der Parallelwache noch zwei weitere Glaubensbrüder. Und sein Bruder Franz, Priester und Vorsteher der Nachbargemeinde, säße in einer weiteren Vermittlung. Zudem gehöre der Chef sämtlicher Standortvermittlungen, insgesamt fünf in der Stadt, hier zu ihrer Gemeinde. Doch verhielte der sich Geschwistern und Amtsbrüdern gegenüber eher distanziert. Im Übrigen sei die Baracke, in der jetzt die Gottesdienste stattfänden, bis vor wenigen Jahren noch *Der Wickinger* gewesen, eine Kneipe von zweifelhaftem Ruf, aus der immer wieder Schlägereien und andere unliebsame Vorkommnisse vermeldet worden wären.

Dass in der quer danebenstehenden Baracke die Baptisten ihre Gottesdienste abhielten, hatte er schon mitbekommen. Die ursprünglich 12 Baracken wären Ende der 1930er Jahre als Baubüros und Materiallager errichtet worden, als man infolge militärstrategischer Planungen mit dem Bau des Stadtteils begonnen habe. Gegenüber wäre noch ein weitaus größeres Barackenlager gewesen – für mehr als tausend Arbeiter, die man aus allen Gegenden Europas zusammengezogen hätte.

Den Plänen der militärischen Führung zufolge sollte die 90.000-Einwohnerstadt zu einer gigantischen Kriegsmarine-Werftstadt mit 500.000 Einwohnern ausgebaut werden. So seien hier 1940 bereits 133.000 Menschen gemeldet gewesen, davon mehr als 4.000 Beschäftigte auf der Marinewerft. 1945 dann, nachdem gut 60 % der Wohnungen im Bombenhagel zerstört worden seien, wären es nur noch etwa 89.000 gewesen. Heute, 23 Jahre später, gehöre man mit gut 102.000 Einwohnern wieder zu den deutschen Großstädten. Dabei habe sich mit den vielen Flüchtlingen auch die Zahl der Gotteskinder deutlich erhöht, sodass es jetzt innerhalb der Stadtgrenzen sechs neuapostolische Gemeinden gebe. Bezirksvorsteher des Unterbezirkes, zu dem auch die umliegenden sieben friesischen Gemeinden zählten, sei seit 1960 – nach einigen Turbulenzen im Unterbezirk – Bezirksapostel *Hermann Schumacher* selbst.

Die Kirche im Nachbarstadtteil, auf deren großer Empore sie unlängst gesessen hätten und in der sein Bruder als Vorsteher diene, wäre bereits 1961, ein Jahr vor der nicht ganz so großen evangelischen Kirche errichtet worden. Die im letzten Jahr in Jever errichtete sei schon moderner, trotzdem aber anheimelnd und solle vom Stil her an einen Schafstall gemahnen.

„Und wenn die Gerüchte stimmen", hatte Priester Bergmann leise angefügt –, dann sollen im kommenden Sommer bei uns die Bauarbeiten ebenfalls beginnen ... – Wo ...? Direkt auf der Freifläche neben der jetzigen Barackenkirche." Ein ziemlich großes Gebäude sei wohl geplant: das komplette Erdgeschoss als Foyer – mit Sakristei, Unterrichtsraum, großer Garderobe, Toiletten und so weiter. Und das ganze Obergeschoss als Gottesdienstraum – mit Empore wohl bis zu 500 Plätze! Zur Straßen- und Hofseite hin wären zwei riesige Buntglas-Fensterflächen vorgesehen. Den Auftrag habe angeblich ein renommierter Kunst-Professor hier aus der Gegend erhalten. Mit der Einweihung sei, wenn alles, was er gehört habe, stimme, wohl Ende 69 zu rechnen.

So sehr Robert all das beeindruckte, erinnerte es ihn doch an das, was ihm während seiner Bremerhavener Zeit über den Bezirksapostel zu Ohren gekommen war. Und auch, dass einer von Monis Berufsschullehrern, ein neuapostolischer Studienrat, den Bezirksapostel wegen seiner herrischen Art als einen *General* bezeichnet hatte, als einen, der von seinen Mitarbeitern vor allem eines fordere: – *Absoluten Gehorsam!*

*

Nach dem Operator-Lehrgang waren alle acht Teilnehmer zum 1. Februar 68 in das neue Rechenzentrum versetzt worden, in den im östlichen Hafenbereich der Stadt neu aufgebauten Marinestützpunkt. Doch wegen baulicher Verzögerungen sollte es mit dem Einzug dann doch Mitte März werden.

Ab dem 1. April 1968 waren sie amtlich in ihrer Wohnung gemeldet. Die roch frisch und neu und entsprach ganz ihrem Gefühl eines behaglichen Zuhauses! Die Möbel waren pünktlich geliefert worden, und ihre letzten Sachen hatten sie aus ihrer „alten Heimat" im bis oben hin vollgepackten VW-Käfer hergekarrt. Kurzum: Sie waren glücklich! – Zwar verdunkelte die mächtige Kastanie vor ihrem Esszimmerfenster den Raum, doch dafür würde die bald schon einsetzende Kastanienblüte sie mit jedem Tag mehr ent-

schädigen.
Die acht Kilometer zu seiner neuen Dienststelle legte er mit dem Fahrrad zurück. Ihren VW-Käfer hatten sie verkauft. Damit entfielen die Wechselraten, und sie konnten das Gefühl völliger Schuldenfreiheit genießen. Allerdings nur bis ihnen klar wurde, dass von Roberts Bezügen als Obermaat – selbst bei sparsamstem Wirtschaften – am Monatsende so gut wie nichts übrig blieb. Jedenfalls nicht, nachdem sie den Zehnten in den Opferkasten getan hatten.

Bereits bevor er Moni endgültig nach hier geholt hatte, waren seine Feierabende und Wochenenden schnell in feste Bahnen gekommen. So hatte er auf Einladung des Priesters von Anfang an die Jugendstunden besucht und war dienstags und donnerstags mit den Brüdern *Zeugnisbringen* gegangen.
In näheren Kontakt zu Geschwistern und Jugendlichen war er bei der Grundstückspflege gekommen. Die galt es sowohl auf dem Neubaugrundstück zu erledigen wie auch um die Baracke herum. Für Letztere war zwar der *Gemeindeälteste i. R.* Perlau zuständig, ein gedrungener Mann mit auffallend großem, fleischigem Kopf, dem das mit über Sechzig in letzter Zeit aber zusehends schwerer fiel. Als Gegenleistung war ihm und seiner gehbehinderten Frau von der Kirche die im hinteren Teil der Baracke liegende Wohnung überlassen worden. Er habe lange als Maurer gearbeitet und sei vom Apostel alsbald in seinem Amt, das er schon in Pommern innegehabt hätte, bestätigt und schließlich als Gemeindevorsteher eingesetzt worden. Doch bereits nach wenigen Jahren, niemand wüsste genau warum, hätte ihn der Apostel sang- und klanglos seines Amtes enthoben.
Als Robert und Moni die beiden Alten auf deren Einladung hin besuchten, sprachen die dieses Kapitel zwar nicht direkt an, doch drangen durch ihr glaubensfreudiges Reden immer wieder auch Spitzen einer offenbar tief sitzenden Verbitterung durch. Der an sich gutmütige Mann, so erfuhren sie später, wäre dem Apostel wohl zu schlicht gewesen und hätte gewisse Vorgaben in der Gemeinde auch nicht energisch genug durchgesetzt. Ähnliches vernahm er bei anderer Gelegenheit von einem *Bischof Schwarz*. Als Königsberger Flüchtling, von Hamburg her zugezogen, habe der mit seiner Frau eine kleine Wohnung in einem der Blocks direkt gegenüber der Kirchenbaracke bewohnt. Zum 1. Januar 1953 wäre er vom Apostel in seinem Amt als Bischof betätigt und ihm gleichzeitig die Leitung des Kirchenbezirks übertragen worden. Wegen seiner sanften, freundlichen Art als *der sanfte Heinrich* überaus beliebt, habe es deshalb umso mehr überrascht, als er im

-

April 1960 ohne jede Ankündigung oder Begründung in den Ruhestand versetzt worden war. Seitdem habe der Apostel die Leitung des Unterbezirks selbst in der Hand. Der Bischof sei wenig später nach Hannover verzogen.

Dass Robert samstags regelmäßig für ein, zwei Stunden in Priester Bergmanns Keller verschwand, erwies sich als eine der kleineren Unstimmigkeiten, die Moni hin und wieder zu schaffen machten. Dabei bemühten sich beide, in den ehelichen Gleichschritt hineinzufinden; nicht einfach für zwei junge Menschen von so unterschiedlicher Wesensart: – Sie, die 17-Jährige, eher still und in sich gekehrt, empfänglich für das Zarte und Feinsinnige und ihr gegenüber der 5 Jahre Ältere als zielorientierter, emotionaler Brausekopf. Beide noch ohne zu ahnen, dass manche ihrer kleinen Konflikte nicht einfach nur ihre unterschiedlichen Meinungen widerspiegelten, sondern auch ihre unterschiedlichen geschlechts- und entwicklungsbedingten Wahrnehmungs- und Interpretationsmuster: Die Welt *kann* für sie gar nicht dieselbe sein und wird es, wie sie erst sehr viel später begreifen würden, auch niemals werden. Sie würden lernen müssen, ihre unterschiedlichen Welten, in denen sie leben, fühlen und denken, einander zu erklären, zu öffnen, um sich schließlich empathisch auf den Andern einlassen zu können. Eine Lektion, die es in sich hat und von der sie nicht einmal ahnten, dass es genau das zu lernen galt! Glücklicherweise sensibilisierte ihn der seinerzeitige Rat von Evangelist Dingner, wenn er sich mitunter verletzend gegenüber seiner jungen Frau verhielt – zumeist unbewusst, wenn er sich selbst von irgendwoher unter Druck gesetzt fühlte. Solche Entgleisungen kamen hin und wieder vor. Etwa jene Szene, als ihnen vor ihrem Einzug ein junger Glaubensbruder beim Tapezieren geholfen hatte. Irgendwann meinte er entdeckt zu haben, dass Moni ihm schöne Augen mache. So hatte er ihr heftige Vorhaltungen gemacht, ohne dass sie sich auch nur im Entferntesten einer Schuld bewusst gewesen wäre. Doch er, blind für ihre Bestürzung, war zur Gaststätte über die Straße gerannt, um Augenblicke später ein paar Bierflaschen auf den Tisch zu knallen und sich mit jedem Schluck bei seiner *Beweisführung* weiter in Rage zu reden. Eine Aufführung, die sich quälend bis weit in die Nacht hineingezogen hatte, um schließlich, zu wortloser Bitternis ausgelaugt, in sich zusammenzufallen.

Der nächste Morgen, ein Sonntag. Früh war Moni durch die noch ruhigen Straßen des sich von Tag zu Tag üppiger mit Frühlingsgrün schmückenden Stadtteils gegangen. Mit jedem Schritt kehrte ihr seelisches Gleichgewicht zurück. Jetzt im 4. Monat schwanger, nahm sie glücklich jede Bewegung des in ihr wachsenden Lebens wahr: Für sie keine anonymen biologischen Reflexe, sondern Regungen des von Beginn an geliebten, keimenden Menschen! Diesem Leben entgegen, redete sie den kränkenden Ausfall ihres Mannes mit der Sprache ihres Herzens als ungewollte Entgleisung herunter, entschuldigte ihn als Reaktion drückender Überlastung. Die 17-Jährige liebt ihren Mann! Die eigene Wohnung, für die sie gemeinsam – aufregend wie in Tausendundeiner Nacht – sämtliche Möbel und Einrichtungsgegenstände ausgesucht und gekauft hatten. Zwar hier und da mit Kompromissen, aber doch letztendlich zu ihrer beiden Zufriedenheit: *Ihr Reich*, in dem sie sich mit Robert und dem in ihr wachsenden Leben einer glückvollen Zukunft entgegengehen sieht. Nicht mehr nur die Älteste und die für ihre vier Geschwister Verantwortliche, sondern Ehefrau und demnächst glückliche Mutter an der Seite ihres eigenen, geliebten Mannes ...

Hausarbeit im eigenen Heim: Auch das ein Stück ihres Glücks! Da gab es bereits einen Staubsauger und eine moderne Wäscheschleuder! Selbst die Wäsche, die sie noch wie ihre Mütter in einem großen Topf kochte, in der Badewanne mit bloßen Händen über das Waschbrett rubbelte und scheuerte, immer wieder durchs Spülwasser gezogen – auch das empfand sie als beglückenden Teil ihrer selbstbestimmten Freiheit. Die geschleuderte Wäsche im Trockenkeller auf die Leine hängen und demnächst, wenn es wärmer würde, über der Grasfläche hinterm Haus. Das tägliche Hinauftragen von Eierkohlen und Briketts; einkaufen, Essen kochen, abwaschen, Betten beziehen und was sonst alles die Wohnung noch forderte. Und wie sie versuchte, so manches Gericht nach seiner Erinnerung von Oma her nachzukochen ...

Jedenfalls wusste sie, außer einem gewissen Abstand, in den sie sich von Robert zeitweilig hinter das Werk Gottes gestellt sah, kaum etwas aufzuzählen, das ihr Glück geschmälert hätte. Selbst die Stimmungsschwankungen, die in den letzten Wochen vor der Geburt zu teils schweren Depressionen auswuchsen, vermochten an ihrer positiven Grundbefindlichkeit nichts zu ändern

*

Ernst Bergmanns Refugium war sein Keller, ein ehemaliger Luftschutzraum von vielleicht zehn Quatratmetern. Hier konnte er aus all den Irritationen des Alltags, auch innerhalb der Gemeinde, immer wieder zu sich selbst zurückfinden. Etwa die schwere Werkbank, an der er mit beachtlichen Werk- und Möbelstücken seine wahren Fertigkeiten an den Tag brachte – nicht allein die mit den Händen, sondern auch im Kopf und im Herzen, wenn er bei inneren Dialogen die immer wieder auftretenden Risse in seinem Weltbild-Relief auszubessern suchte.

Roberts erste Eindrücke in diesem Raum waren diffus. An den Wänden lehnende Kanthölzer, Bretter, Latten und Leisten; der Fußboden vor und unter der Hobelbank – überhaupt alles – von einer Schicht feinen Holzmehls überzogen, selbst die Spinnweben. Helle Holzkringel flüchtig zusammengekehrt, der Haufen Sägespäne unter der Kreissäge. Und Werkzeuge! Eine ganze Parade von Zangen und Hämmer an der Wand; Bohrmaschinen, Eisensägen, Spachtelmesser und diverse Stemmeisen. Blechschachteln mit Stummeln dicker Zimmermannsbleistifte; andere voller Nägel, Schrauben und wer weiß sonst noch was. Und vertrauter Holzduft! Wie noch vor wenigen Jahren in den Lagerhallen seiner Lehrfirma, als sie die schweren Bohlen gestapelt hatten. Der scharfe Geruch von Leim und Terpentin war ihm von Vater Karl her geläufig.

„Eigentlich bin ich von Beruf ja Bootsbauer", hatte Ernst Bergmann bedeutet und dann angefügt: „... Obwohl ich ja lieber Tischler geworden wäre ... Aber da war während des Krieges überhaupt nicht dran zu denken! – Trotzdem: Sämtliche Möbel in unserer Wohnung habe ich selber gebaut, auch die Einbauschränke. Alles nach den Wünschen meiner geliebten Gerda – vom Entwurf auf dem Blatt Papier bis hin zu den Glasarbeiten. – Gelernt habe ich noch auf der Kriegsmarinewerft. Aber dann haben sie uns ja noch kurz vor Kriegsende als Flakhelfer an die Front geschickt. Als dann mein Bruder Franz und ich nach kurzer Internierung in einem dänischen Lager wieder nach Hause kamen, da gab´s keine Arbeit mehr. Die Werft war zerbombt – wie ja auch überhaupt die ganze Stadt in Schutt und Asche lag. Viele sind dann in den Ruhrpott gegangen, auch unser Bruder Albert ... Wir haben uns hier die ersten Jahre so durchgeschlagen – mit kleinen Hilfsarbeiten oder auch beim Bauern ... Aber gut – das ist Schnee von gestern! – Heute sitzen wir als Angestellte fein trocken und sicher beim Bund und stöpseln Telefonverbindungen. Doch das Arbeiten mit Holz ist meine große Leidenschaft geblieben."

Während er sprach, hatte er nach einem der an der Wand lehnenden Kanthölzern gegriffen, um es, nachdem er es kurz prüfend in Augenschein genommen hatte, mit Bedacht in den Schraubstock zu spannen. In dem Moment spürte Robert in dem ganzen wohlriechenden Tohuwabohu, dass das, was er hier wahrnahm, alles echt und Herzblut pur war. Gar nichts, was ihm auch nur irgendwie fremd gewesen wäre.

„Und, junger Mann – wenn ich fragen darf: Was haben Sie so gemacht, bevor Sie den blauen Rock angezogen haben? ..."

Was sich dann im Laufe der Zeit in unzähligen Kellergesprächen zwischen den beiden entwickelte, war eine Intimität, in welcher sich der Vierzig- und der Zweiundzwanzigjährige streckenweise in dem andern wiederfanden. Gerade auch über Glaubensdinge redeten sie in einer Offenheit, wie das sonst kaum möglich war:

„Man muss doch auch mal Scheiße sagen können bei all dem Blödsinnn, den manche Amtsbrüder mit den Geschwistern verzapfen ...!" Eine des Priesters Unmutsbekundungen, wenn sie sich später über das Gemeindeleben ereiferten. Dabei waren ihm vulgäre Ausdrücke eigentlich fremd.

Es war das echte Interesse an den Gefühlen und Gedanken des andern, das selbst Dissonanzen und gegensätzliche Ansichten zu überbrücken vermochte – so, als gäbe es einen offenen, freien Raum zwischen ihnen, in den hinein sie beinahe alles auszusprechen wagten. Ja, es entwickelte sich ein Vertrauensverhältnis, wie er es nicht einmal von zu Hause her kannte, was sich bisweilen anfühlte, als wären sie in das familiäre Gefüge der weitverzweigten Großfamilie eingewoben.

So hatte es sich bald schon eingeschliffen, dass sie Freitag- oder Samstagnachmittag die knapp 500 Meter zu Bergmanns hinspaziert waren: Robert in den Keller und Moni die drei Stufen zu *Tan´ Gerda* hinauf. Die erschien dann, wenn es Zeit war, in der Werkstatt, um die beiden in schweren Glaubensgründen Schürfenden in ihrer sanften Art zum Tee zu bitten. Oft stieß eins der Kinder dazu oder Otto Weichbrodt stand in der Tür –, sein *getreuer Erzdiakon*, wie Ernst Bergmann den 20 Jahre Älteren zu betiteln pflegte: Ein gutmütiger und geduldiger Mensch; Elektriker bei den Olympia-Werken vor den Toren der Stadt, jedoch resistent gegen jede andere Meinung, was bisweilen als anstrengend empfunden wurde. Vor allem, wenn er stockend, wie es seine Art war, zu einer seiner Endlosgeschichten von früher ansetzte, meistens aus der Gegend um Osnabrück oder Bad Rothenfelde. Jedoch gehörten er und seine stets glucksend kichernde Lotti zum engeren Freundeskreis, der mit Siegfried Metzing und seiner schlesischen Mathilda, beide geringfügig älter als Ernst und Gerda, abgerundet war.

Siegfried Metzing, in irgendeiner Werkstatt im Marinearsenal beschäftigt, ebenfalls Priester und im Gegensatz zu seiner Frau dürr wie ein Angelhaken, überwältigte durch seine trockne, einfältig-schlitzohrige Art, die ungewollt immer wieder Heiterkeit auslöste. Es war vor allem dieser Kreis, der sie mit offenen Armen aufnahm: Robert wohl wegen seines jugendlich überschäumenden Temperaments, mit dem er die Runde anhand relativ bibelfester Argumentationsketten zu beleben wusste, und seine anfangs noch siebzehjährige Moni in ihrer feinen Art, die nicht allein in den mütterlichen Wahrnehmungen der drei älteren Frauen Anklang fand. Vielleicht ein wenig auch einfach die Anwesenheit einer jungen, hübschen Frau, die die Männer immer wieder zu mehr oder weniger witzigen und geistreichen Wendungen inspirierte.

So verging kaum ein Mittwoch- oder Sonntagabend, an dem man nicht bei dem einen oder anderen noch auf eine Tasse Tee zusammensaß, um das eben im Gottesdienst Gehörte zu kommentieren. Dabei wurde viel gelacht, auch über Anekdoten bezüglich mancher Amtsträger oder entsprechende Episoden aus den Gemeinden. Es vor allem dieser lockere, humorvolle Umgang mit den *absoluten Gewissheiten* ihres Glaubens, der sie vor jenen verbissenen, ja, teils fanatischen Zügen bewahrte, wie sie einige Amtsträger und Geschwistern an den Tag legten. Dabei blieben – ohne dass man das als Defizit empfunden hätte – zumeist Themen ausgenommen, die ihnen als zur „Welt" gehörend galten: Politisches ebenso wie aktuelle gesellschaftliche Ereignisse und Trends – ja selbst vieles aus dem Stadtgeschehen, vor allem auch Sport und Kultur. Man wusste sich von Gott aus *dieser Welt* herausgenommen, das eigene Leben ganz darauf ausgerichtet, in SEINEM endzeitlichen Errettungswerk der Vollendung zuzustreben.

Die Jugend

Anfang 68 besuchten zwischen 15 und 20 Jugendliche die Jugendstunden. Die begannen um 17 Uhr im *Ämterzimmer* der Baracke, nachdem der Tisch vor das Fenster gerückt und noch einige Stühle aus dem Gottesdienstsaal dazugestellt waren. Der Ablauf entsprach dem in Bremerhaven.

Verantwortlich für „die Jugend" war dem Apostel der Gemeindevorsteher, in diesem Fall *Evangelist* Römer. Als Rechnungsführer bei der Standortverwaltung verkörperte er ganz den Typ des klassischen Verwaltungsbeamten, in jeder Hinsicht akribisch, auch äußerlich: der messerscharfe

Scheitel durch das dünne, braune Haar, die stets glatte Rasur wie auch der korrekte Anzug, außerhalb der Gottesdienste braun oder grau, und, irgendwie dazu passend, seine schnarrende, völlig unmusikalische Stimme. Anfang fünfzig, schlank und etwa so groß wie Robert, wirkte er freundlich, aber ein wenig auch distanziert, sprach bedächtig, oft um das richtige Wort förmlich ringend, aber eindringlich und überzeugt, zumal wenn es um das *Werk Gottes* ging. Und über etwas anderes hatte Robert ihn eigentlich nie reden gehört. Seiner Persönlichkeit entsprachen die Wohnverhältnisse in der günstigen, 65 Quadratmeter großen Dreizimmerwohnung des Bundes, die sich unweit der Stadtteilmitte im Erdgeschoss einer der typischen, langgezogenen Wohnblocks befand. Mit ihm und seiner Frau, eine kleine freundlich-zurückhaltende Person, lebte noch die 20-jährige Tochter in der Wohnung. Erst als die wenig später heiratete, fanden sein kleiner Schreibtisch und die Kirchenordner auf zwei darüber angebrachten Bücherregalen hinreichend Platz. Der Stuhl neben dem Schreibtisch würde bald schon viel zu erzählen wissen: – von den zahlreichen Besuchern, die in dieser Klause mit dem *Evangelisten* geredet, gerungen und gebetet hatten. Auch Robert sollte einer von ihnen werden.

Die fünf Priester hatten dem Evangelisten aus ihren jeweiligen Gemeindebezirken wöchentlich auf Formbögen Bericht zu geben: über sämtliche Hausbesuche in der annähernd 300 Seelen zählenden Gemeinde, über Aktivitäten der Jugend, aus der Weinbergsarbeit sowie auch über *besondere Vorkommnisse*. Bedeutsames war von ihm auf ein anderes Formblatt zu übertragen und mit seiner Stellungnahme monatlich dem Apostel in die Verwaltung nach Bremen zu schicken, ebenso die Abrechnung des Opfergeldes. Zudem hatte er in den zweiwöchentlichen *Gemeinde-Brüderstunden*, zu der auch die Diakone und Unterdiakone geladen waren, die aktuellen Hinweise und Anweisungen des Apostels zu übermitteln. Die wiederum, und noch einiges mehr, bekamen die *priesterlichen Ämter*: – Bezirksälteste, Bezirksevangelisten, Hirten, Evangelisten und Gemeindepriester, etliche davon als Gemeindevorsteher – einmal im Monat in der Verwaltung vom Apostel selbst serviert und manches Mal wohl auch, wie man Robert hinter vorgehaltener Hand zugeraunt hatte, regelrecht um die Ohren gehauen. So würden nicht wenige Brüder schon Tage vor der Fahrt nach Bremen mit einem flauen Gefühl im Magen herumlaufen. Ernst Bergmann war einer von ihnen.

Der blaue Opel Kadett des Vorstehers parkte für gewöhnlich vor seiner Haustür. Aber wenn er das Fahrzeug in Bewegung setzte, erwies sich seine

Schaltpraxis etwa auf gleichem Niveau wie seine musikalische Begabung.

Was zunächst sporadisch der Fall war, war schnell zur Regel geworden: Wegen seiner zahlreichen Verpflichtungen hatte der Vorsteher, inoffiziell, die Jugendarbeit zunehmend in Priester Bergmanns Hände gelegt.
Robert hatte die Jugendstunden von Anfang an besucht. Zumal als er merkte, dass der Priester, im kleinen Kreis nicht auf den Mund gefallen, offensichtlich nicht recht wusste, wie er die jungen Leute *im Glauben voranbringen* und die Jugendstunden interessanter gestalten könnte. Vielleicht sogar in einer vom Gottesdienst abweichenden Form ...?
Anfangs war auch Moni mitgegangen, jedoch vor allem wohl Roberts wegen und um den kleinen Chor zu verstärken. Als sich aber mit der Zeit ihr Babybauch zeigte, hatte ihr der Vorsteher geraten, nun besser den Jugendstunden fernzublieben. Er wisse, dass das auch im Sinne des Apostels sei.

Während der dürftigen Frage- und Antwortwechsel zwischen den trockenen Monologen etlicher Amtsträger meldete Robert sich bewusst häufig zu Wort. Einerseits, um den jeweils leitenden Bruder wegen oft ausbleibender Resonanz nicht allzu hilflos dastehen zu lassen, aber er wollte die 14- bis über 20-Jährigen, die Mädchen leicht in Überzahl, auch provozieren, es ihm gleichzutun. Allerdings gab es kaum ein Fortkommen, da Rhetorik und Ausstrahlung der meisten Amtsträger die Jugendlichen kaum zu fesseln oder gar zu begeistern vermochten.
Doch genau das war sein Ziel: die Jugendlichen inspirieren; sie von innen her in Gang setzen, emotional dahin bringen, dass sie sich selbst imstande sähen, ihren Glauben in Wort und Tat öffentlich zu bekennen. Die Fähigkeit auszubilden, über das nur Gefühlte und Gewollte hinaus sich verständlich artikulieren zu können: Das schien ihm ein erster, wesentlicher Schritt zur Mündigkeit endzeitchristlicher Existenz! Dabei war ihm klar, dass er dafür eine führende Rolle übernehmen müsste, und zwar indem er den Jugendlichen Bezugspunkte zu ihrer eigenen Lebenswelt aufzeigte, sodass sie sich von daher genötigt sähen, ihre reservierte Haltung aufzugeben.
Als er deshalb Priester Bergmann und dem Vorsteher vorschlug, die Jugendlichen in die aktive Gestaltung der Jugendstunden einzubeziehen, reagierten die allerdings skeptisch. Vor allem darauf, dass die Gebete doch reihum von den Jugendlichen selbst gesprochen werden könnten, auch von den Mädchen. Ebenso Lieder *auswählen lassen*, statt sie vorzugeben, und dass der- oder diejenige, die etwas zu einem Thema ausarbeiten, das

dann auch selbst – und zwar vorne vor den andern stehend – vortragen sollte. Schließlich versuchte er vor diesem Hintergrund auch die Vorteile einer kreisförmigen Sitzordnung gegenüber der gewohnten frontalen herauszustellen. Eine Vorstellung, für die er einen nicht unbedeutenden Anhaltspunkt vorzubringen hatte: Die Sakristei! – Säßen hier die Amtsräger vor dem Gottesdienst nicht auch um einen Tisch herum, um sich zwar einerseits zu sammeln, aber sich ja durchaus auch noch auszutauschen ...?! Zumal Robert aus der NAK-Literatur wusste, dass sich die englischen Apostel in Albury zu ihren Tagungen in einem *Apostel-Ratssaal*, der der Kirche angefügt war, regelmäßig um einen achteckigen Tisch zusammengefunden hatten.[12]

Während Priester Bergmann das Gehörte zwar reserviert, doch teils auch beifällig zur Kenntnis nahm, resümierte der Vorsteher in seiner bedächtigen Art schließlich:

„Bruder Wegner, ich kann mir nicht vorstellen, dass der Apostel das gutheißen würde. Wir befinden uns doch im Werke Gottes. Und das, was ihnen da vorschwebt, sind ja richtige demokratische Vorstellungen ... Das passt doch nicht zusammen! Wir müssen aufpassen, dass nicht auch bei uns der Geist *Laodizeas*, des Volkes Wille, Einzug hält. Denn davor gerade warnt uns ja der Herr, wie wir in Offenbarung 3 lesen können ..."

Trotzdem ließ man ihn mehr oder weniger gewähren. Auf jeden Fall aber sollten die Gebete weiterhin von Amtsträgern gesprochen werden. Und wenn ein Amtsträger aus einer anderen Gemeinde auf dem Plan stünde, solle auch die alte Sitzordnung beibehalten werden. Nicht dass es hieße, in ihrer Gemeinde führe man neue Sitten ein. Und das sogar, ohne dazu vom Apostel befugt worden zu sein ...

Doch das Experiment zeigte Erfolge. Die Erfahrung, dass der ganze Kreis von den Beiträgen jedes Einzelnen profitierte und der bzw. die Vortragende als Person wahr- und ernstgenommen wurde, bewirkte Lebendigkeit und Eigeninitiative. Eine kleine Bewegung, die in der Gemeinde nicht unbemerkt blieb.

Doch etwa zur Jahresmitte ließ ein Vorkommnis Befürchtungen wieder hochkommen, die er bei seinem Engagement ausgeblendet hatte.

Der Vorsteher war zur Jugendstunde *eingekehrt*. Mit knarzender Stimme sein *Eingangsgebet,* um dann mit übergeschlagenen Beinen dem sich neben ihm abmühenden Priester beizuwohnen. Doch seine wiederholten Ansätze, die Zuhörer in seine eigenen, stets etwas sperrigen Gedankengänge hineinzuholen, ließen die Bemühungen des Priesters in sich zusammenfallen. So hatte er sich irgendwann erhoben, um in der ihm eigenen peniblen Art die bekannte Litanei von den akuten Gefahren des Zeitgeistes herzubeten: *Fernsehen, Bärte, die langen Haare junger Männer, Miniröcke, Rockmusik* und mancherlei mehr an endzeitlichen Übeln.

Die Reaktion der Jugendlichen war in ihren Gesichtern abzulesen. Schließlich meldete sich der 17-jährige, eher phlegmatisch anmutende Kurt Backhaus, Gymnasiast und Sohn des Chefs der Marine-Fernmeldevermittlungen. Als der Vorsteher ihm endlich zunickte, fixierten die andern ihn und den Vorsteher mit gespannten Blicken.

„... Ich weiß gar nicht, was am Fernsehen so schlecht sein soll und was der Teufel damit zu tun hat ...", hörte man ihn in trägem Tonfall entgegnen. – „Jedenfalls hat man doch das Gleiche schon vor 50, 60 Jahren auch über das Radio gepredigt. – Und heute gehört das ganz normal in unseren Alltag. Das ist nun mal der technische Fortschritt ...", dozierte er weiter. „... Und mit dieser Technik werden heute ja sogar die Stammapostelgottesdienste übertragen. Hätte sich damals überhaupt niemand vorstellen können. – Ich meine, vom Glauben her ..."

Man sah, wie der Vorsteher um Worte rang, seine Mimik den Anflug von Verärgerung nicht zu verbergen vermochte, zumal sich jetzt weitere Jugendliche meldeten, um in dieselbe Kerbe zu schlagen. Robert, froh über das Ende der lethargischen Stimmung und eben im Begriff, die Argumente aufzugreifen, wurde damit überrascht, dass der Vorsteher kurzerhand alle weiteren Einwürfe abschnitt. Vom Apostel wüsste er nur, dass jedes Fernsehgerät im Hause von Gotteskindern ein Sieg der endzeitlich satanischen Mächte sei und ebenso wie die modischen Auswüchse, vor allem bei jungen Brüdern, von einer bedenklich mangelhaften Glaubenshaltung zeuge.

Als die Jugendlichen nach der etwas verkürzten Jugendstunde die Baracke verließen, forderte der Vorsteher Robert auf, sich noch auf ein Wort zu ihm in die Kirchenbank zu setzen. Wieder um das erste Wort ringend, begann er schließlich in väterlichem Ton:

„Na, Bruder Wegner, wie haben Sie denn diese Jugendstunde erlebt ...?" Dabei pressten die Finger seines auf der Banklehne ruhenden Arms so fest gegen das Holz, dass die Knöchel weiß hervortraten.

„Na ja – was der Kurt Backhaus da gesagt hat, ist ja wohl so ... Und ich denke, es war eine Gelegenheit, mit den jungen Leuten einmal richtig ins Gespräch zu kommen ... Mir scheint jedenfalls wichtig, dass sie überhaupt den Mund auftun und nicht alles so unverdaut auf sich beruhen lassen ...

Und ich glaube auch, dass da noch so einiges unter dem Teppich liegt ..."

Dabei war dem Vorsteher klar, dass Robert das genau so meinte, wie er es gesagt hatte. Aber so sehr er das einerseits an ihm schätzte, galt ihm doch der Gehorsam gegenüber dem Wort des Apostels als Grundlage ihres Glaubens! Und so ließ Robert die plötzliche Schärfe in seiner Stimme aufhorchen:

„... Also Bruder Wegner, nun hören Sie mal gut zu, was ich Ihnen jetzt sage: Der Kurt Backaus bringt mit seinen Ansichten nicht erst seit heute immer wieder Unruhe in die Jugendstunden. Als Gymnasiast weiß der immer alles besser! Das war auch schon bei seinem älteren Bruder Werner so. Und überhaupt sind diese Geschwister äußerst schwierig ... Jedenfalls werden solche ewigen Widerstreber wohl kaum am Tage des Herrn dabei sein ...! – Und Sie, Bruder Wegner, wenn sie weiter an der Hand des Apostels mitarbeiten wollen, müssen sich ganz klar entscheiden: entweder der Apostel – oder auf Seiten derer, denen an der Einheit und Vollendung des Werkes Gottes offenbar nichts gelegen ist. – Bewegen Sie das mal tief in ihrem Herzen. Und bitten Sie den Herrn um Erkenntnis und Kraft, das Richtige zu tun."

Als sie sich erhoben, fühlte Robert sich wie vor den Kopf geschlagen; seinen Puls spürte er in den Schläfen.

Was hatte er denn falsch gemacht? – Hatte er sich nicht bei allem Tun im Gebet mit dem Herrn verbunden ...? Und versuchte er nicht dem Vorbild zu entsprechen, wie es in der Heiligen Schrift von den ersten apostolischen Gemeinden nachzulesen war ...? Drängt der Heilige Geist heute nicht mehr wie am Anfang dazu, dass der Mensch Gott, aber auch seinen Glaubensgenossen – ja allen Menschen! – offen und vertrauensvoll gegenübertritt ...? Mut zu haben, seinen Glauben in Wort und Tat zu bekennen ...?

Als er zu Hause die Wohnungstür öffnete, um, nach einem kleinen Imbiss, Moni zum Gottesdienst abzuholen, zog mit ihm auch seine ganze Niedergeschlagenheit ein. Doch nach dem Gottesdienst redeten sie über seine bedrückende Erfahrung und wie so oft schon – bis tief in die Nacht hinein.

In der Folgezeit nahm Priester Bergmann das Heft zwar offiziell wieder in die Hand, hinderte Roberts positiven Einfluss aber kaum. So kam der im September 68 auch des Priesters Wunsch nach, dem Apostel einen *Erlebnisbericht* von einer Fahrradtour in eine der Nachbargemeinden zu schreiben. Immerhin hatte er 14 Jugendliche motivieren können, dort mit ihm in mühevoller, aber fröhlicher Gemeinschaftsarbeit eine alte Ligusterhecke herauszureißen, damit noch vor der Einweihung des Kirchenneubaus ein ortsüblicher Jägerzaun gesetzt werden könnte.

Er wusste, dass der Apostel die Amtsbrüder immer wieder um Zuschriften anhielt, vor allem aus dem Kreis der Jugend, um sie dann, zumeist auszugsweise, in den monatlichen „Jugendrundschreiben" zu veröffentlichen. Denn etwas dem Apostel Gefälliges tun und es dann vor den anderen im ganzen Apostelbezirk ausgebreitet zu sehen, vermochte offenbar bei vielen eine messbar positive Wirkung zu entfalten.

Als die inzwischen hochschwangere Moni ihm wenige Tage später mit den Worten: „... Sieh mal, wer dir geschrieben hat ...!" einen Brief unter die Nase hielt, öffnete er ihn sofort. Mit Herzklopfen las er die maschinengeschriebenen Zeilen:

„Lieber Bruder Wegner!
Für Ihren Bericht von der gemeinsamen Fahrt nach (...) sage ich Ihnen meinen besten Dank. Ich nehme es immer gern zur Kenntnis, wenn unsere Jugend zusammenhält und sich in einer unserem Glauben entsprechenden Weise beschäftigt.
Nachdem die Bauhandwerker nun auch in Ihrer Gemeinde mit dem Bau einer neuen Kirche begonnen haben, sollte das ein Anlaß sein, daß sich die Jugendlichen auch freudig an der Weinbergsarbeit beteiligen.
So wünsche ich Ihnen weiterhin alles Gute und verbleibe mit herzlichen Grüßen an Sie und den Jugendkreis (...)
Ihr (gez.) H. Schumacher"

Den Brief des Apostels unmittelbar vor der Geburt ihres Kindes hatten sie als Zeichen göttlicher Nähe und Liebe gewertet. Ja, Robert wähnte damit gar seine Hoffnung auf einen Jungen bestätigt. Jedoch als Moni drei Tage später ein gesundes Mädchen zur Welt brachte, war er darüber ebenso glücklich wie die noch neun Tage lang 17 Jahre alte Mutter. So konnte der Vorsteher das freudige Ereignis bereits im Anschluss an den nächsten Gottesdienst bekannt machen und die Kleine vier Wochen später, Roberts Wunsch gemäß, auf den Namen *Esther* taufen: Eine jener biblischen Frauengestalten, deren gottgefällige Merkmale Robert meinte, so auf seine kleine Tochter projizieren zu können.

Vier Wochen später kam in ihrem alten Heimatort – alles andere als geplant – noch ein Mädchen zur Welt: – eine weitere Schwester der gerade 18 gewordenen Moni – als fast gleichalte *Tante* ihrer Esther.

Eine erste persönliche Begegnung mit dem Apostel hatte Robert im Sommer 68. Ein Jugendgottesdienst an einem Samstagabend in der Nachbargemeinde. Bei über vierhundert Besuchern platzte die als Klinker-Winkelbau sieben Jahre zuvor errichtete Kirche aus allen Nähten! Auf den für sieben Personen ausgelegten Bänken zwängten sich neun oder zehn, ebenso auf der großen Empore, die das hintere Drittel des Kirchsaals überspannte, wie auch auf zwei wohl zehn Meter langen Bankreihen unter der Dachschräge. Auch die Faltwand zu dem unter der Empore befindlichen Mehrzweckraum hatte man geöffnet und in dem großen Eingangsbereich bis unmittelbar vor die fest eingelassenen Garderobenständer weitere Klappstühle aufgestellt. Die, soweit nicht auf dem Dachboden der Kirche gelagert, waren von Amtsträgern und Jugendlichen per Lkw und Transportern aus anderen Gemeinden hergeschafft worden. Schmückgruppen aus dem gesamten Unterbezirk hatten von Donnerstag bis Samstagmittag eine aufwendige Dekoration sowie den opulenten Altarschmuck angebracht. Gemeinschaftsarbeit, die glücklich macht! Und eine willkommene Gelegenheit, mit Jugendlichen aus anderen Gemeinden in Kontakt zu kommen.

Als die schwere Mercedes-S-Limousine, in dessen Fond der Apostel die Fahrt von Bremen her angetreten hatte, kurz vor 19 Uhr einen verabredeten Parkplatz ansteuerte, wurde er dort von einem Komitee aus drei Amtsbrüdern und einem Jugenlichen begrüßt. Deren Fahrzeug würde das des Apostels die letzten 20 km bis vor das Kirchenlokal eskortieren.

Das Bild der vor der Kirche Wartenden war von schwarzen Anzügen dominiert. Aber auch etliche ältere Geschwister waren gekommen, um aus gemessenem Abstand mit verhaltenen Gesten dem aus dem Fahrzeug lächelnden Apostel ihre Ergebenheit zu bezeugen. Einige Nachbarn aus den typischen 30er-Jahre Siedlungen beobachteten das in ihrer heimeligen Wohnstraße ungewohnte Geschehen. Doch die Gläubigen sahen mehr als sie: nicht nur den obersten Geistlichen und Präsidenten der Neuapostolischen Kirche Bremen, sondern den Repräsentanten einer anderen, überweltlichen Dimension, die ihr Leben maßgebend bestimmte. Mehr auch als nur ein *Botschafter* – eher *die im Fleisch wohnende Gegenwart Gottes!*

Dem Wagen entstieg der Apostel erst auf dem kleinen Parkplatz hinter der Kirche. Von dort eilte er in Begleitung einiger Brüder direkt in die Sakristei, wo die versammelten Bezirksämter und Gemeindevorsteher ihn in devoter Haltung erwarteten.

Als dann Augenblicke später sein Erscheinen den festlichen Raum im aufbrandenden Gesang in eine andere, höhere Sphäre zu heben schien, stieg in Robert wider Erwarten der ganze Schwall negativer Erinnerungen auf. Doch die Eindrücke überfluteten ihn, rissen ihn mit, bis auch ein letztes Aufbäumen gegen die Macht der emotional aufgeladenen Atmosphäre in sich zusammenfiel. Ihr Mittelpunkt, von dem alles auszugehen schien und auf den hin sich die Wahrnehmungen aller konzentrierten: – der Apostel! – Ein stattlicher Mittfünfziger, deutlich über einsachtzig groß und mit gleichmäßigen, sympathischen Gesichtszügen, der seine Bremer Mundart wirkungsvoll zu modulieren wusste! Von ganz leisen Tönen her über verhalten beschreibende, heftig fordernde und befehlende Satzgefüge, bis hin zu aufbrechendem Gepolter mit rot anlaufendem Kopf, vermochte er bei seinen Nachfolgern Bestätigung, Befriedigung oder auch Bestürzung und schlechte Gewissen hervorzurufen. Eine Autoritätsperson die, so sollte Robert später merken, die ganze Klaviatur menschlicher Gemütslagen zu spielen und so seine Nachfolger nach seinem Willen zu motivieren verstand.

Nach Beendigung des Gottesdienstes, in dem einige Brüder zu kurzem Mitdienen an den Altar gerufen worden waren, auch zwei Jugendleiter, fühlte Robert sich inmitten all des aufgedrehten Gewusels, das sich nun aus allen Räumen zur Garderobe hin ergoss, wie in einem Bienenkorb. Obwohl bereits kurz vor halb zehn, waren aus dem schier undurchdringlichen Stimmgewirr immer noch einige hohe Tonfolgen des Streichorchesters zu vernehmen, die mit all den lachenden Gesichtern und sich schüttelnden Händen den Scheidenden nachhaltige Eindrücke mit auf den Weg gaben.

*

Ereignisse wie diese hatten ihre Wirkung! Je tiefer sie ihn in seinem Innersten bewegten, desto mehr war er geneigt, sie als Wegmarken hin zu einer *Apostolischen Kirche* zu deuten, wie sie sich in *seiner Vorstellung* entwickelt hatte. Darin spielte die Versöhnung mit der englischen Mutterkirche eine eben so bedeutsame Rolle wie eine Öffnung zur allgemeinen Christenheit; denn die wähnte er nicht weniger in der Heilsabsicht Gottes als die *Erstlinge* aus dem *endzeitlichen Rettungswerk Gottes*, zu dem er sich aus Gnaden erwählt wusste.

Wie ein Joseph, so hatte es sich in ihm festgesetzt, *wird die vom Geist Gottes in den Aposteln geführte Kirche – wenn die Zeit dafür gekommen ist –*

ihre Brüder in den anderen christlichen Konfesssionen aus der babylonischen Gefangenschaft fataler Irrungen und Wirrungen herausführen. Endlich vor das lichte, von allen Nebeln befreite Angesicht Christi ...

Und ganz in diesem Sinne, als Bestätigung dieser, seiner Hoffnung, deutete er das rasante weltweite Wachstum der Kirche. Es waren die Empfindungen einer solchen Gesamtschau, die seinen Aktivitäten Feuer und Antrieb verliehen.

Zu einem Gutteil hatte er diese Sichtweise aus literarischen Quellen gewonnen: Neben weiterer *neuapostolischer* Literatur des ausgehenden 19. Jahrhunderts vor allem das 1912 erschienene Werk „Alte und neue Wege", eine Rechtfertigung der sich von den katholisch-apostolischen Gemeinden zur NAK hin vollziehenden Entwicklung, wie auch das 1963 vom Hamburger Bezirksapostel *Karl Weinmann* herausgegebene Buch „100 Jahre Neuapostolische Kirche – 1863 bis 1963". In letzterem setzt sich der Autor auch mit den Umständen der Trennung von der englischen Mutterkirche auseinander, wobei anhand der beeindruckenden Quellenlage wohl zum ersten Mal in der neuapostolischen Literatur zugestanden wird, dass es sich nicht, wie in der NAK-Historie behauptet, um eine Loslösung infolge unterschiedlicher Auffassungen gehandelt hätte, sondern um Ausschluss und Exkommunikation aller vorwiegend deutschen Amtsträger und Mitglieder. Und zwar, so die Begründung der „alten Ordnung": wegen satanisch inspirierten Ungehorsams gegen die allein von Gott berufenen und legitimierten (englischen) Apostel. Ja, der Autor lässt ein gewisses Bedauern über diese Entwicklung mitschwingen. Doch wie im *Linsengericht-Betrugsfall* des alttestamentarischen Jakob an seinem Bruder Esau wird die an sich böse Tat schließlich im Lichte eines höheren, göttlichen Willens gedeutet – gerechtfertigt durch die erfolgreiche eigene Linie bei gleichzeitigem Niedergangs der gegnerischen, der von Gott verworfenen „englischen" Seite.

Roberts Engagement in der Jugendarbeit zeigte Früchte! Nicht nur dass die Jugendstunden durchweg gut besucht und lebendig waren, was selbst der Vorsteher registrierte. Nein, etliche Jugendliche erschienen zur *Weinbergsarbeit* und schrieben hier und da *Glaubenserlebnisse* an den Apostel, um ihre *Dankbarkeit für die göttliche Führung* auszudrücken. Als gar einige Mädchen *zum Einladen* auftauchten, brachte das die leitenden Brüder in Verlegenheit. Mädchen, die abends an den Haustüren fremder Leute klingelten – das ginge gar nicht! Doch nicht etwa in erster Linie aus Verantwortungsgefühl gegenüber den Mädchen, sondern aus der Überzeugung, dass

Frauen nicht in der Lage seien, die Sache Gottes argumentativ angemessen darzustellen. Mit der Gefahr auch, das hehre Glaubensgut der Lächerlichkeit preiszugeben! Andererseits wollte man ihre Bereitwilligkeit nicht ins Leere laufen lassen. So fand man die Lösung, sie zu alten und alleinstehenden Geschwistern zu schicken; in den Augen der Brüder für die Mädchen eine schöne Aufgabe: den Alten zuhören, vielleicht auch etwas aus *Unsere Familie* oder der *Wächterstimme* vorlesen oder mit ihnen Passagen aus dem letzten Gottesdienst in Erinnerung zu rufen.

Einige Jugendliche waren mit den Brüdern bei der Bundeswehr in regen Briefwechsel gekommen, von denen der eine oder andere gar positiv an *die Jugend* appellierten, indem sie ihre eigene, frühere laxe Glaubenshaltung als falsch bekannten. Andere, die nach hier kommandiert waren, belebten die Runde mit Impulsen aus anderen Apostelbezirken. So gewann der Jugendkreis grade von daher eine Qualität, die ihn über das bloße Nachplappern von scheinbaren Selbstverständlichkeiten hinausbrachte. Nicht zuletzt die Informationen aus anderen Bezirken verdeutlichten, dass die vorherrschende Annahme einer einhelligen, homogenen Glaubenswelt offenbar nicht zutraf. Vor allem der für Hessen und Nahost zuständige Bezirksapostels *Gottfried Rockenfelder* schien, wie sie von einem Neuen aus Wiesba-den erfuhren, ähnlich Roberts Vorstellungen Strukturen der englische Mutterkirche anzustreben. Etwa die Version einer Wiederbelebung des *Pro-phetenamts* (nach Rockenfelder ohnehin nie erloschen) – und damit des „urchristlichen vierfachen Amtes", das die geistliche Regentschaft der Kirche auf die vier „Charakterämter": *Apostel, Prophet, Evangelist und Hirte* verteilt. Demzufolge würde das bisherige theokratisch-autoritative *Stammapostelamt* zurückgeführt werden auf die Rolle eines nur noch *Ersten unter Gleichen* (*primus inter pares*) und lediglich als Repräsentant einer insgesamt synodal verfassten Leiterschaft fungieren. Wenn auch nicht wirklich differenziert, so verstanden die meisten Jugendlichen aber doch, dass hier einer der bedeutendsten Bezirksapostel offenbar Vorstellungen hegte, die mit dem gegenwärtigen Status zuwiderliefen. Das alles ergab immer wieder anregenden Gesprächsstoff und warf angesichts des offiziell stereotyp behaupteten „so noch nie dagewesenen göttlichen Einsseins unter den Aposteln" Fragen auf.

Dass er diese Fragen aufgriff und offen mit den Jugendlichen besprach, auch auf die Gefahr hin, dafür vom Vorsteher wieder zur Rede gestellt zu werden, war sicher *eine* Ursache für das Vertrauen, das ihm die meisten Jugendlichen entgegenbrachten. Doch trugen offenbar auch die inzwischen auf dem Nebengrundstück begonnenen Bauarbeiten zur insgesamt guten Stimmung bei.

*

Eingebettet war diese Phase in eine Zeit rapiden Wirtschaftswachstums und allgemein zunehmenden Wohlstands. Neue Hoffnungen und Ziele wurden sichtbar; ein sich entspannendes Lebensgefühl artikulierte das unter anderem im Werbespruch einer Zigarettenmarke, wonach deren Genuss den *Duft der großen, weiten Welt* verhieß! *Materialismus* und *Existenzialismus* rangen mit den alten Idealen und Konventionen. Die geburtenstarken 50er Jahre brachten gegen Ende der 60er eine eigene, der Erwachsenenwelt entgegengesetzte *Jugendkultur* hervor. Ihre Markenzeichen: ziviler Ungehorsam, provokantes Sozialverhalten und Hinterfragen historischer und gesellschaftlicher Zusammenhänge – bis hin zu offenem Aufruhr und Gewalt. Damit einhergehend die neuen Pop- und Rock-Genres, die den schrill-dissonanten Aufbruch in allen gesellschaftlichen Schichten zu Gehör brachten und weiter befeuterten.

Aber dieselbe jugendliche Dynamik – mit Blick auf die „Welt" als *endzeitlich-satanischer Aufbruch* verortet – sublimierte man im Werk Gottes zu forcierter Missionsarbeit, in die unter Führung kritiklos nachfolgender Amtsträger vor allem junge Leute eingespannt wurden. *Opfer*-Einsätze an Zeit, Geld und Arbeit mit Zügen einer wundersam in Gang gesetzten, endzeitlichen Heilsquelle. Denn: *Opfern bringt Segen!* So wurden Opferwilligkeit und -treue für viele, auch für den 23-jährigen Robert, zur Grundlage der in den Turbulenzen der Zeit gesuchten Sinn- und Heilsgewissheit.

Das enorme Wachstum dieser Jahre führte nicht allein im Apostelbezirk Bremen zu einem regelrechten Bauboom – auch mit dem Effekt, dass neue, stadtbildprägende Kirchengebäude die Präsenz der Kirche in der Öffentlichkeit erhöhten. Ebenso gewann das vom Apostel geforderte und geförderte Chor- und Orchesterwesen an Fahrt. Nicht wenige Kinder und Jugendliche, doch auch einige ältere Geschwister, nahmen Musikunterricht und kauften sich, teils unter beträchtlichen Opfern, ein Instrument. Auch in seiner Gemeinde vermochte Robert einige Ex-Spieler wieder in die Übungsstunden zu bewegen, was sich In den monatlichen Jugendgottesdiensten deutlich bemerkbar machte!

So auch am 18. Januar 1969, einem Samstag. Der erste Jugendgottesdienst des neuen Jahres. Der Apostel war angesagt. Es war kurz vor 19 Uhr, als Robert und Moni in einem freudig gestimmten Pulk dem Stadtbus entstiegen, um in winterlicher Dunkelheit die letzten Meter zur hell erleuchteten Kirche zurückzulegen. Dann in das warme Licht der festlichen Atmosphäre eingetaucht, ahnte niemand, dass der Apostel ihm und einem Diakon vor den vielen Versammelten das *Ja* zu der ihnen angetragenen Aufgabe als *Jugendleiter* abnehmen würde. Das damit bekundete Vertrauen hatte Robert tief berührt und sein Innerstes sich zu dem Gelöbnis verdichten lassen, *den Apostel niemals zu enttäuschen!* ...

Als sie drei Stunden später zu Hause die Wohnungstür öffneten, drang ihnen das heisere Schreien ihrer kleinen Esther entgegen. Freigestrampelt, mit angstweiten Augen im hochroten, verweinten Gesicht saß sie in ihrem Gitterbettchen. Dann, die Schluchzende auf Monis Arm, meinte Robert abwiegeln zu müssen: „... Aber ihr ist ja nichts passiert! ... Der erbetene Engelschutz hat doch allen Schaden von ihr ferngehalten ...!"

Doch vermochte das Monis Schuldgefühl und Zorn nicht im Geringsten zu mindern – war es doch nicht das erste „Glaubenserlebnis" dieser Art! – *Meistens,* wenn sie vom Abendgottesdienst oder den Chor-Übungsstunden heimgekommen waren, hatte die Kleine ja auch geschlafen – *meistens* ...

Dabei sollten sie diesbezüglich eigentlich völlig unbesorgt sein: „... Glaubt ihr denn ...", hatte es vor Kurzem noch in einem Abendgottesdienst geheißen, „... dass der himmlische Vater uns ein Babylein schenkt, damit wir wegen dieser Gottesgabe dann die Segensstunden im Hause des Herrn versäumen ...? Oder mit unseren Gedanken zu Hause bleiben? ... Es ist aber eine Sache des *Glaubens*, ob der Engelschutz auch wirken kann ... Denn: – Eine Stunde im Hause Gottes, sein Wort, das Heilige Abendmahl, die Sündenvergebung – sind mehr wert als alle Schätze dieser Welt! ..."

Später sollte Robert im trauten Kämmerlein des Vorstehers erfahren, dass der Apostel die Zahlen der Gottesdienstbesucher in Relation zu den eingetragenen Mitgliedern als *wesentlichen Indikator* für die Qualität der Gemeindearbeit werte. So beförderten entsprechende Statistiken, die die Gemeinden einander gegenüberstellten – bei aller zur Schau gestellten Glaubensgelassenheit – ein gewisses Konkurrenzdenken unter den Amtsträgern. Dasselbe gelte für die *Gästezahlen* zu den drei jährlichen *Gästegottesdiensten* wie auch für die monatlichen Opfereinnahmen. Deren Verwendung allerdings und ob Not leidende Geschwister daraus finanziell unterstützt würden, war in den Gemeinden tabu.

Dann wie aus heiterem Himmel die Nachricht, dass Opa Fritz am 13. Mai nach einem weiteren Schlaganfall *eingeschlafen* sei. Sie traf Robert schwer! Bei der Trauerfeier schloss er aus dem Bibelvers, den der Pastor seiner Ansprache zugrunde gelegt hatte, dass Gottes Güte auch seinen Opa in der Ewigkeit noch erreichen wolle. Wenige Tage später erlitt Robert einen schweren Hörsturz. Als Auslöser hatte er die Knallgeräusche bei einer Schießübung gewähnt. Doch der Arzt diagnostizierte Stress. Der hohe Pfeiffton, im linken Ohr stärker als rechts, war auch nach 10-tägiger Bettruhe noch da und ist es auch heute noch. Erst viel später würde er das bleibende Leiden mit dem Begriff *Tinnitus* in Verbindung bringen.

*

Es war Ende Juni, als Achim und Uta mit Oma Meta und ihrem vier Wochen vor Esther geborenen *Michael* sie besuchten. Dass damit ein tiefgehendes *Glaubenserlebnis* einhergehen würde, konnten sie nicht ahnen.

Samstagmorgen. Knapp drei Stunden waren sie in dem fünf Jahre alten *Fiat 1800* gefahren, einem weißen *Obere-Mittelklassewagen*, den Achim nach dem FIAT Neckar angeschafft hatte. Gegen halb eins großes *Hallo* vor der Wegnerschen Haustür. Dann Eintopf mit Würstchen, danach die beiden Kleinen, beide jetzt ein Dreivierteljahr alt, für ein Stündchen hingelegt und Neuigkeiten ausgetauscht. Gegen drei dann auf zum Spaziergang in den Kurpark. Auch Esthers Sportkarre passte noch mit in den großen Kofferraum.

Dann aber, als Achim gegen 17 Uhr den Wagen starten will, nur übel krächzende Geräusche. Er versuchte es wieder und wieder; zwischendurch prüfendes Hantieren im Motorraum: Anlasser, Verteilerkapseln und wer weiß, was sonst noch. Als die Kinder zu quängeln begannen, brachte Robert sie und die Frauen zur nahen Bushaltestelle, sodass sie mit der Linie 1 schon einmal Richtung Wohnung kämen..

Wieder am Auto, sagte Achim, indem er resigniert auf die offene Motorhaube wies: „Und wir sind morgen früh nach Hannover zum Aposteldienst eingeladen ..." Darauf Robert: „Weißt du was, wir schließen jetzt die Motorhaube, beten und setzen unseren ganzen Glauben darauf. Wirst seh'n!"

So gesagt und getan. Aber nachdem beide nach dem Gebet tief durchgeatmet hatten, zögerte Achim, den Zündschlüssel umzudrehen ... Doch dann, nach ein, zwei Stotterern, sprang der Motor an. Bis in die Haarspitzen gespannt sahen sie sich an. Danach langsames Anfahren und auf die Hauptstraße einbiegen. Als die Spannung aus ihren Gliedern zu weichen begann, ließ sich Robert mit einem Räuspern vernehmen:

„So – und jetzt fahren wir zuerst zu unserem Vorsteher! Wenn der mit uns betet, kommt ihr auch sicher nach Hause! ..."

Der betete inbrünstig und machte ihnen Mut. Doch hundert Meter vor Roberts Wohnung begann der Motor wieder zu stottern, ging aus, sodass es der Wagen gerade noch über die Kreuzung schaffte, um schließlich bis vor ihre Haustür zu rollen. Trotzdem bemühte Robert sich, beim Abendbrot gegen die gedrückte Stimmung Zuversicht zu verbreiten.

Es war kurz vor acht, als die Vier im Auto saßen. Bei heruntergedrehten Scheiben noch ein paar Abschiedsworte und dass Robert Punkt Mitternacht von der Telefonzelle aus anrufen würde. Dann drehte Achim den Zündschlüssel um – und der Wagen sprang an! ... Atem anhalten! – Nach langem Winken verschwand er schließlich hinter der Kurve.

Wieder oben in der Wohnung, gingen sie nochmals auf die Knie; doch danach fanden sie keinen Schlaf, bis sie kurz nach Mitternacht endlich in der Telefonzelle standen: „... *Ja,* wir sind schon eine halbe Stunde zu Hause. Der Wagen ist problemlos durchgelaufen; die ganze Strecke hindurch keine einzige Ampel auf Rot! Doch seitdem der Wagen in der Garage steht, gibt er keinen Mucks mehr von sich. Werde ihn Montag wohl in die Werkstatt schleppen lassen."

Als sie am Sonntagabend noch einmal durchklingelten, erfuhren sie, dass Achim und Monis Vater morgens *aus der Hand des Bezirksapostels* das Unterdiakonenamt für ihre Gemeinde empfangen hatten.

Glaubensprüfungen! ... Es hat eben alles so sein müssen! ...

Zeugen vom Gnaden- und Apostelamt

Mitte 69 war der Rohbau der neuen Kirche bis zum Dach hin fertiggestellt. Ein imposanter Bau, doch seiner würfelmäßigen Form wegen deutlich im Kontrast zu den langgezogenen, grauen Wohnblocks gegenüber, ebenso das rote Verblendmauerwerk, während die beiden großen mittigen Fenster-Auslassungen bereits ahnen ließen, wie sehr die aus Buntglasmosaiken zu fertigenden biblischen Bilder das Gebäude zur Straßen- und Hofseite hin beherrschen würden.

Wie die Nachbarn den ungewöhnlichen Bau wahrnahmen, war kaum zu vernehmen; nur selten trieb die Neugier *Fremde* in die tagsüber offene Baustelle. Etwa jenen kleinen Mann mit den außergewöhnlich dicken Brillengläsern, der auf Roberts Woher und Wohin in stark rheinischem Dialekt sein Interesse nicht nur an diesem Kirchenbau bekundete, sondern an religiösen Fragen überhaupt. Er wohne auch nicht etwa gegenüber, sondern besuche die Gottesdienste in der Baptistenbaracke nebenan. Der liebe Gott habe ihn und seine leider leicht debile Tochter, die nun auch schon Mitte zwanzig sei, aus dem verdorbenen rheinischen Katholizismus zu den Baptisten geführt. Allerdings wisse er im Gegensatz zu seiner Tochter, die hoffe, in diesem Kreis doch noch ihren Mann fürs Leben zu finden, dass auch da nicht alles Gold sei, was glänze. Aber man dürfe die Ansprüche an die *Wahrheit* und an *moralische Integrität* ja auch wohl nicht zu hoch ansetzen. Dabei hatte er Robert mit einem schelmischen Ausdruck zugezwinkert.

Als Robert dem doch etwas drollig erscheinenden Herrn Ahlefelder ein paar Tage später wieder begegnete, lud er ihn zu sich nach Hause ein. Eine Einladung zum Gottesdienst hatte der seiner Tochter wegen abgeschlagen, aber auch, weil es ihm unangenehm wäre, wenn seine Glaubensgeschwister ihn dort sähen und der Pastor auf diese Weise davon Kenntnis bekäme. Zumal er außer seiner Tochter und den Begegnungen in der Gemeinde auch niemanden sonst hätte. Wohl auch deshalb schien ihm das Zusammensein bei Ostfriesentee und Keksen gutzutun, sodass er sich nicht nachzufragen scheute, ob er gelegentlich wieder reinschauen dürfe. Da sich der kleine Mittsechziger als unerwartet kenntnisreicher und humorvoller Gesprächspartner erwiesen hatte, willigten sie gerne ein –, bis sich die Besuche derart häuften, dass Moni darüber klagte, dass Robert ihr und ihrer kleinen Tochter nun auch diese Zeit noch vorenthielte.

Auf der Dienststelle kam es zwar hier und da auch zu Glaubensgesprächen, aber bei Weitem nicht zu so aggressiven Reaktionen, wie er das von Bord her kannte. Doch ein Vorgesetzter, der schon in Bremerhaven einer seiner Ausbilder war, versuchte ihn mit seinen Frotzeleien immer wieder hochzunehmen: – Ein kleiner dreister Macho-Typ, vormals Zerstörerfahrer und zur EDV-Ausbildung ein halbes Jahr in den USA gewesen, der für ein vernünftiges Gespräch nicht zugänglich war. Auch nicht nach einem Vermittlungs versuch des Abteilungsleiters. Eine Belastung, der sich Robert von April 68 bis Ende September 69 ausgesetzt sah, jedoch bereits in gefestigter Haltung, sodass er dem „armen Kerl" gemessen gleichgültig zu begegnen wusste. Das gelang zwar schwer, aber im Wissen um die Fürbitten seiner *Segensträger* fühlte er sich gestützt.

Demgegenüber nahm er zwei andere Menschen wahr, die ihn geradezu faszinierten! Das erste Mal vom Küchenfenster aus, als er das Paar unten auf dem Gehweg strammen Schrittes vorbeimarschieren sah. Beides stattliche Personen und wohl über einsachtzig groß: er pechschwarzes, welliges Haar, schwarzer Schnäuzer im markanten Gesicht; sie eine üppige Blondine, der das volle blonde Haar bei jedem Schritt locker auf die Schulter wippte. Spontan assoziierte er *Model/Dressman!* Doch als er auf dem Wochenmarkt unvermittelt neben ihnen stand, stellte ihre unprätentiöse Art seinen ersten Eindruck infrage. Sie erschienen ihm sofort sympathisch, und nur zu gern hätte er mehr von ihnen gewusst.

Es währte nicht lange, bis er herausgefunden hatte, dass sie in *ihrer* Straße wohnten, nur etwa 200 Meter von ihnen entfernt ...

„Ich könnte sie ja mal zum Gottesdienst einladen, was meinst du?" Obwohl Monis Eindruck von den beiden ebenfalls positiv war, löste das bei ihr doch nicht die gleichen Impulse aus. Und schon gar nicht so spontan!

„Und wie willst du sie ansprechen ...? Einfach so, wenn du sie zufällig auf der Straße triffst ...? – Hallo, ich finde Sie so sympathisch und deshalb würde ich Sie gern mal zum Gottesdienst in unsere Kirche einladen ...?"

Sie hatte ihn skeptisch angesehen, um dann zu ergänzen: „... Nun wart' doch erst mal ab, vielleicht ergibt sich ja mal 'ne Gelegenheit, sie vorher etwas näher kennenzulernen ..."

Die sollte er schon am darauffolgenden Dienstag bekommen. Obwohl er um 21.30 Uhr mit dem Fahrrad zur Nachtschicht musste, fand er sich kurz nach 19 Uhr in der Kirche zur Weinbergsarbeit ein. Auch einige Jugendliche waren da. Doch „heute Abend ...", so hatte er dem Vorsteher vermittelt, „... möchte ich mal alleine losgehn. Ich hab' da so jemand im Auge ..."

Es war kurz nach 19.30 Uhr, als er in dem betreffenden Wohnblock durch die noch unverschlossene Haustür ins Treppenhaus gelangte. Fünf Wohnungstüren; ein Stoßgebet! Er entschied sich für die rechte Tür im 1. Stock. Auf dem Klingelschild war *Hoppmann* zu lesen. Als sich mit einem Ruck die Tür öffnete, hatte es ihm beinahe die Sprache verschlagen: Unvermittelt sah er sich der großen, blonden Frau gegenüber ...

„Ja, bitte …?"
Trotz heftigen Herzklopfens brachte er den eingeübten Satz heraus: „Frau Hoppmann, bitte entschuldigen Sie die Störung, aber ich wollte Sie einmal zu einem Gottesdienst der Neuapostolischen Kirche einladen …!"
Pause. – Dann sie, sichtlich überrascht: – „Ja –, aber warum gerade uns?"
Darauf er: „Na ja, wir laden jeden ein, aber vielleicht gehören Sie ja zu denen, die Gott in der Endzeit noch zu seinem Werk erwählt hat …"
Ein Hauch von Unsicherheit in ihrem Gesicht – doch dann straffte sich ihr Körper und, im Begriff die Tür zu schließen, sagte sie: „Nein, besten Dank, wir haben unseren Glauben, und an etwas anderem sind wir nicht interessiert!"
Doch irgendetwas in seinem Inneren ließ ihn in unerfindlicher Ruhe entgegnen: „Frau Hoppmann, Sie können mich gar nicht abweisen; denn ich habe schon seit Längerem für Sie gebetet … Und dass ich jetzt hier vor Ihrer Tür stehe – das ist göttliche Fügung! …"
Ihn entgeistert anstarrend, hatte sie innegehalten – um dann aus einer kleinen abrupten Körperdrehung heraus in die Wohnung hineinzurufen: „Du, Dieter, komm doch mal her …"

Als er später seine Laufschritte in der still gewordenen Straße registrierte, war ihm klar, dass ihm bis zum Beginn seiner Nachtschicht nur noch zwanzig Minuten blieben. Moni war entsetzt, wie er da zur Tür hereingestürmt kam – nur die Worte keuchend: „Erklär ich dir morgen alles …"; seine Tasche schnappte und die Treppe wieder hinuntergepoltert war.
In der Folgezeit war er zumindest an einem Abend bei Hoppmanns. Vorsteher und Priester Bergmann waren im Bilde und hatten zugesagt, für ihn zu beten.
Hoppmanns, noch evangelisch, standen mit ihren beiden Kindern kurz vor der Aufnahme bei den *Zeugen Jehovas*. Mit der gleichen Überzeugung wie Robert, versuchten sie ihn aus zahleichen Schriften und Büchlein, die sie auf dem Stubentisch ausgebreitet hatten, zu widerlegen. Robert indes gab sich gelassen und breitete im Bewusstsein geistlicher Inspiration *seine* Version einer apostolischen Endzeitkirche aus. Wo er frei aus der Bibel zu zitieren wusste, blätterte der athletische Hausherr hektisch in der „Neue-Welt-Übersetzung" der „Wachturm-Bibel- und Traktatgesellschaft", um ihm deren bessere Übersetzung und somit höheren Wahrheitsgehalt entgegenzuhalten. So gab es Abende, an denen er völlig geschafft nach Hause kam.

„Stell dir vor ...", presste es einmal aus ihm heraus, „... heute hat der dort herrschende Geist endgültig seine Maske fallen lassen! Mit einem Mal, als ich wieder etwas gegen einen von ihm zitierten Satz einzuwenden wusste, sprang der Kerl plötzlich auf, das Gesicht ohnehin schon schweißüberdeckt, und brüllte los, dass meine ganze Sache sowieso vom Teufel wäre und überhaupt alle Kirchen nur Dienerinnen der großen Hure Babylon – und so weiter und so fort ... Nachher hat er sich dann aber dafür entschuldigt."

Als Robert dem Vorsteher in seiner „Klause" davon berichtete, schnarrte der nur tief von unten herauf: „Bruder Wegner –, die Jehovas Zeugen sind für Gottes Werk ohnehin verschnitten ...! Das hat uns vor gar nicht langer Zeit unser Apostel gesagt. Der Geist, der da wirkt, hat ihnen jegliches Verständnis für das Wirken des Geistes Gottes verrammt! ... Für solche gibt es wohl auch keine Rettung ... Und wenn Sie mich fragen, sollten Sie den Kontakt zu diesen Leuten abbrechen."

Doch er dachte nicht daran. Im Gegenteil! Zwar hatten Hoppmanns seine wiederholten Einladungen zu einem Gottesdienst abgelehnt, doch einen Gegenbesuch nicht. Vielleicht um zu sehen, was das wohl für eine Frau an der Seite dieses verbissenen „Missionars" sein könnte? ... Auf jeden Fall stand das „Model-Paar" eines Abends mit einem prächtigen Blumenstrauß und etwas verlegen lächelnd vor ihrer Tür: – Das erste Mal in einer sich über fast dreißig Jahre erstreckenden Freundschaft! Und als Robert zum 1. Oktober nach Plön zum Bootsmannslehrgang (Feldwebel) kommandiert worden war, gehörten sie zum Kreis derer, die ihn mit ihren besten Wünschen und der Hoffnung auf ein baldiges Wiedersehen verabschiedeten.

Das neue Gotteshaus

Dass Robert der Einweihung der neuen Kirche am 26. Oktober beiwohnen konnte, wusste er vielen Gebeten geschuldet! Was er wahrnahm, überwältigte ihn: Die Offenheit des hellen Sakralraumes, der den riesigen Buntglasfenstern in schönster Harmonie Geltung verschaffte! Nach Osten: *Israels Durchzug durchs Rote Meer* – und nach Westen, zur Straße hin: – *Petri Fischzug!* – Ebenso der über drei Schiefernstufen erhöhte Altarraum mit den in die Stirnwand reliefartig eingelassenen Perlmuttplättchen, die sich zu einem großen, parallelreihigen Kreuz fügen. Davor der ausladende Altaraus hell gebeizter Esche – und, dem gegenüber, die große, das obere

Treppenhaus überspannende Empore, an deren Brüstung die Zierelemente mit denen im Altarraum korrespondieren.

Dass der Apostel den Bezirksältesten Olmers aus Bremen geschickt hatte, wurde gekrönt von der Nachricht, dass bereits eine Woche später, am 2. November, *Stammapostel Schmidt* an diesem Altar dem gesamten Unterbezirk dienen wolle. Die Gemeinde selbst würde dieses Großereignis allerdings aus Platzgründen in der Baracke erleben. Robert war aus dienstlichen Gründen verhindert, immerhin aber war Herr Ahlefelder dabei, den seine Neugierde bereits in den Einweihungsgottesdienst getrieben hatte.

Ein weiterer bedeutsamer Gottesdienst in der neuen Kirche folgte am 30. November: Der Emder Bezirksvorsteher Cramer, ein waschechter Ostfriese, wurde vom Apostel zum Bezirksältesten auch für ihren Unterbezirk eingesetzt und damit zu des Apostels Nachfolger in dieser Funktion.

Vier Wochen später, als Robert zum Weihnachtsurlaub nach Hause kam, konnte ihn Moni mit der Nachricht überraschen, dass Hoppmanns bereits an zwei Sonntagen hintereinander die Gottesdienste besucht hätten, das letzte Mal sogar mit den beiden Kindern.

Und nun hatten die sie für den 2. Weihnachtstag zum Kaffee eingeladen; ein herrlich frostiger Tag unter strahlend blauem Himmel, der den neuen Schnee unter ihren Schuhen knirschen ließ. Als sie den prächtigen Weihnachtsbaum in der überheizten Stube bewunderten, glitzerten die feinen Schweißperlen auf der Stirn des Hausherrn wie seine vor Stolz strahlenden Augen. Doch dann bei Tee und Weihnachtsgebäck die Überraschung: – Sie hätten ihre Aufnahme bei den Zeugen Jehovas abgesagt. Sie wollten doch erst die neuapostolische Sache prüfen – nach dem Bibelwort: *... prüft alles, und das Beste behaltet!* – Denn gerade mit diesem Bibelwort wären *die Zeugen* ihrer anfänglichen Skepsis entgegengetreten. Außerdem seien sie von der neuen Kirche beeindruckt und auch von der Musik in den Gottesdiensten. Positiv auch der große Jugendraum im Erdgeschoss, in dem die jungen Mütter mit ihren Kleinkindern den Gottesdienst per Lautsprecher verfolgen könnten. Kurzum: Sie fühlten sich wohl und mit herzlicher Zuneigung aufgenommen!

Beinahe unbemerkt von den meisten, sollte die neue, große Kirche auch das Verhältnis der sechs Stadtgemeinden untereinander berühren. Denn wusste sich bis da die älteste, zentrale Stadtgemeinde schon aus historischen Gründen mit dem Nimbus der Muttergemeinde versehen, und zwar bis nach Ostfriesland hinein, und fanden alle größeren Gottesdienste seit dem ersten Kirchenneubau 1961 auch in jener Kirche statt, so wurde nun das große, öffentlichkeitswirksame Bauwerk ganz selbstverständlich als neuer Mittelpunkt wahrgenommen. Angefangen bei den Bezirks-Brüderversammlungen über die monatlichen Bezirkschor- und Orchesterübungen, bis hin zu den Jugendgottesdiensten und anderen großen Ereignissen, spielte sich ab Januar 1970 alles in der neuen Kirche ab. Das sollte ihre Wirkung auf einige Amtsträger nicht verfehlen, zumindest nicht auf einige leitende. Und Robert war nicht der Einzige, der diese sich latent ausbreitende atmosphärische Störung nach und nach wahrzunehmen begann.

Während er von Januar bis September 1970 in Bremerhaven den fachlichen Teil der Bootsmannsausbildung absolvierte, hatte die Jugendarbeit zu Hause längst ihre eigene Dynamik entfaltet. Einige junge Brüder, die begeistert mitarbeiteten, organisierten nach Möglichkeit auch in der Woche Zusammenkünfte und förderten so den Zusammenhalt. Wenn er dann hin und wieder am Wochenende auftauchte, war er sofort wieder voll bei der Sache – leider immer auch zu Lasten seiner Frau und der kleinen Esther. So schrieb er ihnen wie früher Briefe: für die kleine Tochter voll mit bunten Zeichnungen, die er dann, wenn er zu Hause war, zu ihrem größten Vergnügen zu kleinen Geschichten anwachsen ließ.

Krisenhaft und segensreich

In Bremerhaven lebten die alten Kontakte wieder auf, und das Gemeindemilieu verlieh früheren Fragen neue Aktualität. Er las wieder zur Geschichte der *Apostolischen Bewegung*, auch Kritisches, stöberte hin und wieder in der Stadtbibliothek: immer auf der Suche nach Lektüre, die ihm weiterhelfen könnte, Kenntnislücken zu schließen und Fragen zu beantworten.

Dann, im Frühjahr 1970 ein Traum, der ihn zutiefst verwirrt: In klaren Bildern sieht er sich auf *unserem schönen neuapostolischen Glaubensweg*; vertraute Wegmarken wie „Unsere Familie", die „Wächterstimme" und das Kirchenemblem, die ihn sicher geleiten. Doch während der Weg stetig an Höhe gewinnt, spaltet er sich plötzlich, sodass er sich ratlos und innerlich zerrissen an der Gabelung verharren sieht: Er muss sich entscheiden: – für den vertrauten, aber immer breiter werdenden und sich zusehends mit allerlei *Weltlichem* füllenden Weg – oder jener schmalen, kargen Spur folgen, die ohne jede Wegmarkierung weiter bergauf führt ... Eine schmerzhafte Zerrissenheit, die ihn schließlich hochschrecken lässt.

Schließlich tat er, was ihnen für solche Fälle geraten war: den Apostel um Deutung bitten! Aber so regelmäßig der ihm sonst antwortete, eine Reaktion auf diesen Brief blieb aus.

Mitte des Jahres wurden Herr Ahlefelder und Familie Hoppmann vom Bezirksältesten in die Gemeinde aufgenommen. Eine Segenshandlung, deren wichtigsten Merkmale die *Legitimierung* der in einer anderen christlichen Kirche rite vollzogene „Wassertaufe" sowie die daraus hergeleitete „Anwartschaft zur Empfangnahme des Heiligen Geistes" sind. Der auf eine gewisse Karenzzeit folgende höchste Akt neuapostolischer Sakramentvermittlung – die „Heilige Versiegelung" – ist allein dem „Apostelamt" vorbehalten. Erst sie bedeutet Vollmitgliedschaft und somit die entscheidende Voraussetzung für die in Aussicht gestellte *Heilssicherheit*. Als deren letzter Baustein gilt die *Nachfolge im kindlichen Glauben*. Ein Glaube, der nach nichts fragt und alles gutheißt, was von „oben" kommt: – eben „dem Lamme" (= Christus im Apostelamt; s. u. a. Offb. 14, 4) nachfolgt – ganz gleich, wohin *es* (das „Lamm", das Amt!) auch gehen mag! ...

Verwaltungstechnisch haben die zu Versiegelnden zuvor ihre Unterschrift auf einem entsprechenden Datenblatt zu leisten.

Einige Wochen weiter war es soweit: Eine ganze Reihe Anwärter aus verschiedenen Gemeinden vor dem Altar aufgereiht, auch etliche Kleinkinder auf den Armen ihrer Eltern. Dass Robert mit seiner kleinen Familie daran teilnehmen konnte, hatte ihn überaus glücklich gestimmt: *Endlich waren ihre Freunde auch ihre Glaubensgeschwister!* ...

Nach Abschluss des Fachlehrgangs Ende September erfolgte die Beförderung zum *Bootsmann* und per 1. Oktober die Einweisung in eine Planstelle im Marine-Rechenzentrum. Voraussetzung dafür war allerdings die Verlängerung seiner Verpflichtungszeit auf 12 Jahre gewesen – immerhin aber mit dem Anspruch auf eine höhere Abfindung und eine später mögliche Übernahme in den Mittleren Dienst der Öffentlichen Verwaltung. – Oder alternativ, bei Fortzahlung der Bezüge, sich binnen 18 Monaten für den Einstieg in einen zivilen Beruf zu qualifizieren. Aussichten, die sie einigermaßen beruhigt nach vorne blicken ließen.

Ende Oktober stand fest, dass Moni wieder schwanger war. Robert und die kleine Esther hofften auf ein Brüderchen, Moni nur, dass das Kind gesund zur Welt käme! Wenig später Hausbesuch vom Vorsteher und Priester. Nach den Fragen zu Monis Befinden, ging es um die Gemeindearbeit, doch bald auch schon um einige von Roberts Glaubensfragen, mit denen sich der Vorsteher sichtlich schwertat. Am Ende gingen sie auf die Knie; der Vorsteher rang um den *Entwicklungssegen* für die junge Frau und das *ungeborene Leben,* auch dafür, dass der Herr ihnen doch eine neue, passende Wohnung im Gemeindebereich zeigen möchte und Robert mit seinen Fragen zurechtkäme.

Es gab Wohnungsangebote von der Standortverwaltung. Nur die, die sie selber favorisierten, erschien ihnen unerreichbar. Also beten sie weiter ...

Als einem ihrer sechs Priester die Leitung einer Nachbargemeinde angetragen wurde, forderte der Apostel dafür den Umzug. Das Angebot, sich dessen Wohnung anzuschauen, überraschte die jungen Wegners damit, dass sie vor der Tür ihrer Traumwohnung standen: Das ganze Erdgeschoss einer Doppelhaushälfte! Ein Zimmer und damit 12 Quadratmeter mehr als bisher. Mit Keller und wohl 200 Quadratmeter „eigenem" Garten gleich hinterm Haus ... Und als weiteres *Zeichen göttlicher Nähe*: Im Obergeschoss der anderen Haushälfte wohnte die liebenswürdige Witwe eines verstorbenen Priesters. – So fügte sich alles wunderbar! Auch nur eine kleine Abstandsumme für zahlreiche nützliche Einbauten; dafür keine staubigen Briketts mehr stapeln, sondern nun im Keller ein 2000-Litertank für die modernen Ölöfen. Und obwohl es von der alten Wohnung bis zur Kirche keine fünf Minuten sind, ist der Weg hier noch kürzer. *Besser kann der Himmlische Vater ihren Traum wahrlich nicht erfüllen!* ... Der Umzug Ende März gelang mithilfe etlicher Jugendlicher reibungslos.

*

Doch je mehr er sich in der Jugend- und Weinbergsarbeit engagierte, desto mehr bedrückte ihn, dass kaum jemand da war, mit dem er über die ihn bewegenden Fragen reden konnte. Nicht nur Priester Bergmanns Kenntnisse über die historischen Entwicklungen, über die Ursachen von Streit und Abspaltungen im Werke Gottes waren eng begrenzt. Und der Vorsteher, zwischen dem und Robert sich ein enges Vertrauensverhältnis entwickelt hatte, riet immer wieder von der Beschäftigung mit solchen brisanten Themen ab. Doch fiel ihm das umso schwerer, nachdem unter den Amtsträgern gewisse Abhandlungen über die *Erfüllung göttlicher Prophetien* in

Umlauf gekommen waren. Mit dem Renommee tieferen Wissens sollten sie die göttliche Legitimität des endzeitlichen Apostelwirkens untermauern – per Matrize auf einem Hektografiegerät vervielfältigt, was ihnen von daher schon einen Hauch von Vertraulichkeit zutrug, zumeist auch ohne Jahrgang und Verfasser. Unter dem Vorbehalt der Verschwiegenheit ließ ihn der Vorsteher wissen, dass die meisten Schriften wohl von *Apostel Rockenfelder aus Wiesbaden* verfasst wären, aber das eine und andere auch von *Apostel Starz aus München*. Beiden wurde eine hohe Erkenntnis zugesprochen, und deshalb hätte der Stammapostel verfügt, dass die Amtsträger im gesamten deutschsprachigen Raum mit diesem hohen Geistesgut versorgt würden. Unter der Bezeichnung „Unterweisungen in der Apostellehre" waren auf diesem Wege Monografien in Umlauf gebracht worden, wie etwa: „Das Erlösungswerk", „Die Apostolische Versiegelung einst und heute", „Die Erste Auferstehung", „Die Erde wird voll werden von Erkenntnis der Ehre des Herrn" sowie andere mehr. Aber auch apokryphe Schriften, vor allem das sog. 4. Buch Esra, eine vielleicht um 100 n. Chr. entstandene christianisierte Apokalypse jüdischer Herkunft. Deren Beweischarakter fände sich z. B. in der Inhaltsangabe zum 2. Kapitel, wo es heiße: „... Esra (...) lehrt (..) / wie sich die neue Apostolische Kirche halten / und Gott wohlgefällige Dienste leisten soll / verheißt derselben seinen väterlichen Schutz / bis an den Jüngsten Tag ..."

Erst viel später sollte er erfahren, dass die für die NAK offenkundig so bedeutsame Inhaltsangabe überhaupt nicht Bestandteil des ursprünglichen Textes sei, sondern erstmals in einer Nürnberger Schriftsammlung des 17. Jahrhunderts auftauche, während sie in allen älteren Ausgaben fehle.

Es waren also nach wie vor historische und theologische Fragen, die er nicht zuletzt anhand biblischer Texte zu klären suchte. Außer seiner Frau, dem Vorsteher und Priester Bergmann hatte kaum jemand Kenntnis von seinen inneren Kämpfen. Mit Dieter Hoppmann, seinem neuen Freund, diskutierte er zwar unablässig die aktuellen Weltereignisse im Lichte neuapostolischer Endzeit-Deutungen, jedoch waren ihm, dem bei der Stadt angestellten Gärtner, biblische Zusammenhänge oder gar historische Hintergründe am allerwenigsten geläufig. So gab es immer wieder Momente, die ihn an den Rand der Verzweiflung brachten. Es waren dann allein seine Gebete und bisherige *Glaubenserlebnisse*, die ihn motivierten, weiterzumachen. Gut ein Jahr zuvor, noch in der alten Wohnung, hatte ihn das in einer furchtbaren Nacht einmal fast um den Verstand gebracht.

Im Frühjahr 71 hatte er begonnen, sich nach dem Marine-Tagesdienst in Spät- und Wochenendschichten einer Kammgarnspinnerei Geld dazuzuverdienen: Ein inzwischen angeschaffter Pkw, ein *Citroen 2 CV* – die legendäre französische „Ente" mit aufrollbarem Vinyldach – musste abbezahlt werden. Zusammen mit gleichaltrigen und älteren Muslimen am Fließband, zumeist Türken, hatte er zwei bald von ihnen zu sich nach Hause eingeladen. Seine Absicht: Sie, die als Monotheisten ähnlich wie die Juden und Christen an den Gott Abrahams glauben, mit dem Werk Gottes der Endzeit bekannt zu machen. So diskutierten sie auch über die Rolle Jesu (arab. *Isa*) im Islam, wobei er erfuhr, dass der Koran zwar nicht seine Gottessohnschaft, wohl aber seine Rolle als Prophet sowie seine Wiederkunft zur Überwindung *des Antichristen* lehre. Doch blieben diese Kontakte, außer dass sie ihm kleine Einblicke in „den" Islam gewährten, ergebnislos.

Anders seine Recherchen um ein winziges Kirchlein in der Stadtmitte. Irgendwann war ihm der kleine Sakralbau aufgefallen; ein Klinkerbau, der noch nicht alt sein konnte. Dass er ihn nicht zuzuordnen vermochte, ließ ihm keine Ruhe. Nach einigen Telefonaten vermutete der alte Pastor des zuständigen Kirchspiels, dass das Gebäude wohl einer kleinen *katholisch-apostolischen Gemeinde* gehöre. Was es damit allerdings auf sich hätte und wen man ansprechen könne, wüsste er auch nicht. Doch ein Anruf beim Bezirksschornsteinfeger brachte ihn weiter.

Der Hinweis führte in eines der besseren Wohnviertel der Stadt. Eine gepflegte Dame fortgeschrittenen Alters öffnete die Tür des wuchtigen Walmdachbungalows. Auf seine etwas gestelzte Frage, ob er hier vielleicht etwas über die *katholisch-apostolische Gemeinde* erfahren könne, bat sie ihn nach kurzem Zögern herein. Indem sie im Wohnzimmer ihrem Gatten Roberts Anliegen vortrug, erhob der sich aus einem schweren Sessel, um dem überraschenden Gast einen Platz auf der Couch anzubieten. Da Robert um die strikte Ablehnung der NAK wusste, begründete er sein Interesse aus der kirchengeschichtlichen Literatur und erfuhr so einiges über die Historie und den gegenwärtigen Zustand der Gemeindschaft. Ihr Ende wäre aber wohl abzusehen, vernahm er, da ja seit dem Tod des letzten Apostels im Jahr 1901, *Francis V. Woodhouse*, keine Seele mehr versiegelt worden sei und somit außer nachgeborenen Familienangehörigen niemand mehr dazukäme. Folglich bestünden die Gottesdienste auch nur noch aus dem Vollzug von Teilen der Litanei und dem Verlesen alter *apostolischer Predigten*. Einen ordinierten Amtsträger gäbe es hier keinen mehr. Als Robert am Ende dann doch noch nach dem Verhältnis zur NAK fragte, spürte er sofort die frostige Distanz, und ohne dass die Herrschaften auch nur mit einem Wort darauf eingegangen wären, blieb ihm nur, sich zu verabschieden.

Da ihm nun die Öffnungszeiten der Kapelle bekannt waren, überredete er seinen Freund Hoppmann, ihn auf eine *kirchengeschichtliche Exkursion* zu begleiten. Obwohl in der Stadt geboren, war auch ihm die kleine Kapelle nie aufgefallen. Als Robert die schwere, hölzerne Rundbogentür vorsichtig öffnete, fühlten sich beide gewissermaßen als konspirative Eindringlinge. Da sich außer ihnen aber niemand in dem Sakralbau aufhielt, ließ sie das erleichtert aufatmen. Ihr erster Eindruck war der einer unglaublichen Enge! Die sechs Bankreihen und, wohl knapp ein Meter davor, der kleine, mit filigranen Holzschnitzereien verzierte Altar gewährten Besuchern gerade noch ausreichenden Durchlass. Vertraut erschien ihnen ein hoher, fein gearbeiteter Schrank als hinterer Abschluss des Raums, in dessen oberem Teil nummerierte Zeitschriftenfächer eingelassen waren. Wie in ihrer Kirche fanden sie in den Fächern Heftchen, etwa gleichen Formats wie ihre *Wächterstimme*, die hier „Smyrna Stimmen" heißen. „Nur für Gemeindemitglieder" bestimmt, waren sie von einigen Adressaten offenbar seit Längerem nicht mehr entnommen worden; möglicherweise, weil sie verstorben sind.

Entgegen Dieters nervös geflüsterter Mahnung: „…Mensch, das kannst du doch nicht machen –, aus einem Gotteshaus unerlaubt etwas mitgehen lassen…," entnahm Robert einem Fach die neun dünnen Heftchen, um sie entschlossen in seiner Jackentasche verschwinden zu lassen. Er wusste, dass die nicht abgeholten Heftchen irgendwann entsorgt werden würden, und zwar aller Wahrscheinlichkeit nach verbrannt.

Als sie Augenblicke später das Gebäude mit gemischten Gefühlen, aber erleichtert wieder verließen, war ihnen auf dem kleinen Grundstück niemand begegnet.

Den Inhalt der kleinen Hefte verinnerlichte er zu Hause, und zwar Satz für Satz: zumeist *Homilien*, geistliche Betrachtungen zu kurzen Bibelabschnitten, aber auch Worte und Hinweise der längst verstorbenen englischen Apostel. Er meinte, den ursprünglichen Geist des zu Beginn des 19. Jahrhunderts von Gott wiedererweckten Apostel-Dienstes gradezu einzuatmen; jenes apostolisch-ökumenischen Dienstes, dessen die universale Christenheit angesichts der bösen Zeitverhältnisse und des nahen Tages der Wiederkunft Christi unbedingt bedürfe.

Doch je mehr er las, desto mehr wurde ihm die Distanz zu seiner neuapostolischen Position bewusst und wie weit neuapostolische Gottesdienste und Predigten von diesen älteren und soviel reicheren Erkenntnissen, wie er meinte, entfernt waren. So blieb ihm die Hoffnung, dass es bei Gott läge, wenn die Zeit gekommen sei, die Spaltung von 1863 als einen Akt der Verirrung wie einen bösen Traum verfliegen zu lassen.

Doch wie er wusste, ja bei Weitem nicht die einzige Spaltung! Auch hier hatte sich eine kleine „Kuhlen"-Gemeinde etabliert. Sein Kontaktversuch vor ein paar Monaten war allerdings nicht über ein kurzes Gespräch mit der freundlichen Ehefrau eines ihrer Amtsträger hinausgekommen. Danach hatte er Priester Bergmanns Rat befolgt, die Finger davon zu lassen – zumal deren Gottesdienste regelmäßig von den Brüdern überwacht würden. Und zwar überall im Bremer Bezirk: Der Apostel wolle Aufzeichnungen darüber, wer deren Versammlungen leite und welche und wie viele Besucher sich regelmäßig dort einfänden. Das Ganze ginge dann monatlich an den Stammapostel nach Dortmund.

Während dieser Zeit meldete der Vorsteher überraschend einen Hausbesuch des Bezirksältesten an. Er selbst würde ihn begleiten. Man wolle mit seiner Frau und ihm noch einmal für das heranwachsende Leben beten.

Eine Phase, in der er mit einigen Jugendlichen intensiv in den Vorbereitungen für den *Pfingstausflug* steckte. Wie die Jahre zuvor würden sich am Pfingstmontag wieder einige Tausend Geschwister mit Kind und Kegel zu Spiel und Spaß im Waldgelände um den „Schäferberg" bei Verden einfinden. Einen ganzen Tag lang – und „der liebe Apostel" mitten unter ihnen!

Doch bereits am Himmelfahrtstag, 11 Tage zuvor, wollte der, wie er Robert geschieben hatte: „… in Aurich die Jugendlichen der Bezirke Wilhelmshaven und Emden bedienen und dabei auch die Konfirmanden in den Kreis der Jugend aufnehmen und begrüßen. Möchten sie sich alle wohlfühlen und gern mitmachen im Werk des Herrn." – Auch dafür waren noch zeitaufwendige Vorbereitungen zu treffen.

Indes, so sehr er sich auf den Besuch des Bezirksvorstehers freute, zumal er die joviale und freundlich-lebendige Art des Ostfriesen mochte, fühlte er sich innerlich doch bis in die Haarspitzen hinein angespannt.

Als sich dann nach über zwei Stunden Ältester und Vorsteher verabschiedet hatten, kurz vor 22 Uhr, hörte er sich zu seiner ziemlich erschöpften Frau sagen:

„… So –, damit hätte sich wohl eines ein für allemal erledigt: nämlich dass die mich jemals in ein Amt einsetzen werden …"

Darauf Moni, indem sie ihn missbilligend von der Seite her angeschaut hatte: „Na ja, das hättest du ja alles auch etwas weniger drastisch sagen können. Ich glaube, dem Vorsteher war das zum Teil ganz schön peinlich."

Doch als er im Bett den Abend noch einmal Revue passieren ließ, wusste er, dass er sich bei nächster Gelegenheit wieder genau so verhalten würde! In diesem beruhigenden Gefühl bündelten sich seine Gedanken, schon in den Schlaf hinüberdämmernd, zu einem letzten, stillen Gebet.

Doch er hatte sich getäuscht. In einem Gottesdienst mit mehreren Gemeinden hatte ihn der Apostel bald schon zusammen mit etlichen Brüdern vor den Altar gerufen und ihm das Unterdiakonenamt anvertraut, was ihn wiederum bis in sein tiefstes Inneres hinein getroffen hatte. So war er noch vor dem Schlussgebet hinunter ins Foyer geeilt, wo er sich im Sanitärraum schluchzend zu beruhigen suchte: – *So hatte der Herr bei all seiner Auflehnung und in seinen eigenwilligen Gedanken doch die Liebe zu seinem Werk wahrgenommen! ... Trotz seiner teils unangemessenen, ja, ungehorsamen Reaktionen und Eigenmächtigkeiten ... Es stimmt also: Der Herr sieht ins Verborgene. Und er sieht des Menschen Herz an ...!* – Eine unglaublich tröstliche Erfahrung! ... Er fühlte sich von Gott angenommen. Doch auch bis auf den Grund seiner Seele erkannt und beschämt.

Im Jugendrundschreiben 7/1971 veröffentlichte der Apostel seinen zweiseitigen Brief in voller Länge, woraus seine Überzeugung deutlich wird, die durch den Gesandten den Sender sieht: Christus! – IHN allein, so der Tenor seiner Zeilen, habe alles Dienen und alle Nachfolge zu erhöhen! Ein Bewusstsein, worin ihm der handlungsbezogene Begriff *Wahrhaftigkeit* zum Christussynonym wird, ja, zur Messlatte täglicher Lebensgestaltung. Von daher sensibilisiert für eine Ethik des Glaubens, weist diese ihm immer klarer den Weg in die Freiheit des Geistes. Doch der muss in letzter Konsequenz zur Auflösung aller Bindungen an autoritäre Ansprüche, Strukturen und Personen führen. Die erst viel spätere Lektüre des seinen Glauben radikal reflektierenden Bonhoeffer, zumal im Angesicht seiner bevorstehenden Hinrichtung, wird ihn in dieser Haltung bestärken.

*

Am 10. Juli 1971, einem Samstag, bringt Moni ihre zweite Tochter zur Welt.

Als Robert in der freudigen Hoffnung auf einen Stammhalter gegen Mittag in der Telefonzelle vernahm, dass es ein Mädchen wäre, hatte das seine Freude nicht wirklich gedämpft. Erst als ihm die Schwester nach einem längeren Atemzug beigebracht hatte, dass das Neugeborene wahrscheinlich mit einem Geburtsfehler zur Welt gekommen sei, war ihm alles Blut aus dem Kopf gesackt.

Er war sofort zum Vorsteher gefahren, der mit ihm vor dem Schreibtisch niederkniete und im Gebet um Gottes Beistand rang.

Ein paar Stunden später standen Achim und Uta in ihrem FIAT vor Wegners Haustür. Ihr Michael, wie Esther jetzt auch schon fast drei Jahre alt, und die gut einjährige Sabine spürten die gedrückte Stimmung. Dann vor der Glaswand in der Entbindungsstation, begrüßten sie mit von Besorgnis durchzogenen Gedanken den jüngsten Zuwachs der Familie. Als sich der Besuch später verabschiedete, vermochte Robert wieder ein wenig zuversichtlicher durchzuatmen.

Doch bald schon war die Kleine nach Bremen verlegt worden, wo sie nach kurzer Zeit erfuhren, dass im Brustbereich eine größere Operation erforderlich wäre, die jedoch frühestens in einem Jahr stattfinden könne. So konnten sie das Kind wieder mit nach Hause nehmen, dankbar und glücklich, dass die Anomalie nicht lebensbedrohlich wäre. Doch ein Jahr später, als ihr Töchterchen nach der Operation zur Beobachtung noch eine Weile im Krankenhaus bleiben musste, verweigerte sie jede Nahrungsaufnahme, sodass sie zu verhungern drohte und intravenös ernährt werden musste. Schließlich meinten die Ärzte, dass sich dasmöglicherweise zu Hause, in der gewohnten Umgebung, ändern könnte. Und tatsächlich: Kaum hatten ihre Eltern sie ins Auto gesetzt, als sie auf dem Schoß ihrer Mutter ein ganzes Mettwurstbrot wegzumümmeln begann.

Die Fahrt in ihrem neuen, vier Jahre Jahre alten Opel Kadett: Robert hatte gemeint, dass die *Ente* wegen ihres schwachen Motors erstens nicht wirklich verkehrssicher sei und schließlich bei zwei Kindern der Kofferraum entschieden zu klein wäre.

Indes hatte Robert sich um die Bezahlung ihrer *Ente* insofern zu kümmern, als er die ausstehenden Wechselraten vom Käufer auf etwas rustikale Weise eintreiben musste – und zwar indem er mit Wissen der örtlichen Polizei den 2CV entführt, zurückgeholt hatte. Morgens um kurz nach sechs hatte sein Freund Heinz an sein Schlafzimmerfenster geklopft und dem Schlaftrunkenen zugeraunt, dass das Fahrzeug jetzt vor der Haustür seines zahlungssäumigen Besitzers stünde. Im Nu in der Nebenstraße, startete er mithilfe des einbehaltenen Zweitschlüssels und fuhr die *Ente* auf das sichere Gelände seiner Dienststelle. Als sein Kontrahent kurz darauf mit einer Anzeige drohte, konfrontierte er ihn mit dem Päckchen *Haschisch*, das er im Wagen gefunden hatte. Abends hatte er sein Geld und der langhaarige Dauerstudent die Ente zurück – samt dazugehörigem Zweitschlüssel.

*

Neben der Jugendarbeit war Robert auch an der Gewinnung neuer Instrumentenspieler gelegen. Nicht ohne Erfolg, wie der Apostel am Schluss seines langen Briefes vom 27. Januar 1972 erwähnt:

„(...) Suchen Sie weiter, Interesse für das Musizieren zu wecken; gerade, die darin mithelfen, gehen vielen Dingen aus dem Wege und sind meistens mit die freudigsten (...)"

Bereits im Herbst 70 war es ihm gelungen, den Organisten der evangelischen Kirchengemeinde, den alten Herrn Künkel, als Musiklehrer zu gewinnen. Für 8 DM je Schülerstunde fand kurz darauf im Jugendraum der erste Unterricht statt. Nicht lange, und es waren sechs bis acht Übende, eine Zeitlang auch Moni, nachdem Oma Meta ihr Opas Geige überlassen hatte. Bereits nach einem halben Jahr sah man die ersten Spieler an den Übungsstunden des Gemeinde-Streichensembles teilnehmen.

Wesentlich befördert wurde die Musikarbeit in den *großen Übungsstunden* aller Sänger und Instrumentalisten aus den 14 Stadt- und Landgemeinden – nicht selten deutlich über 200 Teilnehmer. Unter der heiter-souveränen Leitung von Gymnasiallehrer Dr. R. Petri hatte sich infolge intensiver Übungsarbeit ein beachtliches Niveau herausgebildet, vernehmbar immer wieder in den Bezirks-Jugendgottesdiensten oder wenn der Apostel oder gar der Stammapostel eingekehrt war.

Als sie Mitte März 72 nach dem Abendgottesdienst bei Bergmanns noch auf eine Tasse Tee zusammensaßen, kam Priester Metzing auf die Priesterversammlung am nächsten Abend zu sprechen. Zu aller Überraschung hatte der Vorsteher Robert eröffnet, dass der Apostels für dieses Mal wünsche, dass er, Robert, mit nach Bremen käme. Ernst Bergmanns Magenschmerzen minderte das zwar nicht, aber immerhin rätselte man, was sich dahinter verbergen könne.

Während der Fahrt wurde kaum gesprochen. Ernst Bergmann, Siegfried Metzing und Robert saßen in Priester Bolzens zwei Jahre altem, penibel gepflegtem *Opel Olympia*. Die andern drei Priester hatten das zweifelhafte Vergnügen, beim Vorsteher mitzufahren. Für die 110 km in die Bremer Verwaltung brauchten sie knapp anderhalb Stunden.

In dem großen Saal des Verwaltungsgebäudes saßen sie dicht gedrängt in einer der letzten Reihen, Robert zwischen seinen priesterlichen „Vorangängern". Alle priesterlichen Ämter des Apostelbezirks Bremen waren versammelt! Um Punkt 19 Uhr 30 betrat der Apostel den Saal, gefolgt von den Leitern der acht Unterbezirke, die sich von Verden (Aller) bis hoch nach Bremerhaven und nach Westen hin bis zur holländischen Grenze einschließlich Ostfriesischer Inseln erstreckten.

Bereits nach wenigen Augenblicken vermochte Robert das Unbehagen einiger Teilnehmer nachzuvollziehen: Tonfall und Vorwurf des Apostels, in der Gemeindearbeit so weit hinter den Erfordernissen und *Bitten* ihres Apostels zurückzubleiben, dürfte bei nicht wenigen den Puls deutlich beschleunigt haben! „… Und deshalb" – so vernahm Robert in seine kreisenden Gedanken hinein – „… sollt ihr heute mal hören, wie erfolgreiche Jugendarbeit aussehen, wie man unsere jungen Leute auch heute noch begeistern und motivieren kann … – Ist der Bruder Wegner hier …? – Ja, dann kommen Sie doch bitte mal nach vorn … Ja nun, bitte, nicht so zögerlich!"

Robert wusste nicht, wie ihm geschah, zumal, als er dann in die vielen, für Augenblicke ineinander verschwimmenden Gesichter vor sich blickte: Anspannung in den Mienen! Und ob es sein Herz wäre, was durch das übliche Tinnitus-Pfeifen hindurch so heftig in den Ohren dröhne … Dann wieder der Apostel, nun etwas zurückgetreten, um ihm die Rednerposition zu überlassen: – „Ja, Bruder Wegner, nun berichten Sie mal, wie Sie die Jugendarbeit anpacken und wie es angehen kann, dass in ihrer Gemeinde die Weinbergsarbeit und auch das Musikwesen so gut in Schwung gekommen sind …"

Eine Situation, fast wie auf dem Bootsmannslehrgang, wenn er ein Referat halten musste – doch wie viel ehrfürchtiger hier, vor all den gestandenen Amts- und Segensträgern zu stehen! Aber so sehr er dann versuchte, Bedeutsames, Gedanken in verständliche Sätze zu fassen, geschah das doch in dem Gefühl, wie wenn er neben sich stünde, sich nichts zu dem fügen wollte, was er eigentlich sagen will. Als der Apostel ihn dann etwas unwirsch wieder entlässt, schickt er seinem Abgang die Worte hinterher: „Na ja, das war für den jungen Bruder ja vielleicht doch etwas zu überraschend … Jedenfalls bin ich sehr angetan davon, mit welcher Ernsthaftigkeit, aber auch klaren Vorstellungen unser Bruder seinen Auftrag erfüllt! Ich wünschte, dass das in allen Gemeinden so wäre ..."

Ein paar Wochen zuvor hatte ihn der Apostel um eine ausführliche Stellungnahme zur Entwicklung des Bezirks-Jugendchores gebeten. Von daher war er auch auf die Jugendarbeit insgesamt zu sprechen gekommen, um schließlich nach acht Seiten zu resümieren:

„... Sie, lieber Apostel, haben uns in Bremen zugerufen, (...) alles gekünstelte Wesen, alle Heuchelei und Augendienerei abzulegen – das nehme ich wörtlich. – Ich glaube nicht, dass Liebe taktische Schach- und Winkelzüge kennt und damit dem Werk Gottes in irgendeiner Form gedient wäre. Ich glaube aber, dass, wenn wir uns taktisch bewegen, wir vor dem Herrn Schalksknechte sind ..."

In den vorhergehenden Zeilen hatte er sich in seinem Eifer vor allem gegen die seiner Meinung nach vorherrschende Laissez-faire-Haltung mancher Jugendleiter und Dirigenten gewandt. Denn hinsichtlich Kleidung und Verhalten würde, so sein Vorwurf, ganz im Gegensatz zur ansonsten engagierten Mitarbeit die Würde des Gotteshauses nicht genügend ins Bewusstsein gerückt. Dazu zählte für ihn die *Unmöglichkeit* von Miniröcken, herausstechende modische Accessoires und – bei nicht wenigen – das ständige, respektlose Geplapper zwischen und während der Chor-Übungssequenzen.

Später wird er sich allerdings fragen, ob sein Bericht nicht vielleicht doch schon die Grenze zur Denunziation überschritten haben könnte ...

Ein Großereignis für die Jugend war für den 7. Mai 72 geplant: Der Stammapostel will aus der Sporthalle der ostfriesischen Blumenstadt Wiesmoor einen Gottesdienst für die gesamte Jugend des Apostelbezirks Bremen halten – per Postkabel in alle Empfangsgemeinden übertragen. Nachmittags sollte sich eine Seefahrt anschließen: auf einem gecharterten Schiff von Norddeich aus entlang den Inseln Norderney und Juist und wieder zurück. Kosten für den ca. dreieinhalbstündigen Ausflug inklusive Lunchpaket 7 DM; bedürftige Jugendliche zahlen nur die 1,50 DM für das Lunchpaket.

Abgesehen davon, dass Robert in die zeitraubende Organisation voll mit eingebunden war, machte ihm in diesem Zusammenhang etwas ganz anderes Kopfzerbrechen, nämlich die Gedanken des Apostels, die ihnen der Vorsteher dazu übermittelt hatte:

„... Brüder, für den Eindruck, den unser Stammapostel von unserer Jugend mitnehmen wird, ist es entscheidend, dass er ein schönes und vom Welt- und Zeitgeist gänzlich *ungetrübtes Bild* wahrnimmt! Das bedeutet", so der Vorsteher weiter, „... dass wir bei allen jugendlichen Brüdern mit langen Haaren oder Bärten darauf einwirken, dass sie sich zu diesem hohen Festtag möglichst ihre Haare kürzen und die Bärte abrasieren lassen. Ob dann schließlich die, die sich weigern, eine Eintrittskarte bekommen ..., das werden wir noch sehen ..."

Obwohl er diesen „potemkinschen" Gedankengang an sich schon als haarsträubend empfand und das in der Sakristei auch äußerte, verlangte der Vorsteher dennoch, dass er gemeinsam mit einem Priester die entsprechenden Gespräche in ihrer Gemeinde führe. Priester Bergmann habe schon genug mit seinem eigenen Sohn zu tun. Der indes zeigte sich nach wiederholten Erinnerungen immerhin bereit, seine gepflegte wellige Haarpracht, die auch die Ohren bedeckte und bis auf die Schulter reichte, um zwei, drei Daumenbreiten kürzen zu lassen. Insgesamt blieb der Erfolg jedoch mäßig, brachte aber etliche Familien gegen die Brüder auf, was von denen einige wiederum als ungehorsames und suspektes Verhalten zu bewerten wussten.

Dann der große Tag! Etwa eine halbe Stunde vor Gottesdienstbeginn, als das Geraune in der opulent geschmückten Halle bereits abzusinken begann, wies der bullige Bezirksevangelist Bulerius die diensthabenden Brüder an, aus den vorderen und mittleren Reihen – auch aus dem Chor! – noch einige Jugendliche herauszuholen, um sie möglicht weit nach hinten zu setzen.

„Und warum ...?" hatte einer der Brüder gefragt.

„... Die stören das Bild ...!", wusste darauf der Evangelist mit gekräuselter Stirn zu raunen. Doch Robert weigerte sich:

„Nein, lieber Bezirksevangelist, das mache ich nicht!" Als auch zwei weitere Brüder der Anweisung nur widerwillig folgten, stürmte er mit den Worten los: „Dann will ich euch mal zeigen, wie Glaubensgehorsam geht", um sein erstes Opfer, einen Bruder mit Vollbart in einer der vorderen Reihen, anzusteuern. – Ein Vorgang, der Robert in Erinnerung bleiben wird.

*

In ihrem Stadtteil gab es kaum eine Haustür, vor der sie nicht zu den Gottesdiensten eingeladen hatten, allerdings ohne spürbare Resonanz. Doch war immerhin der füllige, stets freundlich grüßende Pfarrer der 1970 fertiggestellten katholischen Christus-König-Kirche[13] Roberts Einladung zu einem Jugendgottesdienst gefolgt. Dem war in seinem Büro ein lebendiges Gespräch über die endzeitliche Wiedererweckung des Apostelamtes vorausgegangen, wohingegen die meisten Leute nicht am Thema NAK interessiert waren. Allerdings, obwohl er das, was er in dem Zusammenhang von einigen Ex-NAK-lern zu hören bekam, für übertrieben bzw. für aufgebauschte persönliche Erfahrungen hielt war er trotzdem bemüht, das Gehörte einzuordnen und zu verarbeiten:

„Aber Vorsteher, die sind doch *versiegelt*, die tragen doch das Siegel Gottes noch auf ihrer Stirn ... Das sind unsere Geschwister; müssen wir denen nicht nachgehen ...?!"

„Tja, ja, Bruder Wegner –, sollten wir eigentlich ... Aber so gut wir's auch meinen; wir vermögen eben doch nicht alles! Aber auch das hat uns der Herr ja schon vorhergesagt – wie etwa in Matthäus 22, Vers 14:

‚Denn viele sind berufen, aber wenige sind auserwählt.'"

Als Robert ihm irgendwann von einer Dame berichtete, nur ein Doppelhaus neben ihrer Wohnung, die seine Einladung mit einer noch nicht erlebten Heftigkeit abgelehnt und ihm die Tür vor der Nase zugekallt hatte, wusste sich der Vorsteher nach einem kleinen Zögern zu erinnern:

„... Ja, ich glaube, ich weiß, wen Sie meinen. Da gibt es eine Frau, die das Werk Gottes wohl regelrecht hassen muss. Irgendwas soll da mit ihrer Tochter gewesen sein ... Aber das war noch vor meiner Zeit hier in der Gemeinde."

Priester Bergmann wusste mehr: „... Die Tochter ist Ende der 50er Jahre neuapostolisch geworden und hat sich deswegen wohl mit ihrer Mutter und der Familie überworfen. 1960 oder 61, jedenfalls nach dem Tod von Stammapostel Bischoff, ist sie vom Rathausturm gesprungen. Die Mutter hat das nie verwunden und die Ursache dafür immer in der Kirche gesehen."

In den großen Chorübungsstunden und Jugendgottesdiensten waren ihm zwei junge leibliche Brüder aufgefallen, von denen der längere ihn an seinen Zweimetervier-Kameraden aus Bremerhaven erinnerte. Beides Abiturienten, seien sie überall freudig dabei, auch in ihrer Gemeinde. Umso heftiger dann die Nachricht, dass der ältere am Wochenende Suizid begangen hätte. Nach einer mehrstündigen Suchaktion habe man ihn in seinem Auto aus dem Hafenbecken gezogen. Aber mehr als dass es wohl einen Abschiedsbrief gegeben habe, war nie ans Tageslicht gekommen. Den Bruder hatte Robert bald schon ganz aus dem Blick verloren.

Nicht lange danach las er in einem Brief des Apostels unter anderem:

„… Dass 13 junge Geschwister Geige spielen wollen und inzwischen mit einem Lehrgang begonnen haben, ist ganz prächtig. Nun kommt es darauf an, dass sie auch durchhalten und ich möchte Sie bitten, auch in dieser Beziehung mitzuhelfen, dass die jungen Geschwister nicht zu schnell aufstecken, wenn es schwieriger wird. (…)" – Und weiter: *„… Gern habe ich auch gelesen, dass Sie sich über den neu gesetzten Priester Weichbrod freuen. Ich weiß aber auch, dass sich die Geschwister über den neugesetzten Diakon und U.-Diakon freuen. (…)"*
Damit bezog er sich auf jenen Gottesdienst, den er kurz zuvor in ihrer Gemeinde gehalten hatte und in dem er Robert das Diakonenamt und seinem Freund und Mitarbeiter aus der Jugendarbeit, Ekkehard Stein, das Unterdiakonenamt übertragen hatte.

Während dieser Zeit war der Vorsteher einer der Landgemeinden zu einer ihrer Jugendstunden erschienen und wusste von einem jugendlichen Glaubensbruder aus Köln zu berichten, der seit Kurzem in seinem Gemeindebereich im Krankenhaus liege. Ende September aus der Marine entlassen, sollte es mit ein paar Kameraden direkt nach München zum Oktoberfest gehen.

„… Doch …", so der Priester in etwas theatralischem Ton, „der Herr hatte andere Gedanken mit ihm. Von einem zum anderen Augenblick erkrankte er schwer und musste ins Krankenhaus eingeliefert werden. Als die Brüder ihn auf Bitten seiner Mutter besuchten, wollte er von Gott und Kirche aber absolut nichts wissen. Einen eindeutigen Befund scheint es noch nicht zu geben. Insofern wissen wir auch nicht, wie lange er da noch liegen wird. Jedenfalls betet mit darum, dass der Herr sein Herz wieder öffnen möge …"
Robert ließ sich Namen und Anschrift geben und schrieb in den nächsten Wochen eine ganze Reihe von Briefen, jedoch ohne dass er daraufhin irgendeine Antwort erhalten hätte.

*

Als er zum 1. Oktober 72 zum Marineamt kommandiert worden war, stand bereits fest, dass er ein Jahr später aus dem aktiven Dienst der Marine ausscheiden würde. Aber als Sachbearbeiter in einer Stabsdienststelle eingesetzt, war er noch zum Oberbootsmann befördert worden, was eine höhere Besoldungsgruppe bedeutete wie auch eine dementsprechende Abfindung und die für 36 Monate zu zahlenden Übergangsgebührnisse.

Die Frage, wie es weitergehen sollte, hatten sie zu Hause lange und intensiv diskutiert. Schließlich hatte er sich, wie auch ein Kamerad von seiner Dienststelle, für eine zweijährige Ausbildung zum „staatlich anerkannten Erzieher" entschieden – Beginn 1. Oktober 1973. Das würde sie nach Rheinland-Pfalz führen, in das Kurstädtchen *Bad Bergzabern*, unweit der Grenze zum Elsass; eine Region, die beiden gänzlich unbekannt war. Dort, In einer Einrichtung des „Christlichen Jugenddorfwerk Deutschland e. V." (CJD) würden sie das erste Halbjahr absolvieren, dem sich, nach bestandener Zwischenprüfung, zwei weitere Abschnitte anschlössen. Wie aus den Prospekten zu ersehen, spiele sich das Ganze in einem alten, markanten Haus namens „Petronella" ab, ein vormaliges Hotel, dessen Garten unmittelbar an den Kurpark grenze.

Doch zuvor noch, im Juni, hatte er in einem zweijährigen Abendlehrgang der „Oldenburgischen Verwaltungsschule" die Ausbildung für den „mittleren nichttechnischen Verwaltungsdienst" mit *sehr gut* abgeschlossen. In diesen Rahmen fällt eine Episode, die stark auf ihn eingewirkt hatte:
Es war der 20. Januar, ein Samstagvormittag. Während des Unterrichts ließ sich einer der Dozenten dermaßen sarkastisch über Jesus und Gott aus, dass sich Robert bis ins Mark getroffen fühlte – zumal abends ein Jugendgottesdienst stattfinden würde, zu dem der Bezirksälteste angesagt war. Als er sich am späten Nachmittag noch kurz auf die Couch legte, um sich innerlich darauf einzustellen, stiegen jene lästerhaften Momente noch einmal in ihm auf. Ohne dass er es zunächst bemerkt hatte, waren ihm Tränen über die Wangen gelaufen. Dann doch noch kurz eingenickt, war er jäh hochgeschreckt in der Gewissheit:
Heute Abend wird der Älteste dich hinter den Altar rufen. Du wirst zum ersten Mal in einem Gottesdienst mitdienen müssen ...!
Genauso kam es: Doch ihm war, als hätte er immer schon gepredigt; ja,

so selbstsicher und kraftvoll hatte er sich hinter dem Altar gefühlt, dass alle Niedergeschlagenheit aus dem bedrückenden Vormittag von ihm abgefallen schien.

Bereits das Eingangslied hatte ihn aufgerichtet:

„Gott ist gegenwärtig, lasset uns anbeten und in Ehrfurcht vor ihn treten ..."

Ja – er weiß sich in Gottes Hand! Und dass Gott in seinen Glauben hinein zu ihm spricht!

Drei Tage später las er in einem längeren Brief des Apostels:

„... Ich hoffe, dass auch Sie recht zufrieden und dankbar an den am letzten Sonnabend (...) stattgefundenen Jugendgottesdienst zurückdenken (...) Dass alle Konfirmanden (...) in der Jugend und damit im Hause des Herrn erhalten geblieben sind, ist ein Grund zur Freude und großer Dankbarkeit (...) und zeigt, dass Sie Ihre Arbeit recht intensiv und gewissenhaft zu erfüllen suchen. (...) Was Sie dann von dem jungen Bruder aus Köln berichten, ist sicherlich ein guter Ausgleich für manche Sorge und Enttäuschung. (...) Dass sich Ekkehard Stein so wunderbar entwickelt hat und Ihnen ein guter Mitarbeiter geworden ist, konnte ich gut aus Ihrem Brief ersehen. Hoffentlich hat er sich die richtige Lebensgefährtin ausgewählt, die ihm auch in Zukunft treu und gläubig zur Seite steht. (...)

Ihr H... Sch..."

Erst vier Monate später, am 24. Mai 1973, trifft der nächste Brief ein. Doch mit bestürzendem Inhalt:

„Lieber Bruder Wegner!

Obwohl Sie mir manche Sorge durch Ihr unbedachtes und ungehorsames Tun bereitet haben, fällt es mir schwer, Ihnen diese Zeilen zu schreiben. Möchten Sie aus allem, was dahinten liegt, eine heilsame, für Sie und Ihre Lieben zum Segen führende Lehre ziehen.

Möchten Sie aber darüber hinaus erkennen, dass Ihr Apostel Sie darum nicht fallen lässt, sondern Sie auch weiterhin auf Händen des Gebetes trägt, damit Sie auch ferner nicht vom Weg des Glaubens abgleiten, sondern mit Ihren Lieben im Hause des Herrn erhalten bleiben. (...)

Hiermit entspreche ich Ihrer Bitte und entbinde Sie von dem innegehabten

Amt eines Diakonen und dem Auftrag eines Jugendbeauftragten der Neuapostolischen Kirche in Bremen (...).

Der Herr möge Ihnen ein reicher Vergelter sein. (...) Ihr H. Sch..."

Was er las, drohte ihm den Boden unter den Füßen wegzuziehen! Trotz der voraufgegangenen Ereignisse vermochte er diese Nachricht nicht wirklich zu verstehen.

Es brauchte Zeit, bis er zu begreifen begann. Denn was geschehen war, war die Konsequenz einer Persönlichkeitsentwicklung, die ihn zu der Überzeugung gebracht hatte, sich für alles, was er tut, nur vor seinem Gewissen und vor Gott verantworten zu müssen! Und weil er überzeugt war, das auch in diesem Fall zu können, empörte ihn die Aussage jener Zeile:

„... *dass Ihr Apostel Sie darum nicht fallen lässt* ..." Für ihn unter diesen Umständen eine Zumutung, die ihm das Blut in den Kopf trieb. Und reflexartig, indem er den entfalteten Brief am ausgestreckten Arm durch die Luft schwenkte, brach es aus ihm heraus:

„... *dass Ihr Apostel Sie nicht fallen lässt* ...?! – Mein Gott, du kannst mich gar nicht fallen lassen ...! Wer bist du denn, dass du das glaubst ...? War es nicht immer unser Glaube, dass es *Gottes* Hand ist, die uns hält – und nie die eines Menschen ...?!"

Moni hatte sich still an den Esstisch gesetzt und ihn mit bekümmerter Miene fixiert. Niemand wusste wie sie, was das alles für ihn bedeutete. Aber niemand hatte ihn auch so eindringlich davor gewarnt, jene Schritte, die er angesichts seiner hehren Absichten für gerechtfertigt hielt, wirklich zu gehn. Was also war geschehen ...?

Roberts Sturz

Erster Akt: – Weihnachten 1972. Der Bezirksälteste wird den Gottesdienst halten. Als er um 08.45 Uhr die Kirche betritt, sind alle Amtsträger in der Sakristei versammelt: „... Herzlich willkommen, lieber Ältester! – Frohes Fest, frohe Weihnachten! ..." – allgemeines Händeschütteln.

„Ja in Ostfriesland ist es glatt; man muss aufpassen! Für die gut 50 km hab' ich eine Dreiviertelstunde gebraucht ..."

Nach dem Gottesdienst, die meisten Brüder wieder in der Sakristei, hatte der Älteste ein Buch in festem, schwarzem Einband aus der Aktentasche gezogen, um sodann in die Runde zu fragen:

„Brüder, wisst ihr, was ich hier in der Hand halte …?" – Nein, die Brüder wussten nicht! Wie sollten sie auch. Bis auf Robert, weil ihm Cover und Titel irgendwann schon einmal untergekommen waren. Und er wusste in etwa auch um den Inhalt des Buches. Was der Älteste den Brüdern da vor die Nase hielt, war „Das Buch für unsere Zeit", eine gesuchte Rarität unter *neuapostolischen* Kennern! – 1872 in Amsterdam auf niederländisch herausgegeben und 1890 ins Deutsche übersetzt, versteht es sich als durch den Heiligen Geist autorisierte *Aufschlüsselung der Offenbarung des Johannes.* Darin hebt der Autor insbesondere die endzeitliche Bedeutung des wiederbesetzten „vierfachen Amtes" hervor: *Apostel, Propheten, Evangelisten* und *Hirten.* Gleich der englischen Mutterkirche würde Gott *Seiner* Kirche durch *Propheten* Licht und Wegweisung schenken und so auch die gegenwärtigen Zeitverhältnisse aufschließen. Die indes liefen in den weltpolitischen und gesellschaftlichen Entwicklungen direkt auf die *unmittelbar* (= *Mitte der 1870er Jahre!*) bevorstehende Wiederkunft Christi zu. – Als Verfasser gilt *Friedrich Wilhelm Schwarz,* der 1863 von der „Allgemeinen christlich apostolischen Mission" (AcaM) in Hamburg als Apostel in die Niederlande gesandt worden war: Jene Abspaltung von der *katholisch apostolischen Gemeinde,* die nach der Trennung im Begriff stand, sich gemäß weiterführender Prophetien und Apostelrufungen neu zu konstituieren. In Amsterdam gründete Schwarz die „Apostolische Zending", einen autonomen Zweig der Hamburger Gemeinschaft und wurde schon bald auch für die in Deutschland sich ausbreitenden Apostolischen zur zentralen Figur. Zwar hatten seinerzeit die wenigsten Mitglieder das Buch gelesen, so aber doch maßgebende Männer der sich immer weiter aufspaltenden Anschauungen und Richtungen. In der Lehre der NAK ist die Spur dieses Buches unübersehbar, selbst noch im 2012 erschienenen Katechismus, primär in jenen Passagen, die vom (neu-) „Apostolischen Amt" und den kommenden Endzeitereignissen reden.

Als der Älteste nach einigen Stichworten über den „enthüllenden" Charakter des Buches dies wieder einstecken wollte, hatte Robert gefragt, ob er es nicht bis über Neujahr ausleihen dürfe. Sich darauf lächelnd im Kreis umschauend, wohl angenehm berührt über das doch noch wahrgenommene Interesse, legte er das bejahrte Werk mit leicht angehobenen Augenbrauen in Roberts Hände:

„Aber vorsichtig behandeln! – Davon gibt´s nicht mehr viele in deutscher

Sprache. Hat mir neulich ein niederländischer Bruder geschenkt, als ich mit unserem Apostel in Groningen war."

In der Tat war der Bremer Bezirksapostel seit Juli 69 auch mit der Leitung der „Nieuw-Apostolische Kerk" in den Niederlanden betraut, einer 1964 erfolgten Fusion zweier vormals zerstrittenen apostolischen Gruppen. Davon gab es zu der Zeit in den Niederlanden allerdings eine ganze Reihe: neben der „NAK NL" mit 12.500 vor allem die „Het Apostolisch Genootschap" mit über 26.000 Mitgliedern. Doch auch diverse kleinere Gemeinschaften mit bis zu 3.000 Anhängern stritten um das *wahre* prophetische Erbe: – Die Apostolischen in den Niederlanden als gradezu exemplarisch für jenen virulenten Spaltpilz, der sich durch all diese Gruppierungen weiter fotzupflanzen schien. Doch davon wusste Robert zu diesem Zeitpunkt nichts. Das einzige, wovon er vage Kenntnis hatte, war, dass es in Holland eine apostolische Gemeinschaft gäbe, die sich in der unmittelbaren Tradition jenes Apostels *Schwarz* wähnte, also in den Strukturen des *vierfachen Amtes*, und in welcher dieses Buch, das ihm der Älteste nun zur Lektüre überließ, nach wie vor eine zentrale Rolle spiele.

Als er das Buch Mitte Januar zurückgab, hatte er die annähernd vierhundert Seiten nicht nur durchgelesen, sondern regelrecht studiert. Und er hatte darin einen kleinen Adresskleber mit Anschrift und Telefon-Nr. der „HAZK" gefunden (Hersteld Apostolische Zendingkerk; zu dt.: erneuerte Apostolische Missionskirche).

Zweiter Akt: – Nachdem ihn die Versuchung einer Kontaktaufnahme tagelang umgetrieben hatte, wobei seine Frau immer wieder entsprechend variierte Monologe über sich ergehen lassen musste, trieb es ihn schließlich zum Vorsteher.

„... Warum gibt mir der Apostel auf meine Fragen keine Antwort ...? Oder können Sie mir sagen, wie heute im Werk Gottes das ´vierfache Amt´ ohne das Amt der Propheten vollständig sein kann ...? – Und worin der Widerspruch, ja die feindselige Haltung zu unserer Mutterkirche begründet ist ...? Oder warum unsere ehemaligen Glaubensgeschwister, die heute dem 1955 ausgeschlossenen Apostel Kuhlen nachfolgen, immer noch als vom Satan Verführte bezeichnet werden ...? Wo sich doch das, was die vorausgesagt haben, als richtig erwiesen hat ...?! – Es war doch die *Botschaft* des Stammapostels Bischoff, die sich nicht erfüllt hat ...!"

Wie zu Hause hatte er sich auch dem Evangelisten gegenüber in Rage geredet. Der jedoch, mit all diesen Fragen wenig vertraut und einzig darauf bedacht, niemals in irgendeinen Widerspruch zu den Gedanken oder der Haltung des Apostels zu geraten, versuchte Roberts Fragen mit Bibelzitaten zu begegnen, gegen die dieser wieder andere Bibelstellen und Argumente vorzubringen wusste. So drohte das Ganze in eine förmliche Diskussion *abzugleiten;* denn was hier zwischen dem Evangelisten und dem Diakon ablief, war an sich schon ein *Akt widergöttlichen Ungehorsams* – wäre doch die einzige *gottwohlgefällige Haltung* eines Amtsträgers die des demütigen, widerspruchslosen Aufschauens zu *seinem Vorgänger gewesen!* – Warum ...? – Die Begründung war so einfach wie bindend: Weil eben alles Gute „von oben" und nie „von unten" kommt! – Denn nach „oben", zu Gott hin, führe nach seinem Willen allein die hierarchische Ordnung: – in die Sphäre des Heiligen, des Vollkommenen, des von „unten" nicht Einsehbaren, das allein dem Geist Gottes vorbehalten sei. Das aber sei unantastbar! – Im Gegensatz dazu kämen Irrungen und Verwirrungen immer nur von Menschen, die sich den Weisungen Gottes nicht bedingungslos öffneten. Aber selbst da, wo vom Altar Verkündetes sich als unvollkommen erwiese, bliebe es in höherem Sinne dennoch glaub-*würdig:* – nämlich in seiner Forderung *unbedingten Vertrauens zu Gott!* – Denn *in* IHM, so hieß es, würde alles Gesagte und Geglaubte letzten Endes doch seine vorgegebene Auflösung finden. *Darauf* in Geduld unter allen Umständen zu harren, das unterscheide eben den wahrhaft Gläubigen von solchen, deren Ungeduld sie letztendlich von Gottes Plan und Willen abkommen lasse.

„Also, Bruder Wegner, lassen Sie es sich gesagt sein –, wie wir schon im 1. Samuel 15, 22 lesen: 'Gehorsam ist besser denn Opfer'! – Und es wird der Augenblick kommen – und der ist nicht mehr fern, sage ich Ihnen – wie es in Johannes 16, 23 heißt: 'Und an dem Tage werdet ihr mich nichts (mehr) fragen' ..."

Es waren dann doch nur wenige Tage, bis er den ersten Brief zu den „Holländern" schrieb. Trotz seiner Bedenken und des Gesprächs mit dem Vorsteher wähnte er sich im Sinne Christi frei, allen ihn bedrückenden Fragen und Rätseln nachgehn zu können. Und dass für all sein Tun er ganz allein verantwortlich sei: sich selbst, anderen Menschen und Gott gegenüber!

Die Antwort in ungelenkem Niederländisch-Deutsch kam aus Groningen. Darin lud der Schreiber Robert, der sich als ein *fragender Neuapostolischer* vorgestellt hatte, zu einem Gottesdienst nach Groningen ein. Doch das lehnte der mit Rücksicht auf auf seine widerstrebende Frau ab. Der Gegenvorschlag lautete dann, dass der Absender, ein Herr *Bols,* in Begleitung eines Evangelisten *Wartläufer* ihn am Karsamstag besuchen kommen könnte. Das sei auf dem Weg nach Braunschweig hin, wo man in der dortigen Gemeinde der „Apostolischen Sendungskirche" den Ostergottesdienst halten werde, zwar ein Umweg, den man dafür aber in Kauf nehmen würde.

Ein paar Tage vor Ostern meinte Robert zu seiner Frau, den Vorsteher doch von der Verabredung in Kenntnis setzen zu sollen. Schließlich wisse der ja, dass es ihm lediglich um Antworten auf seine Glaubensfragen gehe. Doch der war entsetzt und hatte ihn mit belegter Stimme aufgefodert, den Termin sofort abzusagen. Und dass der Apostel auf keinen Fall davon wissen dürfe! – Allein, der Name *Wartläufer* hatte ihn aufhorchen lassen:

„... Wartläufer, sagen Sie ...? – Warten sie mal: ... Ich meine ein Evangelist Wartläufer war mal Vorsteher unserer Gemeinde auf Borkum. Der soll dann bei Nacht und Nebel verschwunden gewesen sein. Wegen einer anderen Frau, hatte es geheißen. Soweit ich weiß, hat er Frau und Kinder sitzenlassen und wohl auch seine Arbeitsstelle aufgegeben ... Das muss jetzt etwa zwei Jahre her sein. Sämtliche Nachforschungen von Seiten der Brüder über seinen Verbleib sind wohl bis heute erfolglos geblieben. Aber der Älteste wird mehr darüber wissen ..."

Als sie sich verabschiedeten, hatte der Vorsteher verärgert hinnehmen müssen, dass Robert bei seinem Entschluss bleiben wolle. Doch schließlich hatte ihn seine Neugier, ob es sich bei dem Genannten tatsächlich um jenen ungetreuen Ex-Vorsteher handele, einwilligen lassen, zu dem Besuch dazuzustoßen.

Die „Holländer" kamen wie angekündigt am frühen Samstagnachmittag. Sie entstiegen einem älteren Ford Taunus: – der eine wohl Mitte vierzig, der andere eher gut fünfzig. Auf dem Gehweg von Robert begrüßt, erfuhr der dann schnell, dass der kleinere, ältere Herr Bols, dessen niederländischen Akzent er symphatisch fand, im Amt eines Apostels unterwegs sei und der etwas füllige, beredte Herr Wartläufer als Evangelist. Bei Tee und selbstgebackenem Kuchen ging es gleich um die Bedeutung des Prophetenamtes und dass die Neuapostolischen, wie ja überhaupt die gesamte Christenheit, ohne dieses Amt eben auch ohne göttliches Licht wäre. Die Gläubigen aller Konfessionen genau auf diese Grundlage zurückzuführen, das vor allem sei der endzeitlich-göttliche Auftrag der *Hersteld Apostolisch Zendingkerk*, deren drei deutsche Gemeinden in Braunschweig, Mühlheim und Völklingen *Apostolische Sendungskirche* hießen.

In diese Situation hinein trat unvermittelt der Vorsteher. Nur widerwillig hatte Moni ihn benachrichtigt. Die „Holländer", ohne zu wissen, um wen es sich handelt, reagierten irritiert. Dann aber, nachdem er die Besucher miteinander bekannt gemacht und Moni dem Vorsteher ein Teegedeck hingestellt hatte, versuchte Robert eine Erklärung:

„... Ich bitte um Ihr Verständnis, dass ich es zur Klärung meiner Glaubensfragen für ratsam hielt, unseren Vorsteher hinzuzubitten, da der, was ja auf der Hand liegt, eben viel mehr zu Ihren Argumenten sagen kann als ich ... Eben aus seiner Amtsgabe und von seinen Glaubenserfahrungen her ..."

Doch die Blicke, die die beiden wechselten, zeigten, dass sie sich überrumpelt fühlten, noch unentschlossen, wie sie sich in dieser veränderten Situation verhalten sollten.

Nachdem Robert dem Vorsteher einen kurzen Abriss des bisherigen Gesprächs gegeben hatte, schloss er mit der Frage:

„Vorsteher, was meinen Sie zu der Aussage, dass ohne das Prophetenamt kein göttliches Licht in der Kirche sein könne ...?"

Darauf der nach kurzem Zögern in gewohntem Schnarrton:

„Im Werke Gottes ist das Prophetenamt im Apostel- und Stammapostelamt aufgegangen. Allein im Apostelamt begegnet uns Gott selbst mit seinem prophetischen Licht als der seine Kirche selbst regierende Allmächtige. Und jeder Geist, der etwas anderes lehrt, widerstrebt damit dem Vollendungswirken des lebendigen Gottes! ..."

Diese apodiktische Aussage wollte der Niederländer nicht unwidersprochen hinnehmen, doch da hatte sich der Vorsteher bereits seinem Begleiter zugewandt:

„Sagen Sie mal, waren Sie nicht bis noch vor gut zwei Jahren Vorsteher der neuapostolischen Gemeinde auf Borkum ...? Und sind bei Nacht und Nebel verschwunden, haben Frau und Kinder sitzen lassen – mit einem Schuldenberg dazu? Ohne Vorwarnung für die Gemeinde; ohne mit dem Ältesten oder dem Bezirksapostel über ihre Probleme zu reden ...?! – Einfach alles Hinschmeißen und wegrennen ... Meinen Sie etwa, so vor Gott bestehen zu können? ..."

Während der Vorsteher regelrecht vom Leder zog, versuchte sein Gegenüber einige Einwendungen, wollte erklären – doch die fragenden Blicke *seines* Apostels verunsicherten ihn offenbar weiter, sodass er – obwohl nun zusehends erregt – schließlich doch verstummte. Darauf beendete der Holländer die unerfreuliche Situation mit der Bemerkung, dass man für eine solche Begegnung sicher nicht nach hier gekommen wäre. Man erhob sich, und die beiden Herren verließen, von Robert betreten zur Tür begleitet, grußlos das Haus.

Dann wieder in der Stube, vernahm er vom Vorsteher, schon im Begriff, sich zu verabschieden:

„Ja, ja, dem lieben Gott entgeht keiner ... Und letztlich kommt doch immer alles ans Licht! ... Na, das wird den Ältesten und den Apostel interessieren, dass der Wartläufer sich jetzt zu den Wölfen gesellt hat. Denn die tauchen überall auf, um in die Herde Gottes einzubrechen."

Am nächsten Tag, Ostersonntag, bat der Vorsteher Robert, nach dem Gottesdienst noch auf ihn zu warten. Dann, allein in der Sakristei: „Bruder Wegner, was ich Ihnen jetzt sage, darf ich Ihnen eigentlich gar nicht sagen –, aber ich tue es trotzdem: Morgen Vormittag werden der Älteste und ich zu Ihnen nach Hause kommen. Unangemeldet, verstehen Sie ...? Der Älteste hat wohl gestern noch, nachdem ich ihn über die Begegnung mit Wartläufer unterrichtet hatte, mit dem Apostel telefoniert. Der habe äußerst ungehalten reagiert. Nun will der Älteste Sie zu dem Vorgang noch einmal intensiv befragen. Vor allem will er wissen, ob Sie noch weitere Kontakte nach Holland oder zu irgendwelchen anderen Gruppen haben ... Und er wird Sie auch nach irgendwelchen Briefen, Schriften oder Aufzeichnungen fragen. – Jedenfalls kann ich Ihnen nur raten: Falls da etwas sein sollte – sehen Sie zu, dass Sie das morgen guten Gewissens verneinen können ..."

Robert war perplex! „Aber, Vorsteher, ich habe doch gar nichts zu verbergen ... Und wieso sollte ich irgendetwas vernichten ...? Ich verstehe den ganzen Aufstand nicht; kann man denn nicht offen über alles das reden?"

Robert kannte diesen Gesichtsaudruck, wenn sich seine Augenbrauen zu den zwei steilen Falten über der Nasenwurzel zusammenziehen und man glauben möchte, er habe gerade in eine Zitrone gebissen:

„Bruder Wegner, wenn Sie klug sind, tun Sie einfach, was ich Ihnen geraten habe ..."

Der seltsame Geschmack im Mund, den er die wenigen Schritte bis nach Hause gespürt hatte, wollte auch angesichts des Osteressens nicht weichen, das Moni im Begriff war anzurichten.

Als am nächsten Vormittag der Älteste mit dem Vorsteher erschien, schloss Moni die Stubentür hinter den Dreien, damit, wie sie sagte, die Kochdünste und vielleicht auch die Kinder nicht stören möchten ...

Nach etwa einer Dreiviertelstunde gingen die beiden. Robert blieb verunsichert, aber auch mit einem gewissen Trotzgefühl zurück. Im Gegensatz zu all dem geheimnisvollen Getue war er überzeugt, nichts Unrechtes getan zu haben.

„Tja, Bruder Wegner, nun müssen wir abwarten, wie der liebe Apostel die ganze Angelegenheit bewertet ..." Damit hatte der Ostfriese den Mädchen und Moni die Hand gereicht, woraufhin Robert die beiden Männer wortlos vor die Haustür geleitet hatte.

Dritter Akt: – Nach dem Mittwochgottesdienst nahm der Vorsteher ihn a-bermals beiseite. Sein Mienenspiel ließ Bedeutsames erwarten. Schließlich: „... Bruder Wegner ...", dabei wieder dieses sich beinahe körperliche Winden, „so wie sich die Dinge bis jetzt entwickelt haben, möchte ich Ih-nen doch raten, dem Apostel die Rückgabe Ihres Amtsauftrags anzutragen – kurzfristig! ..."
Robert meinte nicht recht zu hören: – „Was soll ich? – Den Apostel bitten, mir das Amt abzunehmen ...? – Und warum ...?" – Der Vorsteher druckste, doch dann, unter Aufbietung aller Sorgenfalten des leicht seitlich geneigten Kopfes: „... Weil ich befürchte, dass der Apostel das sonst von sich aus tun könnte ... Und was das für einen Eindruck in der Gemeinde und im Bezirk machen würde, brauche ich Ihnen doch wohl nicht zu sagen, o-der ...?" – Darauf Robert: „Aber der Apostel hat mich doch überhaupt noch gar nicht angehört ..."

So blieb dem Vorsteher nichts, als seinem offenbar begriffsstutzigen Gegenüber unmissverständlich die Augen zu öffnen: „Mein lieber Bruder, nun nehmen Sie doch das, was ich Ihnen hiermit ans Herz lege, einfach mal als einen wirklich gut gemeinten Ratschlag an! Und glauben Sie mir, dass ich es wirklich gut mit Ihnen meine ..."

Da endlich dämmerte dem 27-Jährigen, dass das bereits mit *oben* abgesprochen sein musste ... Mit dieser Einsicht quälte er sich bis zum Wochenende hin, um dann mit widerstreitenden Gefühlen die wenigen Zeilen zu Papier zu bringen, vor denen ihm gegraut hatte. Doch als er sie am Sonntagabend dann endlich in den Briefkasten geworfen hatte, war ganz unverwartet so etwas wie Erleichterung in ihm aufgestiegen: Er hatte sich dazu durchgerungen, das, was immer jetzt kommen würde, als aus dem Willen Gottes hinzunehmen.

Dann, rund zwei Wochen später, die Schock-Nachricht in allen Gemeinden des Unterbezirks:

„Der bisherige Bezirksälteste Cramer ist mit sofortiger Wirkung von allen Leitungsaufgaben der beiden Unterbezirke entbunden. Bis auf Weiteres wird er in seiner Heimatgemeinde das Amt eines 'Hirten' ausüben. Als neuer Bezirksvorsteher ist ab sofort der Bezirksälteste Olmers aus Bremen zuständig."

Als einen der Wenigen, die um die Ursache dieser Degradierung wussten, traf sie wohl kaum jemanden so hart wie Robert.

Wenig später der Brief aus Bremen, in dem der Apostel „seiner Bitte" um Amtsrückgabe stattgab. Trotz seines Vorsatzes reagierte Robert heftig darauf.

Die Bekanntmachung im Anschluss an den Sonntagabendgottesdienst empfand er als ebenso schmerzlich wie empörend. Vor allem der Gedanke, nun nicht mehr im bewährten Freundes- und Jugendkreis seine engagierte Arbeit fortsetzen zu können, peinigte ihn – so, als würde man ihm die Haut vom Leibe ziehen ...

„Liebe Geschwister ...", hatte sich der Evangelist, leicht zum Mikrofon hin vorgebeugt, mit rauer Stimme vernehmen lassen, „... Wie ihr sicher schon bemerkt haben werdet, verrichtet unser Diakon Wegner seit Kurzem nicht mehr seinen Dienst in der Gemeinde. Um allen Spekulationen vorzubeugen: – Aus ganz persönlichen Gründen hat Bruder Wegner den Apostel um die Rücknahme seines Amtsauftrages gebeten. Damit verbunden ist auch die Funktion als Jugendbeauftragter. Diesem Wunsch hat der Apostel mit Bedauern stattgegeben. Für alles, was Bruder Wegner im Segen für das Werk Gottes gewirkt hat, lässt der Apostel ihm ausdrücklich seinen herzlichen Dank übermitteln."

Auf dem Weg zur Garderobe hin betroffene Gesichter und viele gute Wünsche. Doch nach den Gründen hatte ihn niemand gefragt. Auch späterhin nicht.

Allein in Bergmanns Kellerwerkstatt kauten sie den ganzen Vorgang unter Abwägung aller erdenklichen Aspekte immer wieder durch.

Moni sang weiterhin im Chor, und trotz der beiden Mädchen – Esther jetzt fast fünf und Karin zwei Jahre alt –, nahm sie weiter an den Übungen der Streicher teil. Auf einen Brief an den Apostel hatte der ihr unter dem 17. Juli 73 geantwortet und anlässlich des bevorstehenden Stammapostelgottesdienstes in der Bremer Stadthalle seine Erwartung einer noch nie dagewesenen großen Sängerschar anklingen lassen.

Robert hatte nach der Bekanntgabe seines „Rücktritts" Platz auf der Kirchenbank neben einem älteren, asthmatischen Bruder gefunden, den er mit dessen Frau nun regelmäßig aus dem Nachbardorf zu den Gottesdiensten fuhr. Dabei ließ ihn der *feine Geruch* des dürren Nebenerwerbsbauern an seine Zeit auf Baatzens Hof denken, den er als *Kuhstall in der Nase* für immer in sich trug.

Als er wenig später den Vorsteher auf dem Wochenmarkt traf, legte der ihm – eine für ihn ganz untypische Geste – seine Hand auf die Schulter, um ihn dann mit den zweifellos wohlmeinden Worten zurückzulassen:

„Bruder Wegner, ich an Ihrer Stelle würde, wenn es irgend geht, von hier wegziehen. Denn so wie ich unseren Apostel kenne, werden Sie hier im Bremer Bezirk kein Bein mehr an Deck bekommen ...!"

Kurz darauf der Besuch des Apostels in einer der Stadtgemeinden. Soweit verfügbar, waren alle aktiven sowie ehemaligen Amtsträger eingeladen. Auf Roberts Frage, ob das auch für ihn gelten könnte, meinte der Vorsteher: „Warum nicht? – Wenn Ihnen daran gelegen ist, gehen Sie doch hin ..."

Nach dem Gottesdienst die lange Schlange derer, die sich vom Apostel per Handschlag verabschieden wollen. Dann Robert, im Begriff, etwas zu stammeln, als der – ihn nur kurz unwirsch musternd – ihm das Wort abschnitt:

„Sie haben mich sehr, sehr enttäuscht, Bruder Wegner! ...", um sich sogleich mit freundlichster Miene dem nächsten zuzuwenden. Für Robert noch einmal ein schmerzlicher Moment, der ihm jedoch half, die innere Ablösung von einer übermächtigen, ja, zeitweilig als omnipotent empfundenen Leitfigur zu bewältigen! ...

Immerhin: Was unter diesen Umständen seine und die Stellung seiner Familie in der Gemeinde betraf, so hatte sich kaum jemand von ihnen abgewandt. Auch ihre wöchentlichen Treffs im alten Freundeskreis setzten sich fort, und einige Freundschaften verfestigten sich gar, wie etwa die zu dem annähernd gleichalten Ehepaar Reinhold und Birgit Stein. Beide ebenfalls aktiv in Chor und Streichorchester – leider kinderlos, weshalb sie hin und wieder gerne Wegners beide Mädchen in ihre Obhut nahmen.

Neuland in der Pfalz

Die Ausbildung am „Kolleg für Sozialpädagogik" begann, als Im städtischen Hafenbereich gerade die 1250 m lange Kaje fertiggestellt war, über die künftig große Frachtschiffe Massengut anlanden würden. Zudem befand sich ein 720-Megawatt-Kraftwerk in Bau. Es war in der Tat eine Phase wirtschaftlichen Aufschwungs in ihrer Stadt, in der Robert und sein Marine-

Kamerad Wolfgang Biehler die 650 Kilometer Fahrt nach Bad Bergzabern antraten –, in Roberts *Datsun Cherry*, dem wie zuvor der NSU Prinz nicht allein die Kasseler Berge zu schaffen machten.

Bereits während ihrer Anreise zum Aufnahmetest, als sie sich von Speyer her auf der Bundesstraße ihrem Zielort genähert hatten, waren sie der Faszination des sich vor ihnen zu hohen Wellen aufwerfenden Pfälzer Waldes erlegen: Hintergrund eines Panoramabildes, in welchem ein schier unendliches Rebenmeer über sanfte Hügel wogt, darin wie Inseln die pittoresken Winzerdörfer, die sie langsam durchfuhren, weil eins ums andere zum Verweilen lud. Impressionen, die Robert wie einen Schatz mit nach Hause bringen würde: die lieblichen Farben und Linien des Weinlandes, das südliche Licht und seine milden Temperaturen im Kontrast zum rauen Küstenklima ... Ebenso die ersten Begegnungen mit den Aromen Pfälzer Weine, deftiger Gerichte und mit den Pfälzern selbst, deren Offenheit und Mundart ihm bald schon als einzig möglicher Ausdruck für diese wunderbare Landschaft erscheinen sollte: Der Beginn einer bis heute fortdauernden Liebesbeziehung!

Und jetzt: Wie beim ersten Mal begrüßten sie die CJD-Fahnen vor dem „Petronella", direkt an der Hauptstraße, kurz vor dem westlichen Ortsausgang. Innen hielt das Haus, was es von außen versprach: Im Erdgeschoss das große Foyer, Büros, Küche sowie Speiseraum und, hinter dem hohen, doppelflügeligen Portal, der Unterrichtssaal. – Die Terrasse zum Kurpark hin lag gut anderthalb Meter über der Rasenfläche; davor einige Birken und kleine Kieferngruppen. Die Zimmer, teils mit Balkon, befanden sich in den beiden Obergeschossen, die über ein geräumiges Treppenhaus oder einen engen Lift zu erreichen waren. Wie sie erfuhren, hatten sich für diesen Studiengang 20 Leute eingeschrieben; die meisten der 17 Männer von der Bundeswehr sowie drei Kindergärtnerinnen. Robert und Wolfgang hatten sich für ein Doppelzimmer im 1. Obergeschoss entschieden.

Die Ausbildung war in drei Abschnitte gegliedert: 1. Halbjahr Theorie im *Petronella,* dann ein Jahr Praktikum in einer sozialpädagogischen Einrichtung sowie anschließend ein weiteres Halbjahr Fachtheorie, wieder hier im Haus. Abschluss Fachschulreife. Bei Eignung mit der Möglichkeit, in einer der zahlreichen Einrichtungen des CJD, inzwischen überall in der Bundesrepublik etabliert, übernommen zu werden. Eine beruhigende Perspektive, und für den Großteil der Studierenden, Durchschnittsalter 25, auch Ziel der

Ausbildung.

Wie sich herausstellte, würden sie kaum öfter als einmal im Monat nach Hause fahren können. So wollte er wie von Plön aus wieder Briefe schreiben, angereichert mit lustigen Illustrationen für seine beiden Mädels.

Als ihnen am ersten Tag der Ausbildungsplan vorgestellt worden war, hatte ihn die Fülle des Lehrstoffs nicht nur überrascht, sondern, als er merkte, dass sich ihm hier ein gutes Stück humanistischer Bildung erschließen könnte, auch umso mehr sein Interesse geweckt. Zwar alles vor dem Hintergrund eines gewissen christlichen Welt- und Menschenbildes, aber eben doch der Einstieg in eine Thematik, die ihn vom Grund her bewegte: *Der Mensch als soziales Wesen!*

So währte es nicht lange, bis er im Kolleg zwar als einer der Engagiertesten galt, aber einigen auch als Streber.

Den Versammlungsraum der Gemeinde fand er bei seinem ersten Ausgang in einer engen, stark ansteigenden Nebenstraße unweit des kleinstädtischen Ortskerns. Unter der Leitung ihres Priesters Stengl, einem kleinen, gedrungenen Mann, der auch den aus sechs bis acht Personen bestehenden Chor dirigierte, versammelten sich die rund 20 Gläubigen in einem vormaligen Kiosk. Robert besuchte die Gottesdienste regelmäßig, sowohl mittwochs wie auch zweimal am Sonntag.

Doch ohne dass er es zunächst bemerkt hatte, war das von einigen Kollegiaten als arrogantes Verweigern der sich entwickelnden „gruppendynamischen" Freizeitunternehmungen gewertet worden. So begann während einiger nächtlichen Meetings, reichlich alkoholisiert und, wie es später hieß, wohl auch Drogen dabei, eine regelrechte Progromstimmung hochzukochen. Irgendwann war das auch im Unterricht durchgeschlagen, indem einige auf seine qualifizierten Antworten mit purer Aggression reagierten. Als man dann registrierte, dass er während seiner Freizeit entweder auf der Stube hockte und lernte oder eben ein paar Mal die Woche „in seine Kirche rannte", wiederholte sich, was er schon während der Marinezeit erlebt hatte. So war auch hier für die Rädelsführer das stereotype Feindbild schnell klar: Ein Sektenanhänger, für den seine Lehrgangskollegen offenbar nur unterprivilegierte Zeitgenossen wären, zu denen er folglich jeden Kontakt zu vermeiden suche ...

In der sich so hochschaukelnden Stimmung waren einige Kollegiaten offenbar außerstande, die im Sozialkundeunterricht herausgestellte Bedeutung offenen, analytischen Zuhörens in Verbindung zu bringen mit ihren unter Alkoholeinfluss aufgeblähten Wahrnehmungen. Schließlich eskalierte die Situation derart, dass eines Nachts einige stark alkoholisierte Lehrgangsteilnehmer, darunter zwei Frauen, wüst gegen die vorsorglich von Wolfgang verschlossene Zimmertür polterten und Roberts *Herausgabe* forderten. Ein irres Szenario, dessen an- und abschwellendes Rumoren bis hin in die frühen Morgenstunden anhielt.

Zum Unterrichtsbeginn waren neben Robert und Wolfgang lediglich zwölf weitere Teilnehmer erschienen. Die ersten verkaterten Köpfe ließen sich zur großen Pause gegen zehn Uhr blicken. Als Robert sich dem Haupträdelsführer, dessen Afro-Look und breiter Schnauzer ihn jetzt noch wilder erscheinen ließen, zur Rede stellte und Rechenschaft für die Vorfälle der vergangenen Nacht forderte, hörte er den nur abgeschlafft brummeln: „Keine Ahnung, was du meinst ... Waren wohl 'n bisschen laut, aber sonst? – Hab' irgendwie auch 'n Filmriss ..."

Doch er ließ nicht locker. Als das Plenum schließlich vollständig und außer dem Kollegleiter auch der Psychologe sowie der langhaarige, ganz in schwarzes Leder gekleidete Pfarrer zugegen waren, brachte er sie Sache zur Sprache, und die Sekretariatsangestellte notierte Stichworte fürs Protokoll. Auf Roberts Bericht hin zunächst betretenes Schweigen. Dann forderte der Leiter ihn auf, der Versammlung eine Darstellung seiner religiösen Orientierung zu geben, damit sich die aus Vermutungen und Verdächtigungen gebildeten Vorurteile an der Wirklichkeit messen könnten. – Anschließend wildes Palaver bis zur Mittagspause. Für einige war der Tag ohnehin gelaufen. Auf jeden Fall aber schien die erzwungene Offenheit das Klima nachhaltig zum Besseren hin zu wenden.

Als er dem Vorsteher Stengl davon berichtete, waren beide dankbar für die offenbare Hilfe Gottes! Zumal Robert in den bösen Tagen zuvor, an einem Mittwochabend, mit der Bitte in den Gottesdienst gekommen war, dass ihm Gott doch ein Zeichen und damit neue Zuversicht schenken möchte: ... *Wenn heute Abend nicht wie gewöhnlich der Chor das Schlusslied singt –*, so sein Gedanke –, *sondern die Gemeinde – und zwar das Lied: „Ach bleib mit deiner Gnade ...", dann soll mir das das Zeichen sein, dass du, Gott, noch bei mir bist ...*

So lange er hier die Gottesdienste besuchte, hatte ausnahmslos der Chor das Schlusslied gesungen. Und wenn Stengl nicht da war, hatte jemand anders dirigiert. Jetzt aber war der Priester und Dirigent da, und sagte – schon die Chormappe in der Hand: – „Ach, Ihr Lieben, mir ist so, als sollten wir heute mal ausnahmsweise alle miteinander ein Lied singen. Lasst uns

das Lied singen: 'Ach bleib mit deiner Gnade bei uns, Herr Jesus Christ'" ...
Als Robert Ende März 74 sein schriftliches Halbjahreszeugnis überreicht bekam, war es das zweitbeste des Lehrgangs.

Das Jahrespraktikum wird er in der Jugendgerichtshilfe (JGH) seiner Heimatstadt absolvieren. Vom Kolleg aus waren sie einmal zu einer Jugendgerichtsverhandlung nach Landau gefahren. Wie seinerzeit in Berlin, so auch hier ein voll besetzter Gerichtssaal; alle gemäß prozessuale Ordnung auf ihrem Plätzen: Jugendrichter, Staatsanwalt, Verteidiger und der jugendliche Delinquent. Der Mitarbeiter der JGH wird nach Anklage und Beweiserhebung stehend seinen Bericht verlesen: über die persönlichen und familiären Verhältnisse des Beschuldigten, Schulzeit, Einflüsse aus dem sozialen Umfeld, spezifische Entwicklungsmerkmale sowie Umstände, die ursächlich in Zusammenhang mit der angeklagten Straftat stehen könnten. Abschließend seine Empfehlung aus erzieherischer Perspektive hinsichtlich der zu verhängenden Maßnahme bzw. Strafe.
Beeindruckt von Qualität und Bedeutung des Vortrags, meinte Robert eine ganze Reihe von Tätigkeitsmerkmalen zu erkennen, die ihm wie auf den Leib geschneidert schienen. Umso mehr war er gespannt auf sein Praktikum in der JGH zu Hause, in der Marinestadt Wilhelmshaven!

Das Rathaus: – Die „rote Burg am Meer"! – 1928/29 nach den Plänen des Hamburger Architekten *Fritz Höger* im Stile des *Backsteinexpressionismus* errichtet, überragt ihr mächtiger, 48 m hoher Turm die zu beiden Seiten weit ausladenden fünfgeschossigen Flügel um gut das Doppelte. Das Büro, von dem aus er ab April 74 im Rahmen seines einjährigen Praktikums arbeiten wird, liegt im 2. Obergeschoss. Eingebunden in die Struktur des zur Familienfürsorge gehörenden Jugendamts, würde er hier eine ganze Reihe interessanter Leute kennenlernen. Vor allem aber sollte er von der Anleitung seines *Supervisors*, einem knorrigen Kerl namens *Rautenberg*, profitieren. Was ihm besonders imponierte: Der knapp zwei Jahre vor seiner Pensionierung stehende Ostpreuße war immer noch offen für Neues und interessiert an allem, was in der Sache weiterbringt! Eine Haltung, die dem zweiten JGH-Mitarbeiter, einem breitschultrigen, bärtigen Mittvierziger aus Ostfriesland, dabei noch Milchbauer im Nebenerwerb, ziemlich abging. Auch eine Herausforderung für Robert – denn sein Schreibtisch stand in dessen Büro.
In der Gemeinde lief alles wie bisher. Die halbjährige Abwesenheit hatte

ihm den Übergang in die neue, passive Routine erleichtert. Aber damit, dass die letzte, etwas schroffe Begegnung mit dem Apostel das Ende dieser Beziehung sein sollte, mochte er sich nicht abfinden. Zudem hatte ihn, nur etwa vier Wochen nach jenem verhängnisvollen Ereignis, ein Brief ermutigt, den der Apostel exakt an seinem 28. Geburtstag geschrieben hatte, um ihm zu seiner mit *sehr gut* bestandenen Verwaltungsprüfung zu gratulieren. Wie aus den Zeilen ersichtlich, hatte der Vorsteher ihn davon in Kenntnis gesetzt. Damit war die für Robert so bedeutungsvolle Korrespondenz wider Erwarten belebt. Sie sollte insgesamt noch 13 Jahre fortbestehen. Erst anlässlich der Inruhesetzung des Apostels schrieb Robert Ende Oktober 86 seinen letzen Brief. Kurz zuvor hatte der noch auf einen seiner Briefe geantwortet und dabei, für Robert überraschend, im letzten Absatz einen leisen Zug von Resignation erkennen lassen:

„… Ich möchte auch gern, dass manches etwas forscher und mit mehr Schwung und Elan ausgeführt wird. Aber inzwischen habe ich mich auch damit abfinden müssen, wie es nun mal ist. Behalten Sie ruhig Ihre temperamentvolle Art bei, so etwas wirkt sich oft erfrischend und belebend aus. Mit herzlichen Grüßen an Sie und Ihre Lieben verbleibe ich – Ihr" – gezeichnet: H… Sch…

Von dererlei resignativen Anzeichen war jedoch zwölf Jahre zuvor, im Frühjahr 74, nichts zu spüren. Im Gegenteil! Im Fokus aller Aktivitäten stand die Missionsarbeit, sowohl vor Ort wie auch weltweit. Auch in den Jugendrundschreiben Berichte von aufsehenerregenden Erfolgen, jetzt primär in Asien. So war es auf Industrie- und Fachmessen, aber auch an norddeutschen Hochschulen zu Kontakten zwischen neuapostolischen Geschäftsleuten, Messepersonal oder Hochschulmitarbeitern und indischen bzw. pakistanischen Messebesuchern gekommen. Gelegenheiten, zu denen sich die Parole vom *persönlichen Weinberg eines jeden Gotteskindes* als brandaktuell erwies! Da, wo es die sozialen und wirtschaftlichen Verhältnisse zuließen, sollten sich neuapostolische Familien den fremdländischen Besuchern öffnen, sie womöglich zu sich nach Hause einladen, um sie schließlich in die Gottesdienste zu geleiten. So war auch von einem Herrn *Chabbra* aus Malaysia die Rede. In Bremen neuapostolisch geworden, war er anschließend, wie man in einigen Jugendgottesdiensten ausführlich zu hören bekam, als Priester in seiner Heimat erfolgreich unterwegs. In Indien war unter der Regie des kanadischen Bezirksapostels Kraus vor allem der aus England stammende Apostel *Erry* aktiv. Auch der habe, wie einst Petrus, in seinen

Netzen einen *großen Fang* angelandet. Mit einer Glaubensschwester aus Friesland verheiratet, hatte es dennoch überrascht, als er zu einem Jugendgottesdienst mit einer Handvoll indischer Geschwister aufgetaucht war. Von den drei in bunte Saris gehüllten Frauen seien zwei die Töchter des Apostels, hieß es hinter vorgehaltener Hand. Als dann nach dem Gottesdienst die kleine exotische Gruppe durch das Gewusel friesisch-neuapostolischer Vertrautheit dem Ausgang zustrebte, hatte das viele wie die Erscheinung aus einer anderen Welt angemutet. Einerseits sichtbarer Beweis der rasant wachsenden Internationalität des Werkes Gottes, andererseits aber auch so spektakulär fremd, dass es für einige die Harmonie in sich ruhender Anschauungen zu stören schien.

Doch solcherlei Eindrücke verloren sich rasch wieder hinter neuen, teils beängstigenden Nachrichten, die im wahren Sinne des Wortes die Welt bewegten. Etwa die Affäre um den DDR-Spion *Günter Guillaume*. Ein Eklat, dem kurz darauf der Rücktritt von Bundeskanzler *Willy Brandt* folgt. Nachfolger wurde *Helmut Schmidt*, 1962 während der Hamburger Flutkatastrophe Innensenator, der, ohne autorisiert zu sein, das Krisenmanagement entschlossen in die Hände genommen hatte. Nur einen Tag zuvor war *Walter Scheel* als Nachfolger von *Gustav Heinemann* zum Bundespräsidenten gewählt worden.

Im August dann, auf der andern Seite des großen Teichs, der Rücktritt des republikanischen US-Präsidenten *Richard Nixon* im Zuge der spektakulären *Watergate-Affäre*. Auf ihn folgte *Gerald R. Ford*. Auslöser war die Aufdeckung einer langen Kette regierungsamtlichen Machtmissbrauchs, auch im Zusammenhang mit dem *Vietnamkrieg*, wie der *Watergate-Ausschuss* des US-Senats nachweisen konnte.

Während dieser Tage – seine positiven Erwartungen in die JGH hatte er bestätigt gefunden – sprang Robert eine Zeitungsnotiz ins Auge, wonach die Möglichkeit bestünde, sich in einem Volkshochschulkurs auf die *Begabtensonderprüfung für ein Hochschulstudium* vorzubereiten. Wie ihm schien, eine interessante Möglichkeit, die er mit Moni diskutierte, um sich dann bei der VHS anzumelden. Doch als er nach kurzer Zeit merkte, dass ihm der VHS-Kurs kaum mehr brachte, als er in Bad Bergzabern gelernt hatte, brach er ihn ab. Das für die *Begabtenprüfung* erforderliche Gutachten einer entsprechenden Bildungsanstalt hielt er nach einem Anruf im *Petronella* nach wenigen Tagen in Händen. Die Prüfung an der Technischen Universität Braunschweig – von Anfang November bis Mitte Dezember 74 – bestand er problemlos.

Ende Februar 75 stand fest, dass Moni wieder schwanger war. Umso intensiver ihre Gebete, dass das Baby im September gesund zur Welt kommen möchte.

Rückkehr nach „früher"

Noch am 16. Februar hatte eine Nachricht die neuapostolische Welt überrascht, als in allen neuapostolischen Kirchen verlautbart worden war, dass *Walter Schmidt* aufgrund seines angegriffenen Gesundheitszustandes am Tag zuvor vom Amt des Stammapostels zurückgetreten sei. Im 84. Lebensjahr. Zu seinen Nachfolger hatte er den 69-jährigen Bezirksapostel *Ernst Streckeisen* bestimmt. Schon am darauffolgenden Sonntag wurde dessen Amtseinsetzung europaweit per Postkabel übertragen. Der Erscheinung nach für viele eine Patriarchengestalt, ließ seine schweizer Nationalität Missionshoffnungen auch für die Staaten des Ostblocks aufkeimen. Bereits im August würde der Hauptsitz der Kirche von Dortmund in die neutrale Schweiz, nach Zürich verlegt werden.

Dann, am 27. Februar, die Schreckensnachricht von der Entführung des Berliner CDU-Spitzenpolitkers Peter Lorenz durch die Terrorgruppe „Rote-Armee-Fraktion" (RAF). Ihr Ziel: sechs inhaftierte Gesinnungsgenossen freizupressen. Im Austausch kommt Lorenz am 4. März frei. Ebenfalls im März ein Bombenanschlag der „Frauen der Revolutionären Zelle" auf das Gerichtsgebäude des Bundesverfassungsgerichts in Karlsruhe. Wie es hieß, aus Protest gegen das Urteil zum § 218 StGB, der den Schwangerschaftsabbruch nur für wenige indizierte Fälle zulässt.

Und immer auch noch Aktivitäten linksradikaler Studentengruppen an deutschen Hochschulen – hin und wieder auch, wie zu vernehmen war, an der Pädagogischen Hochschule Hannover (PHN), seinem künftigen Studienort.

*

Das sechssemestrige *Studium für Lehramt an Grund- und Hauptschulen* begann am 1. April 1975. Neben den Pflichtfächern hatte Robert *Geschichte* und *Religionskunde* gewählt.

Nicht zuletzt wegen der Prognose des Vorstehers, dass er in ihrer Stadt *kein Bein mehr an Deck bekommen* würde, hatten sie sich entschlossen, in ihren alten Heimatort zurückzuziehen. Außerdem war es von da näher zum Studienort Hannover, als es von Wilhelmshaven nach Oldenburg gewesen wäre.

Bis sie am 1. Mai ihre Mietwohnung beziehen konnten, wohnte Robert bei seiner Oma im Wohntrakt des Kinderheims. Doch waren die Umstände wenig erfreulich, da der Leberkrebs sie bereits deutlich zeichnete. Am 3. Juni würde sie 75 werden, und so war sie froh, Robert in diesen Tagen bei sich zu haben. Sie redeten über die positive Entwicklung des Kinderheims, das Erna und Werner vor ein paar Jahren in einem großen Anbau eröffnet hatten: anfangs für Opa und sie nur schwer vorstellbar. Auch über Aktuelles in der Familie und über manches Zurückliegende, das sie offensichtlich bedrückte. – Und auch über den Glauben und das Sterben sprachen sie ...

Die Mietwohnung, die sie in dem 10 Jahre jungen Wohngebiet, gleich hinter den Schienen, beziehen würden, kaum fünf Gehminuten bis zum Bahnhof hin, wussten sie vom Herrn erbeten! Denn noch bevor ihnen im Januar mehrere Wohnungen angeboten worden waren, hatte sich Robert als *Zeichen* „von oben" die Haus-Nr. 12 vorgestellt und dass die Wohnung ganz nah bei der Kirche liegen solle ... Es war die Nr. 12, und vom Kirchengrundstück trennten sie nur fünf Häuser! – Eine Dreizimmerwohnung auf 80 qm im OG eines 4-Parteienhauses; preisgünstig, mit großer Südloggia und geräumigem Keller. Auch die Öl-Zentalheizung ein enormer Fortschritt zu den bisherigen Kohle- und Gasöfen!

Die Freizeiten bis zum Umzug nutzte er, um familiäre und alte Kontakte im Dorf aufzufrischen: zu Erna und Werner, die jetzt in der Wohnung über Oma wohnten; seine Eltern und Geschwister, Schwiegereltern, aber auch zu alten Freunden und Bekannten. Auch konnte er es sich nicht verkneifen, wieder in den *Treffpunkt* hineinzuschauen. Der war zwar am Wochenende immer noch gut besucht, aber man merkte, dass die Bundeswehr nicht mehr da war! Dafür betrieb der ältere der beiden Roland-Brüder nun die ehemalige Molkerei als Großraumdisco: *das* Highlight für junge Leute aus einem Umkreis von bis zu 30 Kilometern, kaum hundert Meter von ihrer auf der gegenüberliegenden Straßenseite befindlichen Kirche.

Das Studium lief gut an. Das selbstständige Aneignen von Lerninhalten, auch in Arbeitsgruppen oder Seminaren, oder das Beschaffen von Texten aus der Bibliothek hatte er schnell im Griff. Die erziehungswissenschaftlichen Fächer waren interessant, ebenso Politik und Geschichte. Doch vor allem sein Wahlfach *Religionswissenschaft* eröffnete ihm ganz neue Horizonte! Mit feinem Humor verstand es Professor Antes, ein heiterer, fülliger Pfälzer und nur drei Jahre älter als er selbst, die Tür zu den Ursprüngen von Religiosität und religiösen Kulturen zu öffnen: Über die Anfänge und Wandlungen altägyptischer Gottesvorstellungen im Zweistromland und auf der Arabischen Halbinsel ging es und über das Werden polytheistischer Götterbilder, wie etwa die der antagonistischen Stammesgötter Baal und Jahwe im Lande Kanaan. Von daher schließlich zu den Wurzeln von Juden- und Christentum sowie später des Islam: Ein Fundus, dessen Inhalte, je tiefer er in sie eindrang, desto zwingender die Frage nach dem Absolutheitsanspruch von Religionen generell aufwarfen – auch zu dem seines eigenen Glaubens. Ein Thema, mit dem er weithin alleine fertig werden musste, sodass er Orientierung wie bisher in Zeichen und Hinweisen wähnte, um die er in seinen Gebeten rang.

Ein paar Tage vor dem Umzug war noch ein Brief des Apostels eingegangen, quasi als Abschiedsbrief, dessen letzter Satz zu Roberts Verwunderung lautete:
„... Und sollte Ihr Weg noch mal nach Bremen führen, dann möchte ich Ihnen zurufen: Sie sind allezeit herzlich willkommen bei uns ..." – Zu seiner Überraschung das genaue Gegenteil zu dem, was ihm der Vorsteher ausgemalt hatte ...
Schließlich am selben Tage noch, dem 24. April 1975, die Horrormeldung in den Medien: – *RAF-Terrorkommando überfällt die Deutsche Botschaft in Stockholm und nimmt zahlreiche Geiseln.* – Wie bei der mit Peter Lorenz gelungenen Geiselbefreiung sollten 26 hochkarätige RAF-Terroristen freikommen. Doch in einem dramatischen Schlussakt, über weite Strecken hin in den Fernsehnachrichten mitzuverfolgen, starben zwei Geiseln und zwei Terroristen; vier RAF-Leute wurden gefasst und später zu je zweimal lebenslänglich verurteilt.

Der Umzug verlief reibungslos. Zu ihrer Überraschung begrüßte sie aus der gegenüberliegenden Wohnung Monis frühere Hauswirtschaftslehrerin, vormals Mieterin über dem schrecklichen Polizisten *Sonnbacher* im Haus neben dem seiner Großeltern. Die dürre, alte Dame im EG links war freundlich, schwerhörig und zeitweilig desorientiert; ihr gegenüber eine alleinstehende, vitale Frau Anfang dreißig mit zwei heranwachsenden Jungs, einer süßen Dreijährigen und einer größeren Anzahl Katzen. Sie arbeitete im benachbarten Gartenbaubetrieb und war mit dem dort beschäftigten Meister liiert, der gleich auf der andern Seite der Straße wohnte.

Der 5. August war ein Dienstag. Als es kurz nach sechs Uhr schellte, war es Werner, der in Trainingsanzug und offenen Latschen vor der Tür stand:

„... Ne, ich will gar nicht reinkommen", flüsterte er. „Wollte euch nur Bescheid sagen, dass Oma heute Nacht gegen drei friedlich eingeschlafen ist ..." Und ob er, Robert, vielleicht kommen und ihm beim ersten Herrichten helfen könne. – Ein Dienst, den er dann trotz Herzklopfens beinahe gern verrichtet hatte. In die dabei aufsteigende Trauer hinein Erinnerungen, Situationsbilder, in welchen ihm *seine Oma-Mutter* zwar mitunter harsch, aber doch immer in echter Fürsorge den Weg ins Leben gewiesen hatte.

Am Sonntag noch war er bei ihr gewesen. In der abgedunkelten Stube hatte Erna sie aufs Sofa gebettet und wegen der Hitze alle Fenster auf kipp gestellt. Fiebrig hatten ihre tiefliegenden blauen Augen aus der schlaffen, braungelben Haut geglänzt. Als er sich vorsichtig neben sie gesetzt hatte, behutsam ihre Hand genommen, war aus dem trockenen, sich kaum bewegenden Mund leise zu vernehmen gewesen:

„Würdest du wohl noch einmal mit mir beten ...?"

Als er sich nach einer halbe Stunde leise erhoben hatte, atmete sie ruhig und war wohl eingeschlafen. Der zufriedene Ausdruck ihres Gesichts wirkte wie Balsam auf sein Gemüt. Erna hatte im Flur gewartet, um ihn, verhalten lächelnd, daran zu erinnern:

„Wie würde sie sich wohl freuen, euer drittes Kind – ihr fünftes Urenkelkind! – noch begrüßen zu können. Aber ob sie das noch schaffen wird ...?"

Dann – keine Woche, nachdem sie unter großer Anteilnahme in schwüler Mittagshitze neben Opa beigesetzt worden war – sahen sie aus dem hochgekippten Küchenfenster, was sie tags zuvor in der *Walsroder Zeitung* gelesen hatten und von wo jetzt die Radioreporter live berichteten: – dichter, dunkler Qualm, der von Osten her träge in den sommerheißen Himmel stieg und im Dunkeln als aufscheinende Feuersbrunst über dem Waldhorizont ein unwirkliches Schauspiel bot. Überall standen Leute beieinander, auf Straßen und in Gärten, ganz dem bedrückenden Schauspiel hingegeben. Selbst die älteren hatten seit Kriegstagen so etwas nicht mehr gesehen.

Aber auch aus den umliegenden Dörfern waren Sirenen und Martinshörner zu hören, doch zu solchen Verheerungen wie in den Wäldern und Moorgebieten um Celle, Gifhorn und Lüchow-Dannenberg war es hier zum Glück nicht gekommen. 10 Tage lang, bis zum 18. August, sollte das Inferno wüten – erst dann waren die Feuerwehren der Flammen Herr geworden. Da war von sieben Toten die Rede.

Ein paar Tage später war Robert mit den Kindern die Brandstrecke abgefahren. Ein einziges Bild des Grauens! Dort, wo dichter Wald über der Straße sich zum Himmel kaum geöffnet hatte, jetzt das sich über 180 Grad frei wölbende Firmament. Vom Boden her ein übel in die Nase ziehendes, vor sich hinqualmendes Restechaos: verkohlte Baumgerippe, die aus der Riesenwunde verbrannter Erde wie anklagend gen Himmel wiesen. Todeszone! – Ein deprimierendes Bild. Einfach nur zum Heulen! ...

Sechs Wochen später, am 26. September, setzten morgens gegen vier Uhr bei Moni die Wehen ein. Sturmböen rüttelten an den Fenstern. Die 25 Kilometer waldreicher Strecke zum Krankenhaus kam er über 80 Stundenkilometer kaum hinaus. In den waldfreien Abschnitten, wo die Böen ihn von den kahlen Feldern her erwischten, wurde das Auto in heftigen Turbulenzen hin- und hergerüttelt. Moni stöhnte vor Schmerzen, sodass er heilfroh war, sie endlich unbeschadet im Krankenhaus abliefern zu können.

Es war kurz vor sieben, als er leise wieder ins Schlafzimmer trat. Aus dem Ehebett fieberten ihm die Mädchen entgegen:

„Ist das Baby schon da ...?"

„Nein, aber so wie es da ist, wird das Krankenhaus nebenan bei Frau Blank anrufen und die wird uns Bescheid sagen. Solange können wir noch kuscheln und zu schlafen versuchen, ok ...?"

Aber das Kichern und Zappeln währte nicht lang, bis es verhalten an die Wohnungstür klopfte und ihn mit einem Satz in Hose und Pullover springen ließ. Dann wieder am Bett, die weit aufgerissenen Augen der Mädchen auf sich gerichtet, wusste er in theatralischer Gestik eines Zirkusdirektors mit gehobener Stimme zu verkünden:

„Tattata und Hurra! ... Ihr lieben Schwestern und alle ihr Angehörigen der großartigen Wegner-, Rauh- und Meinsfamilie: – Unser Baby ist angekommen ...! – Und es ist ein ... Jungäää!!! – Unsere beiden Mädels haben ab sofort ein ... Brrüüderchääänn ...!"

Hochtöniges Jubelgekreisch, Trampolinhüpfen im Bett –, und dann eine Ewigkeit, bis sie endlich am Nachmittag das Neugeborene, das Jens heißen sollte, besichtigen durften: Eine weißbekittelte Schwester mit Mundschutz und Häubchen, die ihnen das zappelnde Bündel hinter der Glaswand entgegenhielt. Doch unversehends wechselte Esthers tiefrot andächtiger Gesichtsausdruck zu jäher Entgeisterung –, um dann hinter vorgehaltener Hand loszuprusten: „… Aber der hat ja richtige Schlappohren …! – Papa, guck doch mal, die Ohren sind ja noch gar nicht richtig fertig …!"

Und in der Tat: Wie bei einem kleinen Hundewelpen fielen die Ohren, wie zusammengerollt, einfach nur schlapp zur Seite hin weg.

Die Gemeinde

Für Robert stand von Anfang an fest, dass er sich in der Gemeinde ihrer Eltern und Geschwister wieder engagieren wollte; das gebot ihm nach wie vor sein Glaube. Gemeinsam mit ihren Müttern und einigen ihrer leiblichen Geschwister wieder im Chor, und Robert abermals im *Weinberg*.

Und dabei wieder mit Achim zusammen sein zu können; mit ihm einladen und Glaubensgeschwister besuchen; Gespräche führen, sich austauschen und diskutieren: das würde ihm gut tun! Obwohl oder gerade weil sie so grundverschieden waren. Dazu der vertraute Umgang mit Vater Karl als Diakon und Monis Vater, der wie Achim als Unterdiakon diente. Mit ihnen zusammen Gemeindearbeit: Familie halt! Wo vieles am Küchentisch oder im Garten, auch bei einer Flasche Bier, durchgekaut und abgesprochen werden könnte …

Gut siebzig Mitglieder zählte die Gemeinde jetzt. Darunter 25 Kinder und Jugendliche. Die meisten Familien in einfachen, aber geordneten Verhältnissen; finanziell auf Rosen gebettet war keiner.

Während Achim für die Kinder bis zum 12. Lebensjahr parallel zum Gottesdienst Sonntagsschule hielt, erteilte Priester Emrich wochentags Religions- und Konfirmandenunterricht. Die Jugendstunden fanden nach wie vor im Anschluss an den Nachmittagsgottesdienst statt, abwechselnd in einer der vier Gemeinden, als deren Vorsteher seit 1971 Evangelist Streicher aus Hannover-Mitte fungierte. Der, in dessen Gesicht Stalingrad deutliche Spuren hinterlassen hatte, war Angestellter der Kirchenverwaltung und stets darauf bedacht, von einigen *ganz Treuen* über Stimmungen und Strömungen in den Gemeinden informiert zu sein. In ihrer Gemeinde waren das Priester Emrich und seine Frau Ruth.

Roberts Verhältnis zu beiden war von je eigener Art. Den Priester nahm er als zwar redlichen, aber in Glaubensdingen relativ uneinsichtigen Mann wahr. Das machte ihn in seinen Augen nicht von vorneherein unsympathisch. Aber der Widerspruch zu seinen eigenen Vorstellungen von Gemeindearbeit sowie einer mehr *dienenden* Funktion der Amtsträger ließ ihn doch eine gewisse Distanz wahren. Folglich lehnte er auch das *Du* ab, das der Priester ihm gleich nach ihrem Zuzug angeboten hatte. Seiner Frau hingegen begegnete er wegen ihrer immer wieder inszenierten Koketterien mit zunehmender Kühle. Zu lebendig noch die unerfreulichen Episoden von früher her, zumal ihm neue, die Geschwister irritierende oder gar verletzende Varianten zugetragen worden waren.

Im Zuge seiner Bemühungen um eine erfolgreiche Jugendarbeit versuchte er auch hier die Einführung von *Heimabenden*, um die jungen Leute zu aktiverer Teilnahme bei der Zeugenarbeit, im Chorwesen und auch bei der Gartenarbeit zu motivieren. Immerhin zählten laut Kirchenbuch 13 Jugendliche zur Gemeinde, von denen die meisten auch regelmäßig die Gottesdienste besuchten.

Bereits kurz nach ihrem Zuzug hatte er den Evangelisten mit diesem Anliegen in der Kirchenverwaltung aufgesucht, die sich unweit der Hochschule befand. Der war gegen die Bedenken des Priesters davon angetan, hatte jenem aber zugestanden, dass die Zusammenkünfte bei ihm zu Hause stattfänden, also quasi unter seiner Aufsicht. Für Robert, der die Treffen thematisch vorbereitete und sich somit auch genötigt sah, die monologischen Ansätze des Hausherrn auszubremsen, eine unangenehme Situation. Schließlich gestand man ihm doch zu, die Abende abwechselnd bei den örtlichen Amtsträgern abhalten zu können, mit der Folge, dass sich die jungen Leute spürbar ungezwungener und lebendiger gaben. Selbst der gerade 18 gewordenen Sohn des Priesters, von Hause her eine offene, lockere Art eher nicht gewohnt, brachte sich freudig ein. So konnten sich einige bald auch schon vorstellen, selbst bzw. in Gruppenarbeit eine der nächsten Stunden zu gestalten.

Obwohl die Anzahl der regelmäßigen Teilnehmer zunahm, stieß dieser freie, dialogische Ablauf bei dem Priester und seiner Frau auf Widerstand, und entsprechend berichteten sie nach Hannover.

Bei einem Hausbesuch des Evangelisten in Begleitung des Priesters, kurz vor der Mitte November vorgesehenen *Versiegelung* ihres *Jens*, sprach Robert diesen Umstand an. Für den Priester eine willkommene Gelegenheit, nochmals seine ganz entschiedene Ablehnung jener *ungöttlichen Gleich-*

macherei und Diskutiererei, wie er das nannte, zum Ausdruck zu bringen. Auf Roberts Argument: „... Aber der Bezirksapostel Schumacher in Bremen – schließlich ein Apostel des Herrn! – *fördert diese Arbeit* ...", sah er sich dem frappierenden Einwand gegenüber: „... Ja, wenn der Herr hinter dieser neuen Weisheit steht, die ich aber von keinem anderen Apostelbezirk her kenne, warum ist dann *Ihr Apostel Schumacher* nicht anstelle von Apostel Streckeisen Stammapostel geworden ...?"

Zwar hatte der Evangelist zu vermitteln versucht, doch hatte die Begegnung Robert und Moni mit einem schalen Nachgeschmack zurückgelassen.

Dann, Anfang Oktober im Büro des Evangelisten, hatte der ihm im Verlaufe eines ihrer Glaubensgespräche zwei Büchlein zur Lektüre überlassen; Quellenmaterial zur Anfangszeit der Apostolischen Bewegung: „Die Wiedererweckung des Apostelamtes", eine Übersetzung aus dem Amerikanischen sowie eine 1891 in Basel erschienene „Lebensbeschreibung des katholisch-apostolischen Evangelisten Joh. Ev. Georg Lutz". Der, zunächst Geistlicher in der röm. kath. Pfarrei Karlshuld, einer Armensiedlung im Donaumoos, dem Bistum Augsburg zugehörig, war 1831 mit rund 700 Anhängern zum evangelischen Glauben konvertiert. Jedoch bereits nach einem Jahr das Ganze wieder zurück, bis er 1857 zusammen mit 20 Gefolgsleuten wegen ihrer Nähe zur katholisch-apostolischen Lehre und deren Aposteln exkommuniziert wurde. Nach Drangsalierung durch Kirche und bayrische Behörden blieb nur das Exil, wohin ihm bis 1869 weitere 10 röm.-kath. Geistliche folgten und sich gleich ihm den kath.-apost. Gemeinden anschlossen.

Nach Rückgabe der Bücher hatte er dem Evangelisten geschrieben:

„... Das ist es ja gerade, was mich an diesem Büchlein so überaus gefesselt hat, dass hier der Weg eines Menschen aufgezeigt ist (besagter Ev. Lutz; der Verf.), der bei all seinen Fehlern und Unvollkommenheiten doch immer gesucht hat, *dem Herrn* nachzufolgen (...) und der nichts unterlassen hat, das gesuchte und erkannte Wort Gottes als Maßstab an die vorgegebenen, ja großteils ´kanonisierten´ Realitäten in der Kirche anzulegen.

Dabei ist mir so groß geworden, wie echte Gottesfurcht alle Menschenfurcht zu überwinden vermag ..."

So wusste er sich auch aus der jüngsten Geschichte von herausragenden „*apostolischen*" Persönlichkeiten darin legitimiert, das zu tun, was er guten Gewissens für richtig und wichtig hielt – eben auch hinsichtlich seiner Überzeugungen von zeitgemäßer Jugendarbeit.

Ebenfalls in diesem Sinne motivierte ihn ein, wie er empfand, ungewöhnlicher Artikel in der *Wächterstimme* mit dem Titel: „Freiheit des Geistes – Knechtschaft des Gesetzes" (Folgenummern 15.11. und 01.12.75). Darin war das gegenwärtige Werk Gottes aus der Perspektive von Galater 5,1 beleuchtet worden. Folglich deutete er angesichts aktuell widerstreitender Ansichten das Gelesene ganz nach seinem Verständnis – etwa wenn er las:

„*... Nun ist die Freiheit immer bedroht (...) Zwei ernste Gefahrenherde treten deutlich hervor: 1. Der Missbrauch der Freiheit – das bedeutet Zügellosigkeit. 2. Der Versuch, die von Gott geschenkte Freiheit durch menschliche Satzungen und Gebote einzuschränken.*

Gegen diese Geistesströmungen, die sogar imstande sind, die reine und lautere Apostellehre zu verändern, hatten schon die Apostel der Urkirche zu kämpfen (...)"

Und bezüglich der Einschränkung geistiger Freiheit weiter: „„... Viel häufiger jedoch, und nicht immer gleich erkennbar, ist der Versuch, die uns von Gott geschenkte Freiheit durch allerlei menschliche Satzungen und Verordnungen zu beschneiden." – Und: „... Für unsere Zeit hat der Herr Jesus nur zwei Gebote gegeben: 'Du sollst lieben Gott, deinen Herrn, von ganzem Herzen' und: 'Du sollst deinen Nächsten lieben wie dich selbst'".

Schließlich: „... Der Einsichtige ist belehrbar, der Kleingeistige nicht. Der Einsichtige ist demütig und erkennt, wenn er geirrt hat. Der Kleingeistige sieht sich im Mittelpunkt, hat Angst um sein Ansehen und wird einen Irrtum niemals eingestehen."

Ein Artikel, der ihn bewegte! In der Gemeinde jedoch schien er kaum Widerhall zu finden, selbst nicht im Brüderkreis. Ohnehin wurde von den meisten alles, was *vom Verlag* kommt, gläubig und undifferenziert gelesen, und so lag die Vorstellung, dass aus der *Wächterstimme* oder gar vom Altar her etwas *Kritisches* zu den Verhältnissen im Werke Gottes kommen könnte, außerhalb der Vorstellung einfältig treuer Gotteskinder!

Frei im Glauben aktiv

Doch Roberts Aktivitäten reichten längst über die Gemeinde hinaus! Nicht nur dass er sich weiter in religionskundliche und theologische Themenbereiche einlas, sich entsprechende Literatur anschaffte –, nein, er korrespondierte rund um sich herum: Etwas wie ein missionarischer Drang war da, der ihn antrieb, und so versuchte er seine frühere Klassenlehrerin in einem mehrseitigen Brief für seine Sache zu interessieren, schrieb einem ehemaligen CJD-Kollegen sowie an einen jungen Holländer, den er während einer langen Bahnfahrt kennengelernt hatte, und schließlich an den Gemeindevorsteher in dessen Heimatort. Dazu korrespondierte er mit alten Freunden von der Küste, mit seinem alten Vorsteher und Amtsträgern – auch aus anderen Gemeinden. Ferner war da Monis Verwandschaft in der DDR, zu denen Weihnachten Päckchen und übers Jahr hin auch mancher Brief ging. Vor allem mit Onkel Wilhelm, Vorsteher im brandenburgischen *Wiesenburg-Neuehütten*, rund 80 km östlich von Magdeburg, entwickelte sich ein reger Briefwechsel mit zumeist glaubensbezogenem Inhalt.

Neben den Jugendlichen lagen ihm die Alten und Alleinstehenden am Herzen. Für sie bastelten sie zu Weihnachten kleine Geschenke bzw. füllten sie hübsch zurechtgemachte Päckchen.

Als er mit Achim kurz vor Heiligabend eine alte, bitterarme Schwester in der *Burg* besuchte, gab deren kleiner Kanonenofen nichts her außer einem Haufen kalter Asche. So besorgten sie Holz, ein paar Briketts und einen kleinen Weihnachtsbaum. Erst als die Holzstücke im Feuer knackten und die kleine, mit Lametta und ein wenig Weihnachtsschmuck versehene Tanne doch noch etwas Glanz in den kargen Raum brachte, verabschiedeten sie sich mit Gebet, aber auch immer noch einem Rest bedrückender Gefühle. Zur Weihnachtsfeier und den Gottesdiensten, aber auch danach noch, bis die Gehwege wieder eisfrei waren, holte Achim sie und einige Weitere mit dem Auto ab. Mutter Gertrud hatte ihr zum Fest einen kleinen, hübschen Korb mit Lebensmitteln zurechtgemacht, in dem es auch an ein paar kleineren Süßigkeiten nicht fehlte.

Anfang September hatte er Achim überreden können, mit ihm das etwa 20 km entfernte „Geistliche Rüstzentrum Krelingen" aufzusuchen. Durch einen Handzettel war er auf die *bibeltreue evangelikale Gemeinde* mit ihrem charismatischen Gründer und Leiter, einem Pastor *Kemmner*, aufmerksam geworden. Demnach vertrat man dort, als Mitglied in der pietistisch ausgerichteten „Evangelischen Allianz", eine ähnliche Endzeitsicht wie im Werke Gottes. Roberts Motiv für den Kontakt: – auszuloten, ob man dort über das weltweit rasant wachsende neuapostolische Endzeitwerk im Bilde wäre und sie vielleicht die Bereitschaft wecken könnten, sich näher mit dem *Apostolischen Werk* zu befassen. Zudem ging es ihm um die Erfahrung, inwieweit er von einem profilierten Theologen und Gemeindeleiter als kom-

petenter Gesprächspartner wahrgenommen würde.
 Man empfing sie, und nach einem Kaffee im Büro trat man auf dem weitläufigen Gelände des vormaligen Bauernhofs zu einem gut halbstündigen Spaziergang an, wobei der Pastor und ein Kollege sich das Anliegen *der beiden neuapostolischen Brüder* anhörten. Zwar stellten sie auch ein paar Fragen, jedoch ohne irgendwelche theologischen Anmerkungen oder Einwände vorzubringen. Am Schluss die ebenso freundliche wie unverbindliche Verabschiedung, mit ein paar Prospekten und einer Einladung zum Besuch der Krelinger Gottesdienste.
 Zumindest, so resümierten sie während der Heimfahrt, seien dort Berufungsgewissheit und Missionseifer nicht minder ausgeprägt als im *Werke Gottes* – wenn offenbar auch auf einer anderen theologischen und argumentativen Ebene. Eine Erfahrung, die sie verwanden, indem sie sich den biblischen Widerspruch zwischen *Jesus*, dem – wie man sie gelehrt hatte – einfachen, unverbildeten Gottessohn und den seinerzeitigen Theologen vor Augen hielten.

*

Eine Herausforderung ganz anderer Art hatte sich bereits vorher abgezeichnet, und zwar indem einige Jugendliche offenbar im Begriff waren, sich zu echten Sorgenkindern zu entwickeln! ...
 Entgegen allen „seelsorgerlichen" Ermahnungen, Drohungen und Gebeten vonseiten des Priesters und der *Hannoveraner*, ließen ihn seine sozialpädagogischen Kenntnisse die Notwendigkeit professioneller Hilfe erkennen. Offenbar waren die betreffenden Eltern mit den Problemen ihrer pubertierenden Kinder überfordert, da zumal, wo sich die Eltern aufgrund biografischer Prägung selber als instabil erwiesen. Dabei spielten hier und da auch Alkohol und häusliche Gewalt eine Rolle.
 So stand er einer Alleinerziehenden bei, die beim Jugendamt darum rang, ihre vierzehnjährige Tochter von einem älteren Mann wieder los und in ihren Haushalt zurückzubekommen. In einem anderen Fall schlug ein Glaubensbruder immer wieder seine Frau und auch den jugendlichen Sohn, wenn der die Mutter zu schützen versuchte: Eine quälende Folge gegenseitiger Kränkungen und Verletzungen, die schließlich zur Scheidung führte und nicht nur einen innerlich tief verletzten 17-Jährigen zurückließ.
 So sehr er versuchte, die Beteiligten von der Notwendigkeit fachkundiger

Beratung zu überzeugen, so sehr fürchteten die leitenden Brüder ein Öffentlichwerden *solcher unschönen Dinge* als schädlich für das Ansehen des Werkes Gottes. Zumal wenn es um Kinder von Amtsträgern ging, von denen Monis 14-jährige Schwester Elke nicht die Einzige war. Die war, was niemand verstehen konnte, bereits als 12-Jährige von zu Hause weggelaufen, um später lieber freiwillig in einem Mädchenheim unterzukommen als sich dem häuslichen, von der Kirche geprägten Milieu zu fügen. So war Robert in Absprache mit ihren Eltern in Kontakt zu ihrer Erzieherin getreten, auch zum Vorsteher der dortigen Gemeinde, und hatte wieder und wieder lange Briefe geschrieben. Es gab Antworten, die ihn hoffen und andere, die Schlimmes befürchten ließen. Es war vor allem die Ahnungslosigkeit über die Ursachen der Misere, natürlich bei den jugendlichen Probanden, aber vor allem auch bei den Eltern und ebenso schlichten NAK-Amtsträgern, sodass auf eine Besserung der Verhältnisse kaum zu hoffen war.

Bei Monis einzigem Bruder, der seiner schwierigen Schwester am nächsten stand, zeichnete sich eine ähnliche Entwicklung ab. Das früh entwickelte Gefühl, von seinem wortkargen Vater nicht angemessen wahrgenommen zu werden, später auch von den Amtsbrüdern, führte offenbar zu psychischen Fehlentwicklungen. So musste er die Kfz-Lehre abbrechen, weil er Geld aus der Kasse genommen hatte. Auch hier halfen weder Ermahnungen noch Gebete: Die Ursachen bei dem intelligenten und an sich sympathischen Jungen, nämlich der unbewusste Hilferuf nach Aufmerksamkeit und Akzeptanz, wurde nicht aufgedeckt, weil die ganze unaufgeklärte und in sich verhakelte Glaubensatmosphäre das vom Grunde her nicht zuließ. Als er schließlich wegen verschiedener kleinerer Delikte in U-Haft kam, setzte sich Robert mit dem Amtsgericht in Verbindung und besuchte den fast 19-Jährigen wiederholt in der JVA. So war das Jugendamt dankbar, als er der Jugendgerichtshilfe zur Hauptverhandlung einen qualifizierten Bericht an die Hand gab. Das Urteil: 18 Tage Dauerarrest, aber mit der U-Haft abgegolten. Doch das Drama setzte sich fort: Hier und da schlecht bezahlte Jobs wie Dachrinnen reinigen oder halbkriminelle, etwa in Drückerkolonnen. Dazu zahlreiche Affären in fragwürdigen Milieus, die immer wieder in Alkoholexzessen mündeten. Schließlich, mit kleineren Zwischenzeiten zu Hause, Einweisung in die Suchtklinik. Robert schrieb, suchte immer wieder Kontakt und bekam hin und wieder eine Rückmeldung. Nach der Entlassung Einberufung zur Bundeswehr, doch bald schon Verurteilung wegen „Fahnenflucht". Bewährungsauflagen; Bewährungshelfer. Roberts letzter Brief an eine engagierte Bewährungshelferin, die sich selbst als „trockne"

Alkoholerin bezeichnete, datiert vom 28.12.77. Während dieser Zeit brach der Kontakt zum Schwager ab, obwohl der ab und zu für ein paar Übernachtungen zu Hause auftauchte, dabei seine Eltern aber wiederholt um kleinere Geldbeträge beklaute.

Zu dieser quasi familien- und gemeindeinternen Jugend-Sozialarbeit hatte er sich umso mehr genötigt gefühlt, nachdem ihm – neben Studium, gemeindlicher Routine und ein bisschen Familie – zur Entlastung des Priesters der Religions- und Konfirmandenunterricht aufgetragen worden war.

Obwohl er von der *Apostolischen Sache* nach wie vor überzeugt war und er engagiert in der Gemeinde mitarbeitete, war doch seine kritische Haltung bekannt: Es war dieser Widerspruch einer auf Hochglanz gehaltenen Oberfläche und der Alltagsrealität sowie einem ständigen Untergrundgrummeln aus Sticheleien und Bezichtigungen, die ihm zu schaffen machten. Etwa als Vater Karl sich zu Hause am Küchentisch wieder einmal in epischer Breite über die Schwächen und Ausrutscher des Priesters ausließ und Robert ihm daraufhin riet, dann doch seine Mitarbeit zu beenden und sein Diakonenamt niederzulegen. Aber auch dem Evangelisten gegenüber hielt er sich mit kritischen Anmerkungen und Rückfragen nicht zurück. Deshalb hatte es ihn umso mehr überrascht, dass Apostel *Steinweg* ihn im Januar 76 wieder ins Diakonenamt setzte.

Und die Gemeinde wuchs weiter. Zwar hauptsächlich durch Zuzüge, aber sie wuchs – sogar in die umliegenden Dörfer hinein. So kam die junge Familie Meier, er als Melker arbeitslos und sie mit ihrem vierten Kind schwanger, zunächst in einer Sozialwohnung unweit der Kirche unter. Doch als ein paar Monate später das Baby kam, wohnten sie bereits auf einem Bauernhof im Nachbardorf; für ihn als Melker ein Gottesgeschenk! Der Umzug gelang mithilfe einiger Jugendlicher reibungslos.

Die Jugendgottesdienste in Celle oder Langenhagen nahm Robert zwar als durchaus impulsgebende Veranstaltungen wahr, wenn hier auch statt des von ihm geliebten Streichorchesters laute Trompeten, Hörner, Becken, Flöten et cetera den Ton angaben. Aber überhaupt empfand er hier die Gottesdienste als *statischer*, als bei Weitem nicht so dynamisch und spannungsvoll wie im Bremer Bezirk. Vielleicht auch, weil es sich bei den am Altar Mittdienenden durchweg um gesetzte, altbewährte Amtsträger handelte, nur selten aufgelockert von jungen Brüdern mit noch wenig eingeschliffenen Attitüden? ...

Um seinen jungen Freunden vorzuführen, was er meinte, wenn er von dieser ganz anderen, „Bremer" Dynamik schwärmte, organisierte er im Frühjahr 76 eine Fahrt zu einem Jugendgottesdienst in seiner alten Heimatgemeinde. Sieben Jugendliche hatte er für jenen Samstag aktivieren können, auch seine Mutter wollte mit und ebenso Peter, der Älteste des Priesters. Doch musste der im letzten Moment absagen, da seine Eltern ihn für irgendetwas anderes eingeplant hätten.

Sie fuhren mit zwei Pkw: Robert und sein künftiger Schwager, der 29-jährige Norbert, der selbst erst kurz zuvor versiegelt worden war. Aber die 200 km lohnten sich! – Zuerst ein bisschen ans Wasser, der Hafen, der Bahnhof, dann die beiden Straßen, in denen Moni und Robert gewohnt hatten – und schließlich, gegen 19 Uhr, in die große, helle Kirche, die sich zusehends füllte. Endlich wieder das große Streichorchester, die verschiedenen Chöre und die ganze Lebendigkeit dieser Gemeinschaft, die für sieben Jahre ihr Zuhause gewesen war ... Schließlich, nach dem gut anderthalbstündigen Gottesdienst ein Gruppenfoto vor dem zweiflügligen, silbern eloxierten Kirchenportal und anschließend auf ein paar Schnittchen mit hinauf zu ihren alten Freunden, den Steins.

Es war bereits nach zweiundzwanzig Uhr, als sie loskamen. Doch am nächsten Morgen fehlte die Besatzung des zweiten Autos im Gottesdienst: Kurz vor einer Raststätte hatte Norberts Wagen den Geist aufgegeben, und nach einer ungemütlichen Nacht war es erst am Morgen gelungen, den ADAC herbeizurufen.

Die Reaktion des Priesters in der Sakristei war entsprechend. Die Robert zugetragenen bigotten Bemerkungen seiner Frau ignorierte er, während andere ihrem Ärger darüber hinter vorgehaltener Hand Luft machten.

Der „Fall" Nowak

Etwa zur Jahresmitte 76, kurz vor Monis Führerscheinprüfung, hatte Robert die Bekanntschaft einer Familie gemacht, deren Geschick ihn, solange sie im Dorf lebte, nicht mehr loslassen sollte.

Wie jede Woche war er an jenem Abend mit Achim unterwegs, um zu den Gottesdiensten einzuladen. Bisher hatte er die drei Baracken, in deren erste vor 20 Jahren sein Kinderfreund *Waldemar* gelebt hatte, gemieden. Als hätte sich dort seit jenen Tagen nichts verändert, hatte er sie im Vorbeifahren immer nur aus den Augenwinkeln wahrgenommen, jenen kleinen Schmerz meiden wollend, der den Erinnerungen immer noch anhing. Doch dieses Mal war er einer „Eingebung des Geistes" gefolgt, und nachdem sie die drei Türen der ersten Baracke erfolglos abgeklappert hatten, sahen sie sich vor der mittleren Baracke einer Handvoll lärmender Kinder und Halbwüchsiger gegenüber.

Ein schwülwarmer Sommerabend. Eingangstür und sämtliche Fenster offen. Ein sanfter Lufthauch bewegte ein paar zurückgeschobene Gardinen, während sich in einem der Fenster der nackte Oberkörper eines kleinen Mannes zeigte, der sie offenbar mit Interesse wahrnahm. Indem er in die Gruppe lärmender Kinder hineinblaffte: „... Eh, nu haltet doch mal die Klappe, man kann ja sein eigenes Wort nich verstehn ..." – wandte er sich mit im Fensterrahmen aufgestützten Armen den beiden Krawattenträgern zu: „... Suchen Sie hier jemanden ...?"

Darauf Robert, mit Achim einen kurzen, skeptischen Blick wechselnd, etwas stockend: „Na ja ..., vielleicht ja Sie. Wir wollten Sie mal zu einem Gottesdienst einladen." Nun von den schmuddeligen jungen Leuten angestarrt, hörten sie den Mann jetzt in den Raum hineinrufen: „Eh, Mama, komm ma her, hier wollen uns zwei Herrn zum Gottesdienst einladen ..." – Neben ihm tauchte eine etwa gleichgroße Frau auf, die herben Gesichtszüge umrahmt von einer krausen, rabenschwarzen Haarfülle, unterstrichen von kräftig nachgezogenen, ebenso schwarzen Augenbrauen: „... Nee danke ...", ließ sie von Husten unterbrochen vernehmen, „... wir sind nich evangelisch und och nich katholisch, wat solln wa denn da ...?" Nun in gemessenem Abstand vor dem Fenster, antwortete Achim: „Nein, sind wir auch nicht ... Es gibt ja auch noch was anderes ..." Und Robert ergänzte: „Wir kommen von der Neuapostolischen Kirche. Da wird wie in der Urkirche das Wort Gottes wieder von Aposteln verkündigt – direkt vom Heiligen Geist sozusagen, den die Gläubigen – genau wie am Anfang – durch Handauflegung eines Apostels empfangen ..."

„Wat ...", ließ sich da der kleine Mann vernehmen – und indem er sich aufrichtete: „... Warten se ma, ich komm ma zu Ihnen raus ..."

Kaum in der Tür, blaffte er wieder in Richtung Kinder: „Nu macht ma hier 'ne Fliege, ich will mich mit die beiden Herrn in Ruhe unterhalten!" – Und dann: „... Apostel hamse jesagt ...? – Na, an die globn wa doch och ...! Wir sind soja versiegelt –, de ganze Familie: von unsern zehn Kindern alle, bis jetzt uff die Klene, weil die ja hier im Nachbardorf geboren is und noch keen Apostel bisher da war ..."

Die beiden Besucher verstanden nur Bahnhof, erfuhren dann aber, dass es sich um das „Apostelamt Jesu Christi" handelte, das vor allem in der DDR verbreitet sei, aber auch im Westen einige Gemeinden hätte. Für Robert, der sich an seine Telefonaktion in Berlin erinnerte, interessant genug, einen weiteren Termin zu vereinbaren. So lernte Robert wenige Tage später die unglaublichen Wohnverhältnisse der elfköpfigen Familie Nowak kennen und ihre Not, die sie mit den Behörden hatten.

Was er dabei zu hören und sehen bekam, drängte alle religiösen Aspekte in den Hintergrund. Es waren Semesterferien, und nach drei längeren Besuchen ergab das Puzzel aus all dem aufgeregten Reden, ausgebreiteten Unterlagen und Fotos in etwa folgendes Bild:

1932 in Guben/Niederlausitz geboren, war der 13-jährige Paul Nowak 1945 von den Sowjets nach Smolensk verschleppt worden, von wo aus er ab 1949 auf sowjetischen Flussschiffen fuhr. So gelangte er auch wieder auf heimatliches Terrain, wo er später abmusterte. Doch die zwanghaften Verhältnisse im Ostzonenstaat überfordern ihn, sodass 1952 die Flucht in den Westen folgte und wenig später die Heirat in Peine. Dort lebten sie zuletzt mit 9 Kindern, bis sie 1972 in das kleine Nachbardorf an der Aller gezogen waren, das zwei Jahre später mit vier weiteren Gemeinden zur jetzigen Samtgemeinde wurde. Nachdem dort 1973 ihr jüngstes Kind zur Welt gekommen sei, wären sie für 25 Quadratmeter mehr Wohnfläche in eben diese völlig marode Kriegsbaracke gezogen, in der sie seitdem hausten: 11 Personen in drei Zimmern auf 67 Quadratmetern! Immerhin sei die Älteste zu Jahresbeginn ausgezogen. Statt fließend Wasser eine 30 m entfernte Handpumpe, die immer wieder den Dienst versage. Da es eine Heizung nicht gebe, hätten sie inzwischen drei elektrische Heizöfen angeschafft. Das Bretterklo am fast 50 Meter gegenüberliegenden Barackenende sei bis zum Sitz hin mit Fäkalien gefüllt, doch sei bisher kein Bauer oder Entsorger bereit gewesen, das Zeug abzufahren, weshalb sie und die Kinder ihre Notdurft momentan im Wald verrichten müssten. Da sich um die Baracke eine Rattenkolonie gebildet habe, befänden sich drei ihrer Kinder – 2, 6 und 8 Jahre alt – wegen „tierischer Krätze" für zunächst 4 Wochen unter Quarantäne im Kreiskrankenhaus. Zwei weitere Kinder dürften derzeit die Schule nicht besuchen, während die drei älteren Jungen demnächst für 5 Wochen in Quarantäne kommen sollten. Die Samtgemeinde und das Gesundheitsamt seien von Anfang an über die Zustände informiert gewesen, wären aber untätig geblieben, weil Vorbehalte gegen die „asoziale" Familie bestünden. Dabei habe er immer gearbeitet und sogar 12.000 DM angespart. Das Familieneinkommen – auch die 3 Jungen arbeiteten – sei solide; auch jetzt legten sie monatlich immer noch etwas Geld zurück.

Auf Nowaks Aufforderung zur Mängelbeseitigung hätte der Baracken-Eigentümer, der ortsansässige Baumschulbetreiber, mit dem zynischen Angebot reagiert, er, Nowak, könne die Baracke ja kaufen – für 40.00 Mark.

Roberts diesbezügliche Vorsprache bei der Gemeinde war vom Gemeindedirektor persönlich zurückgewiesen worden, woraufhin Nowaks Repressionen befürchteten. Als die Gemeinde wegen der Gesamtumstände schließlich mit einer Räumungsverfügung kam, intervenierte Robert. Zwei Polizisten kamen; Verwaltungsangestellter M. und die Nowaks schrien einander lautstark an, aber die Räumung wurde aufgeschoben.

Bereits einige Zeit vorher hatte Paul Nowak mit Roberts Hilfe beim „Niedersächsischen Heimstättenwerk" wegen eines Neubaus für Kinderreiche angefragt. Die Antwort: Ja, grundsätzlich gäbe es Landesmittel, und auch mit einer Zusage der Sparkasse wäre zu rechnen. Bis dann irgendwann ihr Antrag nicht mehr auffindbar war ...

Als Robert daraufhin Ende August 76 auf 11 maschinengeschriebenen Seiten die unglaubliche Causa Nowak dargestellt und ans Sozialministerium geschickt hatte, versprach man kurzfristige Prüfung und Abhilfe. Aber erst Anfang 78, nach weiteren anderthalb Jahren zermürbenden Hickhacks und einer erneuten Umsiedlung, konnte die Familie ein ausreichend großes Haus anmieten – in einem 16 km entfernten Ort, von wo aus sie nach wie vor Roberts Nähe und Hilfe suchten. Freunde in den beiden Gemeindeverwaltungen hatte er sich damit nicht gemacht.

Ein paarmal hatte er die beiden Nowaks auch mit im Gottesdienst gehabt.
Pauls Reaktion:
„... Dat is hier genau wie früher bei uns in Peine ... Nur dass die Priester bei uns keene schwarzen Anzüge anjehabt ham ..."
Aber wirklich wohl hatten sie sich nicht gefühlt. Obwohl freundlich begrüßt, hatten sie das Milieu als verschlossen, als zu glatt und lackiert empfunden, wie Paul meinte, und auch die abschätzigen Blicke einiger Gemeindemitglieder hätten sie sehr wohl wahrgenommen ...
Als Robert mit dem Evangelisten und dem Priester über die Familie sprach, ja, dass sie gar einen *apostolischen* Hintergrund hätte, stieß er keineswegs auf Gegenliebe:

„… Bruder Wegner, solche asozialen Familien kennen wir auch in Hannover. Mit denen haben sie nichts als Scherereien … Und wie wirkt das auch auf unsere anderen Gäste, wenn die solche Leute bei uns sehen?! – Nein, nein – die wollen wir uns lieber vom Halse halten …!"

Auch sein Verweis auf das ständig wiederkehrende Predigtmotiv vom *Guten Hirten*, der ja doch „das letzte Schaf um Mitternacht" suche, vermochte dagegen nichts auszurichten. Man hörte gar nicht zu. Ja, man ärgerte sich, dass er sich damit nicht abfand, sich gar noch erdreistete zu fragen:

„… Was meinen Sie denn, wie Jesus diesen Leuten begegnen würde …? Würde der sich die auch vom Halse halten wollen …? Ich dachte immer, dass er gerade für die Ärmsten der Armen in die Welt gekommen sei … Zu retten, was verloren ist …?"

Dabei ahnte er zu diesem Zeitpunkt nicht einmal, was er wenig später im Zuge seiner historischen Recherchen in der Hochschulbibliothek lesen würde: dass nämlich während der NS-Zeit die Aufnahme und Versiegelung von Gläubigen mit jüdischem Hintergrund vom Apostelkollegium untersagt worden war. Und zwar bereits dann, wenn auch nur ein entsprechender Verdacht aufkommen könnte! Ergebenheitsadressen des Stammapostels bestätigen die vorauseilende, devote Haltung gegenüber dem rassistischen NS-Regime. Für ihn unvereinbar mit dem gepredigten Menschen- und Weltenretter Jesus! Denn er – der im Wort Auferstandene – ruft er nicht wie sonst niemand unter den Menschen grade den Armen, Leidenden und Verfolgten mit ausgebreiteten Armen zu:

… Kommt her zu mir alle, die ihr mühselig und beladen seid, ich will euch erquicken! …?

Und sind es nach Matthäus 11.29 nicht zuerst seine *Nachfolger*, denen er zuruft:

„Nehmet auf euch mein Joch und lernet von mir; denn ich bin sanftmütig und von Herzen demütig; so werdet ihr Ruhe finden für eure Seelen …?!"

Nein, ihm schwante nicht im Entferntesten, was die NAK-Geschichte im Verhältnis zu biblischer Verkündigung an Widersprüchen und kompromittierenden Fakten bereithält! Aber auch seine bis da schon gewachsene Distanz zu vorherrschenden Ansichten blieb, wenn er im Gottesdienst hin und wieder zum Mitdienen aufgerufen wurde, keineswegs verborgen: Während sich sonst alles um die endzeitliche Heilsbedeutung des NAK-Apostelamtes drehte, stellte er die vom jeweiligen Bibelwort hergeleiteten jesuanischen Forderungen für den gewöhnlichen Alltag in den Mittelpunkt. Doch schien die, auf eine minimale NAK-Begrifflichkeit reduzierte Konkretisierung ethischen Handelns auf einige Mitglieder eher eine verstörende Wirkung zu haben.

Weitere Konflikte und ihre Folgen

Während Robert sich mühte, seine sich zwischen Studium und Glaubensleben ständig verändernden Einsichten auf ihre Alltagstauglichkeit hin zu hinterfragen, erlaubte der Führerschein Moni nun einen deutlich erweiterten Aktionsradius: endlich die Mädchen zur Schule fahren oder die 25 km zur Musikschule; einkaufen, Besuche machen und so vieles noch mehr ...

Irgendwann hatte sie Robert mit einer UF-Anzeige überrascht, auf die hin sie geantwortet hatte: – *Aktive Familie mit zwei Kindern, 8 und 6* – so las er – *sucht Kontakt zwecks Austauschs und evtl. gemeinsamer Unternehmungen im Raum Göttingen, aber auch weiter.* – Auf Monis Zuschrift jetzt der Brief der Inserentin: Was da stand, klang gut, und so lernten sie zwei Wochen später in Nörten-Hardenberg die Familie *Rüter* kennen. Die temperamentvolle Mutter gab die Richtung an; die beiden Kinder, Junge und Mädchen, stammten aus ihrer ersten Ehe, während sie seit zwei Jahren mit dem eher bedächtigen Rolf wiederverheiratet sei, dessen drei Kinder ebenfalls bei ihrer Mutter lebten. So begann man sich zu schreiben, telefonierte hier und da und besuchte sich gelegentlich. Die 150 km A7 waren gut zu fahren, und schnell wurde klar, dass sie die Verhältnisse in ihren Gemeinden ähnlich kritisch wahrnahmen. Bei einem ihrer Besuche in der Rüterschen Wohnung machten sie die Bekanntschaft mit drei Göttinger Studenten: zwei jungen neuapostolischen Biologinnen und einen strohblonden, kräftigen Kerl aus Ostfriesland, der sich in Soziologie abmühte. Vor einiger Zeit mit den beiden Frauen in Kontakt gekommen, besuchte er nun mehr oder weniger regelmäßig die Gottesdienste. Allerdings bisher leider mit dem Ergebnis, dass er sich in einer schon pathologisch anmutenden Weise immer fester in apokalyptische Fragestellungen verhakelte. Robert kannte das ...

Dennoch –, die Gespräche waren anregend, die Chemie untereinander stimmte, und so fanden weitere Treffen bald auch schon in der Wegnerschen Wohnung statt.

Dass sie dabei Störungen von Vorlesungen durch linke Gruppen, in Hannover wie in Göttingen, im Gesamtkontext des politischen Klimas diskutierten, verstand sich von selbst. Aber alles das auch immer unter dem Vorzeichen dessen, was sie in den Gottesdiensten hörten. Welch eine Brisanz lag da in der Luft: Erst die RAF-Terroristin *Ulrike Meinhoff* erhängt in ihrer Stuttgarter Hochsicherheitszelle, dann am 8. Oktober nach erbittertem Wahlkampf der erneute Sieg des amtierenden SPD-Bundeskanzlers Helmut Schmidt über den CDU-Kontrahenten Helmut Kohl. Und jetzt, Ende Oktober, Großdemos im schleswig-holsteinischen Brokdorf gegen die Errichtung eines weiteren Kernkraftwerks (AKW). Auseinandersetzungen, in denen Steine flogen und in denen die Polizei mit allergrößter Härte vorzugehen angewiesen war.

Ein weiterer schockierender Medien-Aufmacher: die Ausbürgerung des systemkritischen Liedermachers *Wolf Biermann* durch die DDR-Machthaber während einer Westtournee! Und 10 Tage später, weil er dagegen protestiert hatte, Hausarrest für den renommierten Chemiker und nicht minder prominenten Regimekritiker Professor *Robert Havemann* – für mehr als drei bedrückende Jahre.

Es war die Gleichzeitigkeit von Hochschulalltag, politisch-gesellschaftlichen Turbulenzen und schwer verdaulichen Erfahrungen im Werk Gottes, die Roberts Weltbild-Koordinaten zusehends in Bewegung brachten. Aufgeladen noch von neuen Kenntnissen aus religionswissenschaftlicher Literatur und Vorlesungen, erwies sich so scheinbar Festgefügtes als auch nur temporär und somit fragwürdig: – Alles ist denkbar, doch was ist „richtig" ...? Und ist „richtig" auch gleich „vernünftig"? ... Und ethisch vertretbar ...? Das Ringen um *Falsch* und *Richtig* in einer pluralistischen Gesellschaft – immer auch ein Ringen um Konsens, um einen für die große Zahl der Betroffenen akzeptablen Kompromiss! So lernen wir aus Erfahrung – sofern wir sie angemessen reflektieren – den Lauf Welt wie auch unser eigenes immerwährendes Werden – als *relativ* zu begreifen.

*

Anfang Juni erfuhr Robert, dass in unmittelbarer Nachbarschaft zu Utas elterlichem Bauernhof ein Baugrundstück zu kaufen wäre. Und zwar direkt an das Grundstück der früheren Dorfschule grenzend, in die Moni 19 Jahre zuvor eingeschult worden war.

So kam es vermittels des Gastwirts auf der gegenüberliegenden Straßenseite im August mit dem Berliner Eigentümer zum Notarvertrag: 1.125 qm

Baugrund an einer voll erschlossenen Wohnstraße im alten Dorf für 17.000 Deutsche Mark! Das waren grade gut 15 DM pro Quadratmeter – ein Schnäppchen, das sie somit ohne Bedenken zugreifen ließ!

Doch wie kann ein 31-jähriger Student, dessen Bundeswehr-Übergangsgebührnisse gerade ausreichen, die fünfköpfige Familie einigermaßen über die Runden zu bringen, kurzfristig so etwas finanzieren? – Der Sparkasse genügten drei Sicherheiten: der Grundbucheintrag, das Vertrauen in seinen guten Familiennamen sowie ein paar positive Studienbescheinigungen. Und die kann er nach dem 3. Semester vorlegen!

„Ach ja,", hatte der Sparkassenleiter ihn ermutigt, „… und wenn wir dann die Baukosten auf dem Tisch haben, kriegen wir die auch schon noch finanziert. Darüber machen Sie sich man keine Sorgen! …"

Wieder im sonnigen Tageslicht, hatte er so etwas wie ein kleines Kribbeln im Bauch gespürt, wobei ihm unbewusst ein erleichtertes Grinsen übers Gesicht gehuscht war.

Ein eigenes Haus …! – Anfangs nur ein Gedankenspiel. Doch der Traum hatte begonnen, nachdem sie im Frühjahr mit Achim und Uta in Verden eine Musterhausausstellung besucht hatten. Für Achim stand sein Traumhaus schon nach einem ersten Rundgang fest: ein Winkel-Walmdachbungalow, der ihm für seine Familie wie maßgeschneidert schien! Mit viel Herzblut würde den in den folgenden Wochen schon einmal als maßstabgetreues Modell herstellen –, jedes einzelne Teil akribisch mit Laubsäge und entsprechendem Werkzeug gefertigt und sich so bereits in den ganzen Akt der Realisierung eingefühlt.

Robert folgte weniger ästhetischen als pragmatischen Vorgaben: Finanzierbarkeit und kurzfristige Realisierung! – Der geldwerte Vorteil: Monis Vater und ein paar Männer aus der Nachbarschaft waren seit geraumer Zeit als Bauhandwerker für besagte Fertighausfirma tätig und bekamen je einen Bausatz zu Mitarbeiterkonditionen. Zudem durften sie zwei weitere Bauten pro Jahr in ihrer Freizeit auf eigene Rechnung herstellen. Das bedeutete auch für Achim, Postbeamter im einfachen technischen Dienst, dass sein Traumhaus von den Kosten her in greifbare Reichweite rückte. Nur mit der Hergabe des Grundstücks taten Utas Eltern sich schwer, weil noch zwei weitere Kinder da waren.

Wegners Kellerdecke war Ende März 77 fertig. Den ganzen Winter über hatte Vater Karl, seit einem Jahr Rentner, die Kellerwände hochgemauert, sowie die Temperaturen das nur irgend zuließen. Monis Vater war an den

Wochenenden da und oft auch Achim, dessen Vorhaben wegen des Grundstücks noch auf Eis lag, während Robert selbst, jetzt im besten Alter, handlangerte, so oft es ihm das Studium erlaubte.

Bereits am 20. Mai war Richtfest, ein Tag nach Christi Himmelfahrt bzw. Vatertag. Als gegen Mittag der Zimmermann, wohl noch etwas vom Vatertag angedüselt, auf dem Firstbalken balancierend seine vom Wind fortgetragenen Sprüche zelebrierte, hielten unten die Zuschauer den Atem an, doch Gott sei Dank ging alles gut!

Mitte September, so war ihnen gesagt worden, würden sie das Haus beziehen können.

Zu aller Überraschung hatten Utas Eltern kurz zuvor den alten Gasthof von gegenüber gekauft. Von da ab stand Achims Auto immer öfter davor. Er hatte seinen Schwiegereltern angeboten – beide über 60 und schließlich Land- und keine Gastwirte – in seiner Freizeit Utas jüngere Schwester hinterm Tresen zu unterstützen, während Uta bei Bedarf ja in der Küche helfen könne.

Das wiederum wirkte sich dahingehend aus, dass Uta zwar das Grundstück überschrieben bekam, sodass sie im Frühjahr 78 mit dem Bau beginnen konnten, andererseits Achims Treseneinsätze sich aber zu Lasten seiner kirchlichen Aufgaben häuften, was nun wieder „dem brüderlichen Einssein" unter den Amtsträgern nicht grade zuträglich war.

Im November brachte Uta ihr drittes Kind zur Welt, ein zweites Mädchen. So gern Robert sich beim Hausbau seines Bruders revanchiert hätte, steckte er doch jetzt voll in den Abschlussprüfungen und feilte in seinem Keller-Arbeitszimmer an seiner Abschlussarbeit mit dem Titel: „Die Bedeutung der Parusie im Christentum der Gegenwart." [14] Die würde am Ende mit *sehr gut* benotet werden, wie er überhaupt mit dem Ergebnis seines sechssemestrigen Studiums sehr zufrieden sein konnte!

*

Dass die Gemeinde an Differenzen zwischen den fünf Amtsträgern litt, hinterließ seine Spuren.

„... Bruder Wegner, das sind *demokratische Verhältnisse*, die Sie hier einführen wollen ... Aber das Werk Gottes beruht nun mal nicht auf *Volkes Willen* ..."

In dieser und ähnlicher Weise hatte Priester Emrich ihm wiederholt Vorhaltungen gemacht. Ebenso sein Versuch, Oma Pöll, eine rührige, verwitwete 75-Jährige und aktives SPD-Mitglied, auszureden, mit einer Protest-Delegation zur Bundesregierung nach Bonn zu fahren. Doch wie vom Rauchen ließ sie sich auch davon nicht abbringen. Zudem gingen die Spitzen und Eigenmächtigkeiten seiner Frau soweit, dass sie Vater Karl bezichtigte, als Diakon den Altardienst nicht ordnungsgemäß zu versehen oder Amtsbrüder bei neu zugezogenen Gemeindemitgliedern zu diskreditieren. Das schuf Unruhe, zwar selten offen, aber doch unterhalb der quasi standardisierten Eintracht, die, wie sie es in einem Liede sangen, nun einmal unter Brüdern und unter Schwestern zu wohnen habe.

Roberts Versuch, beim Bezirksältesten darüber eine Aussprache im Amtsträgerkreis zu bewirken, beschied der damit, dass diesebezügliche Meldungen nach Hannover zu schicken seien, was Robert wiederum ablehnte. So geschah weiterhin nichts, obgleich er vermeinte, einen Schwelbrand sich bis in die Familien hineinfressen zu sehen, wogegen offenbar auch Beten nichts auszurichten vermochte. Vielleicht fehlte es ihm ja wirklich nur, wie der Älteste in einem der letzten Gespräche gemeint hatte, an Geduld ...?

Unter diesen Umständen, zumal mitten in den Prüfungsarbeiten und während Achim sein Amt schleifen ließ, war er zeitweilig geneigt, alles hinzuschmeißen und sein Amt niederzulegen. Diesmal allerdings, so frustriert war er jetzt – aus wirklich eigenem Entschluss.

In diese Stimmung hinein schrillte an einem frühen Winterabend das Telefon. Es dauerte etwas, bis er begriff, wer am andern Ende sprach:

... *Nein. Doch!* ... Jener unbekannte Glaubensbruder aus dem Rheinland, dem er vor knapp neun Jahren, damals noch Jugendleiter in der Nordsee-Hafenstadt, eine Reihe von Briefen ins Krankenhaus geschrieben hatte.

„... Ja, ich wollte mich endlich mal bei Ihnen melden und Ihnen sagen, dass Ihre Briefe damals nicht vergeblich waren ... Ich besuche schon lange wieder die Gottesdienste und arbeite aktiv in der Gemeinde mit ... Und seit einem halben Jahr bin ich nun auch verheiratet. – Wie ich inzwischen weiß, haben meine Mutter und der Vorsteher damals ja gleich Kontakt zu Ihnen aufgenommen. Aber da war ich selbst noch längst nicht soweit ... Doch heute hat es mich regelrecht getrieben, Sie anzurufen und mich bei Ihnen zu bedanken! Vielleicht können wir uns ja auch mal persönlich kennenlernen ..."

Als Robert den Hörer aufgelegt hatte, war er sprachlos! – *Was war das denn ...?* – Mitten in den ganzen Berg aufgestauten Frusts hinein ein solcher Anruf...! – Zufall ...? Oder doch ein Anruf Gottes ...? Eine Aufmunterung, nicht zu verzagen, nicht aufzugeben ...? Ein Hinweis darauf, dass SEIN starker Arm unsere Geschicke lenkt, unsere Wege vorlaufend ebnet ...? – Wenn wir IHN nur lassen ...?

Alles in seinem Inneren wieder durcheinandergerüttelt! Der ganze Ärger, seine Wut und sein an sich schon gefasster Entschluss – alles noch mal auf Null ...? All das nochmal neu ordnen im Licht dieses noch schrill im Raume stehenden Anrufs ...?!

Schließlich, nun bei einem Gläschen Sherry, bewegte sich das Pendel doch eher in Richtung *Ermutigung von oben* – obgleich sein Glaubensverständnis, seine Wahrnehmungen und Reaktionen bis da bei seinen „Segensträgern" ja nicht wirklich Gehör gefunden hatten.

Hamelner Perspektiven

Aber auch noch etwas anderes trieb sie in jenen Tagen um: die Frage nämlich, wie sie mit den Kosten für das Haus klarkommen sollten, wenn demnächst mit dem Studium auch die Übergangszahlungen des Bundes auslaufen würden.

Dem Staatsexamen würde ein einjähriges Lehramtsreferendariat folgen, während dem die fünfköpfige Familie mindestens ein Jahr lang ausschließlich von BAföG leben müsste: – zu wenig, um alle Kosten zu decken, selbst wenn sie Monis 2-CV verkauften, zumal sie damit alle Besorgungen erledigte und die Kinder chauffierte. Zwar könnte ein weiteres Sparkassendarlehn diese Zeit überbrücken, doch stand beiden der Sinn nicht nach weiteren Schulden. So diskutierten sie immer wieder Alternativen, die geeignet schienen, ihren wirtschaftlichen Status wenigstens zu halten oder gar noch zu verbessern.

Vor diesem Hintergrund bewarb er sich – „... nur mal so als Test", wie er gemeint hatte – auf ein Stellenangebot der Bausparkasse BHW hin – als Ausbilder im Schulungsbereich. Jetzt nach dem Studium traute er sich zu, auch angehenden Bausparvertretern das entsprechende Fachwissen beizubringen.

Gleich nach dem Personalgespräch in der pompösen BHW-Zentrale hatte man ihm eröffnet, dass er bereits zum nächsten Termin mit der halbjährigen Ausbildung beginnen könnte. Sein Bruttoverdienst läge bei rund 2.700 und nach der Ausbildung anfangs bei 3.500 DM. Allerdings müsse er dazu seinen Wohnsitz nach Hameln verlegen, folglich ihr soeben erst bezogenes Haus verkaufen.

Einerseits geschmeichelt, brauchte er aber doch nur einen kurzen Moment, um den beiden verdutzt dreischauenden Herren zu erklären, dass er das Angebot zu diesen Bedingungen nicht annehmen könne. Darauf ein paar Rückfragen, und nachdem sie sich kurz beraten hatten, das Angebot eines weiteren Gesprächs, jedoch über ein ganz anderes Tätigkeitsfeld. Dafür müsse er aber die jetzt noch anstehenden Gespräche mit zwei weiteren Bewerbern abwarten.

Es war bereits dunkel, als er zu Hause eintraf. Unterwegs hatte er sich ausgemalt, wie Moni wohl den negativen Ausgang seiner Bewerbung hinnehmen würde. Doch als er ihr dann seine Geschichte ausbreitete, verspürte er beinahe so etwas wie Skrupel, als sie, ihre Enttäuschung wohl überspielend, ihn sofort zu trösten begann:

„... Na ja, war ja auch überhaupt nur ein erster Versuch ... Und nach Hameln ... Es gibt ja bestimmt auch noch andere Möglichkeiten ..."

Das Stichwort, zu dem er seine Trumpfkarte zog:

„... Genau, mein Herz ...!" – wobei er sie eine Armläge von sich wegschob, um ihr voll ins Gesicht zu sehen: „... Die haben mir 'n Posten auf Direktionsebene angeboten ...! Gebietsdirektor im Außendienst ...! – Und möglicherweise sogar oben an der Küste ..."

Daraufhin hatte sie sich hingesetzt. Als er das Flackern zwischen Hören und Zweifeln in ihrem Gesicht wahrnahm, fuhr er begeistert fort:

„... Ein halbes Jahr Ausbildung in Hameln und dann ein Jahr lang in verschiedenen Gebietsdirektionen assistieren ... Das kann in Stuttgart sein, in Bonn, Hamburg, Bremen oder sonst wo. Während dieser Zeit gut 3000 DM im Monat, plus Spesen und Reisekosten! Und danach, als Gebietsdirektor, zwischen 100.000 und 150.000 DM im Jahr! Und umziehen erst, wenn ich 'ne Planstelle als Direktor habe. Und wie gesagt, wenn wir wollen, auch wieder zurück an die Küste ..." – Ein Traum, der auch in den nächsten Tagen alles überlagerte ...

In der Gemeinde war die Möglichkeit ihres Wegzugs überwiegend mit Bedauern kommentiert worden. In ihren Familien schon der Kinder wegen, aber auch von den meisten Jugendlichen. Ebenso äußerten sich einige Hannoveraner. Andere neigten dazu, diese Weichenstellung als göttlichen Eingriff gegen die Gefahr demokratischer Tendenzen zu deuten.

Die Ausbildung in Hameln begann am 1. Juli 1978. An den meisten Wochenenden konnte er zu Hause und in der Gemeinde sein. In Hameln besuchte er soweit möglich die Mittwochsgottesdienste. Einmal war der hochgewachsene, füllige Schwabe Reinhold Winter mitgekommen. Ende zwanzig und einer der Besten im Lehrgang, war er mit seinem Yul-Brynner-Kahlkopf eine dominante Figur. Dann, während des Rückwegs, war Robert schlagartig klar geworden, dass der im Gottesdienst gar nicht dasselbe gehört und wahrgenommen haben konnte wie er selbst, sondern eben nur seiner eigenen Erfahrungs- und Vorstellungswelt gemäß. Und da ihnen beiden geläufige Begriffe und Wortbilder keineswegs identisch sind, transportierten sie auch unterschiedliche Bedeutungen und Empfindungen in den jeweiligen gedanklichen Kontext hinein. Ein Faktum, das, wenn man darum weiß, verständlich werden lässt, warum Kommunikation sich mitunter so schwierig gestaltet.

Im November dann die schockierende Nachricht, die er in der Hamelner Kirche vernimmt:

Stammapostel Ernst Streckeisen ist während seiner Südafrikareise am vergangen Mittwoch, dem 8. November, in Kapstadt infolge eines Schlaganfalls im Alter von 73 Jahren ganz plötzlich vom Herrn abberufen worden.

Ernst Streckeisen. Ein Mann, den er in seiner nur dreijährigen Amtszeit als überzeugende, patriarchalische Gestalt wahrgenommem hatte und der infolge seiner schweizer Nationalität als erster Stammapostel die DDR besuchen konnte. Überdies sollten sich zwei seiner Aussprüche als langlebige Sentenzen erweisen, nämlich: „*Nachfolge bis zuletzt – alles andere ist Leerlauf!*" – und: „*Na, dann bleibt mir mal schön apostolisch!*" – Nicht zuletzt auch wohl, weil sie häufig publiziert und überall noch lange in zahllose Predigten eingeflochten worden waren.

Bereits am folgenden Sonntag die Bekanntgabe seines Nachfolgers: – *Hans Urwyler*, 53 Jahre alt und seit Januar 76 Bezirksapostel der Schweiz, in Norddeutschland bis da allerdings kaum bekannt. Am Tag zuvor, so hieß es, sei er in Zürich von den 60 anwesenden Aposteln in einem zweiten Wahlgang gewählt worden.

Als Robert ihn das erste Mal bewusst gehört hatte, war ihm, als habe mit diesem Nachfahren hugenottischer Migranten ein *Seelenmensch* die Führung des Werkes Gottes übernommen. Jemand mit Empathie, dem es offenbar mehr um die Entfaltung christlich-geschwisterlicher Tugenden ging als um die Absicherung dogmatischer Positionen. Ein Eindruck, den er auch von anderen vernahm, sodass er ihm schon bald einen Nimbus ähnlich dem des biblischen Apostels Johannes zusprach, als dem „Apostel der Liebe".

Seine Briefkontakte bestanden auch von Hameln aus fort: mit dem Bremer Apostel wie auch mit zahlreichen Amtsträgern, Geschwistern und Jugendlichen, auch in die DDR, ins Rheinland, nach Göttingen und inzwischen, ganz intensiv – nach Berlin! Korrespondenzen, die seine bisherigen Erfahrungen bestätigten, dass es die in den Publikationen und vom Altar behauptete Einheit im Glauben ebenso wenig gab – weder in den Gemeinden noch in den Bezirken – wie das weltweite Einssein im Apostelkreis. Nicht allein, dass es überall zwischen den Personen *menschelte* – nein, es waren ganz unterschiedliche Glaubensvorstellungen, die sich gegeneinander regten! Somit ein irreales Wunschbild, das vielbesungene *„Eins im Geist und Streben, eins in Lieb und Leben, eins in Wort und Tat ..."* – Statt wirklicher, innerer Einheit eine sorgsam gehegte Fiktion – vergleichbar dem Märchen von *des Kaisers neue Kleider* nach H. Chr. Andersen! Die *Kleider* in diesem Falle – weltweit einander entsprechende Formate: Gottesdienste, Layouts sowie die inhaltliche Ausrichtung des Zeitschriftenwesens; darin wiederum die Entfaltung einer NAK-spezifischen Begrifflichkeit und Sprache, bis hin zur alles implizierenden Sinn- und Daseinsinterpretation. Doch was, wenn diese Kleider statt wahrer Bruder- und Nächstenliebe primär eine durchtriebene Regie bergen, um konkurrierende Vorstellungen zu Amtsführung, Gemeinde- und Missionsarbeit bzw. Lebensführung der Gläubigen nach außen hin zu überdecken ...? Darunter oft aber ein verbissenes Gegeneinander leitender Apostelfiguren, sodass sich ein positives Bewusstsein von Pluralität kaum entwickeln kann. Auch die Verabsolutierung der Hierarchie sowie das Gebot absoluten Glaubensgehorsams stehen dem entgegen. Und das alles, wie später ein Stammapostel *Fehr* diesen Befund zu legitimieren versucht: weil „... in der Heiligen Schrift das Wort Kritik nicht zu finden ..." sei. Eine Absage somit an jede kritische Reflexion, die der biblische Jesus seinen Nachfolgern allerdings vorgelebt und die das Miteinander in den ersten christlichen Gemeinden bestimmt hat – in der NAK jedoch zu nichts anderem als zu einer schlechten Parodie hinabgesunken.

So war vielen nur das Beten geblieben und unbewusstes psychisches Rationalisieren, um widersprüchliche und negative Erfahrungen dennoch in nicht erlahmender Hoffnung aushalten zu können.

*

Während der Schneekatastrophe 1978/79 war er zunächst in Hamburg und dann bis Ende Februar in der BHW-Beratungsstelle Wilhelmshaven eingesetzt. Die Autos vor dem Hotel waren von den Schneemassen komplett zugedeckt, sodass er seins nur mit Mühe auszumachen und freizuschaufeln vermochte. Da auch die Stadtbusse wegen unpassierbarer Straßen nicht fuhren, kam er zwei Tage lang nicht in die Beratungsstelle.

Allerdings fand er In dieser Situation Muße zu etwas, was er sich schon lange vorgenommen hatte: den Autoren jenes *Wächterstimmen*-Artikels ausfindig zu machen, der ihn im November 75 unter der Überschrift „Freiheit des Geistes – Knechtschaft des Gesetzes" so sehr beeindruckt hatte.

Da er den seit zwei Jahren im Ruhestand befindlichen Hamburger Bezirksapostel *Weinmann* als Urheber vermutete, erfragte er über die Telefonauskunft dessen Nummer, um ihn, nach Überwindung einer gewissen Hemmschwelle, anzurufen. Doch die Verbindung war schlecht, zudem hörte der 78-Jährige schwer, sodass es eine Weile dauerte, bis Robert mit seinem Anliegen halbwegs durchdrang:

„Im Bezirk von Hermann Schumacher sind Sie? … Wilhelmshaven …?"

Die Stimme, die Robert aus vielen Gottesdiensten nur allzu vertraut war:

„… O ja, die Wilhelmshavener … Ein treues Volk … Hab´ ich in guter Erinnerung! – Was …? – Ein Wächterstimmen-Artikel von Ende 75 …? Ob der von mir ist …? – Lieber Bruder, das kann ich Ihnen jetzt so auch nicht mehr sagen …"

Und dann, was darauf hindeutete, dass er Roberts positive Wertung des Artikels gar nicht richtig mitbekommen hatte:

„… Ach, die schreiben ja viel in Frankfurt … Und glauben Sie mir, es ist längst nicht alles gut und richtig, was von da kommt …"

Und schließlich, nachdem Robert einige seiner Erfahrungen und Probleme angestrengt in den Telefonhörer gesprochen hatte, nach einer kleinen Pause:

„… Na ja, mein lieber Bruder, das hört sich ja alles gar nicht schön an. Aber ich bin ja nun schon seit zwei Jahren im Ruhestand und da kann ich mich eigentlich zu solchen Dingen nicht mehr äußern. Zumal ich mit Hermann Schumacher und Arno Steinweg befreundet bin ... Am besten wird sein, wenn Sie immer wieder das Gespräch mit ihren Segensträgern suchen – und vor allem zu unserem Himmlischen Vater im Gebet."

Mit gemischten Gefühlen hatte Robert den Hörer aufgelegt. Aber was hatte er denn erwartet ...? – Jedenfalls auf keinen Fall die eben gehörte Bemerkung über „Frankfurt"! ... Denn damit gemeint haben konnte er ja nur jene Leute, die im Verlag das Sagen haben: eine Handvoll Männer unter der Regie des Apostels Friedrich Bischoff, dem Sohn des 1960 gegen *die Zusage Gottes* verstorbenen Botschafts-Stammapostels.

Aber immerhin, wenn auch spürbar abgeschwächt, dasselbe Temperament noch, mit dem Robert ihn in einem von Stammapostel Schmidt gehaltenen Gottesdienst hatte sagen hören – vielleicht um in manchen Köpfen etwas zurechtzurücken:

„... Ihr lieben Geschwister, unser Stammapostel ist auch nicht der liebe Gott, sondern eben auch nur ein Mensch wie du und ich! ..."

Obwohl für ihn längst eine Selbstverständlichkeit, hatte er diese Aussage damals als spektakulär empfunden! Schließlich war der Stammapostel für *die ganz Treuen* eben nicht nur der direkt von Gott erwählter Führer, sondern die gegenwärtige, unmittelbare Stimme Gottes.

Also auch dieses Telefonat ein Hinweis, dass in der obersten Etage des Werkes Gottes nicht alles Gold ist, was nach außen hin als solches glänzen soll. Unruhige Gedanken, die ihn an jenem stürmischen und schneeträchtigen Abend noch lange wachhalten sollten.

Am nächsten Vormittag kämpfte er sich die wohl 200 Meter bis zu Bergmanns durch teils hüfthohe Schneewehen durch. Wegen der Schwangerschaft ihrer 15-jährigen Tochter waren die wenige Monate nach Wegners Wegzug nach hier, in die Nachbargemeinde gezogen. Die Vorhaltungen des Vorstehers hatten das einst so vertrauensvolle Verhältnis belastet. Zudem zeichnete sich ab, dass Schwester Bergmanns verwitwerter Mutter die Bewirtschaftung des Siedlergrundstücks schon bald überfordern würde. So war nach entsprechenden Umbauten für die alte Dame ein kleiner, abgeschlossener Wohnbereich entstanden und unter Einbeziehung des Dachbodens eine respektable Vierzimmerwohnung für das Ehepaar und die zwei noch zu Hause lebenden Kinder. Die Wohnküche, mit Ausgang zum Garten hin, wurde gemeinsam genutzt und stand durch den efeuumrankten Nebeneingang von der Straße her ebenso allen Verwandten und Freunden offen, von deren Eintreten ein feines Glöckchenbimmeln über der

Tür zuverlässig kündete.

Und dann die neue Werkstatt! – Der ganze vormalige Stallteil jetzt zum Garten hin mit zwei großen Fenstern versehen, und wie in der alten Werkstatt bereits alles wieder mit einer Schicht Sägespäne überzogen. Für „Onkel" Ernst und seine Besucher auch hier jene Seelenwerkstatt, in der sich zu besinnen, um Rat und Stärkung oder auch nur auf einen Schnack reinzuschaun, sich wie bisher lohnen würde.

Obwohl seit Tagen ohne Strom und Leitungswasser, wusste man trotzdem Teewasser zuzubereiten, aus dem Schnee, der sich vor und hinter dem Haus bergeweise aufgetürmt hatte.

So vollzog sich das unverhoffte, freudige Wiedersehen im Rahmen der vertrauten Teezeremonie; der harte Wintereinbruch diesmal mehr, als nur ein kurzweiliges Thema, wozu das knisternde Holz in dem kleinen Notofen dem Beisammensein die gewohnte Behaglichkeit verlieh.

Dann endlich Wochenende! 16. Februar, ein Freitagnachmittag, als er sich trots Verbots gegen halb fünf bei dunklem Schneetreiben dicht hinter einen stadtauswärts fahrenden Schneepflug setzte: Erst die B 69, dann Richtung Autobahn. Trotz erster Räumstreifen blieb die Fahrbahn unkalkulierbar; das zunehmende Schneetreiben ließ die Fahrspur abschnittsweise nur ahnen. Mit zwischen 50 und 70 Stundenkilometern brauchte er für die gut 200 km bis nach Hause gut viereinhalb Stunden. Dort türmte sich zu seiner Überraschung der Schnee noch weitaus höher auf – doch hatte Moni unter großen Mühen zwischen den mannshohen Schneewällen eine Stellfläche für das Auto freigeschaufelt.

Von ihr und im Hause seiner Eltern bereits vorgewarnt, musste er sich am Sonntag im Gottesdienst mit anhören, wie die Predigt abermals zu einer rüden Standpauke geriet. Dass am Mittwochabend nebst Moni, ihren und Roberts Eltern sowie dem Priester und seiner Familie nur fünf weitere Geschwister dagewesen wären, beweise ja wohl, wie gering von vielen der Gottesdienst geschätzt würde. Kaufhäuser und andere weltliche Stätten besäßen offenbar größere Anziehungskraft als das Haus Gottes. Alles das wären Zeichen *Laodizeas* [15] – unmittelbar vor dem Kommen des Herrn! *Aber so würde sich schließlich die Spreu vom Weizen trennen ...*

Eine spätere Wetteraufzeichnung hatte die Lage für den besagten Mittwoch, den 14. Februar 1979, wie folgt beschrieben:

„... Mitte Februar wiederholte sich die gefährliche Lage mit einem mehrtägigen Schneesturm, der fast ganz Norddeutschland meterhohe Schneeverwehungen brachte. Das öffentliche Leben kam zum Erliegen und mehrere Menschen kamen ums Leben …"

Auch jetzt, eine halbe Stunde vor Gottesdienstbeginn hatten sie nur mühsam einige Pkw-Stellplätze freischaufeln können. Dann der Anruf aus Celle, mit dem der eingeteilte Evangelist sein Kommen in letzter Minute absagte: *Es wäre immer noch kein Durchkommen!* – Und dann bekamen die, die sich unter diesen Umständen mit Kind und Kegel zur Kirche durchgequält hatten, einen solchen Sermon um die Ohren gehauen …! Vom Altar herunter – und mit dem Anspruch, als heilsame göttliche Ermahnung aufgefasst zu werden! …

Nicht allein Robert war das Blut in den Adern gestockt. Anschließend aber, wie so oft schon, Schuldgefühle bei einigen der *ganz Treuen*: einfache, zumeist ältere Geschwister, die fast alles vom Altar eins zu eins auf sich beziehen. Die auch nie Ungereimtes, gar Abwegiges oder Verstiegenes vernehmen, sondern denen allein der Vollzug des gut 60-minütigen Gottesdienstformats bereits *alles* sagt und *alles* ist! – Dagegen distanzierte Zurückweisung bzw. Empörung bei einigen wenigen, die keinen Sinn mehr darin sahen, sich mit dem Priester oder seiner Frau anzulegen.

Für Robert war das Maß zum wiederholten Male voll! Einmal wegen dieser unangemessenen, ja dreisten Vorhaltung, aber auch weil ihm weitere Klagen, nicht zuletzt aus dem Brüderkreis, zu Ohren gekommen waren. Dabei hatte er eigentlich darüber, dass die Frau des Priesters im Sommer wiederholt unter der kaum etwas verbergenden Bluse ohne BH zum Gottesdienst und zur Chorprobe erschienen war, gar nicht reden wollen.

Erst als der Bezirksälteste in Hannover sich abermals unwillig zeigte, im Rahmen eines Gemeindeabends über offenbare Missstände zu sprechen, brachte er auch diese Angelegenheit und daraus folgende Irritationen zur Sprache.

So sagte der schließlich zu, sich darüber mit dem Bischof, sein Schwiegervater und wie er selbst Pharmavertreter, zu besprechen. Weiteres würde er ihn über den Priester erfahren lassen.

Nach zwei Wochen dann in der Sakristei eine *Ämterversammlung*. Darin legte er *den Brüdern* – Achim und Roberts Schwiegervater als Unterdiakone, Vater Karl und Robert als Diakone sowie Kurt Emrich als Priester – seine Sicht der Dinge dar, um sodann das weitere Verfahren vorzugeben:

„… Brüder, wie mir nun von verschiedenen Seiten zugetragen wurde …" – dabei in gewohnt gedrechselter Art zu reden und seine auf dem Tisch gefalteten Hände fixierend – „… ist wohl bei einigen Geschwistern – und, wie ich höre, auch unter euch – eine gewisse Unruhe aufgekommen. Ja, Unfrieden gar – wegen gewisser Vorkommnisse, die allerdings von den Betroffenen unterschiedlich und teils gegensätzlich dargestellt werden ..."

Und nun offen in die Runde blickend:

„... Wir wollen doch diese unerfreulichen Dinge nun nicht abermals auf den Tisch bringen oder Ursachenforschung betreiben – denn das bringt uns nicht weiter! ... Darum lasst uns in diesem kleinen Kreis vor den Altar knien, und ein jeder von euch hat dann einen Moment, wo er dem Himmlischen Vater – und uns als seinen Mitbrüdern – ganz offen seine Sorgen vortragen kann. Das wollen wir dann aber auch nicht kommentieren oder dagegen angehen, sondern alles Weitere in die Hände des Herrn legen ..."

Mit allem hatte Robert gerechnet, nur damit nicht! – Ja, als geradezu perfide empfand er das Ansinnen! – *Nun gut, dann eben kein Gemeindeabend; nicht auch noch die Stillen und Zufriedenen mit all den Querelen konfrontieren, die in der kleinen Gemeinde immer wieder Unruhe aufkommen lassen ... Aber doch wenigstens im Brüderkreis offen über all die frustrierenden Vorkommnisse reden, Missverständnisse ausräumen, gewisse Gewohnheiten und Verhaltensweisen im Lichte des Wortes Gottes besehen und möglicherweise einvernehmlich auf Besserung hinwirken ...* Das jedenfalls war das Mindeste, was er von dieser Begegnung erwartet hatte. Und so hakte er nach:

„Und, lieber Ältester, Sie meinen nicht, dass es hilfreich sein könnte, über all die uns bedrückenden Dinge wenigstens hier, in diesem kleinen Kreis einmal offen zu sprechen ...?"

Der daraufhin, und indem er sich im Aufstehen zu seiner ganzen beachtlichen Größe emporreckte, mit seinem kleinen, süffisanten Lächeln im Gesicht:

„... Nun, Bruder Wegner, tun Sie doch einfach mal, was Ihnen aus dem Herzen Ihres Segensträgers geraten wird! ..." – Eine Wendung, die Robert nicht zum ersten Mal zu Ohren gekommen war ...

So kam es, dass die fünf, vor dem hölzernen Altar kniend, mehr oder weniger zusammenhängende Sätze vor sich hin stammelten: Bei Robert würgten Verzweiflung und Hoffnung Rührseliges, aber doch so nicht Gewolltes aus der Kehle, wofür er sich bereits Augenblicke später schämte. Ja, und er spürte Zorn aufsteigen, weil er sich überhaupt darauf eingelassen hatte!

Die Konsequenz, zu der er sich nach ein paar Tagen intensiven Nachdenkens, Betens und Redens durchgerungen hatte, war, dass er Anfang März 79 sein Amt und damit alle Funktionen in der Gemeinde niederlegte. In seinem kurzen Schreiben hatte er dem Bezirksapostel abschließend anheimgestellt:

„... Sollten Sie sich über das, was Ihnen bzgl. meiner Motive sicher zugetragen werden wird, bei mir selbst versichern wollen, stehe ich Ihnen jederzeit zur Verfügung ..."

Ein Antwortschreiben kam nicht, dafür aber schon bald vom Priester ein Termin, zu dem man ihn in Hannover in der Verwaltung erwarte.

Sollte der Apostel ihn doch noch anhören wollen ...?

Weit gefehlt! Keine fünf Minuten dauerte der Auftritt des Ältesten. Mit 15-minütiger Verspätung war der schließlich jäh in den durch schwere Vorhänge und massive Mahagonimöbel verdunkelten Raum hereingeplatzt, um nach knapper, distanzierter Begrüßung und ohne Umschweife einen Fünfzeiler zu verlesen. Darin nahm der Bezirksapostel seinen Entschluss zur Kenntnis und dankte ihm für die in der Gemeinde geleistete Arbeit. Schluss. Aus. Punkt! Dann abruptes Erheben, abermals kurzer Händedruck und statt irgendeines persönlichen Wortes die zur Tür weisende Geste des „Segensträgers". Dann wieder in der hellen, bereits wärmenden Mittagsonne – und ein kleines Frösteln, das ihm vom Nacken her über den Rücken lief.

Eine Déjà-vu-Erfahrung, die ihn erneut über die Rolle seines Glaubens nachsinnen ließ. Wäre es nicht ehrlicher, sich aus dieser beklemmenden Hierarchiegebundenheit zu lösen und einem nur dem eigenen Gewissen verpflichteten Bemühen um Authentizität zu folgen...? Den in den Gottesdiensten ständig variierten Zirkelschluss: – *Unsere Apostel predigen, dass Gott durch sie verkündigen lasse, dass wir nur in völligem Einssein mit ihnen die bevorstehende Wiederkunft Christi als Brautseelen erleben können* –, hinter sich zu lassen? ... Diese bedrückende Atmosphäre, in der allein das Gehorsamsprinzip über *Gut* und *Böse, Dabei- oder Verlassensein* entscheidet –, dabei den ethischen Aspekt personaler Integrität ausklammert und damit auch das Recht und die Pflicht des *Hinterfragens* – als unabdingbares Korrektiv christlicher Existenz überhaupt ...?!

Schließlich ließ sie der Blick auf Familie und Freunde vor dem radikalen Schritt einen anderen ins Auge fassen, nämlich den, von hier wegzuziehen. Aber das eben fertiggewordene Haus verkaufen und einen Neuanfang wagen? Etwa wieder da, von wo sie hergekommen waren ...?

Die Kinder waren jetzt 11, 8 und 4 Jahre alt. Jedoch den Gedanken, sie hier unter den vorherrschenden Verhältnissen aufwachsen zu sehen, mochten sie sich gar nicht ausmalen. Zumal beide Mädchen, obgleich hier eingeschult, sich doch noch gut an die Wilhelmshavener Sonntagsschule und Kindergottesdienste erinnerten. Esther, der Art mehr ihrem Vater nach, Karin sichtlich die Mutter und Jens irgendwie dazwischen. Roberts anfängliche Sorge, dass der Junge zu sanft für diese Welt sein könnte, hatten dessen gelegentliche Wutausbrüche inzwischen zerstreut.

Natürlich waren ihre Familien von dererlei Überlegungen alles andere als begeistert! Einmal der Kinder wegen, die fehlen würden, aber auch weil damit die vertraute, offene Gesprächsebene entfiele. Zu Achim und Uta war das Verhältnis allerdings soweit abgekühlt, dass es sie kaum noch zum Bleiben motivierte. Nicht der Gastwirtschaft wegen, sondern vor allem wegen ihres gegenseitigen Unvermögens, über die angestauten Differenzen zu reden. Es gab da eine Schwelle von Unausgesprochenem, über die weder Achim noch Robert hinwegzusteigen vermochte.

Schließlich hatte sich ihr Entschluss verfestigt. Auch im Vertrauen auf die Zusage der BHW-Vertriebsleitung, „auf Sicht" eine Planstelle an der Küste antreten zu können. Seine Ausbildung würde am 31. Dezember enden. So beauftragten sie einen Makler mit dem Verkauf ihres Hauses, kurz nach der Wahl des norddeutschen CDU-Kandidaten *Carl Carstens* zum Bundespräsidenten, gegen die weite Kreise der Opposition allerdings wegen seiner NS-Parteimitgliedschaft ablehnend votiert hatten.

Robert war jetzt 34, sein braunes Haar bereits schütter und er zudem seit kurzem Brillenträger. Die gut 90 kg sah man ihm kaum an. Seine Schwiegermutter fand ihn nur *stattlich*! Dass er zu viel rauchte, wusste er und auch, dass er viel zu oft seinen Süßigkeitsattacken erlag! Leider hielten seine reumütigen Vorsätze nur bis zum nächsten Schub. Das sprichwörtliche Glas Bier oder Wein beflügelte ihn immer noch, wenn es mit den richtigen Leuten *in medias res* ging – wie früher immer noch über Kirche, Gott und die Welt, bisweilen auch heftig, was ihn nicht immer gut dastehen ließ. Doch da es an Gesprächspartnern fehlte, war das selten geworden. Ein Fernsehgerät hatten sie immer noch nicht. Sport und andere kulturelle Ereignisse blieben unnütze Felder, denen sie sich von ihrer Prägung her nicht wirklich nähern wollten. Vor allem der Kinder wegen, wie sie meinten. Eine Haltung, die sie verinnerlicht hatten. Moni, jetzt 29 und zierlich wie eh, war der ruhende Pol der Familie, was an ihren hübschen, ausgeglichenen Gesichtszügen auch abzulesen war.

Zu den Sonntagsgottesdiensten fuhren sie jetzt häufiger in den Apostelbezirk Hamburg – etwa 25 bis 30 km bis in die nächsten Gemeinden, jedoch war ihnen die entspanntere Atmosphäre dort, die offeneren Predigten das wert!

So hörten sie in Soltau einmal einen *Bischof Nerre sagen:*

„... Und wenn ich oder irgendjemand sonst – wer auch immer! – euch, Geschwister, hier etwas anderes predigte als den Herrn Jesus Christus, so wüsste ich, dass Ihr demjenigen zu Recht den Weg dorthin weisen würdet, wo der Maurer das Loch in der Wand gelassen hat ..."

Robert hatte es bei diesem Satz fast von der Bank gerissen! Allein, weil er grundsätzlich die Möglichkeit einer kritischen, ja oppositionellen Haltung legitimierte und auch, weil *das Apostelamt* in seiner Predigt kaum – und wenn, dann ausschließlich als unter der Direktive *des biblischen Christus* stehend – vorgekommen war: Nur einer der Höhepunkte in einem Kontext, der eindeutig das Wesentliche des Glaubens zum Gegenstand hatte! Alles schien hier gelöster und offener: Frauen im Hosenanzug oder junge Männer mit langen Haaren oder Bart ... Ohne dass sie deshalb jemand scheel ansähe. Und auch das Fernsehen, wie er aus seiner Hamburger BHW-Zeit wusste, wurde nicht verteufelt, wie im Hannoverschen und Bremer Bezirk, sondern eher von der Qualität der Sendungen her differenziert beurteilt.

Dann der 5. August 1979! Gerade vom Gottesdienst in Fallingbostel zurück, stoppte sie kurz vor ihrem Haus Roberts jüngste Schwester Anette. Ob sie schon gehört hätten, dass Schwester *Pöll* heute Morgen gestorben sei. In der Kirche. Unmittelbar vor Gottesdienstbeginn ...

Augenblicke später erfuhren sie von Monis Eltern, dass die alte Dame wie immer mit keuchender Raucherlunge den Kirchenflur betreten hätte, von Monis Vater als Türsteher begrüßt, als es bereits recht warm war. Dann mit ihren typischen, gut vernehmbaren Stockelschritten in den Gottesdienstraum, in die Bank, direkt neben ihren Sohn, wo sie unmittelbar nach ihrem Gebet mit einem Seufzer in sich zusammengesackt sei. Natürlich wären sofort helfende Hände dagewesen – und dass man sie flüsternd in die Sakristei getragen habe. Doch nach dem Gottesdienst dann die niederschmetternde Nachricht: Der Notarzt habe nur noch ihren Tod feststellen können.

Oma Pöll war inmitten der versammelten Gemeinde heimgegangen! Der Bestatter hätte den Leichnam noch während des Gottesdienstes abgeholt. Bei aller Trauer bemerkenswert: Sie hatte sich ihr Ableben genau so gewünscht: – *nämlich im Gotteshaus, und zwar dann, wenn ihr Sohn aus Süddeutschland da wäre!* ...

Obwohl Priester Emrich die Glaubensfestigkeit der selbstbewussten SPD-

und Gewerkschaftsaktivistin immer in Zweifel gezogen hatte und ihr politisches Engagement für nicht vereinbar mit ihrer Stellung als Gotteskind, wussten doch alle, die sie näher kannten, dass das Gegenteil der Fall war. So war denn auch von etlichen die präzise Erfüllung ihres Sterbewunsches als Bestätigung *von oben her* aufgefasst worden. Und zwar grade *wegen* ihrer NAK-untypischen Haltung, die sie nicht zuletzt mit ihrem gesellschaftlichen Engagement unbeirrt an den Tag legte. Im Dorf eine bekannte, zwar manchen etwas skurril erscheinende, aber von den meisten doch mit Respekt wahrgenommene Person.

Ihr Sohn war nie öfter als ein-, zweimal im Jahr bei ihr aufgetaucht. Jetzt, auf der Rückreise von einem Ostseeurlaub, war wieder so eine Gelegenheit gewesen. Als Zwischenstopp hatten er und seine Frau sich für diese eine Nacht bei ihr einquartiert. Nach Gottesdienst und Mittagessen wollten sie weiterfahren. Aber schon die Tage vorher, seit sie von dem anstehenden Besuch wusste, hatte sie ihre Freude darüber überall durchblicken lassen.

Als der Chor am Grabe sang: „*Du hast so wunderbare Wege, deinen Kindern wohlzutun* …", da merkte Robert, wie schwer es dem Priester fiel, die mit dem Liedvers ausgedrückte positive Bewertung dieser Todesumstände zu akzeptieren. Einer jener seltenen Momente, die ihn mit dem in seinen Vorstellungen so festbetonierten Mann Mitleid empfinden ließ.

*

Ende September sagte man ihm, dass er vorerst nicht mit einer BHW-Planstelle an der Nordseeküste rechnen könne. Doch bot man ihm zum 1. Januar 80 drei attraktive Alternativen an: Münster in Westfalen sowie Wesel oder Koblenz am Rhein. – *Karnevalshochburgen!* – *Er als BHW-Gebietsdirektor in einer Karnevalshochburg*: – für ihn undenkbar! – Ein starkes Engagement im öffentlichen Leben, wie es dem Profil dieser Position entspricht – ok! Aber aktives Mittun in der Welt des Karnevals, Mitgliedschaften in allen denkbaren Vereinen, möglichst enge Verbindungen zu studentischen Korporationen und Würdenträgern der katholischen und evangelischen Kirche …? Eine Rolle, die in krassem Widerspruch stand zu allem, was er seit Kindertagen im Werk Gottes gehört hatte! – Und dann gar noch als Motivator seiner haupt- und nebenberuflichen Mitarbeiter … Eine Bürde, die jedenfalls im karnevalspröden Norddeutschland so nicht zu tragen wäre! …

Noch während seiner Ausbildung in verschiedenen regionalen Beratungsstellen war dem BHW höchstrichterlich der Status als exklusive, gemeinnützige Selbsthilfeeinrichtung des Öffentlichen Dienstes aberkannt worden: Damit war das bisherige Steuerprivileg gegenüber anderen Bausparkassen gefallen! Für die Bausparkasse Schwäbisch Hall (BSH) willkommener Anlass, unverzüglich nun ihrerseits eine bundesweite *Sonderorganisation Öffentlicher Dienst* aufzubauen.

Da die Chance, mit dem BHW in absehbarer Zeit wieder zurück an die Küste zu kommen, entfallen war, sprach er in der BSH-Bezirksdirektion Hannover vor. Dort hielt man, bei entsprechend unterstützter Aufbauarbeit, eine entsprechende Position nach etwa einem Jahr, also möglicherweise Anfang 81, für denkbar. So kündigte er beim BHW, nachdem Bemühungen auch hinsichtlich alternativer Tätikeitsfelder im Norden erfolglos geblieben waren und arbeitete ab Januar 1980 als freier Handelsvertreter für die Bausparkasse Schwäbisch Hall. Sein Auftrag: In der Lüneburger Heide in Behörden und Dienststellen *Vertrauensleute* für die BSH zu gewinnen, um so eine dem BHW vergleichbare Vertriebsorganisation aufzubauen. Angesichts des etablierten BHW-Netzes eine Sisyphusarbeit! Dazu die abendliche Schulung erster künftiger Mitarbeiter sowie ihre Begleitung während erster akquisitatorischer Schritte: ein enormer Einsatz an Zeit-, Arbeits- und Kilometerpotenzial! Doch zeichneten sich bald schon erste Erfolge ab, sodass man in der BSH-Gebietsdirektion auf ein konkurrenzfähiges Vertriebsnetz hoffen konnte.

Auch während der langen Fahrten durch abwechselnd dunkle Wald- und himmelweit offene Heideabschnitte, inzwischen in einem 6-Zylinder Ford Granada, reflektierte er seine Wahrnehmungen im Werk Gottes. So waren ihm in *Unsere Familie* sich häufende Inserate aufgefallen – von privat wie auch im Auftrag von Gemeinden – in denen nach allem gesucht wurde, was seit Beginn der Apostolischen Bewegung je an Printerzeugnissen erschienen war.

Hatte man bisher in der NAK allem Historischen eher die metaphorische Bedeutung von schnell verderbendem *Manna in der Wüste* beigemessen (2. Mose 15,22 ff.), nur für die jeweilige Zeit und Situation gegeben, so schien ihm die neue Tendenz zur Archivierung als erstes Anzeichen langsam, aber sicher verblassender Naherwartung.

Nicht dass die unmittelbar bevorstehende Wiederkunft Christi als zentrales Thema in den Gottesdiensten und Zeitschriften zurückgetreten wäre. Im Gegenteil: Eher hatte er das Gefühl, die Endzeit-Predigt erführe eine geradezu „hypertonische" Renaissance! Als Reaktion etwa auf den sich rasant ausbreitenden materiellen Wohlstand infolge spektakulärer Siegeszüge von Wissenschaft und Technik einerseits sowie andererseits angesichts weltweit aufbrechender revolutionärer Bewegungen: Endzeit-Merkmale, die die „göttlichen Führung" offenbar veranlassten, unablässig auf *den nie dagewesenen Ernst der Stunde*, vor allem auf die Gefahr des Abirrens in letzter Sekunde, hinzuweisen. Und das teils in einer Atemlosigkeit, die an die Ära der „Botschaft" von vor rund 25 Jahren denken ließ.

Und doch vermochte dieser bedrohliche Zug nicht zu überdecken, dass immer mehr Gläubige sich in und mit der profanen Alltagswelt arrangierten. Der apokalyptischen Weltsicht wurde zunehmend eine nur noch theologisch-theoretische Bedeutung zugemessen. Oder einfacher gesagt: *Der Kaffee wurde von vielen nicht mehr so heiß getrunken, wie er von oben gereicht wurde!* Doch deshalb musste man ja nicht gleich das durch Prägung und Gewohnheit sichere Terrain verlassen. *Gemeinschaft über alles!, wie es hieß:* – Ein banales Motto zwar, aber offenbar mit nachhaltiger Wirkung!

Doch dessen ungeachtet fragte Robert sich, wie man das Überschreiten der *Millenniumsgrenze*, den kalendarischen Eintritt ins dritte Jahrtausend, wohl *NAK-theologisch* in die *Endzeit-Agenda* einordnen würde. Demnach hätte die „sechste Zeit" um das Jahr 1800 geendet, und die „siebente Zeit" – die *letzte und gegenwärtige!* – liefe gegen das Jahr 2100 aus. Die allerdings solle lt. Mt. 24, 22 ja *um der Auserwählten willen verkürzt* werden. Eine Perspektive, die für Robert jedoch nicht mehr wie bisher fraglos im Raume stand.

Ein gewagter Schritt

Als er in der zweiten Jahreshälfte bei der BSH-Vertriebsleitung nachgefragt hatte, wie es um seine Chancen zur Norseeküste stünde, sagte man ihm, dass es dort für den Aufbau noch zu früh sei. Er möge zunächst in der Lüneburger Heide weiterarbeiten, zumal man für ihn auch noch keinen Nachfolger habe. Für ihn wiederum Grund genug, das Arbeitsverhältnis zum Jahresende zu kündigen.

Selbst auf die Gefahr hin, zunächst ohne Job und Einkommen dazustehn, war er mit Moni übereingekommen, nun kompromisslos ihre vormalige Heimatstadt anzusteuern. Als sie dort nochmals sondierten, wurde grade an dem Tage die neue große Kirche der Gemeinde *West* eingeweiht. Sie durften dabei sein! Ein eigenwilliger Bau mit außen wie innen überwiegend Rundungen statt Ecken, aber nicht weniger hell als die Kirche in Nord. Eine willkommene Gelegenheit auch, mit einigen alten Bekannten ein paar Worte zu wechseln.

Mehr als ein dickes regionales Telefonbuch hatten ihre „Sondierungen" allerdings nicht ergeben. Nachdem im Hauptpostamt keines zu kaufen war, hatte er in einer Telefonzelle eines aus der Halterung gelöst und mitgenommen. So konnte er bereits am darauffolgenden Tag damit beginnen, sämtliche Adressen herauszuschreiben, die für eine Bewerbung infrage kommen könnten.

Anfang Oktober schließlich die Einladung einer Bank. Die erste, die ihn wirklich interessierte. Insgesamt hatte er in über dreißig Bewerbungen seine Kenntnisse und Fertigkeiten unter dem Aspekt ihrer Nützlichkeit für das jeweilige Unternehmen herausgestellt, vor allem auch seinen Erfolgswillen und die Fähigkeit, sich fehlendes Wissen schnell aneignen zu können. Von den wenigen positiven Antworten schien ihm die der Bank am erfolgversprechendsten.

Ihre Zuversicht angesichts zahlreicher Ungewissheiten nährten sie aus der Erfahrung, dass *wer A sagt, auch B sagen muss* und dass nur Beharrlichkeit zum Ziel führt.

Ende Oktober beurkundeten sie den Verkauf ihres Hauses, in das sie sich gerade eingelebt hatten, und zehn Tage später in ihrer „alten", neuen Heimatstadt den Notarvertrag über den Ankauf eines Klinker-Reihenendhauses, eine sogenannte „Reichsheimstätte" aus dem Jahre 1938. Ein besseres, bezahlbares Haus war ihnen nicht untergekommen. Zudem hatte ihnen die Lage am alten Deich gefallen, von dem sie lediglich zwei weitere Siedlungshäuser trennten. Bis zum Badestrand waren es über den Trampelpfad auf der Deichkrone nur rund 300 Meter.

Dem letzten Hausbesuch des Priesters, Vater Karl sollte ihn begleiten, sah er mit besten Vorsätzen entgegen. Seiner Frau hatte er versprochen, diesen letzten Besuch auf jeden Fall harmonisch ausklingen zu lassen.

Aber wie lange ertrug er es, in gewohnter Pose *demütig lauschend* den viel zu oft schon erduldeten Monolog über sich ergehen zu lassen …? Diese ermüdende Endlosschleife über den unauflöslichen Zusammenhang von

Glaubensgehorsam und dem Angenommenwerden bei der täglich zu erwartenden Wiederkunft Christi? ...

Doch erst als er den Puls in den Schläfen spürte, Moni sich im Sessel wiederholt aus ihrer versteiften Haltung rührte und Vater Karl am Handgelenk die Armbanduhr hin- und herschob, intervenierte er. Er widersprach der den Raum längst wieder stickig füllenden Wortblase, wonach alle Gläubigen uniform und wie im Gänsemarsch nur in einer einspurigen Reihe ihren Segensträgern nach in den Himmel gelangen könnten. Der Priester möge sich doch bitte – so sein sich immer mehr in Rage steigernder Widerspruch – einmal Christus als die Sonne, als Mitte und Licht der geistigen Schöpfung vorstellen. Zu IHM, dem existenziellen Zielpunkt, wolle Gottes Geist jeden Menschen hinführen – aus welcher Richtung und unter welchen Umständen auch immer: zu einem Leben besserer, mitmenschlicherer Einsichten und Verhaltensweisen! – „Denn darin gerade ...", so Robert mit hochrotem Kopf, „erweist sich ja die Souveränität des Geistes Gottes: den Menschen losbinden von angemaßten Leitungsautoritäten, von systemischen Selbsterhaltungsmechanismen und daraus resultierenden Zwängen und Ängsten ..." Und weiter: *Dass allein das Liebesgebot Christi, als höchste Norm im gewöhnlichen Alltag, in die richtige Richtung weise und wir nur auf diesem Wege vor Gott und den Menschen legitimiert seien ...*

Es war wohl eher seine Leidenschaftlichkeit als das Bild, das er zu zeichnen versucht hatte, die sein Gegenüber still werden ließ. Erst als der ein weißes Taschentuch aus dem Jackett nestelte und an die Augen führte, bemerkte Robert, wie sehr er den andern getroffen hatte.

Betretene Blicke, Räuspern und ein Moment Schweigen. Suche nach vermittelnden Worten; das tiefe Seufzen des Andern, mit dem sich schließlich alle erhoben. Zu sagen war nichts mehr. Leise und stockend sprach der Priester das Schlussgebet. Und dann, beim Händereichen, lagen er und Robert sich in tiefer Bewegung im Arm.

*

Das Vorstellungsgespräch bei der Bank verlief gut. Danach der Besuch bei Bergmanns mit der Nachricht, dass er ab Januar 81 für die Bank eine Immobilienabteilung aufbauen würde. Gegen die führende Konkurrenz am Platz, deren Bilanz ohne das Immobiliengeschäft weniger gut aussähe. Eine enorme Herausforderung allerdings – für Robert nicht weniger als für die

Bank! Doch mahnte das mächtige Zentralgebäude der Konkurrenz den Vorstandsvorsitzenden mit jedem Blick, der von seinem Schreibtisch aus in diese Richtung ging.

Das für den Anfang vereinbarte Festgehalt allein reichte für die fünfköpfige Familie nicht aus. Doch mit dem 25-Prozentanteil aus der erwirtschafteten Provision könnte es gehen, wenngleich völlig offen war, In welcher Größenordnung sich das Geschäftsvolumen entwickeln würde. Jedoch In der Absicht, sich voll zu engagieren, war er das Wagnis eingegangen. Allein, *wie* er das anzustellen hätte, war ihm bis da noch nicht klar.

So betrat er am 2. Januar 1981, einem kalten, regnerischen Freitagmorgen, mit gemischten Gefühlen jenen Abstellraum im Dachgeschoss, in dem er, wie Herr Lahmann, der Vorstandsvorsitzende, ihn mit einer Mischung aus Erklärung und flachem Optimismus zu ermuntern suchte, erst einmal anfangen möge.

Vielleicht 20 Quadratmeter groß, war der Raum schäbig, eben ein Abstellraum, der sich zudem zur abfallenden Seite des Pultdachs noch verdunkelte. Tageslicht fiel allein durch zwei große Dachfenster ein; unter das eine, das sich nahe zur Tür befand, würde er wohl den alten Schreibtisch schieben, hinter dem jetzt ein einfacher Bürostuhl stand und gleich daneben, etwas zurück, zwei gewöhnliche Küchenstühle. Links neben der Tür vier vor die Wand gestellte Holzspinde, ähnlich, wie er sie vom Militär her kannte und weiter hinten, mehr im Dunkeln, noch ein paar Umzugskartons mit leeren Aktenordnern und Büroutensilien: Alles altes, ausgemustertes Zeug, das hier auf knarrigen Holzdielen eingestaubt vor sich hinstand. Sein Resümee, mit einem flüchtigen Blick ins Gesicht des Direktors: – Ein tiefer Seufzer, von einem Achselzucken und einer hilflosen Handbewegung noch unterstrichen.

Wieder im Fahrstuhl, versicherte der ihn in jovialem Ton jedweder Unterstützung. Er möge doch eine Liste aller benötigten Büroutensilien an Frau Merten geben, die dann alles Weitere veranlassen würde.

Die Einrichtung einer Immobilienabteilung hatte man den gut 100 Mitarbeitern in den neun Geschäftsstellen bereits vor einiger Zeit angekündigt. So registrierte er bei seiner Vorstellung in den Filialen neben einem gewissen Interesse an dem *Nichtbanker-Quereinsteiger* bei einigen auch Distanz und Skepsis. Doch auch von ihnen wird er einige bald schon als „Akquisiteure" für Verkaufsobjekte motivieren und in Supervising-Manier, wie er es beim BHW gelernt hatte, zu effizientem Einsatz anleiten.

Nach einem ersten „Facelifting" sah sein Büro schon anders aus. Zudem hatte er binnen Kurzem in zwei hölzernen Kästchen je eine Objekt- und eine Interessentenkartei angelegt, sodass er auch während des Telefonierens oder wenn Besucher auf den zwei jetzt gepolsterten Stühlen säßen, die erforderlichen Dateikarten sofort zur Hand haben könnte.

Ebenso, aber zunächst noch grob, ein Flussdiagramm mit allen denkbaren Arbeitsabläufen, das er sukzessive aus dem praktischen Betrieb heraus zu vervollständigen gedachte.

Zudem sah er sich der Forderung nach einem klaren Werbe-Profil gegenüber. Das Ergebnis war ein Anzeigenrahmen samt Immobilienlogo und Slogan, eine *Corporate identity* also, die seinen Inseraten einen unverwechselbaren Ausdruck verleihen und sich damit positiv von den Mitbewerbern abheben sollte.

Die Kommunikation mit dem Vorstand gestaltete sich eng und vertrauensvoll – ja, man ließ ihm völlig freie Hand, was in der Tat mehr war, als er erwartet hatte.

Mitte Januar dann der erste Auftritt in der Zeitung. Doch trotz eines halbseitigen redaktionellen Artikels, gefolgt von einer ersten großen Suchanzeige für Objekte, war die Resonanz mager. Als sich auch in den nächsten zwei Wochen außer ein paar belanglosen Anrufen nichts tat, ließ ihn das, ohne Rücksprache mit dem Vorstand, zu einer List greifen: Er setzte vier ersonnene, aufs Anschaulichste beschriebene Immobilien in die normierten Anzeigenrahmen und vor seine groß- und fettgedruckte Telefonnummer stereotyp den Slogan:

- Rufen Sie Herrn Wegner an! -

Als er Direktor Lahmann in der darauffolgenden Woche seinen Kunstgriff beichtete, hatten bereits erste potenzielle Verkäufer, denen die markante Objektpräsentation aufgefallen war, um einen Beratungstermin nachgesucht. Hingegen Kaufinteressenten, die einen Besichtigungstermin für die „potemkinschen" Immobilien wünschten, hatte er mit der Auskunft beschieden, dass die jeweilige Immobilie bereits nicht mehr verfügbar sei ...

Im Herbst dann, nach der Verlegung der Vorstandsbüros aus der ersten Etage ins Erdgeschoss, hatte er die beiden großzügig bemessenen Räume beziehen können. Die Büroarbeit erledigte fortan eine Mitarbeiterin. Da lag die Summe der Verkaufserlöse bereits bei über einer Million DM. Bei einer Vermittlungsprovision von 3 % plus Mehrwertsteuer ergab das bis zum Jahresende ein Jahres-Nettoeinkommen, das die zu Grunde gelegte Mindestsumme deutlich überstieg. Am Ende des dritten Jahres lag sein Umsatz über dem der führenden Bank, sodass er bereits im darauffolgenden Frühjahr, als erster Immobilienmakler in der Stadt, einen seinerzeit noch voluminösen Nixdorf-Computer neben seinem Schreibtisch aufgestellt bekam.

Doch im Juli noch, kurz nach seiner Rückkehr aus einem zweiwöchigen Familien-Urlaub im Allgäu, war der von ihm geschätzte Direktor Lahmann im Alter von nur 54 Jahren seinem Krebsleiden erlegen. Zu Hause, schon auf dem Sterbelager, hatte Robert ihn auf dessen Wunsch hin noch einmal besucht. Der noch im NS-Staat erzogene, kirchenferne Sportler und Agnostiker hatte mit ihm über den Glauben sprechen wollen, über christliche Hoffnung auf ein Leben nach dem Tod.

Gotteskind und Siedlerglück

Während sie von 1968 bis zu ihrem Wegzug 1975 in einem lupenreinen Arbeiterviertel gelebt hatten – Anteil der Mietwohnungen um die 95 Prozent – begegnete ihnen hier, in der ab den 1930er Jahren errichteten „Siedlung", ein ganz anderer Menschenschlag. Einer, der sich selbstbewusst als „Siedler" definierte, Gemeinschaftssinn und Einsatz forderte und sich im Rahmen des „Deutschen Siedlerbunds" als Mitglied einer sozial aktiven Gemeinschaft wusste.

Das alles hatte seine Wurzeln im „Reichsheimstättengesetz", wonach man in der Not der Zwanzigerjahre damaligen Werftarbeitern Parzellen zugewiesen hatte, auf denen sie als sog. Selbstversorger neben der Kleintierhaltung Obst und Gemüse anzubauen hatten. Die Grundstücke maßen zwischen 600 und 1000 qm, zumeist schmal und lang, und den schweren Boden eingedeichten Watts zu beackern erweist sich teils bis heute als Plackerei und ist nur mit Mühe zu bewältigen.

Die in Typen-Klassen errichteten Siedlungshäuser, zumeist Klinker-Doppelhaushälften, entsprachen bei 75 bis 90 qm Wohnfläche plus Stallteil den grundlegenden Bedürfnissen ihrer Bewohner. Zudem schützte das Reichsheimstättengesetz bis zu einem gewissen Grad vor Gläubiger-Zwangsmaßnahmen. Für die Ausgeber der Heimstättengrundstücke, nach dem 2. Weltkrieg i. d. R. die Gemeinden, das Land oder der Bund, sah das Gesetz ein Vorkaufsrecht vor, und zwar sowohl im Falle regulärer Eigentumsübertragung durch Verkauf bzw. Erbfall wie auch, wenn der Gebrauch einer Siedlung den entsprechenden Richtlinien deutlich zuwiderliefe. Obwohl die Vorgaben zur Bewirtschaftung nach dem Krieg infolge rasch ansteigenden Lebensstandards bald ihren ursprünglichen Sinn verloren, sollte das Reichsheimstättengesetz noch bis 1993 in Kraft bleiben.

Der Umzug in das Endhaus am Deich war im Dezember 80 erfolgt. Zwei Wochen zuvor waren sie mit dem fünfjährigen Jens noch einmal angereist, um die letzten Räume zu tapezieren. So waren sie überrascht, als unvermittelt der Gemeindevorsteher, wie meistens auf seinem Fahrrad unterwegs, in der Tür stand. Im Gegensatz zu den verstörenden Erfahrungen mit Priester Emrich in ihrer Heimatgemeinde fassten sie das als gutes Zeichen auf – zumal seine Bemerkungen über das furchtbare Erdbeben in der süditalienischen Region *Irpinia*, das erst wenige Tage zuvor mehr als 2.900 Menschenleben gefordert und über 300.000 Menschen obdachlos gemacht hatte, eine empathische Haltung erkennen ließ:

„... Von wegen wir Gotteskinder brauchen keine Angst zu haben und der liebe Gott würde uns in allem Unheil bewahren ... Und was ist jetzt mit den Geschwistern dort ...? Wenn ich nur daran denke, was wir im Kriege als HJ-Flakhelfer für Angst hatten und wie viele Glaubensgeschwister unter schlimmsten Verhältnissen ums Leben gekommen sind ... Aber leider gibt es immer wieder Brüder, die einen solchen hanebüchenen Unsinn predigen ..."

Im Gegensatz zu seinem um ein Jahr jüngeren Bruder Ernst war Franz, jetzt Mitte 50, eine ausgeglichene Frohnatur. Doch verfing sein rustikaler Charme nicht bei jedem. Wie sein Bruder Telefonist in der Marine-Vermittlung, gründete die Zufriedenheit seines Daseins auf drei Säulen: 1. Neuapostolische Kirche – 2. Familie – und 3. das heimische Siedlermilieu! – Gut einsachtzig groß, schlank und unter der schlohweißen Haarpracht das gut geschnittene, freundliche Gesicht, ließ ihn das auch in einer größeren Anzahl schwarzer Anzüge positiv hervortreten. Dass Bildung, Interessen und Sprachkompetenz nicht weit über seinen Lebenskreis hinausreichten, wusste er durch Witz und Schlagfertigkeit auszugleichen. Die Lektüre im Haus beschränkte sich im Wesentlichen auf Bibel, Gesangbuch und aktuelle Kirchenpublikationen sowie den „Siedlerboten" und die städtische Tageszeitung.

Seine Frau, die ältere Schwester von Bruder Ernstens Gerda, die er gern vor anderen mit nicht immer ganz fairen Anekdoten und Bemerkungen neckte, wusste seinen oft machohaften Attacken immer wieder eine humorige Wendung zu geben. Zusammen sah man die beiden zumeist einträchtig daherkommen, oft Hand in Hand, Franz wegen eines Hüftleidens leicht hinkend und seine Margot mit dem ihr eigenen kleinen Lächeln im Gesicht.

In der gut 110 Seelen zählenden Gemeinde waren sie freudig aufgenommen worden, zumal sie den meisten aus ihrer Zeit in der Nachbargemeinde noch gut bekannt waren, ja, mit einigen nach wie vor befreundet. Eine lebendige Gemeinde: Gottesdienstbesuch sonntags und mittwochs zwischen 80 und 95 Prozent! Und obwohl sie mit dem Vorsatz angetreten waren, sich nicht mehr groß zu engagieren, sangen sie bald schon wieder im Chor, ließen sie sich in die Schmückgruppe einfügen, Moni noch in die Putztruppe, und Robert ging, soweit es seine Zeit erlaubte, sowohl wieder mit *in den Weinberg* wie auch zur Gartenarbeit. Kurzum: Sie waren wieder voll dabei! Jedoch nicht aus Gründen des Glaubensgehorsams, sondern ausschließlich der hier vorherrschenden familiären Gemeinschaft wegen – weil sie sich in diesem weithin spannungsfreien Milieu schlichtweg wohlfühlten.

Obgleich die meisten von ihnen Mitglieder im *Deutschen Siedlerbund* waren und einer der Siedler-Ortsgruppen zugeordnet, nahmen sie doch an den übers Jahr verteilten Aktivitäten nicht teil. Auch nicht an den Schmück-Aktivitäten zum alljährlichen *Siedlerfest*, zu dem sich regelmäßig über zwanzig fantasievoll gestalteten Festwagen in einem eindruckvollen Umzug präsentierten. Schließlich galt auch hier: – *Gotteskinder sind nicht von dieser Welt!* ... Aber Zuschauen ging! Und auch das Auffangen oder Aufsammeln der von den Festwagen mit vollen Händen geworfenen Süßigkeiten. So regte sich inmitten der vielen hundert den Festumzug Säumenden auch bei ihnen das Gefühl, Teil dieser solidarischen Siedlergemeinschaft zu sein – eine kleine Grauzone eben. Doch der Festplatz, das große Bierzelt, die Gasse aus Buden und ein paar lärmenden Fahrgeschäften waren für die meisten von ihnen tabu – auch für die Kinder und die *ganz Treuen* unter den Jugendlichen.

Ja – das NAK-Siedler-Milieu! – Wie früher wieder Besuche, Gespräche über Gott und die Welt, ernsthaft, aber doch nie humorlos. Anders eben als die meisten anderen Stadtgemeinden! Dafür aber gelegentliche Frozzeleien, dass das Glaubensleben in *gewissen Kreisen* eben doch von einer gewissen Laxheit sei ...

Auch die Kinder fühlten sich wohl! Nette Glaubensschwestern in der Sonntagschule und freundliche Brüder, die die Kindergottesdienste oder sonstigen Unterrichte leiteten. Aber ebenso gut tat dem fünfjährigen Jens die *Blaue Gruppe* im evangelischen Kindergarten! Der befand sich an derselben ruhigen Wohnstraße wie Kirche und Grundschule kaum 400 Meter von ihrem neuen Zuhause entfernt. Den Weg zur Realschule im Nachbarstadtteil legte die zwölfjährige Esther mit Freundinnen auf dem Fahrrad zurück, während die drei Jahre jüngere Karin noch für ein paar Monate zur Grundschule lief, um danach ihrer Schwester auf die Realschule zu folgen.

Aber obwohl sich die Familie unter den neuen Verhältnissen gut eingerichtet hatte, wurde Robert mit dem Haus, das sie gekauft hatten, nicht wirklich warm. Trotz großer, sonnenoffener Nordwest-Terrasse und geräumiger Garage war ihm alles das irgendwie zu alt und nicht wirklich geheuer. Spätestens nachdem ein orkanartiger Nordost das große, schwere Giebelfenster aus der Verankerung gedrückt und auf das Ehebett geschleudert hatte, versuchte er Frau und Kindern die Vorzüge eines frei stehenden Siedlungshauses einzureden: Eine Zumutung, wie er wusste, angesichts des grade erst überstandenen Umzugs nach hier.

Anfang 82 zogen ihnen Monis Eltern, beide jetzt Mitte 50, mit der 13-jährigen Heike hinterher. Auch wegen der unerfreulichen Verhältnisse in der Heimatgemeinde. Im November 81 hatten sie ganz in der Nähe ebenfalls eine Doppelhaushälfte gekauft, die sie dann im Laufe des Jahres auf ihre Bedürfnisse hin modernisieren und durch einen Anbau erweitern werden, womit Monis Vater einmal mehr als exzellenter Handwerker beweisen würde!

Während dieser Zeite stürzte Jens mit seinem Fahrrad und brach sich ein Bein. Ein vierteljähriges Martyrium! Im Vollgips magerte das Bein stark ab, und der Juckreiz trieb den Sechsjährigen bisweilen zur Verzweiflung.

Dann tatsächlich die Chance, um die nächste Straßenecke eine *frei stehende* Siedlung zu kaufen: 782 qm Westgrundstück und kaum 350 m von ihrem jetzigen Haus entfernt! Die Kinder brauchten ihr gewohntes Umfeld nicht zu verlassen. – Allerdings: Urzustand 1939! Und nur 70 qm Wohnfläche gegen die jetzigen 120. Also wieder Um- und Anbau, und zwar von Grund auf! Dabei würde Robert selbst kaum Hand anlegen können, da ihn das Geschäft komplett in Anspruch nahm, auch an den Wochenenden – und auch sein diesjähriger Jahresurlaub würde dafür draufgehn.

Als sie sich im Februar 83 bei bitterer Kälte in die mickerigen 70 qm Altbau hineinzwängten, kamen selbst ihm Zweifel, ob er seiner Frau und den drei Kindern, ja, auch sich selbst, nicht doch zuviel zugemutet hätte. Das komprimierte Chaos halbwegs zu ordnen kostete Nerven und anfangs auch Tränen –, überdeckt schließlich vom Staub und Dreck der Abriss- und Aufbauarbeiten. Die erledigte zusammen mit Handwerkern aus der Nachbarschaft vor allem Horst Willems, ein bärenstarker Mitdreißiger aus der Gemeinde, und Monis Vater, trotz zeitweiliger Herzrhythmusbeschwerden längst wieder in Lohn und Brot, war Ernst Bergmann bei den Holzarbeiten zur Hand gegangen. Für die Bauaufsicht zeichneten ein paar Handwerksmeister gegen kleine Rechnung.

Kurz vor Weihnachten war das Wesentliche geschafft: Mit Anbau ein modernes 5-Zimmer-Konzept, einschließlich großer, heller Wohnküche – die Fenster nach Südwesten zu Terrasse und Garten hinweisend – sowie je einem neuen Bad im Erd- und Obergeschoss. Insgesamt wiederum 140 qm, jetzt jedoch in fast von Grund auf erneuerter Bausubstanz! Dazu die große, im Winkel angebaute Garage mit separatem Geräteraum und der breiten, gepflasterten Hofeinfahrt davor.

Noch während des Umbaus war Esthers Konfirmation zu bewältigen, gleichzeitig mit Heikes, als Monis Schwester zudem Esthers Tante und Busenfreundin. So fand sich die ganze Gesellschaft nach Gottesdienst und Restaurant-Mittagessen im Hause von Monis Eltern zusammen, ganz selbstverständlich mit dabei der Vorsteher, sein Bruder Ernst sowie ihre beiden Frauen. Dass die Konfirmation nicht, wie bei den meisten in ihrer Klasse, das Ende einer kurzen „Kirchenlaufbahn" bedeutete, verstand sich bei diesen Voraussetzungen von selbst. So sahen sie der *Aufnahme in die Jugend* mit großen Erwartungen entgegen, in einem sogenannten „Jugendauftaktgottesdienst", wenig später vom Bezirksältesten mit allen vierzehn Stadt- und Landgemeinden in der neuen, großen Kirche gehalten, die dabei aus allen Nähten zu platzen drohte. Beeindruckend wiederum der musikalische Rahmen aus Bezirks-Streichorchester, Jugend-, Gemischtem und Männerchor – ein Highligth, zu dem sich immer wieder auch gerne *Gäste* einfanden.

Irgendwann während der Bauarbeiten war auch Herr Kniffert, Vorstandsvorsitzender der Bank, auf der Baustelle erschienen, um sich den Baufortschritt anzusehen. Dann, mit Robert bereits wieder vor dessen Auto, seine unerwartete Frage:

„... Mein Gott, Wegner, nun erklären Sie mir doch mal, warum Sie unbedingt hier, in diesem, na sagen wir mal schlichten Wohnumfeld wohnen wollen ... Es gibt doch in der Stadt nun wahrlich bessere Wohnlagen ... Und Sie in Ihrer Position ..."

Die Frage hatte ihn überrascht, und so entgegnete er mit einem kleinen Lächeln:

„Weil wir uns hier in unserer neuapostolischen Kirchengemeinde so außerordentdentlich wohlfühlen – und vor allem auch unsere Kinder! Und weil uns verlässliche menschliche Beziehungen mehr bedeuten als eine gewisse Statusfixiertheit. Gesellschaftliche Anerkennung kann ich mir auch durch Leistung erwerben ..."

Eine Antwort, die jener so offenbar nicht erwartet hatte. Dann aber, nach kurzem Schweigen und indem er Robert mit hochgezogenen Brauen ansah:

„Ja –, meine Frau hat neulich in Kiel auch einer neuapostolischen Beerdigung beigewohnt – und war beeindruckt! Die große Antelnahme ... Und vor allem der Chorgesang! Alles sehr gefühlvoll und herzlich ...! Ja, ich glaub´ ich weiß, was Sie meinen ..."

Den Garten würde Robert nach und nach anlegen: Eine kleine Gemüseecke hinten rechts vor dem Zuggraben, Heckenrosen am Terrassenhang, Buchsbaumhecken, Haselnusssträucher und ein paar Ebereschen. Ein bereits respektabler Walnussbaum, den sie etwas später pflanzten, würde bald schon an hellen, warmen Nachmittagen den künftigen Sitzplatz auf dem hoch angelegten Terrassenhügel überschatten.

Mitte 85 dann, Garten und Terrasse noch im Rohzustand, Elkes Hochzeit! Die war jetzt 24 und hatte, nachdem sie als 12-Jährige von zu Hause abgehauen war, irgendwann in Oldenburg den gutaussehenden, aber leicht fipsig rüberkommenden Theo kennengelernt. Der war als jüngstes von drei Kindern nach Meinung seines *schlag*-fertigen Vaters nicht recht in die von ihm gewollte Spur gekommen. So hatte er nach einer miserablen kaufmännischen Abschlussprüfung schließlich noch eine Dachdeckerlehre absolviert, weil, wie er meinte, das Handwerkliche ihm doch wohl mehr läge.

Als Robert ihm im Hause seiner Schwiegereltern das erste Mal begegnet war, hatte ihn weder dessen schulterlanges Haar noch der, wie der stattliche Oldenburger ihn selbst bezeichnete, „Luden-Bart" befremdet, sondern der Jargon, der ihn jede seiner emotionalen Regungen mit dem Wort „Satan" einleiten ließ. Doch nachdem sie von Oldenburg in ihre Nachbarschaft übergesiedelt waren, veränderte er sich zusehends: Haare und Bart wurden kürzer und seine Sprache wechselte in einen angemesseneren Modus. Offenbar zeigen die Gottesdienste, die sie schon bald besuchten, Wirkung. Es schien ihnen gut zu tun, wie man sie in der Gemeinde aufnahm. Wohl auch, weil es der 27-Jährige in seiner aufgedrehten Art verstand, aus einem unerschöpflichen Repertoire an Witzen und Lachern jede Gesellschaft für sich einzunehmen. Zudem schien sein endloses Fragen echtes Interesse an ihrer Glaubenswelt zu bekunden: – erste Schritte in ein neues, besseres Zuhause ...? – Jedenfalls stand der bis da religiös indifferente junge Mann im Frühjahr 1985 zur Versiegelung vor dem Apostel. – *Theo ein Gotteskind, wer hätte das gedacht ...?* Wie er im neuen schwarzen Anzug dastand – ein unglaublicher Kontrast zu seinen ersten Auftritten in der Familie! Und Elke, seit Kindertagen der Kirche ferngeblieben, wieder als Vollmitglied aufgenommen. Beste Voraussetzungen, um sich wenige Monate später vor dem Traualtar und der großen Gemeinde das Ja-Wort zu geben.

Da beide mittellos waren, fand die Hochzeitsfeier in Wegners neuer Garage statt. Aufwendig geschmückt, war die auch von Theos angereister Familie als würdiger Festraum akzeptiert worden. So feierten 19 Personen bei Monis üppigem Essen, reichlich Getränken und fetziger Musik aus zwei großen Konzert-Lautsprechern eine überaus stimmungsvolle Hochzeit! Als gegen Mitternacht ein paar neugierig gewordene Nachbarn hereinschauten, waren die nicht wenig erstaunt, bei ihren geschätzten neuapostolischen Nachbarn ein dermaßenes Feiergetöse anzutreffen.

Theos schon ansehnliche Statur wurde von der seines zwei Jahre älteren Bruders noch übertroffen. Bis vor wenigen Jahren noch Justiz-Vollzugsbeamter im Mittleren Dienst, hätte der sich, nach allem, was Theo dazu angemerkt hatte, im Oldenburger Land zu einem erfolgreichen Neubau-Unternehmer gemausert.

Ein paar Wochen vor der Hochzeit hatte er sich telefonisch bei Robert gemeldet und angefragt, ob er sich und sein Unternehmen ihm einmal vorstellen dürfe. So war es zu einem ersten Treffen in der Bank gekommen und wenig später schon zu Sondierungen über mögliche gemeinsame Aktivitäten. Insofern war die Feier eine gute Gelegenheit, die persönliche Beziehung weiter zu festigen. Infolge einer Vertriebsvereinbaung hatte Robert dann auch bis Jahresende die ersten Neubau-Verträge verkauft: Der Beginn einer Geschäftsbeziehung, über die auch Theo, der *kleine Bruder* und gelernte Dachdecker, den Weg in den Immobilienvertrieb finden sollte.

Überhaupt ging es für Robert geschäftlich weiter bergauf. Das dokumentierte im Frühjahr 85 auch das Zeitungsinterview beider Bankvorstände über das voraufgegangene Geschäftsjahr:

„... *Nach wie vor entwickelt sich das Immobiliengeschäft (...) stürmisch. Das wird auf den eigens für diesen Bereich angeschafften Computer zurückgeführt. Denn trotz der schwierigen Lage auf diesem Sektor wechselten (...) Häuser, Eigentumswohnungen und Grundstücke im Gesamtwert von 11,9 Millionen Mark ihren Besitzer. Das waren (...) 27,9 Prozent mehr als im Jahr zuvor.*"

Robert war in seiner Funktion praktisch autonom. Lediglich über die Umsatzentwicklung wollte der Vorstand alle halbe Jahr informiert werden – kaum aber noch über das *Was* und *Wie*. Seine Reisekostenabrechnungen, einschließlich Flugtickets, etwa nach Borkum oder Stuttgart, wurden lediglich mit leicht hochgezogenen Augenbrauen zur Kenntnis genommen.

Entsprechend hatte sich sein Einkommen dem der Vorstände deutlich genähert, und sein Status im heimischen Immobilienmarkt war unbestritten. So folgte bald auch die Berufung zum ehrenamtliche Gutachter in den „Gutachterausschuss für Grundstückswerte" – für einen Quereinsteiger und Autodidakten quasi das Siegel für Fachkompetenz und Seriosität!

Irgendwann um diese Zeit hatte er begonnen, seinen Traum vom großen Gartenteich umzusetzen. Als Ausgleich für fehlende körperliche Bewegung, wie er meinte. Monis Befürchtung, sich dann wegen zu erwartender Frösche, anderen Kleingetiers und sommerlicher Mückenplagen womöglich nicht mehr in den Garten zu trauen, hatte er mit flapsigen Bemerkungen weggebügelt.

Es war heiß in jenen Urlaubstagen und der Teichbau eine üble Plackerei. 10 Meter lang und gute 5 Meter an der breitesten Stelle. Nur mit kurzer Hose bekleidet, hatte er mehrere Tage lang den schweren Kleiboden die gut 30 Meter in den Container auf der gegenüberliegenden Straßenseite gekarrt, um dann endlich mit vier Helfern die riesige schwarze Folie im Becken auszubreiten. Zuvor noch den mit Sand ausgepolsterten Boden nach letzten scharfen Gegenständen abgesucht – mit dem Gedanken im Kopf: – *Um Himmels Willen, nur kein Loch in die Folie reißen!* ...

Dann jedoch, spät am Abend und nach unzähligen Kubikmetern eingelassenen Wassers die übel aufsteigende Gewissheit: – *Die Folie ist undicht!* ...

Es folgten zwei Tage Frustpause. (*Allein schon die Wasserrechnung!*)

Dann Lecksuche und – endlich! – abdichten. *Hoffentlich das einzige Leck!* Wieder Wasser einlaufen ... – Schließlich der Triumph: Eine enorme Wasserfläche im Garten! Alle sind beeindruckt: die Kinder, Nachbarn, Freunde aus der Gemeinde und sogar – seine Frau.

Die Ausgestaltung des Teiches zu einem schilfumflorten Biotop würde peu à peu weitergehen. Was aber die Frösche und Mücken betraf, kam es genau so, wie Moni es befürchtet hatte ...

Später würde er noch einen zehn Meter sich durch Steinbeete schlängelnden Bachlauf anlegen, welcher dann, mithilfe einer elektrischen Pumpe, leise gluckernd von dem auf der Terrasse aufgemauerten Brunnen wieder in den Teich hinabfließen sollte.

*

Von solchen Aktionen abgesehen, verlief alles in gewohnten Bahnen. Wie für die viereinhalb Millionen Neuapostolischer weltweit, beherrschte „das Werk Gottes" auch im Einzugsbereich der 96.000-Einwohnerstadt den Alltag ihrer Gläubigen, nicht selten bis in die Träume hinein. Dabei immer den Blick nach *oben* gerichtet, zum Stammapostel hin, zum Bezirksapostel: in die komprimierte Abfolge von Aktivitäten in Gemeinde und Bezirk. Irgendwie war man immer irgendwo eingebunden oder betroffen, auch die Kinder und Jugendlichen –, was jedoch im Wohlfühl-Milieu der Gemeinde als normales, aktives Glaubensleben wahrgenommen wurde. Der verinnerlichte Aspekt der nahen Wiederkunft Jesu ließ die gesellschaftliche Absonderung nur als logische Konsequenz erscheinen, was auch das Bedürfnis nach Kontakten mit Außenstehenden weitestgehend reduzierte. Eine Distanz, die als Konzentration auf das Wesentliche, als essenziell aufgefasst wurde.

So schrieb ganz in diesem Sinne etwa ein Bezirksvorsteher anlässlich „30 JAHRE APOSTELBEZIRK BREMEN!" – abgedruckt im Jugendrundschreiben *11/ 1983* – wo es unter anderem heißt:

„Herzlich geliebter Apostel !

Mit bewegtem und dankbarem Herzen möchte ich Ihnen zu Ihrem Segenstag ein paar Zeilen schreiben.
    Heute jährt sich zum 30. Male der Tag, an dem Sie vom Stammapostel J. G. Bischoff das Bezirksapostelamt empfangen haben. (...)

Allein schon das selige Wissen, jetzt haben wir in unserem Bereich, dem neugegründeten Apostelbezirk Bremen, auch einen Bezirksapostel, hat alle Gotteskinder wohl glücklich und dankbar gestimmt.
Heute, nach 10.957 Tagen, ist uns allen wohl so recht bewusst geworden, was uns damals die Gnade und Liebe unseres Gottes bereitet hat!
Es mag vielleicht auf den ersten Blick seltsam anmuten, wenn hier einmal mit Tagen diese Zeit uns vor Augen geführt wird. Ein kleiner Einblick über die Tragweite und die Bedeutung von 30 Jahren Wirksamkeit als Bezirksapostel wird in etwa deutlich, wenn man sich einmal <u>einen</u> Arbeitstag, z. B. den gestrigen Montag, vor Herz und Seele stellt! Jeden Montag dürfen wir als Gemeinde- und Bezirksvorsteher ohne besondere Anmeldung zu Ihnen in die Verwaltung kommen. Wie sind wir dafür dankbar!
Lieber Apostel, gestern sind Sie von morgens 9 Uhr bis am späten Abend 23 Uhr (...) nicht aus Ihrem Besucherzimmer herausgekommen. (...) so war es und so ist es fast jeden Montag! (...) Die Pflege der Amtsbrüder und der Jugend liegt Ihnen dabei so ganz besonders am Herzen; das können wir stets dankbar verspüren. Immer wieder suchen Sie nach neuen Mitteln und Möglichkeiten, die Anvertrauten zu stärken, in der Erkenntnis zu fördern und sie zu erfreuen. Kindlichgläubig und in herzlicher Liebe schauen Sie dabei auf zu Ihrem Sender in unserem Stammapostel.
(...) Wir haben nicht gesehen, wie oft Sie unter Tränen gerungen haben. (...) Aber Ihre Kraftquelle, das Herz Ihres Senders, sprudelte allezeit so mächtig in Ihnen, dass alle hineingelegten Belastungen hinweggeschwemmt werden konnten. (...)
In der wohl schwersten Stunde des Werkes Gottes, im Jahr 1960 [16], haben Sie allen anvertrauten Brüdern zugerufen: ‚Ich bleibe beim Herrn und reiche Euch meine beiden Hände!'
So möchten auch wir Ihnen heute zurufen: ‚Lieber Apostel, hier sind unsere beiden Hände, wir bleiben bei Ihnen, beim Stammapostel und beim Herrn! Vor uns liegt die entscheidendste Etappe unseres herrlichen Glaubens, die letzten großen Schritte zum Ziel.' Das dürfen wir Ihnen heute aus einem freudigen und dankbaren, glücklichen Herzen entgegenrufen. (...) Es grüßt Sie herzlich Ihr Sie liebender, dankbarer (...)" (Unterstreichung im Original; Auslassungen vom Autor.)

Als Motivationsinstrument bzw. Stimmungsbarometer war die Bedeutung des in der Verwaltung redigierten und hektografierten Jugendrundschreibens gar nicht hoch genug einzuschätzen! Auf den Hauptartikel – zumeist ein Auszug aus einem Stammapostelgottesdienst oder ein sonstwie bedeutsamer Artikel, etwa über die Missionsarbeit – folgten Auszüge aus darauf bezogene Zuschriften, oft bis zu 40 an der Zahl auf zumeist 10 bis 20 DIN A4-Seiten. Auch Roberts Beiträge tauchten auf. So z. B. als Stammapostel Urwyler 1984 einen Bischof für den Apostelbezirk Bremen eingesetzt hatte: den Sohn des Bezirksapostels, promovierter Jurist und jetzt im 40. Lebensjahr. Er schrieb:

„Lieber Apostel!

Wie waren wir gestern (und sind es noch) mit Ihnen so tief bewegt über die herrliche Tätigkeit der Baumeister Gottes an dem Tempelbau unseres inwendigen Menschen hier im Apostelbereich Bremen!

Das, was gestern – Ostern 1984 – durch unseren Stammapostel und die Apostel in unserer Mitte gewirkt wurde, ist von der Liebe, die allein auf den Herrn gerichtet ist, als eine Begegnung mit ihm selber erlebt worden.
Wie wollte auch jemand ohne Liebe zu Jesum seine Stimme erkennen? ...
So empfangen wir alle guten Gaben allein aus der Hand des Herrn. Weil wir ihn kennen, kennen wir auch seine Gaben, denn sie dienen allein dem Bau seines Werkes, in das wir als lebendige Bausteine eingefügt sind.
Als solche Bausteine danken auch ich und meine Familie dem treuen Gott für die feste und bewährte Stütze, die dem Apostelbezirk Bremen durch die Gabe des Bischofamtes geschenkt ist. Darüber, lieber Apostel, freuen wir uns von Herzen mit Ihnen, dass Sie diese Stütze in Ihrem Sohn haben können, was ja wohl auch ein Geschenk und nicht selbstverständlich ist.
Nun gehen wir dankbar und geistlich gerüstet in die vor uns liegende Zeit: Unser Herr kommt! – dabei bleiben wir fest. (...)"

Was alle Zuschriften gleichermaßen kennzeichnete, war der devote Ausdruck, der sich schnell zu euphorischen Wendungen hochschrauben konnte. So schrieb etwa zum selben Anlass ein Gemeindevorsteher im Evangelistenamt u. a.:

„(...) Wir möchten darum unser Herz Ihnen, unserem Apostel, noch einmal ganz weit öffnen, weil wir die Glücklichsten und zugleich Reichsten auf dieser Erde sein dürfen.
So einen Stammapostel haben wir noch nicht erlebt. Die unerschöpfliche

Liebe zu allen Gotteskindern – besonders auch zu Ihnen – war so spürbar. Welch ein wunderbarer Weg der 'Geschichte' wurde mit uns gegangen. Man kann die drei markanten Stationen des Stammapostelwirkens so wunderbar miteinander verknüpfen: 'Aus der <u>Verführung</u> <u>errettet</u> für das ewige <u>von</u> unserem <u>Gott erbaute Haus</u> !'" (Unterstreichung im Original.)

Oder 1985, im Anschluss an einen Jugendgottesdienst, zu dem der Vorsteher einer Bremer Gemeinde schrieb:

„(...) Nach dem Gottesdienst habe ich mich gleich zu Hause hingesetzt und versucht, das Gehörte auf einen Zettel zu schreiben. Damit habe ich ein weiteres 'Amtsblatt' und werde davon reden, rühmen und zeugen, was Sie, lieber Apostel, gewirkt haben (...)"

Abschließend noch ein Auszug aus dem Jugendrundschreiben 12/1985, übernommen aus dem Apostelbezirk Hannover, der das durch frühe Prägung gewirkte Verhältnis „treuer Gotteskinder" zur „Welt" widerspiegelt:

„(...) Im Religionsunterricht, den ich betreuen darf, sind zwei Mädchen und ein Junge, die in dieselbe Schulklasse gehen (Orientierungsstufe). Bei sich bietenden Gelegenheiten wies ich die drei immer wieder darauf hin, welche 'große Macht' sie doch zu dritt in der Klasse seien. Dies sollten sie nutzen und in allen Belangen fest zusammenhalten, um auch der Umwelt ein leuchtendes Beispiel zu geben.

Nun stand eine Theaterfahrt an. Der Lehrer hatte (...) alles vorbereitet (Busreservierung, Theaterkarten usw.). Eines Morgens offerierte er der Klasse:

‚In 14 Tagen fahren wir ins Theather nach Hi. (...) Ich gehe davon aus, dass alle mitfahren.' Zunächst großes Hallo und Zustimmung, aber der Lehrer hatte die Rechnung ohne unsere drei kleinen Glaubensgeschwister gemacht. Nachdem sich die Klasse etwas beruhigt hatte, meldete sich unser junger Bruder und sagte sinngemäß: ‚Herr T., Sie haben in Ihrer Klasse drei Kinder, die der Neuapostolischen Kirche angehören. In unseren Gottesdiensten wird uns aus dem Geist der Wahrheit gelehrt. Wir haben kein Interesse an einer Theaterfahrt und wollen uns das Märchenstück nicht anschauen. Es findet ja auch außerhalb der Schulzeit statt und kostet Geld.' Nun wurden die anderen in der Klasse ‚wach'. Zunächst ein Murmeln, dann entwickelte sich eine lebhafte Diskussion über das Für und Wider des The-

aterbesuches.
 Dazwischen immer wieder die Beteuerungen des Lehrers: ‚Es ist alles bestellt und organisiert, wir machen die Fahrt.' Da meldete sich noch einmal unser Glaubensbruder und sagte: ‚Ich schlage vor, statt der Theaterfahrt fahren wir an diesem Nachmittag mit dem Bus ins Badeland nach W. So können wir die Busbestellung aufrechterhalten. Die Karten geben wir an eine andere Klasse weiter oder an die Theaterverwaltung zurück.'

Man kann sich kaum vorstellen, was sich nun abspielte! Man ließ unsere drei kleinen Gotteskinder regelrecht ‚hochleben', so begeistert war man.

Das war die Idee!

Der Lehrer versuchte zwar noch zu retten, was zu retten war, aber die Klasse ließ sich von diesem Vorschlag einfach nicht mehr abbringen. Fazit: Während die anderen Klassen ihre Theaterfahrt machten, fuhr diese Klasse unter den neidvollen Blicken der anderen – so wurde berichtet – zum Baden.

‚Ihr seid das Licht der Welt'. Hier wurde es nicht unter den Scheffel gestellt, sondern man zeigte den Mut, sein Licht leuchten zu lassen.
R.R., See./Hann. 10/85"

*

Längst schon war der sonntägliche Gang zu seinen Schwiegereltern Routine geworden. Seit die Ende 82 ihre Siedlung bezogen hatten, spazierten Robert und sein Jens, jetzt 10, regelmäßig die gut zweihundert Meter zu ihnen hin, um die Zeit zwischen Gottesdienst und Mittagessen mit vertrautem Geplänkel zu füllen.
 Während Oma Ilse am Herd stand, die 17-jährige Heike mit Esther und anderen Jugendlichen zusammenhockte, fanden sich die Männer, je nach Jahreszeit und Wetterlage, entweder in dem die Schuppenreihe abschließenden Freisitz oder am Küchentisch ein: Ein Bier, der Junge eine Limo – bis erste Worte zwischen die Schnappgeräusche von Opas Zigaretten-Stopfgerät fielen. Wachsender Zigarettenberg. Robert rauchte seine eigenen. Draußen das Gurren der Tauben, vom Herd zischendes Fett unter der

röchelnden Dunstabzugshaube.

Jahrgang 1928 und 29, redeten Ilse und Erwin Meins eher wenig, er noch weniger als sie. Schließlich erste Anmerkungen über Alltägliches, Familiäres, dann Aktuelles, zumeist aus den Nachrichten. Wie jetzt, Anfang April 86: Bombenanschlag auf die Berliner Diskothek „La Belle"; Anlaufpunkt vieler US-Soldaten: 2 Tote und 200 Verletzte! Laut US-Regierung der Anschlag einer libyschen Terrororganisation.

Oder wenige Wochen später: Atom-Katastrophe im ukrainischen Tschernobyl! – Ein Vielfaches an radioaktiver Strahlung im Vergleich zur Hiroshima-Atombombe von 1948: Strahlungen, die, wie entsprechende Messungen bewiesen hätten, über Wind und Wolken bis nach Deutschland kämen. Dazu in den Köpfen die Horror-Szenarien der Medien, am schlimmsten der *BILD*-Zeitung, wie etwa über die nicht enden wollende Mordserie der RAF-Terroristen.

Dazu alles das im *Licht* des gerade im Gottesdienst gehörten „Wortes" – des quasi Generalschlüssels zum Verständnis des gegenwärtigen, endzeitlichen Zeitgeschehens! Und obwohl im Gottesdienst nie direkt benannt, traten die Katastrophen in den Köpfen der Hörer doch unweigerlich mit dem vom Altar Gesagten in Beziehung, um sich so in das vorgegebene Glaubensraster einzufügen.

Aber auch hier zwischen ihnen: Das jeweilige Thema wie ein Tennisball mit Worten befingert, hin- und hergewendet gemäß den je unterschiedlicher Perspektiven und Lebenserfahrungen, bis mitunter hin zu kleinen, doch hier und da auch spürbaren Dissonanzen.

Immer häufiger kam jetzt auch Theo dazu. Anfangs mehr als Zuhörer, dessen gelegentliche clowneske Einwürfe erheiterten, doch zunehmend auch mit ernsten Bemerkungen, oft allerdings nur, um das von anderen Gesagte noch einmal mit eigenen Worten herauszustellen. Für den 10-Jährigen Jens eine Bühne, die ihm die unterschiedlichen Ansichten seiner engsten Bezugspersonen zur Anschauung brachte – bis schließlich das dampfende Essen auf den Tisch kam und so die Runde jäh beendete. Fast jeden Sonntag dasselbe Prozedere; ebenso selbstverständlich wie Gottesdienst, Sonntagessen und der anschließende kurze Mittagschlaf. Um 19.30 Uhr werden sich dann alle wieder zum 2. Gottesdienst einfinden und bereits zwei Stunden zuvor die Jugendlichen zu ihrer Jugendstunde.

Obwohl im Grunde ein fröhlicher Mensch, öffnete sich Roberts Schwiegervater, der etwas rundliche, gutaussehende Allroundhandwerker, selbst bei

Familienfeiern nur langsam. Genauer: im Verhältnis etwa zum nach und nach konsumierten Alkohol. Entsprechend ließ der Endfünfziger auch seine Meinung vernehmen, jedoch nie dominant oder gar aggressiv – in Sachen Kirche ebenso wie zu politischen Fragen oder angesichts gesellschaftlicher Entwicklungen, die ihm gegen den Strich gingen. Worüber er hingegen überhaupt nicht sprach, war seine Kinder- und Jugendzeit. Allerdings ließen Andeutungen seiner Frau ahnen, dass sich da ein Abgrund schlimmer Erfahrungen verbarg. Doch an dieser Sprachlosigkeit begannen ab einem gewissen Alter alle seine sechs Kinder zu leiden; jedes auf seine Art, jedoch sein einziger Sohn, der schließlich im Leben gänzlich scheitern sollte, wohl am schlimmsten. Allein Moni, der Ältesten, hatte ihre Mutter einmal erzählt, dass er 1945 während der Vertreibung aus Polen wohl nur unter einem Haufen Leichen überlebt hätte. Mit knapp 16 hätte er mit ansehen müssen, wie zahlreiche Männer, Frauen und Jugendliche, darunter Freunde und Bekannte, von einem tobenden Mob grauenhaft misshandelt und totgeschlagen worden wären. Ein Trauma, das er nie losgeworden sei und das ihn immer wieder schweißgebadet aus dem Schlaf hochfahren lasse.

1992 endlich, nach einem kräftezehrenden Arbeitsleben, mehrfach von Arbeitslosigkeit unterbrochen, konnte er in Rente gehen. Aber da kränkelte er bereits, und der Notarzt hatte ihn mehr als einmal wegen akuter Herzinsuffizienz mit Blaulicht ins Krankenhaus fahren lassen. Trotzdem stellte er das Rauchen nicht ein, weil er meinte, das eine habe mit dem andern nichts zu tun. Während er sich anfangs noch bei Freunden und Nachbarn mit kleineren Reparaturaufträgen beschäftigen konnte, versank er, als auch das weniger wurde, zunehmend in depressive Stimmungen. Er grübelte dann über traumatische Erlebnisse, über Entwicklungen in der Familie, besonders die seines Sohnes und seiner Tochter Elke. Aber auch die Enttäuschungen in der Kirche lasteten auf ihm wie Blei.

Obwohl er das Trinken vom Bau her gewohnt war, begann er als Rentner heimlich mit härteren Sachen, peinlich darauf bedacht, sich nichts anmerken zu lassen. Ein stiller Kampf gegen quälende Gedanken und Empfindungen, dazu Panikattacken und ein immer häufiger auftretendes Unwohlsein im Brustbereich – seiner Frau gegenüber noch wortkarger, als er es ohnehin schon war.

Wenn es das Wetter erlaubte, war er stundenlang mit dem Fahrrad unterwegs: in den Wiesen, den Alten Deich entlang, überall, wo er mit sich allein sein konnte. Schließlich, nachdem er das nahe gelegene Golfgelände in seine Touren einbezogen hatte, begann er Golfbälle zu sammeln, aus dem

Feld hinausgeschlagene und im höheren Gras und unter Büschen liegengebliebene kleine, graue Kugeln, mit denen er nach und nach eine ganze Schublade seiner Werkbank vollbekam.

„Irgendwann kriegt man einen Blick dafür ...", hatte er einmal gesagt, „so wie früher beim Pilze suchen." Wie eine Trophäe hatte er sie dazu auf dem Küchentisch präsentiert, und seiner Frau war, als würde sich seine Gemütslage darüber ein kleinwenig aufhellen.

Im Frühjahr 86 war Karin konfirmiert worden. Auch das eine ihrer harmonischen Familienfeiern im Schoß der Gemeinde – auch schon mit *Horst* dabei, einem schlanken Studenten von ruhiger Wesenart aus dem Weserbergland, der irgendwann wie aus dem Nichts im Gottesdienst aufgetaucht war. Da hätte Esther, wie sie später preisgab, gleich auf den ersten Blick gewusst: – *Den wirst du heiraten!* – Das geschah dann auch, im März 87, und die Hochzeit, in einem namhaften historischen Gasthaus, wäre trotz ihres „weltlichen" Charakters, wie der Vorsteher und sein Bruder Ernst meinten, eine gelungene Feier gewesen.

*

Knapp ein Jahr zuvor hatte Robert ein Hotel gekauft. Jenen markanten dreigeschossigen Fachwerkbau, der, keine 500 Meter von ihrem Haus entfernt, an der Hauptstraße dem gewaltigen Rundbunker direkt gegenübersteht. Auf dem Weg in die Stadt passierte er das Hotel automatisch. Noch knapp ein Jahr nach dem Konkurs hatte es ihn Tag für Tag aus toten Fensterhöhlen angestarrt. – Bis sich dieser verrückte Gedanke festgesetzt hatte: Die Hotelzimmer in den beiden Obergeschossen zu Ferienwohnungen umbauen und ins Erdgeschoss eine original friesische Teestube ...

Monis Widerstand, die Bedenken sogar seines Schwiegervaters und ihrer *Segensträger* – alles wusste er zu relativieren und von sich abzuschütteln: Zu verlockend das in seinen Vorstellungen entstandene Bild! Er war fest überzeugt, damit am Beginn einer weiteren Erfolgsgeschichte zu stehen!

„Man muss auch mal etwas wagen ...!", hatte er Moni entgegengehalten. Ihrem Einwand, dass sie beide von Gastronomie und der Führung einer solchen Anlage doch überhaupt keine Ahnung hätten, hatte entgegnet: „Ja, und wie soll man die bekommen, wenn man sich nie auf etwas Neues einlässt und immer und überall jedem Risiko aus dem Wege geht...?"

Dabei war ihm von vornherein klar, dass er neben seinem beruflichen Engagement sich vielleicht noch um Werbung und Technik des Hauses kümmern könnte, der ganze gastronomische Bereich samt Vermietung der Ferienwohnungen aber Moni überlassen bliebe. Auch dass dafür an Lehrgängen mehr auf dem Zettel stehen müsste als nur der sogenannte „Frikadellenkurs", den das Gewerbeaufsichtsamt verlangte, war ihm bewusst. Aber da die Mädchen ja so gut wie flügge wären, bliebe ja nur noch der 11-jährige Jens. Und der könne doch nach der Schule statt nach Hause zum Essen auch ebenso gut in die Teestube kommen …

Schließlich ließ die Zusage ihrer Freundin Anke, das Abenteuer mit ihr zu teilen, Moni das Ganze etwas leichter werden. Jene große, liebenswerte Anke Hoppmann, die mit ihrer Familie 16 Jahre zuvor durch sie neuapostolisch geworden war und seitdem zu ihren engsten Freunden zählte.

Aber ein Fachwerkbau von 1937! – Nach nervenaufreibendem Hin und Her mit dem Bauordnungsamt endlich die Baugenehmigung. Den Umbau ähnlich organisiert wie drei Jahre zuvor den seiner Siedlung: ein paar Unterschriften von Handwerksmeistern; für Elektro und Sanitär reguläre Firmen, alles andere, und das war der Hauptanteil, dieselben Leute unter der kenntnisreichen Regie seines Schwiegervaters.

Nach einem guten halben Jahr, Ende März 87, die Eröffnung. Wie die Eintragungen im Gästebuch zeigen, machten die Frauen ihre Sache gut. Erste Stammgäste zeichneten sich ab, und auch die Vermietung der Ferienwohnungen nahm Fahrt auf. Doch war der Arbeitsaufwand für die Frauen ungleich höher als angenommen. Nicht selten konnten sie erst nach 22 Uhr schließen. So gerieten die gewohnten familiären Abläufe ins Schlingern, und es war kaum zu übersehen, dass der 11-Jährige Jens darunter zu leiden begann. Für Robert eine verkraftbare Begleiterscheinung, die sich seiner Ansicht nach aber in absehbarer Zeit geben würde.

Als noch während der Bauarbeiten, im Oktober 86, der Bezirksapostel zur Ruhe gesetzt worden war, bedeutete das für Robert eine Zäsur! Einerseits mit schmerzlichen Erinnerungen behaftet, andererseits aber auch die Entbindung aus einer 18 Jahre währenden Beziehung, in der jener ihm quasi zur geistigen Vaterfigur geworden war. Und zwar von einer Dominanz, der er öffentlich nie wirklich zu widersprechen gewagt hatte. Und so klingt in seinem letztem Brief auch etwas an von jener Bitternis des nie Ausgesprochenen, im Vakuum des Glaubensgehorsams Hängengebliebenen, wenn er darin anführt:

„(...) Es hat Krisen gegeben. Aber durch Ihr Wort und Vorbild haben wir immer wieder zurechtgefunden. So fällt es mir und auch meiner Familie nicht leicht, Sie nun in der bisherigen Position nicht mehr zu sehen. Es ist die Einsicht in die Unabänderlichkeit von Ereignissen und Geschehnissen, die mitunter schmerzt. Was geschehen ist, ist geschehen. Man kann es nicht ungeschehen machen. Und so entwickelt sich manches ganz anders, als man es geglaubt und gewünscht hat. Viele Vorstellungen und Hoffnungen mussten im Laufe der Zeit korrigiert und manche Einstellung und Position verlassen werden (...)"

Indes – die Zeit danach bekam für Robert eine neue Qualität! Nicht, dass er den Hamburger Bezirksapostel Knobloch, der nun auch dem Bremer Bezirk vorstand, als integren Glaubensmann infrage gestellt hätte. Aber das persönliche Band, die unmittelbare Dominanz des Vorgängers war entfallen und damit ein entscheidendes Vorzeichen seines künftigen Verhältnisses zu Amt und Autorität in der Kirche. Ohne Frage ein Stück weit Zugewinn an Authentizität und innerer Freiheit! Auch mit dem Ergebnis, dass er umso mehr auf die Vorgänge innerhalb des Werkes Gottes achtete, wie auch auf die große Weltbühne, dem, wie er glaubte, profanen Gestaltungsort göttlichen Willens und Wirkens.

*

Auf dieser Bühne belastete im November 86 CDU-Bundeskanzler *Helmut Kohl*, seit vier Jahren im Amt, das deutsch-sowjetische Verhältnis schwer. Sein Fauxpas: Die öffentliche Anschuldigung, der Sowjetführer *Michael Gorbatschow* stehe mit seiner Rhetorik dem NS-Propagandaminister Josef Goebbels in nichts nach.

Ausgerechnet *Michael Gortbatschow*, den viele seiner aktiven, auf Offenheit und Liberalisierung zielenden Politik wegen als Hoffnungsträger für den Weltfrieden sahen! Seine Begriffe *Glasnost* und *Perestroika* als Schlüsselworte für politische Transparenz und Offenheit auch in den westlichen Medien. Dazu auf seine Initiative hin die sich anbahnenden Abrüstungsgespräche mit den USA unter Präsident *Ronald Reagen*: In den Beziehungen der Großmächte eine überraschende Wende zum Positiven hin! Gottes Eingriff in das Weltgeschehen ...? Die öffentlichen Kommentare so unterschiedlich wie ihre weltanschaulichen Positionen! Doch es kam Hoffnung auf. Roberts gründete in seinem Endzeitglauben! Zu Moni hatte er während jener Tage gemeint – und zwar durchaus ernst: „... Wenn ich mir das Agieren dieses ´Michael´ auf der Weltbühne ansehe, dann drängt sich mir fast die Figur des biblischen, gottgesandten ´Michael´ auf –, des Erzengels aus der Offenbarung Johannes ..., du weißt schon ..."

Ein Gefühl, ein Ahnen – ja, ein *Sehnen danach, Gottes Hand im Weltgeschehen wahrzunehmen* –, das selbst die tagespolitischen Scharmützel und Katastrophen nicht auszulöschen vermöchten! Im Gegenteil. So wagte er im Herbst 87, kurz nachdem der Schleswig-Holsteinische Ex-Ministerpräsident *Uwe Barschel* unter dubiosen Umständen tot in einem Genfer Hotelzimmer aufgefunden worden war, die Prognose: „... Ich denke, dass auch die Berliner Mauer nicht mehr lange stehen wird ..."

Tatsächlich zeichnete sich bei den Großmächten die Bereitschaft ab, die Schwelle zu einer militärischen Konfrontation durch entsprechende Abrüstungsschritte herabzusetzen, indem sie die großen Konflikte in der Welt auf dem Verhandlungswege zu lösen versprachen: Denkbar gute Voraussetzungen, auch die innerdeutschen Beziehungen weiter zu entschärfen; ein Anliegen, dem sich der sowjetische Ministerpräsident zusehends öffnete. Erste Abkommen über die „friedliche Koexistenz zweier deutscher Staaten auf deutschem Boden" folgten, wie auch gegenseitige Staatsbesuche auf höchster Ebene. Doch die politischen Absichten sollten von den Ereignissen schneller und radikaler überholt werden, als man das in Ost und West überhaupt zu denken gewagt hatte.

Was sich ergab, war ein zeitgeschichtlicher Eilmarsch zu neuen, sich offenbar positiv auswirkenden Konstellationen weltweit, eine Tendenz, die allerdings die Wahrnehmungen vieler im *Werk Gottes* irritierte: Was geschah da eigentlich, und wie fügte sich das ins bisherige Bild ...? Obwohl sich die Gefahr eines globalen Konflikts zu verringern schien, war nicht allein Robert davon überzeugt, dass dennoch alles nach Gottes Plan auf die kurz bevorstehende „Vollendung" hinausliefe. Doch gleichsam über Nacht zerschlug sich seine Hoffnung, dass sich das noch unter dem von ihm verehrten Stammapostel *Urwyler* vollziehen könnte: Nach zehnjähriger Amtszeit folgte dem schwer erkrankten schweizer Hugenotten-Abkömmling im Mai 88 der gelernte Buchdrucker *Richard Fehr* im Stammapostelamt. Der, ein kleiner, eloquenter Mann, ebenfalls Schweizer, war zusehends bemüht, den durch alle Krisen hindurch gewachsenen Status quo der Kirche positiv auch ins öffentliche Bewusstsein zu rücken. So geriet die Ökumene in den

Blick. Zudem forcierte er Schritte zur Versöhnung der verschiedenen Apostolischen Gemeinschaften, die jedoch bald schon in der auf allen Seiten vorherrschenden Furcht vor Identitäts- und Machtverlust steckenblieben.

Das für Schweizer relativ problemlose Reisen in die Ostblockstaaten beförderte dort den Gemeindeaufbau spürbar! Einerseits ein Erfordernis, um die bedeutende Anzahl von DDR-Gemeinden mit annähernd 90.000 Mitgliedern als integralen Teil der NAK-International abzusichern sowie andererseits die Missionsarbeit in den sich wenig später öffnenden Ostblockstaaten anzukurbeln. So entstanden nach dem Zerfall der UdSSR auf deren ehemaligem Gebiet in relativ kurzer Zeit zahlreiche Gemeinden und Kirchenbauten – eine dermaßen unglaubliche Entwicklung, die die apokalyptische NAK-Endzeitdeutung gradezu zu bestätigen schien! Doch gelang es der in den 90er Jahren wiedererstarkenden russisch-orthodoxen Kirche schließlich mit staatlicher Hilfe, den Strom religiöser Eindringlinge aus dem Westen einzudämmen.

Ebenfalls 1988 trat der seit Oktober 86 auch für den Bremer Bezirk zuständige Hamburger Bezirksapostel *Knobloch* in den Ruhestand. In seiner ruhigen, hanseatischen Art hatte er binnen Kurzem die Sympathien auch der Bremer gewinnen können. Nachfolger wurde der niederländische Bezirksapostel *Gijsbert Pos*. Damit der sich intensiv um den großen Hamburger Bezirk kümmern könnte, in den der Apostelbezirk Bremen nun integriert wurde, war Ende 87 für die Niederlande noch *Gerrit Sepers* zum Apostel ordiniert worden. Der, vormals praktizierender Arzt, jetzt 41, galt vielen Niederländern als Hoffnungsträger und Nachfolger für Pos. Beide Holländer waren in den norddeutschen Gemeinden nicht nur gemäß neuapostolischer Nachfolgedoktrin *angenommen*, sondern äußerst beliebt. Ein wenig vielleicht auch wegen ihres niederländisch-deutschen Idioms, das ihren Predigten die spezielle Würze gab. Zudem machte Robert In Sepers´ Wort- und Schriftbeiträgen eine *Christuszentriertheit* aus, die sich für ihn wohltuend von ungezählten devoten Stammapostel- und NAK-systemi-schen Lobhudeleien abhob.

Es waren jene Jahre, in denen das rasante Wachstum des *Werkes Gottes* in für unmöglich gehaltene Zahlen gipfelte. Allein im Jahr 1988 wurden weltweit 24 weitere Apostel ordiniert, und nach NAK-Angaben strebte die Mitgliederzahl der 4,5 Millionen-Grenze zu – nicht zuletzt dank massiver Zuwachsraten in Zentralafrika. Endlosthema also auch bei ihren gegenseitigen Familienbesuchen – quasi als Pegel für den Stand der Entwicklung bzw.

als Messschnur für den schrumpfenden Abstand zum *nahen Tag* der *Wiederkunft Christi* hin. Beflügelnde Spekulationen somit, doch mehr der Männer, während die Frauen sich eher in die gewöhnlichen Gegebenheiten des Hier und Jetzt eingewoben wussten ...

In diesem Umfeld komplexer Betriebsamkeit in Haushalt, Geschäft und Glaubensmilieu war Moni doch nicht entgangen, dass ihr Junge sich immer mehr in sich zurückzog. Wie seine Schwestern besuchte der jetzt fast 12-Jährige die Realschule, jedoch in letzter Zeit ohne rechten Antrieb oder gar Begeisterung – ganz im Gegensatz zur Grundschulzeit! In Gesprächen fanden sie schließlich heraus, dass ihm die Behaglichkeit seines Zuhauses fehlte, vor allem die warmherzige Mutter als sichere Mitte seines sich allmählich ausdehnenden Kosmos´ mit seinen frühpubertären Angstschwellen. Auch ihr Angebot, ihm mehr Zeit zu widmen, vermochte ihn nicht aufzumuntern. Spätestens da begriffen die Eltern den Ernst der Lage. Das hieß für sie: Der gastronomische Betrieb musste so bald als möglich weg! Alles sollte wieder werden, wie es war und der Junge auf keinen Fall wegen einer unbedachten Weichenstellung nachhaltig leiden müssen.

Zudem gab es weitere Gründe, das Geschäft aufzugeben: Nach knapp einem Jahr lief es nicht so rund, wie sie gehofft hatten und auch die Betriebskosten lagen deutlich über dem, was sie kalkuliert hatten. Für alles das fühlte Moni sich verantwortlich -, eben weil sie wegen fehlender Professionalität der Sache nicht wirklich gewachsen wäre – was Robert allerdings anders sah.

Als sie Mitte 88 den Verkauf beurkundeten, vermochte der saldierte Verlust von gut 50.000 DM ihre Erleichterung über das Ende dieser Episode dennoch nicht zu mindern: Ihr Zuhause war wieder da, die warme Mitte der Familie und die sichere Regelmäßigkeit des Tagesablaufs. Aber auch – wovon sie später sagen werden, dass sie das nicht missen möchten: – Ein Erfahrungspotenzial, das ihnen helfen wird, künftige Entscheidungen besser zu begründen.

*

Klaus Weiß war wie Robert als junger Mann zur Marine gekommen. Bereits 1973, als Robert noch als Jugendleiter in der Nachbargemeinde aktiv war, hatte der Wiesbadener von *seinem* hessischen Bezirksapostel *Rockenfelder geschwärmt*. Der, durch interne Publikationen zur NAK-Geschichte und Lehre wie auch infolge zahlreicher Berichte über seine Missionsreisen in die biblischen Regionen – Türkei, Syrien, Libanon und Israel – galt als *Senior-Apostel* allgemein als Favorit für das höchste Amt in der NAK. Bis zur überraschenden Wahl des Schweizers *Urwyler* 1978! Möglicherweise war ihm seine Neigung zu *katholisch-apostolischen* Strukturen zum Verhängnis geworden. Denn danach sollte anstelle des Stammapostelamtes wieder das bereits skizzierte *vierfache Amt* gem. Eph. 4, 11-13 als die Kirche regierende Körperschaft eingeführt werden. Vorstellungen aus NAK-„Kindertagen", die zu der Zeit vor allem im süddeutschen Raum immer wieder aufblühen wollten.

Als Stammapostel Urwyler im April 84 den 80-Jährigen jedoch überraschend in den Ruhestand versetzte, munkelte man, dass das gegen dessen Willen geschehen wäre. Aber offenbar gab es neben dem theologischen Dissens noch einen weiteren: Der Wiesbadener Bezirksapostel hatte Kirchengelder in enormer Höhe auf drei geheimen Schweizer Konten gebunkert, von denen er, wie es hieß, über 500.000 DM für sich selbst abgezweigt haben sollte.

Wie Roberts Wiesbadener Freund weiter zu berichten wusste, tendierte Rockenfelders Sohn, der 1976 ebenfalls zum Apostel avancierte *Hermann Gottfried Rockenfelder*, theologisch in die gleiche Richtung. Als dann Stammapostel Urwyler nicht ihn zum Nachfolger seines Vaters als Bezirksapostel einsetzte, sondern den badischen Bezirksapostel *Klaus Saur*, verdichteten sich seine von der NAK-Doktrin abweichenden Ansichten schnell zu einer konspirativen Haltung. Spürbare Unruhe in der Hessen-NAK war die Folge, in der man zu der Zeit, allemal in den oberen Rängen, ein teils elitär-arrogantes Selbstverständnis pflegte, mit deutlichen Sympathien aus dem Stuttgarter Raum sowie darüber hinaus. Infolgedessen war Rockenfelder jun., nach wiederholten Abmahnungen vonseiten der hessischen Kirchenleitung und bald auch aus Zürich, 1985 zum Rücktritt vom Apostelamt gedrängt worden. Im Januar 89 dann, nachdem er mit Anhängern weiter Gottesdienste abgehalten hatte, der endgültige Rausschmiss aus der NAK. Vor allem aber war dem Ex-Apostel gerichtlich die Veruntreuung von mindestens 618.799,01 DM Kirchengeldern nachgewiesen und er lt. Urteil vom 02.06.1987 verpflichtet worden, diese Summe nebst 4 % Zinsen an die NAK Hessen zurückzuzahlen.[17] Dessen ungeachtet folgten ihm wenig später 140 Amtsträger und etwa 2000 Anhänger zur Gründung der „Apostolische(n) Gemeinschaft Wiesbaden e. V." Mit von der Partie etliche Anhänger aus dem Stuttgarter Bezirk sowie einzelne Familien bis hoch nach Norddeutschland und nicht wenige auch aus seinen vormaligen Missionsgebieten in Nahost und Afrika.

Robert war entsetzt! Je mehr Details und Zusammenhänge ihm bekannt wurden, desto unsicherer wurden ihm Glaubwürdigkeit und moralische Integrität der leitenden Amtsträger. Zumal dieser Skandal andere und ältere Informationen über zweifelhafte NAK-Interna zu bestätigen schien.

Seit seiner Studienzeit hatte er das Monatsheft „Materialdienst" bei der „Evangelischen Zentralstelle für Weltanschauungsfragen" (EZW) abonniert. Eine zuverlässige Informationsquelle immer wieder auch zu Vorkommnissen und Entwicklungen in der NAK. Doch die religionskundliche und theologische Literatur, die er im Laufe der Zeit angeschafft hatte, relativierte die vielen anfechtbaren Vorkommnissen in der NAK insofern, als sie ihnen ihren singulären Charakter nahm. Schlicht gesagt: Anderswo fand und findet Vergleichbares statt, wenn nicht gar in weitaus größerem Ausmaß ...

Nicht, dass das für ihn irgendetwas in der NAK rechtfertigte, doch bewirkte es eine gewisse Gelassenheit bei der Urteilsbildung. Er begann zu begreifen, dass es an einem objektiven Maßstab fehlt, um „Göttliches" von „rein Menschlichem" unterscheiden zu können. Selbst die Bibel taugt dafür nicht! Es sei denn, man ließe sich auf einen unsinnigen Biblizismus oder die Zirkelschlüsse irgendwelcher Glaubensrichtungen ein. Denn sowohl die Bibel selbst wie auch die „historisch-kritische Methode" bzw. andere exegetische Ansätze sind letztlich kaum mehr als zeit- und gegenstandsbezogene Deutungskonstrukte. Oder wer vermöchte die behauptete „göttliche Inspiration" der Bibel seriös nachzuweisen? Ja, gibt es überhaupt irgendwo auf der Welt nachweislich *übermenschliche* oder *überirdische* Quellen? Gar jener „Heilige Geist", den NAK-Apostel oder Geistliche anderer Provenienz in Ritualen zu „vermitteln" oder zu „spenden" versprechen ...? Sind kirchliche Traditionen und Theologie etwa nicht von dieser Welt ...? Wo doch ihre Entfaltung bis in die Ursprünge hinein zurückzuverfolgen sind, und kommt da wirklich mehr zutage als bestenfalls die Entstehung bzw. Entfaltung ethisch-moralischer Messlatten und Instanzen? Als zu „gut" und „böse" konnotierte Denk- und Verhaltensmuster, denen, von „geistlichen" Eliten in religiös-metaphysische Bildhaftigkeit gekleidet, der unanfechtbare Status von Transzendenz zugeschrieben wird? ...

Und als weiterer Prüfstein: *Vermag ein religiös geprägtes Bewusstsein häufiger und sicherer eine ethisch-moralische Haltung zu begründen als ein*

areligiöses ...? Und stellt sich ein religiöses Ego eher inhumanen gesellschaftlichen Deformationen in den Weg als sein humanistisches Pendant?
Da aber global in überwiegend christlich geprägten Gesellschaften sich heute eine Entwicklung zu säkularen bzw. humanistischen Tendenzen vollzieht, lassen dererlei Fragen sichere Antworten kaum zu. Doch seine eigene ethische Grundhaltung weiß Robert längst weniger in der NAK-Weltanschauung begründet als vielmehr in der Lebenspraxis seiner nicht glaubenden Großeltern. Grade die Erfahrungen der letzten Jahre hatten ihn gelehrt, weniger glaubend zu vertrauen, als sich auf das Risiko von *Versuch und Irrtum* einzulassen, sich gesicherter Informationen zu bedienen, um so zu angemessen Urteilen zu kommen. *Diese* Haltung war es, die ihn weitergebracht und gefestigt hatte – auch im Hinblick auf religiöse Fragen. Zwar mühsamer als einfach nur „kindlich" zu glauben, doch dafür umso befreiender, weil auf Nachvollziehbarkeit und Rechenschaft angelegt – nicht zuletzt auch vor sich selbst.

Trotzdem wirkten die eingeschliffenen religiösen Deutungsraster fort: sowohl angesichts weltweiter gesellschaftlicher Eruptionen, etwa das furchtbare Massaker auf dem *Platz des Himmlischen Friedens* in Peking mit mehreren Tausend Toten, oder auch das amoralische Ungleichgewicht monströser Investitionen in Raumfahrt und Militär angesichts von vor Hunger, Wassermangel und Gewalt dahinsiechender Massen. Denn was sich da vor den Augen der Welt abspielt, kann aus seiner Sicht nur als Ausdruck apokalyptischer Wehen verstanden werden!

Ein Jahr zuvor war es auch in der DDR zu ersten Bürgerprotesten und Demonstrationen gekommen: für mehr Bürgerrechte und Freiheiten, insbesondere, unbeschränkt reisen zu können! Aber trotz brutaler Stasi- und Polizeieinsätze mit zahlreichen Verhaftungen waren die Proteste friedlich geblieben.

Dann, ab Mai 89, auf dem ostberliner Alexanderplatz die monatlichen Aktionen und Demos gegen die Fälschung der Kommunalwahlen vom 7. Mai. In Ungarn und Polen hatten die Kommunisten bereits im Januar auf ihr Machtmonopol verzichtet. Als dann die Grenze zwischen Ungarn und Österreich fiel, später auch zur Tschechoslowakei, setzten sich Massen von DDR-Bürgern über Ungarn in den Westen ab. In der Prager BRD-Botschaft Hunderte Ausreisewillige, die mithilfe des bundesdeutschen Außenministers *Hans-Dietrich Genscher* die Genehmigung zum Verlassen der DDR erreichten. Dazu ab Anfang September die in der Leipziger *Nikolaikirche* veranstalteten *Friedensgebete* im Kontext der sich über das ganze Land ausbreitenden *Montagsdemonstrationen*. Binnen weniger Wochen versammelten sich mehr als 120.000 Teilnehmer, wenig später weit über eine halbe Million; der Druck zu einer politischen Wende erhöhte sich von Tag zu Tag – doch wo sollte das enden ...?

Gorbatschows Besuch der Bundesrepublik im Juni 89 hatte ihm die Bürger frenetisch zujubeln lassen. Vor allem seine Aussage: – *Die Mauer kann wieder verschwinden, wenn die Voraussetzungen entfallen, die sie hervorgebracht haben* – hatte „Gorbi" endgültig zum Hoffnungsträger, zum Idol der Menschen in Ost und West gemacht.

Schließlich sein historischer und sprichwörtlich gewordener Satz vom 7. Oktober anlässlich der Feierlichkeiten zum 40. Gründungsjahr der DDR: – „Wer zu spät kommt, den bestraft das Leben!" – Ein Appell an den stockkonservativen und reformunwilligen DDR-Staatschef *Erich Honecker* samt seiner Clique in Partei- und Staatsführung. Doch da war es bereits zu spät: Am 18. Oktober sah Honecker sich auf Druck von Parteigenossen gezwungen, von allen seinen Ämtern zurückzutreten.

Schließlich der 9. November! Kurz nach 18 Uhr Pressekonferenz in Ostberlin: *Günter Schabowski*, Parteisekretär für das Informationswesen, erklärt auf die Frage eines italienischen Journalisten, dass sämtliche bisherigen Reisebeschränkungen aufgehoben seien – und, wie er meinte: „... Ja, mit sofortiger Wirkung!" – Ein Missverständnis, wie sich herausstellen wird, und zwar in der Situation mit völlig unabsehbaren Folgen. – Oder doch auch ein schicksalhafter Eingriff von *höherer Warte*, von *oben* her ...?

Wie ein Blitz war die Nachricht in die Köpfe der DDR-Bürger gefahren – und in alle Welt hinaus! Ratlose Grenzsoldaten an den Ostberliner Übergangsstellen, ohne Befehle und Handlungsanweisungen vor den euphorisch: ... *Macht das Tor auf!, Macht das Tor auf!* ... skandierenden Menschentrauben. Die Nerven lagen blank. Gegen Mitternacht dann die Wende: Die Schlagbäume gingen hoch –, zuerst an der Bornholmer Straße, von wo aus sich der Strom jubelnder und feiernder Menschen in den Westteil der Stadt ergoss, von den Westberlinern ebenso ungläubig wie begeistert begrüßt und bejubelt ...

Das Ende der Mauer! Nach 28 Jahren tragischer Teilung der Stadt Berlin, Deutschlands und seiner Menschen – mit unzähligen Tränen und einer schmerzlichen Anzahl von Toten. Der Wind hatte sich gedreht, wie es *Bandleader Klaus Meine* von den *Sorpions* wenige Wochen zuvor als „*Wind of Change"* getextet und vertont hatte. Ein neues Kapitel deutscher, europäischer, ja, Weltgeschichte war aufgeschlagen! Eines, das die Menschen in Ost und West in der Hoffnung auf Frieden, Verständigung und Austausch zusammenzuführen schien. Und ein Jahr später dann, am 3. Oktober 1990, die endgültige Vereinigung beider deutscher Staaten.

*

Im Windschatten dieser Ereignisse hatte es auch im *Werk Gottes* für Roberts heimatliche Region eine Veränderung gegeben: In Lübeck war im Mai der 41-jährige Bezirksälteste *Eckehard Krause*, studierter Maschinenbauer, zum Apostel für Norddeutschland ordiniert worden. Sein Arbeitsgebiet würde im Wesentlichen den früheren Apostelbezirk Bremen umfassen, aber dazu auch Skandinavien, das Baltikum und Teile Russlands. Doch trotz der üblichen Lobhudeleien bei Apostelbesuchen fand Robert keinen Draht zu diesem Mann. Nicht dass er ihm unsympathisch gewesen wäre – so aber doch zu trocken und ohne jegliches Charisma, das seinen Predigten die gebotene Aufmerksamkeit zu sichern vermocht hätte.

Indes waren Roberts Endzeitkoordinaten überhaupt weiter in Bewegung! Jetzt Mitte 40, war ihm klar, dass ihm sein bisheriges Leben nicht einfach in den Kleidern hängen geblieben waren. Statt früherer Naivität nun die Fragen sich entfaltenden Wissens; anstelle der bis da geglaubten *Verfügbarkeit des Absoluten* – etwa durch Gebet oder „kindlichen Glauben" – nun sich verfestigende Skepsis. Bewusst somit die Bedingtheit eigener Wahrnehmungen und Empfindungen – auch des bis da als *göttlich* Geglaubten als kulturbedingter Reflex offener Lebensfragen. Ja, wie die Literatur erschöpfend darlegt: Auch die Erkenntnisse und Schlüsse der großen Philosophen und Religionslehrer sind zeitbedingt und ebenso wenig widerspruchsfrei, wie die heute agierender Philosophen und Theologen.

Dennoch ließen ihn die zunehmenden Fragen an die Grundlagen von Religion und ihre mannigfachen Wahrheiten am vertrauten Milieu aus Freunden und gewohnten Abläufen festhalten. Hieraus auszuscheren war für Moni und ihn, allein schon der Kinder wegen, keine ernsthafte Option.

Andererseits löste die aktuelle weltpolitische Entspannung die Vorstellung einer auf Sicht herangekommenen apokalyptischen Weltkatastrophe zusehends auf. Ohne die aber auch kein „rettendes Heimholen der Gotteskinder"! Stattdessen eine nun ins Endlose weisende Perspektive: Die Zukunft war wieder offen! Eine neue Realität zeichnete sich ab.

Doch mit dem Zerbröseln furchterregender Drohkulissen verloren nicht nur politisch Ewiggestrige und Scharfmacher, sondern auch die Ansprüche religiöser Weltbilder und Institutionen an Bedeutung. Für Kirchen und Religionsgesellschaften die Herausforderung, sich der mythischen Wurzeln ihrer dualistischen Weltsicht neu bewusst zu werden, ja, sie gründlich zu hinterfragen: Theologie mit dem Mut, ihre wissenschaftliche Seriosität unter Beweis zu stellen, indem sie die mit der Reformation begonnene *Entmythologisierung* entschlossen fortführt und in den offenen gesellschaftlichen Diskurs stellt. Eine Forderung umso mehr an solche Gesellschaften, die ihre totalitären Regel- und Disziplinierungswerke aus apokalyptischen Schreckensszenarien speisen, um daraus die angstbeladene Indoktrination ihrer Mitglieder zu legitimieren! Sie vor allem – will man die eigene Kern-Anhängerschaft nicht an den fließenden Zeitgeist verlieren – bedürften neuer narrativer Bilder und Plausibilitäten, um in einer dynamischen Bürgergesellschaft möglicht weiterhin unauffällig agieren zu können. Das sollte vor allem Systemen gelingen, deren Gläubige verordnete oder manipulierte Veränderungen an ihrer Weltsicht – und seien es solche um 360 Grad! – immer wieder als marginal und kaum bedeutungsvoll hinzunehmen gelernt haben. Etwa in der Neuapostolischen Kirche, in der weniger das gläubige Festhalten an überlieferten „göttlichen" Lehraussagen Heil verspricht, als vielmehr die *Haltung* einer durch nichts zu erschütternden *Nachfolge*! Nicht um aufgeschriebene Wahrheiten geht es da, sondern um Legitimierung und Verteidigung des eigenen Milieus! Alles andere, eben auch die Inhalte, werden psychisch rationalisiert und damit auch elementare Änderungen schnell rezeptiert. Zudem ist das *Gedächtnis des Glaubens selektiv und relativ kurz*! So braucht es längst keine Generation mehr, um zu verwischen, was man Eltern oder Großeltern zu ihrer Zeit noch im Detail als absolute Heilswahrheit zu glauben genötigt hatte.

Insofern war jetzt in den Gottesdiensten und Publikationen über die ungöttlichen Tendenzen des *Zeitgeistes* auch kaum anderes zu vernehmen als bisher, woraus zu folgern war, dass alles außerhalb dieses Gesichtsfeldes für das Seelenheil mehr oder weniger bedeutungslos wäre, somit etwas, worüber man sich auch nicht weiter den Kopf zu zerbrechen brauchte ...

Auf jeden Fall aber blieb die Gefahr an die Wand gemalt, mit dem Virus des neuen seichten, ja, „libertinistischen" Lebensgefühls infiziert zu werden – jene endzeitliche Gefahr, infolge derer sich Nachfolge- und Opferbereitschaft zwangsläufig zersetzen müsssen. Um dem entgegenzuwirken, wurde nun anstelle des sich verflüchtigenden Atomkrieg-Szenarios peu à peu das tödliche Gift von *Oberflächlichkeit und Gleichgültigkeit* diagnostiziert – als aktuelles Motiv der jetzt umso drastischer gepredigten nahen Wiederkunft Christi.

Heißt es doch in 1. Thessalonicher 5, 3:

„... Denn sie werden sagen:
Es ist Friede, es hat keine Gefahr, so wird sie das Verderben
schnell überfallen, gleichwie der Schmerz ein schwangeres Weib, und werden nicht entfliehen."

Ein Szenario, das auch in Robert noch wirkte und wonach er seine Wahrnehmungen immer wieder reflektierte.

Doch bei allen Gedanken um das *Große*, das *Ewige* versagte nicht zum ersten Mal sein Gefühl für das Wesentliche, das eigentlich Nächstliegende: – etwa die Zeugnisvergabe und Abiturfeier ihrer Tochter Karin! ...

„Da müssen wir doch nicht unbedingt dabei sein ...", hatte er zu Hause doziert, um dann mit Moni – gegen ihre bessere Einsicht – in Urlaub zu fahren. So wusste sich die 19-Jährige keinen andern Rat, als die Schwester ihrer Mutter, Elke, zu bitten, sie zur Zeugnisvergabe zu begleiten.

Auch dass sie dem Abi-Ball ferngeblieben war, war der Erwartenshaltung ihres Vaters geschuldet.

Etwa acht Wochen zuvor, im April 90, war Jens konfirmiert worden, und im November hatte Karin dann ihren *Ulrich* geheiratet: Der war 24 Jahre alt und Sohn des von Robert wegen seiner gradlinigen Art geschätzten Evangelisten Röben. Wenig später setzte der Apostel Ulrich ins Unterdiakonenamt.

Als Vorsteher einer der sieben Stadtgemeinden hatte sein Vater über die kleine Gemeinde der sich in seinem Arbeitsbereich sammelnden „Abgefallenen" regelmäßig schriftlich nach Bremen zu berichten. Ein Umstand, der Ulrich, als er später seinen Glauben zu reflektieren begann, zu schaffen machte.

Auf *ihrer* „Missionsinsel" Wangerooge hielten sie seit 1988 sonntäglich in einem Klassenraum der Grundschule Gottesdienste ab; ein Provisorium, das allgemein als ungenügend empfunden wurde.

Dann, bei einer Einladungsaktion Mitte 1990, war Robert ein leerstehendes Ladenlokal aufgefallen. Dem Kontakt zur Eigentümerin, einer Bremerin, der die NAK von zu Hause her nicht unbekannt war, folgte ein Mietvertrag über das komplette Erdgeschoss des zweieinhalbgeschossigen Klinkerbaus: drei geräumige Zimmer; eins mit Pantryküche sowie ein großes Bad und das ehemalige Ladenlokal als Gottesdienstraum – insgesamt gut 100 qm. Dazu ein Kellerraum und die große Terrasse. Und das mitten im Ortskern der stark frequentierten Urlauberinsel: – *Wenn das kein Segen ist!* ...

Eine Handvoll Rentner renovierte, während andere nach und nach Altar, Mobiliar und Schlafgelegenheiten für regelmäßige Übernachtungen rüberschafften. Dann endlich im Schaufenster das Schild mit Kirchenemblem und Gottesdienstzeiten sowie ein Plakat mit aktuellem Monatsspruch, das zum Gottesdienst einlud. Gut ein Dutzend Glaubensgeschwister hatten die minutiös geplanten Wochenendaktionen geschultert. Schließlich das Eröffnungsinserat im „Inselboten"; Handzettel in Briefkästen, auf Straßen und am Strand an Passanten verteilt.

Zum Eröffnungsgottesdienst reichten die fast 40 Stühle nicht aus; etliche Besucher mussten stehen. In den ersten Reihen 12 Sänger, dann einige „Pioniere" sowie Amtsträger und Kinder, die übrigen Besucher neuapostolische Urlauber. Von den eingeladenen Insulanern war keiner gekommen. Ansporn genug, die *Weinbergsarbeit* auf *ihrer* Insel umso intensiver fortzusetzen: Ein Aktionsprogramm, in das zahlreiche Gläubige über Jahre Hoffnung, Begeisterung, Geld und viel Zeit investieren sollten.

Zu den Höhepunkten zählten sommerliche Chorvorträge und Konzerte im *Rosengarten* sowie im Hotel *Hanken* – einige Male mit bis zu 150 Sängern und Instrumentalisten. Oft regelrechte Familienausflüge, deren erste Höhepunkte bereits die rund einstündige Fähr-Überfahrt und die anschließende Fahrt mit der Inselbahn waren.

Im Anschluss an die *Entschlafenengottesdienste* waren stets ein paar Amtsträger mit einer Handvoll Sänger zu stillem Gebet zum Friedhof gezogen, von woher dann vom Wind getragene Liedfetzen zwischen Dünen und Heckenrosen umherwandernde Besucher aufhorchen ließen.

Aber ungeachtet aller aufwändigen Aktionen blieb der Gottesdienstbesuch spärlich. Wohl waren während der Saison immer auch ein paar neuapostolische Urlauber da, aber *Gäste* kaum, und von den *Insulanern* war überhaupt nie jemand erschienen. Nachdem im Herbst und Winter oft nur zwei, drei Amtsträger und eine Handvoll Sänger im Gottesdienst waren, wurde „ihre" Insel schließlich im Oktober 2011 aufgegeben. Nur eine Episode in der regionalen NAK-Historie ...? Ohne Erfolg ...? – Nicht für die, denen ihre Erinnerungen daran die eigene Teilnahme vergoldeten!

Doch zurück in ihre Siedlung. Dort stirbt Ende 1990, an einem kalten, düsteren Tag, ihr aller Freund und Diakon, der jungenhafte Jugendleiter Gerd Brückner nach qualvollem Leiden an Leukämie. Im 42. Lebensjahr! Als Radartechniker im Marinearsenal war er sogenannten Röntgen-Stöhrstrahlen ausgesetzt. Doch die Marineführung bestritt den ursächlichen Zusammenhang mit Erkrankung und Ableben – und damit einen eventuellen Rechtsanspruch Hinterbliebener auf Entschädigung. Erst gut 10 Jahre später, 2001, sollten nach einer Reihe von Klagen und Gutachten die Ansprüche anerkannt werden. Für Gerds Witwe jedoch endgültig zu spät.

*

Zehn Jahre nach Roberts Einstieg bei der Bank hatte sich der Immobilienmarkt spürbar verändert! Die Konkurrenz war größer und aktiver geworden; die nächste Generation Computer- und Informationstechnologie entfachte den Wettbewerb neu. Dennoch lief es nach wie vor gut. Die Summe der von seiner Abteilung vermittelten Immobilienwerte hatte 1989 einen erneuten Höhepunkt erreicht. Für das laufende Jahr 1990 wurde ein vergleichbares Ergebnis erwartet. Die Provisionseinnahmen waren für die Bank zu einem bedeutenden Bilanz-Posten angewachsen, wofür er wiederholt vor der Vertreterversammlung belobigt und ihm zuletzt ein von der Bank anzusparender Bausparvertrag ausgehändigt worden war. Allerdings war ihm klar, dass er, um diese Umsätze halten und ausbauen zu können, einen weiteren Mitarbeiter brauchte, und zwar, wovon er überzeugt war – eine männliche Person!

„Warum bestehen Sie unbedingt auf einem Mann ...?", hatte Beyer, der Vorstandsvorsitzende wissen wollen. „Wir haben doch auch ein, zwei Damen im Haus, die sich bestens dafür eignen würden ..."

Doch er bestand auf einem *Mann*, weil, wie er zu überzeugen versuchte, es um den Aufbau eines weiteren Sektors ginge, einen, um den er sich bisher nur nebenher habe kümmern können: Gewerbeimmobilien und Mietwohnanlagen! Das fordere einen intensiven Einsatz sowohl für die Einrichtung entsprechender Parameter wie auch eines separates Marketingkonzepts samt daraus folgenden Akquisitionsaktivitäten. Das dürfe jedoch nicht zu Lasten des Primärbereichs Wohnimmobilien gehen, weshalb er einen Mitarbeiter wünsche, der für die überwiegend kommerzielle Anbieter- und Käufer-Klientel – in der Regel eben Männer – die nötige Akzeptanz besäße. Und dafür könne er kein nettes Fräulein oder eine auch noch so kompetente Bankkauffrau gebrauchen! ...

Obwohl für den Vertrieb der im Januar 91 eingetretene zweite Vorstand zuständig war, hatte er sich an Beyer gewandt, seit Direktor Lahmanns Tod Senior-Vorstand und Vorstandssprecher.

Von Dumke, dem Neuen, der auf den einigermaßen beliebten Knittler gefolgt war, hatten sich einige Mitarbeiter schon nach kurzer Zeit rüde angesprochen, ja düpiert gefühlt. Ein erfahrener, älterer Mitarbeiter, den er im Beisein von Kunden runtergemacht hatte, war mit hochrotem Kopf aufgesprungen und in die Toilette gerannt, wo man ihn schwer atmend und sich zitternd am Waschbecken haltend vorgefunden hatte. Den Leiter der Kreditabteilung, ein etwas spröder, zurückhaltender Kollege, hatte Robert kurz darauf im kleinen Kreis sagen hören:

„... Wenn das Schwein das bei mir machen sollte, werde ich ihm so eine in der Fresse hauen! ..."

Dabei hatte der stattliche Einmeterneunzig-Mann mit dem weich gezeichneten Gesicht anfangs positiv auf Robert gewirkt. Aufgefallen war ihm nur, dass die stahlblauen Augen selbst in emotionalen oder humorigen Situationen keinerlei Anteilnahme erkennen ließen. Vielleicht, weil sein eigener Redefluss sich immer wieder in Worten und Wendungen verhakelte bzw. durch ansatzweises Stottern gehemmt war? ...

Es war diese fehlende Empathie, die Roberts Hoffnung auf einen Chef vom Format seiner Vorgänger schwinden und ihn selbst auf Distanz gehen ließ. Schließlich eskalierte das Verhältnis, als er wiederholt vor Dumkes Schreibtisch zum Rapport anzutreten hatte, um sich dessen hochrotköpfigen Monologe anhören zu müssen. Eine derartige Ignoranz war ihm selbst bei der Marine nicht untergekommen! Aber schließlich billigte man ihm die gewünschten Personal-Suchanzeigen zu, sodass es im Frühjahr 91 zu einigen Bewerbergesprächen kam, die Dumke in Roberts Beisein leitete. Nach etwa einer Stunde dann regelmäßig dessen Resümee:

„... Der hat ja überhaupt nichts gesagt ...!" Oder: „... viel zu introvertiert! ... Der ...? Als Immobilienverkäufer ...? – Geht gar nicht!" – Und: „... Sie waren doch selbst dabei, Wegner: Der Mann hat mich doch andauernd unterbrochen ..."

Die Ursache war wie oft bei Leuten mit Sprachbehinderungen sein Drang, beinahe pausenlos reden zu müssen. Vielleicht im unbewussten Bemühen, einen Gedanken oder Satz endlich störungsfrei ausformulieren zu können ...? Bei Dumke jedenfalls schien das der Fall; denn von den etwa 60-minütigen Vorstellungsgesprächen betrug der Anteil seiner Monologe kaum je weniger als die Hälfte der Zeit!

Im Ergebnis wollte er keinen der Bewerber akzeptieren. Man wolle doch lieber im eigenen Haus nach einem geeigneten Aspiranten Ausschau halten. Folglich hieß es, Robert würde Bescheid bekommen, wenn es so weit wäre.

Dann Mitte Juni, ein Freitagvormittag auf der Herrentoilette. Unversehens sah Robert sich dem Vorstandsassistenten gegenüber, einem beflissenen Mann Anfang 30.

„... Oh, gut, Herr Kalinski, dass ich Sie treffe! – Herr Beyer hatte mir gesagt, dass Sie mir bis heute mitteilen würden, wer ab Montag meine Abteilung verstärken wird ..."

Darauf der so Angesprochene, indem er die Hände unter den aufheulenden Trockner hielt: – „Genau. Ich komme gleich zu Ihnen rein ..."

Als sie dann einander gegenübersaßen, Kalinski im Schreibset zwischen ein paar Büroklammern herumfingernd, um nach einer kleinen Pause, sein Gegenüber etwas von unten her fixierend, zu verkünden: – „Ja, ab Montagmorgen wird *Frau Kohl* bei Ihnen sein ..."

Robert hatte schlucken müssen und gespürt, wie ihm das Blut in den Kopf gestiegen war: „... Ja – aber ich hatte dem Vorstand gegenüber doch begründet ..."

Der andere unterbrach ihn: „Ja, schon. – Aber der Vorstand hat eben anders entschieden ..."

Als Kalinski sich dann erhob, die Augen seines glatten, fast noch kindhaften Gesichts offen auf Robert gerichtet, hatte der nach einem tiefen Atemzug erwidert:

„... Na gut, dann teilen Sie doch bitte dem Vorstand mit, dass ich ihm am Montag *meine* Entscheidung mitteilen werde ..."

Die Überlegungen, die er mit seiner Frau an diesem Wochende anstellte, lagen ihm sperrig in Kopf und Magen. Ihm war klar, um was es ging, und mit seinem Unbehagen meldeten sich auch Zweifel an der eigenen Courage. Vielleicht sollte er seine kompromisslose *Entweder–oder–Haltung* doch besser aufgeben ...? Letztlich half ihm Monis Sicht der Dinge zum entscheidenden Schritt:

„Bisher …", so hatte sie argumentiert, „… hat dir deine Arbeit doch wirklich Spaß gemacht; du bist voll darin aufgegangen, konntes im Wesentlichen nach eigenem Gusto schalten und walten und hast dabei Erfolg gehabt. Und dass alles hat dir gut getan! …" – Dann ihn mit gefurchter Stirn fixierend, mit leicht gehobener Stimme weiter: „… Und nun willst du dich diesem *Druck* aussetzen? – Den Umsatz halten und ausbauen, ohne dass man deinen begründeten Forderungen nachkommt …? – Heißt das nicht, dass man deine Vorstellungen – und vielleicht auch dich selbst – gar nicht mehr richtig für voll nimmt? – Und wie willst du die nächsten zehn Jahre mit Dumke klarkommen …? Einige haben doch schon gekündigt … Du wirst krank werden, mein Lieber – ich kenn´ dich doch! – Das alles solltest du dir wirklich nicht mehr antun! …"

Was ihn überrascht hatte, war Ihre Entschiedenheit. Seine sonst so sanfte Moni: So kannte er sie überhaupt nicht! Doch hatte sie genau den neuralgischen Punkt getroffen! – Aber er sträubte sich noch: – „Ja, wie … Und dann …? – Wenn ich das alles nicht will, müsste ich mich selbstständig machen … Ich bin 45! – Und ob das dann weniger Stress bedeutet, wage ich zu bezweifeln."

Sie sah ihn fest an: „… Ja. Aber das wäre dann positiver Stress. Der macht dich nicht krank, sondern hält dich auf Trab! – Und dein Alter und deine Erfahrungen sind doch Gold wert …! – Das bedeutet Kompetenz; das ist ja grade dein Kapital, und das weiß man hier in der Stadt zu schätzen … Du wirst das schaffen, davon bin ich überzeugt! …"

Am Montag reichte er seine Kündigung ein. Das Arbeitsverhältnis würde mit Wirkung zum 31.12.91 enden.

Als ein paar Tage später zu seinem Geburtstag neben einem Blumenstrauß ein edler Regenschirm auf seinem Schreibtisch lag, kommentierte Bayer das bei seinem morgendlichen Rundgang mit den Worten: „Na, den werden sie auch brauchen! Denn eins ist Ihnen doch wohl klar – oder wird Ihnen noch klar werden: Den Umsatz haben in erster Linie nicht Sie, sondern Sie nur in Verbindung mit der Bank gemacht! – Ohne die Bank werden Sie ganz schön im Regen stehn …"

Ein paar Tage später sah er sich vom Dienst suspendiert. Ab dem 1. Juli war ihm das Betreten des Büros untersagt. Zu Hause fieberhafte Überlegungen bei intensiver Gartenarbeit. Ein halbes Jahr Zeit, um ein angemessenes Büro zu finden und einzurichten: Hard- und Software, Mobiliar, Telefonanlage, Faxgerät – überhaupt die komplette Büroausstattung! Die wenigen Male, die er in der Bank noch mit der Abwicklung befasst war, hatte sich vom Vorstand niemand blicken lassen. Doch hatten ihn die meisten Kollegen und Kolleginnen mit ehrlichem Bedauern verabschiedet und ihm Glück gewünscht.

Als er sein neues Büro, keine 200 Meter Luftlinie vom bisherigen Wirkungsort entfernt, am 2. Januar 92 eröffnete, lagen bereits etliche Verkaufsaufträge auf dem Tisch. Einige Verkäufer hatten drei, vier Monate gewartet, um ihn nach seiner Selbständigkeit beauftragen zu können. Auch die meisten der in der Bank registrierten Interessenten hatten sich nach den ersten Verkaufsanzeigen wieder bei ihm gemeldet.

Nachdem Moni anfangs neben dem Telefondienst weitere administrative Aufgaben wahgenommen hatte, hatten sie wenig später noch einen jungen arbeitslosen Glaubensbruder angestellt. Doch war der den Anforderungen nicht gewachsen, sodass er Mitte 93 wieder ausschied. Dennoch lag der Umsatz am Ende des ersten Geschäftsjahrs bereits deutlich über dem höchsten bei der Bank!

Wenn das nicht Segen ist! ...

Während seine Umsätze sich kontinuierlich auf hohem Niveau stabilisierten, hatte sich die Bank zwei Jahre nach seinem Ausscheiden genötigt gesehen, die Immobilienabteilung zu schließen.

Schwiegersohn Ulrich hatte seine Anstellung als Techniker bei Siemens-Nixdorf aufgegeben, um in die junge Firma einzutreten: – ein Sprung ins kalte Wasser! – Weg vom rein Technischen, seinem eigentlichen Interessenfeld, hinein ins fremde Kaufmännische ...! – Aber würde das funktionieren? ... Doch der Schritt sollte sich als Glücksfall erweisen! Zunächst damit betraut, nach Roberts Maßgaben eine Hausverwaltung aufzubauen, die dann auch als Bauträgergesellschaft tätig werden sollte, würde er sein Talent doch bald schon im eigentlichen Vermittlungsgeschäft unter Beweis stellen. Bis Mitte 94 war die Firma dann auf fünf bis sieben Personen angewachsen; etwa der Zeitpunkt, zu dem Robert auch mit dem gewerbsmäßigen An- und Verkauf von Immobilien begonnen hatte.

*

Die Selbstständigkeit hatte sie von Anfang an ganz in Beschlag genommen.

Doch alles wie bisher eingehüllt in ihre geistige Welt; ihre ethischen Grundsätze veränderten sich auch unter den neuen Gegebenheiten nicht. Ebenso blieben die Sonn- und kirchlichen Feiertage, soweit es irgend ging, davon unberührt, zumal sie trotz der oft stereotypen und floskelhaften Predigten die Gemeinschaft mit einer ganzen Reihe ihnen bedeutsamer Menschen nicht aufgeben wollten.

Umso schmerzlicher Ende August 92 – als sie morgens grade im Begriff waren, ihre Urlaubsreise nach Österrreich anzutreten – die Nachricht vom plötzlichen Tod ihres väterlichen Freundes und Priesters Ernst Bergmann. Im 65. Lebensjahr. Welch ein Verlust für die Familie, für die Gemeinde! Für Robert ein Anker, der ihn in so manchem Sturm gehalten hatte und der ihm fortan fehlen würde...

Im selben Jahr wechselte Jens von der Realschule aufs Wirtschaftsgymnasium. Nach wie vor nahm er Orgelunterricht, sodass er zu den Abend- und Mittwochgottesdiensten hin und wieder den Gemeindegesang begleiten durfte. Ein paar Jahre zuvor hatten Möbelpacker eine in Bremen gekaufte Orgel unter größten Mühen die schmale, steile Holztreppe hochgequält, damit er in seinem kleinen Zimmer regelmäßig üben konnte. Zudem war ein Klavier, das sie im Geschäft eines Glaubensbruders in Friesland gekauft hatten, im Wohnzimmer aufgestellt worden.

Die Mädchen spielten längst in den Streichorchestern ihrer Gemeinden mit: Esther Cello in der großen Kirche in Tuttlingen und Karin hier im heimischen Gemeindeorchester Geige. Zudem sangen sie in den Gemeinde- und Bezirkschören mit.

Bereits 1991 war Karin zu ihrem ersten 10-tägigen Missionseinsatz nach Grönland geflogen (jenes Jahr, in dem Robert seinen ganzen Jahresurlaub in eine Festschrift zum 30-jährigen Jubiläum ihres Kirchenbaus investiert hatte), wohin Ulrich ihr im Jahr darauf mit einer kleinen Gruppe für 7 Tage gefolgt war.

Dann das Jahr 1993. Für die Familie sollte es so traurig enden, wie es unter guten Vorzeichen begonnen hatte.

Doch zunächst im Frühjahr Monis und Roberts Silberhochzeit: Eine unvergessliche Feier im Kreise von Verwandtschaft und Glaubensgeschwistern!

Wenig später die freudige Nachricht von Karins erster Schwangerschaft! Kleinere Komplikationen im Laufe der Zeit schienen nicht außergewöhnlich. Doch als Ende November der kleine Junge als Frühchen zur Welt kam, lebte er nicht länger als 24 Stunden, in denen Ulrich grade noch die Nottaufe vollziehen konnte. Verzweifelter Trost in der Hoffnung des Glaubens! Später würde es im Zusammenhang mit *Entschlafenengottesdiensten* heißen, dass *Max* sich als *gewachsener Junge gezeigt* habe. Eine Vorstellung, nach der sich menschliche Entwicklung *in den Ewigkeitsbereichen nicht anders als im Diesseits* fortsetze, also mit dem Tod mitnichten abgeschlossen sei. Ein Stück Glaubenslehre, deren Bedeutung und Wirkung sie nun in der eigenen Familie erfuhren: Entsprechende Fürbitten in Verbindung mit den von den Aposteln gespendeten Sakramenten würden auch im Jenseits eine Entwicklung zur Vollendung der Seele bewirken.

Ebensso intensiv wie in der Firma engagierte sich ihr Schwiegersohn in der Kirche! Ob in seiner Gemeinde, auf Wangerooge oder zusammen mit seiner Frau drei Wochen Missionsurlaub in Estland: Soweit möglich, war er voll und ganz dabei! Ab 1993 wie sein älterer Bruder im Priesteramt, sollten die Flüge nach Estland bald schon obligatorisch werden – bis 2005 insgesamt 61 Mal, d. h. fünf, sechs Mal im Jahr, meistens von Freitag bis einschließlich Montag. Abgesehen von aller sonst damit verbundenen Unbill opferte er – und damit auch seine Frau und später die Kinder – für jede Reise mindestens zwei Urlaubstage, also 10 bis 12 Tage pro Jahr. Doch das Bewusstsein, am weltweiten Wachstum des *Werkes Gottes* teilhaben zu dürfen, rechtfertigte jedes Opfer an Zeit und Geld. Ja – wie früher Robert selbst – wusste man sich gewürdigt, durch tätigen Glauben Gottes Segen und das Wohlgefallen der Segensträger auf sich zu ziehen. So, wie in dem alten Kirchenlied besungen:

„*Auf, lasst uns Zion bauen / mit fröhlichem Vertrauen / im Namen Jesu Christ. / Sein Reich muss größer werden, / so groß, dass auf der Erden / nichts, nichts mehr unvollendet ist.*"

Und weiter:

„*O rettet diese Armen / und führt sie aus Erbarmen / hin an den Segensort / wo Gott durch seine Boten / gibt Leben dann den Toten / nach der Verheißung wahrem Wort.*" ...

Eine Zeit, von der später in NAK-Annalen zu lesen sein wird:

„Nachdem ab 1990 der ehemalige Ostblock auseinanderfiel, (...) setzte eine intensive Misson der Neuapostolischen Kirche (...) insbesondere auch auf dem Gebiet der ehemaligen Sowjetunion (...) ein und viele Gemeinden entstanden. Während Stammapostel Fehrs Amtszeit war die Neuapostolische Kirche in nahezu allen Ländern der Welt tätig. Nur in wenigen – insbesondere streng muslimischen Ländern – gab es keine Möglichkeit zur Tätigkeit der Neuapostolischen Kirche."

Nachdem die NAK sieben Jahre zuvor ihre Mitgliederzahl noch mit rund 4,5 Millionen angegeben hatte, vermeldete sie für 1995 gut 8 Millionen, davon etwa 5 Millionen in Afrika und 2 Millionen in Asien, vornehmlich in Indien. Von den etwa 500.000 europäischen Mitgliedern werden rd. 400.000 für Deutschland verzeichnet und ca. 100.000 in anderen europäischen Ländern. Ebenfalls steigende Mitgliederzahlen wurden für den amerikanischen Kontinent und Australien angegeben.[18] Nicht zuletzt hatten zahlreiche Verlagspublikationen seit Mitte der 80er Jahre eine regelrechte Missionseuphorie befördert. Keine Ausgabe, die Robert nicht bestellt hätte: – etwa die lange Reihe reich bebilderter Apostel-Reiseberichte aus aller Welt, broschiert und oft über 200 Seiten stark. In teils mitreißende Beschreibungen begleitete der Leser die Protagonisten, zumeist Apostel mit ihren Helfern, bei ihren teils exotischen und gefahrvollen Einsätzen zur Gründung oder Pflege neuer Gemeinden. Oder, vergleichbaren Inhalts, Sondernummern von *Unsere Familie*, wogegen Sondernummern der *Wächterstimme* die Ordination immer neuer Apostel in sich immer weiter ausdehnenden Arbeitsgebieten anzeigen. Eindrucksvoll auch die großformatigen Bildbände „MARANATHA – UNSER HERR KOMMT. Die Entwicklung des Werkes Gottes unter Stammapostel Richard Fehr 1988 – 1998" sowie später der zweite Band „UNSER HERR KOMMT. Die Neuapostolische Kirche unter Stammapostel Richard Fehr 1998 – 2005". Ein weiterer Bildband unter dem Titel „…und lehret alle Völker" war bereits 1989 von der NAK Niedersachsen herausgegeben worden. Auch darin wird in kurzen Beiträgen die rasante Entwicklung in allen damals weltweit 19 Apostelbezirken aufgezeigt.

Vor allem die von Kanada aus gelenkten Aktivitäten zeigten Wirkung! Von den USA über Mittel- und Südamerika reichte das Missionsfeld von Apostel Kraus bis weit nach Afrika hinein und umfasste in Asien die Länder Pakistan, Indien, Bangladesh, Nepal, Birma, Sri Lanka, Thailand, Malaysia, Honkong, Südkorea, Taiwan, Japan und die Philippinen. In Europa unterlagen Großbritannien und Irland seiner Federführung. Überall fanden sich nach ersten Kontakten bald auch kleine Gruppen von Menschen, die sich, bei unterschiedlichsten kulturellen Voraussetzungen, der neuapostolischen Weltsicht von der heilsentscheidenden Bedeutung ihrer Apostel öffneten. Fast wie im Schnelldurchgang entstanden Gemeinden mit einfach strukturierten Gottesdiensten, in denen bibelgestützte Predigten mit scheinbar evidenten Wahrheiten den Weg aus dem prekären Jetzt in ein überreiches, göttliches Morgen wiesen. Chöre, deren Gesänge unterschiedlichste Horizonte emotional egalisierten und Taufen lediglich als Vorstufen zu dem als *Heilsbringer* und „Versiegelungsengel" angekündigten Apostel! All diese religiöse Geschäftigkeit immer auch als bedeutsame soziale Ereignisse aufgeführt, worin sich schließlich auch die „Namenlosen" wiederfanden, nicht selten mit dem Gefühl, an einer entscheidenden Station ihres Lebens angekommen zu sein. Entsprechend wurden weitere Amtsträger ordiniert und das *Opfer*, vor allem das finanzielle, als *Schlüssel zum Segen Gottes* gepredigt. Das plakative Kirchenemblem, an den zügig errichteten Kirchengebäuden nicht zu übersehen, als unverwechselbares Signal an die Öffentlichkeit: *Auch hier ist das „Werk Gottes" als integraler Teil gesellschaftlichen Lebens angekommen!*

So ist es der *Glaube*, der seine eigenen Realitäten konstruiert und konstituiert – unabhängig vom sozialen oder kulturellen Untergrund, auf dem er wächst! So lange jedenfalls, bis er sich von entgegengesetzten Erfahrungen, Realitäten und Konstrukten infrage gestellt sieht.

Eine Gemeinde weiter

Nach dem Abitur, im Frühjar 95, kam Jens zur Bundeswehr. Er landete bei den Fallschirmjägern, aber dort bereits nach einem der ersten Übungssprünge im Bundeswehrkrankenhaus. Anschließend durfte er bis zum Ende seiner Dienstzeit an der Küchenfront dienen, zum Glück nur 30 km von zu Hause entfernt, sodass er die meisten Wochenenden in vertrauter Umgebung verbringen konnte.

Während dieser Zeit verkauften sie ihre Siedlung, die 13 Jahre lang ihr geliebtes, warmes Zuhause gewesen war. Doch nach dem Auszug der Mädchen war ihnen angesichts der beruflichen Anforderungen die Pflege des Grundstücks zuviel und damit auch sinnlos geworden, und ein Gärtner, dem Robert bei seinen eigenen Ordnungsvorstellungen jedes Mal hätte nacharbeiten müssen, kam für ihn nicht infrage. So hatten sie sich für den Kauf einer acht Jahre alten Doppelhaushälfte entschieden, dessen Grundstück nur knapp 400 qm maß und zwar abzüglich noch der überbauten Flächen einschließlich gepflastertem Hof- und Terrassenbereich. Das versprach genau die Entlastung, die sie sich vorgestellt hatten.

Der Umzugstag im Juli war kalt und wolkenverhangen; ein deprimierender Kontrast zu den sonnigen Tagen, die sie eben noch mit Elke und Theo drei Wochen lang an der portugiesischen Atlantikküste verbracht hatten. Zu den Gottesdiensten in Porto waren sie die gut 40 km mit dem Leihwagen gefahren. Als sie im Jahr zuvor ohne Begleitung dort gewesen waren, hatten sie in dem strahlend weiß getünchten Kirchenneubau einmal auch die Tochter ihres heimischen Apostels angetroffen und zu ihrem Quartier in die Stadt gefahren. Wie sich dann während der Fahrt herausstellte, war die von einem überregionalen Sängerkreis her mit ihrer Tochter Karin bekannt.

Ihr neues Haus hatte Robert eigentlich als Makler verkaufen sollen. Das Finanzamt saß der Eigentümerin, die ein Dentallabor betrieb und auf friesländischen Weiden Galloway-Rinder züchtete, mit einer erheblichen Nachforderung im Nacken. Angeblich blieb ihr als Ausweg nur der Verkauf des kleinen, aber äußerst attraktiven Anwesens.

Obgleich er den Kaufpreis für entschieden überzogen hielt, hatte er aber doch Feuer gefangen, weil er meinte, dass das Haus in jeder Hinsicht ihren Vorstellungen entspräche. So war er umgehend nach Hause gefahren, hatte seine verdutzte Frau ins Auto geladen, um sich nach einer guten Stunde mit einem Kaufversprechen von der Eigentümerin zu verabschiedeten. Die Beurkundung mit dem viel zu hohen Kaufpreis erfolgte schon nach wenigen Tagen.

Trotzdem das neue Domizil nur 4 km von ihrem bisherigen Haus entfernt war, hatte Moni nie in diesen Stadtteil gewollt. Weniger der mächtigen alten Laubbäume wegen, die vielen der zumeist aus den Zwanzigerjahren stammenden Klinkerhäusern den Lichteinfall nahmen, sondern wegen des dörflichen Charakters und der relativ weit entfernten Busanbindung. Und auch die paar Geschäfte, keinen Steinwurf von dem pittoresken, über dreihundert Jahre alten Sielhafen entfernt, wollten ihr nicht reichen: Schlachter, Bäcker und ein kleiner Tante-Emma-Laden, auch noch ein Frisör und zwei Bankfilialen. Dazu vor der kleinen Grundschule, in der südlichen Giebelseite eines langen, eingeschossigen Sielwärterhauses von 1620, noch ein Kiosk sowie, in der Mitte des mausgrauen Gebäudes, die alte Dorfkneipe: Seit Menschengedenken Treffpunkt einer Handvoll Leute mit „Stallgeruch", die sie selbst aber ja nicht waren, wie nun mal überhaupt auch keine „Kneipengänger".

Von den beiden bejahrten Gasthäusern, mit einigen Gästezimmern als Hotels ausgewiesen, liegt das größere, ein altes, wuchtiges Langhaus, dessen hohes Krüppelwalmdach nur noch von einigen mächtigen Eichen überragt wird, direkt am Sielhafen. Von da bis zur Schleuse hin zieht sich das

Maade-Siel dann noch einmal knapp 3000 Meter hin. Ein beschauliches Bild, wenn im warmen Sonnenlicht vor dem imposanten Gebäude sich die Masten der vertäuten Boote seicht hin und her wiegen, die Wanten verhalten an die Masten klicken und Bootseigner sich vor Restaurantbesuchern und Spaziergängern an Deck zu schaffen machen. Doch trotz dieser Idylle schien Moni alles zu abgelegen und zu eng – ein Gefühl, gegen das ihr selbst das eigene Auto kein wirkliches Argument sein wollte.

Bis zu jener Besichtigung! Völlig unerwartet war auch sie nach wenigen Augenblicken dem Charme des kleinen Anwesens erlegen, womit alle Vorbehalte von einem Augenblick zum andern wie weggeblasen schienen.

Ein weiterer positiver Aspekt: Jens könnte im Obergeschoss neben einem Schlafzimmer auch sein eigenes kleines Wohnzimmer haben.

So kam es. Und ihre Empfindungen hatten sie nicht getäuscht! Weder der zu hohe Kaufpreis noch später entdeckte Baumängel hatte sie den Kauf bereuen lassen. Dass sich aber Jens' dann schon bald ein kleines TV-Röhrengerät angeschafft hatte, sollte auch ihre abendlichen Gewohnheiten verändern. Da war Jens zwanzig und seine Eltern um die Fünfzig.

Anfangs hatte sie das Gerät irritiert, obwohl sie wussten, dass entgegen allen Mahnungen vom Altar längst in den meisten neuapostolischen Haushalten ein Fernseher stand. Selbst bei vielen Amtsträgern, wenn hier und da auch noch hinter irgendeiner Schranktür versteckt. Doch für Robert und Moni war *Fernsehen* – nur allein der Begriff schon – nach wie vor stark negativ besetzt. Und das, obwohl Stammapostel Urwyler bereits in den 80er Jahren die Doktrin von der „Eigenverantwortung" [19] eingeführt hatte, später dann unter der Ägide von *Fehr* noch weiter spezifiziert. Aber wie hätte man auch eine seit Kindertagen und über Jahrzehnte erfahrene Indoktrinierung, gleichsam einer tiefen Gravur in der Psyche, über Nacht ausradieren können? Denn selbst wenn die Begründung für die Stigmatisierung eines Themas oder einer Haltung entfällt, ist die frühere emotionale Bedingtheit damit noch keineswegs aufgehoben. Auch rationale Argumente vermögen da wenig zu ändern, wenn sich – oft noch für lange Zeit – infolge alter Verknüpfungen immer wieder ein tief wurzelndes schlechtes Gewissen meldet.

Doch schließlich wurden auch sie „Opfer" jenes *endzeitlichen* Mediums, dem lt. Offb. 9,3 „die Macht gegeben" ist, die *Weltmenschen* – so die üblichen Wendungen in den Gottesdiensten – unwiderstehlich in seinen Bann zu ziehen. Doch zusehends opferten ihm auch *Gotteskinder* große Teile ihrer knapp bemessenen Lebenszeit, ja, tauschten das „eherne Wort vom Altar" ein gegen das schleichende Gift des verstörenden, unheilvollen „Geistes dieser Welt". [20]

So brauchte es immerhin ein knappes Jahr, bis sie ihr schlechtes Gewissen soweit *rationalisiert* hatten, dass schließlich das erste eigene Fernsehgerät im Wohnzimmer stand. Damit hatten sie ihren bisherigen Glaubensstand-punkt verlassen und das Thema *Fernsehn* endgültig in die Rubrik *Eigenverantwortung* verschoben. Obwohl ihre Kinder und Freunde das von ihnen nicht erwartet hätten, zogen die Familien ihrer Töchter doch bald schon nach, wenn auch nicht ohne Sorge um den Einfluss auf ihre Kinder. Zudem schien bei Karin und Ulrich ein Gefühl von Illoyalität mitzuschwingen, da sie sich in ihrer großen Gemeinde im unmittelbaren Blickfeld des Bezirksältes-ten wähnten. Andererseits, zumal noch kinderlos, wussten sie sich aber auch im besten neuapostolischen Sinne aktiv: Karin vor allem in der Musik und Ulrich, als Priester, immer wieder auch missionarisch in Estland unterwegs.

*

Dass ein neuer Wohnsitz immer auch eine gewisse Neuorientierung bedeutete, war ihnen nicht fremd. Aber mussten sie deshalb ihre Freunde, die über Jahre gewachsenen Bindungen, die ihnen ans Herz gewachsene Gemeinde verlassen ...? Nur weil sie vier Kilometer weiterziehen ...? Auf diese Frage hin hatte der Bezirksälteste sie in Begleitung des Vorstehers aufgesucht, ein paar Tage noch vor ihrem Portugal-Urlaub, um sie auf die *Ordnung im Hause Gottes* zu verweisen. Danach erfolge bei einem Wohnungswechsel grundsätzlich eine administrative Überweisung in die Gemeinde des künftigen Wohnsitzes. Zwar könne es unter besonderen Umständen Ausnahmen geben, doch lägen die in ihrem Falle nicht vor.

„Und wissen Sie, Geschwister Wegner...", so der sich im Sessel vorbeugende, hochgewachsene Älteste, „selig werden wir ja letztlich nicht, wenn wir unseren eigenen Vorstellungen und Meinungen folgen, sondern dem Wort des Herrn, das er uns durch seine Knechte sagt!"

Nachdem der Vorsteher das Gesagte dann noch mit eigenen Worten wiederholt hatte, war Robert nicht mehr danach, darüber noch groß zu diskutieren. Es wäre ohnehin sinnlos gewesen. Letztlich als *Ungehorsam* gewertet, hätte es nur die unterschwelligen Dissonanzen verstärkt, zu Mutmaßungen und Verdächtigungen aufgebläht, wie er es oft genug erlebt hatte. Zumal der Älteste da auch schon nach der Bibel gefragt hatte, um in vertrauter Weise durch zielloses Aufschlagen im Text auf eine göttliche Bestätigung zu stoßen. Denn – so waren sie gelehrt – das wäre *des Herrn Wort für genau diese Situation!* – Ein Verfahren übrigens, das, wie Robert später gewahr wurde, unter der Bezeichnung „Bibelstechen" auch in anderen religiösen Zirkeln seine obskuren Blüten treibt. Doch dieses Mal schien es zu hakeln. Denn nachdem der Älteste mit geschlossenen Augen, dabei im Sessel kontemplativ aufgerichtet, die Seiten an der von beiden Daumen gefundenen Stelle auseinanderfallen und dann seinen Blick dem Zeigefinger nach über den Text fahren ließ, verweigerte sich ihm, so oft er auch stockte, offenbar die göttliche Antwort. – Vielleicht bei den Makkabäern gelandet? Jenem alttestamentlich apokryphen Buch, das für solchermaßen Geistesgold-Schürferei meist nichts außer wertlosem Wortgeröll aufzubieten hat? Folglich begann er, neben nun seichtem Geplauder, wie absichtslos zu blättern, bis er, offenbar etwas konsterniert, schließlich verstummte, um dann nach weiterem Suchen endlich erleichtert aufblickend die bleierne Stille zu durchbrechen: Ein kurzer Vers, der ihm für seine Interpretation tauglich erschien. Darauf einhelliges Nicken, kleines Schweigen – dann das Schlussgebet und Amen! ... – Sei's drum! –

Die Kirche, in der sie dann ab Mitte 95 im benachbarten Stadtteil die Gottesdienste besuchten, war erst vier Jahre zuvor errichtet worden. So lag ihr Wohnsitz nun zwischen zwei etwa gleich weit entfernten Gemeinden – doch ihrer vertrauten Heimatgemeinde weiter anzugehören, war nicht erwünscht.

Den alten Ortskern jenes Stadtteils bildet ein unerwartet aufragender Zwiebelturm, zu dessen beiden Seiten hin unter Kolonnaden ein paar kleinere Läden die Bewohner mit dem Wesentlichen versorgten. Die alten Straßen überwiegend von langen, zweigeschossigen Klinker-Wohnblocks aus den 30er und 40er Jahren gesäumt, während die anschließende Bebauung erst Ende der 50er Jahre eingesetzt hatte. Dort, in dem neueren Teil, unmittelbar hinter dem Eckgrundstück, auf dem das sich gefällig darbietende Kirchengebäude steht, die ersten großen Privatgrundstücke mit aufwendigen Ein- und Zweifamilienhäusern: Seit Anfang der 60er Jahre eines der Quartiere sogenannter Besserverdiener und, wie es die Bodenrichtwertkarte ausweist, eine der hochpreisigsten Ecken in der Stadt.

Wie von außen, so bot das Kirchlein auch innen ein freundliches, einladendes Bild: der helle Raum; die von der Decke hängenden filigranen Klarglasleuchter, zwei Blöcke eichener Bänke sowie der aus gleichem Holz gefertigte Altar, der im zurückweichenden „Apsisbereich" um eine Schieferstufe erhöht, den Raum dominiert. Schließlich links davon der an der dem vorspringenden Wandteil angebrachte Orgelprospekt: Eine insgesamt harmonische Komposition des Raums, die freundlich zum Verweilen einlädt.

Von den vierzig bis fünfzig Gottesdienstbesuchern, bei gut sechzig eingetragenen Mitgliedern, hielten sich die unter Zwanzigjährigen mit denen im Rentenalter in etwa die Waage. Dass im Laufe der Zeit die Anzahl der Alten schneller wuchs als die der Jungen, entsprach allgemeiner Erfahrung. Dennoch: Die rege Gruppe der Mittelalten, der kleine Chor, die Orgel, die aushilfsweise auch Jens spielte, sowie die Handvoll Instrumentalisten: alles, wie sie es gewohnt waren; hier nur klein, aber fein und mit etlichen Kindern auch recht lebendig.

Der Vorsteher, um die sechzig, war Beamter, sein Sohn ebenfalls, jedoch nicht in der Verwaltung, sondern im aktiven Rettungsdienst. Nachdem ein weiterer Diakon dazugekommen war, war auch der Junior ins Priesteramt gekommen, wie der Vater rhetorisch unbegabt und von keinerlei theologischen Kenntnissen verunsichert. Als geistlichen Fundus´ wussten sie die „Segensleiter" (= enge Verbindung zum vorgesetzten Amtsträger), das „Amtsblatt" als Predigtvorlage sowie *Erfahrungspotential* aus Gemeinde, Familie und Beruf. Ein zweiter Priester, ein 50-jähriger städtischer Verwaltungsbeamter im gehobenen Dienst, leitete anfangs noch das Musikwesen, um es aber bald schon an die Schwiegertochter des Vorstehers abzugeben.

Entgegen ihrer ursprünglichen Absicht sangen Moni und Robert schließlich doch wieder im Chor mit. Jens übte weiterhin Orgel und erweiterte in seiner freundlichen, zugewandten Art seinen sozialen Radius, der sich jedoch im Wesentlichen auf die 14 Gemeinden des heimischen Kirchenbezirks beschränkte.

Auch hier in der Gemeinde die gewohnte Geschäftigkeit: Das ganze Jahr gespickt mit Terminen und Aktionen, sodass sich das Gefühl, einem bedeutsamen Ereignis entgegenzugehen, eigentlich nie verlor. Und doch vermochte die insgesamt gute Armosphäre nicht zu ersetzen, was ihnen die vorherige Gemeinde gewesen war: ein wirkliches Zuhause, dessen Vertrautheit ihre kritische Distanz zu allem, was sie in ihrem geistigen Kosmos inzwischen befremdete, in Grenzen gehalten hatte.

Als im Jahr ihres Umzugs in „Unsere Familie" ein grafisch überarbeitetes Kirchenemblem vorgestellt wurde, erschien den meisten die Erklärung dafür – *ein weltweit vereinheitlichtes Kirchensymbol* – plausibel und eher nebensächlich. Tatsächlich aber ging es um eine gewissermaßen typologische Sinn-Entleerung des alten Symbols, in welchem jedes Element einen Aspekt endzeitlich (neu-) apostolischer Identität auswies, nämlich: *äußere Eiform = Zeugungs- und Gebärtat allen Seins aus dem ewigen Gott; Kreuz = Opfer Christi; aufgehende Sonne = Gott/Christus als Licht der Welt; 12 Sonnenstrahlen = 12-faches Apostolat; dazwischen die 10 Schattungen = 10 Gebote; 4 Wellen unter der Sonne = vierfaches (ursprüngliches NAK-) Amt sowie die 3 Spiegelungen zwischen den Wellen = die 3 NAK-Sakramente.* [21]

Entsprechend hieß es nun, dass das überarbeitete Emblem keinerlei theologische bzw. endzeitliche (eschatologische) Implikationen mehr enthielte, sondern allein noch als Erkennungszeichen der rechtlich selbstständigen neuapostolischen Gebietskirchen unter dem Dach der NAKI (Neuapostolische Kirche International) fungiere.

Doch hinter dem Argument einer *zeitgemäßen* Corporate Identity stand die von Stammapostel Urwyler forcierte Abkehr von den überkommenen *katholisch-apostolischen Wurzeln*, insbesondere des sog. *Vierfachen Amtes*: Jenes Modell, in dem die *Propheten* den *Aposteln* gleichgestellt sind und bis Ende der 80er Jahre einige süddeutsche Apostel in eine subversive Haltung gegenüber dem Stammapostel gebracht hatte: Danach sollte der lediglich noch *Primus inter Pares* (Erster unter Gleichen) sein – quasi als Vorsitzender eines Kollegiums, das dann den Träger des NAK-Petrusamtes für je eine Amtsperiode neu zu wählen hätte.

Für Robert ein bedeutsamer Vorgang! Gar nicht in erster Linie, weil hier das bisherige NAK-Selbstverständnis, das gleichsam in seinem Glauben gespiegelte *Werk Gottes,* revidiert wurde, sondern vielmehr wegen der Art und Weise, in der das geschah! Jene unvermittelte Selbstverständlichkeit, mit welcher von den Gläubigen abermals verlangt wurde, eine neue Wahrheit bedenkenlos an die Stelle jener alten zu setzen, die sie, so lange er denken konnte, als *irrtumsfrei* gehört und geglaubt hatten: – Eine Déjà-vu-Erfahrung zu der bitteren Lektion von 1960, als von ihnen, allerdings noch viel radikaler, gefordert worden war, quasi über Nacht das Gegenteil von dem zu glauben, was sie einen Tag zuvor noch ihren Nachbarn, Bekannten und Arbeitskollegen als unumstößliche Wahrheit bezeugt hatten. Als Glaubenszeugen der *untrüglichen* Verheißungen Gottes! ...

Da er auch hierüber seine Gedanken und Schlussfolgerungen selbst im fafamiliären und engen Freundeskreis nur bedingt reflektieren konnte, blieb vieles unausgesprochen und unfertig. Jedoch lebten aus dem Unterbewusstsein latent wirkende Erfahrungen und Gefühle wieder auf, assoziiert mit dem gegenwärtigen Geschehen, sodass es ihn bedrückte, dass er wegen des Tagesgeschäfts eine für ihn bedeutsame Klärung bzw. Auseinandersetzung weiterhin aufschieben musste. Zudem stand der Verkauf seiner Firma an. Ein Vorgang, der eine ganze Reihe sich hinziehender administrativer Schritte erforderte, etwa die von der Käuferin, eine führende Regionalbank, gewünschte und notariell zu besiegelnde Umstrukturierung des Unternehmens, wonach er bis zum Jahr 2000 als Geschäftsführer weiterarbeiten würde, und auch Moni in ihrer Funktion verbleiben sollte. Er selbst wäre dann 55 und hätte die Chance, sich noch einmal neu zu definieren. Den Erlös aus dem Firmenverkauf wird er in Immobilien investieren und die Verwaltung von zu Hause aus selber übernehmen.

In eben dieser Bank hatte Jens, jetzt 20, gerade sein 2. Ausbildungsjahr begonnen.

Dann, im Juni, wieder ein Familienfest: Mit Ulrich, Karin und Jens geht es nach Süddeutschland, um dort ihr 4. Enkelkind zu begrüßen, das wenig später vor der großen NAK-Gemeinde auf den Namen *Meike* getauft werden wird.

Wenig später mit den Steins für drei Wochen in dasselbe komfortable Haus in Nordportugal, das sie ein Jahr zuvor mit Schwager Theo und Monis Schwester Elke gebucht hatten.

Wieder zurück, wurden sie von der Nachricht überrascht, dass man Ulrichs kleine Heimatgemeinde, im Obergeschoss eines alten Mietshauses im Süden der Stadt, geschlossen hatte und die Mitglieder der nächsten großen Gemeinde zugewiesen worden waren. Damit hatte sich das jahrelang gehegte *Apostelwort* – für die meisten *von prophetischer Qualität!* – *dass auch in ihrem Stadtteil noch eine Kirche gebaut werden würde* – erledigt. Einigen machte das zu schaffen: – *Ein Apostelwort, das sich nicht erfüllt ...?!* Das mehrte zwar den Posten negativer Erfahrungen – jedoch nur, um bald schon wieder auf den Grund des trägen Stroms gewohnter Glaubensroutine hinabzusinken.

*

Als in jenen Tagen die Welt von der Nachricht des in Schottland geklonten Schafes *Dolly* überrascht wurde, war das für viele ein Schock! Einem britischen Embryologen war erstmals das Klonen eines Säugetiers gelungen, was rund um den Globus nicht nur für Gottgläubige die Frage nach den ethischen Grenzen des Machbaren neu aufwarf: Welcherart Eingriffe in die Schöpfung, der Entfesselung von Gewalt und Entmenschlichung auf dem Planeten würde die Menschheit noch zu ertragen haben, ohne dass dem der Allmächtige Einhalt geböte ...?

Es war die „Theodizeefrage", die sich in den Vordergrund schob: – Warum entlässt der „gute Weltenschöpfer und Erlöser" das IHM Vorbehaltene in Menschengeist und -hände, das Heilige entweihen und all das Böse, das Leidvolle, Zerstörerische und Entmenschte sich immer weiter ausbreiten? ... Fragen, die nach Rechtfertigung schrien. – Müsste ER sich nicht vor den von ihm selbst im Menschen angelegten Instanzen von *Ethik* und *Vernunft* rechtfertigen ...? Wenigstens Hinweise und Zeichen geben ...? – Ist ER *das* der Krone SEINER Schöpfung, den von IHM als vernunftbegabte Wesen ins Dasein gerufenen Menschenbrüdern und -schwestern seines „eingeborenen Sohnes" nicht schuldig ...? – Ja: schuldig ...!

Genau *das* war die Frage! – Doch immer nur fragen? ... Nie eine *authentische* Antwort? ...

In TV-Sendungen und Podiumsdiskussionen trieb die Suche nach Antworten zur An- oder Abwesenheit, dem Wirken oder der Schuld Gottes Theologen, Philosophen, Politiker, Glaubende, Suchende und Atheisten gleichermaßen um. Nicht ohne Wirkung in der breiten Öffentlichkeit!

In neuapostolischen Gottesdiensten und Publikationen indes keine Spur davon! Jedenfalls nicht auf derselben Ebene, wie sie in Publizistik oder öffentlichen Diskursen wahrzunehmen waren. Nein, nicht als Frage, aber doch als längst *geglaubte* Antwort weiß man hier immer schon alles Unverstandene, Unmenschliche und Leid dieser Welt – selbst in SEINEM Werk! – in Gottes so viel höherem Heilswillen geborgen. Denn danach würde ja am Ende allen Menschen, ja, der ganzen Schöpfung Gerechtigkeit widerfahren! Und war das nicht Grund genug, überhaupt alles Fragen fahren zu lassen...?

Doch: *Kindliches Gottvertrauen* als Hang zum Fatalismus? Als Neigung zu laissez faire, Ignoranz und gesellschaftlicher Abstinenz in der realen Lebenswelt? ... Wie es schien: Ja! Und zwar durchaus auch im Hinblick auf das eigene Geschick. – Und was theologische Widersprüche oder andere Fragwürdigkeiten im Werk Gottes anging, zumal längst vergangene: – Warum, so die vorherrschende Meinung, sie vermittels dubioser Fragen ins Zwielicht menschlichen Urteilens zerren? ... Würde nicht das Kommen Christi alles Geschehene bis ins Letzte hinein ausleuchten und aufdecken?! ...

Robert jedenfalls beklagte diese Tendenz, sich ernsthaften Gesprächen zu verweigern. Gesprächen, in denen nicht gleichlautende Meinungen auszu-

tauschen, sondern Sachverhalte auch zu hinterfragen wären! Er sah sich einem Scheidepunkt entgegensteuern: Entweder bisher Tabuisiertes im offenen Dialog verhandeln oder gegen die permanente Verweigerung klar und deutlich intervenieren, das dumpfe Schweigen endlich durchbrechen:
– über die Umstände der *Botschaftsentstehung* ebenso wie über das gegenwärtige Verhältnis zu den „Abgefallenen", die ja in Wirklichkeit wegen zu vielen Fragens und differenzierter Haltung von der „göttlichen Führung" in perfiden Verfahren ausgestoßen und verleumdet worden waren. Überhaupt die brisanten Passagen in der NAK-Historie, die Fragwürdigkeit theologischer Positionen, die sie so scharf in Gegensatz zu anderen Christen, ja ihrer eigenen Mutterkirche brachten ... Denn als *Gottes Werk* – was hätte man da zu fürchten? ... „Knechte Gottes", denen *Fakten* Angst einjagten und die Aufdeckung von Hintergründen und Zusammenhängen ihre moralische Integrität zerbröselte, ja, das ganze System ins Wanken brächte ...? Und alles das im Widerschein des Evangeliums ...?

Und nicht zuletzt: Warum nicht auch nur ein Ansatz von Mitbestimmung in den Gemeinden und Bezirken? Wie es ja das Neue Testament von den ersten christlichen Gemeinden bezeugt ... Doch weder mit dem Vorsteher, den Priestern oder dem Ältesten war darüber zu reden. Und selbst bei ihren engsten Freunden war rasch der Punkt erreicht, an dem sie die Hände hoben und sich innerlich verschlossen.

Dabei kannte er die Angst vor dem Verbotenen nur zu gut! – In Generationen Glaubender hineingepredigt – jener entsetzliche Gedanke, durch Ungehorsam oder Widerstreben am Tage des Herrn nicht angenommen zu werden: – *Zurückgeblieben! Vom Herrn selbst verworfen und Hinabgestoßen in den feurigen Pfuhl ewigen göttlichen Zorns!* ...

Aber auch bereits im Hier und Jetzt jenes innere Stigma der Untreue, des Judas-Geistes im Angesicht all der „Treuen", die unbeweglich und standhaft gegen jede Anschuldigung oder aufgedeckte Verfehlung im Werk Gottes festgeblieben sind – und sei es durch nichts weiter, als in ahnungslosem, tumbem Verharren im gefühlt ewigen Status Quo! – Ja, ein Vorschmack endlosen Ausgestoßenseins schon die Gedankenpein, sich dem Knochenfraß immerwährenden Fragens und Zweifelns nicht entgegengestemmt zu haben, selbst nicht auf die Gefahr hin, damit einen unumkehrbaren Irrweg eingeschlagen zu haben.

Oder war es der Respekt seiner Freunde, sich angesichts einer vollgestellten Bücherwand nicht auf diesbezügliche Gespräche mit ihm einzulassen? – NAK-Quellenliteratur sowie Kritisches, bis hin zu den Anfängen des Christentums: Für viele nur mit spitzen Fingern anzufassen, weil das Gemunkel von Widersprüchen und kompromittierenden Ereignissen in der Geschichte der NAK selbst sie schon erreicht hatte ...? Und dass möglicherweise die heimeligen Wahrheiten vielleicht doch nicht von Gott offenbart, sondern im Kreis engster Vertrauter um den Stammapostel ausgetüftelt worden seien. Insofern war vielen selbst NAK-Quellenliteratur ähnlich suspekt wie den Kindern Israels das *Exodus-Manna* während der Wüstenwanderung: genießbar nur für den Augenblick seiner Bestimmung; danach würde es göttlichem Willen gemäß seine toxische Wirkung entfalten. Also gefährlich, sich zu sehr mit Vergangenem zu befassen und somit besser, *alles das* ins *Meer des Gewesenen* zu versenken und es dort auf dem tiefen Grund des Unabänderlichen *ruhen zu lassen* ...

Auch *Erich Meyer-Geweke* steht im Regal. Jene tragische Figur, die bis zum Botschafts-Fiasko von 1960 im Bischoff-Verlag als Chefredakteur und linientreuer Botschafts-Propagandist tätig war. Doch allein die Tatsache, dass er unmittelbar nach der Katastrophe von der Bildfläche verschwunden war, durfte schon als Indiz einer großen, geplatzten Lüge gewertet werden. Zumal er sich mit seinem fünf Jahre später erschienenen Büchlein „Wer glaubt denn noch an diesen Gott?" nicht nur von der NAK, sondern vom Christentum insgesamt losgesagt hatte, indem er einem am literarischen Horizont aufsteigenden synkretistischen Widerschein nachspürte: – Für ihn die neue Quintessenz allen religiösen Wissens! Seine langjährige, dominante Rolle im NAK-Publikationsbetrieb erwähnte er mit keinem Wort.

Erich Meyer-Geweke! – Hinabgesunken als Tabu-Name für all jene, welche die Botschaftszeit mit ihren Angstszenarien in bewusster Überzeugung miterlebt und später in beinahe pathologischer Ignoranz für sich rationalisiert hatten. Ein in der NAK-„Unterwelt" Verblichener, der, nähme man ihn abermals in den Blick, alte Fragen und Wunden wieder aufreißen könnte ...

Da aber die meisten Gläubigen und Amtsträger in ihrem näheren Umkreis neben kirchlichen Publikationen bestenfalls Belletristik oder Fachspezifisches lasen, verunsicherten die unbekannten Titel im Regal mehr, als dass sie zu Gesprächen angeregt hätten: Literatur aus Theologie und Religionswissenschaft, auch grundsätzlicher Religionskritik, oder eine kommentierte Koranübersetzung sowie weiteres über die Weltreligionen. Doch weder Titel noch Autoren sagten den meisten etwas, selbst nicht die Büchlein und Broschüren von abgespaltenen apostolischen Gemeinschaften, weniger noch solche von Pfingstlern, Jehovas Zeugen, Mormonen, Lichtkreis Christi etc. Dazu Literatur aus Geschichte, Politik, Soziologie, Philosophie und Pädagogik; das meiste allerdings noch aus seiner Lehramts-Studienzeit von vor rund zwanzig Jahren.

So war es nicht zuletzt jenes indifferente, kaum über die eigene Befindlichkeit hinausgehende Denken und Reden, an dem Robert grade auch im engen Freundeskreis die Kluft zwischen Anspruch und Wirklichkeit der komplexen NAK-Welt immer schärfer wahrnahm. Doch je mehr sich ihr Horizont weitete, und Moni las nicht weniger als er, desto fragwürdiger wurden ihnen die Maßgaben und Ansichten innerhalb des Milieus. Sozial zwar nach wie vor darin verhaftet, wussten sie aber doch auch jeden Schritt über die engen Grenzen hinaus mit schlimmen *Ewigkeitsfolgen* bedroht. Allerdings verlor das in dem Maß an Bedeutung, wie sich ab Mitte der 90er Jahre die Bewusstseinslage vieler in der NAK durch die Neuen Medien infrage gestellt sah.

IV.
Der entweichende Himmel

1995 -2019

Offb. 6,14: *"Und der Himmel entwich wie ein zusammengerolltes Buch".*

Öffentliche Kritik

Die Kritik an und in der NAK ist so alt wie sie selbst. Von außen primär von Theologen der Großkirchen entfacht, war das Motiv anfangs nicht selten noch die Furcht vor dem rasanten Wachstum dieser „Sekte". Die Darstellungen fragwürdiger Praktiken (etwa des mit dem Vorwurf des Okkultismus/-Spiritismus belegten „Entschlafenenwesens") sowie teils skandalöser Vorkommnisse in Verbindung mit theologischen Reflexionen von protestantischer Seite blieben nicht ohne Wirkung (etwa in den von *Handtmann, Hutten und Obst* veröffentlichten „sektenkundlichen Standardwerken")! – Aktuelle Publikationen wie die *Materialdienst*-Hefte der EZW sehen sich in dieser Tradition. Nicht zuletzt durch sie hatte Robert sich über Jahre ein Bild von der Außenwahrnehmung der NAK machen können. Redaktionelles Ziel dieser sog. *apologetischen Reihe* ist das Aufzeigen evangelischer bzw. ökumenischer Positionen gegenüber davon deutlich abweichenden religiöser Anschauungen und Gruppen, die, soweit als „Sondergemeinschaft" definiert, folglich außerhalb der ökumenischen „Orthodoxie" verortet werden. Jedoch erklärtermaßen auch, um über die Verdeutlichung kritisierter Lehren und Praktiken mit den Kritisierten selbst ins Gespräch zu kommen.

Innerhalb der NAK selbst entzündete sich ab den 1990er Jahren die Kritik anfangs weniger an theologischen Fragen als vielmehr an dem Rigorismus, mit dem führende Amtsträger (i. d. R. die maßgebenden Apostel) versuchten, ihre Doktrinen gegen unangepasste Amtsträger und Mitglieder durchzusetzen. Solche Opponenten endeten dann meistens mit Ausschluss oder Austritt, häufig auch in mehr oder weniger große Gruppen, was sie ihre Kritik dann von außen her umso heftiger fortsetzen ließ.

Schließlich war es dieses Muster, nach dem bereits die frühe Vorgängergemeinschaft der NAK, die „Allgemeine christliche apostolische Mission" (AcaM), von ihrer katholisch-apostolischen Mutterkirche exkommuniziert worden war, wonach die Hinausgeworfenen, nach vielen kompromittierenden Scharmützeln, die sich zur NAK formierenden Gemeinden ebenfalls ausschlossen. Doch die etablierten sich, und dasselbe Spiel setzte sich in unterschiedlichen Variationen fort, sodass heutzutage die im Laufe der letzten rund hundertfünfzig Jahre weltweit von der NAK ausgeschlossenen Personen und Gruppen kaum noch zu überblicken sind.

Während zweifelhafte Vorgänge in der NAK von ökumenischen „Glaubenswächtern" mehr oder weniger regelmäßig kommentiert wurden, waren Frustrationen vor allem gemaßregelter Amtsträger anfangs nur vereinzelt nach außen gedrungen. Das änderte sich Mitte der 90er Jahre, als die Medien bzgl. der NAK zunehmend vor destruktiven, sektenhaften Strukturen zu warnen begannen. So z. B. die RTL-Sendungen mit *Hans Meiser* und *Ilona Christen* über Aussteiger-Schicksale [22], ebenso Berichte Ehemaliger im ARD-Maga-zin *Monitor* sowie Veröffentlichungen in Printmedien (u. a. im *Spiegel*), worin die NAK durchgehend als "extrem strenge Sekte" hinter bürgerlicher Fassade tituliert wurde. Der Vorwurf: Ihre Mitglieder stünden unter massivem psychologischem Druck. Und auch: Die Sekte betreibe eine undurchsichtige Finanzpolitik! Des Weiteren publizierten etliche Ex-NAKler ihre Negativ-Erfahrungen auf dem Büchermarkt – so etwa 1992: H.-P. Tjaden „Gift gegessen"; 1993: Karl-Eugen Siegel, „Wir durften nicht aufgeben!"; 1994: J. Gerbert, „Nur wir! ..."; 1994: M. König, J. Marschall, „Die neuapostolische Kirche in der N.S.-Zeit"; 1996: Siegfried Dannwolf, „Gottes verlorene Kinder", 1999: Olaf Stoffel, „Angeklagt: Die Neuapostolische Kirche. Erfahrungen eines Aussteigers." – Eine Auswahl bis heute anhaltender kritischer Veröffentlichungen in den Printmedien, in der Wirkung bald schon übertroffen von Veröffentlichungen in diversen Internetportalen.

Der Kritik am *Werk Gottes* hatte sich Robert spätestens seit seiner Studienzeit bewusst ausgesetzt. An ihr wollte er seine eigenen Erfahrungen abgleichen und hinterfragen, jedoch mit Hingabe und Gebet und sich dabei klar darüber, in den Kritiken eben keinen objektiven Maßstab vorzufinden, sondern auch nur relative Perspektiven und Reflexionen auf unterschiedlichstem Niveau. Das galt auch für den „Materialdienst", gestattet doch die überaus breite ökumenetheologische Grundposition so unterschiedliche Lehren, Traditionen und Vorstellungen wie etwa zwischen Katholizismus und Protestantismus. Oder, wenn zunächst auch noch als Gastmitglieder, die Positionen der „Apostolischen Gemeinschaft", des „Apostelamt Jesu Christi", von Adventisten, Baptisten, Pfingstlern oder Methodisten: Trotz ihrer *Sonderlehren* allesamt stimmberechtigte Mitglieder in der „Arbeitsgemeinschaft christlicher Kirchen" (ACK). Voraussetzungen also, die Robert fragen ließen, ob es überhaupt einen objektiven, authentischen Bezugspunkt geben *könne*. Etwa von der *Heiligen Schrift* her? Denn *heilig* sind Texte und Rituale doch wohl nur dem *Glauben* – gleich welcher Ausprägung und Gemeinschaft. – Anhand welcher objektiven Kriterien wäre demnach Religion, immer ja auch dem Kontext ihres kulturgeschichtlichen Nährbodens ent- und verwachsen, zu beurteilen? Wonach also Bedingungen ermitteln, die aus sich heraus schlüssig „Richtig" oder „Falsch" zu begründen vermöchten? ...

Im Gegensatz zu externer Kritik hatte er die von Ex-NAKlern zunächst bewusst liegen gelassen. Es ging ihm um die Authentizität eigener Erfahrungen. Er wollte ohne den Einfluss vielleicht ähnlicher Gegebenheiten und bereits verfasster Erklärungen und Analysen zu einem Urteil für sich selbst kommen. Allerdings sollten dererlei Überlegungen angesichts der Informationsfülle aus dem „Netz" bald schon hinfällig werden. Schneller als er gedacht hatte.

*

Zum Einstieg ins Internet hatte ihm sein Immobilien-Provider verholfen. Das Angebot, seine Immobilien auf dieser sich rasch ausbreitenden Plattform zu präsentieren, hatte er ein Jahr vor dem Firmenverkauf erhalten. Nach einem Seminar in Kassel und entsprechenden Einweisungen vermochten er und seine MitarbeiterInnen sich zusehends frei im Netz zu bewegen, sodass die Objektpräsentation schnell an Qualität und Agilität gewann und abzusehen war, dass die Nachfrage im Netz die der Zeitungsinserate bald schon überholen würde.

So fand er schnell auch Zugang zu allem, was sich um die NAK bewegte. Mit Ausnahme des bereits 1996 ins Netz gestellten Internet-Portals „Glaubenskultur, Webmagazin für Freunde und Gönner der Neuapostolischen Kirche" [23], das der 1978 geborene Betreiber mit dem Anspruch einer konstruktiv-kritischen Begleitung der NAK betreibt, verfolgten beinahe alle weiteren Portale, Blogs und Foren [24] ein dezidiert kritisches Anliegen: nämlich die Unhaltbarkeit des NAK-Anspruchs als exklusives, vom Heiligen Geist geleitetes Werk Gottes aufzudecken! Und zwar sowohl aufgrund theologischer wie aber vor allem auch anhand ethisch-moralischer Messlatten. So war dem 1997 gestarteten Internet-Auftritt der NAK-International nach der Jahrtausendwende eine ganze Reihe kritischer Auftritte gefolgt, in denen Noch- und Ex-NAKler ihre Erfahrungen mit teils größter Erbitterung öffentlich machten. Dabei spielten investigative Recherchen eine bedeutende Rolle.[25]

So kamen nach und nach NAK-Historie, Glaubenslehre und skandalöse Vorgänge, wie etwa Plagiatsvorwürfe oder Veruntreuungen von Opfergeldern, öffentlich auf den Prüfstand, immer wieder auch kommentiert aus dem „großkirchlichen" Raum und der Tagespresse. Derart aus unterschiedlichen Perspektiven hinterfragt, wurde die ganze Widersprüchlichkeit einer aus historischem Dunst hergeleiteten Legitimierung neuapostolischer Herrschaft zusehends sichtbar: Dokumente und Berichte, teils gestützt von noch lebenden Zeitzeugen, entlarvten den Urstoff dieses Glaubensmilieus als das, was er tatsächlich ist: – die sukzessive Mythenbildung einer Generationenfolge von Männern zur Untermauerung der eigenen Welt- und Selbstdeutung. Dass es dabei primär um Macht und Geld geht, verdeutlichen bis heute immer wieder interne Auseinandersetzungen, gegen die offenbar auch die NAKI-Statuten und -Regularien nur eine begrenzte Wirkung zeigen![26]

Der Verfestigung NAK-spezifischer Anschauungen dienten gleichermaßen hierzu entfaltete „Denkschablonen" und Sprechmuster [27], zumeist aus biblischen Versatzstücken und einer autoritären Weltsicht kreiert, deren zweifelhafte Plausibilität jedoch nicht unbedingt aus sich selbt heraus ersichtlich wird. Erst die im Netz veröffentlichen Ergebnisse qualifizierter Recherchen sollten jene Brisanz zutage bringen, die kritische und hellhörig gewordene Betroffene umso lauter nach Aufklärung rufen ließ. Ein Drang, dem zahlreiche Blogger, Foren- und Websitebetreiber folgten, um so zur NAK immer neue, teils verstörende Informationen und Kommentare ins Netz zu stellen.

Demografischer Wandel und Erosion

Das erste Mal, bereits in den 1970er Jahren, als Wilbert von finanziellen Unregelmäßigkeiten gelesen hatte, betraf das den Fall des indonesischen

Apostels *Sadrach Soeropranoto* gegen Ende des 19. Jahrhunderts. Sadrach, erfolgreicher Missionar einer protestantischen niederländischen Missionsgesellschaft, hatte sich mit einigen Tausend Anhängern den dortigen Apostolischen angeschlossen und war 1899 zum Apostel ordiniert worden. Seine christlichen Widersacher reagierten mit verschiedenen Anschuldigungen, u. a. der Veruntreuung von Geldern, woraufhin er eingesperrt wurde. Doch nachdem die 110 Ältesten seiner Gemeinden sich der Forderung des niederländischen Regionalrepräsentanten widersetzt hatten, sich von Sadrach loszusagen und zudem bald schon eine gerichtliche Untersuchung die Haltlosigkeit sämtlicher Anklagepunkte erwiesen hatte, war er sowohl innerhalb der Gemeinden wie auch in der Öffentlichkeit voll rehabilitiert. Die dann folgenden Haftstrafen für einige seiner Gegner wegen wissentlicher Falschaussage könnten das weitere Wachstum seiner Anhängerschaft begünstigt haben.

Eine Darstellung, die Robert damals noch an jene biblische Episode denken ließ, in welcher Apostel Paulus schuldlos von seinen jüdischen Widersachern vor dem Hohenpriester Hannanias verklagt wird (Apg. 24, 1-2). Für ihn somit anfangs ein Indiz für die grundsätzliche Integrität auch der von Gott für sein endzeitliches Werk gesandten Männer! So war trotz offener Fragen und einiger eher verklebten als verheilten Wunden sein Vertrauen immer noch stark genug, den haarsträubenden Anschuldigungen und Enthüllungen im Netz standzuhalten. Demnach konnte alles das, was ihm da unterkam, *so* einfach nicht wahr sein! *Sein* Werk Gottes sah er da immer noch auf den Fundamenten der biblischen „Urkirche" – heute wie am Anfang von Christus in seinen Aposteln regiert.

*

Es war gegen Ende 97, als im Anschluss an den Vormittagsgottesdienst ein Schreiben des Stammapostels (Fehr) verlesen wurde, wonach er *im Einssein mit allen Bezirksaposteln* verfügt habe, ab dem 1. Januar 1998 in Westeuropa den zweiten Sonntagsgottesdienst einzustellen. Vielmehr solle diese Zeit den Familien gewidmet sein oder anderen segensreichen Aktivitäten, wie z. B. Krankenbesuchen oder privaten Zusammenkünften „im Geiste unseres Glaubens" …

Wieder zu Hause – einen Moment reglos am Esstresen verharrend –, bemerkte Robert, wie ihrem Jens Tränen über die Wangen liefen. Betretenes

Schweigen. Doch dann: „Junge, was ist los …? Hat dich das mit dem Nachmittagsgottesdienst so mitgenommen …?"

Sichtlich getroffen, brach es da aus dem 22-Jährigen heraus:

„Scheiße finde ich das; richtig scheiße …! – Wie lange hat man uns gepredigt, dass wir ja keinen Gottesdienst versäumen sollen, weil sie ein Gnadengeschenk Gottes wären und genau *drei* Gottesdienste zu unserer Vollendung auf den Tag des Herrn nötig wären …! – Ja, ihr steter Besuch sei Erwiderung der unwandelbaren Treue Gottes, und wer mutwillig einen Gottesdienst versäume, gefährde seine Annahme am Tag des Herrn … Und auch entspräche die Dreizahl der Gottesdienste den drei Sakramenten und der Dreieinigkeit Gottes und sei somit unantastbar: ´Denn drei sind, die da zeugen: der Geist und das Wasser und das Blut´, wie es im 1. Johannesbrief heiße …" – Wie man sah, bedeutete ganze Vorgang für den Jungen einen unfassbaren Vertrauensbruch!

Natürlich hatte die Reduzierung von drei auf zwei Gottesdienste auch sie getroffen, ja, eher wohl – geschockt! Denn in der Tat saß ihnen die im Duktus göttlicher Autotität eingeschärfte Unauflöslichkeit von Dreieinigkeit, drei Sakramenten und drei (wöchentlichen) Gottesdiensten zutiefst in den Knochen! Deshalb hatte die lapidare Begründung, mit der dieses unumstößliche „göttliche Gebot" einfach so vom Tisch gewischt worden war, auch sie bestürzt. Dass das bei ihrem Jungen allerdings eine so tief gehende Reaktion auslösen könnte, hatte sie doch überrascht.

Während Moni ihm die Hand auf den Arm legte, Hatte Robert versucht, beruhigend auf ihn einzuwirken:

„Es ist ja nicht das erste Mal, dass der Herr seinem Volk scheinbar Unverrückbares, ja sogar fest Zugesagtes nimmt und den Heilsweg auf völlig unerwartete Weise fortführt! – Vielleicht ja, um irgendwie jede Generation neu auf ihr Vertrauen hin zu prüfen …? – Denk´ an das Geheiß Gottes an Abraham, seinen Sohn zu opfern –, das er aber dann, als jener im Gehorsam den Dolch erhob, widerrief …! Oder das dem Propheten Jona gegebene Wort, die Stadt Ninive zu vernichten. Doch nachdem die Leute Buße getan hatten, widerrief er sein Wort! … Und war Mose nicht von Gott gesagt worden, dass die Kinder Israel nach 40 *Tagen* Wüstenwanderung das Gelobte Land erreichen sollten? – Und die Bibel spricht von 40 *Jahren,* die daraus geworden sind … Und Schließlich als sie den Herrn ans Kreuz geschlagen hatten: für die Jünger das absolute Aus ihrer bisherigen Vorstellungen! Doch dann die Wende in eine ganz neue, überirdische Wirklichkeit hinein … Und heute – in unserer Zeit …? – Neuneinhalb Jahre, von Weihnachten 1951 – da war Stammapostel Bischoff im 81. Lebensjahr – bis zum 6. Juli 1960, haben uns unsere Apostel die 'Botschaft' des Stammapostels gepredigt: Der Herr Jesus persönlich habe ihm verheißen, noch zu seiner Lebenszeit wiederzukommen, um die im Glauben würdig Gewordenen zu Gott und seinem Stuhl zu entrücken. Unmittelbar vor dem Hereinbrechen des großen Weltverderbens! ... Und obwohl Stammapostel Bischoff entgegen der Verheißung gestorben ist, Gott also auch diese Verheißung nicht erfüllt hat, harren wir heute, fast 40 Jahre später, immer noch auf das Erscheinen Jesu ... Es ist eben dieser unbedingte Glaube, der nichts fragt und der nichts fordert von Gott –, der am Ende siegen wird! – Unzerstörbar in Leid, Tod und Ratlosigkeit – und so von allem Glauben in der Welt grundlegend verschieden! – Und was nun den dritten Gottesdienst angeht und damit auch die ihm zugesprochene Bedeutung: – Wir sollten abwarten und auf Gottes weise Hand vertrauen! ..."

Indes fragte er sich schon wenige Augenblicke später, wieso er grade auf diese Weise seinen Jungen zu stützen versucht hatte ... Das dabei aufsteigende Unwohlsein versuchte er zu ignorieren.

Entsprechende Gespräche hatte es auch im weiteren familiären Kreis gegeben: mit ihren Eltern, teils auch mit ihren Geschwistern, mit Karin und Priester-Ehemann Ulrich sowie telefonisch mit Esther. Alle hatten sie auf ihre Art reagiert, doch niemand so betroffen wie Jens. Eher pragmatisch waren die Vor- und Nachteile der neuen Regelung abgewogen worden, nicht zuletzt auch im Hinblick auf die Kinder. Doch wie lange währte es bis zur Gewöhnung an die neue sonntägliche Freizeit und dass dieser hakelige Vorgang ins Gleichmaß alltäglicher Befindlichkeiten abgesunken war? ...

Gewiss, eine Episode nur und, wie vieles Unverdaute vorher schon, bald auch verdrängt. Aber eben doch nicht wirklich verarbeitet oder ausgelöscht. Nur abgelegt, angehäuft in irgenwelchen Windungen des Gehirns, gewissermaßen in einer Asservatenkammer zwischen den Tiefen des Unbewussten und plötzlich jetzt wieder taghellen Erinnerns.

Ein Intermezzo: – Geschwister Plattner

„Sag mal – das ist doch Bruder Plattner, der da eben seine Frau im Rollstuhl reingeschoben hat; hast du die gesehen ...? – Ich glaub´s ja nicht ...!"

1998 war das, gleich zu Beginn ihres dreiwöchigen Kuraufenthalts in Bad

Pyrmont. Das Erste, wonach sie sich in der Stadt umgesehen hatten, war die Kirche. Ihr Vorsteher zu Hause hatte ihnen einen Ausweis ausgestellt, der sie zur Teilnahme am Abendmahl legitimieren würde.

Irgendwann, als sie lange schon an der Küste lebten, war Robert zu Ohren gekommen, dass die kinderlosen Plattners nach seiner Inruhesetzung als Diakon aus Hannover weggezogen wären. Wohin aber und unter welchen Umständen, das hatte er trotz verschiedentlichen Nachfragens nie in Erfahrung bringen können.

Diakon Herbert Plattner, 1957 Mitte dreißig und wie Vater Karl Ostpreuße, war von beeindruckender Statur! Ein Kleiderschrank, der die Ruhe weg hat, wie Karl einmal angemerkt hatte. Und eine Säule der Zeugenarbeit! Seine Augen hatten regelrecht geleuchtet, wenn er in seiner gemessenen Art vom *Werk Gottes* erzählen konnte. Dass Robert ihn schon bald nach seiner Versiegelung, noch bevor er dreizehn geworden war, begleiten durfte, hatte ihn mit Stolz erfüllt! Allerdings – lieber als in den Sommermonaten war er im Herbst mitgegangen, wenn es bereits vor sechs Uhr zu dunkeln begann. Ab etwa sieben Uhr waren sie dann im spärlichen Schein der wenigen Straßenlaternen irgendeinem Häuserabschnitt oder bestimmten Adressen zugesteuert, um die meist verblüfft Dreinschauenden zu den Gottesdiensten einzuladen. Aber so sehr er einerseits stolz war, schon als 13-Jähriger mitgehen zu dürfen, fürchtete er sich andererseits doch, von den Leuten erkannt zu werden und dass man Opa davon erzählen könnte. Oder, noch schlimmer, dass seine Freunde davon erführen! – *Robert als einer von denen, die abends durchs Dorf ziehen, an fremde Türen klopfen und die Leute bequatschen ... – Wie die Zeugen Jehovas!* ...

Eine Vertriebsart übrigens, die sich zu der Zeit keineswegs auf die Agenten religiöser Zünfte beschränkte: Ob Staubsauger-, Versandhaus-, Versicherungs- oder Aussteuer-Vertreter: Sie alle gaben sich sprichwörtlich die Klinke in die Hand.

Andererseits – an Bruder Plattners Seite fühlte er sich sicher. Wie ein Turm wirkte der auf ihn! Ein Turm auf zwei Beinen, mit dem er unterwegs über all die Geheimnisse des Glaubens reden konnte: biblische Verheißungen und gegenwärtige Weissagungen; das *Vierfache Amt* und *Charakterämter*, wovon auch Papa schon gesprochen hatte. Vor allem aber über die Anfänge des endzeitlichen Gotteswerkes in England. Und, was ihn vor allem bewegte: der Niedergang unter den englischen Aposteln, nachdem diese 1863 die Rufung weiterer Apostel, wie in Königsberg und dann in Hamburg geschehen, als *satanisch* abgelehnt hätten. Und schließlich jene

Frage, die ihm so sehr zu schaffen machte:

Was wird aus all den anderen guten und gläubigen Christen, wenn die Gotteskinder an der Hand des Stammapostels zum Herrn entrückt sein werden ...? Sind sie alle vom Herrn verworfen, dazu verurteilt, in dem großen Welt-Verderben umkommen ...?

„Robert ...", hatte der ihm daraufhin *seine* Version erklärt: – „... stell' dir den lieben Gott als einen Apfelbauern vor. Wenn die 'Erstlinge' an den Bäumen reif sind, wird er sie natürlich ernten, bevor ein aufkommender Sturm sie herunterreißen kann ... 'Die ‚Erstlinge', also die versiegelten Gotteskinder! – Aber die vielen anderen, die vielleicht etwas später ebenfalls reif geworden sind und auch nach dem Sturm noch am Baum hängen – meinst du, dass er die dort hängen und verderben lassen wird ...? – All die vielen Christen, die der Sturm, die Macht Satans, nicht vom Baum des Lebens, vom Herrn trennen konnte ...? Er wird sie doch ebenso ernten wie die Erstlinge und in seine Scheunen bringen. – Und überhaupt: – Doch allein der Früchte wegen hat der Obstbauer den Baum ja gepflanzt! ..."

Auch wenn er eine solche Deutung in den Gottesdiensten noch nie gehört hatte, schien sie Robert im Hinblick auf die Liebe Gottes doch die einzig schlüssige zu sein. Ein Schlüssel gradezu zu seiner sich später heranbildenden Überzeugung, wonach er Gott zwar zuerst *innerhalb Seines Werkes*, jedoch – weit darüber hinaus – als in allem Sein waltend zu begreifen begann.

Herbert Plattner gehörte zu den Brüdern, die der Bischof aus den hannoverschen Gemeinden zur Unterstützung in ihre sich langsam entwickelnde Dorfgemeinde beordert hatte. Es waren vier oder fünf, die im regelmäßigen Wechsel erschienen waren, einige zudem als Sänger zu den jetzt auch bei ihnen *drei* wöchentlichen Gottesdiensten. Mit jedem war Robert irgendwann *ausgegangen* – wie es hieß, wenn sie zu viert oder sechst, meist dienstags und donnerstags, nach einem Gebet in der Kirche oder bei Geschwistern, sich paarweise auf den Weg machten. Doch war es vor allem Bruder Plattner, der ihm zum Inbegriff eines Glaubens wurde, dem er selbst das sprichwörtliche Bergversetzen zugetraut hätte. Und als solcher war er ihm all die Jahrzehnte hindurch lebendig in Erinnerung geblieben.

Mein Gott, ist der klein geworden! – Sein erster Gedanke, als sie Plattners nach dem Gottesdienst gegenüberstanden. Seine früher ebenso stattliche Frau nun als dürres Häuflein im Rollstuhl, den er mit tippelnden Schritten zur Garderobe bugsierte. Einen kleinen Augenblick hatte es gedauert, bis er sich an Robert und das *Ausgehen* von vor vierzig Jahren er-

erinnerte:

„Die Geschwister Wegner aus der Heide ...", hatte er sich zu seiner Frau hinuntergebeugt, die aber nur kurz aufblickte. Und dann, wieder aufgerichtet:

„Ich hätt' Se nich wiedererkannt! – Und Ihre Frau ...? – Sie sind doch die kleine Monika von damals ...?! – Die Älteste von Geschwister Meins –, stimmt doch, nich ...? – Nein, uns geht's gar nicht gut! ..." – In seinem Ausdruck lag unverhohlene Bitterkeit.

„Wie es um meine Frau bestellt ist, sehen Sie ja. Und mit unserer kleinen Rente ist es schwer genug, über die Runden zu kommen ... Wenn wir den Himmlischen Vater nicht hätten ... Nein, uns besucht hier keiner. – Aus Hannover ...? – Da haben wir keinen Kontakt mehr seit damals. Die Geschwister haben uns maßlos enttäuscht! – Und die Brüder, die Amtsträger – am allermeisten! – Drei Wochen geht Ihre Kur? ..."

Robert und Moni waren geschockt! Gut dreißig Jahre mochte es her sein, dass sie Plattners das letzte Mal gesehen hatten, wohl bei einem Stammapostel- oder Apostelgottesdienst in Hannover ... Was musste geschehen sein, um diese einstmals so freudigen Glaubensgeschwister dermaßen in ihren Grundfesten zu erschüttern? ...

Ein bis auf das Fundament geschleifter Turm, war es Robert eingeschossen, als sie wieder im Auto saßen. Ein Anblick, der sein lang gehegtes Bild wie einen Luftballon hatte platzen lassen.

Der neue, janusköpfige Heilige Geist

Inmitten all dieser Wahrnehmungen und Wirrnisse in seiner geistigen Welt lief das Geschäft gut, doch wollte er Ende 2000 er aufhören, da ihre Einkünfte das gestatteten. Dann wäre er 55 und Moni 50 –, knapp drei Jahre noch bis dahin. Aber dann entscheiden die Gesellschafter, mit dem Büro in einen repräsentativen Neubau zu ziehen, mit der Folge, dass man ihn bat, seinen Vertrag um weitere zwei Jahre zu verlängern.

1999 hatte Jens' Banklehre geendet. Seine erste eigene Wohnung befand sich in der Straße, in der einen Kilometer weiter seine Großeltern wohnten. Wie bisher ihre sonntäglichen Vormittagstreffen: „Filterkammer" für Akutes: etwa schlechte Predigten, rückläufige Gottesdienstbesuche sowie auch der Jugendstunden oder hier und da ein fragwürdiger Artikel in einer der kirchlichen Publikationen. Aber trotz anschließend zumeist „entgifteten" Unmuts löste sich der doch nie ganz auf. Der brisante Stoff in der „Asservatenkammer" der Erinnerungen rumorte und wuchs weiter an.

Dass das zweite Jahrtausend nach Christus kalendarisch nicht am 31.12. 1999 endete, sondern erst mit dem abgelaufenen Jahr 2000, war irgendwann im öffentlichen Bewusstsein angekommen. Nicht zuletzt auch infolge jenes Hypes, der sich vorher schon in den Medien mit aufblühenden Weltuntergangsszenarien abzuzeichnen begann.

So titelte der „Spiegel" am 28.12.1999 einen ausführlichen Report über die Umtriebe von Weltuntergangspropheten:

„Apokalypse 2000: Sekten im Weltuntergangs-Fieber. Zum Millenniumswechsel übertrumpfen sich Endzeit-Sekten mit Prophezeiungen und schillernden Szenarien zum Weltuntergang. Die Polizei wappnet sich seit Monaten für den Ernstfall. (...)" [28]

Die Polizei? – Doch, man erinnere sich: Immerhin begingen im November 1978 mehr als 920 Mitglieder der amerikanischen *Volkstempler Sekte* in Guayana den vermutlich größten Massenselbstmord der Geschichte. Insofern hatten sich die Polizeien vieler Länder aus nur zu verständlichen Gründen auf die Gefahr eines apokalyptischen Blutbades zur Jahrtausendwende eingestellt. Dabei hielten Experten amerikanische Sekten für die gewalttätigsten. Aber auch in Europa blickte man sorgenvoll auf den Jahreswechsel. In Deutschland warten vor allem die Anhänger der Sekte "Fiat Lux" im Schwarzwald auf die nahe Apokalypse. Obwohl deren Führerin *Uriella* sich mit ihrem Termin für den Weltuntergang bereits einige Male verrechnet hatte, prophezeite sie nun das Ende der Welt bis zum Ende des Jahres 1999.

Robert selbst, seit geraumer Zeit von der Frage umgetrieben, wann und wie die Kirchenleitung auf das unaufhaltsame *Schrumpfen der Endzeit* reagieren würde, hatte dabei das „periodische" NAK-Deutungsmuster im Blick:
– Die Johannis-Offenbarung, im 12. Jahrhundert von dem Abt und „Geschichtstheologen" *Joachim von Fiore* allegorisch gedeutet und 1741 von dem deutschen Pietisten *Johann Albrecht Bengel* in jene Form gebracht, die dann aus katholisch-apostolischer Quelle in der NAK zur *Reichsgottesgeschichte* geronnen war.

Danach hätte die *Endzeit* um das Jahr 1800 unter dem Namen „Laodicea" (Offb. 3, 14 - 22: „des Volkes Wille" = *Demokratie*), ihren Anfang ge-

nommen, die aber laut Matth. 24, 22 um der *Auserwählten* willen noch verkürzt werden solle, da sonst kein Mensch selig werden würde ...
Infolgedessen würde sie ja wohl – so Roberts Überlegungen – *kaum weit über das Jahr 2000 hinausreichen können* ...
Doch diesbezüglich kam von *oben* zunächst gar nichts.
Stattdessen schlug ein furchtbarer Blitz in die Familie ein: – *Melanie ist tot!* – Anfang Mai erstickte Jens' 24-jährige lebensfrohe Cousine an einem Asthmaanfall. Als Fünfjähriger war er oft mit der um ein Jahr Jüngeren zusammen gewesen, einmal sogar mit ihrer Familie in Holland zum Zelten. Vor wenigen Monaten erst hatte sie geheiratet – einen Mann aus der „Welt" ...
Aber auch diese Tragödie wurde überspannt von der Erwartungszeit, Woche um Woche, Tag für Tag. Schließlich endete das Jahr 2000, doch die Spannung fiel keineswegs ab. Für viele eine Phase wie langes Luftanhalten: immer gewärtig, dass jeden Augenblick ...

Fünf Jahre nach Schließung der kleinen Gemeinde *Süd*, folgten 2001 zwei weitere: eine, die dann bald schon zum Wohnhaus umgebaut worden war, sowie ihre vormalige Heimatgemeinde, in deren Mitte sie 15 wunderschöne Jahre erlebt hatten. 1947 als *Siedler-Gemeinde* gegründet, war sie die wohl lebendigste und familiärste der vormals 7 Stadtgemeinden. Doch weil der markante Backstein-Winkelbau nur schwer zu verkaufen war, sollte er noch bis 2013 als sog. *Aktionskirche* zu besonderen Anlässen genutzt werden. Wie immer waren auch diese schmerzlichen Einschnitte von den Mitgliedern letztlich hinzunehmen. Entscheidungen, die formal zwar vom sog. „Bezirksvorstand" zu treffen sind, jedoch absolut dominiert von den Absichten und Vorgaben des Bezirksapostels: internes Murren zwecklos, da die NAK-Statuten jedes Mitspracherecht der Gläubigen ausschließen! [29]
Im Frühjahr 2001 schließlich Jens' Wegzug nach Nürnberg. Einer Freundin wegen und dabei über eine Zeitarbeitsfirma als Kundenberater bei einer Genossenschaftsbank untergekommen. Die Verbindung nach Hause und zu den Schwestern blieb eng, der Sonntagvormittag nach dem Gottesdienst fester Telefontermin. Und die Familie wuchs! In Tuttlingen ist er inzwischen Onkel von zwei Nichten und zwei Neffen und zu Hause von zwei weiteren Mädchen.

Im Juli dann drei Wochen Korfu, wieder mit ihren alten Freunden, den Steins. Doch zu ihrer Verwunderung sträubte ihr Freund und Priester sich, dort mit Ihnen am Sonntag das Heilige Abendmahl zu feiern. Oder doch wenigstens die Predigt-Grundgedanken aus dem „Amtsblatt" vorzulesen. Sein Argument: *Er trüge das Priesteramt nur für die Gemeinde zu Hause; darüber hinaus habe er keinen Auftrag!* – Doch genau das war gängige Praxis, wenn priesterliche Ämter mit ihren Familien oder Glaubensgeschwistern sich irgendwo aufhielten, wo weit und breit keine Gemeinde in Sicht war. Doch er war Verwaltungsbeamter, und zwar einer von der unerschütterlichen Sorte! So hatte der Apostel schon bei seiner Ordination angemerkt, *dass das Priesteramt eben kein Beamtenstatus sei ...!* – Vielleicht ein nötiger Hinweis für jemanden, dessen Visitenkarte mit dem Sinnspruch verblüffte: *„Wo wir sind, ist vorne, und wenn wir hinten sind, ist hinten vorne!"*

So hatten sie sich immerhin darauf geeinigt, informationshalber eine orthodoxe Sonntagsmesse zu besuchen, zumal die hier ganz und gar authentisch wäre und sogar noch altorientalische Elemente enthielte.

Als sie das mächtige, alte Gotteshaus betraten, hatten sie Mühe, in der nach grellem Tageslicht halbdunklen, doch dann sich als überaus prunkvoll erweisenden Basilika ganz hinten einen gedrängten Stehplatz zu finden. Vorne, wenn hier und da ein Blick durch die Reihen gelang, vor dem *Allerheiligsten* Priester in prächtigen Ornaten, die im durchdringenden Auf und Ab monotoner Choräle ihre liturgischen Bewegungen zelebrierten. Ikonen hoch vor sich hertragend, fielen sie anbetend in den Gesang ein, um dabei vor den Gläubigen gemessenen Schrittes ihre vorgeschriebenen Bahnen zu ziehen. Dazu immer wieder aus dem Ruck-Rhythmus geschwenkter, bauchiger Gefäße Wölkchen aufsteigenden Weihrauchs, während in den Reihen der Gläubigen die reflexhaften Bewegungen steten Bekreuzigens im Flackerschein unzähliger Kerzen wie das Schauspiel einer fernen, mystischen Welt auf sie wirkte.

Als sie schließlich mit einer verwirrenden Fülle bildhafter und melodischer Impressionen ins Tageslicht zurückkehrten, brauchte es seine Zeit, bis sich der Zauber dieser zutiefst sinnlichen Erfahrung auf die Ebene bloßen Erinnerns abgelagert hatte.

*

Kurz nach diesem Urlaub war Robert im Internet auf jene Verlautbarung gestoßen, auf die er angesichts der sich verjüngenden Endzeit schon lange wartete: Die Neuverortung des Werkes Gottes in dieser bis da als „endzeitlich-apokalyptisch" definierten Ära! – Doch was er da las, das Dokument eines Vortrags, schockierte ihn zutiefst.

Danach hatte der Hamburger Apostel Drave am 21. Mai 1999 in Toronto /Kanada der internationalen Apostelversammlung die Arbeitsergebnisse einer Projektgruppe "Offenbarung" vorgestellt. Darin wurde unter dem Titel: „Die Offenbarung Johannes und das Problem der Periodisierung" [30] – kurz gesagt – der NAK ihre komplette bisherige Endzeitposition unter den Füßen weggezogen. Der gesamte apokalyptische Zeitstrahl – von Christi Himmelfahrt bis zu seiner Wiederkunft – seine Bedeutung sowie die zeitliche Fixierung: – *mit einem Schlag alles für die Katz!* – Storniert angesichts neuerer theologisch-exegetischer „Erkenntnisse" und somit, wie es nun hieß, nicht mehr haltbar.

Oder mit den Worten von Apostel Drave:

„Die Methode der 'Periodisierung' ist ungeeignet, die 'Offenbarung' zutreffend zu deuten." Und „(...) Es scheint auch kein Problem zu sein, die 'Periodisierung als 'Kind ihrer Zeit' zu akzeptieren." Denn: „(...) Viel entscheidender sind die Fragen: Wie gehen wir mit der Tradition der Lehre um? Haben die Aussagen, die als endgueltig betrachtet wurden, heute noch Bestand, weil sie von Aposteln verkuendet wurden? (...)" – Ergo: Der ganze göttliche Endzeitfahrplan – allen Getreuen in der antichristlich-endzeitlichen Welt bis dato absolut unumkehrbar – entwertet und quasi als Muster ohne Wert zur Entsorgung in die Tiefen religiöser Amnesie preisgegeben! Immerhin aber sei die systemische Stabilität sichernde Naherwartung – *die Verortung der Endzeit im permanenten Heute!* – beliebig variierbar: zu forcieren oder, je nach Erfordernis, auch herunterzuschrauben.

Hatte Drave doch konstatiert:

„Die letzte Zeit ist zum Ende hin offen. (...) Hinsichtlich ihres Endes bleibt ein Fragezeichen (...)"

Damit ist in summa das Ziel der Toronto-Veranstaltung klar: – die Abwendung des drohenden arithmetischen Endes der Endzeit ohne jedwede Erfüllung! Ein „Super-GAU", infolgedessen – nach Jahrzehnten suggerierter Parusie-Szenarien – Ernüchterung und das Zerbröseln der Naherwartung einsetzen würden: Eines der angstbesetzten Hauptmotive, der NAK-Glaubenslogik überhaupt zu folgen und so aus Sicht der NAK-Elite ein legitimes Ausweichmanöver, um den befürchteten Erosionsprozess zu vermeiden. Denn anders als 1960 könnte der, infolge Schrumpfung von Mitgliederzahlen und Opfergeldern, die bisherige Statik gefährlich ins Wanken bringen.

Doch die Zahlen schmolzen bereits: sowohl die der eingetragenen Mitglieder wie auch der *opfernden* Gottesdienstbesucher – und das nicht nur in Deutschland und Europa. [31] Doch zur Beruhigung der Nutznießer monetären Segens offenbar bis dato ohne die ehernen Säulen „Kapitalerträge" und „Erträge aus Immobilienvermögen" zu gefährden – für jene sicher genügend Motivation, den eingeschlagenen Weg beizubehalten.

Doch Roberts Folgerungen blieben dabei nicht stehen:
Entfallen mit dem Ausscheiden der fehlgedeuteten Offenbarung aber nicht auch alle bis da aus ihr hergeleiteten Argumente für die gottgewollte Erweckung eines endzeitlichen Apostolats …? Zumal wenn biblische Texte – jetzt infolge der neuesten „Exegese" – weder eine eindeutige „Endzeit-Lokalisierung" zulassen noch die ihr in der Schrift zugeordneten Ereignisse als real, sondern lediglich als allegorische Fingerzeige verstanden werden können, wie es jetzt nach Toronto heißt …? Und wäre damit nicht überhaupt alles, was die NAK im Laufe ihrer Geschichte je als Legitimations- und Identitätskonstrukte vorgetragen hat, hinfällig, null und nichtig …?

Und weiter: *Was wird daraus, wenn Endzeit-Apostel der „Offenbarung" des Ur-Apostels schlussendlich absprechen, was jener gleich zu Beginn seines Zeugnisses beschwört – nämlich: „Dies ist die Offenbarung Jesu Christi, die ihm Gott gegeben hat, seinen Knechten zu zeigen, was in der Kürze geschehen soll" …? Soll das, was Johannes den Knechten Gottes „zeigen" soll, sich für die NAK nun darin erschöpfen, was Endzeit-Apostel Drave seinen Amtskollegen empfiehlt: ein „Trost- und Mahnbuch" zu sein für alle zu allen Zeiten auf Christus Wartenden …?*

Das Ende der Endzeit somit? Oder doch eher *Endzeitbeginn für die NAK selbst …?*

Wie bisher sind fehlende Reaktionen in den Gemeinden kein Beleg dafür, dass irgendwelche Lehränderungen etc. – wie jetzt die Toronto-Revision – dort nicht angekommen wären. Allerdings: Für die *Treuen, die nichts Hinterfragenden*, ändert sich, wie Maleachi 3, 6 zu sagen scheint, ohnehin nichts: – *„Ich bin der Herr und wandle mich nicht"!* – Was könnte das nach NAK-Lesart anderes bedeuten, als den sakrosankten Charakter des NAK-Apostolats zu unterstreichen – womit alles aus dieser Richtung *Verkündigte* eben doch von Gott käme! Eine Haltung, die bei den *Treuen* im Kern bis heute noch vorherrscht.

Dann die Katastrophe des 11. September 2001! … Global als *Nine Eleven* ins kollektive Gedächtnis eingebrannt, hatte die kurze Aufeinanderfolge irrsinniger Anschläge als wahrhaft apokalyptischer Blitz ins Zentralnervensystem der Weltöffentlichkeit eingeschlagen! Fassungslos hatte Robert in einer Traube von Leuten auf den großen Bildschirm im Foyer zwischen Bank und seinem Büro gestarrt. Kurz nach 14 Uhr: *Mit den von Terrorristen in die New Yorker Twin Towers hineingesteuerten Flugzeugen stürzte die Realität erneut in einen entsetzlichen Abgrund von Fragen und Möglichkeiten.* Angst stieg auf. Nicht allein Roberts Gedanken stocherten in endzeitlichem Grauen ...

Und das *Nine-Eleven-Trauma* pflanzte sich fort. Wellenartig. Die kurze Schocklähmung auf der Weltbühne gefolgt von hektischem Aktionismus! Die Medien kolportierten szenische Abläufe, versuchten Analysen, Rekonstruktionen, entfachten Vergeltungsfantasien ...

Und ...? – Wie weiter ...? – Ist das jetzt der Anfang von ...?

Ein Tag nach der Katastrophe. Mittwochabend. Die Kirche gut gefüllt; verhaltene Stimmung, gespannte Erwartung. Doch Robert erlebte die Predigt als *Rat-los*. Unverändert ausgelaugte Stereotypen und Floskeln: *Endzeit, Satan, Welt, Zeichen der Zeit* ... Und: *Aufmerken. Ja, aufmerken!* ... Denn: – *Der Herr kommt, wenn wir es nicht meinen!* ...

Er denkt: ... *Was „meinen" wir denn jetzt in dieser wahnhaft apokalyptischen Zeit ...? – Doch wohl, dass ER jetzt eigentlich kommen könnte –, ja, kommen müsste, sollte ...?! – Aber dann –, so muss man diese Interpretation ja wohl verstehen –, käme ER ja grade nicht ...*

Nein, ER kommt nicht. Aber etwas ganz *Neues* kommt: Ein bis da tabuisierter Impuls hielt Einzug in Gottes endzeitliches Rettungs- und Erlösungswerk: – *Ökumene!* ...

Angesichts der bisherigen NAK-Historie ungeheuerlich! Ein Affront vor allem gegen jene, die die bisherigen, als absolut propagierten Glaubensinhalte gegen alle Skepsis und Ablehnung, ja wider Hohn und Verlästerung in ihrer Alltagswelt zu behaupten versucht hatten! Galt doch bis Ende der 90er Jahre immer noch:

"Die Neuapostolische Kirche distanziert sich von der Ökumene. Sie sieht in ihr keinen geeigneten Weg zum Einssein in Christo." [32]

Frühere Verlautbarungen waren wesentlich krasser! Doch niemand sprach von einer Kehrtwende: die Amtsträger nicht und die Glaubensgeschwister schon gar nicht. Auch nicht, wenn man, wie Robert, darüber das Gespräch suchte. Dennoch: Im Internet waren erste Reaktionen erkennbar.

Dass Stammapostel Fehr neben der bestehenden Projektgruppe (PG) „Glaubensfragen" 1999 auch eine PG „Ökumene" ins Leben gerufen hatte (wohl überhaupt erst denkbar nach der Abkehr von der bisherigen apokalyptischen Zeitschiene), das hatte Robert irgendwann mitbekommen. Im Familienkreis hatten sie darüber diskutiert. Aber eine Richtung schien erst erkennbar, als in *Unsere Familie* zu lesen war, dass der Stammapostel für das Jahr 2000 zu einem „Konzil apostolischer Gemeinschaften in Europa" einladen wolle. Ein Schritt, der aus Roberts Sicht mehr als überfällig war. Ja, ihn ließ das hoffen, dass damit auch die „Botschaft" und das unsägliche Leid, das sie über so viele Gläubige gebracht hatte, aufgeklärt und entmystifiziert werden würde. Doch von den bis März 2000 nach Zürich geladenen 15 Gemeinschaften nahmen lediglich drei teil. In dem kurzen Abschlusspapier jenes ersten Treffens vom 1. und 2. September 2000 hieß es:

„ 1. Wir betonen, dass es uns auf der Grundlage gegenseitiger Wertschätzung ein vorrangiges Anliegen ist, die verbindenden Gemeinsamkeiten zu sehen. Zugleich respektieren wir Verschiedenheiten. In diesem Rahmen ist die Aufarbeitung der Vergangenheit eine wichtige Aufgabe.

2. *Wir versprechen uns von nachfolgenden Treffen dieser Art, in denen vor allem Glaubensgrundlagen erörtert werden, dass sie gegenseitige Vorbehalte weiter abbauen. Sie sollen uns zugleich helfen auszuloten, in wie weit ein gemeinsames Miteinander in der Zukunft möglich ist. Zu diesen Gesprächen laden wir auch andere apostolische Gemeinschaften aus Europa ein.*

3. *Wir haben den besonderen Wunsch an die Mitglieder unserer Kirchen, dass sie ggf. vorhandene persönliche Vorbehalte zurückstellen und ernsthaft darum beten, dass uns die Weisheit aus dem Heiligen Geist auf dem eingeschlagenen Weg begleiten möge."* [33]

An einem weiteren Treffen, vom 15. – 18. Mai 2001, nahmen zwei weitere Gemeinschaften teil; eine Fortsetzung war für September 2002 geplant, doch die fand nicht statt, weil die Delegierten der *Vereinigung Apostolischer Gemeinschaften* (VAG) wegen einer eigenen internationalen Apostelversammlung abgesagt hatten.

In den je eigenen Gemeinschaftspublikationen waren die Treffen publiziert worden; in *Unsere Familie* ein Gruppenfoto mit kurzem Untertext. Alles Weitere, was dazu hätte gesagt werden können, verdunstete, wie fast alle heiklen Themen, im Nebel des *jetzt noch nicht Sagbaren*. Auch, dass es bereits ab Mitte der 90er Jahre erste Kontakte zu anderen apostolischen Gemeinschaften gegeben hatte, war kaum durchgedrungen. Angesichts der noch total verhärteten Fronten zwischen den alten *Treuen*, darunter viele Hardliner-Amtsträger, und den seinerzeit unter schlimmsten Anschuldigungen Exkommunizierten in der Tat eine Gratwanderung! Aber auch eine Erklärung dafür, warum die ersten Kontakte ganz im Verborgenen stattgefunden hatten und selbst bei Ämterversammlungen kaum etwas durchgesickert war.

Doch immerhin: – Im UF-Heft 1/2001 hatte ein Artikel über die *Neuapostolische Kirche und Ökumene* aufmerken lassen. Dem war zu entnehmen, dass es mit der im Oktober 99 eingerichteten PG Ökumene über die Bemühungen um ein versöhntes Zusammenrücken apostolischer Gemeinschaften hinaus in Richtung allgemeiner Christenheit weitergehen könnte. Genauer: mit Kurs auf die ökumenische „Arbeitsgemeinschaft Christlicher Kirchen".

Eine Notiz, die Robert positiv aufgenommen hatte – als neuen Impuls für seine latente Hoffnung, dass auf diesem Weg auch die Missstände und Fehlentwicklungen im Werk der Apostel überwunden werden könnten. Sporadische Notizen in UF und auf www.NAK.de nährten diese Hoffnung. Dazu Berichte, auch in kritischen Internetmagazinen, dass der baden-württembergische Apostel *Volker Kühnle,* Vorsitzender der PG Ökumene, offenbar beharrlich auf einen tragfähigen Kontakt zur *Evangelischen Zentralstelle für Weltanschauungsfragen* hinarbeite. Ein Kurs allerdings, der, soweit in den Gemeinden überhaupt wahrgenommen, von konservativen Mitgliedern folgerichtig als Abkehr vom bisherigen exklusiven Selbstverständnis, als Verrat und Abirren vom Weg der Väter wahrgenommen wurde. Eine Reaktion, die Robert hier und da als tief sitzende Enttäuschung über diese früher für unmöglich gehaltene Wende registrierte.

In den Gottesdiensten jedoch, in den Gemeinden, ganz gleich, wo er sie besuchte, war von diesen „unterirdischen" Strömungen nichts zu vernehmen. Auch nicht in ihrer alten Heimatgemeinde im Hannöverschen: dieselben Prediger und Predigten, ebenso die Liedauswahl aus dem großen Repertoire von Gesangbuch und Chormappe: Alles wie gehabt und nichts, was ein Aufbrisen frischen Geisteswindes auch nur angedeutet hätte. Bis auf jene seltenen Fälle, wie dem, als während eines Heimatbesuchs sein jugendlicher „Weinberg"-Mentor aus den 50er Jahren, jener *Frank Traube*, jetzt Bezirksältester, den Gottesdienst hielt! Was er da hörte, ließ ihn aufhorchen! Es schien also zu stimmen, was ihm zu Ohren gekommen war: – *In der Gebietskirche Mitteldeutschland hätte sich unter der Regie von Bezirksapostel Klingler ein gewisser Reformansatz herausgebildet. Und zwar sowohl hinsichtlich Gottesdienstgestaltung und Liturgie wie auch in Bezug auf gute Kontakte zu anderen Konfessionen. Zudem sei Klingler maßgeblich an den Bemühungen um Aussöhnung mit anderen apostolischen Gemeinschaften beteiligt.*

Drei Jahre später, ab 2005, war in der Gebietskirche Mitteldeutschland die „Vision Gemeinde 2010/14" propagiert worden: „... was konkret erlebbar sein soll, wenn man im Jahr 2010 (in Niedersachsen) bzw. 2014 (plus Sachsen-Anhalt und Sachsen/Thüringen) in eine Gemeinde kommt. Die Jahreszahlen hängen mit dem unterschiedlichen Einführungsstart in den drei Gebietskirchen zusammen." [34]

Ein Ansatz, der Beifall, aber auch Widerstand auslöste; es kam zu Polarisierungen in Gemeinden und im Internet.

Doch bei genauerer Betrachtung drängte sich Robert der Eindruck auf, dass die NAK-Führung ihre Absichten und Schritte taktisch kommunizierte: – nach innen, zu den treugläubig Aufschauenden, als bliebe außer ein paar marginalen Änderungen und Neuformulierungen alles beim Alten. Und nach außen hin: Signale von Offenheit, Wandlungs- und Kompromissfähigkeit sowie den Willen zur Annäherung an ökumenische Standards. Und zwar sowohl in stillen Kontakten als auch via Internet mit öffentlichen Avancen in Richtung ACK. Was ihm dabei Unbehagen bereitete, war die offenbare Ambivalenz sowohl des Vorgehens wie auch bezüglich der zur Disposition stehenden Glaubenssubstanz. Denn „Ökumene", das hieße für die NAK, den gewachsenen, harten Kern neuapostolischer Identität – also ihr Exklusivitätskonstrukt – aufzugeben und sich kongenial einzubringen in eine allgemeinchristliche Koexistenz in „versöhnter Verschiedenheit". Doch wäre eine solche essenzielle Wende nicht Betrug an den vielen, die aus überkommenen gottgegebenen Wahrheiten ihr Leben gestaltet und dafür unglaubliche Opfer gebracht hatten? ...

Und, so fragte er sich weiter, welche „höheren" Einsichten über dererlei künftige Entwicklungsoptionen möchten einem solchen radikalen Kurswechsel zugrunde liegen, sie aus Sicht der NAK-Protagonisten rechtfertigen?

Welche Notwendigkeiten schlössen die bisherige exklusive Schiene aus, und warum nicht weiter, etwa gleich den Zeugen Jehovas oder den Mormonen, sich scharf von der Ökumene abgrenzen – als einer Ansammlung „endzeitlich-antichristlicher Geister" ...? Immerhin ein Konzept, das, wie deren Entwicklungen zeigen, trotz demografischen Wandels und entgegen dem allgemeinen Trend offenbar nach wie vor erfolgreich ist ...

Ein Resümee mit Fragezeichen, und als Thema wohl auch nur denen bewusst, die mit der facettenreichen NAK-Geschichte und deren einzigem Kontinuum vertraut sind: nämlich dem steten Jonglieren mit „unabänderlichen" Glaubensinhalten als Reaktion auf interne oder gesellschaftliche Problemlagen. So verstand er wie kaum sonst jemand in seinem Umfeld, dass man mit einem radikalen Kurswechsel im Grunde ja nicht anders verführe, wie man immer schon einen opportunistischen Kurs gefahren war. Und zwar nach der Maxime:

„Wahr" und „richtig" ist, was den systemischen Fortbestand der NAK am sichersten zu garantieren verspricht. Punktum! –

Das – so dämmerte ihm – ist offenbar die Grundphilosophie der NAK: Eine Existenzstrategie reinsten utilitaristischen Charakters! [35]

Eine Einsicht zudem, die der NAK-Historie zusehends ihres mystischen Schleiers beraubte und bei nicht wenigen die Frage aufwarf, *ob sie sie denn alle in ihrem Glauben Getäuschte und Verführte seien ...? Ja – vermag eine auf Täuschung und Opportunismus gründende „Pseudo-Orthodoxie" moralisch integre Persönlichkeiten überhaupt auszuhalten – oder gar hervorzubringen ...?*

Schwierige Fragen, gewiss! Doch beginnen sie sich aufzulösen, sobald man die unterschiedlich „qualifizierten" Schichten der NAK-Gesellschaft in den Blick nimmt:

1. als pyramidale Spitze bzw. Oberschicht:
   Die durch Kadavergehorsam und zugesprochene Führungsqualität in die Riege der System-Betreiber und Nutznießer in den Status „Apostel" aufgestiegenen Amtsträger;

2. eine Stufe darunter:
   Die dem System auf eigenes Risiko und ohne irgendeinen finanziellen Ausgleich dienenden Amtsträger aller Grade: Geldopferer und Erbringer enormer Leistungen an Zeit und nicht selten auch Selbstverleugnung – als motivierte Motivierer sozusagen – für die

3. unterste Schicht als großflächige Systembasis:
Die lediglich zu gehorsamer Nachfolge legitimierten und dabei auf breiter Ebene Geld und Einsatz erbringenden einfachen Gläubigen.

Während die sozial und materiell privilegierte Oberschicht von den Leistungen der beiden nachgeordneten Gruppen lebt, bleibt deren Angehörigen auch nur jeder Einblick in das Regelwerk des Systems NAK verwehrt – von Mitbestimmung jedweder Art ganz zu schweigen! Ihnen bleibt lediglich die Rolle des devoten, akklamierenden Gehorsams; jede andere Haltung gilt als kontraproduktiv, suspekt oder konspirativ.

Auch in moralischer Hinsicht sehen sich die drei Ebenen unterschiedlichen Anforderungen gegenüber: Während die Moral der Führungsebene eindeutig am Imperativ des Systemerhalts hängt, besteht die der dienenden und nachfolgenden Ebenen im kritiklosen Aufschauen zur endzeitlichen Apostel-Sendung. Ein Rahmen, innerhalb dessen sich integere und glaubwürdige Persönlichkeiten bis soweit entfalten können, wie sie die Forderung nach Glaubensghorsam höheren ethischen Kernforderungen, vor allem der nach Wahrhaftigkeit, unterzuordnen vermögen.

Lange hatten Robert und Moni gehofft, mit ihrem früheren Gemeindevorsteher und späteren Bezirksältesten einen christuszentrierten Freund und *Segensträger* an ihrer Seite zu haben. Doch mehr als eine gewisse Konzilianz gegenüber Roberts kritischer Haltung schien in seiner Position nicht möglich. Kein wirkliches Interesse an seinen Fragen und Bedenken. Doch wie auch, ohne tiefere Kenntnis der NAK-Historie oder gar allgemeiner Kirchen- und Theologiegeschichte sowie einer Reduzierung ethischer Gradmesser auf die systemischen Standards? ...

Aber bereits Esther hatte den jetzt 40-Jährigen, den sie als Jugendliche eine Zeit lang ziemlich klar im Blick hatte, als Schönling und Opportunisten bezeichnet. Als jemand, der in erster Linie gefallen wolle, und zwar zu allererst seinen *Vorangängern* auf der hierarchischen *Segensleiter*.

Ihren Eltern schien dieses Urteil zu hart. Schließlich hatten sie ihn seit seinem sechsten Lebensjahr, gewissermaßen aus den Augenwinkeln heraus, aufwachsen sehen. Doch seit er das Bezirksamt trug, waren die Kontakte seltener, der Gesprächsfaden dünner geworden.

Sein Nachfolger als Gemeindevorsteher war nun jener eloquente Standesbeamte, der im Musikwesen auf Gemeinde- und Bezirksebene über Jahre hin eine tragende Rolle gespielt hatte. Jedoch wurden musikalische

Kompetenz und rhetorische Befähigung konterkariert von seiner offenbaren Unfähigkeit, die gesamte Lebenswirklichkeit aus einer gewissermaßen infantilen Bildhaftigkeit zu entlassen. So stagnierten in der Gemeinde Glaubens-, Gesprächs- und selbst die Musikkultur, wurde jenseits der üblichen Plauder-Kommunikation nach wie vor jegliches Tiefer- und Weiterdenken, alles Fragen oder gar Infragestellen von vornherein als suspekt zurückgewiesen. Ein Zustand, den Robert und Moni zunehmend als äußerst bedrückend empfanden.

Obwohl sie ihr Verhältnis zu den Amtsträgern und Glaubensgeschwistern als freundschaftlich empfanden, traten sie schließlich aus dem Chor aus, weil sie einen Großteil der Texte nicht mehr aus Überzeugung mitsingen wollten. Ein Hausbesuch des Vorstehers in Begleitung eines Priesters vermochte daran nichts mehr zu ändern. Auch jetzt hatte sie dazu weder jemand aus dem Chor noch aus der Gemeinde angesprochen.

Schließlich, nach einem Gottesdienst auf dem Parkplatz noch im Auto sitzend, bekundete Robert seiner Frau gegenüber:

„... Also wenn ich sowas von 'Predigt' dann auch noch mit meinem 'Amen' bestätigen soll, dann hört für mich der Spaß allmählich auf. Mach' ich seit geraumer Zeit aber sowieso schon nicht mehr ..."

Woraufhin sie ihn ansah und bemerkte: „Hab' ich schon bemerkt. Aber ich auch nicht ..."

Dann im Juni 2002 die Nachricht vom Ableben ihres alten Bremer Bezirksapostels. Im 91. Lebensjahr. Gut ein Jahr zuvor hatte er die Gemeinde noch einmal besucht: Das schlohweiße Haar in starkem Kontrast zum schwarzen Anzug wie überhaupt die eingefallene Gestalt zum immer noch hellwachen Ausdruck des jetzt schmalen Altersgesichts. Als Robert ihm dann im Verabschiedungsdefilee direkt gegenüberstand, ließ plötzlich aufwallender Zorn ihn sich brüsk von dem Weißhaarigen abwenden. Dass der ihn freundlich namentlich angesprochen hatte, war ihm entgangen. Draußen aber hatte er dann verpürt, wie ihm sein Herzschlag das Blut bis hoch in den Kopf hinein getrieben hatte.

*

Es war das Jahr, in welchem ab dem 1. Januar der Euro als alleiniges Zahlungsmittel eingeführt worden war und viele den Abschied von der D-Mark wie einen kleinen Weltuntergang beklagten. Dasselbe Jahr auch, in dem ein Ex-Schüler des Erfurter Gutenberg-Gymnasiums Amok lief und zwei Schüler, vierzehn Lehrer und dann sich selbst erschoss.

Ein anderes Ereignis traf sie unmittelbarer: In ihrer alten Heimatregion starb ihr Schwager Horst nach einer entsetzlichen Leidensphase an Lymphdrüsenkrebs. 55-jährig. Über Jahre hin war er auf einem nahen Kavernenfeld für die Wartung der zahlreichen Öl-Förderpumpen zuständig gewesen.

Anfang der Siebzigerjahre hatte der damals 25-Jährige, zu der Zeit noch mit schulterlangem Haar, aktiver Fußballer im örtlichen Verein und Angler, Monis nächstältere Schwester geheiratet. Dafür war er neuapostolisch geworden und seine schwarze Haarpracht infolge ständiger Vorhaltungen des Priesters kürzer und kürzer. Schließlich waren ihm selbst sein Verein, ja die ganze Fußballerei und die alten Freunde zu so etwas wie feindliches Terrain geworden. Drei Kinder kamen. Dann, ein paar Dörfer weiter, das langsam aufwachsende Einfamilienhaus, zumeist in Eigenleistung nach der Schicht auf dem Ölfeld. Und nach dem Einzug, wie bisher, zweimal sonntags und mittwochabends mit Kind und Kegel die 13 km zur Kirche. Dazu dienstagabends, soweit es seine Schicht zuließ, dieselbe Strecke zur *Weinbergsarbeit* und zurück.

Doch Nörgelei und Zwist in der Gemeinde zermürbten den arbeitsamen und eher stillen Mann, bis auch er, nach seiner zunehmend mäkelnden Frau, Ende der Neunzigerjahre den Gottesdiensten fernblieb. Auch hier blieben sämtliche Besuche von Amtsträgern, auch höherer aus Hannover, erfolglos. Die gehegte Illusion, dass *kindlicher Glaubensgehorsam* selbst das Geschwür zerstörten Vertrauens, die tiefen Verletzungen durch Bosheit und Irreführung besiegen könnten: – hier ein weiteres Mal gescheitert!

Da sie formal der Kirche noch angehörten, waren zur Trauerfeier neben zahlreichen Sängern auch die meisten Gemeindemitglieder erschienen, ebenso Nachbarn und Arbeitskollegen. Für alle, die es nicht besser wussten, das imposante Bild einer einträchtigen, starken Glaubensfamilie. Auch die kurze Grabrede des Priesters gab keinen Anlass, daran zu zweifeln. Bei keinem einzigen Wort!

*

Zum Jahresende 2002 waren Robert und Moni aus der Firma ausgeschieden: 57 und 52 Jahre jung und gespannt darauf, ihre Zeit und Energien noch einmal neu investieren zu können! Ein Zeitungsartikel mit Foto hatte vom Ende einer Ära gesprochen, und auch zahlreiche positive Reaktionen aus ihrem geschäftlichen und privaten Umfeld hatten die Zäsur zu einem guten, neuen Anfang werden lassen. Dabei strafte Robert alle jene Lügen, die ihm prophezeit hatten, dass er ohne sein Engagement für die Firma gar nicht leben könne: – *Den ganzen Tag über zu Hause ...!* – In seiner Rastlosigkeit würde er seiner Frau auf die Nerven gehen. Doch keine Spur davon. Von Anfang an genossen sie die freie Zeit gemeinsam; organisierten ihren Tagesablauf neu, begannen neben der häuslichen Routine ihre Walking-Runden im Stadtpark oder um den Großen Hafen herum und erledigten die meisten Einkäufe gemeinsam. Spritztouren die Küste entlang, zu den Küstenbadeorten und hin und wieder nach Wangerooge. Oder nach Dangast, wo das am Bodenabriss eines Kiefernwaldgeländes drei, vier Meter über dem Strand thronende *Kurhaus Dangast* mit seinem 50er-Jahre-Flair und selbstgebackenem Kuchen lockt. Nicht weit davon entfernt das *Franz-Radziwill-Haus*, in dem der 1983 verstorbene Maler seine heimatlichen, ins Surrealistische gewendeten Impressionen, auch verstörende aus dem Zweiten Weltkrieg, dem Betrachter unter die Haut fahren lässt. Zudem wollten Haus und Garten gepflegt sein und ihre Immobilien verwaltet. Von Langeweile also keine Spur. Dazu als Highlights Familienbesuche: regelmäßig in ihren Heimatort zu Roberts Eltern und einigen ihrer beider Geschwister; ins Fränkische zu Jens: Schwabach, Nürnberg oder Fürth, und schließlich Tuttlingen auf der Schwäbischen Alb: „*Weltzentrum der Medizintechnik*" – für Esther und ihre Familie längst zur neuen Heimat geworden!

Nachdem die im November 88 mit der knapp ein Jahr alten Lara in die schwäbische 35-Tausend-Einwohner-Stadt gezogen waren, hatten sie dort bald schon Wurzeln geschlagen, auch in der großen NAK-Gemeinde, deren konservative Atmosphäre man auch als Besucher förmlich einzuatmen bekam. – Mit Horsts gutem Einkommen die erste Wohnung mitten im Stadtkern, im zweiten Obergeschoss eines markanten Jugendstilhauses, das, zumal in kräftigem Ultramarinblau angestrichen, nicht zu übersehen war. Schließlich, nur über die Straße hinweg, die noch junge, rasch dahinfließende Donau, über die wenige Meter weiter eine überdachte Holzbrücke ins „Umläufle" führt: Ein weitläufiges Freizeitgelände für Jung und Alt mit Fußball- und weiteren Sportplätzen, großer Skateranlage und vielerlei mehr: All das über ein gepflegtes Wegenetz gut erschlossen; ein quirliges Szenarium voller junger Menschen; verschiedene Nationalitäten lärmend in Spiel und Sport miteinander unterwegs. Daneben immer wieder Kleinkinder, die in Reichweite ihrer Kinderwagen schiebenden Mütter, mit und ohne Kopftuch, lärmend ihre Runden drehen. Dazu inmitten eilender Passanten und dahinschlendernden Familien ein pulsierender Fahrradverkehr, das Bild weiter belebend und damit zu steter Achtsamkeit gemahnend.

Wie oft waren sie hier mit Esther und Horst spazieren gegangen, die kleine Lara anfangs noch in der Sportkarre, doch dann bald auch schon erste Schritte wagend. – Sie war gut anderthalb, als Brüderchen Michael zur Welt kam, den sie als „große Schwester" stolz umhegte und dessen dunkle Knopfaugen alle entzückten, die ihn zu Gesicht bekamen.

Die Ankündigung eines weiteren Babys hatte den Umzug in eine geräumige 4-Zimmer-Eigentumswohnung zur Folge, mit riesigem Freisitz über dem darunterliegenden Garagentrakt. Die Hanglage kurz vor dem Waldsaum des weiter ansteigenden Geländes verhieß Ruhe und das große Hofgrundstück Sicherheit für die Kinder. Hier wurde im Oktober 92 Felix geboren, der sich im geschwisterlichen Dreigestirn bald schon als drolliges Kerlchen hervorzutun wusste. Doch für ein viertes Kind war die Wohnung zu klein, und so kam zwei Jahre später, im Mai 96, Meike in der Neubau-Doppelhaushälfte zur Welt, in der sie bis heute leben: In einer Neubausiedlung im Südwesten der Stadt, noch höher und dichter am Wald gelegen, als schon in der Wohnung zuvor.

Die 800 Kilometer waren für Moni und Robert längst zur gewohnten Strecke geworden, auch für Karin und Ulrich mit den beiden Mädchen: Immer wieder Geburtstage, Taufe oder Konfirmationen. Oder als Meike im Wettbewerb der Musikschule den ersten Platz in der Sparte Violinenspiel erreicht hatte. Überhaupt lernten alle Kinder ein Instrument; die Tuttlinger Violine oder Cello und musizierten mit ihrer Mutter bald auch schon im Gemeindeorchester. Nach dem Abitur dann Suche nach dem eigenen Weg: Steuerberater, Studium, Lehre und – zaghaft noch – erste Liebschaften und länger anhaltende Verbindungen.

Die Gegenbesuche waren seltener, doch nicht weniger erfreulich, ebenso die Kontakte der Kinder und Enkelkinder untereinander. Auch hier besuchten beide Mädchen das Gymnasium. Doch während Silke, die Ältere der beiden, mit Querflöte und Fotografie ihre musische Seite in einem großen Freundeskreis zu entfalten wusste, zeigte sich bei Laura eher ein Hang zu Pferden, Reiterei und sozialen Themen, der nach dem Abitur zunächst in ein Jahrespraktikum bei den Maltesern mündete.

*

An die Reisen nach Tuttlingen, zumeist mit einem Abstecher zum 40 km entfernten Bodensee, war regelmäßig die Rückfahrt über die Südliche Weinstraße geknüpft. Immer noch für ein paar Tage in die Gegend um das beschauliche Winzer-Doppeldorf Gleiszellen-Gleishorbach bei Bad Bergzabern. Und nicht weit davon, gleich hinter dem nahen *Deutschen Weintor*, das elsässische Wissembourg, von wo aus es bis Straßbourg nur noch 70 Kilometer sind. Oder in die entgegengesetzte Richtung, 40 km weiter nördlich: Neustadt an der Weinstraße. Auch hier, am quadratischen, immer belebten Marktplatz inmitten einer Reihe gastronomischer Betriebe, könnten sie Wurzeln schlagen, nicht zuletzt auch, weil die Inhaberin „ihres" kleinen Weinlokals sie jedes Mal begrüßte, als wären nicht Monate, sondern nur ein paar Tage seit ihrem letzten Besuch vergangen: Da wachsen Gefühle und Beziehungen auf, die immer wieder locken, herzukommen! – Dazu die Perspektive vis-à-vis zur mächtigen Stiftskirche!: Eine mittig zwischen evangelisch und katholisch aufgeteilte Basilika, deren voluminöser Glockenklang tief im Innersten seiner Hörer weiterschwingt. Und schließlich, als Mittelpunkt des ausladenden Platzes, der wuchtige, über mehrere Stufen aufragende Marktbrunnen, auf dessen umlaufender Balustrade bei sonnigem Wetter immer irgendwelche kribbeligen Kinder sich zu den wasserspeienden *Elwedritschen*-Fabelwesen hochhangeln. Alles geprägt von einer ruhigen, heiteren Betriebsamkeit aus verweilenden, irgendwie und -wo agierenden oder den Platz überquerenden Menschen; das alles untermalende Gemurmel, Gesprächsfetzen auch von den Tischen unter ausladenden Sonnenschirmen her, vom heimischen, pfälzer Idiom deutlich dominiert: Für Moni und Robert immer ein Platz guter, intensiver Gefühle!

Die Gottesdienste hatten sie überall besucht. Respektable neuapostolische Kirchen in Schwabach, Nürnberg oder Fürth. Die in Tuttlingen in ähnlich kubischer Form wie die zu Hause in *Nord*. Ebenso die Gottesdienste in Bad Bergzabern, Neustadt oder Annweiler im Pfälzer Wald. Doch auch hier in den Predigten überall das altbekannte Exklusivschema, die gleichen stereotypen Sprechblasen: *Allein das Apostelamt! ... Der Herr kann jeden Augen-Augenblick kommen! ... Ständiges Bereitsein ist alles! ... Und: Gehorsam ist besser denn Opfer!* ... Alles im Duktus altbekannter Drohszenarien! Gottesdienste, die Robert weithin nur noch mit längeren gedanklichen Exkursionen erträgt.

Obwohl sich der Weg in regionale ACK auf einschlägigen Internetportalen abzeichnete, schien davon in den Gemeinden kaum etwas anzukommen. Wie zu Hause, so auch nicht in den Gemeinden, die sie auf ihren Fahrten besuchten. Auch erste Publikationen auf NAK-Websites oder in UF hinsichtlich eines neu zu erstellenden „Katechismus", voraussichtliche Fertigstellung 2008, wurden von den wenigsten mit dem ökumenischen Anforderungsprofil in Verbindung gebracht. Roberts Erklärung dafür:

... Den nichts fragenden, treu opfernden „Offline-Senioren" die 180-Grad-Wende des Glaubenswegs so lange wie möglich zu verschleiern. Schließlich soll nun göttlich, gut und vorne werden, was bisher ungöttlich, verderblich und das Letzte war! ... Eine Metamorphose, die allein deshalb geschehen kann, weil die allermeisten der nach 1970 Geborenen keine Ahnung von den apokalyptischen Pressionen haben, unter denen ihre Eltern und Großeltern noch „selig" zu werden hatten ...

Wie hatte doch Apostel Drave in Toronto gefragt, als das bisher für das *Werk Gottes* grundlegende biblisch-endzeitliche Zeit- und Deutungsraster plötzlich nicht mehr gelten sollte:

„*... Haben die Aussagen, die [von den Geschwistern, d. Vf.] als endgueltig betrachtet wurden, heute noch Bestand, weil sie von Aposteln verkuendet wurden?"* ...

... Endgültig – und Bestand haben ...? – Fragt sich nur für wen –, war es Robert durch den Kopf gegangen: – *für die einfältig und treu Glaubenden oder für die Apostel, die Manager des Glaubens? ...* Denn für Letztere, so viel weiß er aus der NAK-Historie, gibt es nichts, aber auch gar nichts, was im Werk Gottes endgültig sein oder für immer Bestand haben müsste. Nichts, was nicht als *gestern noch Giftiges* in *heute Gesundes* zu verwandeln wäre: – Der Glaube machts möglich! Der Glaube an das *„zeitgemäße Wort",* der allein solcherlei Wunder zu vollbringen vermag!

Sicher: Zeit ist Veränderung! Alles verändert sich. Eine Einsicht, die im gewöhnlichen sozialen Kontext selbstverständlich ist. Doch die NAK lebt aus der Behauptung des Gegenteils: *von der Unbedingtheit des mit göttlicher Autorität verkündeten „Apostelwortes"!* Denn – so die Lehre – *das allein vermag aus sich heraus neue Wahrheiten, „himmlische" Wirklichkeiten zu schaffen* –, gradezu als Beweis der endzeitlich-göttlichen Authentizität dieses Amtes! Jedenfalls in den Vorstellungswelten einfältig Nachfolgender, zumal solchen jeder Zweifel daran Sünde ist!

Trotz solcher Reflexionen erschien er immer noch zur Gartenarbeit am Kirchengrundstück, suchte er hier und da weiter das Gespräch mit dem einen oder andern der zehn bis fünfzehn Mithelfer. Doch wollte das Geplauder kaum je über Alltägliches im Gemeindeleben hinauskommen.

Hoffnung trotz innerer Abkehr

Diabetes mellitus und das Robert von der Waage vorgehaltene Übergewicht veranlassten seinen Hausarzt, ihm erneut eine Kur zu verschreiben. Folglich Anfang 2004 wieder drei Wochen Bad Mergentheim. Wie gehabt mit Moni eine kleine 2-Zimmer-Klause in dem riesigen, modernen Gebäudekomplex, wo sie mit allen erdenklichen Therapie- und Sporteinrichtungen wieder auf Trab gebracht werden sollten. Das meiste tat ihnen gut, vor allem die Reduktionskost und das schier endlose Rumgetobe an der Tischtennisplatte!

Während dieser Zeit überraschte Jens sie in seinem neuen, postgelben Smart; ein Highlight auch, mit ihm in einem kunterbunten mutter- und kindfreundlichen Café Erfahrungen und Neuigkeiten auszutauschen. Ebenso die Abstecher ins frostige Rothenburg o. d. Tauber oder, mit ihren urbayerischen Tischnachbarn, ins benachbarte Tauberbischofsheim. Doch kurz nach ihrer Kur die Katastrophe, als die bei einem tragischen Autounfall ihren dreißigjährigen Sohn, ihr einziger Nachkomme, verlieren.

Für indes Robert war die Kur ein Erfolg: Am Ende hatte er sein Gewicht deutlich reduziert und damit seine Blutwerte spürbar verbessert!

Dann jedoch, ein Tag vor ihrer Abreise: – Bei einer *Entspannungsübung nach Jacobson* verdreht Moni sich ihr Kreuzdarmbeingelenk, sodass sie unter großen Schmerzen im Rollstuhl zu ihrem Bett gefahren werden muss.
– Und wie morgen nach Hause ...?

Am nächsten Morgen, nach einer weiteren Spritze im Rollstuhl ans Auto geschoben, Start für 620 km Autobahnfahrt. Der zweite Toiletten-Stopp bei fast schon abgeklungener Injektion, und die Reststrecke dann als eine einzige Schmerz- und Zitterpartie bis direkt vors Krankenhaus. – *Jetzt ...,* so hatte Robert resümiert, *jetzt wäre eine Kur angesagt!* ... Von einem Krankenpfleger zur Aufnahme getragen, konnte er seine Frau vier Tage später wieder nach Hause holen.

Wenig später ließ Jens sie wissen, dass er seit einigen Wochen mit einer Glaubensschwester aus seiner Gemeinde liiert sei. Eine erfreuliche Nachricht zwar, doch fast 15 Jahre älter als er und vier pubertierende Jungs im

Schlepptau – ob das gut gehn wird ...? Als dann aber Jens' Wagen auf ihren Hof rollte und sie Ute das erste Mal gegenüberstanden, sprang Robert sofort die frappierende Ähnlichkeit mit Moni ins Gesicht. Äußerlich jedenfalls. Vom Temperament her, wie schnell klar wurde, eher das Gegenteil! – Eine ganze Familie also, mit der ihr Junge nun statt mit nur einer Frau liiert ist. Doch sollte die sich mit der Wegnerschen schnell und problemlos verbinden.

*

Im Juni 2004 hatte der aus Hamburg angereiste Bezirksapostel Dr. Leber einen *Bezirksgottesdienst* in der Wilhelmshavener Stadthalle gehalten, zu dem etwa 1.300 Teilnehmer aus allen 11 Gemeinden des Kirchenbezirks versammelt waren. Als gegen Ende der fast zweistündigen Veranstaltung eine Reihe Brüder für verschiedene Ämter ordiniert wurden, war darunter auch ihr ehemaliger Gemeindevorsteher, jener Torben Bolz, den sie von Kindesbeinen her kennen. Er würde von nun an als *Bezirksältester* den Kirchenbezirk leiten. Da hatte Robert noch auf ihn als eine zur Selbstkritik fähige und auf Wahrhaftigkeit setzende Führungskraft gehofft. Eine Haltung, an der er trotz einiger herber Enttäuschungen noch eine Zeit lang festhalten wird ...

Als sie am 21. Juni abends das Telefon hochschreckte, ahnte Robert, dass es seine Mutter wäre. Schon beim ersten Ton, als sie sich nur räusperte, verriet Ihre Stimme, was er befürchtete: – „Robert, ich wollt' euch bloß Bescheid sagen – unser Papa ist vorhin gegen 20 Uhr eingeschlafen. Ja, noch im Krankenhaus. Nun hat er es geschafft ..."

Vater Karl –, nach über einem Jahr von seinem Krebsleiden erlöst. Prostata. Im 83. Lebensjahr. Sie hatten damit gerechnet. Doch jetzt ... Und Mutter machte sich Vorwürfe, weil sie da schon wieder zu Hause gewesen wäre ...

Robert und Moni fuhren am nächsten Mittag. Bis zum Abend waren alle Geschwister angereist und saßen, wie immer, um den großen Küchentisch herum.

Ein paar Tage später die Trauerfeier; der Gottesdienstraum überfüllt. Die ganze Familie ist da, auch die Kinder aus Schwaben und Hessen, die Tuttlinger, Jens aus Schwabach sowie die komplette Wilhelmshavener Riege. Dazu Amtsträger aus Hannover, Glaubensgeschwister aus umliegenden Gemeinden sowie Nachbarn und Bekannte aus dem Dorf. Durch die geöffnete Flügeltür standen sie bis ins Foyer hinein. Der Chor in Schwarzweiß, zahlreiche Brüder am Altar.

„Diakon Karl Tupat, der gebürtige Ostpreuße, war eine tragende Säule der Gemeinde! ..."

Der Bezirksälteste Traube aus Hannover, als Jugendlicher auch mit Karl einladen gewesen, fand passende Worte. Doch ob auch für Karls Kinder ...? Außer Inge und Robert hatten alle den Kontakt zur Kirche abgebrochen.

Bereits im Februar hatten Robert und Moni überraschend Besuch vom Gemeindevorsteher erhalten. In Begleitung eines Diakons warb er um ihre Mitarbeit zum 75-jährigen Gemeindejubiläum, das in 2005 anstünde. Daran sei auch ihrem nunmehrigen Bezirksältesten und vormaligen Vorsteher gelegen. Das gleiche gelte für das 100-jährige Bezirksjubiläum, das im darauffolgenden Jahr zu feiern wäre. Auch dafür hätte der Älteste ihn gern als leitenden Mitarbeiter dabei.

Ein Ansinnen, das sie kalt erwischt hatte. Sie erbaten sich Bedenkzeit. Der Gedanke eines erneuten Engagements gegen ihre handfesten Bedenken beunruhigte beide, Moni mehr als ihn. Als die Brüder gegangen waren, diskutierten sie bei einer Flasche Wein. Trotzdem konnte Robert nicht einschlafen, grübelte er noch lange vor sich hin.

Dann im Traum von einem riesigen, auf ihn zurollenden Etwas verfolgt, will er panisch flüchten, kommt aber nicht vom Fleck. Furchteinflößend das dunkel vor ihm aufwachsende, monströse Etwas! Er krampft, meint zu ersticken, will schreien –, bis er mit einem verzweifelten Japser hochfährt ...

Ein Albtraum wie er ihn schon lange nicht mehr hatte ...

Entweder oder ...! Eine Antinomie, die sich im kausalen *Wenn dann ...* fortsetzt. Kaum Spielraum dazwischen. Moni kennt ihren Mann.

Hatten sie nach all ihren Erfahrungen doch genau *das* nicht mehr gewollt! Die Gottesdienste besuchen, ja. Allein schon der Familie und Freunde wegen, und weil *die Kirche* immer noch so etwas wie ein Knotenpunkt für sie war – ihr soziales Zuhause. Zwar inzwischen auf sehr differenzierte Weise, aber – *die Hoffung stirbt zuletzt ...!* – Nach zwei Tagen hatten sie sich entschieden –, das heißt, *Robert* hatte sich entschieden: *Ja, ich lasse mich drauf ein!* – Vielleicht könnte es ja gelingen, doch eine tiefer gehende und lebendigere Gesprächskultur zu entwickeln ...

Am 11. August, ein Mittwoch, besuchte Apostel Krause abends die Gemeinde. Mit ein paar Amtsträgern aus Nachbargemeinden war die Kirche mit gut 60 Personen gefüllt. Aber wie immer wirkte der Mann farblos und rhetorisch ungelenk, sodass Robert seiner Predigt auch dieses Mal nicht viel abgewinnen konnte. Am darauffolgenden Sonntag hatten sie im Schatten der Meinsschen Gartenlaube neben anderem auch darüber gesprochen. Er war diesmal alleine gekommen; wie immer die Flasche Bier auf dem Tisch und zwischen ihnen der aufsteigende Qualm von Schwiegervaters Selbstgedrehten: Traulichkeit wie nur hier; anschließend sah die Welt wieder um einiges besser aus! Auch jetzt, als er sich um kurz vor zwölf wieder ins Auto gesetzt hatte. Dann, nach dem Essen, die zehn Kilometer zum Südstrand und den gewohnten Spaziergang absolviert. Als sie gegen drei zurück waren, blinkte der Anrufbeantworter. Schließlich, nach kurzem Rauschen, Schwager Theo mit gedrückter Stimme:

„Hallo, Moni und Robert, hier ist Theo. Ich muss euch mitteilen, dass Papa soeben verstorben ist … Im Rettungswagen, noch vor dem Haus …"

Robert stockte der Atem; er schaltete auf Lautsprecher: „… Er hatte wohl wieder einen seiner schweren Erstickungsanfälle, sodass Mama den Notarzt gerufen hat. Im Rettungswagen haben sie dann noch versucht, ihn zu reanimieren –, aber zu spät! … Das war so gegen halb zwei … Als ich das Martinshorn hörte, war mein nächster Gedanke sofort: *Papa!* … War ja auch nicht das erste Mal … Zufällig ist Elkes Bruder bei uns; er, Elke und ich sind dann sofort los … Und ja, da stand der Rettungswagen … Wir sind jetzt hier bei Mama …"

10 Minuten später waren auch sie da, dann Heike und ihre Familie aus Varel; doch Oma Ilse kam nicht vom Telefon weg: erst ihre Töchter, dann Roberts Mutter Gertrud, der sie erst vor acht Wochen zu Karls Beerdigung beigestanden waren, und vor allem Lydia Freitag, ihre vertraute frühere Nachbarin. Später würde sie Papas Geschwister und Verwandte in der *ehemaligen DDR* informieren …

Obwohl die Gemeinde drei Jahre zuvor in die Gemeinde *Nord* integriert worden war, hielt der *Hirte*, Sohn des 1999 verstorbenen alten Vorstehers, den Trauerdienst in der nunmehrigen *Aktionskirche*. Die war bis auf die Empore hin gefüllt. Unten der Chor in Schwarz-Weiß; die Stille des Raums; getragene Lieder. Auch Nachbarn und frühere Arbeitskollegen waren berührt … Dann hieß es:

„Erwin Meins war als freundlicher, verlässlicher Mensch überall geschätzt und beliebt. Das kann man hier spüren! … So wird er allen, die ihn näher

gekannt haben, in Erinnerung bleiben – aber auch fehlen ..." – Dann ein kurzer biografische Abriss, den Robert auf Wunsch des Hirten verfasst hatte, gefolgt noch von einem Chorlied und den abschließenden Gebeten.
Und nun? – *Ihre Sonntagsgespräche: Weggeschnitten! So plötzlich ...!*
Wir werden uns um Mama kümmern müssen! – Und um das Grundstück.
Vorne schrumpft die Familie, aber hinten wächst sie nach. So, wie für die Mittleren die Pflichten!

Vier Monate später, am 5. Dezember: Stammapostel *Fehr* in der Stadthalle! Nur ein kleines Zeitfenster für Schmücken und Technik. Übertragung per Bild und Ton in den gesamten Apostelbezirk Hamburg, bis hinauf zu einigen Stationen in Skandinavien. Es geht um Zuversicht:
Der Herr wird sein Werk in Kürze vollenden, dann werden die Getreuen den Lohn ihres Glaubens empfangen ...!

Für Montag, den 10. Januar 2005 waren sie alle in die große Kirche *Nord* eingeladen: Das neue Gesangbuch soll vorgestellt und einige Lieder und Melodien schon mal angesungen werden. Statt 652 nur noch 438 Lieder: heutigem Empfinden angepasst, in dem Bemühen, *dem Kern unseres neuapostolischen Glaubens und Hoffens noch besser Ausdruck zu verleihen!*
Aber auch in diesem Zusammenhang kein Wort zu den unterhalb offizieller Verlautbarungen gesponnenen Fäden zur „Ökumene". Dass das Ausscheiden besonders „apostellastiger" Lieder damit im Zusammenhang stehen könnte, ging nur wenigen auf.

Der März stand für ihre Gemeinde ganz im Zeichen der 75-Jahrfeier. Am 16., Mittwochabend, wieder der Apostel. Ein paar geladene Gäste mehr als sonst, die Kirche bis auf den letzten Platz besetzt, der Chor besonders freudig und ausdrucksstark. Und die gleichen faden Empfindungen wie jedes Mal bei diesem Mann ...
Dann das Feier-Wochenende vom 25. bis 28. März: – *Mit einer Bratwurstbude vor der Kirchentür!* ...
Solange er denken kann, vor allem aber in den 80er und 90er Jahren, hatte man ihnen eingebleut, bedeutsame Entscheidungen nur gemäß der Antwort auf die Schlüsselfrage zu treffen:
Was würde Gott bzw. dein Apostel dazu sagen ...?
Zu der Zeit jedenfalls – dafür kannte Robert den damaligen Apostel Schumacher gut genug, hätte der gar nichts gesagt. Der hätte die Verantwortli-

chen nur mit hochgezogenen Augenbrauen angeschaut:
Gotteshaus mit Bratwurstbude ...? – Ein unverkennbares Zeichen endzeitlich-laodizäischer Lauheit: – Geistliche Dekadenz! ...

Doch die Zeiten ändern sich. Und auch *Apostelworte* haben (und hatten immer schon) nur einen bedingten „Erfüllungswert"!

Doch jetzt lockten Bratwurstduft und -appetit und, nur wenige Schritte weiter, Ausstellung und Basar. Schließlich Musikvorträge von Kinder-, Männer- und gemischtem Chor sowie dem kleinen Instrumentalensemble aus Streichern, Orgel und Flöten. Kaffee und selbst gebackener Kuchen zuhauf – auch Besucher, aber doch vor allem aus den Nachbargemeinden. Wirkliche *Gäste* aus den umliegenden Straßen oder von Glaubensgeschwistern mitgebracht, hatte man am ganzen Wochenende nur fünfzehn gezählt.

Immerhin: Das ganze Gewusel in der und um die kleine, gefällige Kirche herum – auch auf dem Hof waren Tische und Bänke aufgestellt – hatte sich in freudig beschwingter Stimmung entfaltet. Von daher war der Gedanke, dass die wenigen *Fremden* ihre positiven Wahrnehmungen im eigenen Bekanntenkreis verbreiten könnten, zumindest ein Trost. Zudem hatte das konzentrierte Hinarbeiten auf ein fest umrissenes Ziel das Miteinander, die ganze Atmosphäre in der Gemeinde, spürbar aufgelockert und wohl auch manche emotionale Sperre beseitigt. Man war, mehr als zuvor, miteinander ins Gespräch gekommen und konnte hier und da seinen Blick auf den andern neu justieren.

Der Weg ist das Ziel! – Oder auch: *Das Ziel bestimmt und gestaltet den Weg!* – Jetzt auch in der Gemeinde eine Erfahrung, von der Robert hoffen durfte, dass sich das monatelange Engagement vielleicht doch gelohnt habe.

Als noch im selben Jahr die Vorbereitungen für das 100-jährige Bezirksjubiläum anliefen – Bezirkstreffen und -Gottesdienst für den 1. und 2. April 2006 in der Stadthalle geplant – da war er überzeugt, sein offenes, kommunikatives Konzept fortsetzen zu können: Autonome Denk- und Arbeitsweise als Modell für künftige Gemeindearbeit ...?

Doch zuvor noch, an Pfingsten 2005, ein völlig unerwartetes und bedeutsames Ereignis für das *Werk Gottes* weltweit:

Das Oberhaupt der Neuapostolischen Kirche International,
Stammapostel Richard Fehr, tritt im Alter von 65 Jahren in den Ruhestand!

Ein Novum insofern, als fünf seiner sechs Vorgänger erst deutlich nach dem 70. bzw. 80. Lebensjahr, und zwar auch nur infolge Dienstunfähigkeit oder mit ihrem Ableben, ausgeschieden waren. Lediglich sein Vorgänger, Hans Urwyler, war nach einem schweren Schlaganfall bereits im 63. Lebensjahr zurückgetreten. Offenbar war das Dienstende des Stammapostels in den Statuten immer noch nicht eindeutig geregelt. Ein Manko, wie Robert zu diesem Zeitpunkt bereits wusste, das in den 1940er und 50er Jahren zu schweren Verwerfungen zwischen Stammapostel Bischoff und dem Apostelkollegium geführt hatte.

Immerhin galt bis dahin der Stammapostel den Gläubigen als endzeitliche, durch das personale Innewohnen Christi mit Erlöservollmacht ausgerüstete Heilsfigur! So jedenfalls die Anfänge im Spektrum neuapostolischen Werdens. Für die Gegner, insbesondere die Großkirchen, ein schlimmes Sakrileg und inakzeptabel auch für all jene, die wegen dieser unbiblischen Machtfülle bereits am frühen *Werk Gottes* irregeworden waren. [36]

Sowohl in der Korrespondenz mit Apostel Schumacher wie auch in den Jugendrundschreiben war Robert bis hin in die Neunzigerjahre immer wieder auf die Wendung „... der Herr in unserem Stammapostel ..." gestoßen. Etwa als Antizipation des in der Parusie erwarteten Gottessohnes ...? Zwar weniger Ausdruck offizieller Lehre, aber doch einer langen Predigttradition folgend, die diesen mystischen Aspekt in der Grauzone neuapostolischer Identitätssuche zu instrumentalisieren wusste. Denn erst diese Bewusstseinslage authentisierte die „Schlüsselvollmacht" des Stammapostels: etwa den Toten die *Pforte des Totenreichs* auf- und zuzuschließen – als Ausdruck eines exklusiven, heilswirksamen Amtsvermögens! Grade eines solchen aber bedarf nach neuapostolischer Lesart „die Kirche" – um Verstorbenen die Sakramente spenden zu können und somit „Unerlöste" am „Gnadenaltar" freizusprechen. Selbst die Ordination bereits *Verstorbener* zu Aposteln sowie weiterer *Amtsträger für die Ewigkeitsbereiche* war anfangs damit verbunden: Projektionen diesseitigen „Heilsgeschehens" in die „Ewigkeitsbereiche" hinein.

Im Hinblick auf die Ökumene indes ein äußerst heikles Thema! Die Bemühungen Stammapostel Fehrs, durch Neuformulierungen eine kompatiblere Darstellung hinzubekommen, war von EZW-Kommentatoren bestenfalls als ein erster Schritt in die richtige Richtung gewertet worden. Dabei wurde Fehrs Problem, die behutsame Umformung der alten, aus ökumenischer Sicht „häretischen" Vorstellungen in ökumenefähige nach innen hin zu vermitteln, durchaus wahrgenommen. Zumal auf beiden Seiten klar war, dass dieser Prozess vor allem eins brauchen würde: – Zeit! – Zeit bis in die Generation hinein, die von den alten Vorstellungen und Praktiken bestenfalls noch aus der Literatur oder Erzählungen wüsste und der somit die unmittelbare Betroffenheit fehlte. Dabei mochten die NAK-Auguren hoffen, ihre abgelehnte Jenseitsverkündigung soweit variieren zu können, dass sie, ähnlich wie im Katholizismus, toleriert werden könnte.

Unter diesen Voraussetzungen war der nüchterne, eher administrativ inszenierte Stabwechsel Fehrs an seinen Nachfolger, den Hamburger Bezirksapostel *Wilhelm Leber*, promovierter Mathematiker, zweifellos ein bewusster Schritt in diese Richtung. Auch mit Blick auf das Bedürfnis der Jüngeren, aus der stigmatisierenden Sektenecke herauszukommen, mit dem Ziel einer gutbürgerlich-ökumenischen Akzeptanz.

Dass dann mit Richard Fehr allerdings ein Stammapostel i. R. unter dem Pseudonym „f. u. ricardo" die knappe Zeit bis zum *nahen Kommen Christi* in das Schreiben von Kriminalromanen investierte (man stelle sich Ähnliches für sein urchristliches „Pendant" vor!), deren Lektüre bis vor gar nicht allzu langer Zeit noch als heilsgefährdend galt, sollte Robert erst nach dessen Tod erfahren. Für ihn ein weiteres Indiz für die Bigotterie und zweifelhafte moralische Integrität führender NAK-Protagonisten.

Wilhelm Leber war ihnen aus seiner 13 Jahre währenden Amtszeit als Bezirksapostel vertraut. In seiner freundlich-verbindlichen Art war er auch heiklen Themen nicht ausgewichen. Zu seinem Nachfolger für den Hamburger Bezirk hatte er Apostel *Karlheinz Schumacher* bestimmt, den Sohn des früheren Bremer Bezirksapostels, Jurist und ebenfalls promoviert.

Doch dann im Zuge der stammapostolischen Rochade eine kleine Sensation:

Wilhelm Lebers Mutter ist die Nichte
des umstrittenen Botschaft-Stammapostels J. G. Bischoff
und seine Ehefrau zudem dessen Enkeltochter.

Boten diese Tatsachen allein schon Anlass zu Spekulationen über dynastische Hintergründe von Lebers Berufung – wie immer wieder bei „Apostelrufungen" – so entging auch Robert nicht, dass genau diese präzise Darstellung in Lebers Biografie ab der zweiten Internetversion fehlt. – Vielleicht um Vorhaltungen zu entgehen, dass dermaßen enge familiäre Bande die

Aufklärung der für NAK-Kritiker so bedeutsamen *Bischoff-Ära* behindern könnten ...? In jedem Fall aber ein weiterer fragwürdiger Umgang mit Fakten, wie er Robert hier aber ja weder zum ersten noch zum letzten Mal begegnet war.

Nach Halle an der Saale

Bereits einige Zeit vorher hatte die EZW im „Materialdienst" für Samstag, den 25. Juni 2005 in Halle eine Tagung über die Apostolischen Gemeinschaften angekündigt. Unter ihrer und der „Franckeschen Stiftung" Federführung sollten sich Vertreter der in Deutschland bedeutendsten Apostolischen Gemeinschaften vorstellen. Titel der Veranstaltung:

> *„Was ist die Kirche? – Das Selbstverständnis apostolischer Kirchen und Gemeinschaften als Kirche Christi"*

Robert war sofort wie elektrisiert! Nachdem er zuerst seine Frau und dann ihre Freunde, die Steins, überredet hatte, waren sie einen Tag vorher morgens losgefahren. Etwa 430 km lagen vor ihnen, und zwar, wie vorausgesagt, bei allerschönstem Juniwetter. Dabei hatte der Trip in die „ehemalige DDR" die Freunde wohl eher motiviert als die Aussicht, dass eben diese Veranstaltung möglicherweise von historischer Bedeutung sein könnte.

Die Übernachtung im Internet gebucht, waren sie rund 30 Kilometer vor Halle, etwas abseits der B 14, in einem kleinen Dorf gelandet: *Eine Zeitreise in die 50er Jahre! ... Nein – gefühlt noch weiter zurück! ...*

Nach einem Rundgang durchs Dorf waren sie regelrecht angefasst! ... Alles alt: die mächtigen Eichen, schorfige, ausgetriebene Obstbäume in verwilderten Gärten, das glatte Kopfsteinpflaster und sich durch hohes, trocknes Gras windende Lehmpfade. In der lückenhaften Bebauung mit überwiegend alten Klinkerhäusern kaum Putzwände. Überall noch erste Tonpfannen auf den Dächern und bröckelnde Fugen in Mauern und Wänden. Schließlich, ein wenig erhöht und von einem Ring uralter Eichenveteranen umschlossen – eine kleine, offenbar dem Verfall preisgegebene Backsteinkirche. Hinter der Apsis verstreut aus dem Gras ragende, verwitterte Grabsteine, die das morbide Bild einer in sich versinkenden Welt noch unter strichen. – Freitag gegen 18 Uhr: Die wenigen Autos und gefühlt mehr Katzen als Menschen belebten die Szene kaum. Von Jugendlichen oder Kindern keine Spur. Ein deprimierender Kontrast zur eigenen Erfahrungswelt, selbst zu den aufsteigenden Erinnerungen an das Dorfbild seiner Kindheit, die trotz oder grade wegen ihrer zeitlichen Ferne von ganz anderer Leuchtkraft und Lebendigkeit waren als das, was ihm hier jetzt vor Augen stand.

Ihr Quartier, hinter einer mannshohen weißen Kalksandsteinmauer, erschien vertrauenswürdig. Irritiert hatten sie nur die hoch zu beiden Seiten der Toreinfahrt thronenden steinernen Reichsadler.

Es war der Junior des Hauses, wohl Anfang 20, der ihnen ihre Zimmer wies. Dabei erfuhren sie, dass seine Mutter erst kürzlich die Familie verlassen habe und seitdem sein Vater und er den Laden alleine schmissen.

Was sich ihnen darbot, war ein weiß getünchtes, barackenartiges Kalksandsteingebäude mit fünf aneinandergereihten Gästezimmern sowie Frühstücks-, Lese- und Hauswirtschaftsraum. Alles einfach, aber gepflegt. Ebenso die weitläufige Gartenanlage, in welcher drei prächtige solitäre Laubbäume, in gemessenem Abstand zueinander, die gemähte Rasenfläche beherrschten. Unweit davon eine kleine Teichanlage mit einigen respektablen Kois und, etwas näher zum Gebäude hin, eine große, aus gegossenen Betonplatten bestehende Terrassenfläche samt gemauertem Grill und zahlreichen Tischgruppen – das ganze umsäumt von zwölf hohen, dreiarmigen Gartenkandelabern.

Es war kurz vor 19 Uhr, als sie sich auf dem noch leeren Platz niederließen. Nur drei Männer auf Stühlen saßen ein paar Meter weiter am Rande der Rasenfläche mit dem Rücken zu ihnen. Verhalten plaudernd, die Flasche Bier in der Hand, galt ihr Augenmerk offenbar einem dicken, wohl anderthalb Meter aus dem Boden ragenden Baumstumpf. Doch zum Erstaunen der vier „Wessis" erwies sich die am Fuß des Baumstumpfs bemerkte Bewegung als großer, brauner Raubvogel: – *Ein Seeadler!* –, wie ihnen wenig später der Besitzer des Anwesens erklären wird. Das tagsüber lang angeleinte Jungtier würde von ihm, einem geprüften Falkner, täglich für die Beizjagd trainiert.

Nach seinem kleinen, informativen Vortrag ihre Bestellung: Der große Schnittchenteller; dazu die Männer eine Flasche untergärigen Dunkelbiers und ein Gläschen Rotwein für die Frauen. Als der stämmige Mittvierziger ihnen dann zwei Bierflaschen präsentierte, blieb die in seinem Grinsen liegende Frage unausgesprochen: Das Etikett auf der einen Flasche zeigte –

Adolf Hitler! – Mit verschränkten Armen und grimmigem Blick in bekannter Führerpose ...
„Die oder die ...?" – Aus dem etwas schräg gelegten Kopf der effektheischende Blick in die Runde: – „Na ...?"
Robert und sein Freund sahen sich an; die Gesichter der Frauen ...
„Nein danke, von dem haben wir genug; lieber das andere! ..."
„War ja auch nur 'n Scherz!" – Das Grinsen in den nun leicht geöffneten Mund verschluckt, servierte er Schnittchen und Getränke, um sich dann mit in die Hüften gestemmten Armen neben die Drei bei seinem Adler zu stellen. Weitere Besucher trafen ein, das Bier schmeckte ausgezeichnet, und, wie sie später erfuhren – sie hatten sich in einem der zahlreichen sachsen-anhaltinischen Neonazi-Nester einqartiert.

*

Für Sightseeing in Halle blieb nicht viel Zeit. Am nächsten Morgen war der große *Freylinghausen-Saal* bereits um halb neun gut gefüllt. In der Mittagspause erfuhren sie, dass sich auf die Ankündigung binnen Kurzem rund 250 Interessierte aus ganz Deutschland angemeldet hätten, gut 100 mehr aber gekommen wären, sogar aus Holland und der Schweiz. Auch einige Betreiber von Internetmagazinen hatte Robert identifiziert. Seinen Freunden sagten die Namen wenig bis nichts. Zu einem der anwesenden *Ost-Apostel*, wusste er, besteht ein entferntes verwandtschaftliches Verhältnis.
Was sie hier erlebten, war ein Novum in der Geschichte Apostolischer Gemeinschaften! – Vorne auf der Bühne, in Front zum Auditorium, die Vertreter von fünf Gemeinschaften an einem Tisch. Dabei – eine kleine Sensation – auch ein örtlicher Vertreter der Katholisch-apostolischen Gemeinde (KAG)! Hatte die sich doch bisher allen Kontakten zu den sich auf sie berufenden Nachfolgegemeinschaften strikt verweigert. Doch deren Gemeinden waren autonom und somit hier nun einer ihrer Vertreter in einer Reihe mit Repräsentanten einiger ihrer verstoßenen Töchter und Enkel: *Neuapostolische Kirche (NAK); Apostelamt Juda - Gemeinschaft des göttlichen Sozialismus; Apostolische Gemeinde (AG) und Apostelamt Jesu Christi (AJC).*
Eingeführt in die Thematik vom Rektor des religionswissenschaftlichen Seminars an der Martin-Luther-Universität zu Halle, Prof. Dr. Helmut Obst, wirkten ferner mit der EZW-Referent Dr. Andreas Finke sowie Dr. Harald Lamprecht, zuständig für Sekten- und Weltanschauungsfragen bei der Ev.-

Luth. Landeskirche Thüringen.

Im Anschluss an Prof. Obst referierte Andreas Fincke über die Wahrnehmung Apostolischer Kirchen und Gemeinschaften aus der Außenperspektive.

In Ermangelung einer authorisierten Person der KAG führte der Jenaer Sozialdezernent Dr. theol. Albrecht Schröter, vormals ev.-luth. Pfarrer der Thüringischen Landeskirche und erklärter Freund des theologischen Anliegens der Kath.-apostolischen Gemeinden, in deren Geschichte und Theologie ein. Die heutige Situation der KAG, 104 Jahre nach dem Tod ihres letzten Apostels, wurde dargestellt von Herrn Wolfgang Hähnel, einem Mitglied der örtlichen KAG, der leider wenige Tage darauf überraschend verstarb. Es folgten die Beiträge der anderen Gemeinschaften: als erster Apostel Volker Kühnle als Vorsitzender der NAK-Projektgruppe Ökumene.

Während Robert in dessen Vortrag bis zu einem gewissen Punkt jeden einzelnen Absatz als bekannt abhaken konnte, überraschte ihn dann allerdings die hier neu eingeführte „futurische" Legitimation des NAK-Apostolats. Eine Version allerdings, die sich essentiell von sämtlichen theologischen und historischen Legitimationsmustern anderer Kirchen und Religionsgesellschaften abhebt (etwa von der überkonessionell vertretenen „apostolischen Sukkzession") und von Kühnle mit folgendem Satz auf den Punkt gebracht wurde:

„... Von dem (wieder-) gekommenen Herrn allein wird schließlich das neuzeitliche Apostelamt legitimiert werden ..." [37]

Von dem gekommenen Herrn allein? ... Aus der vollendeten Zukunft heraus also ...? – Ein Satz, so schloss Robert, der allerdings jede kritische Anfrage, sei es zu den Anfängen oder hinsichtlich fragwürdiger Stellen in der NAK-Historie, bedeutungslos werden lässt! Auch jedes theologische Nachdenken, intellektuelles Fragen oder ethische Einwände liefen damit ins Leere. Denn wenn erst die *vollendete* Wiederkunft Christi die göttliche Sendung der NAK erweisen solle, läge das Risiko gegenwärtiger bedingungsloser Nachfolge ganz und gar bei den Gläubigen. So weitgehend nämlich, wie sie es in Lied 373 in völliger Hingabe zulassen:

> *„Nimm, Herr, hin auch Gut und Geld, dir sei's in den Dienst gestellt.*
> *Nimm die Kraft von Seel und Leib, freudig ich sie dir verschreib ..."?*

In der Tat eine Frage von existenzieller Bedeutung! Niemand, der sein Leben in dieser Haltung nach den Vorgaben der NAK-Apostel einrichtet, sollte verkennen, auf was er sich da einlässt. Ganz im Hamletschen Sinne geht's hier um *Sein oder Nichtsein!* Denn wer erst einmal drin ist in diesem sozialen Sinngefüge, kommt nur schwer wieder hinaus. Aber selbst wenn, ist es unwahrscheinlich, dass die einmal erlernte Systemlogik sich in der Psyche je ganz wieder verflüchtigt. Ein schmerzhaftes Kapitel, von dem immer wieder Aussteiger zu berichten wissen, und nicht wenige, denen das nur mit psychotherapeutischer Hilfe gelungen ist. Auch die per Zetteleingabe an die Referenten gerichteten Hörerfragen, in der Hauptsache zwar historischer und theologischer Natur, implizierten diese Erfahrung deutlich. So wurde schnell klar, dass hier ein bedeutendes kritisches Gärpotenzial zusammengekommen war, insbesondere aus der NAK, von woher auch die meisten und schärfsten Anfragen an NAK-Apostel Kühnle kamen.

Zum Abschluss der Tagung zeigte Dr. Schröter noch Videomaterial, das er an Orten historisch bedeutsamer katholisch-apostolischer Gemeinden aufgezeichnet hatte, etwa in Albury, London, Berlin und andernorts.

Nach der Schließung des Saals, kurz vor 17 Uhr, diskutierten einige Leute vor dem Gebäude weiter. Adressentausch, Verabredungen: ... *Mal sehen, was wird ...* Autotüren klappten, der Hof leerte sich. Die Vier auf dem etwas ansteigenden Weg zu ihrem Auto; unebenes Kopfsteinpflaster, wellige Gehwege; die alten Stadthäuser oft schief, doch hier und da epochales Zierwerk, primär Klassizismus und Jugendstil. Aber nur wenige restaurierte Gebäude, dafür viele mit rissigen und abgeplatzten Fassaden, nach Farbe lechzende Fensterrahmen und Hauseingänge: Jetzt, in gleißendem Sonnenlicht, über allem bestenfalls ein Anschein von Stillstand, der über den Substanzfraß forteilender Zeit hinwegtäuschen wollte: Impressionen, die bei jedem ihrer Schritte das Gemüt bewegten und die Stimmung durchaus niederzudrücken vermochten.

Dann am Auto: *Jetzt irgendwo etwas essen!* Am besten in einem landestypischen Restaurant. Aber so sehr sie sich umsahen: die Stadt gab keines preis. Auch nicht der Weg zu Ihrem Quartier! So blieb ihnen, irgendwo neben der B14, nur die genormte Vertrautheit eines Griechen.

Hier nun, zwischen Speisekarte und serviertem Essen, die ersten zögerlichen Bemerkungen zur Veranstaltung. Während Robert eine Ergänzung und Aufhellung seines Kenntnisstandes feststellte, reagierten ihre Freunde reserviert. Ohne solides Wissen um geschichtliche Abläufe und wohl auch ohne wirkliches Interesse hatten sie die Vorträge, insbesondere die teils massive Kritik an der NAK, eher wohl als Infragestellung ihres fest gefügten

Bildes vom Werk Gottes empfunden. So blieb die Stimmung verhalten, und die Anmerkungen der Freunde kamen eher als emotionale Abwehrfloskeln daher. Erst der Gottesdienstbesuch am nächsten Morgen, die beeindruckende Präsenz der vier Jahre jungen Halleschen Kirche, hatte sie während der Heimfahrt wieder in die Bildhaftigkeit vertrauten Sprechens zurückfinen lassen.

Weitere ambivalente Erfahrungen

Wie bereits erwähnt, hatten die Arbeiten zum 100-jährigen Bezirksjubiläum im Herbst 2005 begonnen. Nach einem von Robert in Zusammenarbeit mit dem Bezirksältesten aufgestellten Orga-Schema hatten sich in allen 11 Gemeinden Arbeitsgruppen (AG) gebildet, die sich zu verschiedenen Themen an die Ausarbeitung ihrer Vorgaben machten. Kommunikation per E-Mail; regelmäßige AG-Treffs: Sondierungen, Diskussionen, Abstimmungen, Vereinbarungen, Protokolle. Eigenverantwortliche Aktivitäten! Kritisches Hinterfragen; Begründungen von Vorhaben und Arbeitsschritten: die Entfaltung eines offenen und völlig unverkrampften Miteinanders – so, wie er es sich immer gewünscht hatte.

Ab Januar 2006 dann pro Gemeinde und Monat eine Veranstaltung: Musik, Kinder-Theater, Basare, Ausstellungen sowie die Aufführung des von einem Bruder eigens zu diesem Anlass komponierten Oratoriums. Ein beachtliches Niveau für Laien-Musiker! Auch ein 87 Seiten umfassendes Buch war erstellt worden, in dem heiter dialogisch das Werden des Kirchenbezirks von seinen Anfängen her erzählt wird.

Geplantes Highlight des Jubeljahres: der Samstag und Sonntag am 1. und 2. April in der Stadthalle. Am Samstag die Bühnenaufführung: *Eine Zeitreise von 1905 bis in die Gegenwart*. Eine Handpuppe namens Mathilda führte durchs Programm. Per Powerpoint beeindruckten Bilder zur Zeit-, Stadt- und Kirchengeschichte. Zeitzeugen agierten in epochalen Bühnenbildern und wurden – als Höhepunkt – ausführlich zu eigenen Wahrnehmungen während der *Botschaftszeit* interviewt. Sehr persönlich auch, wie sie selbst mit dem Schock von 1960, der mit Bischoffs Tod zerplatzten Parusie-Verheißung, umgegangen waren. Robert hatte das Thema dem Ältesten gegenüber zur Bedingung für sein Mitwirken gemacht, quasi als Gradmesser für einen wahrhaftigen Umgang mit der Geschichte. – Aber auch Szenen aus dem Krieg wurden dargestellt oder der Fall der Berliner Mauer. Dazu ein leibhaftiger Trabi, der mit echtem Ostgeknatter und Benzingestank eine aufgemalte Papier-Mauerwand zu durchbrechen hatte.

Die kleineren Kinder wurden in einem Nebenraum beschäftigt. Und wer von den weit über tausend Zuschauern sich dem Bühnengetöse für Augenblicke entziehen wollte, konnte im Foyer vor den Tafeln der großen Wanderausstellung weitere Eindrücke sammeln.

Finanziert worden war das ganze Jubiläumsjahr einschließlich zahlreicher Zeitungsinserate aus in den Gemeinden gesammelten Spenden. Der Apostel hatte allerdings zur Bedingung gemacht, dass dadurch das reguläre „Opfer" nicht geschmälert werden dürfe. Die Zweitagesmiete für die Stadthalle war von *Hamburg* bezahlt worden.

Zum Festgottesdienst am nächsten Morgen musste die Halle zurückgebaut und mit Altar, Gestühl und Schmuck in einen würdigen Zustand gebracht werden: Eine gut organisierte Aktion bis in die Nacht hinein. Dann, nur wenige Stunden später, im Stadtbild die ersten schwarzen Anzüge in Richtung Stadthalle. Gottesdienstbeginn 10 Uhr. Etwa ab 09 Uhr dann Gruppen festlich Gekleideter aus Stadt und Land, die sich mit ihren Eintrittskarten durch den Einlass zum Festsaal hinbewegten.

Den Festgottesdienst hielt Bezirksapostel Karlheinz Schumacher mit dem Wort aus Offb. 21, 5:

„Und der auf dem Thron saß, sprach: Siehe, ich mache alles neu! Und er spricht: Schreibe, denn diese Worte sind wahrhaftig und gewiss!"

Mit Blick auf Abraham und Sara verwies er darauf, dass Gott auch heute noch aus alt Gewordenem Neues zeugen könne! Auch hier im Bezirk, der vor nun 100 Jahren seinen Anfang genommen habe. Ein Hinweis besonders auch an die acht neu ordinierten Amtsträger, und markant der Satz, den er just aus Südafrika mitgebracht habe: "*The main thing is that the main thing remains the main thing!*" (Die Hauptsache ist, dass die Hauptsache die Hauptsache bleibt!)

Es folgten Ko-Beiträge von Regional-Apostel Krause, dem ostfriesischen Bischof Barmann sowie dem Bezirksältesten. – Am Nachmittag dann, um den Nutzwert der Hallenmiete voll auszuschöpfen, noch ein vom Bezirksältesten gehaltener *spezieller Seniorengottesdienst*, obwohl auch die Senioren am Morgen schon „*beim Bezirksapostel*" gewesen waren.

Dem Jubel-Wochenende voraufgegangen war ein Interview im Studio des regionalen Radiosenders, das zwei Tage vor den Festtagen ausgestrahlt worden war. Darin hatte Robert, nach Erläuterungen des Ältesten und des für die Musik zuständigen Bruders, einen kurzen Blick auf die Kirchenstruktur sowie die regionale NAK-Geschichte gegeben. Die Resonanz aus dem Geschwisterkreis – da man nun die „eigene Sache" vom Rundfunk in Stadt und Land getragen sah – war durchweg positiv.

Ein ganzes Jahr intensiver Arbeit, das Robert und zahlreiche MitarbeiterInnen aus und in den Gemeinden investiert hatten. Die allseits geäußerte Hoffnung, dass die kommunikativen Strukturen fortbestehen und sich daraus ein selbstbewussteres, kritischeres Gemeindeleben etablieren könnte, erfüllte sich nicht. Alles schrumpfte binnen Kurzem in den alten Modus zurück. Die Schließung einer weiteren Gemeinde, vier Wochen vor den Jubiläumsfeierlichkeiten, war mehr oder weniger in den Vorbereitungen untergegangen. Auch auf eine weitere *Lehränderung*, die am 31. Mai 2006 auf der NAKI-Homepage publiziert worden war, konnte Robert in seinem Umkreis keinerlei Reaktion feststellen. Demnach ist nun die „Sonnenfrau" (bis da das *Sonnenweib*) aus Offb. 12, 1 nicht mehr wie bisher eine Metapher für die endzeitliche NAK, sondern das Bild aller gläubigen Christen, *„die sich in einem besonderen Näheverhältnis zu Jesus Christus befinden."*

Roberts Reaktion: *Der Heilige Geist korrigiert wieder einmal eine seiner zahllosen absoluten Wahrheiten!* ...

*

Kurz nach dem Jubiläumswochende, in der 1. Maiausgabe 2006, war ihm ein Inserat in der „Familie" ins Auge gesprungen:

„... Also, wenn das nicht unsere Hildburg Karo ist ...! Und wie's aussieht, ist sie inzwischen promoviert ..."

Moni erinnerte sich. Eine jener Studentinnen, mit denen sie während Wilberts Studienzeit Ende der 70er Jahre intensiv über Missstände in der NAK diskutiert hatten. Ein paar Mal auch bei ihnen zu Hause.

Er las vor: *„'Reisebegleitung für Geschäftsreise nach Istanbul gesucht.'* – Donnerwetter! – Ob ich mich da mal melde ...?"

Er tat's. Ein Telefonanruf, und die Überraschung war perfekt! – Vier Tage später das Wiedersehn im Freiburger Bahnhof: Nach fast 30 Jahren ein regelrechter Erzählstau, der sich im Restaurant langsam aufzulösen begann – als Beginn einer jahrelangen E-Mail-Korrespondenz: Interpretationsversuche und Krisenbewältigung zu allen möglichen Glaubensthemen und -erfahrungen. Zudem sollten Hildburg und ihr Mann, katholisch und Professor der Jurisprudenz, Robert und Moni bald auch schon zu Hause besuchen. Nach Tagesausflügen in die Küstenbadeorte abends „Grenzgespräche" zwischen persönlichen Erfahrungen und Tabuzonen, stimuliert von Monis Abendbrottisch und badischem Wein. Eine Atmospäre, welche die Auflösung starrer Etikette und NAK-Begrifflichkeiten in die Farbigkeit individueller Anschauungen und Meinungen begünstigte und damit auch ein sich zusehends deutlicher abzeichnendes Profilbild des jeweiligen Gegenübers.

Ende August folgte mit den Steins eine Woche an die Mosel, wo das noch junge Haus ihres Weinlieferanten beeindruckte! – Alles groß und hell, auch die gut ausgestatteten Gästezimmer, und im Kellergeschoss – als Souterrain vom überdachten Freisitz her durch ein hohes Rolltor auch für Traktor und Transporter zugänglich – eine geräumige Weinstube mit derbem Gestühl und Kamin-Grill: Ein Refugium für Weinverkostungen bei deftigen Grill-Snacks und anderen Leckereien und somit eine bemerkenswerte Adresse in der wohltuenden Ruhe eines alten, gesetzten Moseldorfs! – Und was für ein Blick von der Loggia aus! Inmitten des sanft zum Fluss hin abfallenden Rebenmeers die weit einsehbare Moselschleife: Frachtkähne, Motoryachten und weiße Fahrgastschiffe, die das stilvolle Bild in gemessener Ruhe beleben. Der rege Verkehr auf der parallel verlaufenden B 49 stört nicht den Blick auf die gegenüberliegende Seite, wo sich gegen den Höhenzug ein Dorf malerisch in Szene setzt, gekrönt von einer schroff aufragenden Burgruine. Unten, zwischen den beiden Anlegern, motivierte die in kurzer Folge übersetzende Fähre, in diese Richtung loszugehen. Ein ganzes Bündel an Möglichkeiten, sich auf den Reiz dieser wunderbaren Landschaft einzulassen.

Das Fiasko begann, als Reinhold Stein darauf bestanden hatte, den Sonntagsgottesdienst in der 25 km entfernten Gemeinde Kaisersesch zu besuchen; bis dahin eine gut 30-minütige hügelig-kurvige Strecke. Doch diene dort ein ehemaliger Bekannter als Priester, und zwar, wie Robert wusste, der Schwarm ihrer jüngeren Tochter, als sie 15 oder 16 war.

Als sie nach dem Gottesdienst, nach dem üblichen freudigen Hallo und Händeschütteln wieder im Auto saßen, hielt Robert sich einen Moment lang wortlos am Steuerrad fest, um dann erst langsam anzufahren. Er mochte und konnte nichts sagen; der ganze aufgestaute Frust hätte aus ihm hervorbrechen können:

Für so einen geistlosen Schwachsinn die Hälfte dieses wunderschönen, sonnigen Tages verbraten ... Muss ich mir das immer noch antun ...?

Was seine Stimmung indes so spürbar unter den Nullpunkt gedrückt hatte, war, wie er wusste, für ihre Freunde jedoch von ganz anderer, ja, positiver Bedeutung! Für sie erschloss sich die Magie zeit- und raumlosen Zuhausegefühls vor allem in vertrauten Melodien, aneinandergereihten NAK-Floskeln und einer entsprechenden Bildhaftigkeit. Er kannte das, weil es bei ihm früher ähnlich war. Zumal das als „Predigt" Dahergesagte von den allermeisten ohnehin wie in Trance rezipiert wurde, als *Geistesrauschen*, das eine solcherweise ausgelöste Gemütsverfassung widerspruchslos passiert. – Inhalte? – Es reicht, *dass* etwas gesagt wird, und das kommt von Gott! –So einfach ist das! – Allein das zu akzeptieren, entscheidet über „drinnen" oder „draußen"!

Das Ergebnis: Eine nachhaltig gedrückte Stimmung zwischen den Vieren, in den folgenden Tagen kaum überdeckt von gemeinsamen Unternehmungen: kleine Wanderungen, die Moselfahrt nach Traben-Trarbach, ein heftiger Weinabend mit weiteren Hausgästen sowie Spritztouren die Mosel entlang, bis hinein in das touristisch quirlige Cochem.

Für Robert von besonderer Bedeutung: der rd. 60 km weite Abstecher zur Kriegsgräberanlage bei Kloster Himmerod in der Eifel. In der Senke eines dichten, stillen Buchenwalds das beeindruckende Gräberfeld mit der kleinen weißen Gedächtniskapelle, an deren Außenwand eine große schwarze Marmorplatte das Unfassbare namhaft macht: die in langen Reihen eingravierten Namen der Gefallenen, davor Reihe um Reihe die Gedenksteine, wohl 15 mal 15 cm – und auf einem von ihnen Name, Geburts- und Todestag seines Vaters! ... Innehalten – wie schon drei Jahre zuvor, als sie auf einer Rückreise von Tuttlingen den Friedhof das erste Mal besucht hatten. Das gleiche tiefe Ergriffensein: Ursprung seiner Existenz ... Und wie jäh als 21-Jähriger dem Irrsinn des Krieges zum Opfer geworden ...

Später, wieder zu Hause, sollten die Abstände zwischen den gegenseitigen Besuchen größer werden. Ihr Verhältnis war nicht mehr dasselbe wie vor Halle und der Moselreise.

*

Anfang 2007 las Robert eine Internetmeldung, die ihn wie viele „Apostolische" traf und bewegte:

„Am 22. Februar ist nach kurzer Krankheit Peter Sgotzai im 61. Lebens-

jahr heimgegangen."
Wer Peter Sgotzai war ...? – Ein neuapostolischer Diakon aus dem südhessischen Michelstadt, der, wie man sehen konnte, im Netz eine schier unglaubliche Fülle katholisch-apostolischer Dokumente systematisiert und publiziert hatte. Dazu von ihm themenorientiert gemalte Bilder, zumeist Aquarelle, die eine erstaunliche künstlerische Qualität erkennen lassen.

Die von Sgotzai so bezeichnete „Edition Albury" – rd. 50.000 Seiten von etwa 2.200 Schriften – vervollständigte nicht nur den Blick auf Geist und Entwicklung der kath.-apost. Sache, sondern – und hier gründete das Ärgernis seiner neuapostolischen „Vorangänger" – sie wirkten darüber hinaus als Korrektiv zum vorherrschenden NAK-Kirchenverständnis und Geschichtsbild.

Nicht zuletzt aus vielen dieser Quellentexte hatte der evangelische Theologe Dr. Reiner Friedemann Edel, Herausgeber und Verleger der Schriftenreihe: „Oekumenische Texte und Studien", 1971 ein Buch[38] veröffentlicht, in welchem er der Christenheit die katholisch-apostolischen Gemeinden als ein „Modell" der nach Gottes Willen zu gestaltenden Kirche Christi vorgestellt hatte. Ein Werk, das sowohl in pfingstlerische und charismatische Kreise wie auch in apostolische Randgruppen belebend hineinwirken sollte.

Robert hatte das Buch Ende der 70er Jahre, noch während seines Studiums, in die Hände bekommen. Wie weitere Texte aus der Edelschen Schriftenreihe hatte es damals auch ihn für die ökumenische Intention von Teilen der apostolischen Bewegung sensibilisiert: Gemäß den alten Verheißungen zurück zu den ursprünglichen Strukturen und so zur Einheit der Christen, in der festen Überzeugung, allein auf diesem Wege vor dem wiederkommenden Christus bestehen zu können!

Zweifellos hatte der neuapostolische – oder besser: der *apostolische* Diakon Sgotzai – mit der Veröffentlichung katholisch-apostolischer Quellentexte der NAK eine Predigt ganz eigener Art gehalten. Nämlich indem er beinahe kommentarlos jene authentischen Maßstäbe wieder ans Licht gebracht hatte, deren Grundlage die ursprünglichen Weissagungen und Prophetien waren. Aber auch als Ausdruck einer Haltung, die jede „menschliche" Einflussnahme auf die „endzeitlich-göttlichen" Wegweisungen von sich wies.

Sgotzais Engagement, damals auf seiner Website „Ad fontes" (= [*zurück*] *zu den Quellen!*) gut zu verfolgen, hatte Robert und viele andere tief beeindruckt. Offenbar hatte er einer Ethik nachgespürt, die alles Tun aus dem Bewusstsein der All-Gegenwart Gottes herleitet und nicht, wogegen er auf diese Weise opponierte, aus taktischen oder sonstigen Erwägungen. Ein Unterfangen, das Widerspruch hervorrief. Ja, der Diakon wäre, wie man Kommentaren im Netz entnehmen konnte, wegen seines Ungehorsams in seiner Amtstätigkeit kaltgestellt worden. Doch dem Bedürfnis nach historischer „Wahrheit", auch und gerade innerhalb dieses „Werkes Gottes", hat er einen kaum zu überschätzenden Dienst erwiesen! Denn wer sollte den historischen Gründen und Fakten einer christlichen Welt- und Lebensgestaltung mehr verpflichtet sein als seine Vertreter selbst, dazu noch als Hüter „letztgültiger Wahrheiten" ... ?! – Doch mag vielleicht grade das ein absurder Gedanke sein, weil – erfahrungsgemäß – historische Fakten grundsätzlich der Idee einer absoluten, endgültigen Wahrheit quer im Wege stehen. Eine Tatsache, der sich jeder zu stellen hat, dem andere Menschen vertrauen und denen er folglich Rechenschaft schuldet! Doch auf derartige Forderungen, zumal beharrlich und öffentlich vorgebracht, wusste und weiß die NAK-Kirchenleitung vor allem mit Stigmatisierung oder Ausschluss zu reagieren.

Unter dem Eindruck einer gesamtkirchlichen Schau, wie sie auch bei Sgotzai begegnete, hatten Robert und Moni schon vor 2006 hin und wieder Gottesdienste in heimischen evangelischen Kirchen besucht. Auch während der Kur in Bad Mergentheim. Dabei waren sie überrascht, die Kirchen so gut gefüllt zu sehen, wobei auch hier die Jüngeren rar waren. Aber anders als in vielen NAK-Gottesdiensten sagten ihnen die meisten Predigten etwas, weil lebensnah und thematisch schlüssig – im Gegensatz allerdings zur Liturgie, die ihnen nicht nur fremd, sondern als stetes Deklamieren ewiger Wahrheiten bestenfalls als Anfrage an eigene Erfahrungen zu ertragen war. Bis sie beide, wie in der NAK, schließlich das Mitsprechen unterließen.

Doch immerhin erste Schritte auf einem neuen Terrain; das anschließende Kaffemik im Gemeindehaus in lebendiger Runde, zumal sie hier auf alte Bekannte trafen: ein inzwischen konvertiertes Ehepaar, er ehemaliger NAK-Priester, sie qualifizierte Organistin. Aber auch Tochter Karin und Schwiegersohn Ulrich, sie inzwischen ebenfalls übergetreten und die beiden Mädchen evangelisch konfirmiert. Auch einen von Jens' Jugendfreunden trafen sie, den Sohn eines mit Ulrich befreundeten Priesters, mit dem zusammen Robert vor beinahe 40 Jahren als NAK-Jugendleiter eingesetzt worden war: Sie alle im Begriff, sich kritisch mit der NAK-Lehre, ihren Predigten und den Verhältnissen in den Gemeinden auseinanderzusetzen.

Es waren Eindrücke aus dem Internet sowie persönliche Kontakte, die

Moni und Robert bewegt hatten, sich in die als *progressiv* bekannte evangelische *Christuskirche* einzufühlen. Dort hatten die Predigten wie auch Roberts Gespräche mit einem der Pastoren bewirkt, dass sich der Abstand zu ihrer NAK-Gemeinde von Mal zu Mal vergrößerte.

Ungeachtet dieser Tatsache und trotz der zwei letzten, latent angespannten Urlaube waren sie im Juni 2007 mit den Steins wieder in einen zweiwöchigen Sizilien-Urlaub gefahren. Aber auch der sollte in einer Atmosphäre unterschwelliger Disharmonie enden.
Auf Steins Drängen hin hatten sie auf der Insel den Sonntagsgottesdienst besuchen wollen – bis zur Adresse auf ihrem Kirchenausweis gut 50 km. Die Strecke fremd und die Zeit bereits knapp, navigiert Reinhold nach Karte, während Robert fuhr. Dann: Abfahrt verpasst; Irritationen, Gereiztheit. Robert begann zu schimpfen, fuhr und bremste aggressiv ... Doch dann war's egal, die Zeit ohnehin überschritten und weit und breit kein Gottesdienstlokal in Sicht. Aber jetzt wollte er's wissen – und dann standen sie davor: – Eine alte, schäbige Häuserzeile in einer schattigen Seitengasse. Neben der mit einer dicken Kette verammelten Alutür ein Schild mit ausgeblichener Aufschrift: „*Chiesa Neo-Apostolica – Servizio devino Domenica 10 a. m.*" – Es ist 10 Uhr 20. – *Ob hier überhaupt noch Gottesdienste stattfinden ...?* – Robert war stinksauer. Die andern nicht weniger – jedoch auf ihn! – Die restlichen Tage blieb die Stimmung getrübt.

Dann, knapp eine Woche wieder zu Hause, wurden sie von einer unglaublichen Nachricht überrascht. – Dazu ein Kommentar aus dem Internet:
Der „ ... stellvertretende Leiter (...), hat sich (...) das Leben genommen. Ein paar Tage später schreibt die (...) Zeitung über die Veruntreuung von über 100.000 €, in die (...) verwickelt gewesen sein soll. Daran müssen laut Staatsanwaltschaft noch weitere (...) Mitarbeiter beteiligt gewesen sein."
Die Rede war vom Vorsteher einer der Stadtgemeinden. Ende vierzig; Vater mehrerer Kinder; engagiert, beliebt. – *Mein Gott: – Suizid!* ... Pures Entsetzen! In den Gemeinden tiefes Schweigen. Spekulationen in den Printmedien und mehr noch im Netz. Auch Robert artikuliert seine Fragen. Im Zorn! Zwei Tage vorher noch hatte der Evangelist in ihrer Gemeinde den Gottesdienst gehalten.
Elf Tage später die Trauerfeier. Die große Kirche bis auf den letzten Platz gefüllt. Die Ansprache des Apostels für Robert unangemessen und unwürdig, weil nichts als fraglose Rechtfertigung. Kein Entsetzen, nicht ein Hauch

Unsicherheit, keine Fragen. Alles ist bei und in Gott! Ganz gleich, was wir tun oder wozu wir Anlass sein mögen; denn:
Unser Glaube und das Sakrament der Sündenvergebung setzt Gotteskinder – gleich, mit welcher Schuld behaftet – wieder in den Stand der Gnade! Wohl nicht vor dem irdischen Richter, aber doch vor Gott und in der Gemeinde! ...
Mein Gott ..., wallte es unwillkürlich in Robert auf –, was nur für ein Gottesbild ...! Und was für eine Ethik wird hier inszeniert, die als Reaktion auf jedes Verstehenwollen, als Antwort auf jede Frage nach Versagen, Schuld und Verantwortung sich nur schweigend verweigert ... – Ja mehr noch: Die Betroffene nötigt, sich im Schweigen vor der möglicherweise doch auch befreienden, heilsamen Auseinandersetzung mit dem Geschehenen einzukapseln ... Nicht die an sich verwerfliche Tat, sondern ihre Aufdeckung, ihre öffentliche Darstellung wird hier stigmatisiert, berechtigtes Fragen, Verstehenwollen als bloßstellende Geschwätzigkeit denunziert: – Ein Akt von Empathie, schonender Nächstenliebe angesichts des Schmerzes der Familie ...? – Vielleicht. Aber mit Sicherheit im Interesse der NAK-Kirchenleitung, die andernfalls in aller Öffentlichkeit eingestehen müsste, dass sie von den Ursachen des tragischen Scheiterns eines ihrer „Segensträger" überhaupt nichts mitbekommen hätte. Das aber ist angesichts der internen feinmaschischen Kommunikations- und Kontrollpraktiken kaum vorstellbar!

Trotz allen Bedauerns für die Familie des so traurig, so schlimm Geendeten fraß sich Wut über die abermals bagatellisierte Verstrickung eines „Gottesknechtes" in ihn hinein. Nichts von „oben" über die Ursachen, die Umstände, die einen *Diener Gottes* soweit gebracht hatten; keine mahnende Erklärung in den Gemeinden! Erst später wird über die Spielsucht des Evangelisten gemunkelt, doch auch das unter der Decke eines stickigen Gemeinschaftsgefühls, das in Wirklichkeit mehr als alles andere einer spürbaren Frischluftzufuhr aus Offenheit und Wahrhaftigkeit bedürfte! Jedenfalls wenn man den Gläubigen ernsthaft die befreiende Wirkung christlicher Verkündigung glaubhaft machen wollte.

Kurz nach diesen Ereignissen hatten sie nach einem Info-Abend eine vierwöchige Patenschaft für zwei 12-jährige Jungen aus Weißrussland übernommen. Aus der Zeitung hatten sie erfahren, dass die bundesweite Feri-Enaktion „Kinder von Tschernobyl" bereits seit einigen Jahren auch von einem hiesigen Verein ausgerichtet wird.

Die Kinder kamen aus zwei Dörfern, nur rund 100 km von Tschernobyl /

Ukraine entfernt, wo im April 1986 ein Reaktorblock des Atomkraftwerkes explodiert war. Wie die Medien verbreiteten, hätten Unmengen radioaktiven Materials nicht nur die unmittelbare Umgebung verseucht, sondern auch in Skandinavien, weiten Teilen Osteuropas und im Südosten Deutschlands wären deutlich erhöhte radioaktive Werte gemessen worden. Diese ständige Strahlenbelastung der Böden und des Grundwassers, somit der gesamten Nahrungskette, belasteten vor allem die Kinder und würden es auch künftig tun –, über wie viele Generationen noch, vermöchte niemand zu sagen.

Für die letzten beiden der vier Wochen waren die Blondschöpfe *Artjom* und *Kolja* in Jens' ehemaligem Jugendzimmer einquartiert. Ihr aller Bemühen, sich einander verständlich zu machen, führte anfangs zu ebenso drolligen wie vergeblichen Versuchen – mit intensivster Mimik und Gestik, bis hin zu rollenspielartigen Darstellungen. Ein deutsch-russisches Wörterbuch half kaum weiter, da das von der Mehrzahl der Weißrussen gesprochene *Belarus* mit russisch nicht identisch ist. Dankbar hatten beide aber registriert, dass sie zweimal nach Hause telefonieren durften, wonach einer der beiden den Hörer einmal ziemlich bedrückt aufgelegt hatte.

Immerhin hatten die zwei Wochen mit den Jungen Robert und Moni selbst, er jetzt 62 und sie fast 57, gedanklich und emotional um ein Vierteljahrhundert zurückversetzt, als ihre eigenen Drei in eben diesem Alter waren. Nicht zuletzt von daher inspiriert, hatten sie alles Mögliche unternommen, um beiden den Aufenthalt so freudvoll wie möglich zu gestalten, zumal sich zuletzt mit jedem Tag mehr Heimweh bemerkbar machte.

Als die beiden dann in einen der Busse stiegen, mit einigen kleinen Geschenken versehen, zog ihnen ein wenig auch der Herzschmerz ihrer Gasteltern hinterher! Auch wohl, weil sie sich über die prekären Lebensumstände unter dem Autokraten *Lukaschenko* informiert hatten. Immerhin aber hatte der Umgang mit den beiden so viel an Lebendigkeit und Freude in ihren Alltag gebracht, dass ihnen darüber die Ärgernisse im *Werk Gottes* fast aus dem Blick gekommen waren.

*

Bereits einige Zeit vor ihrem Sizilienurlaub waren sie damit konfrontiert, dass Monis Bruder, nun 51, das Trinken wieder angefangen hatte. Abermals häuften sich die Alkoholexzesse, sodass sie wiederholt den Rettungswagen rufen mussten. Einmal hatte Moni zusammen mit ihrer Schwester Stunden benötigt, um die Spuren von blutig Erbrochenem von Wänden, Möbeln und Teppichboden zu beseitigen. Permanentes Standby auch während der Wochen mit Artjom und Kolja. Monate, in denen ihnen jedes Telefonklingeln in die Knochen gefahren war, vor allem nachts. Immer wieder Krankenhausbesuche; endlos uralte Geschichten anhören, durchzogen von mit Verzweifelung verquirlter Uneinsichtigkeit; Schuldzuweisungen, die jeden klaren Blick vernagelten. – Bis er schließlich, nach ungezählten Frauengeschichten, über eine Bekannte aus der Psychiatrie eine Frau kennenlernte, die ihn vor die Entscheidung stellte: „Entweder ich oder die Flasche …!" Die sympathische Endvierzigerin sollte gewinnen! Einfühlsam, intelligent und belesen sowie englisch- und französischsprachig, arbeitete sie in einem Callcenter für eine der großen Fluggesellschaften. Doch ihre hohe Sensibilität selbst für Nuancen in Stimmungen und Beziehungen machte sie verletzlich, sodass sie in größeren Abständen selbst psychotherapeutischer Hilfe bedurfte. Trotzdem stabilisierte die sich durch alle Schwierigkeiten entwickelnde Beziehung beide! Ungeachtet der schweren gesundheitlichen Schäden, die Monis Bruder sich über Jahre zugezogen hatte, blieb das so, bis er neun Jahre später, 2016, mit 59 an Lungenkrebs verstarb. Das Trinken hatte er mit ihrer Hilfe besiegt, von der „Kippe" waren sie beide nicht losgekommen.

Aber bereits kurz nachdem Artjom und Kolja wieder abgereist waren, Ende 2007, zeichnete sich bei Moni eine Lungenentzündung ab. Ihr Immunsystem sei geschwächt, so die Diagnose, vor allem wohl durch Stress und außergewöhnliche Anstrengungen. Es brauchte gut vier Wochen, bis sie wieder halbwegs auf den Füßen war.

Während dieser Zeit erlitt auch Schwiegersohn Ulrich einen Schwächeanfall, dem einige Tage Krankenhausaufenthalt folgten. Vielleicht die berufliche Belastung, möglicherweise im Zusammenwirken mit latent schwelenden Glaubensfragen, einem dem ganzen Milieu permanent innewohnenden Entscheidungsdruck …? Doch da hatten Robert und Moni bereits seit Längerem keine NAK-Gottesdienste mehr besucht. Als sie dann irgendwann doch wieder einmal in „ihre" Gemeinde reinschauten, befestigte das ihren weithin schon sicheren Entschluss. Zumal der Vorsteher, jener besagte Standesbeamte, sich dermaßen in die Ausmalung der *Folgen für die Zurückgebliebenen nach der Wiederkunft Jesu* verhakelte, dass sie sich beide anschließend darin einig waren:

„So, das war's dann jetzt aber wirklich! ..."
Allein der Gedanke an diesen Gottesdienst ließ in Robert noch über längere Zeit Zorn aufsteigen. Wenige Tage nach jenem Gottesdienst hatte er sich in einem NAK-kritischen Internetforum mit dem nachstehenden Posting etwas Luft verschafft. In dem mit „Endstation" getitelten Artikel schrieb er:

„Kürzlich in einer TV-Sendung über Demenz-Kranke: Ein Heim errichtet auf seinem Grundstück eine komplette überdachte Bushaltestelle – mit Haltezeichen, Sitzbank und Papierkorb. Originalgetreu, jedoch von keinem Bus zu erreichen und ohne jede Straßenanbindung. Aus therapeutischen Gründen, wie es in dem Beitrag heißt.
Bis da hatte es desorientierte Patienten zu einer Bushaltestelle im Ort gezogen. Dort saßen sie, in sich versunken, und warteten. Scheinbar auf den Bus, aber ohne je einzusteigen.
Das gleiche Bild jetzt an der 'toten' Haltestelle. Eine groteske Szene. Aber die Menschen wirken zufrieden und irren nicht weiter umher. Schutz- und Sicherheitsfunktion!
Diese Bilder von der 'toten' Bushaltestelle sprangen mich förmlich an, als jetzt im Gottedienst – zum ungezählten Male! – wieder vom Warten auf die 'Wiederkunft Jesu' die Rede war: rechtes Warten, wachendes Warten, freudiges Warten, mutiges Warten, betendes Warten ... Warten eben: Das Kernthema neuapostolischen Glaubens überhaupt! Wer die Wartestelle – hier Synonym für die 'Gemeinschaft der Gotteskinder' – verlässt, verpasst den Bus, der bleibt zurück, der ist verloren! ...
Ja, die Demenz-Kranken an der Bushaltestelle warten. – Jedoch nicht auf den Bus, nicht darauf, dass sie weiterkommen, auch wenn es so scheint.
Nein, sie warten, weil das inhaltslose Verharren offenbar zu ihrer Grundbefindlichkeit gehört. Denn bereits der Aufenthalt an einem altvertrauten Ort scheint jene guten Gefühle auszulösen, die jedes Bedürfnis, diesen Ort, diesen Zustand zu verlassen, überlagern. Ein bemerkenswerter Effekt. Aber auch erschreckend: Der Abfahrtsort – an dem die Reise eigentlich beginnen soll – mutiert im wohligen Warten zum Ankunftsort. Der Warteraum als Ziel- und Endstation ..."

Warten und Opfern! – Doch worauf und wofür ...? – Gott, Gemeinschaft, ihr geistiges Zuhause ...? Beheimatung ...? – Für sie längst zu einer sinnentleerte Bewusstseinsblase geworden, in welcher sie gleich vielen anderen

Tag um Tag ihre Existenz vergeudet hatten. Statt aktiver Teilhabe am Leben hatten sie ihre Zeit, bedeutende Summen Geldes, Elan, Kreativität, das ganze Familienleben samt Erziehung ihrer Kinder mehr oder weniger bedingungslos den Forderungen der Kirche geopfert. Ein Zustand, den sie auf jeden Fall beenden wollten!

Mitte September meldete sich der Bezirksälteste, ihr vormaliger Freund, zu einem Hausbesuch an. In seiner Begleitung der Vorsteher. Das übliche Begrüßungsgeplänkel, doch schließlich, nachdem Moni Getränke serviert hatte, kam der Älteste in seiner lockeren und freunschaftlichen Art zur Sache: „... Ja, ihr besucht ja nun schon seit einiger Zeit die Gottesdienste nicht mehr. Da wollten wir doch mal hören, wo die Ursachen liegen und ob wir möglicherweise etwas daran ändern können ..."

Infolge seines Vorsatzes, das Gespräch in jedem Falle sachlich zu führen, hatte Robert ihre Beweggründe ruhig, aber bestimmt dargelegt. Nach anderthalb Stunden war alles gesagt. Auch, dass nach den vielen in der NAK gemachten Erfahrungen und der dadurch intensivierten Beschäftigung mit der religiösen Frage generell sich ihr traditionelles Gottesbild derzeit in Auflösung befände.

Obwohl die Besucher eine solche Wendung kaum erwartet hatten, ja, der Älteste sie beinahe erschrocken bedauerte, blieb der freundschaftliche Ton doch gewahrt – selbst nachdem Robert das übliche Schlussgebet abgelehnt hatte.

Zwei Wochen später fuhren sie für eine Woche nach Tuttlingen, um alles das vor ihrer ältesten Tochter und ihrem meist schweigenden Schwiegersohn noch einmal durchzukauen.

Dann, am 17. Oktober, überraschte Robert seine Frau am Mittagstisch mit der Frage: „Weißt du eigentlich, dass heute für mich ein Jubiläumstag ist?!"

Auf ihren ratlosen Blick seine etwas triumphierende Antwort:

„Heute auf den Tag vor 50 Jahren bin ich versiegelt und somit neuapostolisch geworden! – Da war ich 12. – Mein Gott, was ist seitdem alles geschehen! ..."

Der 4. Dezember 2007

Ein Sonntag Anfang 2008, als Robert mit seinem Jens telefoniert:

„Hallo, Jens, hier ist dein Vater. Wollt' mich einfach mal wieder melden.

Hoffen doch, dass es dir gut geht ...?!"
„Hey, Vattern, schön von dir zu hören! – Ja, mir geht's bestens. Ich bin ja so froh, dass ich den Schritt gemacht habe!"
Nachdem ihr Junge im Herbst 2001 nach Nürnberg gezogen war, telefonierten sie regelmäßig sonntags zwischen elf und zwölf, wenn er vom Gottesdienst zurück war. Seit einiger Zeit mit einer Glaubensschwester liiert, spielte er zwar ab und zu noch die Orgel, Dirigententätigkeit und Diakonenamt hatte er jedoch vor ein paar Monaten niedergelegt. Vieles in den Predigten, in Internet-Publikationen und NAK-Verlautbarungen hatte in letzter Zeit auch ihn irritiert. Dazu Telefonate mit seinen beiden Schwestern, die ebenfalls zusehends auf Distanz zur Kirche gingen.

Erst vor Kurzem hatte er bei der Bank gekündigt und arbeitete seit dem 1. Januar 2008 als selbstständiger Immobilienverkäufer in einer namhaften Nürnberger Makler-Sozietät.

„... Ja, das ist ein ganz anderes Arbeiten als in der Bank! – Du bist echt gefordert! Und vor allem, du kannst deine eigenen Vorstellungen einbringen. Natürlich in Abstimmung mit den Kollegen. Aber du wirst wirklich ernst genommen ..."

Robert wusste, wovon sein Junge sprach! ...

Dass seine Eltern allerdings vor ein paar Wochen formal und damit definitiv aus der Kirche ausgetreten waren, hatte ihm anfangs doch wohl zu schaffen gemacht. Vielleicht mit ein Grund, dass sie zwar noch über aktuelle Meldungen zur NAK sprachen, aber doch längst nicht mehr so häufig und unbefangen wie früher.

„Übrigens, Jens, hast du die PDF-Datei mit dem Text der Zürich-Übertragung vom 4. Dezember schon gesehen? – 55 Seiten, auf denen die Kirchenleitung erstmals durchblicken lässt, wie es mit der stets behaupteten Einheit der Apostel mit dem Stammapostel wirklich bestellt war. Hinter den Kulissen! – Da schreibt zum Beispiel Stammapostel Bischoff Ende 1950 dem Apostel-Kollegium – ich zitiere mal:

´(...) dass der derzeitige Zustand innerhalb des Apostelkollegiums nicht der Lehre Christi und seinem heiligen Willen entspricht. Euch, meine lieben Mitapostel, auf diese Tatsache hinzuweisen, halte ich für das Gebot der Stunde.´

Und ein Vierteljahr später in einem Brief an den Schweizer Bezirksapostel Ernst Güttinger:

´(...) Sie klopfen auf den Verlag und meinen den Stammapostel. (...) und diese Absicht deckt sich mit Ihrem vorjährigen Antrag, mit dem Sie mich als

Stammapostel beseitigen wollten. Konnten Sie damals Ihre Absicht nicht verwirklichen, so suchen Sie heute auf einem Umweg zu erreichen, was Ihnen im Vorjahr versagt blieb, nämlich die Stellung des Stammapostels zu untergraben. Mein lieber Apostel Güttinger, ich muß auf Grund der in den letzten Jahren gemachten Erfahrungen leider annehmen, daß ich für Sie so überflüssig geworden bin, wie der Rost am Messer.´

Ist das, Jens, Geist und Wesen Jesu, wie er uns in den Gottesdiensten immer wieder gepredigt wurde ...? – Musst du dir mal ansehen, die Datei. Dann kommt dir das ganze Fiasko vom 4. Dezember wieder so richtig vor Augen! ..."

Wie erstmals im Januar 2006 mit überwiegend positiver Resonanz, so sollte auch am 4.12.2007 die neuapostolische Öffentlichkeit in einem Informationsabend über bedeutsame *Lehrschärfungen* und Entwicklungen informiert werden. Rund 1.400 Gemeinden in 18 europäischen Ländern waren per Satellit mit dem Kommunikationscenter der NAKI in Zürich verbunden. Zum einen stellte Stammapostel Leber in sieben Thesen das *geschärfte*, sprich aktualisierte Selbstbild der NAK vor. Jedoch wurde darin in krassem Widerspruch zu allen vorgeblich ökumenischen Ambitionen die universale Heilsbedeutung des NAK-Apostelamtes erneut so kategorisch herausgestellt, dass es einem Affront gegen jedes ökumenische Kirchenverständnis gleichkam.

Als weithin unprofessionell, unsachlich und diskriminierend wurden von vielen die dann von Apostel Drave vorgetragenen Ergebnisse der AG Geschichte über die Machtkämpfe im Apostelkollegium während der Zeit von 1938 bis 1955 empfunden. Dabei ging es zum einen um die Ursachen der Exkommunikation zahlreicher Apostel und Amtsträger sowie tausender Kirchenmitglieder, die sich infolgedessen seit 1955 in der „Vereinigung Apostolischer Gemeinden" (VAG) theologisch neu definiert hatten. Schließlich war es neben der offenkundigen Einseitigkeit vor allem die völlig unsensible und von Arroganz geprägte Art des Vortrags, die tiefe Betroffenheit und Empörung auslöste. Und zwar nicht nur bei den seinerzeit Ausgeschlossenen, sondern gleichermaßen bei zahlreichen NAK-Mitgliedern. Wo sich nach langer schmerzhafter Trennung, nach einem furchtbaren Riss durch Gemeinden, Freundschaften und Familien binnen fünfzig Jahren wieder zarte Bande der Begegnung, des Zuhörens, Verstehens und Verzeihens entwickelt hatten, war nun erneut der Blitz eingeschlagen.

„ ... Ja, hab´ ich noch gut in Erinnerung, Vattern. Aber werd' ich mir runterladen, die Datei. Trotzdem, ich geb´ die Hoffnung nicht auf. – Karin hat neulich auch gesagt, dass für die meisten in ihrem Bekanntenkreis nur zählt, was heute ist. Und viele verstehen eben wirklich nicht, weshalb sie sich mit den Fehlern, die früher gemacht wurden, heute noch rumschlagen sollen. Mit ollen Kamellen, die immer wieder hochgekocht werden. Reicht es nicht, sich mit den Problemen von heute auseinanderzusetzen …? – Also, Vattern, ich weiß nicht …"

Einen Moment lang Stille in der Leitung. Dann Robert – um eine ruhige Tonlage bemüht:

„Okay, auf den ersten Blick könnte man das so sehen. Aber was würdest du beispielsweise später deiner Enkelin sagen, wenn sie dir plötzlich vorhielte, du hättest vor 50 Jahren den Opa ihrer Freundin, der einmal dein bester Freund gewesen war, um sein ganzes Vermögen betrogen? Ja, ihn aufs Schlimmste verleumdet und bedroht … Und du wüsstest, dass es genau umgekehrt war! – Dass dein früherer Freund den Betrug so geschickt angelegt hat, dass dir das bis heute anhängt …

Die damaligen Ereignisse magst du ja noch verschmerzen und verzeihen können. Aber dass die andere Seite sich auch heute noch, 50 Jahre später, klärenden Gesprächen verweigert – ja, die Lügenvariante weiter verbreitet – damit wirst du nicht fertig werden! – Und deine Enkelin, die somit glauben muss, dass du wirklich so ein Lump bist, auch nicht. Ebenso wenig ihre Freundin, die von ihrer verleumderischen Familie den ganzen Komplex aus Lügen und Halbwahrheiten geerbt hat: für sie natürlich die reine Wahrheit! – Sie kennt ja keine andere! …

Würde dann nicht die falsche Anschuldigung wie ein Felsbrocken zwischen dir und deiner Enkelin liegen – und damit auch zu ihrer künftigen Familie …?! Ebenso zur Folgegeneration deines verleumderischen Kontrahenten …?! – Ungeachtet allen tatsächlichen Geschehens stündest du für alle Seiten als Lügner und Übeltäter da. – Das würdest du auf sich beruhen lassen …? Weil es ja olle Kamellen sind …? – Glaube ich nicht! …"

Das Gespräch endete wie so oft zwischen unterschiedlichen Erfahrungshorizonten: Es blieb ein offener Rest! Einer, der selbst durch das Angleichen des Informationsstandes nur schwerlich auszuschließen ist, da dem zudem noch die Ungleichheit des Betroffenseins entgegensteht.

Die Übertragungsstelle für den Infoabend war die große Kirche in Nord gewesen. Moni hatte nicht mitgehen wollen. Als er nach knapp zwei Stunden wieder zu Hause eintraf, war ihm regelrecht übel. Es dauerte eine Weile, bis sich sein Frust in stockenden Sätzen zu lösen begann.

Es würde Zeit brauchen, alles das zu verarbeiten! Und so wieder in sich hineinsinnende Walkingrunden im Stadtpark oder zügige Spaziergänge am aufschäumenden Wasser des Jadebusens. Diesiggraue Tage, die sich anscheinend bis in den Januar hinein fortsetzen wollten: feste Mützen und dicke Schals gegen stürmische Böen in regnerischer Trübnis oder erster dahintreibender Schneeflocken. Gespräche und Telefonate, insbesondere mit den Kindern sowie fortwährendes Abgleichen mit Meinungsäußerungen im Internet. Mit Moni war da nicht mehr viel zu bereden. Alles in allem ein keineswegs schmerzfreies Ringen um ein verantwortbares Resultat; eines, das fest genug für die Zukunft wäre. Wie er im Internet sah, quäten andere sich in ähnlicher Weise. So verfestigte sich die Gewissheit, dass der Zeitpunkt, den nächsten richtigen Schritt zu tun, da wäre. Folglich legten sie am Donnerstag, dem 27.12.2007, gleich als das Bürgeramt am ersten Tag nach Weihnachten wieder geöffnet hatte, ihre Personalausweise auf den Tresen, um ihren Austritt aus der Neuapostolischen Kirche zu unterschreiben. Noch einmal fünfzig Euro, die sie ein letztes Mal in Sachen NAK *opferten*. Das Geld des bisherigen monatlichen NAK-Opfers ging bereits seit ihrem Wegbleiben an wohltätige Institutionen. Gute Gründe dafür gibt's genug und dazu auch noch ein gutes Gefühl.

Ganz unvorhergesehen hatte sich für den nächsten Tag Besuch aus Köln angemeldet: Ein Ehepaar mittleren Alters, Betreiber eines NAK-kritischen Internetportals, auf dem auch ein paar Artikel von Robert erschienen waren. Um dem Kölner Silvestertrubel zu entgehen, hatten sie zum ersten Mal ein Wohnmobil gemietet. Am nächsten Morgen würden sie in Richtung Küste weiterfahren.

Der gemeinsame Abend war von ähnlichen Erfahrungen mit der NAK bestimmt und verlief bei gutem Essen und einem Gläschen Wein lebendig und für beide Seiten informativ.

Da die Kölner im Wohnmobil vor ihrem Haus übernachteten, sahen Moni und Robert so ein Gefährt zum ersten Mal von innen. Zudem hatten sie die diesbezüglichen Erzählungen ihrer Gäste interessant gefunden, sodass sie sich kurz darauf zu informieren begannen und bereits im Mai 2008 selbst stolze Besitzer eines Ausstellungsfahrzeugs waren: Ein 7,30 Meter langes Premium-Modell der französischen Marke *Chausson – ein Allegro 96*, in dem sie dann acht Jahre lang durch Deutschland und angrenzende Länder reisen würden: – *Erfahrungen* im wahrsten Sinne des Wortes, von denen sie die meisten ohne die „Schnecke" kaum je gemacht hätten. Ein Fundus kostbarer Erinnerungen auch, obwohl die Fahrten selten länger als drei Wochen währten, weil sie sich zu Hause um Monis über 80-jährige Mutter zu kümmern hatten. Selbst nachdem die ins Pflegeheim gekommen war, mochte Moni ihr nicht länger fernbleiben.

*

Sie waren beileibe nicht die Einzigen, die in dieser Zeit aus der NAK austraten! Aber laut Sprachregelung der Kirchenleitung wurde der exorbitante Mitgliederschwund pauschal als *demografischer Wandel* verkauft, ähnlich, wie bei den großen Kirchen auch. Dabei sind es neben den fehlenden Nachgeborenen auch viele Frustrierte unter den Älteren, die den Gottesdiensten fern bleiben, aber auch junge Leute, die, ohne sich groß zu erklären, bis heute mit den Füßen abstimmen. Doch die existieren im Bewusstsein der Treuen weiter, gleichsam in der Randzone des Werkes Gottes, als noch nicht wirklich Ausgeschiedene und anscheinend immer noch im Einflussbereich ihrer Gedanken und Gebete. Erst mit dem amtlichen Austritt, den allerdings die wenigsten vollziehen, ist das Band wirklich durchtrennt; auch psychisch ein bedeutsamer Unterschied zum nur Wegbleiben – und zwar auf beiden Seiten der Trennungslinie!

Dabei darf ein wesentlicher Unterschied zum demografisch verbrämten Mitgliederschwund der Großkirchen nicht übersehen werden: Denn während dort die Kirchensteuerzahlungen regulär erst mit Tod oder formalem Austritt enden – also auch der *passiven* Mitglieder –, versiegt in der NAK der zum heilsbedeutsamen Opfer hochstilisierte finanzielle Beitrag bereits mit dem bloßen Wegbleiben, also ganz ohne formalen Austritt! Deshalb sind die von der NAK-Kirchenleitung publizierten Mitgliederzahlen auch reine Makulatur! Denn nicht die noch im Kirchenbuch stehenden Mitglieder sichern die Aufrechterhaltung des religiösen Betriebs, sondern allein die, die wirklich kommen, sich beteiligen und opfern! Stellte man diese Zahl allerdings den für Deutschland ausgewiesenen Mitgliedern gegenüber – etwa per 1. Januar 2018 = 333.315 [39] – dürfte die Wahrheit eher bei etwa 20 bis 30 Prozent davon liegen. Damit wäre die NAK auf eine Größe weit unterhalb einer nach den Großkirchen dritt- oder viertgrößten Religionsgesellschaft zusammengeschrumpft.

Im Herbst 2007, noch vor ihrem Austritt, hatten sie mit den Steins die Werbeveranstaltung eines Reiseunternehmens besucht und dabei eine einwöchige Reise in die Türkei „gewonnen". Die Anzahlung hatten sie kurz darauf überwiesen. Doch im Februar, fünf Wochen nach Wegners Kirchenaustritt, kam Reinholds Anruf, dass er für sich und seine Frau die Reise storniert habe, weil dort keine Gottesdienste stattfänden. Damit sei ihre eigene Anzahlung zwar futsch, doch die von Robert und Moni bestünde fort und so könnten sie, wenn sie denn wollten, die Reise ja auch alleine antreten. – Als Priester war Reinhold über ihren amtlichen Austritt im Bilde, aber auch aus Roberts eigenen Bekundungen. Und so endete eine knapp 40 Jahre währende Freundschaft in trauriger Sprachlosigkeit. Aber es gab daran auch nichts mehr zu rütteln: Ihre Wege hatten sich getrennt, und es waren in der Tat Robert und Moni gewesen, die den Gleichklang im Glauben Ton um Ton gemindert, gestört und schließlich verlassen hatten. So hatten sie mit der ihnen unglaubwürdig gewordenen religiösen Weltanschauung, weithin unverdaulichen Predigten, aber auch Betrugsvorwürfen und teil fragwürdigen Führungsfiguren auch ihren gesamten Freundes- und Bekanntenkreis aufgegeben. Ersatzlos. Denn einen anderen hatten sie nicht! – Eine ungeheure geistige und emotionale Herausforderung, galt es doch, sich im offenen gesellschaftlichen Umfeld neu zu orientieren und zu etablieren. Mit zweiundsechzig und Ende Fünfzig – auf einem Terrain, das sie ihr Leben lang als negativ, ja als feindlich wahrzunehmen gelernt hatten.

Inmitten all dieser Turbulenzen ging am 25. März 2008, ein Montag, während des Mittagessens das Telefon:

„Robert …? – Ja, hier ist die Hanni …"

Die Frau seines Bruders Jörg aus dem eingemeindeten Nachbardorf seines Geburtsortes, der sich aus dem 1800-Seelen-Dorf seiner Kinderzeit längst zu einer respektablen Samtgemeinde mit über 12.000 Einwohnern gemausert hatte. Auch ihre jetzt 82-jährige Mutter lebte nach wie vor dort, ebenso, nur eine Straßenecke weiter, sein Bruder Achim mit seiner Uta; die Familien ihrer vier Kinder alle im näheren Umkreis. Erst noch vor ein paar Tagen war beiden ihr viertes Enkelkind geboren worden.

„Ja –, hallo Hanni …"

„Du – dem Achim geht's gar nicht gut …"

„Wie – nicht gut? – Liegt er im Krankenhaus …?"

„Nein … Er ist tot …! – Er ist heute Nacht gestorben …"

Robert meinte, nicht recht zu hören …

„Was ...?! – Nein! ... Das ist doch nicht wahr, oder ...?
„Doch, das ist leider wahr ..."
„Mein Gott ...! – Achim – mein Achim ..."
Nachts gegen eins, in der ersten Stunde ihres 40. Hochzeitstages, war ihm auf der Toilette die Aorta geplatzt. Seine Frau hatte ihn, als er nicht ins Bett kam, tot auf der Toilette gefunden.

Knapp 24 Stunden später erlitt Monis Schwager Norbert, nur knapp vier-Hundert Meter von Achim entfernt, einen Schlaganfall: halbseitige Lähmung; zu 90% Verlust des Sprechvermögens. – Wie Achim Jahrgang 1946, jedoch im Gegensatz zu ihm schlank, Nichtraucher und kaum Alkohol.

Vielleicht, weil man ihn gebeten hatte, Achims Trauerfeier zu halten ...? Obwohl bereits einige Jahre im NAK-Priesteramt, hatte er die Durchführung von Trauerfeiern immer abgelehnt: „Das halte ich seelisch nicht durch ...", hatte er sich wiederholt geäußert.

So war alles ganz still vonstatten gegangen: der gemeinsame Gang über den Friedhof; das große Grabareal von Utas Familie, wo der Bestatter im engen Winkel der Thujahecke die Urne in das mit schwarzem Samt ausgekleidete Erdloch hinabgleiten ließ. Kein gesprochenes Wort, geschweige denn ein gesungenes. Nur stille Gesten. Jeder ganz für sich mit dem Verblichenen. Doch in allem eine Würde, wie sie Robert bei Trauerfeiern nur selten empfunden hatte.

Im Herbst dann, gegen Ende einer weiteren Reisemobil-Saison – noch einmal zu den Kindern im Süden, zur quirligen Überlinger Uferpromenade, um abschließend wieder noch ein paar Tage in den pittoresken Weindörfern der Südliche Weinstraße durchzuatmen.

*

Etwa um diese Zeit hatte ich, der Verfasser dieser Aufzeichnungen, mit der Aufbereitung von Roberts biografischen Daten begonnen. So war ich erfreut, dass ich als erstes Zwischenergebnis im Oktober im Saal einer benachbarten evangelischen Kirchengemeinde einen Vortrag halten konnte zu dem Thema:

„Die Apostolische Bewegung in Deutschland
– Endzeitgeschichten, Profile und Perspektiven"

Allerdings ließen mich die zehn eng computerbeschriebenen DIN A4-Seiten, dazu noch reichliches Bildmaterial als Powerpoint-Präsentation, schnell merken, dass ich mich mit der Fülle an Daten und Bildern total vergaloppiert hatte! Und je mehr sich die Überflutung der überwiegend älteren Zuhörer dem Ende näherte, desto deutlicher die Schweißperlen auf meiner Kopfhaut: Eine Reaktion, die der anschließende Beifall eher noch verstärkt hatte; denn hatte ich nicht soeben die beabsichtigte *Aufklärung* in die Überforderung meiner Zuhörer versenkt ...?

Reflektierte Erfahrungen

Sieben Jahre weiter. Im Dezember 2015 hatte für Moni und Robert die wunderbare *Schneckenzeit* ihr jähes Ende gefunden: Bei Robert war Krebs diagnostiziert worden. Und dann, noch vor der ersten OP, ein komplizierter Bruch des Fußrückens. Zudem erlaubte Monis Arthrose keine längeren Spaziergänge mehr. So hatten sie im Frühjahr 2016 erst das Wohnmobil und dann im Sommer, nach 21 Jahren, ihr geliebtes „Haus im Grünen" verkauft. Um in eine Wohnung zu ziehen ...! – Die ist dann zwar gut geschnitten und auch, wie gewünscht, unmittelbar am Wasser gelegen, aber Robert litt fast ein Jahr lang unter Verlustgefühlen. Für Moni dagegen Liebe auf den ersten Blick!

Dann Silvester-Brunch 2017/2018 bei ihren Kindern. Neben den beiden Mädchen waren Ulrichs Schwester und Schwager erschienen. Im Erker unterm Tannenbaum noch das gefaltete Geschenkpapier und auf dem hübsch dekorierten Esstisch wieder allerlei Leckereien. So verflog die Zeit bei einem feinen Tröpfchen mit angeregten Plaudereien und trug ihre guten Wünsche bald schon über die Schwelle des neuen Jahres.

Draußen alles grau in grau. Auf dem Heimweg rüttelte heftiger Wind am Wagen; in trübem Straßenlicht qietschende Scheibenwischer gegen dünnen Nieselregen, der Straßen und Häuser wie mit blankem Firnis überzog.

Robert ist jetzt fast 73, Moni wird 68. Ihre Goldene Hochzeit steht ins Haus. Drei Kinder, sechs Enkelkinder und zwei Urenkel! Ihre gesamte Nachkommenschaft einschließlich Partner – immerhin 17 Personen. Jens hatte sich bereits vor zwei Jahren von seiner Lebensgefährtin und ihren Jungs getrennt und ist derzeit solo. Bis auf drei in ihrer engeren Familie sind alle neuapostolisch getauft und versiegelt. Die Beziehungen sind harmonisch und dank sozialer Medien erfreulich lebendig. Doch bis auf eine von Roberts Schwestern und die Familie ihrer ältesten Enkeltochter ist die NAK bei den Jüngeren zur kaum noch bewussten Vergangenheit hinabgesunken.

Uns Älteren jedoch ist bewusst, dass wir selbst und unser Heute ohne die NAK-Vergangenheit nicht das wären, was geworden ist! Anfangs noch eher intuitiv und kaum hinterfragt, sind es heute jedoch vielmehr Absichten und Pläne, unsere Beziehungen zueinander, die uns beschäftigen – das Zeitgeschehen noch, aber nur selten noch die Vergangenheit.

Und doch: – Um uns, unser heutiges *So-sein* verstehen zu können, dürfen wir die sich in unserem Leben entfaltete Dynamik nicht aus dem Blick verlieren: ihre Ursachen und Folgen nicht, wie auch nicht die Möglichkeiten und Richtungen, in die sie uns künftig weitertreiben könnte.

*

Zwölf Jahre nach unserem Austritt aus der NAK ist bei meinem Freund Robert und mir die frühere Betroffenheit längst einem nüchternen, analytischen Interesse gewichen. Unter diesem Aspekt haben wir, als *betroffene Beobachter*, unsere frühere geistige Heimat natürlich weiterhin im Visier. Dabei sind unsere Wahrnehmungen mehr und mehr in Gleichklang gekommen, auch da, wo sie es bisweilen weniger waren. Ja, beinahe wie im Selbstgespräch haben Robert und ich festgestellt, dass wir mit uns und dem, was hinter uns liegt, weitgehend ins Reine gekommen sind, vor allem mit unserer Bewertung der NAK als teils in amoralischer Irrealität operierendes System und unserer Abkehr davon. Doch damit leider auch von vielen lieben Freunden und Bekannten, die unsere Entscheidungen bis heute nicht nachvollziehen können.

Kürzlich erst haben wir uns wieder die zahlreichen NAK-Internetauftritte angeschaut. Hochprofessionell gestylt und verlinkt: Die Oberfläche einer scheinbar offenen, der Gesellschaft zugewandten Gemeinschaft freudig-aktiver Christen. Dabei hatte Robert mich mit gerunzelter Stirn angeschaut und – wohl mehr rhetorisch – gefragt:

„Und ...? – Das früher alles verpflichtende Kernthema: die unmittelbar bevorstehende Wiederkunft Christi ...? – Die Drohkulisse, die uns damals an der kurzen NAK-Leine gehalten und von jeder gesellschaftlichen Teilhabe weggeführt hat ...? Grade auch im Hinblick auf Schule, Beruf, Freizeit, Freundschaft und Ehe ... Und heute? Nur noch ein Unterkapitel im 2012 erschienenen Katechismus. – Und ja: – Ein hin und wieder aus der Mottenkiste geholter Popanz, um die Leute bei der Stange zu halten."

Obwohl, wie ich anmerkte, dieses Schreckgespenst heute in den Köpfen selbst vieler Alter kaum noch eine Rolle spiele, weil – selbst wenn von ihnen nie kritisch hinterfragt – doch die Erfahrungen aus all den unerfüllt gebliebenen Prophezeiungen und Drohpredigten sie letztlich gegen das Angstpotential endzeitlicher Weltdeutung immunisiert hätten.

„Ja, aber was lässt dann so viele trotz dermaßen gravierender Negativ-Erfahrungen in offenbar „festem Glauben" verharren?" – Auch eine rhetorische Frage, deren Antwort uns gleichermaßen auf der Zunge lag:

Bewahrt – oder besser gesagt, verhaftet geblieben sind sie im Gefühl, in der Sphäre des beheimatenden Gewohnten, in die hinein irgendwann nichts mehr hat eindringen können, nichts mehr die Ruhe der Gewissheiten stören durfte. Keine Chance für Fakten oder für von außen kommende Wahrheiten: Die gnädig einschläfernde Melodie des Vertrauten hat sie längst ans Ziel gebracht! Dorthin, wo sie selbst, gleichermaßen im Wachkoma, niemanden mehr fragen und ihr Zustand jede an sie gerichtete Frage als ebenso sinnlos erweist.

Und noch etwas war uns klar geworden: Nämlich, dass die entleerte NAK-Endzeitvision das aktuelle Lebensgefühl des Großteils der rasant schrumpfenden Anzahl Jugendlicher ohnehin nicht mehr zu erreichen oder gar zu durchdringen vermag. Nicht in einer Bewusstseinsblase, in der die Gemeinschaft mit- und untereinander statt an das nahe Kommen Jesu gekoppelt ist, sondern an Events als aktuelle Glaubens- und Gemeinschaftsformate zeitgemäßen *In-Gott-Seins*: Die ganze „Zeitgeist-Welt" als nun legitim verfügbarer Raum und nicht mehr wie noch zur Zeit ihrer Eltern und Großeltern verteufelt und abgelehnt. Dabei lösen sich die überkommenen „göttlichen" Eckpunkte von *gut, noch erlaubt* und *böse / verboten* in der Chemie subjektiver Befindlichkeiten auf. Ein im Verhältnis zu früher unglaublich erweiterter Freiraum unter flacher religiöser Chiffre und kompatibel mit den Standards profaner Highlights und Trends. Und verschämt unter dem Tisch die alten Tabus als zu entsorgender historischer Müll von gestern.

„Weißt du ...", wusste ich anzuknüpfen, „... heute würde jede Endzeitverkündigung, wie wir sie bis Ende der 90er Jahre erlebt haben, der Betriebsamkeit des sich im Milieu Einrichtens zuwiderlaufen. Das aber kann sich die NAK-Führung angesichts eines so eklatanten Mitgliederschwunds nicht mehr leisten ..."

Die NAK-Bewusstseinsblase! – Egal, wohin die Reise geht: Alles ist wie immer „zeitgemäß"! Aber damit eben auch höchst amoralisch, weil gestrige „ewige" Wahrheiten entweder schleichend ausgeschieden, mit neuen Inhalten „angereichert", relativiert, variiert oder ganz in ihr Gegenteil verkehrt werden. Und zwar wann immer es den entsprechenden, vom heiligen NAK-Geist inspirierten Arbeitsgruppen nützlich erscheinen mag.

Gegenwärtig bedeutet das, dem ACK-Mainstream folgend, die potenzielle Wiederkunft Christi aus der aktuellen Weitwinkel-Perspektive des Hier und Jetzt zu eliminieren bzw. über den gegenwärtigen Lebenshorizont hinauszuschieben, weit weg an ein „Ende der Zeit", die dann ja nicht mehr die eigene sein wird. Sich häufende Meldungen von NAK-ACK-Mitgliedschaften verstärken diese Tendenz, wie auch eine sich durch alle NAK-Medien ziehende Endlosfolge von Bildern und Plakaten, zumeist junger, gutaussehender Menschen, die dem Betrachter offenbar suggerieren sollen:

Wir sind glücklich und fühlen uns wohl in dieser weltweiten, einmaligen Gemeinschaft Gleichgesinnter, die dem Stammapostel und den Aposteln folgen! Unser Ziel: Die ewige Gemeinschaft mit Gott – und zwar schon hier, im Heute und Jetzt – als Vorwegnahme dessen, was einst kommen soll ...

Die Unverbindlichkeiten des Internet-Follower-Syndroms lassen grüßen! Andererseits: Ja, das alles kann man diesen jungen Menschen abnehmen. Ihre Argumente vermitteln, wenn man ihnen zuhört, die Überzeugung noch voll vertrauender Menschen. Vor allem emotional! Und zwar durchaus von derselben Art wie etwa bei jungen Zeugen Jehovas, Taize-Enthusiasten, katholischen Firm-Aspiranten oder Hare Krishna-Anhängern. Oder auch jenen sich rhythmisch im Takt spiritueller Gesänge wiegenden Jugendlichen, die ihrem Stammapostel Prof. Dr. C. Nongqunga und seinen Aposteln folgen. Zwar nicht in der NAK, aber in der TACC[40], jene schwarzafrikanische NAK-Stiefschwester, die vom Süden des Kontinents her inzwischen weltweit expandiert. Wie die NAK auch sie Teil einer der unzähligen Zellteilungen im Endzeit-apostolischen Chaos-Kosmos. Dabei dürfte die TACC-Variante heute allein auf dem afrikanischen Kontinent mehr aktive Mitglieder zählen als die unter substanzieller Schwindsucht leidende NAK weltweit.

Über die Faszination systemisch generierter Glücksverheißungen, die überall auf der Welt junge Menschen in die Falle religiös verbrämter gewinn- und machtorientierter Regelwerke locken, hatte ich mich mit Robert immer wieder ausgetauscht. Nicht zuletzt aus der Literatur wissen wir von zahllosen Gemeinschaften, die von sich ständig reproduzierenden Führercliquen durch Generationen mit dem Ziel angetrieben wurden und werden, überkommene Macht- und Gewinnoptionen festigen und maximieren! Funktionale Hauptfertigkeit solcher Systeme: die Neuankömmlinge (Geburt oder Eintritt) zu angepassten, produktiven Mitgliedern so zu formen, dass sie ihre Sozialisation oder Integration in eine zweck- und dienstfertige Haltung möglichst ohne Brüche als Beheimatung und geistigen Aufstieg erleben. Den anscheinend glücklichen Ausgang solcher Biografien dokumentieren dann parallel zu den idealisierten Jugendbildern Fotoreihen gesellig verreister oder Kuchen schlemmender Seniorengruppen. Dass die plakative Präsentation vorgeblich aktiver Jugendlicher auch heute noch gelingt, ist dem Bedürfnis dieser Altersstufe nach Selbst- und Weltvergewisserung geschuldet. Erst die kritische Auseinandersetzung mit dem eigenen Milieu, zumeist im Zuge des Heranreifens, vermag zu differenzierteren Betrachtungsweisen zu führen.

Aber noch aus eigener Erfahrung empört uns, wie mittels NAK-Indoktrination, heute subtiler denn je, jugendliche Orientierungssuche mobilisiert und manipuliert wird zum Beweis einer vitalen, gestaltenden Größe innerhalb der Kirche! Zumal das vermehrte Wegbleiben gerade junger Leute das genaue Gegenteil beweist! Eine Folge auch der Entzauberung und Eleminierung der alten mythisch-religiösen Bilder, aus denen heraus sich die Notwendigkeit von Nachfolge noch zwingend ergab. Entsprechend hohl heute der Führungsanspruch eines lehrmäßig zusehends austrocknenden Amtes (von der NAK-Führung einst als *Profilschärfung* bezeichnet), das jenseits seiner Forderung nach unbedinger Nachfolge und der Behauptung exklusiver Sakramentverwaltung kaum noch Bedeutsames zu sagen weiß. Damit einhergehend das Verschleiern und Bagatellisieren interner Negativereignisse in den NAK-Medien. Etwa die reihenweisen Gemeindeschließungen; Vertuschungs-, Plagiats- und Betrugsvorwürfe; Amtsenthebungen und Maßregelungen von Mitgliedern; Suizide, Finanzspekulationen, Veruntreuungen und über Jahre laufende Gerichtsprozesse, nicht zuletzt auch gegen Kritiker und Rechercheure.[41]

„Hast du das mitbekommen? Vor ein paar Jahren der niederländische Bezirksapostel de Bruin im Zuge von Finanzmanipulationen vom Gericht des

Meineids [42] überführt ...?! – Opfergelder als Kapitalanlage in ein östereichisches Skidorf investiert ... Und überhaupt der von 2008 bis 2016 gelaufene Prozess NAK Niederlande gegen Ronald Rohn, den ehemaligen Leiter ihrer Immobilienfirma ... Wenn du das alles liest, wird dir speiübel ...!"

„Ja, ich weiß ..."

Die *NAK-News* dazu stets aus der Perspektive des neutral kommentierenden Beobachters. Oder besser: aus der des leidenden Betroffenen! Echte Ursachenforschung, der Wille, die Öffentlichkeit grundsätzlich objektiv zu informieren, gar öffentliche Schuldeingeständnisse: Fehlanzeige! Hier entfaltet der Begriff *Treue* ganz seine NAK-spezifische Charakteristik. Denn auf diesem Wege bleibt die NAK, das endzeitliche Erlösungswerk des Herrn, sich selbst und seiner bisher zurückgelegten Strecke durch die Geschichte in der Tat unwandelbar treu!

*

Während der Jahre, die Moni und Robert mit dem Wohnmobil unterwegs waren, hatten wir unseren Dialog vor allem in den Wintermonaten geführt. Erst ab Ende Oktober, wenn die „Schnecke" in der Garage stand, war Zeit zu Spaziergängen und Gesprächen, zumeist im Stadtpark oder am Wasser. Schließlich musste ich Robert wegen seines gebrochenen Fußes im Krankenhaus besuchen. Dabei machten wir die Bekanntschaft mit seinem direkten Bettnachbarn – mit Heino!

Dass ein 89-Jähriger, zumal von so filigraner Statur, der gerade seine zweite neue Hüfte bekommen hatte, in Kopf und Gemüt dermaßen positiv gestimmt und fit sein kann, hatte uns beeindruckt! – Ein kleiner humorvoller Mensch mit unvermutet tiefer, sonorer Stimme und immer bereit zu einen kleinen Flirt mit den Schwestern. Alles für ihn Bedeutsame notierte er in ein kleines Büchlein.

Aus seiner Kinderzeit im dörflichen Norden der Stadt, das einfache Klinker-Elternhaus direkt am Deich, wusste er herrliche Episoden zu erzählen. Aber auch wie der Krieg ihn als 17-, 18-Jährigen noch fast bis nach Berchtesgaden verschlagen hatte, von wo aus er sich dann, als sie endlich bemerkt hatten, dass die Waffen schwiegen, mit ein paar Kameraden auf den Heimweg gemacht hatte. An die tausend Kilometer! Durch Landschaften und Orte, deren Verheerungen ihm als Erinnerungen bis heute geblieben sind.

Aber nicht die Vergangenheit war sein Thema, sondern seine Aktivitäten im Hier und Jetzt: bei seiner dementen Frau, die mit ihm in derselben Senioren-Wohnanlage lebt, jedoch im „geschützten Bereich"; er dagegen immer noch mit dem Auto oder Fahrrad unterwegs; dazu sein geliebter Männerchor, so wie er überhaupt alles aufmerksam registriert, was um ihn herum geschieht. Schließlich seine überall bewunderten Bastelarbeiten, die er besonders zu Ostern und Weihnachten an Freunde und Bekannte verschenkt; immer auch Anlass, irgendwo auf eine Tasse Tee reinzuschauen.

Zu Roberts Erzählungen, vor allem über die NAK-Gemeinde im Nachbarstadtteil, hatte er immer wieder nachgefragt und das eine und andere in sein Büchlein geschrieben – in seiner kleinen, gestochenen Handschrift mit dem dunklen Tintenblau aus seinem sorgsam gehüteten Füllfederhalter.

Anhand seiner Besucher wussten wir, dass diesen liebenswerten Mann und seine Frau, denen zu ihrem Leidwesen Kinder versagt geblieben waren, ein enger Kreis fürsorglicher Menschen umgibt. Auch zwischen uns hatte sich bis zu seiner Entlassung ein warmherziges Verhältnis entwickelt, das seitdem in kleinen Aufmerksamkeiten fortbesteht.

Seit Robert und Moni am Wasser wohnen, umrunden Robert und ich bei fast jedem Wetter zwei-, dreimal die Woche den *Großen Hafen* –, die gut vier Kilometer mitunter noch erweitert um die rund 1000 Meter hin und zurück zum *Helgolandkai*. Oder in die entgegengesetzte Richtung, in die Fußgängerzone hinein, zusammen auch noch einmal gut 1500 Meter. Das Wetter reguliert Anzahl und Kleidung der uns umgebenden Menschen, aber selbst bei Regen und stürmischen Winden sind auf unseren Wegen einige immer unterwegs.

In ein paar Wochen, doch wohl spätestens ab Ostern, werden wir hoffentlich wieder vor der schon etwas wärmenden Kneipen-Klinkerwand sitzen, vis-à-vis zum weitläufigen Kulturareal *Pumpwerk*, nahe Kanal und Hafen, und in die ersten Sonnenstrahlen blinzeln. Falls wir ein freies Plätzchen finden! ... Dieters Wein kommt aus Frankreich, fügt sich für uns aber trefflich ins friesisch-herbe Milieu, in dem bei entsprechendem Sonnenlicht bereits zwei Gläschen genügen, um alles um uns herum in die freundliche, aber doch eher südländische Aura unserer Erinnerungen zu verwandeln.

Dass in einer solchen entspannten Atmosphäre, mit hinreichend Muße für Impressionen und freilaufende Gedanken, manches aus den letzten Jahren Revue passiert, versteht sich von selbst. Aber auch gegenwärtige Verrücktheiten, wie die eines von den USA herüberschwappenden „Trumpismus", der sich mit den Attitüden anderer Populisten offenbar in einem obskuren Wettstreit befindet. Das assoziiert allerdings auch wieder Erinnerungen aus unserer NAK-Vergangenheit: Auch die säkularen „Heilsbringer" präsentieren in sich geschlossene Denksysteme! Ebenso vergleichbar ihre praktisch unangreifbare Legitimation (etwa Wählerwille, Bürgerwohl und „logische" ökonomische Prozesse) sowie nicht hinterfragbare Machtmechanismen zur Motivierung bzw. Einschüchterung von Gruppen und Personen. Die Regentschaft des großen Geldes! – Eine Reihe, die sich fortsetzen ließe.

„Und weißt du ...", beende ich die sich dehnende Wortstille, als wir uns später unter wolkenverhangenem Himmel im Rauschen der auflaufenden Brandung wiederfinden, „... als im letzten Sommer überall die Leute mit ihren Smartphones vor der Nase rumliefen – du weißt, das jäh ausgebrochene Pokemon-Fieber –, da hat mich das regelrecht entsetzt! ... Wo man auch war und hinsah: Diese Menge offenbar gleichgeschalteter Individuen; alle in dieser typischen Haltung, konzentriert auf das kleine Ding in der Hand und scheinbar abgeschnitten von der realen Welt ... Hab' ich als Metapher empfunden – dafür, wie leicht wir als Menschen doch gleichsam normiert auf Linie zu bringen und im wahrsten Sinne des Wortes geistig an der Nase herumzuführen sind ... Aber was sag' ich: Kennen wir ja auch aus dem analogen Alltag ..."

Robert hatte nur mit der Schulter gezuckt und gemeint: „Na ja, im Grunde nichts Neues. Schau dir die Geschichte des Totalitarismus an ... Oder die Prägung der Mitglieder im katholischen Opus Dei; Scientology, die Mormonen, ´Die Zwölf Stämme´ in Bayern – oder eben die Zeugen Jehovas: Überall gleichgeschaltete Menschen – und das sogar unter dem offenen Schirm staatlicher Legalität! Und wer in solchen Systemen nicht spurt, wird entweder diszipliniert oder mit dem Stigma des ´Unbelehrbaren´ kaltgestellt. Dabei ist die Liste psychischer und physischer Malträtierungen lang und reicht mit Sicherheit weiter als unsere Phantasie! ... Oder er wird ausgeschlossen: Für viele eine seelische Katastrophe und oft ein Absturz ins soziale Nichts. Und um da wieder herauszukommen zumeist auch Beginn eines Verarbeitungsprozesses, der ein Leben lang anhalten kann."

Dass auch die NAK bis noch vor wenigen Jahren genau dieser Kategorie zuzurechnen war – ja, heute mit subtileren Herrschaftsmechanismen im Grunde immer noch ist! –, wissen unsere gemeinsamen Erfahrungen zu bestätigen. Doch haben die ihre klebrige Konsistenz längst eingebüßt –, in dem Maße, wie wir dieses Feld von Mal zu Mal umgegraben und beackert haben. Aufgelockert vor allem auch mit literarischer Düngung: von Küng über Lapide, Bultmann, Bonhoeffer, Deschner, Buggle, Flasch u. a. Ebenso

Kirchengeschichte und Religionskunde, auch Judentum und Islam; zudem Zeitgeschichtliches aus den Medien und seit Mitte der 90er immer wieder das Internet.

Wer allerdings Dingen, in die man selbst eingewoben ist oder war, wirklich auf den Grund gehen will, der muss für sich selbst überhaupt erst einen distanzierten, neutralen Standpunkt finden. Das bedeutet, sich auch emotional lösen und bereit sein, bisherige Bindungen, Erfahrungen und Ansichten auf den Prüfstand zu stellen. Denn allein eine umsichtige Einkehr ins eigene Innere vermag Abgesunkenes wieder ins Bewusstsein zu heben, das eigene Mittun verständlich zu machen, um möglicherweise ertragen zu können, dass man selbst auch mitschuldig geworden ist.

Aber trotz solcher Einsichten erschüttern gewisse Wahrnehmungen immer noch! Etwa der Anblick einer Narrenkappe auf der Dachspitze des vormaligen NAK-Gotteshauses in Annweiler, Rhld. Pfalz: Welch eine Verhöhnung jenes Bischofs, von dem Moni und Robert seinerzeit in diesem Haus vernommen hatten, wie er den Karneval als Ausgeburt höllischer Geister gegeißelt hatte. Anschließend hatte Robert auf meine Nachricht, dass eine Kirche hier vor den Toren der Stadt, erst Baujahr 1980, in ein „Gruseleum" umgewandelt worden wäre, nur mit der sarkastischen Bemerkung reagiert:

„Na ja, die Entwicklung der NAK geht halt konsequent weiter ..."

Dass Pfingsten 2013 die achtjährige Stammapostel-Ära von Dr. Wilhelm Leber zu Ende gehen würde, wussten wir aus dem Internet. Der *Neue,* ein bis da in Deutschland relativ unbekannter *Jean-Luc Schneider,* 59, Franzose – oder genauer: Elsässer – hatte verlauten lassen, dass sein Arbeitsschwerpunkt der afrikanische Kontinent sein würde ... Weil sich das *Werk Gottes* dort so überaus rasant ausbreite! ...

Robert und mich hatte das bereits nicht mehr wirklich interessiert. Wohl aber eine der letzten, vielleicht folgenschwersten Amtshandlungen Lebers, womit er endlich den bisher tabuisierten Komplex der *Bischoff-Botschaft* quasi kirchenamtlich entzaubern sollte.

So ließ er rund eine Woche vor der Amtsübergabe, am 13. Mai 2013, eine „Stellungnahme zur Botschaft von Stammapostel Bischoff" veröffentlichen, zu dem er – wohlgemerkt – in einem doppelten Verwandtschaftsverhältnis

gestanden war: einmal über seine Mutter und zum andern als dem Großvater seiner Ehefrau.

Nachdem er in dem fünfseitigen Papier zunächst die fatale Wirkung der „Botschaft" auf die innere Entwicklung der NAK bestätigt und ihre biblische Legitimation verneint, resümiert er schließlich:

„... Somit müssen wir feststellen, dass die These, Gott habe seinen Willen geändert, sich an der Heiligen Schrift nicht belegen lässt. Fraglich ist auch, wie sie mit unserem Gottesbild zu vereinbaren ist, denn Gott ist für uns der Allmächtige, Allwissende, der treu zu seinen Verheißungen steht ..."
Und weiter:
„... Ich möchte betonen: Die Neuapostolische Kirche hält heute nicht mehr daran fest, dass es sich bei der Botschaft von Stammapostel Bischoff um eine göttliche Offenbarung gehandelt hat. Die Frage der Bewertung der Botschaft bleibt offen; es steht jedem frei, sich sein eigenes Urteil darüber zu bilden. Die Neuapostolische Kirche wird auch nicht mehr von der Begründung Gebrauch machen, der Herr habe seinen Willen geändert.

Nach wie vor ist die Erwartung der nahen Wiederkunft Christi zentraler Bestandteil neuapostolischen Glaubens. Die Zeit unter der Botschaft hat gelehrt, wie intensiv das Warten auf den Herrn sein kann. Die Übertreibungen und Probleme, die mit der Botschaft verknüpft sind, sollen dabei nicht bagatellisiert werden.

Es ist mir ein Anliegen, jene um Verzeihung zu bitten, die unter der Botschaft des Stammapostels Bischoff gelitten haben oder sich sogar von der Kirche abwandten. Ich bedaure die Gewissensnöte und Zweifel, denen viele ausgesetzt waren. Ich würde mich freuen, wenn dieser Artikel als weiteres Signal zur Versöhnung oder sogar als ein Schritt hin zur Versöhnung aufgenommen würde. – Gezeichnet: Wilhelm Leber"

Doch die Realität seinerzeit war anders, schlimmer! Denn der ersten Absurdität war ja, nach Bischoffs Tod 1960, sogleich die zweite gefolgt – unter dem jetzt erst von Leber aufgehobenen *Schweigegebot!* Denn unter diesem Deckmantel konnte der makabere, irrlichternde NAK-Spuk 53 Jahre lang die *Treuen* mit der Fiktion bei der Stange halten, dass der HERR eben seinen Willen geändert habe. Dabei wussten die NAK-Führer auch damals schon, dass sie sich mit der Außerkraftsetzung von Maleachi 3, 6 – wonach der HERR seinen Willen *niemals* ändere – direkt gegen das Wort des biblischen Gottes gestellt hatten. Somit eine weitere entsetzliche Lüge, dass *der Allmächtige in seinen Knechten* – eben jener neue Stammapostel namens *Walter Schmidt* samt seinen 43 Apostel-Genossen – geboten hätte, über diese Angelegenheit zu schweigen!

So war die Katastrophe verklausuliert, tabuisiert worden zu einem verhüllten Unsagbaren, das fortan von der NAK-Führung vor ihren Gläubigen wie in einer dunklen „Bundeslade" verborgen gehalten worden war, unberührbar und als Mysterium des Glaubens fraglos hinzunehmen als ein Akt göttlicher Vorsehung.

Bis nun – nach 53 Jahren! – der „Geist Gottes" endlich das dunkle Tuch über jenem schwelenden Wundbrand anhebt, der so vielen ihre Lebensfreude zerfressen und das Vertrauen in vormals nahe gestandene Menschen vernichtet hatte ...!? Und zwar erst jetzt, damit nicht früher schon auch noch jene in Unruhe versetzt würden, die das Botschafts-Trauma dann tatsächlich über die ganze Strecke hin als finale göttliche Endzeitprüfung im Glauben ertragen und auch noch gerechtfertigt hatten. Schließlich hätten auch sie sich noch, wie so viele seinerzeit, verraten gefühlt haben und abkehren können ...

Hatte aber nun dieses unzeitige, von der Tendenz her jedoch eindeutige Geständnis Lebers Robert, mich und unsere Freunde triumphieren lassen? Sicherlich nicht! Aber ja, wir haben über dies Papier diskutiert, und das nicht nur einmal; denn ein echtes „Mea Culpa", ein von Reue getragenes Schuldbekenntnis sieht anders aus! So wussten wir dieses überfällige Geständnis in eine Reihe gleichermaßen verräterischer historischer Brüche gestellt, die die jeweiligen NAK-Führer nach den Maßgaben des Nützlichkeitsprinzips zu heilen versucht hatten. Deren Erfolge indes waren denn auch eher der Gutgläubigkeit ihrer unkritischen Nachfolger geschuldet als einer grundlegenden, an ethischen Maßstäben ausgerichteten Aufklärung.

Unter normalen Umständen wird sich jemand, der die Dimension eines dermaßen ungeheuerlichen Vorgangs begriffen hat, fragen, ob man Leuten, die sich selbst bzw. ihr „Amt" zum Fluchtpunkt der Allmacht Gottes erhoben haben, noch glauben und vertrauen kann. Umso mehr erstaunt, wie nachhaltig längere Phasen von Indoktrination jede kritische Distanz, alles an Vernunft orientierte Fragen auszuschalten vermögen! Doch mit der Pose des *Herrseins* über andere, ihrer Hybris einer Deutungshoheit über Gott und das Schicksal der Welt wussten die NAK-Granden ihre Nachfolger immer schon auf Linie zu halten.

Und heute? ...

Als Beispiel dafür mag ein Artikel im Heft 7/2015 des evangelischen „Materialdienst"[43] stehen, wo es unter dem Titel:

„NAK untersagt Veröffentlichung einer Zeitzeugenstudie zur Bischoff-Botschaft" heißt:
„Erneut sorgt die ‚Botschaft' des Stammapostels Johann Gottfried Bischoff für Ärger in der Neuapostolischen Kirche (NAK). Es scheint, dass die Kirche im Umgang mit der Vergangenheit wieder in überholt geglaubte Reflexe von Schweigen und Drohungen verfällt: Derzeit versucht sie, die Publikation einer von ihr selbst in Auftrag gegebenen Studie zu verhindern.
Im Juli 2012 hatte die NAK die Historikerin Almut Leh (Fernuniversität Hagen), Expertin für Mentalitätsgeschichte und Oral History, mit einer wissenschaftlichen Studie zu den Kirchenausschlüssen und Spaltungen im Umfeld von Stammapostel Bischoffs Parusie-Botschaft von 1950 beauftragt. Diese befragte als Zeitzeugen jeweils zehn Mitglieder der NAK und der damals abgespaltenen Apostolischen Gemeinschaft (bzw. ‚Vereinigung Apostolischer Gemeinden', VAG).
Seltsam mutete bereits zu Beginn an, dass die NAK sich vertraglich eine inhaltliche Einflussnahme auf das Endergebnis sichern wollte. Das lehnte die Wissenschaftlerin aber ab, worauf dieser Passus aus dem Vertrag gestrichen wurde. Als nun die fertige Studie vorlag, erklärte die NAK plötzlich, man werde diese nicht veröffentlichen und auch eine Veröffentlichung von anderer Seite nicht genehmigen. Aufgrund des geschlossenen Vertrages habe man als Auftraggeberin und Financier das alleinige Recht zu entscheiden, was mit den Ergebnissen geschehen solle.
Die Historikerin war mit diesem Ausgang einer mehrjährigen Forschungsarbeit naturgemäß unzufrieden, aber einem Rechtsstreit abgeneigt. So versuchte sie als Kompromiss, wenigstens die Erlaubnis zu bekommen, ihre Ergebnisse an die zwanzig befragten Zeitzeugen weitergeben zu dürfen, was sie zugesagt hatte und was eigentlich selbstverständliche Praxis wäre. Doch untersagte die NAK ihr auch dies und verlangte sogar eine entsprechende Unterlassungserklärung. Dieser rüde Ton im Umgang mit einer von der NAK selbst beauftragten neutralen Wissenschaftlerin wird nicht nur innerhalb der NAK als höchst befremdlich wahrgenommen.
Dabei geht es der NAK, wie sie sagt, gar nicht um die inhaltlichen Ergebnisse. Vielmehr, so die offizielle Erklärung für das Vorgehen, habe inzwischen eine Versöhnung zwischen NAK und VAG stattgefunden (vgl. MD 1/2015, 27 ff.), und nun wolle man diesen Moment auskosten, ohne weiter

an die alten Geschichten und Verletzungen zu rühren. Allerdings ruft das jetzige neuapostolische Vorgehen viel eher neue Verletzungen hervor, ja, es ist geradezu ein Schlag ins Gesicht der VAG und der beteiligten Zeitzeugen. Noch in der Versöhnungserklärung vom November 2014 hatten NAK und VAG abschließend explizit vereinbart: ‚Die Apostolische Gemeinschaft und die Neuapostolische Kirche bekunden ihren Willen, die Geschichtsaufarbeitung weiter voranzutreiben.' Nun bricht die NAK schon nach wenigen Monaten an diesem prominenten Eckpunkt der Versöhnungserklärung ihr Wort. Schon 2007 hatte eine einseitige neuapostolische Geschichtsdarstellung zu einem Gesprächsabbruch zwischen NAK und VAG geführt. Auch wenn das diesmal noch nicht droht, werden die Ereignisse den Zweiflern an der grundsätzlichen Ökumenefähigkeit der NAK wieder Aufwind geben. Wie echt sind die Entschuldigungen der NAK, und wie viel vom alten Geist der Kontrolle und des Einheitsdenkens ist hinter den Kulissen noch lebendig und kann jederzeit wieder hervorbrechen? Die Studie von 2007 hatte zu einem innerkirchlichen Proteststurm in der NAK und zur Gründung eines kirchenleitungsunabhängigen apostolisch ökumenischen ‚Netzwerks Apostolische Geschichte' durch junge Mitglieder verschiedener apostolischer Kirchen geführt. Auch jetzt tauchten innerhalb weniger Tage Internet-Petitionen von NAK-Mitgliedern auf, in denen die Kirche dazu aufgefordert wird, die Studie zu veröffentlichen. Der neuapostolische Journalist Michael Koch (glaubenskultur.de) titelte in Anspielung auf die juristischen Drohgebärden sogar: ‚NAK machte Historikern Angst'. Man muss hoffen, dass die NAK ein Einsehen haben und ihre falsche Entscheidung revidieren wird.

Denn der Fall macht andererseits auch deutlich, dass zwar in den oberen Etagen alte Reflexe bisweilen noch lebendig sind, aber gegen ein sich emanzipierendes und Mitsprache forderndes Kirchenvolk nur noch schwer widerspruchslos durchgesetzt werden können.
Kai Funkschmidt"

Nein, die NAK-Führer haben kein Einsehen. Auch jetzt, im Herbst 2018, untersagen sie weiterhin die Veröffentlichung des Zeitzeugenberichts.

Allerdings scheint das kritische Interesse vieler einstmals engagierter Ex-NAKler auch nachzulassen. Denn im Gegensatz zum NAK-loyalen Internetportal *glaubenskultur.de,* das Leserzuschriften mit grundsätzlicher Infragestellung des Systems NAK weder beantwortet noch veröffentlicht, sind die um das Jahr 2000 in beachtlicher Zahl aufgeblühten Kritikerportale, -foren und Blogs bis auf zwei alle „sanft entschlafen". Während der Blog „nak-talk.

de" in bissigem Duktus vor allem nach wie vor die Veröffentlichung des Lehschen Forschungsberichts einfordert, sind die Diskutanten / User im „glaubensforum24.de" von einer beachtlichen Anzahl teils niveauvoller Schreiber auf gerade noch eine Handvoll geschrumpft. Ja, es ist deutlich zu spüren: Was einst leidenschaftlich in glühenden Debatten die Gemüter erregt hatte, ist in sich zusammengefallen; kalte Asche von gestern, die selbst der Windstoß neuer Ärgernisse, zuletzt aus Sambia,[44] bestenfalls noch ein wenig hochzuwehen vermag.

Doch wer das geschichtliche Werden der NAK genauer unter die Lupe nimmt, wird sich des Ausmaßes des Niedergangs – substanziell wie zahlenmäßig – verstärkt deutlich noch unter der Ägide des seit Pfingsten 2013 amtierenden Oberhauptes Jean-Luc Schneider – kaum entziehen können.

*

Vier Grad draußen, und vor den Fenstern trübes Grau, das die rasch zunehmende Dunkelheit zusehends verschluckt. Ich sitze bei meinen Freunden am Tisch. In den Auslassungen des Zwiebelmuster-Stövchens das flackernde Licht der Teekerze, während Robert intensiv den Kandis in seiner Tasse rührt. Versonnen und mit einem Anflug von Lächeln schiebt Moni den Keksteller etwas zu mir hin, wobei ich den heißen Tee genüsslich vor mich hinschlürfe.

„Ich denke, das Thema ist durch. Jedenfalls für mich!" – Dabei schaut Robert den im Hafenwasser gespiegelten Lichtpunkten der Autos nach, die sich auf der gegenüberliegenden Seite des *Teichs*, vor und auf dem Deich ohne Hast hin- und herbewegen. – Schon wieder Mitte Januar! Nachmittags um halb vier knipsen wir Licht an. Aber vor ein paar Tagen, als die Sonne dem wolkenlosen Himmel sein schönstes Azurblau verliehen hatte, war es um diese Zeit noch richtig hell gewesen und das flammende Abendglühen erst gegen 17.30 Uhr langsam im westlichen Jadebusen versunken.

Wie schön – die Tage werden wieder länger!

Das Gespräch nimmt eine Wende. Ein kurzer Rückblick zu Roberts verstorbener Mutter. Wie sie sich 2014 nach mehreren Stürzen in ihrem Haus endlich entschieden hatte, in ein Pflegeheim zu gehen, wo sie dann ein gutes Vierteljahr später, im 89. Lebensjahr, an ihrem Krebsleiden verstarb.

Dass dann Roberts Geschwister auf einen Teil ihres Erbes verzichteten, um seinen Anteil als *Stiefbruder* dem ihren gleichzustellen, hatte ihn tief berührt!

Dagegen hatte sich der Heimaufenthalt von Monis Mutter über 4 Jahre hingezogen. Doch vorher schon, als sie noch allein in ihrem Haus lebte, hatte Moni sich rührend um sie gekümmert. Sie starb 2018, einen Tag nach ihrem 90. Geburtstag.

Ganz selbstverständlich waren beide Mütter – obwohl von den zehn noch lebenden Kindern nur eine Tochter noch NAK-Mitglied ist – neuapostolisch bestattet. Etwa anderes, darin waren sich alle einig, kam nicht infrage: das gebot der Respekt vor der tief verwurzelten Glaubenshaltung ihrer Eltern.

Dann kommt die Rede auf die Kinder und Enkelkinder meiner Freunde: Wie sich alle ihren Weg ins Leben bahnen bzw. längst etabliert sind: Azubis, Programmierer, Vertriebsleute, Geschäftsführer, Hausfrauen, Mütter und Studenten. Karin mit 47 noch mal auf der Schulbank: Hochschule für Verwaltung in Brühl und von den drei Jahren das erste auch schon wieder rum. Esther hat ihre Küchen-Umsätze weiter nach oben geschraubt und Jens setzt sich als Geschäftsführer nach wie vor der Sisyphusarbeit einer großen Hausverwaltung aus.

Blicke in die nächsten Wochen und Monate. Wir reden über Wünsche und Planungen in dem Bewusstsein: Die Tage rasen dahin. Die Zeit – unser wertvollstes Gut, das wir gestalten wollen, solange es noch geht. Schließlich hat man auch mit über 70 noch Träume …

Eigentlich wollten im Februar die Nürnberger kommen: – Jens, Anita und ihr drolliger Mops, aber daraus wurde nichts. Dafür hatten Robert und Moni für Ende März ihre Süd-Tour geplant. Vor allem ihre beiden Urenkelinnen sehen – demnächst auch schon wieder sechs und vier Jahre alt! … Letztes Jahr von Tuttlingen nach Stuttgart verzogen, wohnen sie dort jetzt ganz in der Nähe ihrer schwäbischen und treu neuapostolischen Großeltern.

„Noch jemand ′n Tee …?"

„Nur noch eine Frage am Rande … " und dabei wippt Robert in seinem Schwingstuhl auf und ab. – „Kannst du schon absehen, wann du mit ‚unserer Schreiberei' fertig sein wirst …?"

Indem ich ihn anblicke und zurücklächle, antworte ich, ebenfalls wippend: „Ich bin fertig! Seit heute. – Direkt bevor ich kam."

* * *

Quellenangaben:

S. 8 - [1] Die Wurzeln der NAK gründen in einer 1863 in Deutschland erfolgten Abspaltung von den englischen sog. *katholisch apostolischen Gemeinden*. Die, in den 30er Jahren des 19. Jahrhunderts in England entstanden, lehrten, dass Gott Gläubige aus der gesamten Christenheit sammeln und unter der Leitung neuer Apostel auf Christi Wiederkunft vorbereiten würde. Solcherart religiöse Bewegungen blühten in jener Epoche zahlreich auf. In Europa vor allem in Großbritannien und Deutschland, aber auch in den USA. Dabei spielten in Europa die Nachwehen der Französischen Revolution und der Befreiungskriege eine ebenso bedeutende Rolle wie auch furchterregende Naturkatastrophen. Etwa der bis da weltweit größte Vulkanausbruch auf Tambora, Indonesien, sodass im Folgejahr 1816 auf der gesamten nördlichen Erdhalbkugel Aschewolken die Sonne verhüllten, demzufolge die Temperaturen rapide abfielen und die komplette Ernte ausblieb. Dazu die Notlage vieler Menschen infolge der rasant voranschreitenden Industrialisierung. Alles das zusammen ein fruchtbarer Nährboden für das Aufschießen von Katastrophen- und Endzeit-Hysterien, die sich leicht an den vorgezeichneten Bildern biblischer Prophetien zu entzünden vermochten. – Zur NAK-Selbstdarstellung siehe: Katechismus der Neuapostolischen Kirche, Frankfurt a. M. 2012 sowie auch die Internetportale der NAK-Gebietskirchen, in Deutschland, zu finden unter: www. nak.de

ebd. - [2] Anfang der 1950er Jahre in Dtl. West und Ost um die 300 Tsd. Mitgl.; in den '70ern über 430', heute mit rd. 350 Tsd. angegeben, Tendenz stark fallend! - Weltweit über10 Mio. behauptete Mtgl., primär in Afrika, Asien und Südamerika - inzwischen auf unter 9 Mio korrigiert.

S. 91 - [3] Sämtliche Bibelzitate aus der Luther-Übersetzung von 1912

S. 95 - [4] S. hierzu Kurt Hutten, Seher, Grübler, Enthusiasten, Stuttgart [4] 1954

S. 97 - [5] Erst rund 20 Jahre später, während seines Studiums, sollte Robert erfahren, dass der Stammapostel und 13 von 18 nachmaligen deutschen Aposteln bereits 1933 oder kurz darauf der NSDAP beigetreten waren. Der Sohn des Stammapostels, Friedrich Bischoff, ab 1951 im Apostelamt und Inhaber von Druckerei u. Verlag Friedrich Bischoff, war SA-Mitglied und fungierte als NAK-Verbindungsmann zur NSDAP.

S. 147 - [6] S. hierzu: Gottesdienstbericht in UF Nr. 16 v. 20. 08.1960

S. 150 - [7] "Ein Brief an die Neuapostolischen - Die "Stunde X" ist gekommen ...", Quell-Verlag 1960

S. 155 - [8] Neuapostolische Kirche International (NAKI): „Änderung von Lehraussagen", 23.10.2005. (http://www.nak.org/fileadmin/download/pdf/Oekumene_Lehranpassungen_GD2310105.pdf)

S. 180 - [9] Ihr aber seid das auserwählte Geschlecht, das königliche Priestertum, das heilige Volk, das Volk des Eigentums, daß ihr verkündigen sollt die Tugenden des, der euch berufen hat von der Finsternis zu seinem wunderbaren Licht.

S. 226 - [10] SDS = Sozialistischer Deutscher Studentenbund; Ende der 1960er Jahre Sammelbecken linker Studenten in der BRD und Westberlin

S. 227 - [11] S. Wikipedia (03.02.2015): „Unter dem Schlagwort *68er-Bewegung* werden verschiedene, meist linksgerichtete Studenten- und Bürgerrechtsbewegungen zusammengefasst, die mehr oder weniger zeitlich parallel seit Mitte der 1960er Jahre aktiv waren. In der BRD vereinfachend die deutsche Studentenbewegung der 1960er Jahre."

S. 259 - [12] Eine Einrichtung zu optimierter *Kommunikation auf Augenhöhe*, die, wie damals niemand ahnen konnte, der Schweizer Stammapostel Urwyler mit einem *Apostel-Ratssal* des im November 1982 eingeweihten Verwaltungsgebäudes der NAKI in Zürich wieder aufgreifen würde.

S. 289 - [13] Als „Stadtdechant" höchster kath. Geistlicher in der Stadt, war er urplötzlich versetzt worden. Später war zu vernehmen, dass Vorwürfe sexuellen Missbrauchs im Raume stünden.

S. 330 - [14] Parusie (aus dem Griechischen) = Wiederkunft Christi

S. 338 - [15] S. Offb. 3, 14-17

S. 360 - [16] Anm. d. Vf.: Tod des damaligen Stammapostels Bischoff, der verkündet hatte, die Wiederkunft Christi würde zu seiner Lebenszeit erfolgen.

S. 372 - [17] https://glaubenskultur.de/?/568-Veruntreuung_von_Kirchengeldern_in_der_ NAK_Hessen_zwischen_1960_und_1984.html

S. 387 - [18] S. hierzu: Obst, Helmut, Neuapostolische Kirche – die exklusive Endzeitkirche?, 1996, Neukirchen-Vluyn, S. 170 – 177.

S. 390 - [19] „Eigenverantwortung" als neues Kapitel neuapostolischer Selbstwahrnehmung. 1997 unter *Stammapostel Fehr* in den über-arbeiteten "Hausregeln" im Kapitel "Der neuapostolische Christ in Ehe, Familie, Gemeinde und Gesellschaft" folgendermaßen definiert:

„Unter Eigenverantwortung verstehen wir die Verantwortlichkeit des Menschen für sein Tun und Lassen vor Gott und vor sich selbst. Mit dem Recht der freien Willensentscheidung verbunden ist die Pflicht des Menschen, Gott Rechenschaft abzulegen. Zwar kann jeder sein Tun und Lassen frei bestimmen; dies heißt aber nicht, dass er auch selbst entscheiden kann, was Sünde ist und was nicht. Durch die Belehrung aus dem Heiligen Geist wächst die Erkenntnis, wie man handeln muss, um Gottes Wohlgefallen auf sich zu ziehen. Jeder neuapostolische Christ besitzt das Recht, sich mit all seinen Sorgen an die Amtsträger zu wenden und um Rat und Fürbitte nachzusuchen. Das Handeln nach empfangenem Rat enthebt den Einzelnen aber nicht seiner Verantwortung."

S. 391 - [20] S. dazu auch: www.apostolische-geschichte.de/wiki, Internetportal; Stichwort: **„Gefahren für Leib und Seele".** Noch 1993 war von dem norddeutschen Bezirksapostel *G. Knobloch* für die Jugendleiter eine Broschüre unter dem Titel: *„Gefahren für Leib und Seele"* herausgegeben worden, in der u. a. folgende Punkte im neuapostolischen Licht behandelt werden:
- **Alkohol - Drogen - Besuch von Diskotheken:** *"Dort gehören wir als Gotteskinder nicht hin. Gingen wir dorthin, zögen wir die Gnade Gottes im Engelschutz auf Mutwillen. Werden wir vor die Entscheidung gestellt, so brauchen wir uns nur zu fragen: Wird der Herr dich von dort entrücken, wenn er erscheint?"*

- **Weltliche Begegnungsstätten:** *"Wer diese Staetten aufsucht, sollte bedenken, welche Atmosphaere dort herrscht, und sich fragen, ob er sich nicht unfreiwilligerweise Gesetzen unterwirft, die dort herrschen."*
- **Rauchen - Film:** *"Mit der Räumlichkeit und allem Drum und Dran eines Kinos koennen Gefahren verbunden sein, wie sie im Zusammenhang mit Diskotheken bereits dargestellt wurden."*
- **Fernsehen und Video:** *"Wie problematisch das Unterhaltungsangebot ist, beweist die aktuelle Diskussion ueber die Darstellung von Sexualitaet und Gewalt in diesen Medien. Fehlentwicklungen einzelner Menschen und der gesamten Gesellschaft haben in diesen Tatbe-ständen ihre Ursache. Hier gilt das, was ueber die Filme gesagt wurde: Mit diesen Mitteln überbringt ein Geist eine Botschaft."*
- **Theater:** *"Ist der Theaterbesuch eine Pflichtveranstaltung im Zusammenhang mit der Ausbildung und ist daran ein eindeutiger Bildungsfortschritt gebunden, so kommen wir dieser Pflicht nach. Es versteht sich von selbst, dass wir deswegen keinen Gottesdienst versäumen."*
- **Literatur:** *"Zur Literatur gehören aber auch pornographische Schriften und einschlägige Magazine. Diese nehmen wir nicht in die Hand. Schon eine flüchtige Betrachtung laesst uns zurueckschrecken; die Würde des Menschen als Krone der Schöpfung wird empfindlich verletzt."*
- **Voreheliche Beziehungen:** *"Desgleichen lautet der Rat der Apostel, in der Freundschafts- und Verlobungszeit keusch und enthaltsam zu leben."*
- **Aids:** *"Keine homosexuellen Beziehungen."*
- **Sport und Sportveranstaltungen:** *"Vereinsbezogenes Engagement darf nicht zu Überschneidungen mit kirchlichen Aktivitäten führen."*

S. 394 - [21] Hrsg: NAK, Internationaler Apostelbund Zürich: Neue Apostelgeschichte, 1985, S. 229 ff.

S. 401 - [22] S. hierzu auch: http://www.manfred-gebhard.de/NAKVideo.htm

S. 402 - [23] www.glaubenskultur.de

ebd. - [24] *Das waren z. B. 1999: http://waechterstim-me.org-free.com/ – Die Neuapostolische Kirche – eine kritische Betrachtung (http://www.nak-info.de/) – 2001: Willkommen bei diesen kritischen Seiten (http://waechterstimme.orgfree.com/) – 2003: Christ im Dialog – 2005: board naktuel.de –, Forum Glaube und Kirche – 2007: Quo Vadis NAK – 2010: NAK-Austiegshilfen (D. Streich) –, Glaubensformum24 – 2013: Canitie –, medias-in-res.net (ch) –, apostolischer observer.nl –, apostolische kritik.nl. – Maimonndies.nl –, 2015: nak-talk – sowie weitere Portale, von denen die meisten jedoch inzwischen abgeschaltet sind.*

S. 403 - [25] *„Am 15. Februar 2012 wurde aufgrund von Berichterstattungen in einer Zeitung*[1] *ein Betrugsfall öffentlich, der im Jahr 2007 den Anfang nahm. (Danach) investierte die NAK NRW unter der Leitung des Bezirksapostels Armin Brinkmann rund 10 Millionen Euro in einer, nach eigenen Angaben, scheinbar sicheren und gewinnbringenden Kapitalanlage*[2]. *Diese Anlage tätigte der Kirchenvorstand eigenmächtig ohne zuvor den Landesvorstand um Genehmigung zu bitten, wie es seit 1999 für Investitionen über 500.000 Euro notwendig gewesen wäre ..."* (zitiert aus: www.apostolische-geschichte.de

ebd. - [26] Zuletzt: www.glaubenskultur.de: Artikel v. 21. u. 22.07.19 – *Soko-Kritiker landesweit in den Medien sowie Aufsichtsrat und Vier-Augen-Prinzip eingeführt.*

ebd. - [27] So das 1984 im Bischoff-Verlag erschienene Buch: „Glaubensbezogener Wortschatz", 229 S. – in: https://www.worldcat.org/title/glaubensbezogener-wortschatz-in-sechs-sprachen-new-apostolic-glossary-in-six-tongues/oclc/312757401

S. 410 - [28] *Spiegel-online.de; Suchfunktion: Weltuntergang – Zeitraum: vor 2000*
- 1985 nehmen sich 68 Anhänger einer Sekte auf der Philippinen-Insel Mindanao das Leben.
- *1987 werden in Südkorea 33 gefesselte Leichen gefunden. Eine fanatische Sektenführerin hatte die Menschen in den Selbstmord geführt.*
- *1993 verbrennen mindestens 81 Mitglieder der Davidianer-Sekte im texanischen Waco in einer selbst gelegten Feuersbrunst.*
- *1994 nimmt sich Luc Jouret, Homöopathie-Arzt und Gründer des Sonnentempler-Ordens, der sich für Christus hält, zusammen mit 53 Anhängern das Leben.*
- *1997 interpretiert der amerikanische Sektenguru Marshall Apple-white die Ankunft des Kometen "Hale-Bopp" als Zeichen des bevorstehenden Weltuntergangs und bringt sich mit 38 Sektenmitgliedern in in Rancho Santa Fe bei San Diego (Kalifornien) um.*

S. 411 - [29] [30] Etwa wenn die Gläubigen mit Verweis auf die ewige Seligkeit unterwiesen werden:
- ihren Führern kritiklos nachzufolgen,
- göttlichen Segen – erfahrbar im Wohlwollen ihrer Leitfiguren – nur durch Opfer (= Geld, Mitwirken, Fügsamkeit) zu erlangen,
- auf jede Einflussnahme, z. B. mittels Wahlrecht oder Verwendung der finanziellen Mittel, zu verzichten – sowie
- dass Gott Frauen zum geistlichen Leitungsdienst nicht gebrauchen kann oder will ...

Um nur einige der Zumutungen zu nennen, zu welchen sich die Gläubigen permanent im Spannungsfeld von Gehorsam (= Segen) oder von Gott Verworfensein wiederfinden.

S. 413 - [30] S. hierzu: waechterstimme.orgfree.com/offenb.html

S. 414 - [31] S. hierzu: http://waechterstimme.orgfree.com/nak-schl.html - Eintrag unten, v. 29.10.2001

S. 415 - [32] S. hierzu: www.apostolischegeschichte.de/wiki/index.php?title=Neuapostolische_Kirche_ und_%C3%96kumene

S. 416 - [33] www.nak.org/de/news/berichte-aus-aller-welt/article/12764

S. 418 - [34] http://archiv.nak-mitteldeutschland.de/entwicklungen/vision-2010/14

S. 419 - [35] S. hierzu: https://de.wikipedia.org/wiki/Utilitarismus

S. 433 - [36] S. z. B.: Apostolische Gemeinschaft, Geschichtlicher Rückblick auf die Entwicklung des Stammapostelamtes, Broschüre, Düsseldorf u. Zürich, o. J. – sowie ders. Hrsg.: Ereignisse in der Neuapostolischen Kirche die zur Gründung der Apostolischen Gemeinde geführt haben, Düsseldorf 1955

S. 438 - [37] H. Obst u. D. Cyranka, Was ist die Kirche?, S. 54 u. 58, Halle 2005

S. 445 - [38] R.F. Edel, „Auf dem Weg zur Vollendung der Kirche Jesu Christi, Die oekumenische Sendung der katholisch-apostolischen Gemeinden an die Gesamtkirche Jesu Christi dargestellt in Leben und Wirken des Prof. Dr. Heinrich W. J. Thiersch", Marburg ^{2}1971.

S. 457 - [39] www.nak.de/Zahlen,Daten,Fakten aus Deutschland; Stand: 1. Januar 2018

S. 463 - [40] S. hierzu u. a. in www.APWiki.de; Eingabe in „Suche": TACC

S. 464 - [41] https://www.glaubenskultur.de/?/suche.html (Unter suche: den Namen „Rohn" eingeben)

S. 465 - [42] http://www.apostolische-geschichte.de/wiki/index.php?title=Theodoor_J._de_Bruijn

S. 471 - [43] https://www.ezw-berlin.de/downloads/Materialdienst_07_2015.pdf

S. 473 - [44] https://glaubenskultur.de/?/2127-NAK_Sambia%3A_Bezirksapostelwechsel_ruft_heftige_Unruhen_hervor.html

www.ingramcontent.com/pod-product-compliance
Lightning Source LLC
Chambersburg PA
CBHW061702300426
44115CB00014B/2533